Erste Hilfe für den PC

Erste Hilfe für den PC

Lösen Sie jedes Problem selbst!

GÜNTER BORN

Bibliografische Information der Deutschen Nationalbibliothek

Die Deutsche Nationalbibliothek verzeichnet diese Publikation in der Deutschen Nationalbibliografie; detaillierte bibliografische Daten sind im Internet über http://dnb.d-nb.de abrufbar.

Die Informationen in diesem Buch werden ohne Rücksicht auf einen eventuellen Patentschutz veröffentlicht. Warennamen werden ohne Gewährleistung der freien Verwendbarkeit benutzt. Bei der Zusammenstellung von Texten und Abbildungen wurde mit größter Sorgfalt vorgegangen. Trotzdem können Fehler nicht vollständig ausgeschlossen werden. Verlag, Herausgeber und Autoren können für fehlerhafte Angaben und deren Folgen weder eine juristische Verantwortung noch irgendeine Haftung übernehmen. Für Verbesserungsvorschläge und Hinweise auf Fehler sind Verlag und Herausgeber dankbar.

Alle Rechte vorbehalten, auch die der fotomechanischen Wiedergabe und der Speicherung in elektronischen Medien. Die gewerbliche Nutzung der in diesem Produkt gezeigten Modelle und Arbeiten ist nicht zulässig.

Fast alle Hardware- und Softwarebezeichnungen und weitere Stichworte und sonstige Angaben, die in diesem Buch verwendet werden, sind als eingetragene Marken geschützt. Da es nicht möglich ist, in allen Fällen zeitnah zu ermitteln, ob ein Markenschutz besteht, wird das ®-Symbol in diesem Buch nicht verwendet.

10 9 8 7 6 5 4 3 2 1
13 12 11

ISBN 978-3-8272-4662-2

© 2011 by Markt + Technik Verlag,
ein Imprint der Pearson Education Deutschland GmbH,
Martin-Kollar-Straße 10–12, D-81829 München/Germany
Alle Rechte vorbehalten
Coverlayout: Marco Lindenbeck, webwo GmbH, mlindenbeck@webwo.de
Lektorat: Birgit Ellissen bellissen@pearson.de
Fachlektorat: Georg und Jenny Weiherer, Münzenberg
Korrektorat: Marita Böhm, München
Herstellung: Elisabeth Prümm, epruemm@pearson.de
Satz: text&form GbR, Fürstenfeldbruck
Druck und Verarbeitung: Neografia, Martin
Printed in Slovakia

Problemfinder

.exe-Programmdatei
    Öffnet falsche Anwendung 184

Akku
    Ständig leer oder defekt 239

Anmeldung
    An Windows nicht möglich 512
    Benutzer wechseln klappt nicht mehr 510
    Im Willkommen-Dialog ist wegen fehlender Benutzerkonten keine
    Anmeldung möglich 512
    In Anmeldeseite fehlen Benutzerkonten 511
    Wegen defektem Benutzerprofil unmöglich 513

Anwendung
    Hängt 86

Anwendungen
    Laufen nicht mehr unter Windows 174

Arbeitsspeicher
    Probleme mit dem Arbeitsspeicher 233

Attribut
    Das Attribut »Versteckt« einer Datei lässt sich nicht anwählen 442

Audio
    Bei der Wiedergabe ist kein Ton zu hören 473
    Bestimmte Audioformate lassen sich nicht wiedergeben 478
    Die Audiowiedergabe ist zu laut/zu leise oder stumm 474
    Eine Audio-CD lässt sich nicht wiedergeben 473

Audio-CD
    Die Tracks haben unterschiedliche Lautstärke 507
    Die Übergänge und Pausen stimmen nicht 507
    Es gibt Probleme mit selbstgebrannten Medien 507

Audioeingang
    Stereomix fehlt 478
    Zu leise 476

Problemfinder

Audiowiedergabe
　Es ist kein Ton zu hören 473

Aufnahmelautstärke
　Zu leise 476

Automatische Wiedergabe
　Klappt in Windows 7 nicht mehr 214

B BD
　Das Laufwerk erkennt keine DVD-/BD-Rohlinge 211
　Das Laufwerk rattert beim Einlegen einer CD/DVD/BD 210
　Ich krieg die CD/DVD/BD nicht mehr aus dem Laufwerk 213
　Kann nicht mehr gelesen werden 212
　Laufwerk wird nicht erkannt 208
　Medium wegen zu vieler Lesefehler kaum oder nicht lesbar .. 211
　Wird im Laufwerk nicht erkannt 210

BD-Video
　Wiedergabe klappt nicht 490

Benutzerkontensteuerung
　Funktioniert nicht mehr 138

Benutzerkonto
　Kennwortrücksetzdatenträger erstellen 520
　Wie lösche ich nicht mehr gebrauchte Benutzerkonten? 517

Bibliotheken
　Sind verschwunden 448

Bildschirm
　Anzeige ist kaum zu erkennen oder dunkel 57
　Anzeigefehler treten ständig auf 221
　Bildschirm bleibt bei höheren Auflösungen dunkel 222
　Das Gerät wird nicht erkannt 265
　Die angezeigten Farben stimmen nicht 224
　Die Anzeige des Röhrenmonitors ist fehlerhaft 265
　Die Anzeige flimmert 263
　Die TFT-Anzeige ist fehlerhaft 225
　Nach dem Einschalten bleibt die Anzeige dunkel 56
　TFT-Monitor bleibt dunkel 264
　Wird bei unbenutztem Rechner abgeschaltet 149

Bildschirmschoner
Den Bildschirmschoner wechseln 144
Wie kann ich den abschalten? 143

BIOS
Die Tasten Y und Z sind vertauscht 72

Boot-CD/-DVD
Der RW-Rohling kann nicht booten 503

Brennen
Das Medium ist nach dem Brennen unlesbar 503
Dateien sind auf der CD/DVD verschwunden 507
Der Vorgang wird durch den Bildschirmschoner abgebrochen 143
Die Boot-CD/-DVD startet nicht 503
Ein Kalibrierungsfehler wird gemeldet 502
Es sind keine niedrigen Brenngeschwindigkeiten wählbar 500
Gebrannte Medien sind unter anderen Betriebssystemen nicht lesbar . 499
Nero-Installation endet mit einem Fehler 495
Rohlinge werden nicht erkannt 501
Vorgang bricht mit Fehlern ab 498
Wiederbeschreibbare Rohlinge lassen sich nicht löschen 504

Brenner
Wird nicht erkannt 496

Browser
Cookie-Sperre blockiert Internetseiten 359
Der Browser startet mit einer bestimmten Internetseite 356
Der Suchanbieter ist verändert 357
Die Surfspuren sollen entfernt werden 361
Internetseiten sind nicht erreichbar 358
Symbolleisteneinträge verschwunden 353
Texte sind sehr groß oder kaum noch lesbar 355

Camcorder
Es lassen sich keine Videos vom Camcorder übertragen 493

CD
Automatische Wiedergabe funktioniert nicht mehr 214
Das Laufwerk erkennt keine CD-RWs 211
Das Laufwerk rattert beim Einlegen einer CD 210
Das Medium ist nach dem Brennen unlesbar 503
Dateien sind auf der Disk verschwunden 507

Problemfinder

Die Daten scheinen Fehler zu enthalten 505
Die gebrannten Dateien werden im Ordnerfenster nicht angezeigt . . . 507
Die Tracks einer selbstgebrannten Audio-CD haben unterschiedliche
Lautstärke 507
Es gibt Konflikte mit Laufwerkbuchstaben 203
Ich krieg die CD nicht mehr aus dem Laufwerk 213
Kann nicht mehr gelesen werden 212
Laufwerk wird nicht erkannt 208
Medium wegen zu vieler Lesefehler kaum oder nicht lesbar 211
Wird im Laufwerk nicht erkannt 210

CD/DVD
Laufwerk nach der Installation der Brennsoftware verschwunden 496

CD/DVD/BD
Gebrannte Medien sind unter anderen Betriebssystemen nicht
lesbar 499

CD-/DVD-/BD-Laufwerk
Wird nicht erkannt 208

CHM-Datei
Hilfeseite ist leer 534

Computer
Problembehandlung aufrufen 170

D Dateien
Das Attribut »Versteckt« einer Datei lässt sich nicht anwählen 442
Die Datei wurde irrtümlich gelöscht 454
Die Dateien sind beim Kopieren/Löschen schreibgeschützt 453
Die Symbole werden nur blass angezeigt 442
Ich habe eine Datei bekommen, die Viren enthalten könnte 414
Lassen sich nicht löschen 453
Sind nach dem Kopieren verschwunden 452

Dateinamenerweiterung
Anzeige einschalten 411

Dateitypen
Die Grafikvorschau für Dateien funktioniert nicht 187
Die Programmzuordnung ist falsch 182
Doppelklick auf Datei startet falsches Programm 182
Miniaturansicht für Dateien funktioniert nicht 187
Zuordnung zu Anwendung falsch 184

Datenausführungsverhinderung
  Die Funktion blockt ein Programm 178
Datum
  Das Datum lässt sich nicht dauerhaft stellen 130
  Datumsanzeige ist falsch 129
Desktop
  Aero funktioniert nicht 114
  Aero-Probleme lösen 170
  Aero-Shake funktioniert nicht mehr 117
  Angezeigte Symbole sind fehlerhaft/leer 108
  Anheften an Taskleiste funktioniert nicht 126
  Anzeigefehler treten häufig auf 221
  Benutzeranmeldung dauert lange 115
  Das Symbol für ein Fenster fehlt in der Taskleiste 121
  Der Desktop ist verschwunden 102
  Der Hintergrund ist verändert 114
  Der Papierkorb verschwunden 104
  Desktopsymbole ändern, geht das? 107
  Desktopsymbole sind verschwunden 101
  Die Desktopsymbole sind zu groß/zu klein 111
  Die Fenster sehen plötzlich andersfarbig aus 112
  Die Symbole sind nicht verschiebbar 109
  Die Symbole sind plötzlich verschoben 110
  Die Taskleiste enthält plötzlich eine neue Symbolleiste 125
  Die Taskleiste ist sehr groß 120
  Die Taskleiste ist verschoben 120
  Die Taskleiste ist verschwunden 121
  Docking am Fensterrand funktioniert nicht mehr 117
  Einige Desktopsymbole sind verschwunden 103
  Eintrag fehlt nach Programminstallation 134
  Gelöschte Dateien finden sich auf dem Desktop 453
  Hintergrundbild lässt sich nicht ändern 115
  Minianwendungen sind verschwunden 101
  Probleme mit Minianwendungen 118
  Schattenschrift für Symboltitel abschalten 115
  Symboltitel umbenennen 106
  Tastenkürzel für Desktopverknüpfungssymbole funktionieren
  nicht mehr 116
  Zeigt zwei Dateien Desktop.ini 443

Problemfinder

DFÜ-Verbindung
Keine Verbindung zum Provider im Ausland 341

Dialer
Auf dem Rechner hat sich ein Dialer installiert 416

Digitalkamera
Auf die Kamera zurückkopierte Fotos werden nicht erkannt 466
Fotoübernahme in den PC 464

Display
TFT-Anzeige ist unscharf 225

DRM-Schutz
Macht Probleme 479

Drucken
Ausdrucke von Internetseiten sind rechts abgeschnitten 370
Die Ränder sind abgeschnitten 255
Druckaufträge werden automatisch auf »angehalten« gesetzt 253
Druckaufträge werden nach der Ausgabe nicht gelöscht 253
Grafiken fehlen 255
Trennseite unterdrücken 255

Drucker
Ausdruck ist fehlerhaft 243
Das Papier wird am falschen Schacht eingezogen 257
Das Papier wird ständig schief eingezogen 256
Der Ausdruck weist Streifen auf 260
Die Blätter werden hinter dem Laserdrucker ausgeworfen 257
Die Qualität des Ausdrucks ist schlecht 259
Druckauftrag wird nicht gelöscht 253
Druckausgabe im Netzwerk klappt nicht 245
Es gibt häufig Papierstau 256
Es wird nichts am Drucker ausgegeben 250
Fehlerhafter Treiber installiert 245
Große Dokumente lassen sich nicht drucken 254
Im Ausdruck fehlen Grafiken oder die Ränder 255
Netzwerkdruckertreiberinstallation schlägt fehl 249
Patrone wird nach dem Tintenrefill nicht angenommen 262
Schlechte Qualität bei Farbdrucken und Fotos 258
Windows installiert automatisch interne oder falsche Treiber 248
Windows kann wegen Speichermangel nicht drucken 254
Windows meldet einen fehlenden Standarddrucker 250

DSL
　Modem wird nicht erkannt 337
Dump-Datei
　Auswerten 95
DVD
　Automatische Wiedergabe funktioniert nicht mehr 214
　Das Laufwerk erkennt keine DVD-Rohlinge 211
　Das Laufwerk rattert beim Einlegen einer CD/DVD 210
　Das Medium ist nach dem Brennen unlesbar 503
　Dateien sind auf der Disk verschwunden 507
　Der Media Player meldet bei einer DVD einen falschen Ländercode . . 483
　Die Daten scheinen Fehler zu enthalten 505
　Die gebrannten Dateien werden im Ordnerfenster nicht angezeigt . . . 507
　Ich krieg die CD/DVD nicht mehr aus dem Laufwerk 213
　Kann nicht mehr gelesen werden 212
　Konflikte mit Laufwerkbuchstaben 203
　Laufwerk wird nicht erkannt 208
　Medium wegen zu vieler Lesefehler kaum oder nicht lesbar 211
　Wird im Laufwerk nicht erkannt 210

E-Mail
　Bilder werden nicht angezeigt 384
　Das Postfach läuft über 381
　Der Postversand scheitert immer beim ersten Mal 379
　Die Absenderangabe bei neuen E-Mails ist falsch 381
　Die Mails lassen sich nicht mehr abrufen 373
　Es kommen viele Spam-Mails 386
　Es wird ein Virus in einem E-Mail-Anhang gemeldet 408
　Ich habe eine Aufforderung meiner Bank erhalten, mich zur
　Überprüfung des Kontos neu anzumelden 421
　Lesebestätigung unterdrücken 385
　Welches E-Mail-Programm? 371
E-Mail-Programm
　Meldet zyklisch Übertragungsfehler 377
Energiesparfunktion
　Diese wird nie aktiv 145
Energiesparmodus
　Unerwünschtes Aufwachen 148

Excel
Menüband fehlt 528
Registerkarten- oder Schaltflächen fehlen 528

Explorer
Ordnersymbole sind falsch 449
Stürzt beim Öffnen von AVI-Dateien ab 181

F

Favoriten
Im Internet Explorer nicht anlegbar 369

Fehler
Fehlermeldungen entschlüsseln 93
Über den Zuverlässigkeitsverlauf aufspüren 90

Festplatte
Das externe Laufwerk wird nicht erkannt 192
Der Master Boot Record ist defekt 73
Die HDD-Anzeige leuchtet ständig, aber das Laufwerk wird nicht erkannt 190
Es gibt Fehler 205
Es gibt Konflikte mit Laufwerkbuchstaben 203
Fehlt beim Systemstart in BIOS-Anzeige 193
Nachrüsten 192
Probleme mit der Partitionierung 194
Schaltet sich bei unbenutztem Rechner ab 149
SMART-Werte auslesen 207
Unter Windows partitionieren 196
Wird nicht erkannt 189
Zugriffe sehr langsam 201
Zugriffe sind sehr langsam 425

Firefox
Cookie-Sperre blockiert Internetseiten 359
Der Browser startet mit einer bestimmten Internetseite 356
Der Suchanbieter ist verändert 357
Internetseiten sind nicht erreichbar 358
Texte sind sehr groß oder kaum noch lesbar 355

Firewall
Braucht es eine Zwei-Wege-Firewall? 398
Ich muss den Rechner mit einer Firewall sichern 398

Wartungscenter erkennt die Firewall nicht 394
Wartungscenter meldet keine deaktivierte Firewall 395

FireWire
Der Camcorder lässt sich nicht ansprechen 493

Foto
Bei meinen Fotodateien fehlen die EXIF-Daten 466
Beschriftung von TIFF-Bildern ist verschwunden 469
Das Foto wird beim Vergrößern unscharf oder weist Klötzchen auf ...467
Die Bildqualität sinkt beim Bearbeiten 467
Die Fotodateien sind riesig 468
Die Vorschau auf Grafikdateien klappt nicht 471
Lässt sich nicht bearbeiten 472
Probleme am PC 466
Schlechte Bildqualität beim Einlesen einer Foto-CD 469
Übernahme aus der Digitalkamera in den PC 464

Foto-CD
Schlechte Bildqualität beim Einlesen 469

Fotoordner
Schaltflächen fehlen 471

Gerät
Der Hersteller lässt sich nicht identifizieren 236
Modem/ISDN-Karte verursacht Probleme 336

Geräte-Manager
Es werden so komische Zeichen bei den Geräten angezeigt 306
Phantomgeräte einblenden 309

Grafikkarte
Anzeigefehler treten ständig auf 221
Auflösung lässt sich nicht ändern 222
Bei der Nutzung von 3D-Anzeigen wird der Bildschirm schwarz ...222
Bildschirm bleibt bei höheren Auflösungen dunkel 222
Der zweite Ausgang funktioniert nicht 225
Die Steckkarte passt nicht 218
Farbtiefe fehlerhaft 222
Höhere Bildwiederholfrequenzen fehlen 265
Konflikte mit dem Onboard-Grafikchip 218
Probleme beim Ein-/Ausbau 217

Problemfinder

Probleme nach der Treiberaktualisierung 219
Treiberprobleme beim Wechsel 219

Grafikvorschau
Die Miniaturansicht geht nicht mehr 187

H Hilfe
Probleme mit Hilfedateien 536

I Infobereich
Einige Symbole werden im Infobereich nicht mehr angezeigt 127

Installation
Abbruch der Windows-Installation 155
Der Installer stürzt ab oder der Rechner hängt sich auf 291
Ein Programm lässt sich nicht installieren 289
Setup meldet fehlende Dateien 290
Setup meldet Fehler 290
Setup meldet, dass Dateien in Benutzung sind 290

Installer
Auf den MSI-Installer kann nicht zugegriffen werden 291

Internet
Bei Internetsitzungen kommen plötzlich Werbedialoge 366
Datendurchsatz sinkt beim Kopieren 346
Der Internetzugang funktioniert nicht 340
Die Verbindung wird nach einiger Zeit abgebrochen 344
Durchsatz der Verbindung zu gering 345
Gibt es Sicherheitslücken in meinem System? 396
Keine Verbindung möglich 347
Verbindung wird nicht mehr automatisch aufgebaut 343
Webseiten nicht abrufbar 346

Internet Explorer
Adress- oder Symbolleiste sind verschwunden 352
Beim Drucken von Internetseiten wird der rechte Rand
abgeschnitten 369
Cookie-Sperre blockiert Internetseiten 359
Das Drucken von Internetseiten bereitet Probleme 369
Das Fenster ist beim Öffnen zu klein/zu groß 356
Der Browser startet mit einer bestimmten Internetseite 356
Der Flash Player funktioniert nicht 368

Der Suchanbieter ist verändert 357
Die JAVA Virtual Machine fehlt 368
Die Symbolleiste zeigt Werbeeinträge 354
Die Titelleiste zeigt einen Werbeeintrag 354
Download von Dateien klappt nicht mehr 364
Einträge in den Symbolleisten sind verschwunden 353
Internetseiten sind nicht erreichbar 358
Keine Anzeige von Grafiken 364
Keine Anzeige von PNG-Dateien 364
Phishingfilter einstellen 423
Registerkarten fehlen in Internetoptionen .370
Seite über »E-Mail senden« gesperrt 355
Sicherheitseinstellungen erlauben keinen Download 364
Stürzt ab oder funktioniert nicht 349
Texte sind sehr groß oder kaum noch lesbar 355
Trotz Werbeblocker kommt noch Werbung auf Webseiten 367
URL-Liste selektiv löschen 363

Internetzugang
Der Internetzugang ist im Ausland nicht möglich 341

ISDN
Karte wird nicht erkannt 337

Kartenleser
Automatische Wiedergabe funktioniert nicht mehr 214
Unnütze Laufwerke ausblenden 205

Kontextmenü
Die Anzeige in der Taskleiste/des Startmenüs funktioniert nicht
mehr 123

Konto
Das Kennwort wurde vergessen 518
Ich kann den Typ nicht ändern 515

Laufwerkbuchstaben
Verschwunden 446

Laufwerke
CD-/BD-/DVD-Laufwerk wird nicht erkannt 208
Die freie Kapazität eines Laufwerks ist erschöpft 427

> Es gibt Konflikte mit Laufwerkbuchstaben 203
> Verschwunden 439

Laufwerkzugriff
> Wegen Beschränkungen abgebrochen 440

Lautstärke
> Die Audiowiedergabe ist zu laut/zu leise oder stumm 474

LCD-Anzeige
> Die Anzeige bleibt nach dem Einschalten dunkel 56

LLTD-Paket
> Nicht installierbar 328

M Master Boot Record
> Defekt 73

Maus
> Batterie ist sehr schnell leer 268
> Das Mausrädchen funktioniert nicht 273
> Der Doppelklick funktioniert nicht richtig 275
> Der Mauszeiger sieht komisch aus und die Dokumentseiten scrollen plötzlich 272
> Der Schatten des Mauszeigers ist plötzlich weg 275
> Die Funktion der linken und rechten Taste ist vertauscht 274
> Die mittlere Maustaste ist ohne Funktion 272
> Funktioniert nicht 268
> Markiert ohne gedrückte Maustaste 274
> Mauszeiger besitzt plötzlich ein anderes Symbol 275
> Mauszeiger verschwindet bei Tastatureingaben 272
> Mauszeiger zieht eine Spur über den Bildschirm 275
> Streikt nach Batteriewechsel 269

Mauszeiger
> Bewegt sich bei Tastatureingaben am Notebook 268

Media Player
> Bei der Wiedergabe fehlt der Ton oder ist zu leise 476
> Der Player meldet ein Problem mit dem Audiogerät 472
> Die Audiowiedergabe stockt und stottert 473
> Kein Ton 476

MIDI-Ausgang
> Nicht wählbar 474

Mikrofon
   Zu leise 476

Minianwendung
   Probleme bei der Anzeige 118
   Startet nicht mehr 119

Miniaturansicht
   Geht nicht mehr 187

Modem
   Das Gerät wählt nicht oder bekommt keinen Freiton 338
   Das Modem funktioniert nicht 337
   Windows meldet den Fehler 678 339

Monitor
   Der Bildschirm flimmert 263
   Der Bildschirm zirpt oder pfeift 264
   Die angezeigten Farben stimmen nicht 224
   Die Anzeige des Bildschirms ist fehlerhaft 265
   Die TFT-Anzeige ist fehlerhaft 225

MSI-Installer
   Fehler beim Aufruf 291

Musik-CD
   Lieder haben unterschiedliche Lautstärke 507

Musikordner
   Schaltflächen fehlen 471

Nero
   Installation endet mit einem Fehler 495
   Laufwerke verschwunden 208
   Nur ein Brenner wird unterstützt 497
   Programmabsturz beim Brennen 498

Netzwerk
   Datendurchsatz sinkt beim Kopieren 346
   Datentransfer in Windows Vista anzeigen? 331
   Defekt in Windows reparieren lassen 321
   Falschen Netzwerkstandort ändern 322
   Gesamtübersicht zeigt Windows XP-Rechner fehlerhaft an 328
   Internetverbindung wird nicht hergestellt 321
   Keine Verbindung möglich 317

Netzwerkübersicht funktioniert nicht 328
Probleme mit der WLAN-Verbindung 334
Probleme mit Freigaben und Zugriffsrechten .332
Rechner im Netzwerk werden nicht gefunden 324
Rechner können in Netzwerksegmenten nicht erreicht werden 331
Softwarekonfigurierung überprüfen/reparieren 321
Standort nicht änderbar 323
Verbindungsproblem lösen 170
Windows XP-Rechner werden nicht erkannt .328

Netzwerksymbol
Zeigt gelbes Dreieck mit Ausrufezeichen 320
Zeigt weißes Kreuz auf rotem Kreis 320

Notebook
Boot-CD/-DVD wird nicht erkannt 71

Office
Es werden keine Makros ausgeführt 533
Funktionen weisen Fehler auf 526
Lässt sich nicht deinstallieren 526
Probleme bei der Installation 525
Start im abgesicherten Modus 534
Teile von Office sind beschädigt 523

Ordner
Das Attribut »Versteckt« einer Datei lässt sich nicht anwählen 442
Der Ordner wurde irrtümlich gelöscht 454
Die Symbole werden nur blass angezeigt 442
Lassen sich nicht löschen 453

Ordneranzeige
Navigationsbereich wird nicht nachgeführt 438
Navigationsleiste springt 436
Wechseldatenträger nicht sichtbar 438

Ordnerfenster
Anzeige für alle Ordner eines Typs vereinheitlichen 435
Befehl Ordner- und Suchoptionen gesperrt .448
Darstellung der Systemsteuerung stimmt nicht 152
Das Fenster ist beim Öffnen immer so klein .447
Dateien werden im Ordnerfenster nicht richtig angezeigt oder
sortiert 449

Dateinamenerweiterungen fehlen 446
Einträge in der Systemsteuerung fehlen 153
Gleiche Darstellung für alle Ordner erzwingen 435
In der Symbolleiste fehlen plötzlich Schaltflächen 447
In Kontakte fehlen die Schaltflächen Importieren/Exportieren 447
Laufwerkbuchstaben fehlen 446
Laufwerke verschwunden 439
Manche Dateien werden nicht angezeigt 442
Menüleiste fehlt 436
Miniaturansichten von Videos bringen Windows-Explorer zum
Absturz 452
Miniaturansichten werden für einige Dateien nicht angezeigt 451
Nimmt gesamten Desktop ein 436
Ordnersymbole sind falsch 449
Symbolleiste anpassen 437
Verhalten anders als bei Windows XP 436
Vorschau verschwunden 451
Wenn ich ein Ordnerfenster öffne, sieht die Anzeige ständig
anders aus 435
Zugriff auf Laufwerk gesperrt 440
Zugriff auf Ordner wird verweigert 443
Zugriff auf Ordner/Dateien nicht möglich .444

Outlook
Die Mails lassen sich nicht mehr abrufen 373
E-Mail-Anhang lässt sich nicht öffnen 382
Vorgang wegen Beschränkungen abgebrochen 372

Outlook 2002
Das Kennwort für das Konto wird nicht gespeichert 381

Papierkorb
Das Symbol ist verschwunden 104
Lässt sich nicht leeren 431

Passwort
Ich habe irrtümlich Passwörter für Webseiten speichern lassen 361

PC-Card
Die Steckkarte macht Probleme 237

PCI-Mini
Die Steckkarte macht Probleme 239

Peripheriegeräte
　Funktionieren nicht 282

Phishing
　Phishingfilter ein-/ausschalten 423
　Wie kann ich mich schützen? 421

Problemanalyse
　Systemstabilitätsbericht anfordern 91

Problemberichterstattung
　Abschalten 173

Programme
　.exe-Datei nicht mehr aufrufbar 184
　Anwendung startet nicht mehr 536
　Ausführung vom Administrator geblockt 537
　Die Anwendung bereitet Probleme .176
　Die Deinstallation bricht mit einem Fehler ab 296
　Die Firewall blockiert mein Programm 399
　Die Installation ist nicht möglich 289
　Doppelklick auf Dokumentdatei startet falsche Anwendung 182
　Eine Anwendung soll deinstalliert werden 295
　Eintrag im Startmenü in der linken Spalte anheften 140
　Hängende Anwendung beenden 179
　Hängende Prozesse analysieren 86
　Laufen nicht mehr unter Windows XP 174
　Startet nicht mehr 137
　Startoptionen für ein Programm im Startmenü anpassen 136

R

RAM
　Probleme mit dem Arbeitsspeicher .233
　Verursacht Rechnerabstürze 98

Raumklang
　Bei der Wiedergabe bleiben Lautsprecher stumm 481

Rechner
　Abstürze durch Speicherbausteine 98
　Auf dem System ist ein Trojaner installiert 415
　Beim Start erscheint das Menü mit den erweiterten Startoptionen 84
　Beschädigte Dateien werden gemeldet 96
　Boot-CD/-DVD wird nicht erkannt .71

Bootet nicht mehr 62
Das Herunterfahren dauert ewig 163
Das Herunterfahren endet mit Bluescreen 165
Das System friert ein 85
Das System schaltet sich beim Herunterfahren nicht aus 164
Der Master Boot Record der Festplatte ist defekt 73
Der Ruhezustand geht nicht mehr 149
Der Windows-Start dauert sehr lange .165
Die Festplatte wird nicht erkannt 189
Es wird ein HDD Controller Error gemeldet 189
Herunterfahren klappt nicht mehr 160
In den Auslieferungszustand zurücksetzen 158
Ist mein Rechner sicher? 391
Konflikte mit Laufwerkbuchstaben 203
Meldet »Non Systemdisk« 61
Nach dem Einschalten piept der Rechner nur 58
Nach dem Einschalten tut sich nichts 57
Piept beim Einschalten und die Anzeige bleibt dunkel 57
Registrierung beschädigt 95
Schaltet ab, wenn nicht damit gearbeitet wird 149
Startet bei Fehlern neu 85
Startet extrem langsam 62
Stürzt ab 84
Systemfehler über den Zuverlässigkeitsverlauf aufspüren 90
Wie kann ich die Neuanmeldung nach Arbeitspausen verhindern? . . .144
Windows startet nach dem Einschalten nicht 61
Zuklappen fährt System herunter 151

Rechnerstart
Der Bildschirm bleibt dunkel 56
Es wird ein Tastaturfehler gemeldet 60

Router
Internetzugang funktioniert nicht 337

Scannen
Das Scanprogramm hängt sich auf 461
Der Scan ist grob und pixelt beim Vergrößern 462
Die Scandateien sind riesig 462
Die Scans dauern sehr lange 462
Die Scans sind nur schwarz-weiß oder mit Falschfarben 463

Die Scans sind zu hell/zu dunkel 464
Die Scans weisen Streifen oder Schlieren (Moiré-Muster) auf 464

Scanner
Der Scanner wird nicht erkannt 457
Die Durchlichteinheit für Dias wird nicht erkannt 460

Schnittstelle
Probleme mit seriellen/parallelen Anschlüssen 288

Setup
Paket ist nicht für Windows geeignet 291

Sicherheit
Wartungscenter funktioniert nicht richtig 395

Sidebar
Die Sidebar wird vom Administrator verwaltet 118

Soundkarte
Bei der Soundausgabe treten Störgeräusche auf 231
Die digitalen Audioein-/-ausgänge funktionieren nicht 232
Die Soundausgänge bleiben stumm 227
Kollision mit dem Onboard-Sound 231
Nur die vorderen Lautsprecher funktionieren 232

Speicherdiagnose
Aufrufen 65

Speicherkarte
Es werden häufig Datenfehler gemeldet 466

Speicherkartenleser
Automatische Wiedergabe funktioniert nicht mehr 214

Spiele
Laufen nicht mehr unter Windows 174

Startmenü
Aufrufoptionen für Programme anpassen 136
Befehle wie Systemsteuerung, Hilfe, Geräte und Drucker etc.
fehlen 133
Benutzer wechseln gesperrt 510
Das Benutzerbild hat sich geändert 143
Das Startmenü funktioniert nicht mehr 130
Das Startmenü zeigt plötzlich die alte Windows-Darstellung 142
Die linke Spalte im Startmenü zeigt ständig neue
Programmeinträge 140
Die Liste der zuletzt verwendeten Dokumente unterdrücken 134

Die Symbole sind fehlerhaft 108
Die Tastenkürzel für Startmenüeinträge gehen nicht mehr 143
Ein Eintrag wie »Systemsteuerung« öffnet ein Menü 134
Ein Programm startet nicht mehr 137
Eintrag fehlt nach Programminstallation 134
Einträge für Drucker und Geräte etc. fehlen 134
Einträge im Startmenüzweig »Alle Programme« löschen 131
Einträge im Zweig »Alle Programme« fehlen 130
Einträge im Zweig »Alle Programme« verschoben oder gelöscht 130
Einträge nicht löschbar/verschiebbar 131
Gelöschten Startmenüeintrag zurückholen 134
Kontextmenü funktioniert nicht mehr 132
Programm anheften/lösen 141
Schaltfläche »Herunterfahren« fehlt 152
Tastenkürzel für Programmeinträge funktionieren nicht mehr 116
Ziehen funktioniert nicht mehr 132

Startmenüeintrag
Auf Desktop verrutscht 131

Steckkarte
Der Hersteller lässt sich nicht identifizieren 236
Der PC-Card-Adapter macht Probleme 237
PCI-Mini-Steckkarte macht Probleme 239

Suche
Funktioniert nicht 455

System
Es hat sich ein Wurm/Bot auf dem Rechner eingenistet 415

Systemfehler
Über die Ereignisanzeige aufspüren 88

Systemsteuerung
Darstellung stimmt nicht 152
Es fehlen Einträge 153

Systemwiederherstellung
Betroffene Programme ermitteln 79
Die Funktion macht Probleme 159
Funktioniert nicht 55
Wiederherstellungsprüfpunkte verschwinden 55

Systemwiederherstellungsoptionen
Verwenden 65
Zugriff auf Ordner 70

T Taskleiste

- Anheften funktioniert nicht mehr ... 126
- Anpassung gesperrt ... 124
- Das Kontextmenü funktioniert nicht mehr ... 123
- Das Symbol für ein Fenster fehlt in der Taskleiste ... 121
- Die Aero Peek-Miniaturvorschau erscheint nicht ... 122
- Die Darstellung ist zu groß ... 120
- Die Symboltitel sind abgeschnitten ... 121
- Die Taskleiste ist verschoben ... 120
- Die Taskleiste verschwindet ständig ... 121
- Es ist plötzlich eine neue Symbolleiste vorhanden ... 125
- Gruppieren klappt nicht mehr ... 121
- Sprungliste funktioniert nicht mehr ... 126

Task-Manager

- Das Menü fehlt ... 181

Tastatur

- Buchstaben werden wiederholt ... 278
- Die Tastenbelegung ist vertauscht ... 280
- Eingaben erscheinen in Großbuchstaben ... 278
- Es wird beim Einschalten des Rechners ein Fehler gemeldet ... 60
- Funktastatur funktioniert nach dem Batteriewechsel nicht mehr ... 277
- Funktioniert nicht richtig ... 276
- Numerischer Tastenblock funktioniert nicht ... 278
- Tasten funktionieren nicht (Notebook) ... 280

TFT-Monitor

- Wird nicht erkannt ... 265

Thunderbird

- Die Mails lassen sich nicht mehr abrufen ... 373
- Postfach wird nicht abgefragt ... 377

Touchpad

- Funktioniert nicht ... 267

Treiber

- Der Hardwareassistent findet das neue Gerät nicht ... 301
- Der installierte Treiber spinnt ... 306
- Der Treiber lässt sich nicht installieren ... 306
- Der Treiber muss aktualisiert werden ... 308
- Der Treiber muss entfernt werden ... 308
- Die neue Version weist Fehler auf oder ist instabil ... 308

Einträge für bereits entfernte Treiber anzeigen und entfernen 309
Es treten Interrupt- und Ressourcenkonflikte auf 310
Es wird angeblich kein Treiber gefunden 248
Setup bricht mit Fehler ab 302
Windows erkennt das falsche Gerät 304
Windows erkennt das Gerät nicht 301
Windows findet keinen Treiber 303
Windows findet keinen Treiber oder bemängelt diesen 299

Trojaner
Es wurde ein Trojaner auf meinem System gefunden 415

Uhrzeit
Die Uhr lässt sich nicht dauerhaft stellen 130
Uhrzeit ist falsch 129

Updates
Ausblenden 313
Ausgeblendete anzeigen 313
Das Wartungscenter meldet keine anstehenden Updates 395
Ein Update macht Ärger, wie entferne ich es? 314
Fehlerursache analysieren 314
Funktioniert nicht 313
Hilfe bei Problemen erhalten 314

USB
Ein Gerät wird nicht erkannt 283
Gerät kann nicht gestartet werden 284
Geräte funktionieren nicht 283
Windows beschwert sich, dass ein USB 2.0-Gerät erkannt wird 286

USB-Stick
Wird beim Einstecken nicht erkannt 216

USB-Tastatur
Funktioniert im abgesicherten Modus nicht 85

Video
Bei der Aufnahme treten Bildstörungen auf 491
Bei der Wiedergabe flimmert das Bild 488
Bei der Wiedergabe gibt es Streifen 488
Bei der Wiedergabe sind schwarze Streifen sichtbar 485

Bestimmte (AVI-)Dateien lassen sich nicht abspielen 489
Bild hat einen Farbfehler oder ist schwarz-weiß 487
Das Bild ruckelt bei der Wiedergabe im Player 486
Das Bild steht bei der Wiedergabe auf dem Kopf 483
Das Bild weist Fehler auf 488
Der falsche Media Player startet beim Zugriff auf eine Videodatei
per Doppelklick 490
Der Media Player meldet bei einer DVD einen falschen Ländercode . .483
Die Anzeige ist verzerrt oder die Bilder werden abgeschnitten 485
Die Audiowiedergabe ist zu laut/zu leise oder es fehlt der Ton 474
Es lassen sich keine DVDs abspielen 483
Grüne Streifen oder Flächen statt des Videobilds bei der
Wiedergabe 483
Kein Bild oder fehlerhafte Wiedergabe beim Abspielen im Player 482
Kein Ton bei der Wiedergabe von Videomaterial 480
Raumklang funktioniert bei der Wiedergabe nicht 481
Tonstörungen bei Videoaufnahmen 490

Video-CD
Die selbstgebrannten Video-CDs lassen sich nicht abspielen 503

Videodatei
Absturz des Windows-Explorers bei Anzeige von Miniaturansichten . .452

Video-DVD
Lässt sich nicht wiedergeben 211

Videoordner
Schaltflächen fehlen 471

Viren
Der Rechner ist durch ein Virus befallen 413
Ich habe eine Datei bekommen, die Viren enthalten könnte 414
Wartungscenter erkennt den Virenscanner nicht 394
Wartungscenter meldet keinen abgelaufenen Virenscanner 395
Wie erkenne ich einen Befall? 408

Virenschutz
Was muss ich beachten? 408
Zum Nulltarif? 408

Vorsorge
Einen Systemreparaturdatenträger erstellen 47

Wartungscenter
    Es wird ein Problem gemeldet 392
    Löst Fehlalarm aus 394

Webseite
    Anmeldung klappt nicht 359

Wechseldatenträger
    Es gibt Konflikte mit Laufwerkbuchstaben 203

Wechselmedium
    Häufige Datenverluste und Fehler beim Schreiben 216

Windows
    Abgestürzte Anwendung beenden? 179
    Absturz beim Starten 84
    Auf dem System ist ein Trojaner installiert 415
    Bei der Installation wird gemeldet, dass Dateien in Benutzung sind ..290
    Bei der Wiedergabe von Audiodaten bleibt der Soundausgang stumm 473
    Beim Start erscheint vor dem Laden von Windows immer ein Textmenü 83
    Beim Start werden mysteriöse Programme geladen 182
    Benutzeranmeldung unmöglich, da Benutzerkonten in Anmeldung fehlen 512
    Benutzerkonten sind unsicher 514
    Benutzerkonto fehlt auf Anmeldeseite 511
    Benutzerordner verschoben 434
    Bootet extrem langsam 62
    Bootet nicht mehr 62, 198
    Bootmenü reparieren 82
    Brenner wird nicht erkannt 496
    Das Bootmenü verschwindet zu schnell oder fehlt 83
    Das Herunterfahren dauert ewig 163
    Das Herunterfahren endet mit Bluescreen 165
    Das Kennwort für ein Konto wurde vergessen 518
    Der Desktop zeigt zwei Desktop.ini-Dateien 109
    Der Desktophintergrund ist plötzlich anders 114
    Der Rechner ist durch ein Virus befallen 413
    Der Rechner schaltet sich beim Herunterfahren nicht aus ..164
    Der Ruhezustand geht nicht mehr 149
    Der Start dauert ewig 165
    Die Audiowiedergabe ist zu laut/zu leise oder es fehlt der Ton 474

Problemfinder

Die Energiesparoptionen werden nicht aktiviert	145
Die Fenster sehen plötzlich andersfarbig aus	112
Die Medienwiedergabe bewirkt ein Aufhängen	173
Die Problemberichterstattung abschalten	173
Die Programminstallation ist nicht möglich	289
Ein Gerät funktioniert nicht	306
Ein Programm wird nicht mehr gebraucht, wie bekommt man es weg?	295
Ein Update macht Ärger, wie entferne ich es?	314
Einige Ordnersymbole sehen anders aus	449
Erweiterte Startoptionen abrufen	75
Es erfolgen häufige Festplattenzugriffe	170
Es fehlen Windows-Komponenten oder diese sollen entfernt werden	293
Es gibt Probleme mit einem Treiber	299
Es wird angeblich kein Treiber gefunden	248
Es wird ein neues Benutzerkonto gebraucht	516
Es wird ein unbekannter Bildschirm gemeldet	265
Es wird eine beschädigte/fehlende Datei gemeldet	96
Festplattenzugriffe werden immer langsamer	425
Gebrannte Medien sind unter anderen Betriebssystemen nicht lesbar	499
Gibt es Sicherheitslücken in meinem System?	396
Herunterfahren klappt nicht mehr	160
Ist ein Update erforderlich?	312
Ist mein Rechner sicher?	391
Keine Anmeldung möglich	512
Keine Netzwerkverbindung möglich	317
Kurzzeitiges Einfrieren	85
Lässt sich nicht installieren	155
Letzten funktionierenden Zustand zurückholen	77
Liegt ein Befall durch Adware (Spyware) vor?	418
Menü fehlt im Task-Manager	181
Muss neu installiert werden	156
Papierkorb lässt sich nicht leeren	431
Programmstandards festlegen	293
Registrierung beschädigt	95
Reparatur per Systemabbildsicherung	79
Reparaturinstallation versuchen	156
Schnelle Benutzerumschaltung klappt nicht mehr	510

Setup-DVD fehlt 159
Spiele und Programme laufen nicht mehr 174
Start/Herunterfahren analysieren 166
Startet nicht mehr 73
Starthilfe zur Reparatur verwenden 75
Stürzt ab 84
Systemfehler über den Zuverlässigkeitsverlauf aufspüren 90
Task-Manager lässt sich nicht aufrufen 180
Über Systemwiederherstellung zurücksetzen 78
Update funktioniert nicht 313
Update wird nicht ausgeführt 310
Verursacht zyklischen Neustart 85
Wacht automatisch aus Energiesparmodus auf 148
Wartungscenter funktioniert nicht richtig 394
Wartungscenter meldet fehlende Firewall/Virenscanner 394
Wartungscenter meldet Probleme 392
Webseiten bei DSL im Netzwerk nicht abrufbar 346
Wie kann ich die Neuanmeldung nach Arbeitspausen verhindern? ... 144
Wiederherstellungspunkt anlegen 54
Zugriff auf Dokumente und Einstellungen ist gesperrt 443

Windows Live Mail
Die Mails lassen sich nicht mehr abrufen 373
Druckfunktion gesperrt 386
E-Mail-Anhang lässt sich nicht öffnen 382
Funktioniert nicht mehr 388
In den E-Mails fehlen Bilder 384
Nachrichten nicht mehr löschbar 385

Windows Live Movie Maker
Meldet Fehler beim Im-/Export von Videodateien 492

Windows Media Center
Fehlt 493
Meldet fehlenden Decoder 493
Startet nicht mehr 493

Windows Media Player
Fehlt 479
Funktioniert nicht mehr 479

Windows-Defender
Ist abgeschaltet 420

Windows-Explorer
Laufwerkbuchstaben verschwunden 446
Stürzt ab 88

Windows-Firewall
Ausgehende Verbindungen blockieren 404

Windows-Hilfe und Support
Funktioniert nicht 536

WLAN
Die Verbindung macht Probleme 334
Karte macht im Batteriebetrieb Probleme 334
Lässt sich aus dem Standby-Modus nicht aktivieren 334
Verbindungsabbrüche 335
Wird nicht gefunden 334

Word
Dokumentdatei lässt sich nicht mehr öffnen 531
Dokumente nach Absturz restaurieren 530
Lineale fehlen 528
Menüband fehlt 528
Scanfunktion fehlt 529
Schaltflächen oder Registerkarten fehlen 528
Seitenränder liegen außerhalb des druckbaren Bereichs 527
Stürzt bei der Dokumentbearbeitung häufig ab 530

Inhaltsverzeichnis

Vorwort 43

So arbeiten Sie mit diesem Buch 45

1 **Wenn der Rechner nicht mehr will** 47
   1.1 Vorsorgemaßnahmen 47
      1.1.1 Einen Windows 7-Reparaturdatenträger erstellen. 47
      1.1.2 Eine Systemabbildsicherung erstellen 49
      1.1.3 Alternative Sicherungstools verwenden. 51
      1.1.4 Systemzustand über die Systemwiederherstellung sichern 54
   1.2 Wenn nichts mehr geht. 56
      1.2.1 Der Bildschirm bzw. die LCD-Anzeige bleibt dunkel 56
      1.2.2 Nach dem Einschalten des Rechners tut sich nichts. 57
      1.2.3 Nach dem Einschalten piept der Rechner nur 58
      1.2.4 Der Rechner meldet beim Start einen Tastaturfehler. 60
      1.2.5 Der Rechner startet, kann aber kein Windows laden 61
      1.2.6 Windows-Reparatur bei beschädigten Startdateien. 62
      1.2.7 Verwenden der Wiederherstellungstools 65
      1.2.8 Die CD/DVD wird beim Booten nicht erkannt 71
      1.2.9 Reparatur der Startdateien (Systemstartreparatur) 73
      1.2.10 Systemreparatur mit der Starthilfe 75
      1.2.11 Systemreparatur über »Erweiterte Startoptionen«. 75
      1.2.12 Windows über die Systemwiederherstellung zurücksetzen. . . .78
      1.2.13 Windows über eine Systemabbildsicherung reparieren. 79
      1.2.14 Reparatur des Bootmenüs 82
      1.2.15 Das Bootmenü fehlt oder verschwindet sofort 83
   1.3 Der Rechner stürzt einfach ab 84
      1.3.1 Windows stürzt beim Starten ab, was tun? 84
      1.3.2 Systemneustart bei Fehlern unterbinden 85
      1.3.3 Kurzzeitiges Einfrieren unter Windows 7 85
      1.3.4 Fehlerkontrolle über die Ereignisanzeige 88
      1.3.5 Den Zuverlässigkeitsverlauf einsehen 90
      1.3.6 Den Systemstabilitätsbericht von Windows anfordern 91
      1.3.7 Fehlercodes entschlüsseln 93
      1.3.8 Bluescreen-Diagnose 94
      1.3.9 Windows meldet eine beschädigte Registrierung 95
      1.3.10 Windows meldet eine beschädigte oder fehlende Datei 96

		1.3.11	Treiberüberprüfung mit Verifier 97
		1.3.12	Es wird ein CMOS-Fehler gemeldet 98
		1.3.13	Rechnerabstürze durch defekte Speicherbausteine 98

2   Kleine und größere Windows-Sorgen 101

2.1   Ärger mit dem Desktop 101
- 2.1.1   Der Desktop ist plötzlich leer 101
- 2.1.2   Mein Desktop ist komplett verschwunden 102
- 2.1.3   Einige Desktopsymbole sind verschwunden 103
- 2.1.4   Verknüpfungssymbole auf dem Desktop ablegen 105
- 2.1.5   Symboltitel sind falsch, kann ich sie umbenennen? 106
- 2.1.6   Falsche Desktopsymbole, kann ich das ändern? 107
- 2.1.7   Der Desktop zeigt zwei Desktop.ini-Dateien 109
- 2.1.8   Die Desktopsymbole sind nicht verschiebbar 109
- 2.1.9   Die Desktopsymbole sind plötzlich zu groß/zu klein? 111
- 2.1.10 Die Windows-Fenster sehen plötzlich anders aus 112
- 2.1.11 Probleme mit dem Desktophintergrund 114
- 2.1.12 Tastenkürzel für Verknüpfungen funktionieren nicht mehr ... 116
- 2.1.13 Docking am Bildschirmrand funktioniert nicht mehr 117
- 2.1.14 Aero Shake funktioniert nicht mehr 117
- 2.1.15 Probleme mit Minianwendungen 118

2.2   Ärger mit der Taskleiste 119
- 2.2.1   Die Taskleiste ist plötzlich verschoben oder zu groß 120
- 2.2.2   Die Taskleiste ist plötzlich verschwunden 121
- 2.2.3   Anzeigeprobleme in der Taskleiste 121
- 2.2.4   Das Kontextmenü der Taskleiste funktioniert nicht mehr 123
- 2.2.5   Taskleistenanpassungen gesperrt 124
- 2.2.6   Plötzlich ist da eine neue Leiste in der Taskleiste 125
- 2.2.7   Anheften an die Taskleiste klappt nicht mehr 126

2.3   Ärger mit dem Infobereich der Taskleiste 127
- 2.3.1   Im Infobereich fehlen Symbole 127
- 2.3.2   Die Uhr geht vor oder das Datum ist falsch 129

2.4   Probleme mit dem Startmenü 130
- 2.4.1   Das Startmenü funktioniert nicht mehr 130
- 2.4.2   Probleme mit dem Startmenüzweig »Alle Programme« 130
- 2.4.3   Bei mir fehlen Befehle im unteren Bereich des Startmenüs ... 133
- 2.4.4   Programminstallation: Startmenü-/Desktopeintrag fehlt 134
- 2.4.5   Hilfe, ich habe einen Startmenüeintrag gelöscht 134
- 2.4.6   Mein Programm startet plötzlich anders 136
- 2.4.7   Mein Programm startet nicht (mehr) 137

	2.4.8	Die linke Spalte des Startmenüs ändert sich ständig.	140
	2.4.9	Startmenü und Fenster sehen »alt« aus	142
	2.4.10	Mein Bild im Startmenü hat sich geändert.	143
	2.4.11	Tastenkürzel für Startmenüeinträge gehen nicht mehr	143
2.5		**Bildschirmschoner und Energiesparoptionen**	143
	2.5.1	Der Bildschirmschoner nervt	143
	2.5.2	Probleme mit den Energiesparoptionen.	145
	2.5.3	Unerwünschtes Aufwachen aus dem Energiesparmodus abschalten	148
	2.5.4	Bildschirm, Festplatte oder Rechner schaltet sich ab	149
2.6		**Probleme mit der Systemsteuerung**	152
	2.6.1	Die Darstellung der Systemsteuerung stimmt nicht	152
	2.6.2	In der Systemsteuerung fehlt was	153

3 Wenn Windows richtig spinnt 155

3.1		**Wenn Windows neu installiert werden muss**	155
	3.1.1	Windows lässt sich nicht installieren	155
	3.1.2	Windows 7-Reparaturinstallation	156
	3.1.3	Rechner in Auslieferungszustand zurücksetzen	158
	3.1.4	Installationsdatenträger für Neuinstallation fehlt	159
3.2		**Wenn Windows-Funktionen streiken**	159
	3.2.1	Probleme mit der Systemwiederherstellung	159
	3.2.2	Das Herunterfahren von Windows klappt nicht mehr	160
	3.2.3	Das Herunterfahren endet mit einem Bluescreen	165
	3.2.4	Der Windows-Start dauert endlos	165
	3.2.5	Bootanalyse unter Windows.	166
	3.2.6	Der Rechner ackert nur noch auf der Festplatte	170
3.3		**Allgemeine Probleme mit Windows-Funktionen und Programmen**	170
	3.3.1	Zugriff auf die Problembehandlung zur Fehlerkorrektur	170
	3.3.2	Verwenden des Microsoft Fix it-Supportcenters	172
	3.3.3	Problemberichterstattung anpassen	173
	3.3.4	Medienwiedergabe hängt Windows oder den Player auf	173
	3.3.5	Spiele und Programme laufen nicht mehr	174
	3.3.6	Anwendungen machen Probleme	176
	3.3.7	Die Datenausführungsverhinderung blockt ein Programm	178
	3.3.8	Eine Anwendung hängt, was kann ich tun?	179
	3.3.9	Der Task-Manager lässt sich nicht aufrufen	180
	3.3.10	Beim Task-Manager fehlt die Menüleiste	181
	3.3.11	Der Explorer stürzt beim Öffnen ab	181
	3.3.12	Beim Start werden mysteriöse Programme geladen	182

3.4 Probleme mit Dateitypen ... 182
3.4.1 Ein Doppelklick startet das falsche Programm ... 182
3.4.2 .exe-Dateien lassen sich nicht mehr starten ... 184
3.4.3 Standarddateitypenzuordnung ändern ... 184
3.4.4 Anpassen der Registrierungseinträge für Dateitypen ... 185
3.4.5 Grafikvorschau und Miniaturansicht funktionieren nicht ... 187

4 Hardware- und Laufwerkprobleme ... 189
4.1 Ärger mit Festplattenlaufwerken ... 189
4.1.1 Die Festplatte wird nicht erkannt ... 189
4.1.2 Laufwerkpartitionierung prüfen und anpassen ... 194
4.1.3 Die Festplattenzugriffe sind sehr langsam ... 201
4.1.4 Es gibt Konflikte mit Laufwerkbuchstaben ... 203
4.1.5 Auf der Festplatte gibt es Lesefehler ... 205
4.1.6 SMART-Werte der Festplatte auslesen ... 207
4.2 Probleme mit BD-/DVD-Laufwerken ... 208
4.2.1 Das CD-/DVD-/BD-Laufwerk wird nicht erkannt ... 208
4.2.2 Die obigen Maßnahmen helfen nicht ... 208
4.2.3 Beim Einlegen einer CD/DVD/BD rattert das Laufwerk ... 210
4.2.4 Das Medium wird vom Laufwerk nicht erkannt ... 210
4.2.5 Ich krieg die CD/DVD nicht mehr aus dem Laufwerk ... 213
4.3 Wechselmedienlaufwerke ... 214
4.3.1 Ärger mit Autorun- und AutoPlay-Funktionen ... 214
4.3.2 Automatische Wiedergabe reparieren ... 214
4.3.3 USB-Speicherstick wird nicht erkannt ... 216
4.3.4 Häufige Datenverluste bei Wechselmedien ... 216
4.4 Probleme mit Grafikkarte und Bildschirm ... 217
4.4.1 Probleme beim Wechsel der Grafikkarte ... 217
4.4.2 Treiberprobleme smart gelöst ... 219
4.4.3 Es treten ständig Anzeigefehler auf ... 221
4.4.4 Anzeige fehlerhaft ... 222
4.4.5 Der zweite Videoausgang der Grafikkarte bleibt dunkel ... 225
4.5 Soundkarte ... 227
4.5.1 Die Soundausgänge bleiben stumm ... 227
4.5.2 Störgeräusche bei der Soundausgabe ... 231
4.5.3 Der digitale Audioein-/-ausgang funktioniert nicht ... 232
4.5.4 Nur die vorderen Lautsprecher funktionieren ... 232
4.6 Arbeitsspeicher und Steckkarten ... 233
4.6.1 Probleme mit dem Arbeitsspeicher ... 233
4.6.2 Geräte und PCI-Steckkarten identifizieren ... 236

	4.6.3	Probleme mit PC-Card-Steckkarten	237
	4.6.4	Probleme mit Mini-PCI-Steckkarten	239
4.7	Akkus bei Notebooks	239
	4.7.1	Akkuprobleme beim Notebook	239
	4.7.2	Tipps zur Akkupflege	241

5 Ärger beim Drucken und mit Peripheriegeräten 243

5.1	Wenn Drucker und Geräte streiken	243
	5.1.1	Der Ausdruck ist fehlerhaft	243
	5.1.2	Der Druckertreiber ist fehlerhaft	245
	5.1.3	Druckertreiber löschen	246
	5.1.4	Installation eine neuen Druckertreibers	247
	5.1.5	Es wird ein fehlender Standarddrucker bemängelt	250
	5.1.6	Es wird nichts gedruckt	250
	5.1.7	Der Druckauftrag wird nicht gelöscht	253
	5.1.8	Große Dokumente lassen sich nicht drucken	254
	5.1.9	Im Ausdruck fehlen Grafiken oder die Ränder	255
	5.1.10	Die Trennseite beim Drucken stört	255
	5.1.11	Weitere Probleme beim Drucken	255
	5.1.12	Farbstich bei Ausdrucken	261
	5.1.13	Eine Refill-Tintenpatrone wird nicht erkannt	262
5.2	Monitor und Flachbildschirm	263
	5.2.1	Der Bildschirm flimmert	263
	5.2.2	Fehler bei Röhrenmonitoren	265
5.3	Tastatur und Maus	267
	5.3.1	Das Touchpad funktioniert nicht	267
	5.3.2	Die (externe) Maus funktioniert nicht mehr	268
	5.3.3	Die Maus streikt nach dem Batteriewechsel	269
	5.3.4	Der Mauszeiger springt und ruckelt	271
	5.3.5	Die mittlere Maustaste ist ohne Funktion	272
	5.3.6	Das Mausrädchen funktioniert nicht richtig	273
	5.3.7	Die linke/rechte Maustaste ist vertauscht	274
	5.3.8	Die Maus markiert ohne gedrückte Taste	274
	5.3.9	Der Doppelklick funktioniert nicht richtig	275
	5.3.10	Der Mauszeiger zieht eine Spur hinter sich her	275
	5.3.11	Der Mauszeiger besitzt plötzlich andere Symbole	275
	5.3.12	Die (externe) Tastatur funktioniert nicht richtig	276
	5.3.13	Die Tastenbelegung ist vertauscht	280
5.4	Schnittstellen für externe Peripherie	282
	5.4.1	Probleme mit Peripheriegeräten	282
	5.4.2	Die USB-Geräte funktionieren nicht?	283

	5.4.3	Probleme mit Infrarot- und Bluetoothverbindungen 288
	5.4.4	Probleme mit weiteren Schnittstellen 288

6 Ärger bei Installation und Aktualisierung 289

6.1 Installationsprobleme unter Windows 289
- 6.1.1 Die Programminstallation ist nicht möglich 289
- 6.1.2 Der Installer stürzt ab oder das System hängt sich auf 291
- 6.1.3 Windows-Komponenten fehlen oder sind überflüssig. 293
- 6.1.4 Programmstandards festlegen. 293
- 6.1.5 Ein Programm soll entfernt werden. 295
- 6.1.6 Die Deinstallation eines Programms ist nicht möglich 296

6.2 Ärger mit Treibern und Gegenmaßnahmen 299
- 6.2.1 Windows macht Ärger mit Treibern 299
- 6.2.2 Hilfe, mein Treiber spinnt. 306
- 6.2.3 Inaktive Treiber im Geräte-Manager einblenden. 309

6.3 Probleme mit dem Windows Update 310
- 6.3.1 Updates werden nicht ausgeführt 310
- 6.3.2 Über Windows-Updates informieren lassen 312
- 6.3.3 Die Update-Funktion funktioniert nicht. 313
- 6.3.4 Ein Update bereitet Probleme, wie lösche ich es? 314

7 Konflikte mit Internet und Netzwerk 317

7.1 Wenn's mit dem Netzwerk nicht klappt. 317
- 7.1.1 Keine Verbindung im Netzwerk möglich 317
- 7.1.2 Netzwerksymbol zeigt Kreuz oder gelbes Dreieck 320
- 7.1.3 Die Netzwerkkonfiguration überprüfen und reparieren 321
- 7.1.4 Die Netzwerkrechner werden nicht gefunden 324
- 7.1.5 Problemstelle Netzwerkbrücke 331
- 7.1.6 Probleme mit Netzwerkfreigaben und Zugriffsrechten 332
- 7.1.7 Die WLAN-Verbindung macht Probleme 334

7.2 Probleme mit dem Internetzugang. 336
- 7.2.1 Modem/ISDN-Karte macht Probleme 336
- 7.2.2 Der Internetzugang funktioniert nicht. 340
- 7.2.3 Der Durchsatz der Internetverbindung ist zu gering. 345
- 7.2.4 Webseiten sind nicht erreichbar 346

8 Probleme mit E-Mail und WWW 349

8.1 Kleine und große Probleme beim Surfen 349
- 8.1.1 Der Internet Explorer stürzt ab bzw. funktioniert nicht 349
- 8.1.2 Den Internet Explorer zurücksetzen 350

	8.1.3	Probleme mit Leisten des Internet Explorers 352
	8.1.4	Symbolleisteneinträge sind verschwunden 353
	8.1.5	Browserinhalt ist sehr groß oder sehr klein 355
	8.1.6	Der Browser startet mit einer bestimmten Internetseite 356
	8.1.7	Der Suchanbieter des Browsers ist verändert. 357
	8.1.8	Internetseiten sind nicht erreichbar 358
	8.1.9	Cookie-Sperre blockiert Internetseiten. 359
	8.1.10	Die Surfspuren sollen entfernt werden 361
	8.1.11	Probleme mit Grafiken im Internet Explorer 364
	8.1.12	Der Download von Dateien klappt nicht mehr. 364
	8.1.13	Probleme mit Werbeeinblendungen (Popups) 366
	8.1.14	Die Java Virtual Machine fehlt im Internet Explorer. 368
	8.1.15	Der Adobe Flash Player funktioniert nicht. 368
	8.1.16	Phishingfilter, funktioniert der? 369
	8.1.17	Drucken von Webseiten bereitet Probleme 369
	8.1.18	Registerkarten fehlen in Internetoptionen 370
8.2	E-Mail-Probleme selbst beheben 371
	8.2.1	Windows enthält kein E-Mail-Programm. 371
	8.2.2	E-Mails lassen sich nicht importieren 372
	8.2.3	Outlook: Vorgang wegen Beschränkungen abgebrochen. 372
	8.2.4	Ich kann meine E-Mails nicht mehr abrufen 373
	8.2.5	Ein Postfach scheint nicht abgefragt zu werden. 377
	8.2.6	Der Postversand scheitert immer beim ersten Mal 379
	8.2.7	Die Absenderangabe bei neuen E-Mails ist falsch 381
	8.2.8	Outlook 2002 speichert das Kennwort nicht. 381
	8.2.9	Das Postfach läuft angeblich über. 381
	8.2.10	Anhänge lassen sich nicht öffnen .382
	8.2.11	In meinen E-Mails fehlen Bilder 384
	8.2.12	Lesebestätigung blockieren 385
	8.2.13	Windows Live Mail-Nachrichten lassen sich nicht löschen. . .385
	8.2.14	Es kommen sehr viele Spam-Mails, was tun?. 386
	8.2.15	Windows Live Mail reparieren 388

9 Windows-Sicherheit 391

9.1	Wie sicher ist mein System eigentlich?. 391
	9.1.1	Wie prüfe ich die Sicherheit? 391
	9.1.2	Das Wartungscenter meldet Probleme mit dem System 392
	9.1.3	Tests auf offene Sicherheitslücken über Internetseiten 396
9.2	Windows durch die Firewall absichern 397
	9.2.1	Was sollte ich über eine Firewall wissen? 397
	9.2.2	Die Firewall blockiert meine Programme. 399

Inhaltsverzeichnis

	9.2.3	Konfiguration der Windows-Firewall...................402
	9.2.4	Windows-Firewall mit erweiterter Sicherheit konfigurieren...404
9.3	**Befall durch Viren und andere Schädlinge** 406	
	9.3.1	Viren und Trojaner, wie kann man sie bekommen? 406
	9.3.2	Erkenne ich einen Befall durch Schadprogramme?........408
	9.3.3	Wie schütze ich mein System wirksam vor Schädlingen?....408
	9.3.4	Mein Rechner ist von einem Schadprogramm befallen......413
	9.3.5	Wechseldatenträger auf Schadprogramme prüfen.........414
	9.3.6	Mein System ist von einem Wurm/Bot befallen..........415
	9.3.7	Auf meinem System ist ein Trojaner installiert...........415
	9.3.8	Mein System ist von einem Dialer befallen 416
	9.3.9	Ist das System von Spyware befallen? 418
	9.3.10	Phishing, wie kann ich mich schützen 421

10 Ärger mit Laufwerken, Ordnern und Dateien 425

10.1	**Probleme mit Laufwerken**................................425	
	10.1.1	Festplattenzugriffe sind sehr langsam 425
	10.1.2	Windows meldet, dass ein Laufwerk voll ist 427
10.2	**Probleme mit Ordnerfenstern**..............................435	
	10.2.1	Meine Anzeige im Ordnerfenster wechselt ständig........435
	10.2.2	Das Ordnerfenster verhält sich anders als in Windows XP ...436
	10.2.3	Der Navigationsbereich wird nicht nachgeführt..........438
	10.2.4	Wechseldatenträger nicht immer sichtbar 438
	10.2.5	Laufwerke fehlen im Ordnerfenster....................439
	10.2.6	Laufwerkzugriff scheint gesperrt......................440
	10.2.7	Dateien werden im Ordnerfenster nicht angezeigt 442
	10.2.8	Windows verweigert den Zugriff auf Ordner 443
	10.2.9	Zugriff auf Ordner und Dateien nicht möglich...........444
	10.2.10	Laufwerkbuchstaben fehlen im Ordnerfenster 446
	10.2.11	Dateinamenerweiterungen werden nicht angezeigt 446
	10.2.12	Probleme mit der Darstellung der Ordnerfenster 447
10.3	**Weitere Probleme mit Ordnern und Dateien**...................449	
	10.3.1	Dateien werden im Ordnerfenster nicht sortiert 449
	10.3.2	Ordnerdarstellung ist fehlerhaft 449
	10.3.3	Probleme mit der Miniaturansicht in Ordnerfenstern 450
	10.3.4	Dateien sind nach dem Kopieren verschwunden 452
	10.3.5	Dateien sind schreibgeschützt 453
	10.3.6	Ein Ordner/eine Datei lässt sich nicht löschen............453
	10.3.7	Datenrettung bei gelöschten Dateien und Ordnern........454
	10.3.8	Probleme mit der Suchfunktion 455

11 Probleme mit Audio, Bild und Ton 457

11.1 Ärger beim Scannen 457
11.1.1 Der Scanner wird nicht erkannt 457
11.1.2 Typische weitere Scanprobleme 461

11.2 Probleme mit Bildern und Fotos 464
11.2.1 Problem: Fotoübernahme aus der Digitalkamera 464
11.2.2 Typische Probleme beim Umgang mit Fotodateien.........466
11.2.3 Schlechte Bildqualität beim Einlesen von Foto-CDs 469
11.2.4 Die Beschriftungen in TIFF-Bildern sind verschwunden....469
11.2.5 Die Vorschau auf Grafikdateien klappt nicht 471
11.2.6 Im Ordnerfenster fehlen Schaltflächen 471
11.2.7 Foto lässt sich nicht bearbeiten 472

11.3 Probleme bei der Audiowiedergabe/-aufnahme 472
11.3.1 Der Media Player meldet ein Problem mit dem Audiogerät...472
11.3.2 Eine Audio-CD lässt sich nicht wiedergeben 473
11.3.3 Bei der Audiowiedergabe ist kein Ton zu hören..........473
11.3.4 Kein MIDI-Ausgang wählbar 474
11.3.5 Lautstärke: zu laut, zu leise oder kein Ton?.............474
11.3.6 Mikrofon/Audioeingang zu leise........................476
11.3.7 Virtueller Audioeingang »Stereomix« fehlt...............478
11.3.8 Bestimmte Audioformate lassen sich nicht wiedergeben ...478
11.3.9 Ärger mit DRM-geschützten Audiodateien...............479
11.3.10 Der Windows Media Player fehlt 479
11.3.11 Der Windows Media Player funktioniert nicht mehr 479

11.4 Ärger rund ums Thema Video...........................480
11.4.1 Kein Ton bei der Videowiedergabe 480
11.4.2 Probleme mit Mehrkanalton..........................481
11.4.3 Fehlendes oder fehlerhaftes Bild bei der Videowiedergabe ...482
11.4.4 Es lassen sich keine DVDs abspielen....................483
11.4.5 Allgemeine Bildprobleme bei der Wiedergabe 484
11.4.6 Bestimmte Videodateien lassen sich nicht abspielen 489
11.4.7 Beim Doppelklick startet der falsche Media Player........490

11.5 Probleme bei der Videoaufzeichnung......................490
11.5.1 Bei der Aufnahme treten Tonstörungen auf..............490
11.5.2 Bildstörungen bei Videoaufnahmen 491
11.5.3 Import-/Exportfehler im Windows Live Movie Maker 492
11.5.4 Camcorder-Probleme mit der FireWire-Schnittstelle.......493
11.5.5 Probleme mit dem Windows Media Center 493

12 Brennprobleme im Griff 495
12.1 Probleme mit Brennprogrammen 495
- 12.1.1 Die Nero-Installation bricht mit einem Fehler ab 495
- 12.1.2 CD-/DVD-Laufwerk fehlt nach der Programminstallation 496

12.2 Ärger mit Brennprogrammen 498
- 12.2.1 Abstürze beim Brennen oder Brennabbrüche 498
- 12.2.2 Gebrannte CDs/DVDs/BDs sind nicht überall lesbar 499
- 12.2.3 Niedrige Brenngeschwindigkeiten nicht wählbar 500

12.3 Probleme beim Brennen 501
- 12.3.1 Die Rohlinge machen beim Brennen Probleme 501
- 12.3.2 Beim Brennen wird ein Kalibrierungsfehler gemeldet......502
- 12.3.3 Gebrannte CDs/DVDs sind unlesbar bzw. unbrauchbar 503
- 12.3.4 Ein als Boot-CD/-DVD gebrannter RW-Rohling startet nicht ..503
- 12.3.5 Wiederbeschreibbare Rohlinge lassen sich nicht löschen 504
- 12.3.6 Ich glaube, die Daten auf der CD/DVD enthalten Fehler.....505
- 12.3.7 Probleme bei selbst gebrannten Musik-CDs 507

13 Sorgenfreie Windows-Administration 509
13.1 Probleme mit der Windows-Anmeldung 509
- 13.1.1 Windows zeigt keine Anmeldeseite....................509
- 13.1.2 Die schnelle Benutzerumschaltung klappt nicht mehr 510
- 13.1.3 In der Anmeldeseite fehlen Benutzerkonten 511
- 13.1.4 Keine Anmeldung unter Windows möglich 512
- 13.1.5 Anmeldung wegen defekten Benutzerprofils unmöglich.....513

13.2 Administration der Benutzerkonten 514
- 13.2.1 Der MSBA meldet unsichere Konten 514
- 13.2.2 Ich kann den Kontotyp nicht ändern..................515
- 13.2.3 Konten anlegen und löschen........................516
- 13.2.4 Hilfe, ich hab mein Benutzerkennwort vergessen..........518
- 13.2.5 Einen Kennwortrücksetzdatenträger erstellen 520

14 Anwendungsprobleme kurieren 523
14.1 Probleme mit Microsoft Office 523
- 14.1.1 Teile von Office scheinen beschädigt zu sein 523
- 14.1.2 Microsoft Office macht bei der Installation Probleme 525
- 14.1.3 Office lässt sich nicht deinstallieren 526
- 14.1.4 Bestimmte Office-Funktionen weisen Fehler auf..........526

14.2 Weitere Probleme mit Office-Anwendungen 527
- 14.2.1 Word meldet Seitenränder außerhalb des Druckbereichs 527
- 14.2.2 Schaltflächen und Lineale fehlen in Word 527
- 14.2.3 Menüband, Registerkarten und Schaltflächen fehlen 528

	14.2.4	Word stürzt bei der Dokumentbearbeitung häufig ab 530
	14.2.5	Word-Dokumente nach dem Absturz restaurieren 530
	14.2.6	Beschädigtes Word-Dokument reparieren 531
	14.2.7	Es lassen sich keine Makros ausführen 533
14.3	Sonstige Anwendungen 534
	14.3.1	CHM-Hilfedateien zeigen keine Hilfeseite an 534
	14.3.2	Weitere Probleme mit der Hilfe. 536
	14.3.3	Windows-Hilfe und -Support funktioniert nicht mehr 536
	14.3.4	Bestimmte Anwendungen lassen sich nicht mehr starten 536

A Arbeiten mit der Registrierung 539

A.1 Was Sie unbedingt wissen sollten 539
    A.1.1 Die Struktur der Registrierung 539
    A.1.2 Registrierungswerte und ihre Typen .542

A.2 Arbeiten mit dem Registrierungs-Editor 543
    A.2.1 Den Registrierungs-Editor aufrufen .543
    A.2.2 Registrierungseinträge ändern 545
    A.2.3 Schlüssel oder Werte umbenennen 547
    A.2.4 Einen neuen Schlüssel oder Wert einfügen 548
    A.2.5 Einen Eintrag löschen 549
    A.2.6 Suchen in der Registrierung 549
    A.2.7 Registrierungsauszüge drucken 550
    A.2.8 Registrierungsdaten exportieren 551
    A.2.9 Eine .reg-Datei importieren 552
    A.2.10 Die Struktur von .reg-Dateien 553
    A.2.11 Berechtigungen in der Registrierung anpassen 554

B Weitere Informationen 555

B.1 Links ins Internet 555
B.2 Nützliche Informationsseiten. 555
B.3 Literaturverweis 556

Stichwortverzeichnis. 557

Vorwort

Als Anwender kennen Sie sicherlich die tausend Tücken, die beim täglichen Umgang mit Windows oder dem Computer lauern. Zyniker in den Hotlines oder im Service behaupten zwar häufig, »das größte Problem bei Computern hockt vor dem Gerät«. Aber ganz so ist es dann doch nicht. Zwar gibt es Benutzer, die jedes Programm schnell mal installieren bzw. ausprobieren müssen und mit diesem Ansatz früher oder später in »Teufels Küche« kommen. Auch die Politik mancher Hersteller, unausgereifte Produkte auf den Markt zu werfen, beschert den Kunden ebenfalls erhebliche Probleme. Auch wenn ich Windows 7 für ein sehr gutes Produkt halte, weist es doch Fehler und Unzulänglichkeiten auf. Andere »Wehwehchen« kommen von installierten Gerätetreibern sowie System- oder Anwendungsprogrammen. Leider hakt es am Computer immer dann, wenn man etwas schnell erledigen will und Ärger überhaupt nicht gebrauchen kann. Noch schlimmer ist, wenn der Computer oder ein Gerät gar nicht mehr will. Bevor man den teuren Techniker konsultiert, gilt es zumindest die etwas banaleren Fehler auszuschließen.

Nachdem ich mich seit vielen Jahren hautnah mit der Computertechnik befasse und seit mehr als einem Jahr intensiv in Microsofts Windows 7-Foren Hilfestellung gebe, ist ein entsprechender Fundus an Erfahrungen zur Fehlersuche und -diagnose vorhanden. Die Erfahrung lehrte mich: Ist der Fehler einmal lokalisiert, lässt sich meist auch Abhilfe schaffen. Auch die diversen Probleme, die typischerweise bei Windows-Nutzern auftreten, lassen sich mit dem entsprechenden Know-how schnell beheben. Einziges Problem: Man muss über das entsprechende Hintergrundwissen zur Fehlersuche und -diagnose verfügen und wissen, wie sich Abhilfe schaffen lässt.

Dieses Buch versucht Ihnen eine »Erste Hilfe« bei der Diagnose und beim Lösen von Problemen mit dem Computer bzw. Notebook zu geben. Sie lernen typische Fehler kennen und erfahren, wie sich diese in der Regel beheben lassen. Ich habe mich dabei bemüht, einen möglichst großen Leserkreis und deren Probleme abzudecken. Die Erläuterungen wurden dabei auch etwas an der jeweiligen Problemstellung ausgerichtet. Wer sich mit dem Austausch von Festplatten oder der Partitionierung von Datenträgern befasst, braucht normalerweise keine Schritt-für-Schritt-Anleitung, wie ein Programm aufgerufen und bedient wird. Anwender, die aber mit den Widrigkeiten einzelner Desktopeinstellungen kämpfen, finden entsprechende Schritt-für-Schritt-Anleitungen, um ungewollte Effekte zu beheben. Zusätzlich wird Ihnen noch hilfreiches Hintergrundwissen zur Hardware oder zum Umgang mit Windows 7 vermittelt.

Sicherlich werden Sie in diesem Buch nicht immer Antworten zu speziellen Problemen mit dem Gerät XY oder dem Programm ABC finden. Zu viele Geräte und Programme tummeln sich auf dem Markt. Ich hoffe aber, mit der Auswahl der Themen die brennendsten Fragen und Probleme angesprochen zu haben. Zudem lassen sich viele Fragestellungen und deren Lösung auf ähnliche Fälle übertragen. Und wer eine Idee bezüglich der Fehlerursache hat, kann gezielt im Internet nach Lösungen suchen. Daher finden Sie in den verschiedenen Kapiteln auch häufiger Hinweise auf Webseiten, die sich mit speziellen Fragestellungen beschäftigen.

Abschließend noch eine Bemerkung: Ältere Windows-Versionen bleiben in diesem Buch unberücksichtigt, da Microsoft mittlerweile den Support dafür eingestellt hat oder deren Bedeutung stark abnimmt. Wer noch mit Windows XP oder Windows Vista arbeitet, findet entsprechende Hinweise in den vorherigen Ausgaben dieses Titels. Zudem lassen sich viele der auf den folgenden Seiten gegebenen Hinweise auch mit anderen Windows-Versionen nutzen.

Ihnen, liebe Leserin und lieber Leser, wünsche ich viel Spaß und Erfolg im Umgang mit dem Buch und beim Lösen der auftretenden Computerprobleme.

Günter Born

www.borncity.de

So arbeiten Sie mit diesem Buch

Dieses Buch ist in 14 Kapitel gegliedert, die sich verschiedenen Problembereichen widmen. Sie sollten auf jeden Fall den ersten Abschnitt von Kapitel 1 lesen, da dort Empfehlungen und Hinweise zum Erstellen von Notfall-CDs gegeben werden. Diese sind im Fehlerfall, wenn das System nicht mehr starten kann, unabdingbar.

Im Buch ist zudem an vielen Stellen von Eingriffen in die Registrierung von Windows die Rede, um bestimmte Fehler zu beheben. Wer sich unter der Registrierung nichts vorstellen kann und sich auch mit der Bedienung des Registrierungs-Editors nicht auskennt, sollte unbedingt die Einführung im Anhang lesen. Dieser Anhang vermittelt das Grundwissen zum Umgang mit dem Registrierungs-Editor, um die Anweisungen in den betreffenden Kapitelabschnitten durchzuführen.

Die restlichen Kapitel widmen sich konkreten Problemen und deren Behebung. Sie können über das Inhaltsverzeichnis die einzelnen Abschnitte durchgehen und nachlesen, ob dieses Hilfe bei auftretenden Problemen bringt. Einen schnelleren Zugriff auf den Buchinhalt bietet aber der Schnellindex, der die Probleme begrifflich sortiert auflistet. Über das Stichwortverzeichnis lässt sich zudem nach bestimmten Schlagworten suchen.

In den einzelnen Kapiteln finden Sie Fehlerbeschreibungen, Hintergrundinformationen und konkrete Handlungsanleitungen zur Lösung bestimmter Probleme. Informationen, die vielleicht für besonders interessierte Leser relevant sind, wurden als Hinweis im Text gekennzeichnet. Die als Tipp markierten Abschnitte zeigen Ihnen, wie Sie etwas besonders pfiffig erledigen können, wie Sie ggf. an kostenlose Zusatzfunktionen herankommen oder wie Sie undokumentierte Funktionen in Windows nutzen können. Die mit »Achtung« versehenen Stellen sollten Sie besonders aufmerksam lesen. Dort erhalten Sie Warnungen vor gefährlichen Funktionen oder zu Punkten, die Sie unbedingt beachten müssen.

Sofern Sie ein Notebook verwenden, noch ein Hinweis: Zur Vereinfachung wurden in diesem Buch die üblichen Bezeichnungen für die Mausbedienung benutzt. Wenn in den folgenden Kapiteln von der Maus und Funktionen wie Klicken, Ziehen oder Doppelklicken die Rede ist, bezieht sich dies sowohl auf externe Mäuse, die an ein Notebook angeschlossen sind, als auch auf die Tasten und Funktionen des im Gerät integrierten Touchpads.

Im Buch sind Verweise auf Webseiten mit weiterführenden Informationen enthalten. Um Ihnen das Eintippen längerer Webadressen zu ersparen, ist diesen Verweisen eine Angabe der Art »[gbeh-k1-001]« zugeordnet. Anhand dieses Codes lassen sich die Internetadressen in der Datei *LinksErsteHilfe.txt* identifizieren und per Zwischenablage in das Adressfeld eines Browsers übertragen. Sie finden die Datei mit der Linkliste auf der Internetseite *http://www.borncity.de/BookPage/Other/ErsteHilfePC.htm*.

Kapitel 1
Wenn der Rechner nicht mehr will

Der Albtraum eines jeden Computerbenutzers ist, wenn der Rechner mit Windows nicht mehr startet oder sofort nach dem Hochfahren abstürzt. Dieses Kapitel befasst sich mit den Fragen, wie sich der Fehler eingrenzen lässt und was man dann noch tun kann.

1.1 Vorsorgemaßnahmen

Um bei massiven Problemen wie einem nicht mehr startenden Rechner, Virenbefall des Systems oder defekter Festplatte nicht hilflos zu sein, empfiehlt es sich, vorher einige Vorsorgemaßnahmen zu ergreifen.

1.1.1 Einen Windows 7-Reparaturdatenträger erstellen

Tut der Rechner es nicht mehr, leistet ein Windows 7-Reparaturdatenträger gute Dienste. Das System lässt sich mit der entsprechenden CD/DVD booten, sodass Sie in den Reparaturmodus gelangen und Zugriff auf die NTFS-Laufwerke erhalten. Dies ermöglicht, wichtige Daten auf einen USB-Stick oder ein anderes Speichermedium zu sichern. Zudem können Sie die Startdateien reparieren lassen, die Systemwiederherstellung aufrufen oder eine Systemsicherung zurücklesen.

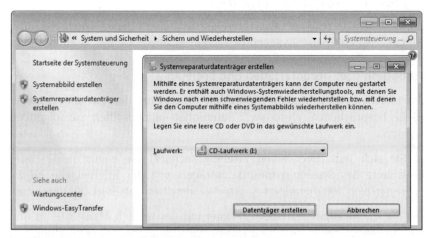

Abbildung 1.1: Systemreparaturdatenträger erstellen

1. Geben Sie zum Erstellen des Systemreparaturdatenträgers den Text »Wieder« in das Suchfeld des Startmenüs ein und wählen Sie den angezeigten Befehl *Sichern und Wiederherstellen*.

2. Wählen Sie in der Aufgabenleiste des Fensters (Abbildung 1.1, Hintergrund, links) den Befehl *Systemreparaturdatenträger erstellen*.

3. Nach Bestätigung der ggf. angezeigten Abfrage der Benutzerkontensteuerung wählen Sie im angezeigten Dialogfeld (Abbildung 1.1, Vordergrund) den Brenner und klicken auf die Schaltfläche *Datenträger erstellen*.

Anschließend ist auf Anforderung ein Datenträger (CD-R, DVD-R, DVD+R etc.) in den Brenner einzulegen und auf das Brennen des Mediums zu warten. Nach dem erfolgreichen Brennen sollten Sie den Datenträger beschriften und in einer Datenträgerhülle an einem trockenen, vor Sonnenlicht geschützten und staubfreien Platz aufbewahren. Den Systemreparaturdatenträger brauchen Sie immer, falls Windows 7 nicht mehr startet.

INFO Bei manchen Benutzern treten beim Erstellen des Systemreparaturdatenträgers Fehler auf. Eine Ursache kann eine zu kleine Auslagerungsdatei oder eine zu geringe freie Plattenkapazität auf dem Systemlaufwerk sein. Klicken Sie den Startmenüeintrag *Computer* mit der rechten Maustaste an, wählen Sie den Kontextmenübefehl *Eigenschaften* und klicken Sie in der Aufgabenleiste der Systemseite auf den Befehl *Erweiterte Systemeinstellungen*. Nach Bestätigung der Benutzerkontensteuerungsabfrage klicken Sie auf der Registerkarte *Erweitert* auf die Schaltfläche *Einstellungen* der Gruppe *Leistung*. Dann wählen Sie im Fenster *Leistungsoptionen* die Registerkarte *Erweitert* und klicken auf die *Ändern*-Schaltfläche. Im Dialogfeld *Virtueller Arbeitsspeicher* sollte die Auslagerungsdatei durch das System verwaltet werden (oder bei manueller Verwaltung die 1,5-fache Größe des Arbeitsspeichers umfassen). Bei Asus-Netbooks kann eine alte Version des WebStorage-Treibers zu solchen Fehlern führen.

Die Lösung ist unter *http://support.asus.com/faq/asus-faq.aspx?type=7&no=630334D2-B6BA-1E8C-C2ED-5D5BAF7A643F&SLanguage=en-us* [gbeh-k1-001] beschrieben.

Reparaturdatenträger herunterladen und brennen

Klappt das Erstellen eines Systemreparaturdatenträgers mit den auf der vorhergehenden Seite besprochenen Windows 7-Funktionen nicht, sollten Sie folgenden Ansatz wählen:

1. Laden Sie sich (ggf. über einen zweiten Rechner) die englische 32- oder 64-Bit-Variante des Systemreparaturdatenträgers von der Internetseite *http://neosmart.net/blog/2009/windows-7-system-repair-discs/* [gbeh-k1-002] herunter.

2. Klicken Sie die heruntergeladene *.iso*-Datei mit der rechten Maustaste an und wählen Sie den Kontextmenübefehl *Datenträgerabbild brennen* (Abbildung 1.2, rechts). Fehlt dieser Befehl, klicken Sie im Kontextmenü auf *Öffnen mit* und wählen im dann geöffneten Untermenü den Befehl *Windows-Brenner für Datenträgerabbilder*.

Vorsorgemaßnahmen

3. Legen Sie einen Rohling (CD oder DVD) in den Brenner ein, wählen Sie im Dialogfeld *Windows-Brenner für Datenträgerabbilder* (Abbildung 1.2, links) ggf. das Laufwerk im Feld *CD/DVD-Brenner* und klicken Sie dann auf die *Brennen*-Schaltfläche.

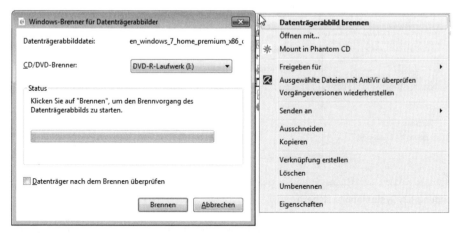

Abbildung 1.2: Systemreparaturdatenträger erstellen

Nun warten Sie ab, bis der Rohling gebrannt wurde, und befolgen die Anweisungen des Brennassistenten. Nach dem Brennen können Sie den Rohling dem Laufwerk entnehmen und beschriften. Testen Sie anschließend, ob sich der Computer mit dem Systemreparaturdatenträger starten lässt.

1.1.2 Eine Systemabbildsicherung erstellen

Um sich eine Neuinstallation des Systems bei einer irreversiblen Beschädigung oder einem Virenbefall zu ersparen, empfiehlt es sich, eine Systemabbildsicherung mit Archivierung der Datenträger anzufertigen. Das Anfertigen eines Systemabbilds ist unter Windows 7 mit folgenden Schritten möglich:

1. Tippen Sie in das Suchfeld des Startmenüs »Sichern« ein und wählen Sie den angezeigten Befehl *Sichern und Wiederherstellen*.

2. Wählen Sie in der linken Spalte des Fensters *Sichern und Wiederherstellen* (Abbildung 1.1, Hintergrund, Seite 47) den Befehl *Systemabbild erstellen* und bestätigen Sie die Sicherheitsabfrage der Benutzerkontensteuerung.

3. Sobald die Sicherung startet, wählen Sie im angezeigten Dialogfeld das Speicherziel für das Systemabbild aus (Abbildung 1.3, unten links).

4. Klicken Sie auf die *Weiter*-Schaltfläche und bestätigen Sie im Folgedialogfeld (Abbildung 1.3, oben rechts) die Schaltfläche *Sicherung starten*.

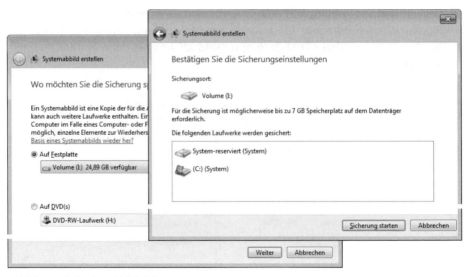

Abbildung 1.3: Systemabbild sichern

Wird eine Festplatte als Speicherziel angegeben, muss diese im NTFS-Dateisystem formatiert sein und genügend Kapazität zur Aufnahme des Systemabbilds aufweisen. Bei einem DVD- oder BD-Brenner werden ggf. mehrere Medien zur Aufnahme der Sicherung angefordert. Während der Sicherung wird der Status in einer Fortschrittsanzeige dargestellt.

Nach dem erfolgreichen Abschluss der Sicherung erscheint noch ein Dialogfeld mit der Abfrage, ob Sie einen Systemreparaturdatenträger erstellen möchten (siehe Abbildung 1.1, Vordergrund, auf Seite 47). Existiert dieser Datenträger bereits, brechen Sie das Dialogfeld über die *Nein*-Schaltfläche ab.

INFO Die Windows-Funktion *Sichern und Wiederherstellen* besitzt einige funktionale Einschränkungen und Fehler. So erfolgt die Sicherung des Systemabbilds immer nur in ein Archiv in einem Ordner *WindowsImageBackup*. Die mit einem 32- und 64-Bit-Windows erzeugten Sicherungsdatensätze lassen sich nur unter der jeweils passenden Windows-Variante zurückzulesen. Zudem muss eine externe Festplatte bei der Rücksicherung den gleichen Buchstaben wie beim Erstellen der Sicherung aufweisen. Auch sind mit Windows-Bordmitteln keine inkrementellen Sicherungen des Systemabbilds möglich. Zudem schlägt die Sicherung auf manchen Systemen fehl oder dauert unendlich lange.

1.1.3 Alternative Sicherungstools verwenden

Aufgrund der Nachteile beim Einsatz der Windows 7-Sicherung empfehle ich die Verwendung der Tools von Drittherstellern zum Anfertigen eines Systembackups.

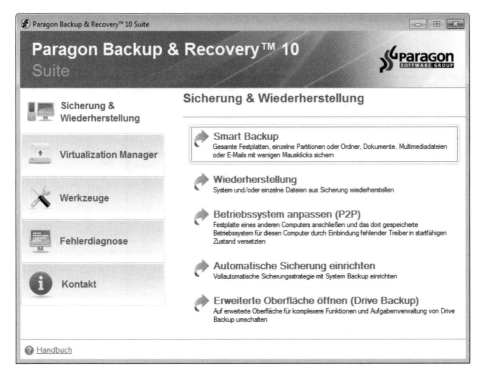

Abbildung 1.4: Paragon Backup & Recovery 10

Auf der Webseite *http://www.paragon-software.de* [gbeh-k1-003] wird die kostenpflichtige »Paragon Backup & Recovery Suite 10« angeboten. Dieses Paket stellt auch Funktionen zur Sicherung kompletter Partitionen bereit. Auf der Startseite (Abbildung 1.4) klicken Sie in der linken Spalte auf eine Funktionskategorie. Dann lassen sich die einzelnen Funktionen komfortabel in der rechten Spalte der Startseite abrufen. Bei Smart Backup führt ein Assistent Sie durch die Schritte zum Sichern von Dateien und Partitionen (Abbildung 1.5).

Kapitel 1 • Wenn der Rechner nicht mehr will

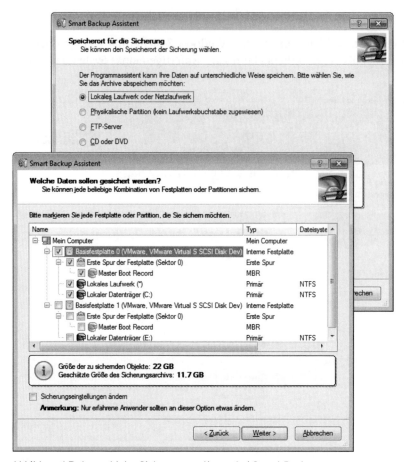

Abbildung 1.5: Auswahl der Sicherungsoptionen bei Smart Backup

Bei der Sicherung von Partitionen und Festplatten lassen sich logische Laufwerke oder ganze Datenträger markieren (Abbildung 1.5, unten). Als Sicherungsziel können Sie optische Medien wie CDs oder DVDs, lokale Laufwerke (einschließlich USB-Festplatten), FTP-Server oder auch Netzwerkfreigaben angeben (Abbildung 1.5, oben). Welche Daten zu sichern sind, kann in Smart Backup in einem separaten Dialogfeld gewählt werden.

INFO Zum Wiederherstellen eines beschädigten Systems bietet Paragon-Software das Erstellen eines Linux- oder Windows PE-Datenträgers an. Die betreffenden Imagedateien können von der Herstellerseite heruntergeladen und mittels der Befehle *Werkzeuge/ Rettungsdisk erstellen* auf eine CD übertragen werden. Details zu diesen Funktionen entnehmen Sie der Programmdokumentation des Herstellers.

Vorsorgemaßnahmen

Abbildung 1.6: Hauptfenster bei Acronis True Image Home 2011

Die zweite kostenpflichtige Lösung eines Drittherstellers ist »Acronis True Image Home 2011«, welche auf der Internetseite *http://www.acronis.de* [gbeh-k1-004] angeboten wird. Die Startseite bzw. das Hauptfenster (Abbildung 1.6) ermöglicht die Auswahl der gewünschten Funktion. Aufrufbare Assistenten führen den Benutzer durch die Schritte zur Datensicherung. Beim Backup von Partitionen und kompletten Laufwerken lassen sich die Sicherungsquellen über Kontrollkästchen auswählen. Dabei kann die neue Sicherung optional zu einem bestehenden Sicherungsarchiv hinzugefügt werden. Sicherungsziele dürfen auf anderen Partitionen/Festplatten, FTP-Servern und Netzwerkfreigaben liegen.

Wählen Sie die Funktion zum Wiederherstellen der Windows-Betriebssystempartition, erfordert dies einen Neustart. Dabei wird automatisch ein Linux-System durch Acronis True Image gebootet. Unter diesem Betriebssystem kann dann die Rücksicherung mittels True Image erfolgen. Zum Wiederherstellen eines nicht mehr bootenden Systems bietet auch Acronis True Image das Erstellen eines Rettungsdatenträgers an, über den sich der Rechner booten und eine Sicherung wieder zurücklesen lässt. Details zu den Funktionen sind der jeweiligen Herstellerdokumentation zu entnehmen.

INFO

Eine kostenfreie Lösung zum Sichern und Wiederherstellen ganzer Partitionen ist »Easeus Todo Backup 1.1« (Abbildung 1.7, *http://www.todo-backup.com/* [gbeh-k1-005]. Zum Zurücksichern der Systempartition lässt sich eine Windows PE-CD erstellen. Die obige Webseite enthält einen Link zu einer Anleitung, um eine Windows PE-CD zu erstellen.

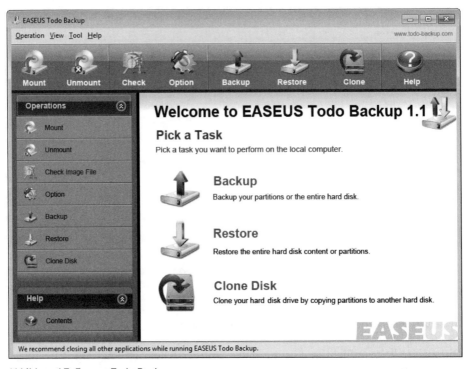

Abbildung 1.7: Easeus Todo Backup

1.1.4 Systemzustand über die Systemwiederherstellung sichern

Die Systemwiederherstellung bietet Ihnen die Möglichkeit, Windows 7 bei Problemen gezielt auf einen früheren Zustand zurückzusetzen. Voraussetzung ist aber, dass entsprechende Wiederherstellungspunkte existieren. Hierzu legt das Betriebssystem bei der Installation neuer Treiber, beim Installieren bestimmter Programme oder in bestimmten Zeitabständen Wiederherstellungspunkte an. Oft ist es aber hilfreich, vor Änderungen am System (Installation von Hard- und Software) gezielt eine Sicherung der Einstellungen über die Systemwiederherstellung vorzunehmen.

1. Tippen Sie in das Suchfeld des Startmenüs »Wieder« ein und klicken Sie auf den angezeigten Befehl *Wiederherstellungspunkt erstellen*.

2. Bestätigen Sie die Benutzerkontensteuerung und klicken Sie auf der Registerkarte *Computerschutz* (Abbildung 1.8, unten links) auf die Schaltfläche *Erstellen*.

3. Anschließend geben Sie im dann eingeblendeten Dialogfeld *Computerschutz* einen Namen für den Wiederherstellungspunkt ein (Abbildung 1.8, oben).

Vorsorgemaßnahmen

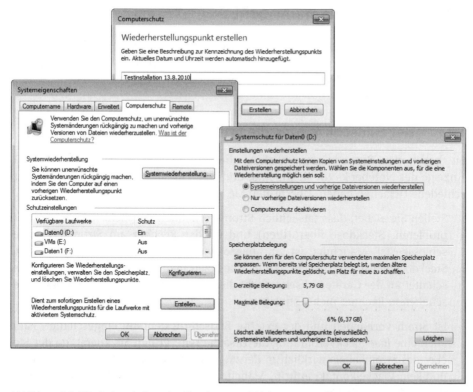

Abbildung 1.8: Wiederherstellung konfigurieren und Sicherungspunkt anlegen

Sobald Sie das Dialogfeld über die *Erstellen*-Schaltfläche schließen, wird der Wiederherstellungspunkt angelegt. Nach dem erfolgreichen Anlegen des Wiederherstellungspunkts können Sie die geöffneten Dialogfelder und Registerkarten über die *OK*-Schaltfläche schließen.

Die Systemwiederherstellung belegt Speicherplatz auf dem überwachten Laufwerk. Markieren Sie ein Laufwerk und klicken auf die Schaltfläche *Konfigurieren* (Abbildung 1.8, unten links), erscheint ein Dialogfeld (Abbildung 1.8, unten rechts), in dem Sie über einen Schieberegler die maximale Speicherplatzbelegung vorgeben. Über die *Löschen*-Schaltfläche lassen sich alle Systemwiederherstellungspunkte entfernen. Über Optionsfelder legen Sie fest, ob nur Systemdateien oder auch Vorgängerversionen von Dateien zu speichern sind. Wird die reservierte Kapazität erreicht, überschreibt Windows 7 die ältesten Wiederherstellungspunkte und Dateikopien.

INFO

Bei ungenügend freier Speicherkapazität deaktiviert Windows die Systemwiederherstellung. Haben Sie freie Kapazität auf dem Laufwerk geschaffen, rufen Sie das Dialogfeld (Abbildung 1.8, unten rechts) auf und aktivieren die Systemwiederherstellung durch Umsetzen der Markierung auf das Optionsfeld *Systemeinstellungen und vorherige Dateiversionen wiederherstellen*. Weitere Hinweise bei Problemen mit verschwundenen Wiederherstellungspunkten (z.B. beim Dual-Boot mit Windows XP) finden Sie unter *http://www.borncity.com/blog/2010/02/25/systemwiederherstellungspunkte-verschwinden/* [gbeh-k1-006].

1.2 Wenn nichts mehr geht

Der Albtraum eines jeden Benutzers ist, dass sich nach dem Einschalten des Computers nichts mehr tut oder Windows nicht mehr startet. Der folgende Abschnitt befasst sich mit einigen Problemen und gibt Hilfestellungen zur Fehlersuche bzw. zu deren Behebung.

1.2.1 Der Bildschirm bzw. die LCD-Anzeige bleibt dunkel

Sie haben den Rechner eingeschaltet, aber am Bildschirm bzw. an der LCD-Anzeige des Notebooks tut sich nichts, und es bleibt alles dunkel? Dies kann verschiedene Ursachen haben. Überprüfen Sie die folgenden Punkte:

» Stellen Sie sicher, dass tatsächlich Strom vorhanden ist (Licht im Zimmer ausprobieren, Steckdose überprüfen) und ob der Rechner am Stromnetz angeschlossen ist. Manchmal ist ein abgezogener Stecker oder eine abgeschaltete Steckdosenleiste die Ursache. Zudem besitzen manche Bildschirme einen Ausschalter an der Geräterückseite. Steht dieser auf »Aus«, wird er auch bei eingeschaltetem Rechner nichts anzeigen.

» Ist Strom vorhanden und der externe Bildschirm definitiv eingeschaltet, kann auch eine lose Steckverbindung die Ursache sein. Prüfen Sie zuerst, ob der Stecker des Stromkabels wirklich in der zugehörigen Gerätebuchse eingesteckt ist und kein Wackelkontakt auftritt. Manchmal führt etwas Rütteln am Netzstecker des Geräts zum Erfolg.

» Zeigt die Betriebsanzeige des Bildschirms, dass das Gerät eingeschaltet und mit Strom versorgt ist, sollten Sie die Signalleitungen des Monitors oder des Flachbildschirms überprüfen. Ist der Stecker des VGA- oder DVI-Kabels tatsächlich korrekt mit der Ausgangsbuchse der Grafikkarte des Computers (Abbildung 1.9) verbunden und verschraubt? Manchmal sind die Stecker nicht festgeschraubt und haben sich leicht gelockert. Dann kommen die Signale nicht (richtig) zum Bildschirm durch und dieser bleibt dunkel.

Abbildung 1.9: VGA-Stecker und VGA- (rechts) sowie DVI-Grafikbuchse (links) des Rechners

» Prüfen Sie, ob ggf. die LCD-Anzeige des Notebooks über eine Tastenkombination (z. B. Fn + F10) abgeschaltet wurde. Meist lässt sich die Anzeige durch mehrmaliges Betätigen der Tastenkombination wahlweise auf den externen Monitor, auf beide Displays oder auf die LCD-Anzeige umschalten.

» Flackert das LCD-Display, wenn Sie den Bildschirm herunterklappen? Dies deutet auf einen Wackelkontakt im Anschlusskabel hin. Ein Flackern beim Booten oder bei Festplattenzugriffen ist ein Hinweis auf Probleme bei der Spannungsversorgung. Beide Probleme sind ein Fall für den Service.

» Ist die LCD-Anzeige bei einem Notebook zu dunkel, prüfen Sie bitte, ob die Helligkeit ggf. auf den minimalen Wert heruntereguliert wurde. Dies ist ein beliebter Trick, um im Akkubetrieb Strom zu sparen. Die meisten Notebooks stellen dafür Tastenkombinationen (z.B. [Fn] + [F7], [Fn] + [F8]) bereit. Details zum Regulieren der Bildschirmhelligkeit finden Sie in den Geräteunterlagen.

» Bei einem externen Monitor prüfen Sie bitte, ob dieser richtig am Notebook angeschlossen und eingeschaltet wurde. Schauen Sie ggf. nach, ob der Monitor auch wirklich Strom bekommt. Kontrollieren Sie beim Systemstart im BIOS-Setup, ob eventuell die Ausgabe für den externen (VGA-)Anschluss im BIOS abgeschaltet wurde.

Können die obigen Ursachen ausgeschlossen werden und funktioniert der Rechner, deutet vieles auf einen Gerätedefekt hin. Piepst der Rechner beim Einschalten, lässt sich an der Beep-Folge (siehe Tabelle 1.1 auf Seite 58) erkennen, ob die BIOS-Selbsttestroutinen einen Fehler bei der Grafikkarte erkannt haben. Kontrollieren Sie dann, ob sich die Grafikkarte im Rechner eventuell gelockert hat. Zudem besteht die Möglichkeit, dass die Grafikkarte des Rechners oder die Elektronik des Rechners einen Defekt aufweist. Weiterhin kann das Netzteil des Bildschirms defekt oder überlastet oder eine Sicherung kann durchgebrannt sein. Bei einer dunklen LCD-Anzeige kann die Ursache eine defekte Hintergrundbeleuchtung sein. Dieser Fehler muss in einer Fachwerkstatt behoben werden.

Verwenden Sie ein HDMI-Kabel zum Anschluss eines LCD-Fernsehers, kann entweder die Version des HDMI-Kabels oder der auf dem Computer installierte Grafiktreiber die Ursache sein, falls das Bild auf dem externen Gerät nicht oder unsauber dargestellt wird oder der Ton fehlt.

INFO

1.2.2 Nach dem Einschalten des Rechners tut sich nichts

Sie versuchen, das Gerät einzuschalten, aber es tut sich nichts? Es kann ganz einfache Ursachen haben, aber auch auf schwerwiegendere Probleme hindeuten. Prüfen Sie bitte folgende Punkte:

» Sind alle Stecker an Steckdosen angeschlossen? Abgezogene Stecker haben schon häufiger zum Einsatz des Servicetechnikers geführt.

» Ist überhaupt Strom vorhanden? Wenn vielleicht eine Sicherung herausgesprungen oder die Netzversorgung ausgefallen ist, kann der Computer nicht funktionieren. Prüfen Sie, ob das Licht und andere an Steckdosen angeschlossene Geräte im selben Raum funktionieren.

» Werden Geräte an Steckdosenleisten betrieben, lässt sich alles auf einmal stromlos schalten. Schauen Sie daher nach, ob der Ausschalter der Steckdosenleiste auf »Aus« gestellt ist.

» Manche Rechner besitzen auf der Gehäuserückseite einen zusätzlichen Netzschalter. Schauen Sie daher nach, ob der Ausschalter an der Geräterückseite des Rechners gegebenenfalls auf »Aus« gestellt ist. Prüfen Sie auch, ob der Gerätestecker des Stromkabels fest in der zugehörigen Gerätebuchse sitzt.

Um ganz triviale Ursachen auszuschließen, sehen Sie bei Verwendung eines externen Bildschirms nach, ob dieser wirklich eingeschaltet und angeschlossen ist. Ist Strom vorhanden und sind die Geräte eingeschaltet, kann ein überlastetes Netzteil am Rechner die Ursache für die Störung sein. Moderne PC-Netzteile besitzen einen Überlastungsschutz, der automatisch ausgelöst wird. Dann müssen Sie einige Zeit warten, bis dieser Überlastungsschutz das Netzteil wieder freigibt. Versuchen Sie vor dem erneuten Einschalten des Rechners, angeschlossene Geräte (Steckkarten, USB-Verbindungen etc.) zu entfernen, um die Stromaufnahme zu reduzieren.

1.2.3 Nach dem Einschalten piept der Rechner nur

Dieser Fehler tritt in der Regel nur nach dem Einbau neuer Speicher oder Steckkarten und seltener aus heiterem Himmel auf. Die Pieptöne sind eine Folge der vom Rechner nach dem Einschalten durchgeführten automatischen Systemdiagnose. Wird ein Fehler identifiziert, bevor die Grafikanzeige bereit ist (z. B. defekter Speicher, fehlende oder defekte Grafikkarte), versucht der Computer den Lautsprecher des Systems zur Anzeige des Fehlers zu verwenden. Beginnt der Rechner also nach dem Einschalten über den Lautsprecher mit einer Reihe von Piepgeräuschen, liegt ein schwerwiegender Hardwarefehler vor, der einen Rechnerstart verhindert. Die vom BIOS des Rechners verwendeten Piepsequenzen (BIOS-Beeps) geben dem Insider Hinweise auf die Fehlerursache (z. B. fehlender RAM-Speicher). Die Beep-Codes hängen dabei von dem im Rechner verwendeten BIOS ab. Die folgenden Tabellen enthalten einige Beep-Codes für Systeme mit AMI- und AWARD-BIOS.

Beeps	Bedeutung
Kontinuierliches Beepen	Speicherproblem, Details nicht ermittelbar.
1 Beep, kurz	DRAM-Refresh-Fehler, Speicherfehler; bei Einbau eines neuen Motherboards oder RAM-Chips ist meist eine Fehlkonfiguration die Ursache. Prüfen Sie anhand der Motherboard-Unterlagen, ob die Einstellungen für den Refresh korrekt sind, ob die Speicherbänke richtig belegt sind, ob die richtigen Speicherbausteine verwendet wurden etc.
2 Beeps, kurz	Parity-Fehler, Speicherfehler; der Fehler ist in den ersten 64 KByte aufgetreten, deutet auf einen defekten Speicher hin. Wurde ein Speicher ohne Parity-Bit eingebaut, sollte die Parity-Prüfung im BIOS abgeschaltet werden.

Tabelle 1.1: AMI-BIOS Beep-Codes

Beeps	Bedeutung
3 Beeps, kurz	Base 64 K RAM-Fehler, Speicherfehler in den ersten 64 KByte; meist das Resultat defekter Speicherchips, genaue Ursache nicht ermittelbar.
4 Beeps, kurz	Fehler Systemtimer, deutet auf einen defekten Timer bzw. eine defekte Hauptplatine hin.
5 Beeps, kurz	Prozessorfehler; entweder ist die CPU oder die Hauptplatine defekt.
6 Beeps, kurz	Tastaturfehler; das 8042-Gate liefert einen Fehler, kann nur durch ein nicht kompatibles BIOS-Update oder durch einen Hardwarefehler auftreten.
7 Beeps, kurz	Virtual Mode Exception-Fehler, Interrupt-Fehler; deutet auf ein defektes Motherboard hin.
8 Beeps, kurz	Fehler im Displayspeicher; entweder fehlt die Grafikkarte oder diese ist defekt.
9 Beeps, kurz	ROM BIOS-Checksumme falsch; entweder Defekt in den BIOS-Chips oder Fehler beim Flashen der Chips.
10 Beeps, kurz	CMOS Shutdown-Register-Fehler; Zugriffsfehler auf den CMOS-Speicher, erfordert meist den Austausch der Hauptplatine, da der CMOS-Chip fest eingelötet ist.
11 Beeps, kurz	Fehler im Cachespeicher; es ist ein Speicherfehler im Second-Level-Cache aufgetreten. Überprüfen Sie die Schaltereinstellungen für die Cachegröße, eventuell ist der fehlerhafte Speicher zu ersetzen.
1 Beep lang, 2 Beeps kurz	Fehler im Videosystem; meist ein Fehler im BIOS-ROM der Grafikkarte. Karte muss ausgetauscht werden.
1 Beep lang, 3 Beeps kurz	Speichertest fehlgeschlagen; Fehler im Speicherbereich oberhalb 64 KByte.
1 Beep lang, 8 Beeps kurz	Test des Grafikadapters ist fehlgeschlagen; entweder fehlt die Grafikkarte oder sie ist defekt.

Tabelle 1.1: AMI-BIOS Beep-Codes (Forts.)

Beeps	Bedeutung
Kontinuierliches Beepen	Speicherproblem
1 Beep, lang	Speicherfehler; kein Zugriff auf die ersten 512 KByte des Hauptspeichers möglich.
1 x lang, 2 x kurz 1 x lang, 3 x kurz	Videofehler; der Zugriff auf die Videokarte ist nicht möglich.

Tabelle 1.2: AWARD-BIOS-Beep-Codes

Haben Sie keine Änderungen am System vorgenommen und besitzen Sie keine Hardwarekenntnisse, müssen Sie den Rechner zum Service bringen. Wurde der Rechner bewegt, kann eine lockere Kabelverbindung oder eine lose Steckkarte die

Ursache sein. Ziehen Sie das Stromkabel ab, öffnen Sie das Rechnergehäuse und überprüfen Sie, ob alle Steckkarten und Steckverbinder festsitzen.

INFO Eine gute Übersicht über BIOS-Codes verschiedener Hersteller finden Sie im Internet unter *http://www.pcguide.com/ts/x/sys/beep* [gbeh-k1-007]. Alternativ können Sie über Suchmaschinen nach Stichwörtern wie *BIOS Beep Codes* suchen lassen.

1.2.4 Der Rechner meldet beim Start einen Tastaturfehler

Sie schalten den Rechner ein, am Bildschirm kommt aber nur eine lapidare Fehlermeldung »Keyboard Error, Press < F1 > Key« (oder so ähnlich). Dann ist irgendetwas mit der Tastatur nicht in Ordnung und das BIOS bricht den Ladevorgang für das Betriebssystem ab.

» Bei einem Notebook kann es sein, dass die integrierte Tastatur sich mechanisch durchgedrückt hat und beschädigt wurde. Schalten Sie das Gerät ab, drücken Sie mit dem Finger kurz über alle Tasten und prüfen Sie dann, ob der Fehler beim erneuten Einschalten verschwunden ist.

» Bei einem Computer mit separater Tastatur sollten Sie prüfen, ob diese überhaupt angeschlossen ist. Es kommt schon mal vor, dass der Stecker aus der zugehörigen Buchse rutscht. Wurde gerade etwas am System verändert, prüfen Sie, ob die Tastatur an der richtigen Buchse angeschlossen wurde (die PS/2-Buchsen für Maus und Tastatur werden gerne vertauscht). Bei USB-Tastaturen kann ein fehlerhafter Treiber der Grund dafür sein, dass die Tastatur nicht erkannt wird.

» Die häufigste Ursache ist jedoch ein auf der Tastatur liegender Gegenstand, der einige Tasten »drückt«. Das System erkennt dies bei der Diagnose und meldet einen Tastaturfehler. Liegt nichts auf der Tastatur, kann es sein, dass sich eine Taste verhakt hat und klemmt. In diesem Fall hilft es ggf., mit dem Finger über die Tastenreihen zu fahren, wodurch alle Tasten kurz niedergedrückt und dann wieder freigegeben werden.

Sobald Sie die obigen Punkte überprüft haben, können Sie anschließend die Funktionstaste F1 drücken. Startet der Rechner, ist alles in Ordnung. Tritt der Fehler weiter auf, liegt ein Defekt an der Tastatur vor.

INFO Bei Funktastaturen sollten Sie ggf. in Kapitel 5 nachsehen, was es sonst noch zu beachten gibt. Bei USB-Tastaturen gibt es das Problem, dass diese standardmäßig erst beim Laden des Betriebssystems erkannt werden. Dadurch ist es z.B. nicht möglich, durch Drücken einer Taste ins BIOS-Setup zu gelangen. Abhilfe schafft der Anschluss einer PS/2-Tastatur. Dann können Sie im BIOS-Setup prüfen, ob eine Option der Art »USB-Legacy Support« in den Advanced-Optionen vorhanden ist und diese aktivieren. Anschließend sollte sich die USB-Tastatur auch beim Booten zum Aufrufen des BIOS-Setup verwenden lassen.

1.2.5   Der Rechner startet, kann aber kein Windows laden

Nicht immer bleibt der Rechner stumm oder es liegt ein Hardwarefehler vor. Häufiger kommt es vor, dass der Rechner offenbar funktioniert, aber Windows nicht geladen werden kann. Hier gibt es verschiedene Fehlerursachen und Sie sollten bei der Fehlersuche logisch strukturiert vorgehen. Meldet der Rechner ein fehlendes Bootmedium, kann dies verschiedene Ursachen haben.

- Eine Meldung »Non Systemdisk. Press ESC to Boot« oder ähnlich signalisiert, dass kein Betriebssystem gefunden wird. Sofern der Rechner noch ein Diskettenlaufwerk besitzt, prüfen Sie bitte, ob eine in Laufwerk *A:* vergessene Diskette die Ursache ist. Sind keine Diskettenlaufwerke vorhanden, schauen Sie nach, ob ggf. eine Speicherkarte in einem Speicherkartenlaufwerk steckt, und entfernen Sie diese. Auch ein nicht abgezogener USB-Stick kann bei fehlerhaft eingestellter BIOS-Bootreihenfolge den Fehler auslösen.

- Greift der Rechner auf ein BD-/DVD-Laufwerk zu und startet nicht? Oder lädt der Rechner das Programm zur Betriebssysteminstallation von DVD? Dann kann eine falsch eingestellte Bootreihenfolge im BIOS mit dem DVD-Laufwerk als erstes Bootgerät die Ursache sein. Liegt dann noch eine bootfähige CD bzw. DVD im Laufwerk, wird diese anstelle von Windows gestartet. Entfernen Sie daher alle Medien aus den BD-/DVD-Laufwerken und stellen Sie das System ggf. im BIOS so um, dass von Laufwerk *C:* gebootet wird (siehe auch den Abschnitt »Die CD/DVD wird beim Booten nicht erkannt«, Seite 71).

- Läuft die Systemdiagnose des BIOS einwandfrei durch und greift der Rechner anschließend auf die Festplatte zu, meldet dann aber ein fehlendes Betriebssystem? Es gibt verschiedene Ursachen für ein fehlendes Betriebssystem auf dem Systemlaufwerk (meist Laufwerk *C:*). Wurde ein neues Betriebssystem installiert, hat dieses vielleicht die Startdateien überschrieben. Oder bei der Partitionierung der Festplatte haben sich die logischen Laufwerke verschoben. Auch eine defekte Festplatte oder lose Steckverbindungen können die Ursache sein.

Tritt das im letzten Punkt beschriebene Fehlerbild auf, gilt es planvoll zu handeln. Haben Sie vor dem letzten Einschalten etwas an der Partitionierung der Festplatte verändert? Ich habe schon Fälle erlebt, in denen die Anwender einer anderen leeren Partition das Attribut zum Booten zugewiesen hatten (die Partition wurde auf »aktiv« gesetzt). Dann konnte der Rechner die Partition bzw. das logische Laufwerk mit den Windows-Dateien einfach nicht mehr finden. Bei Partitionsprogrammen gibt es in der Regel Notfalldatenträger (CDs), mit denen Sie das System starten können. Überprüfen Sie dann, ob alle Partitionseinstellungen korrekt sind. Passen Sie bei Bedarf die Partitionseinstellungen (Bootpartition, Laufwerkbuchstaben etc.) so an, dass der Rechner beim Start auf die Partition mit den Windows-Startdateien zugreifen kann. Details sind den Unterlagen der jeweiligen Partitionsprogramme zu entnehmen. In Kapitel 4 finden Sie ebenfalls Hinweise, wie sich Probleme mit der Festplatte eingrenzen und beheben lassen.

Sofern Sie vor dem Auftreten des Problems etwas am System verändert haben (neues Betriebssystem installiert, Programme oder Bootmanager installiert etc.), könnte die Ursache in beschädigten, überschriebenen oder gelöschten Windows-Startdateien liegen. Dann gibt es die Möglichkeit, den Rechner mit dem weiter oben beschriebenen Systemreparaturdatenträger oder mit den nachfolgend beschriebenen Ansätzen zu booten und das System zu reparieren.

TIPP Lässt sich der Rechner mit dem Systemreparaturdatenträger oder der Windows 7-Setup-DVD starten, prüfen Sie, ob sich auf die Laufwerke zugreifen lässt. Werden logische Laufwerke angezeigt, schauen Sie nach, ob die zum Windows-Start benötigten Dateien vorhanden sind. Sind die Startdateien des Betriebssystems beschädigt, lesen Sie auf den folgenden Seiten nach, was es dann an Lösungen gibt.

Lässt sich der Rechner auch per Systemreparaturdatenträger nicht hochfahren oder stürzt sofort ab? Dann können auch falsche BIOS-Einstellungen (z.B. eine Fehlkonfiguration der Hauptplatine oder zu schnelle RAM-Zugriffszyklen) die Ursache sein. Drücken Sie beim Systemstart die `Entf`-, `F1`- oder `F2`-Taste (je nach BIOS-Version), um in das BIOS-Setup zu gelangen. Bei den meisten BIOS-Versionen finden Sie Optionen, um die BIOS-Werte auf Standardeinstellungen zurückzusetzen. Eine mit »Load Fail-Safe Defaults« oder ähnlich bezeichnete Option beim AWARD-BIOS stellt eine bootfähige Konfiguration ein, bei der das System allerdings nicht mehr mit optimierten Einstellungen arbeitet. Bootet das System dann wieder, können Sie versuchsweise die BIOS-Option »Load Optimized Defaults« verwenden. Beim AMI-BIOS gibt es ähnliche Optionen für die Standardwerte. Prüfen Sie ggf. auch, ob im BIOS eine Option aktiviert ist, die den Prozessor bei einem Fehler in den Halt-Modus versetzt, und deaktivieren Sie diese versuchsweise. Bringt die Umstellung der BIOS-Optionen nichts und startet der Rechner weiterhin nicht, liegt vermutlich ein Hardwarefehler vor.

Der Rechner arbeitet extrem langsam

Haben Sie das Gefühl, dass der Rechner nach dem Einschalten nur ganz langsam anläuft und bereits die BIOS-Startprozedur extrem zäh abgearbeitet wird? Bei manchen Systemen verfällt die CPU in einen reduzierten Ruhemodus und noch aufgeladene Kondensatoren verhindern das saubere Zurücksetzen beim Rechnerstart. Schalten Sie den Rechner über den Netzschalter ab. Dann drücken Sie (bei stromlosem Rechner) die Taste zum Starten des Rechners für ca. 10 Sekunden. Dies bewirkt, dass alle Kondensatoren intern entladen werden. Anschließend schalten Sie den Netzschalter wieder ein und starten den Rechner erneut. Jetzt sollte dieser wieder mit normaler Geschwindigkeit arbeiten.

1.2.6 Windows-Reparatur bei beschädigten Startdateien

Läuft der Rechner nach dem Einschalten zwar an, Windows 7 kann aber nicht mehr hochfahren? Beschädigte oder fehlende Startdateien, ein überschriebener Master Boot Record (MBR) oder fehlerhafte Einträge in der Windows BCD-Datenbank verhindern den Start von Windows 7. In einem solchen Fall benötigen Sie ein

Startmedium, um den Rechner zu booten und dann die Startdateien zu reparieren. Für ein solches Bootmedium gibt es zwei Ansätze:

» Booten Sie den Rechner mittels der Windows 7-Installations-DVD. Sobald sich der Setup-Assistent meldet, stellen Sie sicher, dass Installationssprache und Tastaturmodus auf »Deutsch« gesetzt sind (andernfalls gibt es Probleme mit dem Tastaturlayout). Dann klicken Sie auf die *Weiter*-Schaltfläche des Dialogfelds (Abbildung 1.10, oben rechts). Sobald das in Abbildung 1.10, unten links, gezeigte Dialogfeld erscheint, klicken Sie in der unteren linken Ecke auf den Hyperlink *Computerreparaturoptionen*.

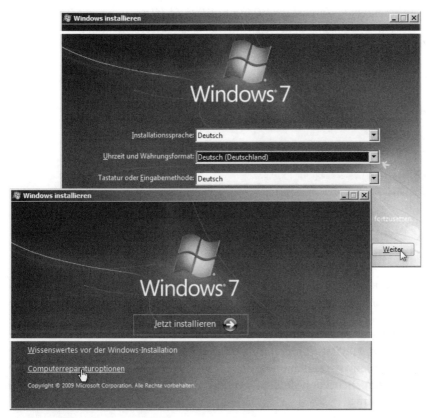

Abbildung 1.10: Auswahl der Computerreparaturoptionen

» Falls Windows 7 auf der Festplatte vorinstalliert ist und der Systemhersteller keine Windows 7-Installations-DVD mitgeliefert hat, verwenden Sie den selbst erstellten Systemreparaturdatenträger (siehe den Abschnitt »Einen Windows 7-Reparaturdatenträger erstellen« ab Seite 47) zum Booten des Rechners. Warten Sie, bis das Dialogfeld zur Auswahl der Tastatursprache (als Tastatureingabemethode bezeichnet, Abbildung 1.11) erscheint, wählen Sie ggf. den Eintrag »Deutsch« und klicken Sie auf die *Weiter*-Schaltfläche.

Kapitel 1 • Wenn der Rechner nicht mehr will

INFO   Betätigen Sie ggf. beim Rechnerstart (solange noch die BIOS-Startmeldungen erscheinen) eine Taste wie beispielsweise [Esc] oder [F12] zum Aufrufen des BIOS-Bootmenüs. Oder betätigen Sie die Funktionstaste [F2] bzw. [Entf] zum Aufrufen des BIOS-Setups – die zu drückende Taste hängt vom verwendeten BIOS ab. Anschließend sind die Bootoptionen so einzustellen, dass von CD/DVD gebootet wird. Erscheint beim Booten mit dem Reparaturdatenträger ein Dialogfeld zur Anmeldung am Benutzerkonto »Administrator«, brauchen Sie kein Kennwort einzugeben (dieses Benutzerkonto besitzt kein Kennwort).

Besitzen Sie keine Windows 7-Installations-DVD, können Sie, solange der Rechner noch funktioniert, ein entsprechendes Medium als *.iso*-Datei von der Webseite *http://msft-dnl.digitalrivercontent.net/msvista/pub/X15-65741/X15-65741.iso* [gbeh-k1-008] (64-Bit-Windows 7 Home Premium) bzw. *http://msft-dnl.digitalrivercontent.net/msvista/pub/X15-65740/X15-65740.iso* [gbeh-k1-009] (32-Bit-Windows 7 Home Premium) herunterladen und dann über den Kontextmenübefehl *Datenträgerabbild brennen* auf eine DVD brennen. Testen Sie anschließend, ob sich der Rechner mit dieser DVD booten lässt.

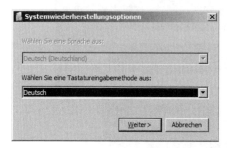

Abbildung 1.11: Auswahl der Tastatureingabemethode

Der Rechner bootet dann ein sogenanntes Windows PE (PE steht für Preinstall Environment, eine Art Mini-Windows) und wechselt danach in die Windows RE-Umgebung (RE steht für Repair Environment). Dann erscheint ein weiteres Dialogfeld, in dem nach den installierten Betriebssystemen gesucht wird (Abbildung 1.12). Kann das Reparaturprogramm auf die Festplatte zugreifen, werden die betreffenden Windows-Installationen angezeigt. Warten Sie dann, bis die Suche nach installierten Betriebssystemen beendet wurde, und markieren Sie den gewünschten Eintrag.

Um die Wiederherstellungstools zu verwenden, markieren Sie das Optionsfeld *Verwenden Sie Wiederherstellungstools, ...* und klicken Sie auf die *Weiter*-Schaltfläche. Sobald das Dialogfeld *Systemwiederherstellungsoptionen* (Abbildung 1.13) erscheint, wählen Sie den gewünschten Befehl aus. Anschließend verwenden Sie die nachfolgend beschriebenen Funktionen zur Systemreparatur (siehe folgende Seite).

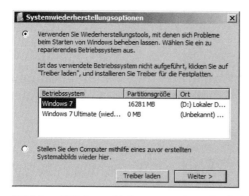

Abbildung 1.12: Auswahl des zu reparierenden Betriebssystems

Über das Optionsfeld *Stellen Sie den Computer ...* (Abbildung 1.12) gelangen Sie zur Funktion *Wiederherstellen*, über die Sie ein Systemabbild zurücklesen und so Windows 7 restaurieren können. Die Funktionen werden im Abschnitt »Windows über die Systemwiederherstellung zurücksetzen« ab Seite 78 besprochen.

INFO

1.2.7 Verwenden der Wiederherstellungstools

Haben Sie mit den im vorherigen Abschnitt skizzierten Schritten die Wiederherstellungstools aufgerufen? Dann erscheint das in Abbildung 1.13 gezeigte Dialogfeld, über dessen Befehle Sie folgende Diagnose- und Reparaturfunktionen aufrufen können:

» *Systemstartreparatur:* Diese Funktion versucht, einen beschädigten Booteintrag auf dem Systemlaufwerk zu reparieren, und kann ggf. auch beschädigte Startdateien wiederherstellen (siehe nächster Abschnitt).

» *Systemwiederherstellung:* Ermöglicht den Aufruf der Systemwiederherstellung, um Windows auf einen früheren Systemzustand zurückzusetzen (siehe den Abschnitt »Eine Systemabbildsicherung erstellen« ab Seite 49).

» *Systemabbild-Wiederherstellung:* Ermöglicht das Zurückspielen einer unter Windows 7 angefertigten Sicherungskopie des kompletten Systems. Voraussetzung ist aber, dass Sie vorher eine Systemsicherung auf eine separate Festplatte oder auf DVDs angefertigt haben (siehe Abschnitt »Eine Systemabbildsicherung erstellen«, Seite 49).

» *Windows-Speicherdiagnose:* Ermöglicht Ihnen, sofort einen Neustart mit Speichertest oder beim nächsten Systemstart eine Überprüfung des Arbeitsspeichers auszuführen.

» *Eingabeaufforderung:* Öffnet das Fenster der Eingabeaufforderung, in dem Sie verschiedene Befehle ausführen können. Beenden lässt sich dieses Fenster über die *Schließen*-Schaltfläche. Alternativ können Sie den *exit*-Befehl eintippen und mittels der ⏎-Schaltfläche abschließen.

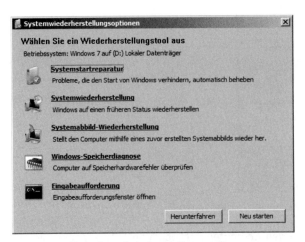

Abbildung 1.13: Systemwiederherstellungsoptionen

Über die beiden rechts unten im Dialogfeld befindlichen Schaltflächen können Sie den Rechner zudem herunterfahren oder neu starten lassen.

Befehlsübersicht für die Eingabeaufforderung

Sobald die Eingabeaufforderung über die Systemwiederherstellungsoptionen aufgerufen wurde, können Sie die meisten Befehle aus folgender Tabelle verwenden. Einige Befehle stehen aber nur in der Windows 7-Eingabeaufforderung zur Verfügung.

Befehl	Bedeutung
Assoc	Zeigt Dateierweiterungszuordnungen an bzw. ändert sie.
Attrib	Ändert die Attribute einer Datei oder eines Verzeichnisses.
Bcdedit	Ermöglicht die Konfigurierung der ab Windows Vista verwendeten BCD-Datenbank.
Bootcfg	Ermöglicht die Konfigurierung und Wiederherstellung der Windows XP-Startdatei (*Boot.ini*).
Bootrec	Unterstützt die Reparatur des Master Boot Records, des Bootsektors und des Boot Configuration Data-Speichers (BCD-Datenbank). Mit dem Befehl *bootrec /?* listet das Programm die verfügbaren Reparaturoptionen auf. Unter *http://support.microsoft.com/kb/927392/de* [gbeh-k1-010] finden Sie eine Erläuterung der Befehle.
Break	Unterbricht die Ausführung einer Stapelverarbeitungsdatei.
ChDir CD	Wechselt in das angegebene Verzeichnis. Wird kein Parameter angegeben, zeigt der Befehl das aktuelle Verzeichnis an.
Chcp	Codepages anzeigen oder wechseln.

Tabelle 1.3: Befehle der Wiederherstellungskonsole

Wenn nichts mehr geht

Befehl	Bedeutung
Chkdsk Chkntfs	Führt eine Datenträgerprüfung aus und zeigt anschließend einen Statusbericht an.
Cls	Dieser Befehl löscht die Anzeige im Fenster der Eingabeaufforderung.
Cmd	Startet eine neue Instanz des Befehlsinterpreters (im gleichen Fenster).
Color	Legt Hinter- und Vordergrundfarbe der Eingabeaufforderung fest.
Comp	Ermöglicht den Vergleich zweier Dateien. Nicht in den Systemwiederherstellungsoptionen verfügbar.
Compact	Zeigt die Komprimierung von Dateien auf NTFS-Partitionen an und ermöglicht die Änderung der Einstellungen. Nicht in den Systemwiederherstellungsoptionen verfügbar.
Convert	Konvertiert FAT-Datenträger in das NTFS-Dateisystem (gilt nicht für das aktuelle Laufwerk).
Copy	Ermöglicht, einzelne Dateien in ein anderes Verzeichnis zu kopieren.
Date	Datum anzeigen oder ändern.
Del Erase	Die beiden Befehle löschen die angegebene(n) Datei(en) oder Verzeichnisse.
Dir	Zeigt die Liste der Dateien und der Unterverzeichnisse des angegebenen Verzeichnisses an.
Diskpart	Dient zur Verwaltung der Partitionen auf einer Festplatte.
Exit	Wird zum Beenden der Wiederherstellungskonsole benutzt. Der Rechner startet neu.
Expand	Extrahiert eine Datei aus einer komprimierten Archivdatei (Dateien mit dem Unterstrich im letzten Buchstaben oder *.cab*-Archive).
Fc	Vergleich zweier Dateien. Nicht in den Systemwiederherstellungsoptionen verfügbar.
Format	Formatiert den angegebenen Datenträger.
Icacls	Ermöglicht, die Zugriffsberechtigungen von Dateien und Ordnern einzusehen und anzupassen. Nicht in den Systemwiederherstellungsoptionen verfügbar.
Move	Verschieben von Dateien und Ordnern.
Mkdir MD	Der Befehl legt das angegebene Verzeichnis neu an.
More	Zeigt eine Textdatei in Abschnitten auf dem Bildschirm an (z.B. *dir | more*).
Net	Ermöglicht den Aufruf von Netzwerkbefehlen (im Systemreparaturmodus aber wenig sinnvoll, da kein Netzwerk läuft).

Tabelle 1.3: Befehle der Wiederherstellungskonsole (Forts.)

Befehl	Bedeutung
Rename Ren	Dient zum Umbenennen einer Datei oder eines Verzeichnisses.
Rmdir RD	Löscht ein angegebenes Verzeichnis.
Set	Anzeige von Umgebungsvariablen und Setzen der Werte dieser Variablen.
Type	Zeigt eine Textdatei seitenweise an.
Xcopy	Ermöglicht das Kopieren von Dateien und Ordnern.

Tabelle 1.3: Befehle der Wiederherstellungskonsole (Forts.)

Eine ausführliche Anleitung zur Verwendung eines Befehls erhalten Sie, wenn Sie in der Eingabeaufforderung den Befehl mit einem angehängten /? eingeben (z. B. dir /?). Der Windows-Befehlsprozessor unterstützt weitere Befehle, die sich teilweise in Stapelverarbeitungsprogrammen nutzen lassen. Hinweise zu den Befehlen sowie eine Übersicht über alle verfügbaren Befehle erhalten Sie, wenn Sie Windows regulär starten, die Eingabeaufforderung öffnen und dann den Befehl *help* eintippen. Beachten Sie aber, dass nicht alle Befehle in den Systemwiederherstellungsoptionen verfügbar sind.

Zugriff auf die Registrierung

Um Registrierungseinträge des Systems einzusehen oder zu ändern, können Sie im Fenster der Eingabeaufforderung den Befehl *Regedit* eingeben und so den Registrierungs-Editor starten. Lassen Sie sich aber nicht dazu verleiten, die beim Aufruf des Programms gezeigten Registrierungseinträge zu ändern, denn diese beziehen sich auf das vom Startmedium geladene »Windows PE«, unter dem Sie angemeldet sind.

1. Um auf die Registrierung des auf der Systempartition installierten Windows 7 zuzugreifen, wählen Sie in der linken Spalte des Registrierungs-Editors entweder den Zweig *HKEY_USERS* (für Benutzereinstellungen) oder *HKEY_LOCAL_MACHINE* (für Hardware- und Softwareeinträge) per Mausklick an.

2. Anschließend wählen Sie im Menü *Datei* des Registrierungs-Editors den Befehl *Struktur laden* (Abbildung 1.14, Hintergrund), navigieren im Dialogfeld (Abbildung 1.14, unten) zu den Ordnern, in denen die Registrierungsdateien gespeichert sind, wählen diese aus und bestätigen über die *Öffnen*-Schaltfläche.

3. Dann müssen Sie in einem Dialogfeld den (frei wählbaren) Namen für den neuen Zweig eintippen und dies über die *OK*-Schaltfläche bestätigen.

Der Registrierungs-Editor lädt die betreffenden Registrierungsdateien und blendet deren Struktur unter dem eingegebenen Namen als eigenständigen Unterschlüssel unter *HKEY_USERS* bzw. *HKEY_LOCAL_MACHINE* ein. Sie können anschließend auf die Einträge des betreffenden Zweigs zugreifen.

Wenn nichts mehr geht

Abbildung 1.14: Registrierungs-Editor zur Pflege des Systems

Um eine angepasste Struktur wieder aus dem Registrierungs-Editor zu entfernen, wählen Sie in der linken Spalte den neu hinzugefügten Schlüssel an, öffnen das Menü *Datei* und klicken auf den Befehl *Struktur entfernen*.

TIPP

Sie finden die Registrierungsdateien für das System im Ordner *Windows\System32\ config*. Die Datei *SYSTEM* enthält die Systemeinstellungen (z.B. zu den installierten Geräten), während sich die Softwareeinträge in der Datei *SOFTWARE* finden. Die Registrierungseinstellungen für die einzelnen Benutzer (Zweig *HKEY_CURRENT_USER*) werden dagegen in der Datei *ntuser.dat* geführt, die in den Ordnern des Benutzerprofils (Zweig *Users* bzw. *Benutzer*) abgelegt ist. Allerdings gibt es noch das Problem, dass diese Datei als versteckte Systemdatei vorliegt und im Dialogfeld zur Auswahl der Registrierungsdatei nicht angezeigt wird. Sie müssen also zum betreffenden Ordner des jeweiligen Benutzerkontos navigieren und dann in das Feld *Datei* den Namen *ntuser.dat* eintippen, um diese mittels der Schaltfläche *Öffnen* zu laden. Vorsorglich noch der Hinweis, dass Sie die *ntuser.dat* des Benutzerkontos (unter dem Sie angemeldet sind) nicht laden können. Sie erhalten dann die Fehlermeldung, dass die Datei in Benutzung sei (u. a. weil deren Einträge bereits unter *HKEY_ CURRENT_USER* eingeblendet sind und zudem von Windows benutzt werden).

Komfortabler Zugriff auf Dateien und Ordner

Die Befehle der Eingabeaufforderung ermöglichen Ihnen zwar, Ordner und Dateien auf allen erreichbaren Laufwerken zu manipulieren. Um effizienter zu arbeiten, empfiehlt sich aber die Verwendung eines Dateimanagers. Leider lässt sich Windows-Explorer aus einer Windows RE-Umgebung nicht aufrufen. Sie können aber den a43-Dateimanager (bei funktionierendem Windows) von der Webseite *http://alterion.us/a43/* [gbeh-k1-011] herunterladen und auf der Festplatte oder auf einem anderen Speichermedium (USB-Stick, Speicherkarte, CD) ablegen. Im Fenster der Eingabeaufforderung lässt sich direkt auf den Wechseldatenträger zugreifen.

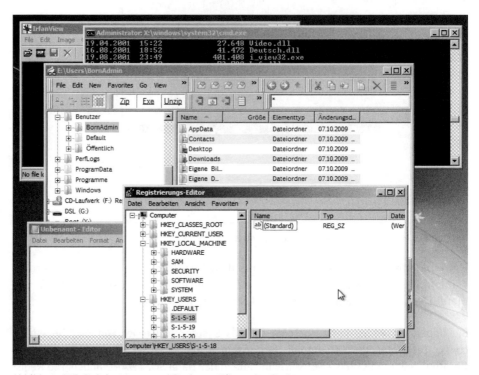

Abbildung 1.15: Dateimanager und Tools zur Pflege des Systems

Gegebenenfalls probieren Sie über den *dir*-Befehl die Laufwerkbuchstaben *D:*, *E:*, *F:* etc. durch, bis Sie den Datenträger gefunden haben. Anschließend können Sie den Dateimanager über den Befehl *a43*⏎ aufrufen. Das Programmfenster des Dateimanagers sollte sich nach wenigen Sekunden auf dem Desktop öffnen, und Sie können dessen Funktionen nutzen, um komfortabel auf die Dateien und Ordner der Festplatte zuzugreifen (Abbildung 1.15) oder um weitere Programme per Doppelklick auf deren Programmdateien zu starten.

1.2.8 Die CD/DVD wird beim Booten nicht erkannt

Schlägt der Versuch, den Rechner über eine CD oder DVD zu starten, fehl und erscheint die Meldung, dass kein Betriebssystem gefunden wurde? Überprüfen Sie als Erstes, ob die betreffenden Medien wirklich korrekt (mit der bedruckten Seite nach oben) im entsprechenden Laufwerk liegen. Bei mehreren CD-/DVD-Laufwerken sollten Sie das Laufwerk mit dem niedrigsten Laufwerkbuchstaben für das Medium verwenden.

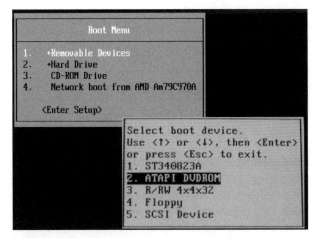

Abbildung 1.16: Auswahl der Booteinheit im BIOS

Normalerweise versucht das BIOS, das Betriebssystem von verschiedenen Laufwerken zu laden. Die Reihenfolge lässt sich dann im BIOS festlegen. Startet das System trotz eingelegtem Startmedium nicht, sondern greift direkt auf die Festplatte zu, um von dort zu booten? Dann stimmt vielleicht die im BIOS eingestellte Bootreihenfolge nicht. Wenn Sie den Rechner einschalten, zeigt dieser während des Selbsttests für einige Sekunden einen Textbildschirm mit Statusinformationen. Bei neueren BIOS-Versionen können Sie das Menü zur Auswahl der Booteinheit durch Drücken der Esc-Taste (oder F2, F11 etc.) aufrufen. In Abbildung 1.16 sehen Sie zwei solcher Menüs aus unterschiedlichen BIOS-Versionen. Meist lässt sich dann die Booteinheit über die Tasten ↑ und ↓ auswählen. Falls die Cursortasten im Zehner-Tastenblock keine Wirkung zeigen, drücken Sie die Num↓-Taste, um den Tastaturstatus umzustellen. Sobald Sie die ⏎-Taste drücken, versucht das BIOS, auf die Einheit zuzugreifen und das Betriebssystem zu laden.

Greift der Rechner auf die Laufwerke zu, startet aber trotzdem nicht vom eingelegten Medium und meldet ein fehlendes Betriebssystem? Dann ist vermutlich kein bootfähiges Medium vorhanden. Um solche Fehler zu vermeiden, sollten Sie sicher sein, dass die von Ihnen benutzten Medien wirklich bootfähig sind. CD- oder DVD-RW-Medien, die vor dem Brennen beispielsweise nicht vollständig gelöscht wurden, sind in der Regel später nicht bootfähig (der Bootrecord befindet sich dann in einer eigenen Session und kann nicht gelesen werden).

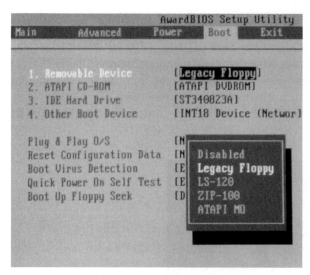

Abbildung 1.17: Einstellen der Bootoptionen im BIOS

Ist nach dem Einschalten des Rechners kein Zugriff auf die Laufwerke feststellbar? Dann ist vermutlich der Bootzugriff auf die Einheit abgeschaltet oder die Bootreihenfolge im BIOS des Rechners so eingestellt, dass dieser sofort von der Festplatte bootet. Ändern Sie dann die BIOS-Einstellungen, indem Sie den Rechner zunächst einschalten und sofort bei der Anzeige des Textbildschirms mit den Statusinformationen das BIOS-Setup aufrufen. Die meisten BIOS-Varianten blenden die benötigten Tasten in der untersten Zeile des Textbildschirms ein. Meist sind die Tasten [Entf] oder [F2] zum Aufruf des BIOS-Setups vorgesehen. Sobald die Menüs des BIOS-Setups angezeigt werden, suchen Sie die Seite mit den Bootoptionen (Abbildung 1.17) und stellen die Bootreihenfolge so ein, dass das BIOS zuerst auf das gewünschte Laufwerk oder in der Reihenfolge Diskettenlaufwerk, CD-Laufwerk, Festplatte zugreift.

Die Gestaltung der Seiten im BIOS-Setup hängt vom jeweiligen Hersteller ab. Die Einstellungen sind in der Regel aber leicht zu finden. Die einzelnen Geräte lassen sich ggf. auch für Bootzugriffe sperren. Prüfen Sie daher, ob die betreffende Bootoption im BIOS freigegeben ist. Anschließend müssen Sie das BIOS-Setup über die Exit-Seite verlassen und die Anpassungen speichern lassen. Die betreffende Seite informiert Sie, welche Tasten oder Befehle zum Speichern benutzt werden müssen.

TIPP Im BIOS wird eine englische Tastaturbelegung benutzt. Die Tasten [Z] und [Y] sind daher auf der Tastatur vertauscht. Wenn Sie also den Buchstaben Y für Yes eingeben sollen, müssen Sie auf einer deutschen Tastatur die [Z]-Taste drücken.

1.2.9 Reparatur der Startdateien (Systemstartreparatur)

Zum erfolgreichen Start des Rechners muss neben der Partitionstabelle ein Master Boot Record mit einem Bootloader im ersten Sektor der zu bootenden Festplatte vorhanden sein. Der Master Boot Record wird vom BIOS beim Hochfahren des Rechners geladen. Das BIOS übergibt dann die Kontrolle an den Lader im MBR, der seinerseits den (Windows 7-) Bootmanager aufruft. Auch ein fehlender Bootmanager (*bootmgr*) verhindert den Start des Betriebssystems.

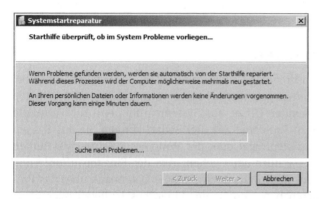

Abbildung 1.18: Reparatur einer beschädigten Windows-Installation

1. Gehen Sie wie im vorhergehenden Abschnitt beschrieben vor und booten Sie den Rechner mit der Installations-DVD oder dem Systemreparaturdatenträger.

2. Dann durchlaufen Sie die Schritte zum Aufruf des Dialogfelds *Systemwiederherstellungsoptionen* und wählen den Befehl *Systemstartreparatur* (siehe Abbildung 1.13 auf Seite 66).

Anschließend warten Sie, ob die Starthilfe Fehler ermitteln und beheben kann. Die Analyse des Systems auf Startprobleme wird in einem Dialogfeld über eine Fortschrittsanzeige signalisiert (Abbildung 1.18). Das Programm versucht, die Installation in mehreren Schritten zu reparieren. Bei einem defekten Bootsektor wird dieser neu geschrieben. Gleichzeitig werden die BCD-Datenbank sowie die ggf. auf der aktiven Partition enthaltene *Boot.ini* von Windows XP analysiert und auf Plausibilität geprüft.

Analyse der Startprobleme

3. Ein abschließend angezeigtes Dialogfeld enthält dann Hinweise, ob die Reparatur erfolgreich war. Über einen Hyperlink können Sie sich ggf. einen detaillierten Bericht über die gefundenen Fehler anzeigen lassen.

4. Die *Weiter*-Schaltfläche bringt Sie wieder zum Dialogfeld *Systemwiederherstellungsoptionen* zurück (siehe Abbildung 1.13 auf Seite 66). Über dessen Schaltfläche *Herunterfahren* können Sie den Vorgang beenden.

Je nach Problemfall kann es sein, dass Sie die obigen Schritte zur Reparatur der Startdateien zwei- oder dreimal durchführen und den Rechner erneut starten müssen.

| INFO | Wurden die Dateien *Boot.ini*, *Ntldr* und *NTDetect.com* einer Windows XP-Installation gelöscht? Dann funktioniert der Start der älteren Windows-Version nicht mehr. In diesem Fall sollten Sie Windows 7 booten. Anschließend können Sie sich unter einem Administratorkonto anmelden und die von Windows XP benötigten Dateien ggf. in einem Ordnerfenster wieder restaurieren. Die Bootdateien sind als versteckte Systemdateien im Hauptverzeichnis und im Unterordner *\Boot* der aktiven Startpartition abgelegt. Kopien der Dateien *Ntldr* und *NTDetect.com* finden Sie im Ordner *i386* der Windows XP-Installations-CD. Eine *Boot.ini* lässt sich ggf. mit dem Windows-Editor erzeugen. Ein Beispiel für den Aufbau einer solchen Datei für Windows XP finden Sie im Internet unter *http://support.microsoft.com/kb/289022/de* [gbeh-k1-012]. |

Manuelle Reparatur der Startdateien

Die Systemstartreparatur kann in vielen Fällen weiterhelfen. Probleme kann es bei mehreren eingebauten Festplatten geben. Auch eine vom Standard abweichende Partitionierung (z. B. abweichender Offset auf Systempartitionen) der Festplatte durch Dritthersteller-Tools wirft Probleme auf. Bei Bedarf können Sie das System aber mit dem Systemreparaturdatenträger oder der Windows 7-Setup-DVD booten und dann in den Computerreparaturmodus gehen. Aus der Eingabeaufforderung lassen sich sowohl Master Boot Record als auch die BCD-Datenbank über das Programm *Bootrec.exe* aktualisieren bzw. reparieren. Einen beschädigten oder überschriebenen Master Boot Record können Sie mit dem Befehl

```
bootrec /FixMBR
```

überschreiben. Verwenden Sie dagegen den Befehl

```
bootrec /FixBoot
```

in der Eingabeaufforderung, um einen neuen Startsektor in die Systempartition zu schreiben. Taucht ein installiertes Windows nicht mehr im Bootmenü auf, lässt sich mit der Anweisung

```
bootrec /ScanOS
```

prüfen, ob die Installation gefunden wird. Der Befehl

```
bootrec /RebuildBcd
```

erstellt eine neue BCD-Datenbank aus den gefundenen Windows-Installationen.

| INFO | Um gezielt den Bootsektor für Windows 7 oder frühere Windows-Versionen wiederherzustellen, lässt sich das Programm *bootsect* im Fenster der Windows RE-Eingabeaufforderung verwenden. Unter *http://www.unawave.de/installation/boot-reparatur.html* [gbeh-k1-014] finden Sie entsprechende Informationen. |

1.2.10 Systemreparatur mit der Starthilfe

Sind die Startdateien zwar in Ordnung, Windows 7 kann aber nicht korrekt hochgefahren werden, erscheint beim zweiten Startversuch automatisch das Menü der Starthilfe (Abbildung 1.19). Wählen Sie im gezeigten Menü den Befehl *Starthilfe starten* mittels der Tasten ⬆ und ⬇ aus und bestätigen Sie dies über ⏎.

Neuerung bei Startproblemen

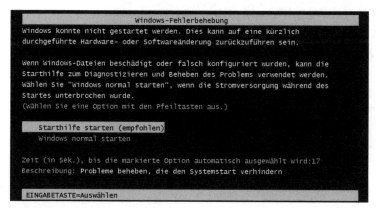

Abbildung 1.19: Windows-Starthilfe

Daraufhin wird das Notfallbetriebssystem mit einer Reparaturumgebung (Windows RE) geladen, und die Starthilfe beginnt mit der Diagnose und Reparatur der Startdateien. Der Status erscheint in einem Dialogfeld mit einer Fortschrittsanzeige. Gelingt die Reparatur, kann der Rechner neu gestartet und Windows 7 gebootet werden.

Die Starthilfe kann ausschließlich zur Reparatur von Startproblemen verwendet werden. Ein Aufruf des Dialogfelds mit den Befehlen zum Zugriff auf die Eingabeaufforderung oder die Systemwiederherstellung ist nicht möglich. Den Aufruf der Starthilfe können Sie abschalten, indem Sie in der administrativen Eingabeaufforderung den Befehl *bcdedit /set recoveryenabled no* eingeben.

INFO

1.2.11 Systemreparatur über »Erweiterte Startoptionen«

Ist Windows abgestürzt oder wurde es nicht korrekt beendet, erscheint entweder das Menü aus Abbildung 1.19 zum Aufruf der Starthilfe oder es wird ein erweitertes Menü mit Optionen zum Aufruf des abgesicherten Modus eingeblendet. Alternativ können Sie, solange das Bootmenü angezeigt wird bzw. bevor der Bildschirm zum Windows-Start erscheint, die Funktionstaste F8 drücken. Dann schaltet der Betriebssystemlader zum Menü mit den erweiterten Windows-Startoptionen um (Abbildung 1.20).

Kapitel 1 • Wenn der Rechner nicht mehr will

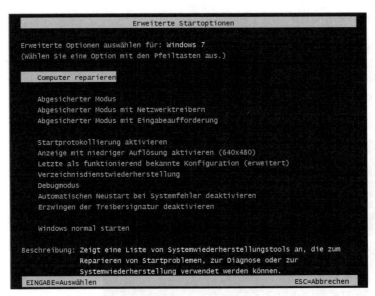

Abbildung 1.20: Erweiterte Windows-Startoptionen

Dort finden Sie Optionen zum Aufruf des abgesicherten Modus, zur Auswahl der letzten funktionierenden Konfiguration etc.

» Der Befehl *Computer reparieren* startet die Systemwiederherstellungsoptionen, die in einem Dialogfeld die Tastatursprache abfragen. Anschließend erscheint ein Dialogfeld zur Anmeldung am Administratorkonto. Nach erfolgreicher Anmeldung wird das Dialogfeld *Systemwiederherstellungsoptionen* (Abbildung 1.13) angezeigt, und Sie können auf die betreffenden Funktionen zugreifen.

» Wählen Sie einen der drei Befehle *Abgesicherter Modus ...*, um das Betriebssystem im abgesicherten Modus hochzufahren. Je nach gewähltem Befehl wird zusätzlich das Netzwerk aktiviert oder nur die Eingabeaufforderung geöffnet. Das Besondere: Im abgesicherten Modus wird Windows mit Standardeinstellungen (VGA-Auflösung, Microsoft-Maustreiber) und nur mit den unbedingt erforderlichen Gerätetreibern (ggf. ohne Netzwerkverbindungen) hochgefahren und Sie gelangen zum Windows-Desktop (Abbildung 1.21). Sie können sich dann als Administrator anmelden und fehlerhafte Gerätetreiber über den Geräte-Manager entfernen. Nicht korrekt arbeitende Programme lassen sich über die Systemsteuerung deinstallieren. Sie können alle Windows-Funktionen zum Kopieren von Dateien, zum Zugriff auf die Registrierung etc. verwenden. Zudem lässt sich die Systemwiederherstellung ausführen, um Windows 7 auf einen früheren Zeitpunkt zurückzusetzen.

» Beim Befehl *Startprotokollierung aktivieren* protokolliert Windows den Startvorgang (welche Treiber und Dienste vom System geladen werden) in der Datei *Ntbtlog.txt*. Über das Protokoll lassen sich Probleme beim Rechnerstart analysieren. Sie finden die Datei im Windows-Ordner *%windir%*.

Wenn nichts mehr geht

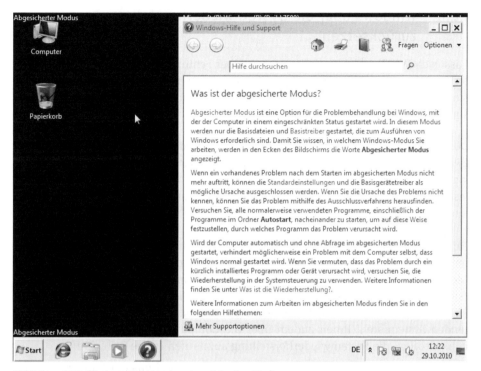

Abbildung 1.21: Windows-Desktop im abgesicherten Modus

» Der Befehl *Anzeige mit niedriger Auflösung aktivieren (640x480)* ermöglicht Ihnen, Windows im VGA-Modus zu starten. Dies ist hilfreich, falls es Probleme mit der Anzeige des Desktops im normalen Modus gibt.

Über die Windows-Startoption *Letzte als funktionierend bekannte Konfiguration* können Sie Windows 7 eventuell mit den letzten ordnungsgemäß funktionsfähigen Systemeinstellungen starten. Dann werden alle seit dem letzten erfolgreichen Start vorgenommenen (Hardware-)Änderungen verworfen. Dies kann hilfreich sein, falls das System durch Registrierungseingriffe oder eine fehlerhafte Geräteinstallation (z. B. Grafiktreiber) nicht mehr startet.

Die Startoption zur Verzeichnisdienstwiederherstellung wird in der Windows 7 Home Premium-Edition nicht unterstützt. Unter Windows 7 Professional, Ultimate oder Enterprise ist die Verzeichnisdienstwiederherstellung nur bei Einbindung in eine Windows-Domäne anwendbar. Die Funktion führt eine Reparatur des Verzeichnisdienstes aus. Den Debugmodus können Sie als Endanwender vergessen, er bringt Ihnen nichts. Über die Option *Windows normal starten* lässt sich das Betriebssystem normal hochfahren. Bei Bedarf können Sie über weitere Befehle noch das Erzwingen der Treibersignatur sowie den automatischen Neustart bei Fehlern abschalten.

INFO

1.2.12 Windows über die Systemwiederherstellung zurücksetzen

Lässt sich Windows zwar starten, es gibt aber Fehlfunktionen, können Sie das System auf einen Wiederherstellungspunkt zurücksetzen. Dies ist beispielsweise dann sinnvoll, wenn nach der Installation neuer Hard- und Software oder nach Anpassungen am System Probleme auftreten.

STOPP Durch das Zurücksetzen von Windows auf einen Wiederherstellungspunkt gehen u.U. zwischenzeitlich am System vorgenommene Einstellungen (Anpassungen am System, installierte Programme, aktualisierte Signaturen für Virenscanner, Updates und ggf. installierte Service Packs), nicht jedoch Benutzerdokumente in den Bibliotheken, verloren.

Falls Windows nicht mehr normal starten kann (z.B. weil ein Treiber zu Instabilitäten führt), können Sie die Funktionstaste [F8] beim Systemstart drücken und im Menü mit den erweiterten Startoptionen den Start im abgesicherten Modus wählen (siehe vorheriger Abschnitt). Sobald Sie im abgesicherten Modus angemeldet sind, können Sie die Systemwiederherstellung aufrufen. Bei einem nicht mehr startenden System steht Ihnen zudem über die Computerreparaturoptionen die Möglichkeit offen, die Systemwiederherstellung aufzurufen (siehe Seite 75 ff.).

1. Ist Windows noch funktionsfähig, tippen Sie in das Suchfeld des Startmenüs »Wieder« ein und klicken Sie auf den Befehl *Wiederherstellung*. Dann lässt sich die Schaltfläche *Systemwiederherstellung öffnen* anwählen. Oder Sie geben in das Suchfeld des Startmenüs bzw. in der Eingabeaufforderung *rstrui* ein und drücken die ⏎-Taste.

2. Sobald der Assistent der Systemwiederherstellung startet, gehen Sie über die *Weiter*-Schaltfläche bis zum Dialogfeld aus Abbildung 1.22. Markieren Sie einen der angezeigten Wiederherstellungspunkte, gehen Sie zum Abschlussdialogfeld und klicken Sie auf die Schaltfläche *Fertig stellen*. Die Warnung, dass die Systemwiederherstellung erst nach Abschluss des Vorgangs beendet werden kann, bestätigen Sie über die *Ja*-Schaltfläche.

Nun erscheint eine Fortschrittsanzeige, die den Ablauf bei der Vorbereitung der Systemwiederherstellung zeigt. Windows stellt dabei die Informationen zur Wiederherstellung zusammen, fährt das System herunter und setzt beim Neustart das Betriebssystem auf den Zustand des gewählten Wiederherstellungspunkts zurück. Dies kann durchaus eine längere Zeit in Anspruch nehmen. Sie werden beim Start über eine Statusanzeige über den Vorgang informiert. Ein Meldungsfeld informiert Sie, wenn das System erfolgreich zurückgesetzt wurde.

Wenn nichts mehr geht

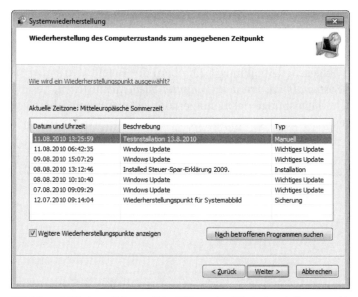

Abbildung 1.22: Auswählen und Bestätigen des Wiederherstellungspunkts

Falls Sie Bedenken haben, dass die Systemwiederherstellung Programminstallationen beschädigt, wählen Sie im Dialogfeld aus Abbildung 1.22 die Schaltfläche *Nach betroffenen Programmen suchen*. Dann werden betroffene Programme aufgelistet. Solche Programme müssen im Anschluss an die Wiederherstellung neu installiert werden. Sichern Sie daher vor dem Ausführen der Wiederherstellung ggf. Programmeinstellungen (z.B. Spielstände) und stellen Sie sicher, dass Lizenzschlüssel und Installationsdateien vorhanden sind.

INFO

1.2.13 Windows über eine Systemabbildsicherung reparieren

Sind die Reparaturansätze der vorherigen Seiten nicht erfolgreich, können Sie den Rechner auf ein vorher angefertigtes Systemabbild zurücksetzen. Dabei gehen aber alle Änderungen, die nach dem Erstellen der Systemabbildsicherung vorgenommen wurden (sowie die zwischenzeitlich gespeicherten Dateien), verloren. Windows 7 bietet Ihnen mehrere Möglichkeiten, ein Systemabbild aus der Archivierung zurückzulesen (je nachdem, ob das System noch startet oder nicht).

Rückspeicherung über die Systemwiederherstellung

Läuft Windows noch, können Sie die Systemwiederherstellung zur Rückspeicherung verwenden.

1. Tippen Sie in das Suchfeld des Startmenüs den Begriff »Wiederherstellung« ein und klicken Sie auf den daraufhin angezeigten gleichnamigen Befehl. Alternativ lässt sich der Befehl *Wiederherstellung* auch über die Systemsteuerung oder das Windows-Wartungscenter aufrufen.

2. Im Fenster *Stellen Sie einen früheren Zustand des Computers wieder her* wählen Sie den Hyperlink *Erweiterte Wiederherstellungsmethoden* (Abbildung 1.23, unten).

3. Wählen Sie auf der Folgeseite (Abbildung 1.23, oben) den Befehl *Verwenden Sie ein zuvor erstelltes Systemabbild, um den Computer wiederherzustellen*, bestätigen Sie ggf. die Sicherheitsabfrage der Benutzerkontensteuerung und befolgen Sie die Anweisungen des Rücksicherungsassistenten.

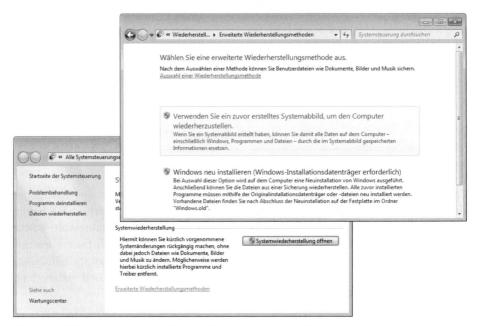

Abbildung 1.23: Systemwiederherstellung über ein Systemabbild

Achten Sie aber darauf, dass Windows bei der Rücksicherung Zugriff auf die Datenträger mit den Systemabbildern hat, und befolgen Sie die Anweisungen des Programms zum Zurückspeichern des Systemabbilds. Da zwischenzeitlich durchgeführte Änderungen oder angelegte Dokumente bei diesem Vorgang verloren gehen, bietet ein Assistent Ihnen an, noch eine Datensicherung vorzunehmen – die Sie aber übergehen können. Anschließend werden Sie zum Neustarten des Systems aufgefordert. Die weiteren Schritte entsprechen dem im folgenden Abschnitt besprochenen Rücksichern unter Windows RE.

Rücksichern unter Windows RE

Das Zurücksichern eines gespeicherten Systemabbilds muss immer von einem gebooteten Windows RE erfolgen. Entweder wird dieses automatisch von der Systemwiederherstellung über die Festplatte gestartet oder Sie booten den Rechner mit einem Systemreparaturdatenträger und durchlaufen die Dialogfelder zum Aufruf der Windows RE-Umgebung (siehe den Abschnitt »Verwenden der Wiederherstellungstools«, Seite 65).

» Sobald das Dialogfeld *Systemwiederherstellungsoptionen* (Abbildung 1.24, unten) angezeigt wird, markieren Sie das Optionsfeld *Stellen Sie den Computer mithilfe eines zuvor erstellten Systemabbilds wieder her*.

» Im Dialogfeld aus Abbildung 1.24, oben, können Sie den letzten gefundenen Sicherungsdatensatz verwenden oder das Optionsfeld *Systemabbild auswählen* markieren. Über die *Weiter*-Schaltfläche lässt sich durch die Dialogfelder zur Auswahl der Sicherung sowie der Rücksicherungseinstellungen blättern.

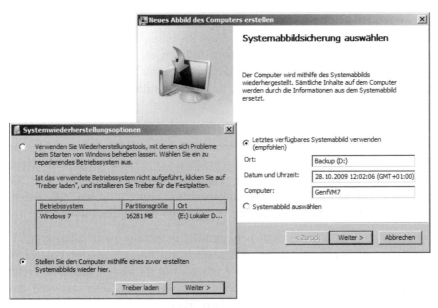

Abbildung 1.24: Schritte, um ein Systemabbild zurückzusichern

Sobald Sie die *Fertig stellen*-Schaltfläche im letzten Dialogfeld anklicken und auch die Sicherheitsabfrage mittels der *Ja*-Schaltfläche bestätigen, beginnt das Zurückschreiben des Sicherungsdatensatzes auf das Ziellaufwerk. Der Vorgang wird über eine Fortschrittsanzeige angezeigt. Nach der Rücksicherung muss ein Neustart ausgeführt werden, um die zurückgesicherte Windows-Version zu starten.

Sind die Sicherungsdaten auf einer Netzwerkfreigabe gespeichert, wählen Sie im Dialogfeld aus Abbildung 1.24, oben, das Optionsfeld *Systemabbild auswählen*. Dann können Sie in einem der Folgedialogfelder auf die Schaltfläche *Erweitert* klicken. Sie erhalten dann in einem Dialogfeld die Möglichkeit, den UNC-Pfad einer Netzwerkfreigabe in der Art *Maschine**Freigabe* (z.B. *Madrid**d*) anzugeben. Nachdem die Anmeldedaten mit Benutzername und Kennwort für die Netzwerkfreigabe angegeben wurden, listet die Funktion zum Wiederherstellen die gefundene Systemsicherung auf. Sie können dann den Sicherungssatz auswählen und über die Wiederherstellung zurücklesen lassen.

TIPP

Kapitel 1 • Wenn der Rechner nicht mehr will

INFO Verwenden Sie andere Sicherungsprogramme wie Acronis True Image Home 2011 oder Paragon Backup & Recovery, ist der Rechner mit der von diesen Werkzeugen bereitgestellten Notfall-CD zu booten. Dann können Sie die vorher erstellte Sicherungskopie des Systems auf das Systemlaufwerk zurückschreiben lassen. Wie Sie Windows durch ein Inplace-Upgrade reparieren, wird in Kapitel 3 im Abschnitt »Windows 7-Reparaturinstallation« beschrieben.

1.2.14 Reparatur des Bootmenüs

Ist das Bootmenü defekt bzw. fehlt ein Eintrag zum Aufruf einer Windows-Installation? Sie können wie im Abschnitt »Windows-Reparatur bei beschädigten Startdateien« ab Seite 62 beschrieben vorgehen. Wählen Sie im Dialogfeld *Systemwiederherstellungsoptionen* (siehe Abbildung 1.13 auf Seite 66) den Befehl *Systemstartreparatur*. Die betreffende Funktion versucht dann, die Startdateien für Windows neu zu erstellen.

Microsoft hat zur Pflege der BCD-Datenbankeinträge das Programm *bcdedit* vorgesehen. Um mit dem Programm zu arbeiten, müssen Sie die Eingabeaufforderung als Administrator öffnen (im Startmenü *cmd* [Strg] + [⇧] + [↵] eingeben). Nach Bestätigung der Sicherheitsabfrage der Benutzerkontensteuerung können Sie das Programm *bcdedit* im Fenster der Eingabeaufforderung aufrufen. Der Befehl *bcdedit /?* zeigt Hilfeinformationen zu den verfügbaren Programmoptionen an.

Allerdings ist das Arbeiten mit dem betreffenden Programm nicht allzu komfortabel. Aus diesem Grund sollten Sie einen Blick auf das kostenlose Programm EasyBCD (*http://neosmart.net/dl.php?id = 1* [gbeh-k1-013]) werfen. EasyBCD bietet nach der Installation ein Programmfenster (Abbildung 1.25), über das sich das Bootmenü komfortabel ansehen und verändern lässt.

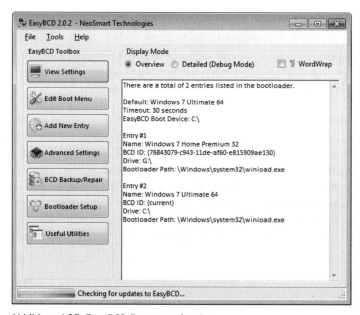

Abbildung 1.25: EasyBCD-Programmfenster

Zudem bietet das Programm Funktionen, um den Master Boot Record zu sichern oder zu restaurieren. Details zur Funktionalität können Sie der Programmhilfe entnehmen.

1.2.15 Das Bootmenü fehlt oder verschwindet sofort

Standardmäßig beginnt der Rechner beim Einschalten sofort mit dem Laden von Windows. Falls aber mehrere Windows-Versionen auf einem Rechner installiert sind, erscheint beim Systemstart ein sogenanntes Bootmenü zur Auswahl des gewünschten Betriebssystems. Taucht bei Ihnen plötzlich ein solches Bootmenü beim Systemstart auf und dauert es einige Sekunden, bis Windows geladen wird? Oder hatten Sie ein solches Bootmenü, welches plötzlich verschwunden ist? Nervt es Sie, dass das Bootmenü nur kurz angezeigt wird und Sie kaum Zeit zur Auswahl des Betriebssystems haben? Dann wurden die Starteinstellungen des Bootmenüs von Programmen oder anderen Benutzern verändert. Sie können diese Einstellungen aber leicht anpassen und so die Anzeigedauer des Bootmenüs beeinflussen.

1. Öffnen Sie das Startmenü, klicken Sie mit der rechten Maustaste auf das Symbol *Computer* und wählen Sie den Kontextmenübefehl *Eigenschaften*.
2. Klicken Sie anschließend in der Aufgabenleiste des eingeblendeten Fensters den Befehl *Erweiterte Systemeinstellungen* an und bestätigen Sie die Abfrage der Benutzerkontensteuerung.
3. Klicken Sie auf der Registerkarte *Erweitert* in der Gruppe *Starten und Wiederherstellen* auf die Schaltfläche *Einstellungen* (Abbildung 1.26, links).

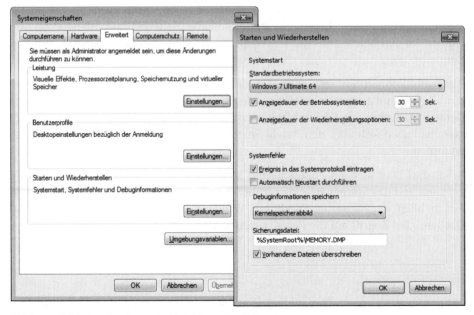

Abbildung 1.26: Anzeigedauer der Betriebssystemliste anpassen

4. Im Dialogfeld *Starten und Wiederherstellen* setzen Sie den Wert *Anzeigedauer der Betriebssystemliste* auf Werte zwischen 0 und 30 Sekunden (Abbildung 1.26, rechts). Der Wert 0 bewirkt, dass kein Bootmenü angezeigt wird.

Wenn Sie anschließend die geöffneten Dialogfelder über die *OK*-Schaltfläche schließen, werden die Optionen wirksam.

1.3 Der Rechner stürzt einfach ab

Bei Problemen mit Windows- bzw. Rechnerabstürzen gilt es Systemprogramme und Diagnosetools zur Fehlereingrenzung einzusetzen. Sobald Sie wissen, woran es liegt, kann das System meist repariert werden. Nachfolgend finden Sie Hinweise, was Sie in dieser Notlage noch tun können.

1.3.1 Windows stürzt beim Starten ab, was tun?

Stürzt Windows während des Ladevorgangs ab oder hängt der Rechner bereits beim Startvorgang? Erscheint während des Starts ein sogenannter Bluescreen? Die Ursache können beschädigte Windows-Dateien, ein fehlerhaft installiertes Programm, fehlerhafte Gerätetreiber oder eine fehlerhafte Registrierung sein. Haben Sie gerade etwas am System geändert oder ein Gerät installiert und tritt der Effekt beim anschließenden Neustart auf?

Windows merkt sich automatisch die letzte funktionierende Konfiguration und speichert diese intern. Falls Windows nicht mehr korrekt startet, schalten Sie den Rechner aus und booten neu. Dann sollte automatisch das Bootmenü mit den erweiterten Startoptionen erscheinen. Gehen Sie wie weiter oben im Abschnitt »Systemreparatur über »Erweiterte Startoptionen«« (Seite 75) beschrieben vor, und wählen Sie den Befehl zum Zurücksetzen auf die letzte funktionierende Konfiguration.

Alternativ können Sie versuchen, Windows im abgesicherten Modus hochzufahren. Dann können Sie sich an einem Administratorkonto anmelden, um fehlerhafte Gerätetreiber über den Geräte-Manager zu entfernen. Nicht korrekt arbeitende Programme lassen sich über den Befehl *Programm deinstallieren* der Systemsteuerung entfernen.

Bei Bedarf lässt sich im abgesicherten Modus auch die Systemwiederherstellung aufrufen und das System auf einen früheren Zustand zurücksetzen. Zudem können Sie in allen abgesicherten Modi die Windows-Funktionen zum Kopieren von Dateien, zum Zugriff auf die Registrierung etc. verwenden.

Das Menü mit den erweiterten Startoptionen können Sie auch manuell abrufen, indem Sie beim Systemstart sofort die Funktionstaste F8 betätigen. Haben Sie noch einen älteren Rechner mit PS/2-Buchsen, an den aber eine USB-Tastatur angeschlossen ist? Funktioniert die angeschlossene USB-Tastatur im abgesicherten Modus nicht? Dann ist im BIOS des Rechners der »USB Keyboard Support« zu aktivieren. Bei aktuellen Rechnern ohne PS/2-Anschluss sollte dies allerdings kein Problem mehr sein.

TIPP

1.3.2 Systemneustart bei Fehlern unterbinden

Treten sporadisch Fehler (Bluescreens) auf, bei denen Windows automatisch neu startet? Dann ist ein Sicherheitsmechanismus von Windows aktiv, der eine Beschädigung des Systems verhindern soll. Leider hat dies den Nachteil, dass damit eine längere Zeit dauernde Fehlersuche kaum noch möglich ist. Sobald der Fehler auftritt, startet Windows ja neu.

Sie können zumindest diesen Neustart unterbinden, indem Sie im Menü mit den erweiterten Startoptionen den Befehl *Automatischen Neustart bei Systemfehler deaktivieren* verwenden (siehe Abbildung 1.20, Seite 76).

Startet Windows noch, gehen Sie wie im Abschnitt »Das Bootmenü fehlt oder verschwindet sofort« ab Seite 83 beschrieben vor und öffnen Sie das Dialogfeld *Starten und Wiederherstellen* (Abbildung 1.26, rechts, Seite 83). Löschen Sie die Markierung des Kontrollkästchens *Automatisch Neustart durchführen*. Danach schließen Sie die geöffneten Dialogfelder über die *OK*-Schaltfläche.

Friert der Rechner ein und lässt sich nur durch Aus- und wieder Einschalten erneut starten? Überprüfen Sie im BIOS die Einstellung »Halt On« und setzen Sie diese versuchsweise auf »Disabled« oder »No-Errors«.

1.3.3 Kurzzeitiges Einfrieren unter Windows 7

So mancher Benutzer von Windows 7 erlebt den Effekt, dass das System oder Programme für wenige Sekunden bis zu einer Minute einfrieren und keine Bedienung mehr möglich ist. Im Programmfenster blendet Windows 7 dann den Hinweis auf eine fehlende Rückmeldung ein. Dies kann unterschiedliche Ursachen haben, die durch unterschiedliche Strategien zu bekämpfen sind.

Chipsatztreiber aktualisieren

Moderne Motherboards benötigen einen sogenannten Chipsatztreiber, um die auf der Platine integrierten Peripheriegeräte wie Controller, Schnittstellen etc. ansteuern zu können. Windows 7 enthält zwar einen solchen Chipsatztreiber, der bei der Installation eingerichtet wird. Nicht immer ist dieser Treiber fehlerfrei oder optimal auf das System abgestimmt. Sogenannte »Freezes«, Fehlfunktionen von Netzwerk- und Controllerschnittstellen etc., sind dann keine Seltenheit. Abhilfe schafft das korrekte Einrichten des Betriebssystems.

» Beschaffen Sie sich vor der Installation des Betriebssystems aktuelle Chipsatztreiber. Diese finden Sie auf den Webseiten des Herstellers des Mainboards. Den Hersteller und die genaue Bezeichnung des Boards lassen sich mit Programmen wie CPU-Z (Download unter *http://www.cpuid.com/softwares/cpu-z.html* [gbeh-k1-015]) ermitteln (Abbildung 1.27).

» Anschließend installieren Sie erst Windows 7, danach den Chipsatztreiber (wobei Sie auf die korrekte Verwendung einer 32-/64-Bit-Version achten) und abschließend den Grafikkarten- sowie den Soundkartentreiber in der hier genannten Reihenfolge. Danach können die restlichen Treiber installiert werden.

Der hier skizzierte Ansatz stellt sicher, dass die Schnittstellen des Mainboards korrekt erkannt werden. Theoretisch wäre es zwar denkbar, den aktuellen Chipsatztreiber und danach die anderen Treiber auf einem bereits benutzten System nachträglich zu installieren. Praktisch hatte ich aber schon Fälle, in denen diese Reihenfolge nicht funktionierte und zu Problemen führte.

Abbildung 1.27: Anzeigedauer der Mainboard-Daten

Hängende Prozesse analysieren

Gelegentlich hängen Anwendungen oder reagieren nicht mehr (z. B. der Windows-Explorer oder der Internet Explorer). Die Ursachen sind zwar meist installierte, aber unkompatible Add-ons und Tools von Drittherstellern. Zur Analyse der Ursachen kann es hilfreich sein, detailliertere Informationen über die beteiligten Prozesse zu erhalten.

1. Tippen Sie in das Suchfeld des Startmenüs den Text »res« ein und rufen Sie den angezeigten Befehl *Ressourcenmonitor* auf.

2. Bestätigen Sie die Sicherheitsabfrage der Benutzerkontensteuerung und gehen Sie im Ressourcenmonitor zur Registerkarte *CPU* (Abbildung 1.28, Hintergrund).

Auf der Registerkarte werden alle laufenden Prozesse samt Status und CPU-Auslastung aufgeführt. Markieren Sie die Kontrollkästchen der zu analysierenden Prozesse, um diese am Anfang der Liste anzuheften. Eine nicht antwortende Anwendung wird mit roter Schrift in der Liste der Prozesse angezeigt. Hängt eine Anwendung oder verbraucht sie sehr viel CPU-Last, können Sie den Eintrag mit der rechten Maustaste anklicken und dann im Kontextmenü den Befehl *Warteschlange analysieren* wählen.

Der Ressourcenmonitor öffnet ein Dialogfeld, in dem ggf. die Struktur der Prozesswarteschlange aufgelistet wird. Dort erhalten Sie ggf. auch Hinweise, ob der Prozess ordnungsgemäß ausgeführt wird oder auf etwas wartet (Abbildung 1.28, Vordergrund). Speziell bei hängendem Windows-Explorer lassen sich so u.U. Informationen über die Ursache der Hänger herausfinden.

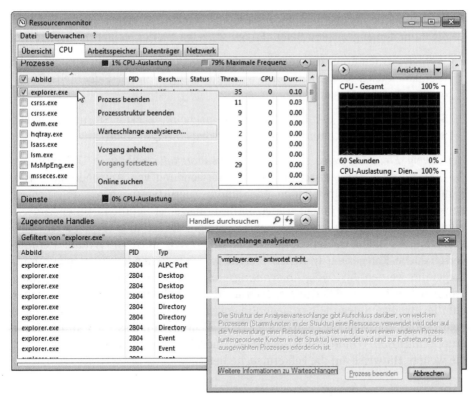

Abbildung 1.28: Prozessanalyse im Ressourcenmonitor

INFO Das Programm *explorer.exe* fungiert unter Windows 7 sowohl als Dateimanager zur Anzeige der Ordnerfenster als auch als Shell, die Desktop, Startmenü und Taskleiste verwaltet. Bei Abstürzen des Windows-Explorers ist meist eine installierte Fremdkomponente die Ursache (siehe auch *http://www.borncity.com/blog/2007/08/09/startmen-oder-explorer-geht-nicht-mehrist-langsam/* [gbeh-k1-016]). Falls Windows 7, der Windows-Explorer oder der Browser immer mal wieder für kurze Zeit einfrieren und der Ressourcenmonitor einen auf E/A-Ausgaben wartenden Prozess anzeigt, kann ein veralteter Chipsatztreiber für die Hauptplatine die Ursache sein (siehe vorherige Seite).

1.3.4 Fehlerkontrolle über die Ereignisanzeige

Manchmal bemerkt man als Benutzer nichts von sich anbahnenden Problemen. Windows führt aber genau Protokoll über interne Systemereignisse. Es empfiehlt sich also, gelegentlich einen Blick in die entsprechenden Aufzeichnungen zu werfen. Um bei zyklisch auftretenden Fehlern, die gegebenenfalls zum Neustart führen, die Ursache herauszufinden, können Sie auch einen Blick in die Windows-Ereignisanzeige werfen.

1. Tippen Sie in das Suchfeld des Startmenüs den Text »Ereignis« ein und klicken Sie dann den angezeigten Befehl *Ereignisanzeige* mit der rechten Maustaste an.

2. Wählen Sie den Kontextmenübefehl *Als Administrator ausführen* (um ggf. auch Protokolldateien löschen zu können) und bestätigen Sie die Sicherheitsabfrage der Benutzerkontensteuerung.

3. Sobald das Fenster der Ereignisanzeige erscheint, klicken Sie in der linken Spalte auf einen der Einträge im Zweig *Ereignisanzeige (Lokal)*.

Der Zweig *Ereignisanzeige (Lokal)/Windows-Protokolle* enthält in Untergruppen die (ungefilterten) Ereignisse, die bei der Verwendung von Anwendungen, vom System, während der Installation oder durch Zugriffsversuche auf abgesicherte Funktionen (Benutzerkonten, Dateizugriffe) ausgelöst wurden. Unter *Anwendungs- und Dienstprogramme* können Sie Ereignisse des Internet Explorers oder des Windows Media Centers abrufen. Der Unterzweig *Microsoft/Windows* enthält verschiedene Kategorien, in denen Ereignisse der betreffenden Dienstprogramme aufgeführt werden. Im Zweig *Anwendungs- und Dienstprotokolle* finden Sie Untergruppen wie *Hardware-Ereignisse, Internet Explorer, Media Center* etc., in denen auf die jeweilige Kategorie bezogene Ereignisse eingetragen werden. Treten Fehler beim Aufruf von Windows-Funktionen (z.B. Sichern) auf, lässt sich in der Untergruppe *Microsoft/Windows* nachsehen, ob vielleicht Ereignisse eingetragen sind, die weitere Hinweise auf die Fehlerursache liefern.

Der Rechner stürzt einfach ab

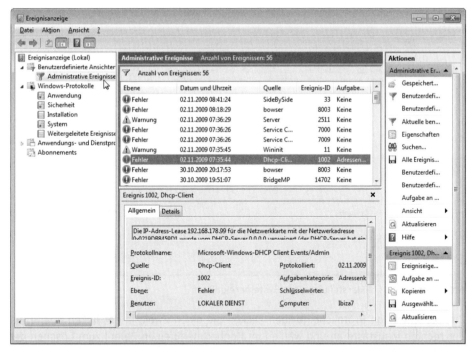

Abbildung 1.29: Anzeige von Systemereignissen

Details abfragen

Sobald Sie in der linken Spalte einen Eintrag wählen, erscheint im mittleren Teilfenster die Liste der Ereignisse. In verschiedenen Spalten werden der Ereignistyp (z.B. Fehler, Warnung, Information), die Uhrzeit und das Datum, an dem das Ereignis aufgetreten ist, die Quelle für das Ereignis etc. angegeben. Um sich über die Details zu informieren, können Sie die betreffende Zeile per Doppelklick anwählen. Die Ereignisanzeige öffnet dann die Detaildarstellung des betreffenden Ereignisses (Abbildung 1.30).

Sie können also sehr detailliert nachsehen, ob Fehler oder kritische Ereignisse aufgetreten sind. Windows speichert dabei sowohl Fehler in der Hardware (d.h. Treiberprobleme) als auch Fehler in Anwendungsprogrammen. Stürzt eine Anwendung also häufiger ab, sehen Sie in der Ereignisanzeige nach, ob zu diesen Abstürzen ggf. noch Detailinformationen (z.B. Fehlermeldungen) eingetragen sind.

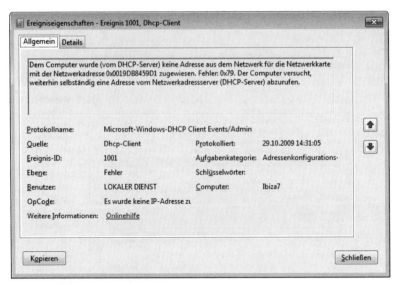

Abbildung 1.30: Detaildarstellung eines Systemereignisses

INFO Zum Löschen von Protokolleinträgen klicken Sie einen Zweig in der linken Spalte mit der rechten Maustaste an und wählen im Kontextmenü einen Befehl zum Löschen der Protokolldatei.

Kommt es beim Installieren von Programmen zu Abstürzen, können Sie ggf. auf dem Windows-Laufwerk nach .*log*-Dateien suchen lassen. Diese lassen sich im Texteditor öffnen und enthalten u.U. Hinweise zum Installationsproblem. Allerdings erzeugen nicht alle Anwendungen solche Installationsprotokolle.

Eventuell vorhandene .*etl*-Dateien enthalten dagegen Ereigniseinträge (etl steht für event trace log). Solche Dateien müssen in der Ereignisanzeige geöffnet werden. Wählen Sie im Menü *Aktion* der Ereignisanzeige den Befehl *Gespeicherte Protokolldateien öffnen*, können Sie im angezeigten Dialogfeld den Filter für Dateitypen auf »Dateien des Ablaufverfolgungsprogramms (*.etl)« stellen und die .*etl*-Datei anschließend laden. Falls es dabei zu einem Zugriffskonflikt kommt, weil die Protokolldatei in Benutzung ist, kopieren Sie die .*etl*-Datei in einen Benutzerordner.

1.3.5 Den Zuverlässigkeitsverlauf einsehen

Die Ereignisanzeige ist nicht jedermanns Sache, um sich über auftretende Probleme zu informieren. Windows 7 stellt mit dem Zuverlässigkeitsverlauf eine Alternative bereit, die Ihnen eine gute Übersicht über auftretende Systemprobleme mitsamt dem zeitlichen Verlauf liefert. Zum Zugriff auf das Diagramm des Zuverlässigkeitsverlaufs öffnen Sie das Startmenü, tippen in das Suchfeld die Zeichen »Zu« ein und klicken dann auf *Zuverlässigkeitsverlauf anzeigen*.

Windows startet die Zuverlässigkeitsüberwachung, die das System analysiert bzw. die Ereignisverwaltung auf Fehler auswertet. Die Ergebnisse werden Ihnen in

Der Rechner stürzt einfach ab

einem Fenster als Grafik angezeigt (Abbildung 1.31). Die Systemstabilität wird dabei mit Zahlen zwischen 1 und 10 bewertet und durch eine blaue Linie dargestellt. Ideal ist der Wert 10 für die Systemstabilität. Fehler, Informationen und Warnungen reduzieren den Wert für die Systemstabilität und tauchen als entsprechende Symbole im unteren Teil der Grafik mit einer entsprechenden Datumsmarke auf. Es reicht dann, in die Spalte mit den eingeblendeten Symbolen zu klicken, um die Zuverlässigkeitsdetails im unteren Teil der Seite einzublenden. Über den am rechten Rand einer Detailzeile eingeblendeten Hyperlink können Sie technische Details zum Problem abrufen und ggf. nach einer Lösung zur Fehlerbehebung suchen lassen.

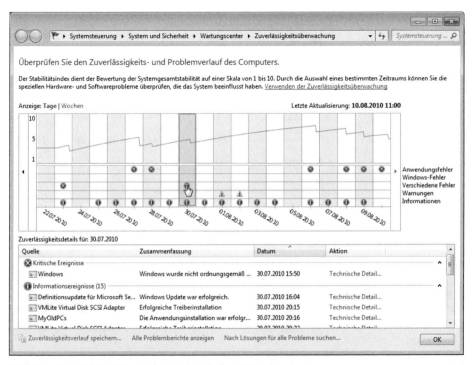

Abbildung 1.31: Problemverlauf des Computers anzeigen

1.3.6 Den Systemstabilitätsbericht von Windows anfordern

Zur Analyse eines Systems lässt sich auch der Systemstabilitätsbereich heranziehen. Hier die Vorgehensweise zum Abrufen des Berichts:

1. Tippen Sie in das Suchfeld des Startmenüs den Text »Leist« ein und wählen Sie den Befehl *Leistungsinformationen und -tools*.

2. Klicken Sie in der linken Spalte des Formulars mit der Leistungsbeurteilung des Systems (Abbildung 1.32, Hintergrund) auf die Schaltfläche *Weitere Tools*, um das in Abbildung 1.32, Vordergrund, sichtbare Fenster zu öffnen.

3. Eine detaillierte Systemanalyse hinsichtlich der Stabilität erhalten Sie, indem Sie im Fenster *Weitere Tools* auf den untersten Eintrag *Systemintegritätsbericht erstellen* klicken.

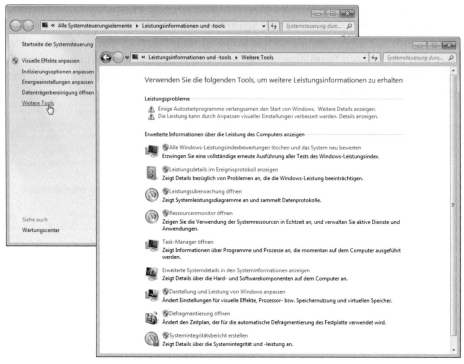

Abbildung 1.32: Tools zur System- und Leistungsanalyse abrufen

Nachdem Sie die Sicherheitsabfrage der Benutzerkontensteuerung bestätigt haben, wird das System analysiert, was eine gute Minute dauern kann. Anschließend wird der Systemintegritätsbericht generiert und in einem Fenster eingeblendet (Abbildung 1.33).

Durch Anklicken der Rubrikenköpfe können Sie die Details ein- oder ausblenden. In der Gruppe *Warnungen* finden Sie z.B. auch die Kategorie »Grundlegende Systemprüfungen«, in denen die Fehlerzähler von Systemtests (Controller, Geräte etc.) aufgelistet werden. Klicken Sie auf das stilisierte Blatt in einem Rubrikenkopf, öffnet sich ein Menü, über dessen Befehle Sie auf die einzelnen Kategorien direkt zugreifen können.

INFO Sie können den Bericht auch anzeigen, indem Sie z.B. in das Suchfeld des Startmenüs den Befehl *perfmon /report* eingeben (zwischen Programmname und Option ist ein Leerzeichen erforderlich).

Der Rechner stürzt einfach ab

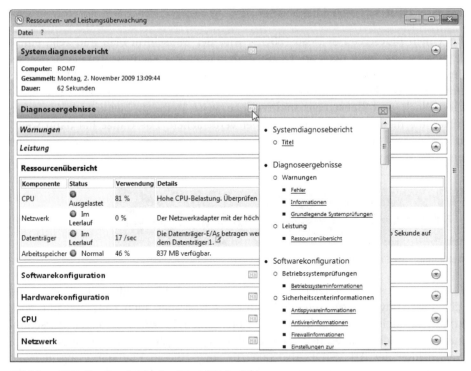

Abbildung 1.33: Anzeige des Systemintegritätsberichts

1.3.7 Fehlercodes entschlüsseln

Tritt beim Ausführen einer Anwendung ein Fehler auf und wird nur ein kryptischer Fehlercode der Art 1005 gemeldet? Dabei kennt Windows intern den Klartext für alle Fehlercodes. Geben Sie in das Suchfeld des Startmenüs *cmd* ein und drücken Sie die ⏎-Taste zum Öffnen der Eingabeaufforderung. Wenn Sie dann den Befehl *net helpmsg xxxx* eintippen (*xxxx* steht für den Fehlercode) und mit der ⏎-Taste bestätigen, liefert Windows 7 die Fehlerursache im Klartext (Abbildung 1.34).

Abbildung 1.34: Anzeige der Windows-Fehlermeldungen im Klartext

1.3.8 Bluescreen-Diagnose

Bei einem Bluescreen of Dead (BSOD) wird der Bildschirm blau und zeigt einige kryptische Textmeldungen an. Es gibt zudem auch Blackscreens, wo ein schwarzer Textbildschirm mit einer Fehlermeldung erscheint. In beiden Fällen geht gar nichts mehr, und der Rechner muss aus- und wieder eingeschaltet werden. Ursache für diese Black- und Bluescreens sind typischerweise Treiberprobleme oder Hardwarefehler, die nicht behebbare Kernelfehler verursachen. Das Ganze hat dann wenig mit Windows zu tun, sondern vielmehr mit dem jeweiligen Treiber oder einer defekten Hardware.

```
Technical information:

*** STOP: 0x00000099 (0x00000000,0xF90AD243,0x00000008,0xC00000000)

*** USBPORT.SYS - Address F90AD243 base at F90AD000, DateStamp 36B02770
```

Abbildung 1.35: Fehlercodes eines Bluescreens

Je nach Art des Fehlers liefert die Textanzeige eine Fehlermeldung im Klartext und gibt auch Hinweise zur Fehlerbehebung. Es gibt aber auch Fälle, wo nur noch kryptische Meldungen erscheinen. In Abbildung 1.35 sehen Sie einen Ausschnitt aus einem solchen Bluescreen. Die von Windows ausgegebenen sogenannten Stop-Nachrichten der Art »STOP: 0x0000001E« sowie die in Klammern angegebenen Werte liefern ggf. Hinweise auf die Fehlerursache. In der Folgezeile finden Sie meist einen Hinweis auf das Modul bzw. den Treiber, das/der den Bluescreen ausgelöst hat.

Die Kunst besteht nun darin, die entsprechenden Informationen auszuwerten. Auf der Webseite *http://www.jasik.de/shutdown/stop_fehler.htm* [gbeh-k1-017] finden Sie eine Auflistung der wichtigsten Stop-Fehlercodes. Sollte der Link im Laufe der Zeit nicht mehr funktionieren, tippen Sie in eine Suchmaschine die Suchbegriffe »Windows Stop Messages« ein. Es wird Ihnen mit Sicherheit eine Reihe von Links zu Seiten mit Auflistungen der Stop-Codes zurückgeliefert. Zudem können Sie die Microsoft Knowledge Base auf der Internetseite *http://support.microsoft.com* [gbeh-k1-018] verwenden und nach dem Fehlercode suchen. Führt dies nicht weiter, empfiehlt es sich, im zweiten Schritt eine Suchmaschine zu bemühen, um ggf. Hinweise zum Problem zu finden.

TIPP Tritt ein Bluescreen zum ersten Mal auf, wird das System vermutlich noch auf automatischen Neustart eingestellt sein. Das Abschalten des automatischen Neustarts ist im Abschnitt »Systemneustart bei Fehlern unterbinden«, Seite 85, beschrieben. Haben Sie einen Bluescreen verpasst bzw. konnten Sie die Fehlercodes nicht notieren, finden Sie die benötigten Informationen in der Ereignisanzeige. Klicken Sie in der linken Spalte der Ereignisanzeige auf den Eintrag *Ereignisanzeige (Lokal)*. In der mittleren Spalte »Übersicht und Zusammenfassung« gehen Sie in die Kategorie *Zusammenfassung der administrativen Ereignisse* und expandieren die Zweige *Kritisch* und *Fehler*. Findet sich dort ein Eintrag mit der Ereignis-ID 1001 (Abbildung 1.36), wählen Sie diese per Doppelklick an. Dann werden die Details in einem Dialogfeld angezeigt.

Der Rechner stürzt einfach ab

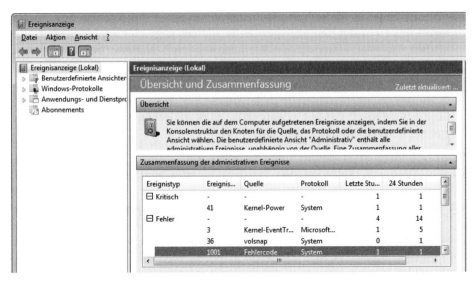

Abbildung 1.36: Bluescreen-Einträge in der Ereignisanzeige

Speicherabbilddateien (Dumps) von Systemabstürzen werden im Windows-Verzeichnis unter *%SystemRoot%\MEMORY.DMP* gespeichert. Zudem gibt es noch den Unterordner *Minidump* im Windows-Verzeichnis. Oft liefern diese *.dmp*-Dateien Hinweise auf den Auslöser für den Absturz. Zur Analyse einer Dump-Datei benötigen Sie aber einen Windows-Debugger, der Teil des Windows 7 SDK (*http://www.microsoft.com/downloads/details.aspx?FamilyID=c17ba869-9671-4330-a63e-1fd44e0e2505&displaylang=en* [gbeh-k1-019]) ist. Anleitungen zur Installation des Debuggers und dessen Verwendung zur Fehleranalyse finden Sie z.B. in meinem Markt+Technik-Titel »Windows 7 – Handbuch für Fortgeschrittene«, ISBN 978-3-8272-4597-7.

INFO

1.3.9 Windows meldet eine beschädigte Registrierung

Erhalten Sie eine Meldung, dass die Registrierung von Windows beschädigt ist? Dann kann Windows nicht genutzt werden. Allerdings sind bei einer beschädigten Registrierung zwei Fälle zu unterscheiden:

» Erscheint bereits beim Start eine Meldung, dass die Registrierung (z.B. die Dateien *SYSTEM* oder *SOFTWARE* im Ordner *WINDOWS\system32\config*) beschädigt ist? Dieser Fehler ist relativ kritisch, da dort die maschinenspezifischen Teile der Registrierung geladen werden und zum Betrieb von Windows unbedingt erforderlich sind. Oder bleibt der Rechner mit einer *Stop 0xc0000218*-Meldung hängen? Dies deutet ebenfalls auf eine beschädigte Registrierung hin. In diesem Fall können Sie nur den Rechner neu starten, das Menü mit den erweiterten Startoptionen aufrufen (siehe die vorhergehenden Seiten) und den Befehl *Letzte als funktionierend bekannte Konfiguration* wählen. Windows verwendet dann die beim letzten erfolgreichen Systemstart gesicherte Registrierung. Schlägt dies fehl, bleibt nur eine Neuinstallation oder das Zurückschreiben einer Sicherungskopie der Systempartition.

» Tritt die Fehlermeldung beim Anmelden an einem Benutzerkonto auf? In diesem Fall ist nur der benutzerspezifische Teil der Registrierung beschädigt. Versuchen Sie, sich unter einem Administratorkonto anzumelden. Klappt dies, legen Sie ein neues Konto für den betreffenden Benutzer an. Anschließend können Sie die persönlichen Dateien des alten Benutzerkontos in die Ordnerstrukturen des neuen Benutzerkontos kopieren (z. B. *Benutzer\<Benutzername>*). Testen Sie danach das neue Benutzerkonto und löschen Sie ggf. das alte Konto mit der beschädigten Registrierung.

Eine beschädigte Registrierung sollte eigentlich selten auftreten und deutet auf gravierende Probleme (Softwarefehler, manuelle Eingriffe etc.) hin.

1.3.10 Windows meldet eine beschädigte oder fehlende Datei

Erhalten Sie beim Start von Windows oder im laufenden Betrieb eine Meldung, dass Dateien beschädigt sind oder nicht gefunden werden? Ursache kann ein Programmfehler oder ein Virus sein, das die Dateien löscht oder beschädigt.

1. Schalten Sie den Rechner aus und wieder ein. Drücken Sie sofort nach dem Einschalten des Rechners mehrfach die Funktionstaste [F8].

2. Sobald das Menü mit den erweiterten Startoptionen erscheint, wählen Sie den abgesicherten Modus zum Hochfahren aus. Anschließend melden Sie sich unter dem Administratorkonto an.

3. Versuchen Sie, die Systemwiederherstellung aufzurufen und das System auf einen früheren Wiederherstellungspunkt zurückzusetzen.

Im günstigsten Fall wird dann die beschädigte oder fehlende Datei restauriert. Hat dieser Schritt geklappt, lässt sich anschließend die Integrität der Systemdateien durch die Systemdateiprüfung feststellen.

TIPP Ist der Start im abgesicherten Modus nicht möglich, probieren Sie im Menü mit den erweiterten Startoptionen den Befehl *Letzte als funktionierend bekannte Konfiguration* aus. Dies stellt sicher, dass eine beschädigte Registrierung, die den Start verhindert, durch eine als funktionierend angesehene Konfiguration ersetzt wird. Startet das System, sollten Sie anschließend nach der Anmeldung an einem Administratorkonto die Systemwiederherstellung durchführen.

Systemdateiprüfung ausführen

Eine Systemdateiprüfung kann fehlende oder beschädigte Systemdateien aufdecken. Um die Systemdateiprüfung auszuführen, öffnen Sie das Fenster der Windows-Eingabeaufforderung im Administratormodus (den Befehl *cmd* in das Suchfeld des Startmenüs eintippen und [Strg] + [⇧] + [↵] drücken). Nach Bestätigung der Sicherheitsabfrage der Benutzerkontensteuerung wird die Eingabeaufforderung im Administratormodus geöffnet.

Der Rechner stürzt einfach ab

Geben Sie im Fenster der Eingabeaufforderung den Befehl *sfc /scannow* ⏎ ein. Dann beginnt der *System File Checker* (*sfc*) mit der Prüfung der Dateien und ersetzt bei Bedarf automatisch veränderte Dateien aus dem Systemcache.

STOPP Kann die Systemdateiüberprüfung die Fehler nicht reparieren oder ist das System durch Schadprogramme befallen, empfiehlt sich die komplette Neuinstallation von Windows (siehe Kapitel 3).

1.3.11 Treiberüberprüfung mit Verifier

Um Systemabstürze durch Treiber zu verhindern, hat Microsoft seit Windows XP das Prinzip der Signatur eingeführt. Solche Treiber werden vor der Freigabe durch Microsoft umfangreichen Tests unterzogen. Sind problematische Treiber installiert, können diese der Grund für Abstürze und Fehlfunktionen sein. Zur Überprüfung der Treiber lässt sich in Windows 7 das Programm *verifier* einsetzen. Sie können das Dialogfeld *Ausführen* (z. B. über die Tastenkombination ⊞ + R) aufrufen und dort den Befehl *verifier* eingeben. Nach dem Schließen des Dialogfelds mittels der *OK*-Schaltfläche startet ein Assistent, der in verschiedenen Dialogfeldern die Optionen zur Treiberüberwachung abfragt (Abbildung 1.37). Nach einem Klick auf die *Fertig stellen*-Schaltfläche werden die Treiber nach dem nächsten Systemstart überwacht.

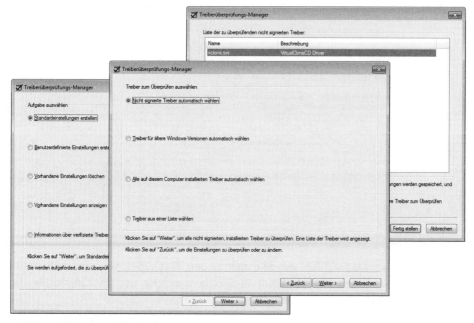

Abbildung 1.37: Treiberüberprüfung

Kapitel 1 • Wenn der Rechner nicht mehr will

STOPP Falls die Überwachung fehlerhafte Treiber blockiert, kann dies zur Folge haben, dass das Betriebssystem nicht mehr bootet. Sie sollten daher die Möglichkeit haben, ein solches nicht mehr bootendes System über eine Abbildsicherung wieder zurückzuspielen.

1.3.12 Es wird ein CMOS-Fehler gemeldet

Erhalten Sie beim Rechnerstart eine Meldung, dass die CMOS-Daten beschädigt sind? Im CMOS-RAM sind die wichtigsten Konfigurationseinstellungen des Motherboards abgelegt. Die Daten im CMOS-RAM können durch fehlerhafte Software verfälscht werden. Meist ist aber eine fast leere Batterie die Ursache dafür, dass Daten im CMOS-RAM verloren gehen.

Befolgen Sie die Anweisungen des Systems, um den Rechner trotz des CMOS-Fehlers zu starten. Falls der Rechner nicht hochfährt, schalten Sie diesen aus und wieder ein. Dann drücken Sie die [Entf]-Taste (oder [F2], je nach BIOS-Version), um in das BIOS-Setup zu gelangen. Dort wählen Sie den Befehl, mit dem die Standard-BIOS-Einstellungen zurückgesetzt werden. Mit etwas Glück startet dann der Rechner und kann Windows laden.

1.3.13 Rechnerabstürze durch defekte Speicherbausteine

Sporadische Rechnerabstürze können auf defekte oder ungeeignete RAM-Speicherbausteine zurückzuführen sein. Bei einem Verdacht auf Fehler im Arbeitsspeicher (RAM) hilft ein Speichertest.

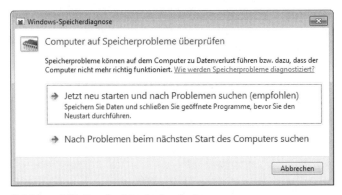

Abbildung 1.38: Den Speichertest aufrufen

1. Tippen Sie in das Suchfeld des Startmenüs den Text »Speicher« ein, wählen Sie den eingeblendeten Befehl *Windows-Speicherdiagnose* und bestätigen Sie die Abfrage der Benutzerkontensteuerung.

2. Sobald das Dialogfeld aus Abbildung 1.38 erscheint, wählen Sie den Befehl *Jetzt neu starten und nach Problemen suchen*.

Der Rechner wird anschließend neu gebootet, und Sie gelangen in den Textmodus des Programms zum Speichertest. Das Windows-Arbeitsspeicherdiagnosetool führt

Der Rechner stürzt einfach ab

den Speichertest automatisch durch und zeigt die Ergebnisse in einem Textbildschirm an (Abbildung 1.39, unten links).

Wurden keine Fehler beim Speichertest gefunden, können Sie die Funktionstaste F1 drücken. Daraufhin erscheint der in Abbildung 1.39, oben rechts, gezeigte Textbildschirm zur Auswahl der Testzusammenstellung. Über die Cursortasten ↑ und ↓ können Sie den Testumfang auf »Minimal«, »Standard« oder »Erweitert« ändern. Die ⇆-Taste ermöglicht, die Gruppe mit der Cacheeinstellung anzuspringen. Eine Einstellung wird über die Cursortasten ↑ und ↓ ausgewählt. Ein weiteres Drücken der ⇆-Taste ermöglicht Ihnen, im Feld *Durchlaufanzahl* die Zahl der Testwiederholungen einzustellen. Mittels der Esc-Taste brechen Sie – falls erforderlich – den Speichertest ab, durch Drücken der Funktionstaste F10 wird der Test erneut gestartet.

Abbildung 1.39: Anzeige des Windows-Arbeitsspeicherdiagnosetools

Die Speicherdiagnose lässt sich auch im Dialogfeld *Systemwiederherstellungsoptionen* über den Hyperlink *Windows-Speicherdiagnose* aufrufen (siehe den Abschnitt »Verwenden der Wiederherstellungstools«, Seite 65).

INFO

Kapitel 2
Kleine und größere Windows-Sorgen

Oft will Windows nicht so, wie man es als Benutzer plant. Da sind plötzlich Symbole auf dem Desktop verschwunden oder irgendeine Funktion geht nicht mehr. In diesem Kapitel finden Sie Hinweise, wie sich solche kleineren Probleme selbst lösen lassen.

2.1 Ärger mit dem Desktop

Der Desktop ist das Hauptarbeitsfeld für viele Windows-Benutzer. Verändert sich dieser oder funktioniert etwas nicht wie erwartet, ist dies mehr als lästig. Auf den folgenden Seiten sind typische Probleme samt Lösungen beschrieben, die auf dem Windows-Desktop auftreten können.

2.1.1 Der Desktop ist plötzlich leer

Sie melden sich an Windows an und stellen plötzlich fest, dass der Windows-Desktop vollkommen leer ist. Nur noch die Taskleiste ist zu sehen, die Symbole zum Aufruf von Programmen oder Funktionen sowie die Minianwendungen fehlen aber (Abbildung 2.1).

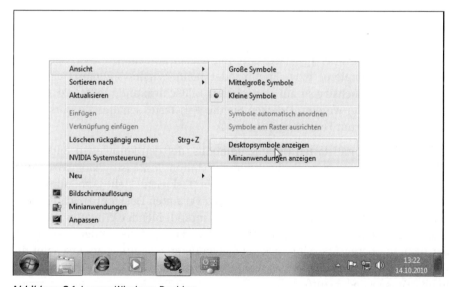

Abbildung 2.1: Leerer Windows-Desktop

Warten Sie ggf. ein paar Sekunden, ob die Symbole nicht doch noch auftauchen. Manchmal hat Windows einfach beim Systemstart so viel zu tun, dass es etwas dauert, bis die Desktopsymbole angezeigt werden. Falls weder Desktopsymbole noch Minianwendungen erscheinen, hat jemand deren Darstellung auf dem Desktop ausgeschaltet.

1. Klicken Sie mit der rechten Maustaste auf eine freie Stelle des Desktops und wählen Sie im Kontextmenü den Befehl *Ansicht*.
2. Warten Sie, bis das Untermenü erscheint, und klicken Sie auf den Befehl *Desktopsymbole anzeigen* sowie *Minianwendungen anzeigen* (Abbildung 2.1).

Jeder der beiden Befehle muss mit einem kleinen Häkchen versehen sein. Dann sollte Windows die Desktopsymbole und Minianwendungen ein paar Sekunden später wieder anzeigen.

INFO Helfen die obigen Anweisungen nicht, ist das Benutzerprofil in Windows vielleicht beschädigt. Sie sollten sich dann ggf. unter einem anderen Benutzerkonto anmelden und prüfen, ob dort die Desktopsymbole angezeigt werden. Trifft dies zu, legen Sie ein neues Benutzerkonto für den Benutzer an, kopieren die Dateien aus Ordnern wie *Eigene Dokumente*, *Eigene Musik* etc. sowie ggf. Desktopverknüpfungen (Ordner *Desktop*) des alten Benutzerkontos in die korrespondierenden Ordner des neuen Benutzerkontos (erfordert Administratorrechte) und löschen später das alte Konto.

2.1.2 Mein Desktop ist komplett verschwunden

Haben Sie ein Programm gestartet und nun ist plötzlich gar nichts mehr vom Desktop zu sehen? Selbst die Taskleiste am unteren Bildschirmrand ist verschwunden? Hierfür gibt es zwei Ursachen:

» Sowohl der Internet Explorer als auch der Windows-Explorer und auch der Firefox-Browser beherrschen den sogenannten Kioskmodus (Abbildung 2.2), der sich durch Drücken der [F11]-Taste ein- und wieder ausschalten lässt. Zeigen Sie beim Internet Explorer bzw. Firefox oder beim Windows-Explorer mit dem Mauszeiger versuchsweise auf den oberen Bildschirmrand, sollte die Adressleiste eingeblendet werden. Drücken Sie die [F11]-Taste, schaltet die Darstellung des Programms zum Fenstermodus zurück.

» Manche Programme starten im Vollbildmodus, der den kompletten Bildschirm einnimmt. Wenn dann noch die Windows-Option *Taskleiste automatisch ausblenden* (zu finden in den Eigenschaften der Taskleiste, siehe Abbildung 2.17, Seite 120) gesetzt ist, nimmt das Fenster den gesamten Desktopbereich ein. Zeigen Sie per Maus auf den unteren Bildschirmrand, blendet Windows die Taskleiste wieder ein. Zeigen Sie dagegen mit der Maus auf die mittlere der drei in der rechten oberen Bildschirmecke eingeblendeten Schaltflächen, erscheint die QuickInfo *Verkleinern*. Durch Anwahl der Schaltfläche schaltet das Programm in den Fenstermodus zurück.

Ärger mit dem Desktop

Mit diesen Techniken können Sie den Kiosk- bzw. den Vollbildmodus beenden, und es sollten zumindest Teile des Desktops wieder zu sehen sein.

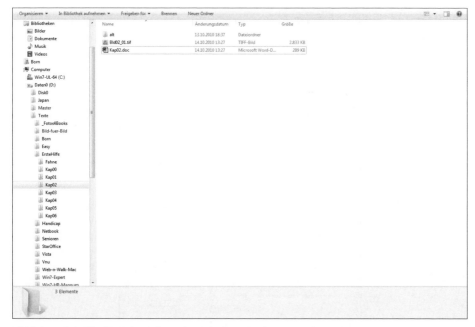

Abbildung 2.2: Die Kioskdarstellung des Windows-Explorers verdeckt den Desktop

Ist die Taskleiste sichtbar, können Sie über die Schaltfläche *Desktop anzeigen* (Abbildung 2.3) alle geöffneten Fenster minimieren und den Desktop anzeigen. Zeigen Sie auf die Schaltfläche, werden die im Vordergrund sichtbaren Fenster bei eingeschalteter Aero-Anzeige transparent. Ein Mausklick auf die Schaltfläche blendet alle Fenster aus, ein zweiter Mausklick stellt die Fenster wieder her.

TIPP

Abbildung 2.3: Desktop über die Taskleiste einblenden

2.1.3 Einige Desktopsymbole sind verschwunden

Verwenden Sie Desktopsymbole zum schnellen Starten von Programmen oder zum Öffnen von Ordnerfenstern per Doppelklick? Viele Programme richten solche Symbole auf dem Desktop ein. Zudem können Sie verschiedene Desktopsymbole wie *Computer*, *Papierkorb* etc. auf dem Desktop einblenden.

Verschwundene Desktopsymbole einblenden

Hatten Sie ein Desktopsymbol *Computer* eingeblendet, das jetzt fehlt, oder ist das Symbol des Papierkorbs plötzlich vom Desktop verschwunden? Vielleicht hat ein Benutzer (oder ein Programm) diese manuell eingerichteten Desktopsymbole gelöscht.

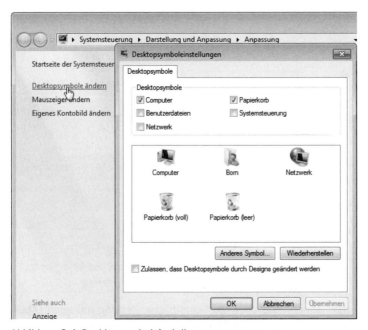

Abbildung 2.4: Desktopsymboleinstellungen anpassen

1. Klicken Sie mit der rechten Maustaste auf eine freie Stelle auf dem Desktop und wählen Sie den Kontextmenübefehl *Anpassen*.

2. Auf der Seite *Anpassung* (Abbildung 2.4, Hintergrund) wählen Sie in der Aufgabenleiste den Befehl *Desktopsymbole ändern*.

3. Anschließend markieren Sie im Dialogfeld *Desktopsymboleinstellungen* (Abbildung 2.4, Vordergrund) die Kontrollkästchen der einzublendenden Desktopsymbole.

Sobald Sie das Dialogfeld über die *OK*-Schaltfläche schließen, werden die zugehörigen Desktopsymbole angezeigt. Hat ein Benutzer dagegen Verknüpfungen auf Programme vom Desktop gelöscht, müssen Sie diese Verknüpfungen manuell erneut einrichten.

Gelegentlich ist es erforderlich, den Desktop aufzuräumen und unerwünschte Verknüpfungssymbole zu löschen. Verweigert Windows das Löschen eines Desktopsymbols, wenn Sie dieses zum Papierkorb ziehen, und fordert eine Bestätigung des Administrators? Dies ist immer der Fall, wenn Sie unter einem Standardbenutzerkonto arbeiten und das zu löschende Desktopsymbol bei der Programminstallation global für alle Benutzerkonten eingerichtet wurde. Sie sollten dann auf das Löschen des Symbols verzichten, da sich dieser Vorgang auf alle Benutzerkonten bezieht.

Verschwinden Desktopsymbole im Abstand von ca. drei Monaten plötzlich vom Desktop? In Windows 7 prüft die Computerwartung den Desktop wöchentlich auf defekte und unbenutzte Verknüpfungen. Sind Verknüpfungen länger als drei Monate unbenutzt oder liegen mehr als vier defekte Verknüpfungen vor, wird der Desktop bereinigt. Wie sich dieses Problem entschärfen bzw. beheben lässt, habe ich im Blogbeitrag unter *http://www.borncity.com/blog/2010/09/08/desktopbereinigung-durch-die-computerwartung/* [gbeh-k2-001] beschrieben.

INFO

2.1.4 Verknüpfungssymbole auf dem Desktop ablegen

Viele Anwendungen werden bei der Installation mit einem Verknüpfungssymbol auf dem Desktop eingerichtet. Weiterhin ist es manchmal ganz hilfreich, Symbole zum Aufruf weiterer Windows-Funktionen oder zum Öffnen von Ordnerfenstern auf dem Desktop vorzuhalten. Ein Doppelklick auf das Symbol ermöglicht den Zugriff auf die zugehörige Funktion. Wurde ein solches Symbol gelöscht, können Sie dieses manuell auf dem Desktop einrichten:

1. Öffnen Sie ein Ordnerfenster und suchen Sie den Ordner, in dem das betreffende Anwendungsprogramm installiert wurde.

2. Ziehen Sie das Symbol der Programmdatei bei gedrückter rechter Maustaste zu einer freien Stelle des Desktops, lassen Sie die Maustaste los und wählen Sie im Kontextmenü den Befehl *Verknüpfungen hier erstellen* (Abbildung 2.5).

Windows legt dann ein Verknüpfungssymbol zum betreffenden Programm auf dem Desktop an. Solche Verknüpfungen erkennen Sie an einem kleinen Pfeil in der linken unteren Ecke des Symbols (Abbildung 2.5, Symbol unten links). Der Symboltitel lässt sich anschließend umbenennen (siehe den folgenden Abschnitt »Symboltitel sind falsch, kann ich sie umbenennen?«).

Kapitel 2 • Kleine und größere Windows-Sorgen

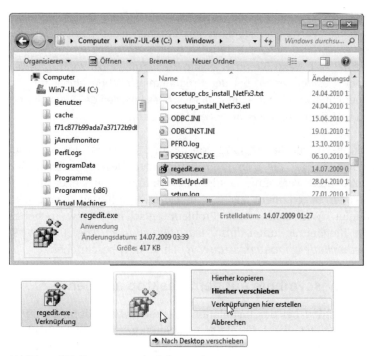

Abbildung 2.5: Programmverknüpfung anlegen

TIPP Das Anlegen solcher Verknüpfungen funktioniert nicht nur für Programme. Sie können auch das Symbol eines Laufwerks (Festplatte, DVD-Laufwerk) aus dem Ordnerfenster *Computer* mit der rechten Maustaste zum Desktop ziehen und per Kontextmenü eine Verknüpfung einrichten. Weiterhin lassen sich auf diese Weise Verknüpfungen auf Ordner oder Dokumentdateien sowie auf Geräte (Drucker, Scanner, Internetverbindungen, Elemente der Systemsteuerung etc.) erzeugen. Noch trickreicher: Sie öffnen das Startmenü und ziehen einen Befehl (z.B. *Systemsteuerung*, *Geräte und Drucker* etc.) aus der rechten Spalte oder aus Programmgruppen des Zweigs *Alle Programme* mit der rechten Maustaste zum Desktop und wählen den Kontextmenübefehl *Verknüpfungen hier erstellen*. Auf das Ziehen mit der linken Maustaste sollten Sie verzichten – das klappt zwar in vielen Fällen, birgt aber die Gefahr, ggf. einen Startmenüeintrag zum Desktop zu verschieben. Durch das Ziehen mit der rechten Maustaste lassen sich beliebige Verknüpfungssymbole für häufig benötigte Funktionen auf dem Desktop anlegen. Klicken Sie das Verknüpfungssymbol mit der rechten Maustaste an, können Sie über den Kontextmenübefehl *Eigenschaften* die Verknüpfungseinstellungen einsehen und in vielen Fällen anpassen (siehe die folgenden Abschnitte).

2.1.5 Symboltitel sind falsch, kann ich sie umbenennen?

Sie stellen fest, dass die Titel der Desktopsymbole irgendwie verändert sind oder nicht Ihren Wünschen entsprechen? Um den Titel eines Symbols umzubenennen, klicken Sie das Symbol mit der rechten Maustaste an und wählen im Kontextmenü den Befehl *Umbenennen*. Nun können Sie den neuen Titeltext eintippen und zur

Bestätigung auf eine freie Stelle des Desktops klicken. Der Titel wird dann wieder eingefroren. Dieses Umbenennen klappt allerdings nicht für alle Symboltitel (z.B. nicht für den Papierkorb).

2.1.6 Falsche Desktopsymbole, kann ich das ändern?

Sind plötzlich neue Symbole für bestimmte Desktopeinträge zu sehen, hat ein Benutzer oder ein Programm die betreffenden Einstellungen verändert. Zur Korrektur gehen Sie folgendermaßen vor:

Abbildung 2.6: Symbol ändern

» Handelt es sich um ein Windows Desktopsymbol (wie *Computer, Papierkorb* etc.), klicken Sie den Desktop mit der rechten Maustaste an und wählen den Kontextmenübefehl *Anpassen*. Erscheint die Seite *Anpassen*, klicken Sie in der linken Aufgabenleiste auf den Befehl *Desktopsymbole ändern* (Abbildung 2.4, Hintergrund, Seite 104). Anschließend markieren Sie auf der Registerkarte *Desktop* (Abbildung 2.4, Vordergrund, Seite 104) das Symbol und klicken auf die Schaltfläche *Anderes Symbol*.

» Bei Verknüpfungssymbolen klicken Sie dieses mit der rechten Maustaste an und wählen den Kontextmenübefehl *Eigenschaften*. Anschließend wechseln Sie im Eigenschaftenfenster des Verknüpfungssymbols zur Registerkarte *Verknüpfung* und klicken auf die Schaltfläche *Anderes Symbol*.

Im daraufhin eingeblendeten Dialogfeld *Anderes Symbol* (Abbildung 2.6) können Sie eines der angebotenen Symbole wählen und dieses über die *OK*-Schaltfläche zuweisen. Welche Symbole im Dialogfeld *Anderes Symbol* angezeigt werden, hängt vom angewählten Verknüpfungssymbol ab. Bei Anwendungen werden meist nur die in der Programmdatei (*.exe*-Datei) enthaltenen Symbole aufgelistet. Bei Desktopsymbolen wie *Computer* sehen Sie die Symbole der Datei *imageres.dll*. Es besteht in beiden Fällen die Möglichkeit, über die Schaltfläche *Durchsuchen* eine andere Symboldatei (*.exe, .ico, .dll*) auszuwählen und deren Symbole zu verwenden.

Sobald Sie ein Symbol ausgewählt und alle geöffneten Dialogfelder über *OK* geschlossen haben, wird das neue Symbol zugeordnet. Über die ggf. sichtbare Schaltfläche *Wiederherstellen* der betreffenden Registerkarte können Sie das von Windows verwendete Standardsymbol zurückholen.

TIPP   Symbole finden sich eigentlich in allen Windows-Programmdateien (*.exe*, *.dll*, *.cpl*). Die beiden Dateien *imageres.dll* und *moricons.dll* im Windows-Ordner *System32* enthalten dabei komplette Symbolbibliotheken.

Startmenü- und Desktopsymbole fehlerhaft

Zeigt Windows plötzlich fehlerhafte Symbole oder weiße bzw. schwarze Platzhalter auf dem Desktop oder im Startmenü? Tauchen gar nur die Symboltitel auf, die Symbole sind aber gänzlich verschwunden (Abbildung 2.7). Meist ist ein beschädigter Iconcache die Ursache.

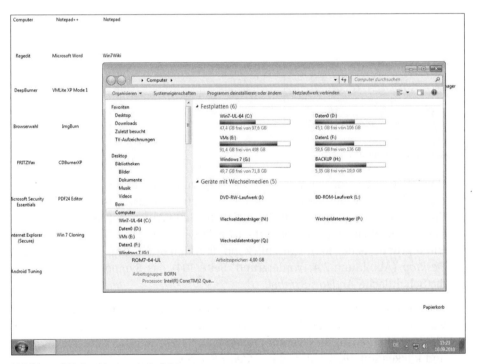

Abbildung 2.7: Desktopsymbole fehlen

1. In diesem Fall öffnen Sie ein Ordnerfenster, klicken auf die Schaltfläche *Organisieren* und wählen im Menü die Befehle *Ordner- und Suchoptionen*. Wechseln Sie zur Registerkarte *Ansicht*, markieren Sie in der Liste *Erweiterte Einstellungen* die Option *Ausgeblendete Dateien, Ordner und Laufwerke anzeigen* und klicken Sie auf die *OK*-Schaltfläche. Dies bewirkt, dass versteckte Systemdateien im Ordnerfenster angezeigt werden.

2. Anschließend navigieren Sie im Ordnerfenster zum Pfad *Benutzer\<Konto>\AppData\Local*. Benennen Sie die Datei *IconCache.db* um oder löschen Sie sie und starten Sie Windows anschließend neu. Nach dem Neustart sollte automatisch eine neue Version der Datei *IconCache.db* angelegt und der Iconcache neu aufgebaut werden.

Mit etwas Glück sollten die Symbole dann wieder korrekt angezeigt werden. Andernfalls testen Sie, ob der Effekt auch bei anderen Benutzerkonten auftritt. Sind die Symbole lediglich durch ein leeres Icon verdeckt, ist ggf. eine fehlerhafte Registrierungseinstellung die Ursache (*http://www.borncity.com/blog/2010/10/21/verknpfungssymbole-fehlerhaft-mit-icon-berlagert/* [gbeh-k2-018]).

INFO

Bei einem meiner Windows 7-Systeme habe ich aber eine Konstellation, bei der die *IconCache.db* nach dem Löschen nicht neu angelegt wird. Trifft dies bei Ihnen ebenfalls zu, hilft es, die *IconCache.db* aus einem anderen Benutzerkonto über die Cachedatei des eigenen Benutzerkontos zu kopieren (*http://www.borncity.com/blog/2010/09/09/desktop-taskleistensymbole-pltzlich-leer/* [gbeh-k2-002]). Kommen Sie nicht an eine funktionsfähige *IconCache.db* heran, wird eine Windows-Neuinstallation fällig.

2.1.7 Der Desktop zeigt zwei Desktop.ini-Dateien

Erscheinen auf dem Desktop zwei Dateien mit dem Namen *Desktop.ini*? Klicken Sie im Ordnerfenster *Computer* auf die Schaltfläche *Organisieren* und wählen Sie den Befehl *Ordner- und Suchoptionen*. Anschließend markieren Sie auf der Registerkarte *Ansicht* das Kontrollkästchen *Geschützte Systemdateien ausblenden* in den erweiterten Einstellungen. Wenn Sie die Registerkarte über die *OK*-Schaltfläche schließen, verschwinden die *.ini*-Dateien vom Desktop.

Die von Windows XP-Umsteigern gerne genutzte Option zum Einblenden geschützter Systemdateien ist bereits seit Windows Vista unnötig und eher kontraproduktiv. Sie führt nicht nur zur Anzeige der beiden *Desktop.ini*-Dateien, sondern bewirkt auch, dass NTFS-Links sichtbar werden. Benutzer wundern sich dann, dass Windows den Zugriff auf Ordner wie *Dokumente und Einstellungen* verweigert. Hintergrundinformationen zu diesem Thema finden sich in meinem Blog unter *http://www.borncity.com/blog/2007/07/22/ordner-mysterien-in-windows-vista/* [gbeh-k2-003].

INFO

2.1.8 Die Desktopsymbole sind nicht verschiebbar

Lassen sich die Desktopsymbole nicht verschieben, sondern springen sofort beim Loslassen der Maustaste zur alten Position zurück?

1. Klicken Sie mit der rechten Maustaste auf eine freie Stelle des Desktops und wählen Sie im Kontextmenü den Befehl *Ansicht*.

2. Überprüfen Sie im Untermenü die Einstellungen der Befehle *Symbole automatisch anordnen* und *Symbole am Raster ausrichten* (Abbildung 2.8).

Kapitel 2 • Kleine und größere Windows-Sorgen

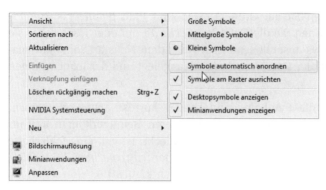

Abbildung 2.8: Einstellungen zum Anordnen der Symbole

Die Option *Am Raster ausrichten* sorgt dafür, dass alle Desktopsymbole an festen Positionen justiert werden. Der Befehl *Automatisch anordnen* ist dafür verantwortlich, dass Symbole nach dem Verschieben automatisch an die vorherige Position zurückspringen. Windows sortiert die Symbole nach dem Namen des Symboltitels. Ein Häkchen vor dem Befehl signalisiert eine gesetzte Option. Klicken Sie ggf. auf den Befehl *Automatisch anordnen*, um die Option abzuschalten. Sind beide Optionen abgeschaltet, lassen sich die Desktopelemente beliebig anordnen.

Abbildung 2.9: DeskSave-Kontextmenü

TIPP Ärgern Sie sich, dass die Anordnung der Desktopsymbole durch die Option *Symbole automatisch anordnen*, durch Programmfehler oder durch Ändern der Desktopauflösung ggf. verloren geht? Leider bietet Windows keine Möglichkeit, die Position der Symbole mit Bordmitteln zu sichern und wiederherzustellen. Glücklicherweise gibt es ein kleines Freeware-Tool »DeskSave« (*http://www.desksave.de/* [gbeh-k2-004]), mit dem sich die Position der Desktopsymbole sichern und auch wieder restaurieren lässt (Abbildung 2.9). Im Installationspaket enthaltene .bat-Dateien ermöglichen den Einsatz als portable Version, sodass keine Installation erforderlich ist.

2.1.9 Die Desktopsymbole sind plötzlich zu groß/zu klein?

Sind die Desktopsymbole auf Ihrem System auf einmal sehr groß oder extrem winzig? Dies kann verschiedene Ursachen haben.

» Halten Sie die [Strg]-Taste gedrückt und drehen Sie am Mausrädchen, um die Desktopsymbole stufenweise zu vergrößern oder zu verkleinern.

» Alternativ können Sie den Desktop mit der rechten Maustaste anklicken und dann im Kontextmenü den Befehl *Ansicht* anwählen. Anschließend lässt sich im Untermenü zwischen *Große Symbole*, *Mittelgroße Symbole* und *Kleine Symbole* umstellen (Abbildung 2.8).

Bei zu kleinen Symbolen kann bei Röhrenbildschirmen auch eine falsche Bildschirmauflösung der Auslöser sein. Der Desktop zeigt dann zwar sehr viel an, aber die Elemente werden sehr klein dargestellt. Um die Bildschirmauflösung zu kontrollieren, gehen Sie in folgenden Schritten vor:

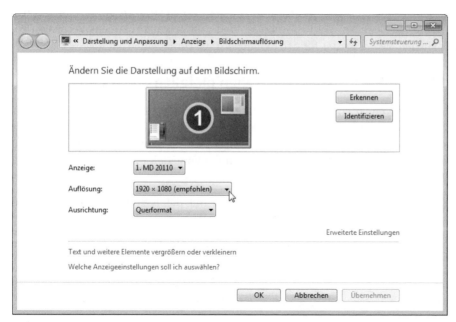

Abbildung 2.10: Bildschirmauflösung anpassen

1. Klicken Sie mit der rechten Maustaste auf eine freie Stelle des Desktops und wählen Sie den Kontextmenübefehl *Bildschirmauflösung*.

2. Wählen Sie anschließend im Listenfeld *Auflösung* (Abbildung 2.10) einen Wert für die Auflösung, der den Fähigkeiten der Grafikkarte und des Monitors entspricht.

Die Werte werden wirksam, sobald Sie die Seite über die *OK*-Schaltfläche schließen.

Kapitel 2 • Kleine und größere Windows-Sorgen

STOPP   Flachbildschirme (LCDs) besitzen technologiebedingt eine vorgegebene Bildschirmauflösung. Ändern Sie die Bildschirmauflösung unter Windows, muss die Darstellung auf die Auflösung des Flachbildschirms umskaliert werden. Dies kann zu einer schlechteren Darstellungsqualität führen. In diesem Fall sollten Sie mit verschiedenen Auflösungen experimentieren – oder in der Gerätedokumentation des Monitors nachlesen, um die für Sie optimale Darstellung vorzunehmen.

INFO   In Windows 7 lässt sich zudem die Symbolgröße für die klassische Darstellung ändern. Klicken Sie mit der rechten Maustaste auf eine freie Stelle des Desktops und wählen Sie den Kontextmenübefehl *Anpassen*. Anschließend wählen Sie im Dialogfeld *Anpassung* (Abbildung 2.11, Hintergrund) den Befehl *Fensterfarbe*. Ist das Farbschema »Aero« aktiv, erscheint das Dialogfeld *Fensterfarbe und -darstellung* (Abbildung 2.11, Vordergrund). Dann klicken Sie im Dialogfeld *Fensterfarbe und -darstellung* am unteren Seitenrand auf den Hyperlink *Erweiterte Darstellungseigenschaften*. Sobald die Registerkarte *Fensterfarbe und -darstellung* (Abbildung 2.12) sichtbar wird, können Sie wie nachfolgend beschrieben vorgehen. Wählen Sie als Element »Symbol« und passen Sie den Wert des dann eingeblendeten Drehfelds *Größe* an. Standardmäßig besitzen Symbole eine Größe von 32 Pixeln. Über den Wert »Symbolabstand (Horizontal)« (bzw. das vertikale Pendant) können Sie das Raster für den Symbolabstand vorgeben.

2.1.10 Die Windows-Fenster sehen plötzlich anders aus

Windows verwendet eine bestimmte Standardeinstellung zur Darstellung der Fenster. Sehen die Fenster bei Ihnen plötzlich wie bei älteren Windows-Versionen aus? Oder ist die Titelleiste plötzlich andersfarbig? Dies ist alles Einstellungssache. Mit aktivierter »Aero«-Unterstützung lassen sich die Vorgaben für die Windows-Fenster mit folgenden Schritten kontrollieren und anpassen:

1. Klicken Sie eine freie Stelle des Desktops mit der rechten Maustaste an und wählen Sie den Kontextmenübefehl *Anpassen*.

2. Im Dialogfeld *Anpassung* (Abbildung 2.11, Hintergrund) klicken Sie auf den Hyperlink *Fensterfarbe*.

3. Im Dialogfeld *Fensterfarbe und -darstellung* (Abbildung 2.11, Vordergrund) passen Sie die Farbeinstellungen an und bestätigen diese über die *OK*-Schaltfläche.

Die Fensterfarbe können Sie über die Farbfelder des Dialogfelds anpassen. Der Schieberegler *Farbintensität* kann zur Farbstufenanpassung genutzt werden. Die Transparenz wird über das Kontrollkästchen *Transparenz aktivieren* gesteuert. Das Abschalten der Transparenz führt z. B. zu einem Leistungsgewinn bei der »Aero«-Darstellung.

Ärger mit dem Desktop

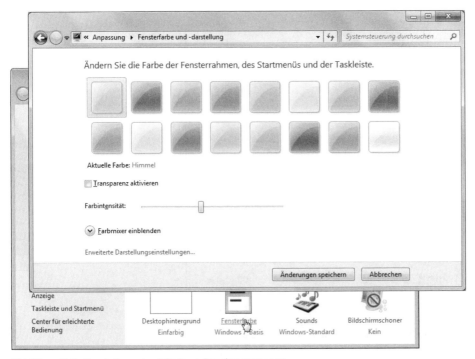

Abbildung 2.11: Darstellung der Windows-Fenster anpassen

Ist das Anzeigeschema »Aero« abgeschaltet oder nicht verfügbar (z.B. weil die Grafikkarte nicht leistungsfähig genug oder Windows 7 Starter vorhanden ist)? In diesem Fall bewirkt die Anwahl des Befehls *Fensterfarbe und -darstellung* im Dialogfeld *Anpassung* (Abbildung 2.11, Hintergrund) die direkte Anzeige der Registerkarte *Fensterfarbe und -darstellung* (Abbildung 2.12). Die Registerkarte erscheint auch, wenn Sie im Dialogfeld *Fensterfarbe und -darstellung* (Abbildung 2.11, Vordergrund) den am unteren Seitenrand vorhandenen Hyperlink *Erweiterte Darstellungseigenschaften* anklicken. Anschließend können Sie über das Listenfeld *Element* verschiedene Werte wie »Titelleiste des aktiven Fensters« markieren und dann die Größe, Farbe oder den Schriftgrad über die eingeblendeten Elemente ändern. Die Einstellungen werden wirksam, sobald Sie die Registerkarte über die *OK*-Schaltfläche schließen.

Öffnen Sie die Seite *Anpassung* (Abbildung 2.11, Hintergrund) über den Kontextmenübefehl *Anpassen*, können Sie in der angezeigten Liste zwischen verschiedenen Designs wählen. Dort werden sowohl Aero- als auch Basis-Designs zur Auswahl angeboten. Zugewiesene Designs können ebenfalls einen Einfluss auf die Desktopelemente und die Fensterdarstellung haben.

INFO

Kapitel 2 • Kleine und größere Windows-Sorgen

Abbildung 2.12: Fensterfarbe und -darstellung anpassen

Um Aero-Designs verwenden zu können, muss die Grafikkarte leistungsfähig genug sein (was bei aktuellen Windows 7-Rechnern in der Regel der Fall ist). Zudem muss ein WDDM 1.1-Treiber für die Grafikkarte installiert sein. Gelegentlich verhindern auch Altanwendungen die Anzeige eines Aero-Designs.

2.1.11 Probleme mit dem Desktophintergrund

Windows zeigt Ihnen nach der Installation ein Hintergrundbild auf dem Desktop. Zugewiesene Designs können zudem dieses Hintergrundbild verändern. Zur Kontrolle des Desktophintergrunds gehen Sie folgendermaßen vor.

1. Klicken Sie mit der rechten Maustaste auf eine freie Stelle des Desktops und wählen Sie im Kontextmenü den Befehl *Anpassen*.

2. Im Dialogfeld *Anpassung* wählen Sie den Hyperlink *Desktophintergrund* (Abbildung 2.11, Hintergrund).

3. Anschließend passen Sie die Optionen für den Desktophintergrund im gleichnamigen Dialogfeld an (Abbildung 2.13).

Ärger mit dem Desktop

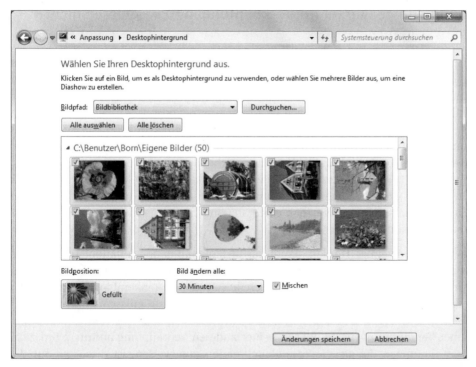

Abbildung 2.13: Anpassen des Desktophintergrunds

Über das Listenfeld *Bildpfad* lässt sich zwischen verschiedenen Kategorien (Einfarbig, Bildbibliothek etc.) wählen. Die Schaltfläche *Durchsuchen* ermöglicht Ihnen, den Pfad zu Fotodateien auszuwählen. Anschließend können Sie in der angezeigten Liste das gewünschte Hintergrundmotiv auswählen und über die *OK*-Schaltfläche übernehmen. Bei Fotodateien als Desktophintergrund lässt sich über die Menüschaltfläche *Bildposition* die Bildausrichtung zwischen verschiedenen Modi (Gefüllt, Gestreckt, Angepasst, Zentriert etc.) wählen.

INFO

Haben Sie einen einfarbigen Desktophintergrund eingestellt und dauert die Anmeldung am Benutzerkonto sehr lange? Unter *http://www.borncity.com/blog/2010/02/19/die-desktopanmeldung-dauert-extrem-lange/* [gbeh-k2-005] finden Sie Hinweise, wie Sie dieses Problem lösen können. Stört Sie die Schattenschrift von Symboltiteln bei unifarbenem Desktophintergrund, lesen Sie unter *http://www.borncity.com/blog/2010/07/06/schattenschrift-fr-desktopsymbole-deaktivieren/* [gbeh-k2-006] nach, wie dieser Effekt abschaltbar ist. Lässt sich das Hintergrundbild für den Desktop nicht ändern? Dann verwenden Sie vermutlich Windows 7 Starter, wo diese Funktionalität nicht verfügbar ist. Unter *http://www.borncity.com/blog/2010/01/25/desktop-hintergrundbild-lasst-sich-nicht-andern/* [gbeh-k2-007] finden Sie Hinweise, was in einem solchen Fall zu tun ist.

2.1.12 Tastenkürzel für Verknüpfungen funktionieren nicht mehr

Die Einträge im Zweig *Alle Programme* des Startmenüs sind als Verknüpfungen angelegt. Zudem lassen sich Verknüpfungen auch auf dem Desktop als Symbole ablegen. Windows besitzt die angenehme Eigenart, dass sich diese Verknüpfungen mit Tastenkürzeln belegen lassen (Startmenüeintrag oder Verknüpfungssymbol mit der rechten Maustaste anklicken, den Kontextmenübefehl *Eigenschaften* wählen und auf der Registerkarte *Verknüpfung* die Tastenkombination im entsprechenden Feld zuweisen, Abbildung 2.14). Dann reicht die betreffende Tastenkombination (z.B. [Strg] + [Alt] + [O]) zum Aufruf der betreffenden Anwendung. Haben Sie einer Verknüpfung eine solche Tastenkombination zugewiesen, und es tut sich beim Drücken nichts? Startet plötzlich eine ganz andere Anwendung, wenn Sie die Tastenkombination drücken?

Leider gibt es einige Hürden, damit die Tastenkombination funktioniert. Windows wertet Tastenkombinationen nur für Verknüpfungen im Startmenü sowie auf dem Desktop aus. Außerdem sind lediglich bestimmte Tastenkombinationen der Art [Strg] + [Alt] + [Taste] zulässig, und diese Kombinationen müssen eindeutig sein. Daher kann es schnell passieren, dass beim Zuweisen einer Tastenkombination zu einer Verknüpfung ein Konflikt mit einer anderen Verknüpfung auftritt. Wird zwei Verknüpfungen die gleiche Tastenkombination zugewiesen, ist diese nur für die zuletzt angepasste Verknüpfungsdatei wirksam. Zudem gibt es spezielle Zusatzprogramme, die Tastenkombinationen ausfiltern und dann für eigene Aktionen nutzen. Auch dies kann zu Kollisionen führen.

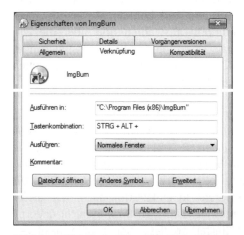

Abbildung 2.14: Tastenkürzel für Verknüpfungen vereinbaren

2.1.13 Docking am Bildschirmrand funktioniert nicht mehr

Ziehen Sie bei aktiviertem Aero-Design ein Fenster über dessen Titelleiste zum oberen, linken oder rechten Bildschirmrand, dockt Windows das Fenster an, sobald der Mauszeiger den Rand berührt. Falls diese als Aero Snap bezeichnete Funktion nicht mehr funktioniert, gehen Sie folgendermaßen vor.

1. Geben Sie in das Suchfeld des Startmenüs »Cent« ein und klicken Sie auf den angezeigten Befehl *Center für erleichterte Bedienung*.

2. Wählen Sie auf der angezeigten Seite *Center für erleichterte Bedienung* den am unteren Rand angezeigten Befehl *Ausführen von Aufgaben erleichtern*.

3. Heben Sie die Markierung des Kontrollkästchens *Verhindern, dass Fenster automatisch angeordnet werden, wenn sie an den Rand des Bildschirms verschoben werden* auf.

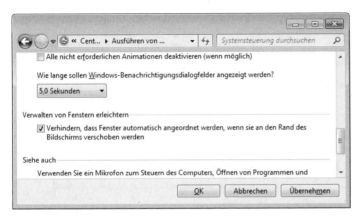

Abbildung 2.15: Aero Snap ein-/ausschalten

Die Einstellung wird wirksam, sobald Sie die Seite über die *OK*-Schaltfläche verlassen.

2.1.14 Aero Shake funktioniert nicht mehr

Schütteln Sie bei aktiviertem Aero-Design ein Fenster über dessen Titelleiste, werden alle anderen Fenster minimiert. Ein erneutes Schütteln stellt die Fenster wieder auf dem Desktop her. Falls diese Funktion plötzlich nicht mehr vorhanden ist, gehen Sie in folgenden Schritten vor.

1. Melden Sie sich unter einem Administratorkonto an, rufen Sie die Benutzerverwaltung über die Systemsteuerung auf und stufen Sie das betroffene Benutzerkonto auf den Typ »Administratorkonto« hoch.

2. Melden Sie sich anschließend unter dem betroffenen Benutzerkonto neu an, tippen Sie in das Suchfeld des Startmenüs den Befehl *regedit* ein und drücken Sie die ⏎-Taste.

3. Navigieren Sie in der linken Spalte des Registrierungs-Editors zum Zweig *HKEY_CURRENT_USER\Software\Policies\Microsoft\Windows* und prüfen Sie, ob dort ein Unterschlüssel *Explorer* vorhanden ist.

4. Existiert der Schlüssel *Explorer*, schauen Sie nach, ob der DWORD-Wert *NoWindowMinimizingShortcuts* vorhanden und auf 1 gesetzt ist (Abbildung 2.16).

5. Trifft dies zu, wählen Sie den Wert *NoWindowMinimizingShortcuts* per Doppelklick an und setzen den Wert im Dialogfeld von 1 auf 0 um. Dann schließen Sie das Dialogfeld über die *OK*-Schaltfläche.

Anschließend melden Sie sich unter Windows ab. Nach der erneuten Anmeldung sollte Aero Shake wieder funktionieren. Vergessen Sie anschließend nicht, den Typ des Benutzerkontos wieder auf »Standardbenutzer« zurückzustufen.

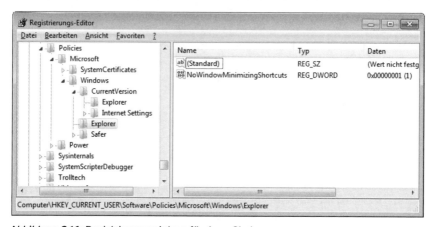

Abbildung 2.16: Registrierungseintrag für Aero Shake

2.1.15 Probleme mit Minianwendungen

Windows ermöglicht es, Minianwendungen (auch als Gadgets bezeichnet) auf dem Desktop anzuzeigen. Gelegentlich gibt es Probleme mit Minianwendungen, die verschiedene Ursachen haben.

Meldet Windows 7, dass die Sidebar vom Administrator verwaltet wird, obwohl es dort keine sichtbare Sidebar mehr gibt? Dies kann auf die Installation von Fremdprogrammen wie der Google-Sidebar zurückzuführen sein. Prüfen Sie mit dem Registrierungs-Editor, ob in den Zweigen

HKEY_CURRENT_USER\Software\Microsoft\Windows\CurrentVersion\Policies
HKEY_LOCAL_MACHINE\SOFTWARE\Microsoft\Windows\CurrentVersion\Policies

der Unterschlüssel *Sidebar* existiert sowie ein DWORD-Wert *TurnOffSidebar* vorhanden und auf 1 gesetzt ist. Trifft dies zu, wird der Start der Sidebar unterdrückt. Rufen Sie den Registrierungs-Editor *Regedit.exe* (findet sich im Windows-Ordner) mit administrativen Berechtigungen auf und löschen Sie den Wert *TurnOffSidebar* oder setzen Sie ihn auf 0.

Der Schlüssel *Policies* ist für Standardbenutzer schreibgeschützt. Stufen Sie den Typ des Benutzerkontos für die Änderung kurzzeitig in die Gruppe der Administratoren hoch. Oder Sie führen den Registrierungs-Editor über den Befehl *Als Administrator ausführen* aus. Dann zeigt das Programm im Zweig HKEY_CURRENT_USER aber die Einstellungen des Administratorkontos. Suchen Sie den Zweig für das Standardbenutzerkonto im Hauptschlüssel HKEY_USERS. Wie Sie diesen Zweig ermitteln, ist im Anhang erläutert.

STOPP

Funktionieren alle Minianwendungen nicht mehr, kann dies auf die Deinstallation von Fremdprogrammen zurückzuführen sein. Manchmal hilft es, die Bibliotheken der (in Windows 7 im Hintergrund genutzten) Windows-Sidebar neu zu registrieren. Hierzu öffnen Sie das Fenster der Eingabeaufforderung über den Befehl *Als Administrator ausführen* (z. B. *cmd* in das Suchfeld des Startmenüs eintippen und [Strg]+[⇧]+[↵] drücken). Danach können Sie im Fenster der Eingabeaufforderung über den Befehl *cd "\Program Files\Windows Sidebar"* zum Sidebar-Programmverzeichnis wechseln. Anschließend geben Sie die nachstehende Befehlsfolge in das Fenster der Eingabeaufforderung ein.

```
regsvr32 -u sbdrop.dll
regsvr32 -u wlsrvc.dll
regsvr32 sbdrop.dll
regsvr32 wlsrvc.dll
```

Jeder dieser Befehle ist mit der [↵]-Taste abzuschließen. Funktionieren Anwendungen der Sidebar nicht mehr? Gelegentlich kann ein Mausklick direkt neben das geöffnete Fenster einer Minianwendung dazu führen, dass diese Anwendung nicht funktioniert. Vermutlich ist dies auch der Grund, warum die Reihenfolge der in der Sidebar angeordneten Minianwendungen von Zeit zu Zeit durch Windows geändert wird. Die Einstellungen der Sidebar werden im Pfad

C:\Users\<Konto>\AppData\Local\Microsoft\Windows Sidebar

in der Datei *Settings.ini* verwaltet. Manchmal hilft es bei Problemen, diese Datei zu löschen und Windows neu zu starten. Dann wird die Sidebar neu eingerichtet.

Unter *http://www.borncity.com/blog/2009/12/17/probleme-mit-windows-minianwendungen/* [gbeh-k2-009] finden Sie weitere Hinweise zum Lösen von Problemen mit Minianwendungen.

INFO

2.2 Ärger mit der Taskleiste

Dieser Abschnitt beschäftigt sich mit Problemen hinsichtlich der Taskleiste und zeigt Ihnen, wie sich typische Fehler beheben lassen.

2.2.1 Die Taskleiste ist plötzlich verschoben oder zu groß

Taucht die normalerweise am unteren Fensterrand sichtbare Taskleiste plötzlich am linken, rechten oder oberen Rand auf (Abbildung 2.17)? Oder nimmt die Taskleiste bei Ihnen die doppelte oder dreifache Höhe auf dem Desktop ein? Dann erscheint neben der Uhrzeit zwar auch das Datum im Infobereich, allerdings geht Platz auf dem Desktop verloren. In Windows 7 ist die Taskleiste standardmäßig am unteren Desktoprand fixiert. Es kann aber sein, dass ein Programmfehler das Problem verursacht oder Dritte Ihnen einen Streich spielen wollten, indem die Taskleiste an eine andere Position auf dem Desktop verschoben bzw. in der Größe angepasst wurde.

» Klicken Sie die Taskleiste mit der rechten Maustaste an und wählen Sie den Kontextmenübefehl *Eigenschaften*. Anschließend können Sie auf der Registerkarte *Taskleiste* (Abbildung 2.17) den Wert des Listenfelds *Position der Taskleiste auf dem Bildschirm* auf den gewünschten Wert einstellen und dann auf die *OK*-Schaltfläche klicken.

» Ist die Taskleiste zu hoch (bzw. bei Anordnung am linken/rechten Rand zu breit), klicken Sie mit der rechten Maustaste auf die Taskleiste und heben im Kontextmenü die Markierung des Befehls *Taskleiste fixieren* durch Anklicken auf (Abbildung 2.17, das Häkchen vor dem Befehl darf nicht mehr angezeigt werden). Zeigen Sie per Maus auf den Rand zwischen Taskleiste und Desktop. Sobald ein Doppelpfeil als Mauszeiger erscheint, ziehen Sie den Rand der Taskleiste bei gedrückter linker Maustaste zum Bildschirmrand.

Abbildung 2.17: Verrutschte Taskleiste in Windows

Ist die Fixierung der Taskleiste aufgehoben, können Sie die Leiste übrigens auch per Maus zum gewünschten Desktoprand ziehen. Nach der Anpassung der Taskleiste sollten Sie den Kontextmenübefehl *Taskleiste fixieren* erneut anwählen. Sobald der Befehl durch ein Häkchen markiert ist, wird die Taskleiste an der aktuellen Position verankert und lässt sich nicht mehr durch Ziehen per Maus verschieben oder in der Größe verändern.

Stört es Sie, dass Windows 7 Schaltflächen in der Taskleiste gruppiert, oder funktioniert das Gruppieren nicht mehr, können Sie dieses Verhalten auf der Registerkarte *Taskleiste* über das Listenfeld *Schaltflächen der Taskleiste* beeinflussen. Standardmäßig ist der Wert »Immer gruppieren« eingestellt.

TIPP

2.2.2 Die Taskleiste ist plötzlich verschwunden

Tritt bei Ihnen der merkwürdige Effekt auf, dass die Taskleiste plötzlich verschwunden ist? Erscheint dagegen die Taskleiste, sobald Sie mit der Maus in die Nähe des Bildschirmrands, an der die Taskleiste verankert wurde, kommen? Bewegen Sie die Maus etwas, ist die Leiste plötzlich wieder weg? Oder wird die Taskleiste durch im Vollbildmodus geöffnete Fenster verdeckt? Ursache sind bestimmte Windows-Einstellungen, die Sie folgendermaßen korrigieren können:

1. Klicken Sie mit der rechten Maustaste auf eine freie Stelle der Taskleiste und wählen Sie im Kontextmenü den Befehl *Eigenschaften*.

2. Im Eigenschaftenfenster stellen Sie auf der Registerkarte *Taskleiste* sicher, dass das Kontrollkästchen *Taskleiste automatisch ausblenden* nicht markiert ist (Abbildung 2.17).

Sobald Sie die Registerkarte über die *OK*-Schaltfläche verlassen, sollte die Taskleiste ständig sichtbar bleiben.

Verschwindet die Taskleiste in zyklischen Abständen (z.B. alle 15 Minuten), ohne dass die Option *Taskleiste automatisch ausblenden* gesetzt ist? Ursache sind oft veraltete Bildschirmschoner (siehe *http://www.borncity.com/blog/2010/02/18/die-taskleiste-verschwindet-immer-wieder/* [gbeh-k2-008]). Zudem können installierte Fremdprogramme zu Problemen mit der Anzeige der Taskleiste führen.

INFO

2.2.3 Anzeigeprobleme in der Taskleiste

Windows blendet normalerweise für jedes geöffnete Fenster eine Schaltfläche in der Taskleiste ein, über welches sich das zugehörige Fenster in den Vordergrund holen lässt. Dumm ist nur, wenn Windows für ein geöffnetes Fenster keine Schaltfläche in der Taskleiste anzeigt. Dies kann zwei Ursachen haben:

» Es handelt sich nicht wirklich um ein Fenster, sondern um ein Dialogfeld oder Eigenschaftenfenster (z.B. mit den Eigenschaften der Taskleiste). Eigenschaftenfenstern und Dialogfeldern wird grundsätzlich keine Schaltfläche in der Taskleiste zugewiesen.

» Windows 7 fasst mehrere Fenster einer Anwendung (z. B. mehrere Ordnerfenster, mehrere Word-Dokumente etc.) zu einer Schaltfläche zusammen, um mehr Platz zur Anzeige der restlichen Schaltflächen zu haben. Sie erkennen dies an einer »überlappend« dargestellten Schaltfläche (Abbildung 2.18).

Ist das Schema »Aero« aktiv, erscheint beim Zeigen auf eine überlappend dargestellte Schaltfläche eine Fenstervorschau als Miniaturansicht (Abbildung 2.18, links). Zeigen Sie auf eine Vorschau, wird das Fenster auf dem Desktop als Vorschau sichtbar (Aero Peek). Klicken Sie auf die Vorschau, wird das Fenster in den Vordergrund geholt. Bei abgeschaltetem Aero lässt sich das Fenster über ein Menü in den Vordergrund schalten.

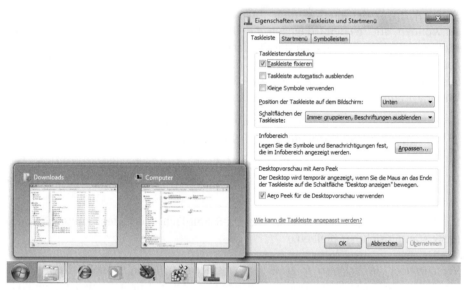

Abbildung 2.18: Aero-Vorschau und Registerkarte *Taskleiste*

TIPP Möchten Sie zu einem Dialogfeld wechseln, halten Sie die [Alt]-Taste gedrückt und betätigen dann die [↹]-Taste. Windows blendet das Fenster mit der Taskleiste ein. Drücken Sie jetzt mehrfach die [↹]-Taste, um Einträge in der Taskleiste anzuwählen. Beim Loslassen aller Tasten wird das Fenster des zuletzt gewählten Eintrags in den Vordergrund geholt. Über die Tastenkombination [Alt]+[Esc] können Sie übrigens direkt zwischen den geöffneten Fenstern und Dialogfeldern blättern.

Ist Aero als Anzeigeschema aktiviert, aber beim Zeigen auf eine Miniaturvorschau tut sich nichts (die Fenstervorschau erscheint nicht)? Dann ist die als Aero Peek bezeichnete Funktion abgeschaltet. Öffnen Sie die Registerkarte *Taskleiste* (Abbildung 2.18, rechts) über den Kontextmenübefehl *Eigenschaften* der Taskleiste (siehe den vorherigen Abschnitt). Markieren Sie das Kontrollkästchen *Aero Peek für die Desktopvorschau verwenden* und schließen Sie die Registerkarte über die *OK*-Schaltfläche.

Ärger mit der Taskleiste

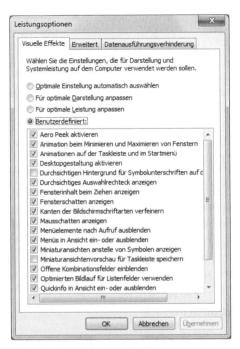

Abbildung 2.19: Visuelle Effekte

Ist das Kontrollkästchen *Aero Peek für die Desktopvorschau verwenden* auf der Registerkarte *Taskleiste* gesperrt und erscheint grau abgeblendet? Klicken Sie das Symbol *Computer* im Startmenü mit der rechten Maustaste an und wählen Sie den Kontextmenübefehl *Eigenschaften*. Auf der Seite mit den Systemeigenschaften klicken Sie in der linken Spalte auf den Befehl *Erweiterte Systemeinstellungen* und bestätigen dann die Sicherheitsabfrage der Benutzerkontensteuerung. Wählen Sie auf der Registerkarte *Erweitert* in der Gruppe *Leistung* die Schaltfläche *Einstellungen*. Auf der Registerkarte *Visuelle Effekte* des Eigenschaftenfensters *Leistungsoptionen* (Abbildung 2.19) markieren Sie das Kontrollkästchen *Aero Peek aktivieren* und schließen die Eigenschaftenfenster über die *OK*-Schaltfläche. Das Kontrollkästchen *Aero Peek aktivieren* ist übrigens nur vorhanden, wenn ein Aero-Design aktiv ist. Auf der Registerkarte *Visuelle Effekte* können Sie weitere Anzeigeoptionen beeinflussen.

INFO

2.2.4 Das Kontextmenü der Taskleiste funktioniert nicht mehr

Klicken Sie mit der rechten Maustaste auf die Taskleiste oder die *Start*-Schaltfläche, erscheint ein Kontextmenü mit diversen Befehlen. Über diese Befehle lassen sich verschiedene Windows-Funktionen abrufen. Passiert bei Anwahl des Befehls nichts oder wird eine andere Funktion aufgerufen? Gelegentlich gehen interne Windows-Einstellungen verloren, die zu diesen Fehlfunktionen führen. Mit der folgenden Strategie lässt sich sehr schnell testen, ob diese Vermutung zutrifft:

1. Melden Sie sich in Windows unter einem Administratorkonto an und legen Sie ein neues Benutzerkonto an.

2. Melden Sie sich vom Administratorkonto ab und beim neuen Benutzerkonto an.

Danach lässt sich testen, ob die Fehler im Kontextmenü der Taskleiste bzw. des Infobereichs oder der anderen Desktopelemente weiterhin auftreten. Meist sind die beobachteten Probleme bei diesem Benutzerkonto behoben. Dann empfiehlt es sich, das neue Benutzerkonto zu verwenden und das alte Konto später zu löschen. Sofern dies nicht klappt, versuchen Sie, das System über die Systemwiederherstellung auf einen früheren Zeitpunkt zurückzusetzen (siehe Abschnitt »Windows über die Systemwiederherstellung zurücksetzen«, Kapitel 1).

STOPP Bevor Sie ein Benutzerkonto löschen, sollten Sie wichtige Dateien, Zertifikate und Einstellungen sichern. Bei Dateien empfiehlt es sich, diese in den Ordner *Öffentliche Dokumente* zu kopieren, da andernfalls Probleme mit den Zugriffsberechtigungen auftreten können. Auch die Einstellungen für E-Mail-Konten etc. lassen sich sichern und in ein neues Konto importieren. Sie müssen allerdings ggf. das Benutzerkonto für die Datenübernahme kurzzeitig mit Administratorrechten versehen (siehe auch Kapitel 13).

2.2.5 Taskleistenanpassungen gesperrt

Stellen Sie plötzlich fest, dass die Anpassung der Taskleiste nicht mehr möglich ist oder der Kontextmenübefehl *Taskleiste fixieren* abgeblendet dargestellt wird? Windows ermöglicht einem Administrator, über Systemrichtlinien bestimmte Einschränkungen zu setzen. Unter Windows 7 Home Premium können aber auch Optimierungsprogramme oder Softwarefehler für diese Effekte verantwortlich sein. Um zu prüfen, ob Systemrichtlinien für die Taskleiste gesetzt sind, rufen Sie den Registrierungs-Editor mit administrativen Berechtigungen auf. Hierzu können Sie z. B. *regedit* in das Suchfeld des Startmenüs eintippen, dann die Tastenkombination [Strg] + [⇧] + [↵] drücken und die Abfrage der Benutzerkontensteuerung bestätigen.

Anschließend navigieren Sie in der Registrierung zum Schlüssel *HKEY_CURRENT_USER\Software\Microsoft\Windows\CurrentVersion\Policies\Explorer* und überprüfen, ob die in nachfolgender Tabelle aufgeführten DWORD-Werte eingetragen sind. Ein Wert 1 setzt die Richtlinie in Kraft. Löschen Sie den Wert oder setzen ihn einfach auf 0 zurück, wird die Richtlinie abgeschaltet.

DWORD-Wert	Bemerkung
LockTaskbar	Mit dem Wert 1 wird der Befehl *Taskleiste fixieren* grau abgeblendet und lässt sich nicht mehr anwählen.
TaskbarNoResize	Mit dem Wert 1 wird verhindert, dass der Benutzer die Größe der Taskleiste verändern kann. Der Wert 0 gibt die Größenänderung wieder frei.

Tabelle 2.1: Kein Text mit angegebener Formatvorlage im Dokument..1: Richtlinien für die Taskleiste

Ärger mit der Taskleiste

DWORD-Wert	Bemerkung
NoTrayItemsDisplay	Mit dem Wert 1 werden die Eigenschaften des Infobereichs ausgeblendet.
TaskbarLockAll	Mit dem Wert 1 werden alle Taskleisteneinstellungen gesperrt – d.h., der Benutzer kann keine Änderungen an den Einstellungen der Taskleiste mehr vornehmen.
TaskbarNoAddRemoveToolbar	Der Wert 1 sperrt das Hinzufügen und Entfernen von Symbolleisten in der Taskleiste.
TaskbarNoDragToolbar	Mit dem Wert 1 lässt sich das Neuanordnen der Symbolleisten für den Benutzer sperren.
TaskbarNoRedock	Mit dem Wert 1 wird das Verschieben der Taskleiste an die Bildschirmränder gesperrt.

Tabelle 2.1: Kein Text mit angegebener Formatvorlage im Dokument..1: Richtlinien für die Taskleiste (Forts.)

Der Eintrag *\Policies\Explorer* ist bei einem neuen System nicht vorhanden, d.h., bei fehlendem Schlüssel sind auch keine Systemrichtlinien gesetzt. Einige Richtlinieneinträge wie *LockTaskbar* sollten bereits wirksam werden, sobald Sie die Funktionstaste F5 drücken. Falls dies bei einer Richtlinie nicht funktioniert, melden Sie sich neu am Benutzerkonto an, bevor sich die Änderungen auswirken. Arbeiten Sie unter einem Standardbenutzerkonto und rufen Sie den Registrierungs-Editor über *Als Administrator ausführen* auf? Dann öffnen Sie den Zweig des Benutzerkontos unter *HKEY_USERS* und navigieren zum Schlüssel *\Policies\Explorer*, um die obigen Werte einzutragen.

INFO

2.2.6 Plötzlich ist da eine neue Leiste in der Taskleiste

Taucht plötzlich im Bereich der Taskleiste eine gänzlich neue Symbolleiste auf? In Abbildung 2.20, rechts, ist beispielsweise die Leiste *Computer* zu sehen, bei deren Anwahl ein Menü mit den Elementen des Ordners *Computer* geöffnet wird.

Abbildung 2.20: Neue Leiste in der Taskleiste

Hier hat sich jemand entweder einen Scherz mit Ihnen erlaubt oder Sie haben sich im Kontextmenü verklickt. Wird im Kontextmenü der Taskleiste der Befehl *Symbolleisten* (Abbildung 2.20, links) angewählt, können Sie verschiedene Befehle durch Anklicken mit einem Häkchen markieren. Windows zeigt dann die zugehörige Symbolleiste in der Taskleiste an.

Über den Befehl *Neue Symbolleiste* (Abbildung 2.20) öffnen Sie das gleichnamige Dialogfeld. Dort können Sie einen Ordner auswählen, dessen Inhalt der neuen Leiste zugewiesen wird. Die Leiste wird dann als benutzerspezifische Symbolleiste unter dem Ordnernamen im Bereich der Taskleiste eingeblendet.

Um eine solche benutzerspezifische Symbolleiste wieder verschwinden zu lassen, klicken Sie mit der rechten Maustaste auf eine freie Stelle der Taskleiste, wählen im Kontextmenü den Befehl *Symbolleisten* und klicken dann im Untermenü auf den Namen der betreffenden Symbolleiste. Sobald das Häkchen gelöscht wird, verschwindet die Leiste. Bei benutzerdefinierten Symbolleisten wird die Leiste auch als Befehl aus dem Kontextmenü ausgetragen. Hatten Sie eine solche Symbolleiste selbst angelegt und hat jemand diese gelöscht, können Sie mit den obigen Schritten die Leiste natürlich auch wieder einblenden.

2.2.7 Anheften an die Taskleiste klappt nicht mehr

Standardmäßig können Sie Programmsymbole per Maus zur Taskleiste ziehen und dort als Schaltfläche anheften. Klappt dieses Anheften plötzlich nicht mehr? In diesem Fall wurde vermutlich der Pfeil im Verknüpfungssymbol durch einen Registrierungseingriff oder ein Optimierungsprogramm entfernt.

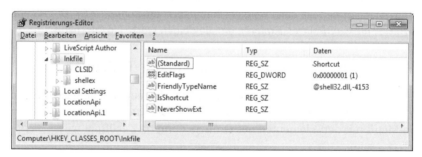

Abbildung 2.21: *IsShortcut*-Eintrag in der Registrierung

Prüfen Sie im Registrierungs-Editor, ob im Zweig *HKEY_CLASSES_ROOT\lnkfile* ein Zeichenkettenwert *IsShortcut* vorhanden ist. Falls der Wert umbenannt oder gelöscht wurde, müssen Sie den Eintrag restaurieren (Abbildung 2.21).

INFO Unter *http://www.borncity.com/blog/2010/03/12/anheften-in-taskleiste-klappt-nicht-mehr/* [gbeh-k2-010] finden Sie weitere Hinweise zu diesem Thema. Der Beitrag unter *http://www.borncity.com/blog/2010/06/29/lotus-notes-nicht-an-taskleiste-anheftbar/* [gbeh-k2-011] beschreibt, wie Lotos Notes an die Taskleiste angeheftet werden kann. Funktioniert die Sprungliste des Windows-Explorers oder des Internet Explorers nicht mehr richtig, lesen Sie unter *http://www.borncity.com/blog/2010/08/07/windows-explorer-sprungliste-funktioniert-nicht/* [gbeh-k2-012] nach, was zu tun ist.

2.3 Ärger mit dem Infobereich der Taskleiste

Der Infobereich ist der kleine Bereich der Taskleiste, in dem die Uhrzeit sowie verschiedene Symbole eingeblendet werden. Gelegentlich gibt es Probleme mit diesem Bereich (z.B. Symbole sind verschwunden). Nachfolgend finden Sie einige Hinweise, wie sich einzelne Probleme beheben lassen.

2.3.1 Im Infobereich fehlen Symbole

Windows zeigt, je nach Version, verschiedene Symbole wie die Uhrzeit, das Lautsprechersymbol, Netzwerkanbindung etc. im Infobereich der Taskleiste an. Vermissen Sie bestimmte Symbole im Infobereich der Taskleiste? Oder erscheinen diese nur kurzzeitig und verschwinden wieder?

Abbildung 2.22: Symbole im Infobereich der Taskleiste

Klicken Sie ggf. auf die Schaltfläche *Ausgeblendete Symbole einblenden*, um die in Abbildung 2.22 sichtbare Palette anzuzeigen. Falls auch die Palette das Symbol nicht enthält, stimmen die Einstellungen zur Symbolanzeige nicht. Zudem lässt sich Windows 7 so einstellen, dass Symbole kurzzeitig erscheinen und dann bei Inaktivität wieder verschwinden, um die Palette und den Infobereich möglichst »aufgeräumt« zu hinterlassen. Um die Einstellungen des Infobereichs anzupassen, gehen Sie folgendermaßen vor:

1. Klicken Sie mit der rechten Maustaste auf eine freie Stelle der Taskleiste und wählen Sie den Kontextmenübefehl *Eigenschaften*.

2. Auf der Registerkarte *Taskleiste* (Abbildung 2.23, links) wählen Sie in der Gruppe *Infobereich* die Schaltfläche *Anpassen*, um das in Abbildung 2.23, rechts, gezeigte Dialogfeld *Infobereichsymbole* zu öffnen.

3. Stellen Sie im Dialogfeld die Anzeigeoptionen ein und schließen Sie die geöffneten Dialogfelder über die *OK*-Schaltfläche.

In der Spalte *Verhalten* bewirkt ein Wert »Nur Benachrichtigungen«, dass das Symbol unterdrückt wird. Stellen Sie den Wert auf »Symbol und Benachrichtigung« ein, um Symbole für Netzwerk, Lautsprecher etc. anzuzeigen. Markieren Sie das Kontrollkästchen *Immer alle Symbole und Benachrichtigungen auf der Taskleiste anzeigen*, verschwindet die Schaltfläche *Ausgeblendete Symbole einblenden*. Sie sehen dann alle Symbole im Infobereich der Taskleiste.

Kapitel 2 • Kleine und größere Windows-Sorgen

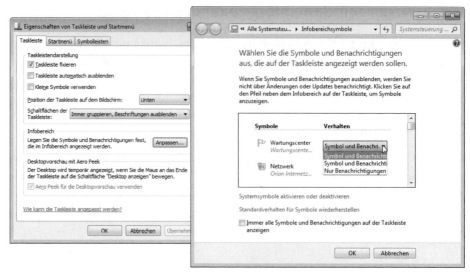

Abbildung 2.23: Infobereich anpassen

Abbildung 2.24: Symbole im Infobereich ein-/ausblenden

1. Möchten Sie einzelne Symbole gezielt unterdrücken oder fehlende Symbole zulassen, klicken Sie im Dialogfeld *Infobereichsymbole* (Abbildung 2.23, rechts) auf den Hyperlink *Systemsymbole aktivieren oder deaktivieren*.

Ärger mit dem Infobereich der Taskleiste

2. Blättern Sie in der nun angezeigten Liste zum gewünschten Eintrag für das Systemsymbol und stellen Sie das Listenfeld auf den Wert »Ein« bzw. »Aus« (Abbildung 2.24).

Ein auf »Aus« gesetzter Wert bewirkt, dass das Symbol niemals angezeigt wird. Fehlt also ein Symbol, stellen Sie dessen Wert auf »Ein« zurück. Über den Hyperlink *Benachrichtigungssymbole anpassen* gelangen Sie zur Darstellung aus Abbildung 2.23, rechts, zurück.

2.3.2 Die Uhr geht vor oder das Datum ist falsch

Stellen Sie fest, dass die im Infobereich der Taskleiste eingeblendete Uhrzeit nicht stimmt? Oder wird beim Zeigen auf die Uhrzeit ein falsches Datum als QuickInfo eingeblendet?

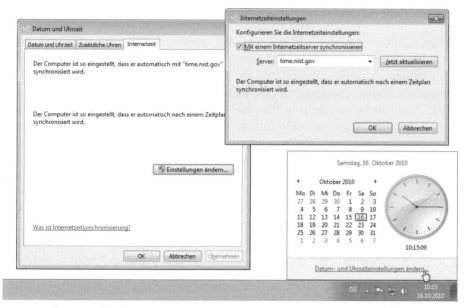

Abbildung 2.25: Uhrzeit und Datum synchronisieren

1. Klicken Sie im Infobereich auf die Uhrzeitanzeige und wählen Sie dann in der eingeblendeten QuickInfo den Hyperlink *Datum- und Uhrzeiteinstellungen ändern* (Abbildung 2.25, unten).

2. Im Dialogfeld *Datum und Uhrzeit* lassen sich die Uhrzeit und das Datum auf der gleichnamigen Registerkarte stellen. Zum Anpassen der Zeitsynchronisation wählen Sie die Registerkarte *Internetzeit* (Abbildung 2.25, links).

3. Klicken Sie auf die Schaltfläche *Einstellungen ändern* und bestätigen Sie die Sicherheitsabfrage der Benutzerkontensteuerung. Anschließend können Sie im Dialogfeld *Internetzeiteinstellungen* (Abbildung 2.25, rechts) die Werte anpassen.

Stellen Sie sicher, dass das Kontrollkästchen *Mit einem Zeitserver synchronisieren* markiert ist. Statt des Zeitservers *time.windows.com* sollten Sie alternative Server wie *time.nist.gov* oder *ptbtime1.ptb.de* verwenden. Die Änderungen werden übernommen, sobald Sie auf die *OK*-Schaltfläche klicken.

INFO Geht die Uhrzeit bereits beim Aufruf des BIOS-Setup falsch? Dann kann eine schwache CMOS-Batterie auf dem Mainboard die Ursache sein. Lassen Sie die Batterie austauschen.

2.4 Probleme mit dem Startmenü

In diesem Abschnitt finden Sie Hinweise, wie sich kleine Probleme und Fehler mit Startmenüeinträgen beheben lassen.

2.4.1 Das Startmenü funktioniert nicht mehr

Stellen Sie beim Arbeiten mit Windows fest, dass sich Links oder die Symbole in der linken Spalte des Startmenüs nicht mehr aufrufen lassen? Ist das Startmenü beim Öffnen quälend langsam? Die Ursache ist meist eine nicht zu Windows 7 kompatible Softwarekomponente, die sich als Kontextmenüerweiterung einrichtet. Unter *http://www.borncity.com/blog/2007/08/09/startmen-oder-explorer-geht-nicht-mehrist-langsam/* [gbeh-k2-013] finden Sie (noch auf Windows Vista bezogene, aber auch für Windows 7 gültige) Hinweise, wie sich die problematischen Softwareerweiterungen herausfinden und entfernen lassen.

INFO Falls das Anheften oder das Arbeiten mit den Sprunglisten nicht mehr funktioniert, lesen Sie im Abschnitt »Anheften an die Taskleiste klappt nicht mehr«, Seite 126, nach, wie sich diese Probleme beseitigen lassen.

2.4.2 Probleme mit dem Startmenüzweig »Alle Programme«

Über den Zweig *Alle Programme* des Startmenüs lässt sich auf Programmgruppen zugreifen, um Anwendungen aufzurufen. Dabei gibt es verschiedene Probleme, die in diesem Zweig auftreten können.

» Ein Programm wurde deinstalliert, aber dessen Startmenüeinträge wurden nicht entfernt.

» Durch die Installation verschiedener Programme ist der Startmenüzweig *Alle Programme* recht umfangreich und soll aufgeräumt werden.

» Und es passiert schon mal, dass ein Eintrag im Startmenüzweig *Alle Programme* verschoben oder plötzlich gänzlich verschwunden ist.

Verschwundene Startmenüeinträge können auf die Deinstallation eines Programms zurückzuführen sein. Manchmal hat aber auch ein böswilliger oder unvorsichtiger Zeitgenosse den Eintrag im Startmenü gelöscht.

Probleme mit dem Startmenü

Startmenüeinträge lassen sich nicht löschen/verschieben

Möchten Sie Einträge im Startmenüzweig *Alle Programme* löschen oder in eine andere Gruppe verschieben und zeigt Windows 7 nach Anwahl des betreffenden Befehls ein Dialogfeld (Abbildung 2.27) mit dem Hinweis *Dateizugriff wurde verweigert* an? Zum Durchführen der Aktion sind dann Administratorberechtigungen erforderlich, da die Anwahl der Schaltfläche *Fortsetzen* das Dialogfeld der Benutzerkontensteuerung aufruft. Komischerweise tritt dieser Effekt nicht bei allen Startmenüeinträgen auf.

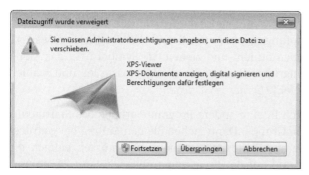

Abbildung 2.26: Sicherheitsabfrage bei Änderungen am Startmenü

Hintergrund dieses Verhaltens ist, dass Windows 7 die Startmenüeinträge in zwei Kategorien unterteilt.

» Einmal gibt es globale Startmenüeinträge für alle Benutzer, die im Zweig *\ProgramData\Microsoft\Windows\Start Menu* des Windows-Laufwerks gespeichert werden. Anpassungen (Löschen, Verschieben, Umbenennen) dieser Einträge erfordern administrative Berechtigungen, da sich diese auf das Startmenü aller Benutzer auswirken.

» Weiterhin gibt es Startmenüeinträge für den lokalen Benutzer (die dieser z. B. selbst anlegen kann). Diese werden im Pfad *\Users\ < Konto > \AppData\ Roaming\Microsoft\Windows\Start Menu* des Windows-Laufwerks abgelegt, wobei *< Konto >* für den Namen des Benutzerkontos steht. Änderungen an diesen Einträgen können vom betreffenden Benutzerkonto problemlos mit Standardberechtigungen ausgeführt werden.

Öffnen Sie das Startmenü über die Schaltfläche *Start*, können Sie den Eintrag *Alle Programme* mit der rechten Maustaste anklicken. Der Kontextmenübefehl *Öffnen* zeigt dann das Ordnerfenster mit den lokalen Startmenüeinträgen. Über den Kontextmenübefehl *Öffnen ? Alle Benutzer* erhalten Sie dagegen Zugriff auf den Ordner mit den globalen Startmenüeinträgen.

Startmenüeintrag befindet sich plötzlich auf dem Desktop

Findet sich plötzlich ein Startmenüeintrag auf dem Desktop wieder? Das kann bei lokal auf das Benutzerkonto bezogenen Einträgen durchaus unbeabsichtigt passieren, wenn beim Anklicken die Maus verrutscht. Dann erkennt Windows ein Ziehen und verschiebt den Startmenüeintrag zum Desktop.

» Bemerken Sie das Malheur direkt und finden Sie plötzlich ein Verknüpfungssymbol auf dem Windows-Desktop oder in einem anderen Programmzweig? Klicken Sie sofort mit der rechten Maustaste auf eine freie Stelle des Desktops und wählen Sie im Kontextmenü den Befehl *Verschieben rückgängig machen*. Die Verknüpfung wird sofort an die alte Stelle im Startmenü zurückgeschoben.

» Fällt der Fehler erst später auf, markieren Sie das Verknüpfungssymbol auf dem Desktop und ziehen dieses bei gedrückter rechter Maustaste zur Schaltfläche *Start*, halten aber die Maustaste weiter gedrückt. Sobald sich das Startmenü öffnet, ziehen Sie das Verknüpfungssymbol zum Befehl *Alle Programme*, warten, bis sich die Programmgruppen öffnen, und ziehen das Symbol über das Menü der gewünschten Programmgruppe. Lassen Sie die Maustaste los und wählen Sie im Kontextmenü den Befehl *Hierher verschieben*.

» Wurde das Symbol irrtümlich in eine andere Programmgruppe des Startmenüs verschoben, öffnen Sie diese Gruppe. Dann ziehen Sie den Eintrag bei gedrückter linker Maustaste an die alte Stelle im Startmenü. Sie müssen einfach die Maustaste gedrückt halten und auf die Programmgruppen in *Alle Programme* zeigen, um die betreffenden Menüs zu öffnen. Sobald das Symbol über einem Menü ist und Sie die Maustaste loslassen, wird die Verknüpfung in das betreffende Menü eingefügt.

Auf diese Weise können Sie lokale Einträge für das eigene Benutzerkonto im Startmenü umsortieren oder irrtümlich verschobene Einträge an die alten Positionen unter *Alle Programme* zurückschieben. Haben Sie einen globalen Startmenüeintrag (für alle Benutzerkonten) erwischt, ist das auch kein Problem. Windows zeigt das Dialogfeld aus Abbildung 2.27. Besitzen Sie keine Administratorberechtigungen, brechen Sie den Vorgang ab. Sind Sie der Administrator des Systems, können Sie den Vorgang über die Schaltfläche *Fortsetzen* durchführen. Bedenken Sie in diesem Fall aber, dass sich die Änderung auf alle Benutzerkonten auswirkt.

Startmenü: Ziehen klappt nicht mehr und Kontextmenü fehlt

Klappt das Ziehen im Startmenü unter Windows nicht so wie im vorherigen Abschnitt beschrieben? Oder stellen Sie fest, dass sich beim Rechtsklick auf einen Startmenüeintrag kein Kontextmenü mehr öffnet? Auch dies ist über Windows-Einstellungen anpassbar.

1. Klicken Sie mit der rechten Maustaste auf die Schaltfläche *Start* und wählen Sie im Kontextmenü den Befehl *Eigenschaften*.

2. Auf der Registerkarte *Startmenü* des Eigenschaftenfensters (Abbildung 2.27, links) klicken Sie auf die Schaltfläche *Anpassen*.

Probleme mit dem Startmenü

3. Suchen Sie im Dialogfeld *Startmenü anpassen* (Abbildung 2.27, rechts) die Option *Kontextmenüs sowie Ziehen und Ablegen aktivieren* und markieren Sie diese.

Ist die Option markiert, lassen sich Startmenüeinträge per Drag&Drop in andere Gruppen oder zum Desktop verschieben und das Kontextmenü öffnen. Sobald Sie die Dialogfelder und Registerkarten über die *OK*-Schaltflächen schließen, wird die Option wirksam.

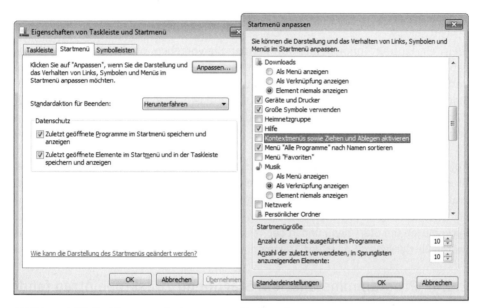

Abbildung 2.27: Blockieren von Änderungen am Startmenü

2.4.3 Bei mir fehlen Befehle im unteren Bereich des Startmenüs

In der rechten Spalte des Startmenüs blendet Windows Befehle (wie *Hilfe und Support*, *Systemsteuerung*, *Geräte und Drucker* etc.) ein. Fehlen bei Ihnen Einträge, die Sie benötigen? Öffnet sich bei Anwahl eines Befehls plötzlich ein Untermenü (z.B. bei *Systemsteuerung*) statt des erwarteten Ordnerfensters? Gelegentlich sind Programmfehler oder der Einsatz von Windows- und Registry-Optimierungsprogrammen die Ursache für dieses Verhalten. Windows bietet aber auch Optionen, um die erste Ebene des Startmenüs nach Bedarf anzupassen:

1. Gehen Sie wie im vorherigen Abschnitt beschrieben vor und öffnen Sie das Dialogfeld *Startmenü anpassen* (Abbildung 2.27, rechts).

2. Passen Sie die gewünschten Optionen an und schließen Sie das Dialogfeld sowie die Registerkarten über die *OK*-Schaltfläche.

Sind Kontrollkästchen markiert, werden die betreffenden Optionen aktiv. Über diesen Ansatz können Sie z.B. Befehle wie *Geräte und Drucker*, *Hilfe und Support*, *Netzwerk* etc. im Startmenü einblenden.

» Möchten Sie vermeiden, dass Windows neu installierte Programme im Startmenü hervorhebt? Dann löschen Sie die Markierung des Kontrollkästchens *Zuletzt installierte Programme hervorheben*.

» Das automatische Öffnen von Untermenüs beim Daraufzeigen wird über das entsprechende Kontrollkästchen *Untermenüs beim Draufzeigen öffnen* des Dialogfelds *Startmenü anpassen* ein- oder ausgeschaltet.

Weist ein Eintrag Optionsfelder auf, können Sie vorgeben, ob dieser als Befehl ausgeblendet, bei der Anwahl als Menü angezeigt oder als Verknüpfung auf ein Ordnerfenster interpretiert wird. Klicken Sie z.B. auf den Befehl *Systemsteuerung* des Startmenüs und öffnet sich statt des Ordnerfensters *Systemsteuerung* ein Menü? Dann sollten Sie prüfen, ob die betreffende Option *Als Menü anzeigen* für das Startmenüelement markiert ist.

TIPP   Auf der Registerkarte *Startmenü* lässt sich über die beiden Kontrollkästchen der Gruppe *Datenschutz* festlegen, ob die Liste der zuletzt geöffneten Dokumente oder Programme im Startmenü anzuzeigen ist. Im Dialogfeld *Startmenü anpassen* können Sie über die Drehfelder der Gruppe *Startmenügröße* die Zahl der Listeneinträge für Sprunglisten (im Startmenü und in der Taskleiste) sowie zuletzt geöffneten Programme (werden in der linken Spalte des Startmenüs geführt) vorgeben.

2.4.4 Programminstallation: Startmenü-/Desktopeintrag fehlt

Haben Sie ein Programm unter Windows 7 installiert, dabei die Sicherheitsabfrage der Benutzerkontensteuerung bestätigt und auch die Option gewählt, dass Startmenü- und Desktopeinträge angelegt werden sollen? Stellen Sie danach erstaunt fest, dass sich keine Einträge auf dem Desktop und im Startmenü finden?

In diesem Fall wurde vom Setup-Programm die Option »Installation für den aktuellen Benutzer« verwendet. Durch die Benutzerkontensteuerung läuft das Setup unter dem Administratorkonto und trägt auch die Verknüpfungen für Startmenü und Desktop unter diesem Konto ein. Sie müssen die Installation für alle Benutzer vornehmen lassen oder das gewünschte Benutzerkonto zur Gruppe der Administratoren hinzufügen.

2.4.5 Hilfe, ich habe einen Startmenüeintrag gelöscht

Haben Sie oder jemand anders einen Eintrag im Startmenü irrtümlich gelöscht? Windows entfernt nur die entsprechende Verknüpfung im Startmenü.

1. Klicken Sie mit der rechten Maustaste auf die Schaltfläche *Start*, um das Startmenü zu öffnen.

Probleme mit dem Startmenü

2. Dann wählen Sie den Eintrag *Alle Programme* mit der rechten Maustaste an und klicken im Kontextmenü auf den gewünschten Befehl.

Der Befehl *Öffnen* zeigt das Ordnerfenster mit den lokalen Startmenüeinträgen an. Administratoren können den Befehl *Öffnen ? Alle Benutzer* wählen. Dieser öffnet das Ordnerfenster, dessen Einträge für alle Benutzerkonten gelten.

3. Warten Sie, bis sich das Ordnerfenster mit der Ordnerstruktur öffnet (Abbildung 2.28). Suchen Sie dann den Ordner, der für die Programmgruppe des Startmenüzweigs *Alle Programme* steht.

4. Legen Sie dort die Verknüpfung auf das gewünschte Programm an und benennen Sie den Programmtitel so, dass dieser dem gewünschten Startmenübefehl entspricht.

Eine Verknüpfung können Sie neu anlegen, indem Sie mit der rechten Maustaste auf eine freie Stelle im Ordnerfenster klicken und im Kontextmenü die Befehle *Neu/Verknüpfung* wählen. Ein Verknüpfungsassistent fragt in Dialogfeldern den Pfad zu der zu verknüpfenden Datei sowie den Verknüpfungsnamen ab. Das Umbenennen einer Verknüpfung funktioniert wie das Umbenennen von Dateien (z.B. per Kontextmenübefehl *Umbenennen*). Alternativ können Sie bei gedrückter rechter Maustaste das Symbol einer Programmdatei (*.exe*) aus einem Programmordner zum Fenster des Startmenüordners ziehen. Wählen Sie beim Loslassen der Maustaste den Kontextmenübefehl *Verknüpfungen hier erstellen*, wird eine Verknüpfung auf das Programm angelegt. Beachten Sie aber, dass Sie für Anpassungen im Startmenüordner, der für alle Benutzerkonten gilt, administrative Berechtigungen benötigen. Das Anlegen der Verknüpfung wird zudem in diesem Ordner nicht unterstützt. Sie können aber bestehende Verknüpfungen in den betreffenden Ordner kopieren, müssen dies aber über die Benutzerkontensteuerung bestätigen.

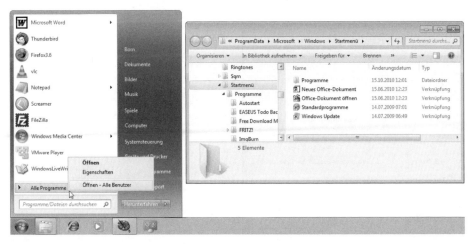

Abbildung 2.28: Ordnerstruktur des Startmenüzweigs *Programme*

TIPP Benötigen Sie eine neue Programmgruppe im Startmenü? Dann legen Sie einfach im betreffenden Zweig des Ordners *Programme* einen neuen Unterordner an (Kontextmenübefehl *Neu/Ordner*) und weisen diesem den gewünschten Gruppennamen zu. Natürlich können Sie bestehende Ordner- und Dateinamen im Zweig *Programme* umbenennen und so die Startmenüeinträge anpassen. Auch das Verschieben von Ordnern oder Verknüpfungsdateien im Ordnerfenster ist möglich. Dadurch lässt sich die Struktur des Startmenüzweigs *Alle Programme* anpassen.

2.4.6 Mein Programm startet plötzlich anders

Haben Sie ein Programm installiert, welches über einen Startmenüeintrag aufgerufen wird? Zeigt das Programm beim Aufruf plötzlich ein anderes Verhalten (in Word wird beispielsweise automatisch eine Vorlage geladen etc.)? Dann haben sich die Startoptionen der Anwendung in der Verknüpfung geändert. Dies kann durch einen Benutzer oder durch Programmfehler verursacht werden.

1. Öffnen Sie das Startmenü, suchen Sie den Eintrag im Zweig *Alle Programme*, klicken Sie den Befehl zum Aufruf des Programms mit der rechten Maustaste an und wählen Sie im Kontextmenü den Befehl *Eigenschaften*.

2. Kontrollieren Sie im Eigenschaftenfenster auf der Registerkarte *Verknüpfung* die eingestellten Eigenschaften (Abbildung 2.29) und schließen Sie die Registerkarte über die *OK*-Schaltfläche.

Optionen zum Starten eines Programms können Sie direkt im Feld *Ziel* angeben. Das Feld *Ausführen in* legt bei einigen Programmen den Pfad zum Arbeitsverzeichnis fest. Ob ein Programm als Fenster oder minimiert als Schaltfläche startet, wird über das Listenfeld *Ausführen* bzw. den dort eingestellten Wert geregelt. Über die Schaltfläche *Anderes Symbol* können Sie zudem das Symbol für den Startmenüeintrag anpassen.

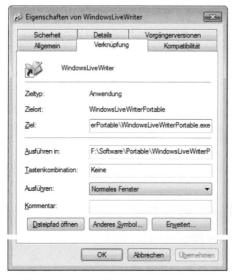

Abbildung 2.29: Registerkarte *Verknüpfung*

Probleme mit dem Startmenü

INFO

Beachten Sie aber, dass dieser Ansatz nicht bei allen Programmen funktioniert. Microsoft Office wird z.B. so installiert, dass im Feld *Ziel* kein Programmpfad eingetragen ist. Falls dies passiert ist, legen Sie einfach eine neue Programmverknüpfung aus dem Programmordner im Startmenüordner an. Über diese Verknüpfung erhalten Sie Zugriff auf das Feld *Ziel*.

2.4.7 Mein Programm startet nicht (mehr)

Wählen Sie einen Eintrag im Startmenü (oder auf dem Desktop) an, das zugehörige Programm startet aber nicht? Für dieses Verhalten gibt es verschiedene Ursachen.

Sind Sie unter einem Standardbenutzerkonto angemeldet? Manchmal fehlen dem Programm die administrativen Rechte, um ausgeführt zu werden. In Windows 7 erscheint dann die Sicherheitsabfrage der Benutzerkontensteuerung (Abbildung 2.30, Hintergrund) oder ein Hinweis, dass das Programm nur unter einem Administratorkonto funktioniert. Bei der Anmeldung unter einem Administratorkonto erscheint das in Abbildung 2.30, oben, sichtbare Dialogfeld der Benutzerkontensteuerung. Sie müssen das Dialogfeld (ggf. nach Eingabe des Kennworts für das Administratorkonto) über die *Ja*-Schaltfläche bestätigen.

Abbildung 2.30: Sicherheitsabfrage der Benutzerkontensteuerung

Die Benutzerkontensteuerung weist dem betreffenden Programm oder der aufgerufenen Funktion die entsprechenden Sicherheitsberechtigungen zur Ausführung zu.

Sind Sie unter einem Standardbenutzerkonto angemeldet und tut sich nach dem Anklicken der *Ja*-Schaltfläche nichts? Wenn Sie das richtige Kennwort für das Administratorkonto eingegeben haben, liegt die Ursache vermutlich an einer abgeschalteten Benutzerkontensteuerung.

1. Melden Sie sich unter einem Administratorkonto an und geben Sie in das Suchfeld des Startmenüs den Text »Ben« ein. Anschließend wählen Sie den eingeblendeten Befehl *Benutzerkonten*.

2. Klicken Sie im Fenster *Benutzerkonten* auf den Hyperlink *Einstellungen der Benutzerkontensteuerung ändern*. Bestätigen Sie die ggf. angezeigte Sicherheitsabfrage der Benutzerkontensteuerung.

3. Stellen Sie sicher, dass im Dialogfeld *Einstellungen für Benutzerkontensteuerung* (Abbildung 2.31) der Schieberegler auf der obersten Stufe steht, und schließen Sie die Seite über die *OK*-Schaltfläche.

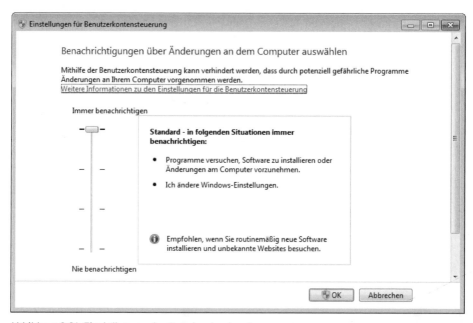

Abbildung 2.31: Einstellungen der Benutzerkontensteuerung anpassen

Spätestens nach der nächsten Benutzeranmeldung sollte die Benutzerkontensteuerung wieder verfügbar sein.

Probleme mit dem Startmenü

TIPP

Falls Sie das Programm häufiger mit administrativen Berechtigungen ausführen müssen (z.B. *Regedit.exe*), sollten Sie eine Verknüpfung mit den entsprechenden Vorgaben einrichten. Öffnen Sie das Eigenschaftenfenster der Verknüpfung und klicken Sie anschließend auf der Registerkarte *Verknüpfung* auf die Schaltfläche *Erweitert*. Im Dialogfeld *Erweiterte Eigenschaften* können Sie das Kontrollkästchen *Als Administrator ausführen* markieren. Beim Aufruf des Programms über die Verknüpfung erscheint dann die Sicherheitsabfrage der Benutzerkontensteuerung.

Erscheint ein Hinweis auf ein Verknüpfungsproblem? Dann zeigt die Verknüpfung auf eine nicht existierende Programmdatei. Die Programmdatei wurde verschoben, umbenannt oder gelöscht. Bei einem gelöschten Programm entfernen Sie auch die Verknüpfung. Bei verschobenen oder umbenannten Programmdateien können Sie über den Kontextmenübefehl *Eigenschaften* der Verknüpfungsdatei die Registerkarte *Verknüpfung* öffnen und im Feld *Ziel* den Pfad sowie den Programmnamen korrigieren.

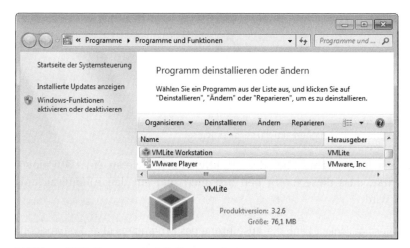

Abbildung 2.32: Programminstallation reparieren

Funktioniert ein Programmaufruf oder das Programm nicht mehr, können auch die Programm- oder Hilfsdateien beschädigt sein.

» Bei separat installierten Programmen geben Sie den Text »Prog« in das Suchfeld des Startmenüs ein und wählen dann den angezeigten Befehl *Programm ändern oder entfernen*. Anschließend markieren Sie im Dialogfeld *Programm deinstallieren oder ändern* den Programmeintrag. Einige Programme (wie Microsoft Office) stellen eine Schaltfläche (Abbildung 2.32) zum Aufruf der Reparaturfunktion bereit, mit der sich die Dateien restaurieren lassen. Andernfalls sollten Sie das Programm deinstallieren und anschließend erneut installieren.

» Bei Windows 7-Funktionen und -Programmen (z.B. Windows Media Player, Windows Media Center etc.) tippen Sie dagegen den Text »Feat« in das Suchfeld des Startmenüs ein und wählen den angezeigten Befehl *Windows-Funktionen aktivieren oder deaktivieren.* Nach Bestätigung der Sicherheitsabfrage der Benutzerkontensteuerung warten Sie, bis das Dialogfeld *Windows-Funktionen* erscheint (Abbildung 2.33). Dann suchen Sie den gewünschten Eintrag in der Liste, löschen die Markierung des zugehörigen Kontrollkästchens und klicken danach auf die *OK*-Schaltfläche. Nachdem die Funktion entfernt wurde, führen Sie einen Systemneustart aus und durchlaufen erneut die Schritte, wobei dann das Kontrollkästchen wieder markiert wird, um die Funktion erneut zu aktivieren.

Abbildung 2.33: Windows-Funktionen aktivieren/deaktivieren

Die hier dargestellte Variante über das Deaktivieren/Aktivieren einer Windows-Funktion bewirkt, dass diese intern neu installiert und auf den Anfangszustand zurückgesetzt wird.

INFO   Als weitere Fehlermöglichkeit kann die Ausführung des Programms über Systemrichtlinien eingeschränkt sein (siehe Kapitel 14). Ein Administrator kann in Windows 7 Professional oder Ultimate über Gruppenrichtlinien (z.B. im Zweig *Benutzerkonfiguration/ Administrative Vorlagen/System*) vorgeben, ob Anwendungen zur Ausführung gesperrt werden sollen. Bei Rechnern in Firmen kontaktieren Sie den Administrator des Systems und fragen, ob die Ausführung des gewünschten Programms eingeschränkt wurde.

2.4.8 Die linke Spalte des Startmenüs ändert sich ständig

Windows blendet in der linken Spalte des Startmenüs die Namen der zuletzt gestarteten Programme ein (Abbildung 2.34). Zudem können Sie im oberen Bereich Programmsymbole anheften. Falls dies nicht erwünscht ist, lässt sich dies über Eigenschaften des Startmenüs beeinflussen.

Probleme mit dem Startmenü

Abbildung 2.34: Startmenü und Einstelloptionen

» Klicken Sie einen Eintrag in der linken Spalte des Startmenüs mit der rechten Maustaste an, lässt sich dieser über den Kontextmenübefehl *An Startmenü anheften* (Abbildung 2.34) im oberen Bereich der linken Spalte fixieren. Ist bereits ein Programm im Startmenü angeheftet? Dann besteht die Alternative darin, Programmsymbole einfach per Maus zum Anheftbereich zu ziehen, um deren Symbole dort zu verankern. Einen irrtümlich angehefteten Startmenüeintrag geben Sie über dessen Kontextmenübefehl *Vom Startmenü lösen* frei.

» Um den ständigen Wechsel der Einträge in der linken Startmenüspalte zu unterbinden oder die Zahl der Einträge zu begrenzen, klicken Sie mit der rechten Maustaste auf die *Start*-Schaltfläche und wählen im Kontextmenü den Befehl *Eigenschaften*. Löschen Sie auf der Registerkarte *Startmenü* (Abbildung 2.35, links) die Markierung des Kontrollkästchens *Zuletzt geöffnete Programme im Startmenü speichern und anzeigen*.

» Um die Liste der Startmenüeinträge in der linken Spalte zu begrenzen, klicken Sie auf der Registerkarte *Startmenü* auf die Schaltfläche *Anpassen*. Anschließend stellen Sie im Dialogfeld *Startmenü anpassen* (Abbildung 2.35, rechts) die Zahl der gewünschten Einträge im Drehfeld *Anzahl der zuletzt ausgeführten Programme* ein.

Kapitel 2 • Kleine und größere Windows-Sorgen

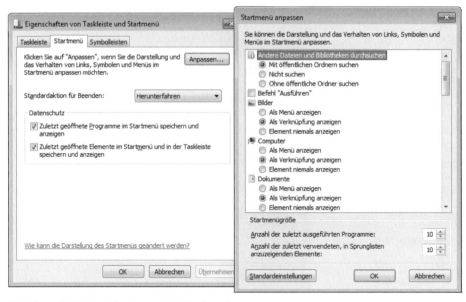

Abbildung 2.35: Einstelloptionen des Startmenüs

Die Änderungen werden übernommen, sobald Sie die Registerkarten bzw. das Dialogfeld über die *OK*-Schaltfläche schließen.

2.4.9 Startmenü und Fenster sehen »alt« aus

Besitzen das Startmenü und die Programmfenster plötzlich ein Aussehen (Abbildung 2.36), welches der Darstellung aus älteren Windows-Versionen ähnelt? Dies ist eine Einstellungssache, die sich leicht korrigieren lässt:

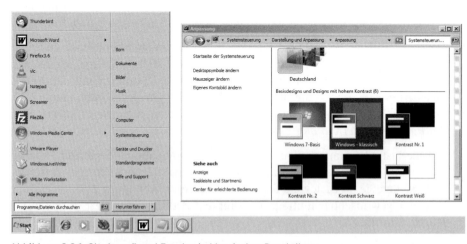

Abbildung 2.36: Startmenü und Fenster in klassischer Darstellung

1. Klicken Sie mit der rechten Maustaste auf eine freie Stelle des Desktops und wählen Sie den Kontextmenübefehl *Anpassen*.
2. Auf der Seite *Anpassung* klicken Sie auf eines der neueren Designs (Aero-Design wie »Windows 7« oder das Basis-Design »Windows 7-Basis«).

Sobald Sie ein Design anklicken, passt Windows 7 die Darstellung des Startmenüs, der Fenster und des Desktops an. Anschließend können Sie das geöffnete Fenster *Anpassen* über die *Schließen*-Schaltfläche wieder verlassen.

2.4.10 Mein Bild im Startmenü hat sich geändert

Windows 7 blendet bei der Anmeldung und im Startmenü ein Bild für das jeweilige Benutzerkonto ein. Hat sich dieses Bild geändert oder möchten Sie gezielt ein Bild zuweisen? Öffnen Sie das Startmenü und klicken Sie das Bild des Benutzerkontos an. Im Fenster der Benutzerverwaltung klicken Sie auf den Befehl *Eigenes Bild ändern*. Dann lässt sich das Bild für das Benutzerkonto wählen und über die Schaltfläche *Bild ändern* individuell einstellen.

Über den Hyperlink *Nach weiteren Bildern suchen ...* lässt sich ein Fenster öffnen, in dem Sie eine Bilddatei im *.bmp*-, *.gif*-, *.jpg*- oder *.png*-Format auswählen können. Achten Sie in diesem Fall darauf, dass die Abmessungen der Bilddatei bei etwa 48 x 48 Bildpunkten liegen.

INFO

2.4.11 Tastenkürzel für Startmenüeinträge gehen nicht mehr

Haben Sie Startmenüeinträgen auf der Registerkarte *Verknüpfung* des Eigenschaftenfensters Tastenkürzel zugewiesen und funktionieren diese plötzlich nicht mehr? Die Ursache liegt daran, dass Windows Tastenkürzel nur gemeinsam für Desktop- und Startmenüverknüpfungen verwalten kann. Zudem sind bestimmte Tastenkürzel reserviert. Prüfen Sie, ob es ggf. zu einem Konflikt in der Zuweisung von Tastenkürzeln gekommen ist (siehe auch Abschnitt »Tastenkürzel für Verknüpfungen funktionieren nicht mehr«, Seite 116).

2.5 Bildschirmschoner und Energiesparoptionen

In diesem Abschnitt erfahren Sie, wie Sie kleinere Probleme mit dem Bildschirmschoner beheben und was bei den Energiesparoptionen mancher Systeme beachtet werden sollte.

2.5.1 Der Bildschirmschoner nervt

Nervt es Sie, dass Windows bei kurzen Arbeitspausen den Bildschirmschoner zur Anzeige bringt? Das kann beim Arbeiten lästig werden und mitunter echte Probleme bereiten.

1. Klicken Sie mit der rechten Maustaste auf eine freie Stelle des Desktops und wählen Sie im Kontextmenü den Befehl *Anpassen*.

2. Auf der Seite *Anpassung* klicken Sie am unteren Rand auf den Hyperlink *Bildschirmschoner*.

3. Anschließend stellen Sie auf der Registerkarte *Bildschirmschoner* (Abbildung 2.37, rechts) die gewünschten Optionen ein.

Die Einstellungen werden wirksam, sobald Sie die Registerkarte über die *OK*-Schaltfläche verlassen.

Über das Listenfeld *Bildschirmschoner* legen Sie die Art des Bildschirmschoners fest. Je nach gewähltem Bildschirmschoner wird das System entsprechend mehr oder weniger belastet. Da moderne Flachbildschirme eigentlich keinen Bildschirmschoner mehr benötigen (da das Einbrennen von Mustern kaum noch vorkommt), können Sie den Wert auf »(Kein)« stellen, um den Bildschirmschoner komplett abzuschalten.

Bevorzugen Sie einen Bildschirmschoner, setzen Sie die Wartezeit im gleichnamigen Drehfeld so, dass der Bildschirmschoner nur bei längeren Arbeitspausen aktiv wird. Um zu verhindern, dass zum Beenden des Bildschirmschoners eine erneute Windows-Anmeldung erforderlich wird, löschen Sie die Markierung des Kontrollkästchens *Anmeldeseite bei Reaktivierung*. Die Willkommenseite mit dem Anmeldedialog ist in der Regel nur auf Firmenrechnern erforderlich, um zu verhindern, dass Unbefugte in Arbeitspausen an das System herankommen.

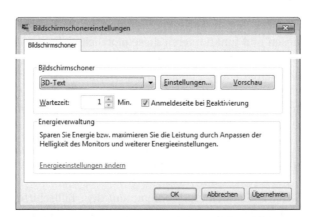

Abbildung 2.37: Eigenschaften des Bildschirmschoners

TIPP Auf Notebooks kann es passieren, dass ein aktiver Bildschirmschoner so viel Energie verbraucht, dass die Lüfter zur Kühlung auf höchster Leistungsstufe arbeiten müssen. Speziell im Akkubetrieb kostet der Bildschirmschoner unnütz Energie. Da die LCD-Anzeige eines Notebooks oder eines Flachbildschirms keinen Bildschirmschoner benötigt, sollten Sie den Bildschirmschoner abschalten.

Ältere, mit Windows 7 inkompatible Bildschirmschoner sind u.U. auch die Ursache dafür, dass die Taskleiste zyklisch ausgeblendet wird (*http://www.borncity.com/blog/2010/02/18/die-taskleiste-verschwindet-immer-wieder/* [gbeh-k2-008]).

2.5.2 Probleme mit den Energiesparoptionen

Haben Sie die Energiesparoptionen so eingestellt, dass der unbenutzte Rechner nach einer Wartezeit einzelne Geräte in den Energiesparmodus versetzen soll? Stellen Sie nun fest, dass der Energiesparmodus trotz unbenutztem Rechner nicht aktiviert wird? Dies ist insbesondere beim Akkubetrieb von Notebooks ärgerlich.

Bei Windows 7 können ein veraltetes BIOS oder unpassende Chipsatztreiber das saubere Herunterfahren blockieren. Prüfen Sie in diesem Fall, ob ein BIOS-Update verfügbar ist. Aktuelle Chipsatztreiber finden Sie ggf. auf der Internetseite des Motherboard-Herstellers.

Informationen, welches Motherboard im Rechner verbaut ist, lassen sich über Programme wie CPU-Z (*http://www.cpuid.com/softwares/cpu-z.html* [gbeh-k2-015]) oder SIW (*http://www.gtopala.com/* [gbeh-k2-016]) herausfinden.

TIPP

Ereignisse und Energiespareinstellungen analysieren

Zur Analyse, welche Energiespareinstellungen und Geräte wirklich aktiv sind, können Sie das Befehlszeilenprogramm *powercfg* verwenden. Geben Sie einfach in das Suchfeld des Startmenüs *cmd*⏎ ein, um die Eingabeaufforderung zu öffnen.

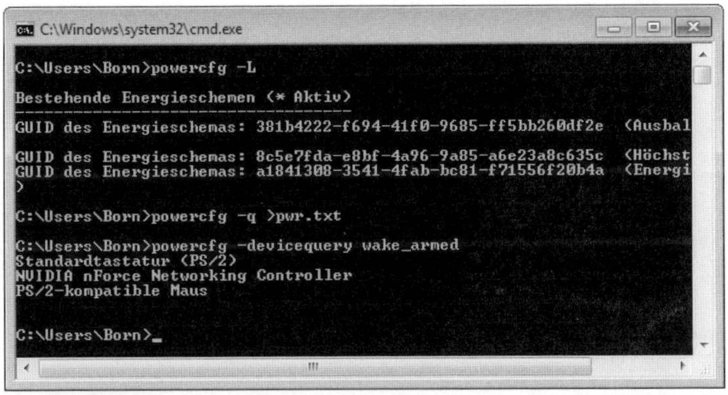

Abbildung 2.38: Abfrage der Energiespareinstellungen

Die Befehle

```
Powercfg -L
Powercfg -Q > pwr.txt
```

fragen die Energiesparpläne und die Einstellungen ab (Abbildung 2.38). Die zweite Anwendung leitet die Ausgaben in die Datei *pwr.txt* um. Sie können diese Datei anschließend im Windows-Editor öffnen und in Ruhe analysieren.

145

Kapitel 2 • Kleine und größere Windows-Sorgen

Über die Anweisung

`Powercfg -devicequery wake_armed`

ermitteln Sie die Geräte, die den Ruhemodus bzw. das Energiesparen unterbrechen können. In Abbildung 2.38 sind dies die PS/2-Tastatur und -Maus sowie die Netzwerkkarte.

Mit

`Powercfg -lastwake`

lässt sich ermitteln, wodurch das System zuletzt aus dem Ruhezustand aufgeweckt wurde.

Lässt sich der Ruhezustand nicht aufrufen, kann dies daran liegen, dass dieser abgeschaltet wurde. Sie können den Energiesparmodus mit der Anweisung

`Powercfg -H ON`

einschalten, während

`Powercfg -H OFF`

den Energiesparmodus deaktiviert.

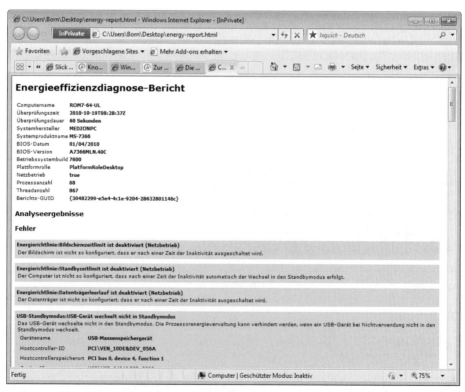

Abbildung 2.39: Energieeffizienzdiagnose-Bericht

Bildschirmschoner und Energiesparoptionen

Um eine Analyse über die Funktionen des Energiesparmodus zu erstellen, öffnen Sie das Fenster der administrativen Eingabeaufforderung (*cmd* in das Suchfeld des Startmenüs eingeben und den angezeigten Befehl z.B. über den Kontextmenübefehl *Als Administrator ausführen* aufrufen). Anschließend geben Sie den Befehl

```
Powercfg -energy
```

ein. Das Programm schaltet dann die Ablaufverfolgung für eine Minute ein und analysiert Ereignisse, Fehler und Warnungen. Anschließend wird ein HTML-Bericht erstellt, den Sie im Windows-Unterordner *System32* in der Datei *energy-report.html* finden. Kopieren Sie diese Datei auf den Desktop, lässt sich der Bericht direkt per Doppelklick im Browser öffnen. Der Bericht (Abbildung 2.39) listet detailliert gefundene Fehler (z.B. Geräte, die keinen Energiesparzustand unterstützen) auf. Über den Befehl

```
Powercfg /?
```

erhalten Sie eine Übersicht über alle unterstützten Programmoptionen.

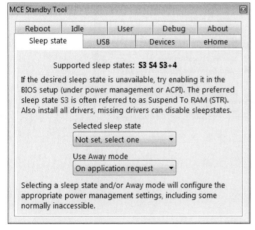

Abbildung 2.40: Energiespareinstellungen im MCE Standby Tool anzeigen

Statt der Analyse über den Befehl *powercfg* können Sie auch das »MCE Standby Tool« von der Webseite *http://slicksolutions.eu/mst.shtml* [gbeh-k2-014] herunterladen. Beim Schreiben dieses Buches stand für Windows 7 nur eine Beta-Version bereit. Nach der Installation lassen sich diverse Informationen rund um den Energiesparmodus über diverse Registerkarten eines Eigenschaftenfensters abrufen (Abbildung 2.40).

INFO

Hinweise zur Analyse von Problemen mit dem Energiesparmodus finden Sie auf der Microsoft-Seite *http://support.microsoft.com/kb/980869/en-us* [gbeh-k2-017]. Zur Ursachenerforschung können Sie auch die Ereignisanzeige verwenden. Tippen Sie in das Suchfeld des Startmenüs »Ereig« ein und starten Sie den angezeigten Befehl *Ereignisanzeige* über den Kontextmenübefehl *Als Administrator ausführen*. Anschließend können Sie Einträge wie *Anwendung* oder *System* im Zweig *Win-*

dows-Protokolle anwählen und über den Kontextmenübefehl *Protokoll löschen* leeren. Anschließend testen Sie die Energiesparfunktionen des Systems und sehen anschließend in der Ereignisverwaltung nach, ob Ereignisse zum Energiesparen zu finden sind.

2.5.3 Unerwünschtes Aufwachen aus dem Energiesparmodus abschalten

Gelegentlich stellen Benutzer fest, dass Windows 7 automatisch aus dem Energiesparmodus aufgeweckt wird, obwohl niemand an Tastatur oder Maus war. Ursache für dieses ungeplante Aufwachen kann ein per Netzwerk oder von einem Gerät ausgelöstes Ereignis sein.

Abbildung 2.41: Energieverwaltung bei Netzwerktreibern

1. Geben Sie in das Suchfeld des Startmenüs »Geräte« ein und wählen Sie den Befehl *Geräte-Manager*.

2. Gehen Sie im Geräte-Manager die Geräte (z. B. Netzwerkadapter) durch und wählen Sie die Einträge per Doppelklick an.

3. Klicken Sie auf der Registerkarte *Allgemein* des Eigenschaftenfensters des Geräts auf die Schaltfläche *Einstellungen ändern* und bestätigen Sie die Sicherheitsabfrage der Benutzerkontensteuerung.

4. Wechseln Sie zur Registerkarte *Energieverwaltung* und passen Sie die gewünschten Einstellungen an (Abbildung 2.41).

Löschen Sie z. B. die Markierung des Kontrollkästchens *Gerät kann den Computer aus dem Ruhezustand aktivieren*, um das Aktivieren zu unterbinden. Funktionieren Geräte nach dem Erwachen aus dem Ruhezustand nicht mehr? Häufig sind fehlerhafte Gerätetreiber die Ursache. Lässt sich das Problem nicht durch die Aktualisierung des Treibers beheben, löschen Sie die Markierung des Kontrollkästchens *Computer kann das Gerät ausschalten, um Energie zu sparen* auf der Registerkarte *Energieverwaltung*. Die Einstellungen werden wirksam, sobald die Registerkarte über die *OK*-Schaltfläche geschlossen wird.

Für weitere Informationen rufen Sie die Webseite *http://support.microsoft.com* auf und suchen dort nach dem Begriff »Energiesparmodus«. Zwischenzeitlich gibt es eine Reihe von Hinweisen, um Probleme mit dem Ruhezustand zu beheben.   INFO

2.5.4 Bildschirm, Festplatte oder Rechner schaltet sich ab

Schaltet sich der Bildschirm bei Arbeitspausen komplett ab? Gibt es Probleme mit Programmen (z. B. beim Brennen oder beim Download), weil die Festplatte bei unbenutztem Rechner irgendwann in den Ruhezustand geht? Oder fährt der Rechner in Arbeitspausen sogar ganz herunter? Die Ursache hängt mit den Einstellungen des Energiesparplans von Windows zusammen.

Geben Sie in das Suchfeld des Startmenüs »Energie« ein und wählen den Befehl *Energiesparplan auswählen*, erscheint das Dialogfeld aus Abbildung 2.42, oben, auf dem Desktop. Sie können einen Energiesparplan über das zugehörige Optionsfeld auswählen und dann auf den Hyperlink *Energiesparplan ändern* klicken. Nun erscheint das Dialogfeld aus Abbildung 2.42, unten. Zum direkten Zugriff auf den aktuellen Energiesparplan können Sie nach der Eingabe des Begriffs »Energie« in das Suchfeld des Startmenüs auch den Befehl *Energiesparmodus ändern* wählen.

Anschließend passen Sie auf der Seite *Einstellungen für Energiesparplan ändern: Energiesparmodus* die Auswahl für Bildschirm und Energiesparmodus an (Abbildung 2.42, unten). Mit dem Wert »Niemals« des Listenfelds wird die betreffende Energiesparfunktion abgeschaltet. Die Schaltfläche *Änderungen speichern* sichert die Einstellung.

Bei Notebooks mit Akkubetrieb zeigt das Dialogfeld (Abbildung 2.42, unten) zwei Spalten mit Energieoptionen. Eine Spalte regelt die Energiesparpläne für den Akkubetrieb, und die zweite Spalte bezieht sich auf den Netzbetrieb. Zudem finden Sie dort noch eine Rubrik *Bildschirmhelligkeit regeln*, um zusätzliche Energie durch Abblenden der Helligkeit zu sparen.   INFO

Kapitel 2 • Kleine und größere Windows-Sorgen

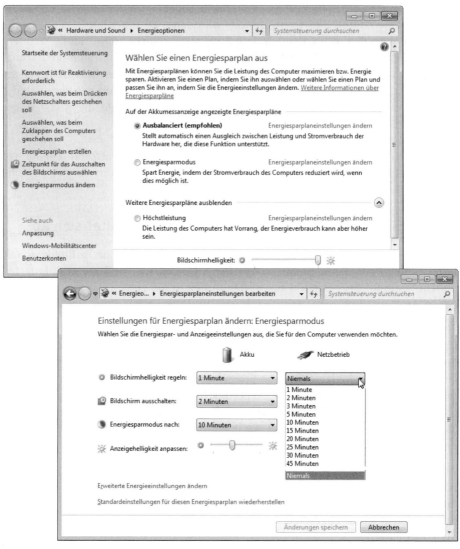

Abbildung 2.42: Energiesparplan anpassen

Erweiterte Energieoptionen anpassen

Über den Hyperlink *Erweiterte Einstellungen ändern* des Dialogfelds (Abbildung 2.42, unten) öffnen Sie das Dialogfeld *Energieoptionen* (Abbildung 2.43). Auf der Registerkarte *Erweiterte Einstellungen* können Sie für jeden Energiesparplan dediziert vorgeben, welche Energiespareinstellungen für unterschiedliche Peripherie wie Festplatte, Drahtlosadapter, PCI-Express-Grafikkarte etc. gelten sollen.

Fehlt z. B. der Befehl *Ruhezustand* im Menü der Startmenüschaltfläche *Herunterfahren*? Navigieren Sie auf der Registerkarte *Erweiterte Einstellungen* zum Zweig *Energie sparen/Hybriden Standbymodus zulassen* und setzen Sie den Wert für *Einstellung* auf »Aus«.

Bildschirmschoner und Energiesparoptionen

Abbildung 2.43: Erweiterte Energieoptionen anpassen

Reagiert der Netzschalter des Computers oder Notebooks nicht mehr oder versetzt er den Rechner in den Ruhezustand? Im Zweig *Netzschalter und Zuklappen/Standardaktion für Beenden* finden Sie ein Listenfeld, über dessen Wert Sie die Aktion beim Ausschalten oder Zuklappen des Notebookdeckels vorgeben können.

Abbildung 2.44: Herunterfahren-Schaltfläche anpassen

Kapitel 2 • Kleine und größere Windows-Sorgen

STOPP Fehlt bei Ihnen im Startmenü die Schaltfläche *Herunterfahren* (Abbildung 2.44, Hintergrund) und ist durch *Abmelden* oder ähnliche Befehle ersetzt. Klicken Sie mit der rechten Maustaste auf die Schaltfläche *Start*, wählen Sie den Kontextmenübefehl *Eigenschaften* und stellen Sie auf der Registerkarte *Startmenü* im Listenfeld *Standardaktion für Beenden* auf »Herunterfahren« zurück.

Ist der Eintrag *Benutzer wechseln* im Menü der Schaltfläche *Herunterfahren* gesperrt? Starten Sie den Registrierungs-Editor mit administrativen Berechtigungen und navigieren Sie zum Schlüssel HKEY_LOCAL_MACHINE\SOFTWARE\Microsoft\Windows\CurrentVersion\Policies\System. Prüfen Sie, ob dort ein DWORD-Wert *HideFastUserSwitching* vorhanden und auf 1 gesetzt wird. In diesem Fall setzen Sie den Wert auf 0 oder löschen den Eintrag. Nach der nächsten Anmeldung sollte die schnelle Benutzerumschaltung wieder möglich sein.

2.6 Probleme mit der Systemsteuerung

Die Systemsteuerung ermöglicht Ihnen, viele Einstellungen in Windows anzupassen. Umso ärgerlicher ist es, wenn es Probleme mit den Modulen der Systemsteuerung gibt. Der folgende Abschnitt zeigt, wie sich solche Probleme beheben lassen.

2.6.1 Die Darstellung der Systemsteuerung stimmt nicht

Die Systemsteuerung lässt sich über den betreffenden Befehl des Startmenüs aufrufen. Vermissen Sie die aus früheren Windows-Versionen gewohnten Symbole der Systemsteuerungseinträge? Klicken Sie im Fenster der Systemsteuerung in der rechten oberen Ecke auf den Eintrag *Kategorie* und wählen Sie im Menü einen der Befehle *Große Symbole* oder *Kleine Symbole* (Abbildung 2.45). Über den Wert *Kategorie* gelangen Sie zur Standarddarstellung der Kategorienansicht zurück.

Abbildung 2.45: Darstellung der Systemsteuerung anpassen

2.6.2 In der Systemsteuerung fehlt was

Haben Sie das Fenster der Systemsteuerung aufgerufen und die klassische Darstellung eingeschaltet, finden aber bestimmte Symbole nicht? Eine Ursache kann eine fehlerhafte Systemsteuerungskomponente (CPL-Datei) sein, welche unter Windows installiert wurde. Diese blockiert dann die Systemsteuerung. Abhilfe schafft dann nur, die betreffenden Softwarekomponenten zu deinstallieren (falls möglich) oder das System über die Systemwiederherstellung auf den vorherigen Zustand zurückzusetzen.

In Windows 7 Professional bzw. Ultimate können die Einträge der Systemsteuerung über Gruppenrichtlinien im Zweig *Benutzerkonfiguration/Administrative Vorlagen/Systemsteuerung* ausgeblendet werden. Die Einträge wirken sich auf den Registrierungsschlüssel *HKEY_CURRENT_USER\Software\Microsoft\Windows\CurrentVersion\Policies\System* aus. Ein DWORD-Wert 1 setzt die Einschränkung.

INFO

Kapitel 3
Wenn Windows richtig spinnt

Fehlerhafte Treiber, diverse Zusatzhardware, Änderungen in der Registrierung und störrische Programme führen immer wieder zu erheblichen Problemen. Speziell inkompatible Programme sorgen für Verdruss. Dieses Kapitel zeigt, wie sich einige richtig nervende Probleme in Windows diagnostizieren und beheben lassen.

3.1 Wenn Windows neu installiert werden muss

In einigen Fällen lässt es sich nicht vermeiden, dass Windows neu installiert werden muss. Welche Möglichkeiten es gibt und was es zu beachten gilt, wird in diesem Abschnitt besprochen.

3.1.1 Windows lässt sich nicht installieren

Versuchen Sie, Windows 7 auf einem Rechner komplett neu zu installieren, und bricht die Installation bereits bei den ersten Schritten ab? Dies kann verschiedene Ursachen haben. Stellen Sie auf jeden Fall vor der Installation sicher, dass der Rechner die für Windows 7 erforderlichen Installationsvoraussetzungen erfüllt. Ist dies gegeben und kommt es zu Problemen, können Sie die folgenden Punkte abklären:

» Wenn der Zugriff auf den Master Boot Record der Festplatte im BIOS gesperrt ist, kann das Installationsprogramm die betreffenden Daten nicht auf die Festplatte schreiben. Starten Sie den Rechner neu und rufen Sie vor dem Windows-Start das BIOS-Setup durch Drücken der Taste [Entf] (oder ähnlich) auf. Dann kontrollieren Sie, ob es im BIOS-Setup eine Option gibt, um den Schreibschutz auf den Master Boot Record der Festplatte ein-/auszuschalten. Deaktivieren Sie dieses Option vorübergehend.

» Gibt es beim Kopieren der Windows-Installationsdateien Probleme? Die Ursache können Hardwareprobleme (RAM-Baustein defekt, Motherboard defekt) oder ein Defekt des Installationsmediums sein. Falls es Probleme mit dem BD-/DVD-Laufwerk bei der Installation gibt, hilft ggf. ein Austausch (ich habe z. B. ein DVD-Laufwerk, dessen Firmware verhindert, dass das Laufwerk nach dem ersten Neustart nach dem Setup erkannt wird). In hartnäckigen Fällen (oder bei Netbooks ohne DVD-Laufwerk) kann die Installation von einem USB-Stick erfolgen. Unter *http://www.pc-magazin.de/ratgeber/how-to-windows-7-vom-usb-stick-installieren-817426.html* [gbeh-k3-001] finden Sie eine Anleitung samt den Links zu den benötigten Tools.

» Wird die Festplatte vom Setup nicht erkannt, kann ein fehlender Treiber die Ursache sein. Sie können die benötigten Treiber im Dialogfeld zur Auswahl des Installationsziels über die Schaltfläche *Treiber laden* (Abbildung 3.1) von einem USB-Stick nachladen.

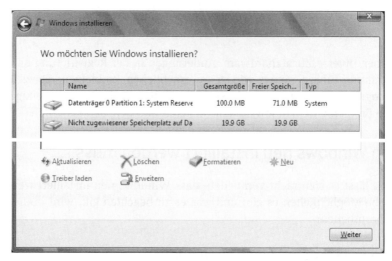

Abbildung 3.1: Dialogfeld zur Auswahl der Zielpartition

Bei Installationsproblemen rufen Sie von einem anderen Rechner die Microsoft-Supportseite *http://support.microsoft.com* [gbeh-k3-002] auf. Dort können Sie nach Begriffen wie »Windows 7 Setup« oder »Windows 7 Installationsprobleme« suchen lassen.

3.1.2 Windows 7-Reparaturinstallation

Ist Windows 7 so beschädigt, dass einzelne Funktionen nicht mehr verwendbar sind, und die Systemwiederherstellung kann dies nicht korrigieren? Steht keine Systemabbildsicherung zur Verfügung, ist eine Reparaturinstallation, bei der Windows 7 über das bestehende Windows installiert wird, anzuraten. Dies ist mit einem sogenannten Inplace-Upgrade möglich. Dabei wird Windows 7 einfach neu über das vorhandene Betriebssystem installiert. Voraussetzung ist aber, dass Sie über den Installationsdatenträger verfügen, mit dem Windows 7 installiert wurde.

1. Starten Sie Windows 7, melden Sie sich an und sichern Sie ggf. wichtige Dokumentdateien auf einen Wechseldatenträger. Danach legen Sie die Windows 7-Installations-DVD in das DVD-Laufwerk ein.

2. Falls das Setup über die Autostart-Funktion nicht automatisch aufgerufen wird, öffnen Sie das Ordnerfenster *Computer*, wählen das DVD-Laufwerk an und starten das Setup-Programm von der Installations-DVD mit einem Doppelklick.

3. Durchlaufen Sie die Dialogfelder des Installationsassistenten und wählen Sie im Dialogfeld *Wählen Sie eine Installationsart aus* die Option *Upgrade* (Abbildung 3.2, unten) aus.

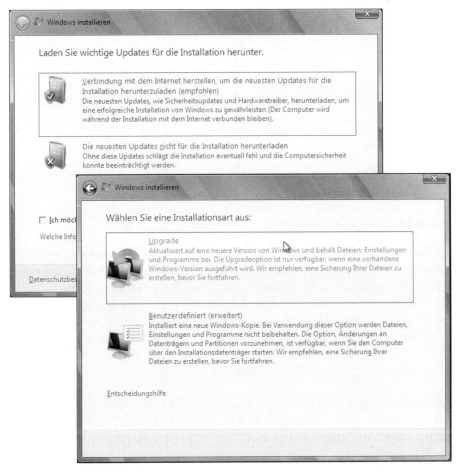

Abbildung 3.2: Auswahloptionen beim Inplace-Upgrade

Das beim Setup angezeigte Dialogfeld aus Abbildung 3.2, oben, bietet Ihnen die Möglichkeit, die neuesten Updates bereits vor der Installation aus dem Internet herunterzuladen. Wenn Sie die Option *Die neuesten Updates nicht für die Installation herunterladen* wählen, beschleunigt dies den Ablauf der Inplace-Installation. Sie können die Updates zu einem späteren Zeitpunkt durch Windows Update nachholen lassen.

Der Installationsassistent installiert Windows 7 bei dieser Vorgehensweise erneut auf dem aktuellen Systemlaufwerk. Dabei werden die alten Einstellungen und Programme ermittelt und dann die Systemdateien überschrieben. Die vorhandenen Systemeinstellungen, installierte Programme und Benutzerdateien bleiben aber erhalten. Lediglich die Bildschirmauflösung oder die Anordnung der Desktop-

Kapitel 3 • Wenn Windows richtig spinnt

elemente kann sich verändern. Nach der erfolgreichen Installation sollten Sie das System ausgiebig testen. Ist alles wieder in Ordnung, führen Sie die erforderliche Neuaktivierung von Windows 7 aus.

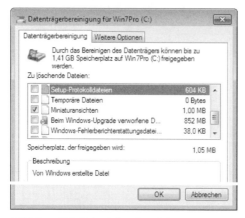

Abbildung 3.3: Datenträgerbereinigung

INFO Weiterhin sollten Sie nach der erfolgreichen Reparatur die Datenträgerbereinigung aufrufen (»Daten« in das Suchfeld des Startmenüs eintippen und dann den angezeigten Befehl *Datenträgerbereinigung* wählen). Auf der Registerkarte *Datenträgerbereinigung* klicken Sie auf die Schaltfläche *Systemdateien bereinigen* und bestätigen dann die Sicherheitsabfrage der Benutzerkontensteuerung. Anschließend sollten Sie Einträge wie *Temporäre Dateien*, *Setup-Protokolldateien*, *Temporäre Installationsdateien* und *Beim Windows-Upgrade verworfene Dateien* (Abbildung 3.3) markieren und diese von der Datenträgerbereinigung entfernen lassen.

Beachten Sie aber, dass dieses Inplace-Upgrade nicht mit allen Windows-Setup-DVDs funktioniert. Falls Sie lediglich eine Recovery-DVD eines Computerherstellers besitzen, klappt der obige Ansatz nicht. Sie benötigen eine Windows 7-Installations-DVD (Kaufversion, Systembuilder etc.).

3.1.3 Rechner in Auslieferungszustand zurücksetzen

Bei vielen an Endkunden verkauften Systemen ist eine Recovery-Partition auf der Festplatte enthalten. Diese enthält eine komplette Sicherungskopie von Windows 7 samt den vom Hersteller installierten Softwareprodukten. Solange die Sicherungspartition vorhanden und die Dateien dieser Sicherung nicht gelöscht wurden, lässt sich der Rechner in den Auslieferungszustand zurücksetzen. Die genaue Vorgehensweise ist dabei vom Hersteller abhängig. Bei manchen Systemen reicht es, beim Systemstart eine Funktionstaste (z.B. F3) zu drücken, um den Recovery-Vorgang einzuleiten. Bei anderen Systemen benötigen Sie einen vom Hersteller beigelegten Recovery-Datenträger, um das System zu booten und das Zurücksetzen anzustoßen. Details finden Sie in den Herstellerunterlagen zum System.

Beim Zurücksetzen des Systems in den Auslieferungszustand geht der komplette Inhalt des Systemlaufwerks (C:) verloren. Falls dort noch wichtige Dateien vorhanden sind, sollten Sie diese vorher sichern. Beachten Sie auch, dass alle zwischenzeitlich installierten Programme, Updates und vorgenommenen Änderungen an der Systemkonfigurierung beim Zurücksetzen auf den Auslieferungszustand verloren gehen.   STOPP

3.1.4 Installationsdatenträger für Neuinstallation fehlt

Soll Windows 7 neu installiert werden, stehen manche Anwender vor einem Problem: Der Systemhersteller hat lediglich einen Recovery-Datenträger, aber keine Windows 7-Setup-DVD beigelegt. Auch wer die von vielen Herstellern »beigelegten« Softwarepakete und Testversionen bei der Installation weglassen möchte, ist auf einen Installationsdatenträger angewiesen.

Unter *http://msft-dnl.digitalrivercontent.net/msvista/pub/X15-65741/X15-65741.iso* [gbeh-k3-003] lässt sich die 64-Bit-Version von Windows 7 Home Premium herunterladen, während die 32-Bit-Variante unter *http://msft-dnl.digitalrivercontent.net/msvista/pub/X15-65740/X15-65740.iso* [gbeh-k3-004] bereitsteht. Unter *http://www.borncity.com/blog/2010/12/04/windows-7-iso-download-wo-gibts-die/* [gbeh-k3-011] finden Sie einen Artikel, wo auf weitere Seiten verwiesen wird, über die auch die ISO-Dateien anderer Windows 7-Varianten heruntergeladen werden können.

Die heruntergeladene *.iso*-Datei lässt sich mit der Windows 7-Brennfunktion auf eine DVD brennen. Klicken Sie die *.iso*-Datei mit der rechten Maustaste an und wählen Sie im Kontextmenü den Befehl *Datenträgerabbild brennen* (oder, sofern nicht vorhanden, *Öffnen mit/Windows-Brenner für Datenträgerabbilder*), um die ISO-Datei auf den DVD-Rohling zu übertragen. Der Datenträger ist anschließend bootfähig und kann zur Installation eingesetzt werden. Verwenden Sie den dem Rechner zugeordneten Windows 7-Produktschlüssel zur Aktivierung der Installation.

3.2 Wenn Windows-Funktionen streiken

Gelegentlich kommt es vor, dass Windows-Funktionen nicht mehr ausführbar sind. Der folgende Abschnitt behandelt einige dieser Fragen.

3.2.1 Probleme mit der Systemwiederherstellung

Die Systemwiederherstellung ist eine hilfreiche Funktion, um das System auf einen definierten Wiederherstellungspunkt zurückzusetzen (siehe den Abschnitt »Systemzustand über die Systemwiederherstellung sichern« in Kapitel 1). In der Praxis gibt es aber immer wieder Fälle, wo die Systemwiederherstellung versagt und ein Zurücksetzen nicht mehr möglich ist:

» Fehlen Wiederherstellungspunkte auf einem Datenträger? Rufen Sie die Systemwiederherstellung auf (siehe Kapitel 1) und prüfen Sie, ob der Datenträger in die Systemwiederherstellung einbezogen ist (das Kontrollkästchen des Laufwerks muss markiert sein).

» Verliert Windows 7 im Dual-Boot-Betrieb mit Windows XP die Wiederherstellungpunkte? Unter *http://support.microsoft.com/kb/926185* [gbeh-k3-005] hat Microsoft eine Anleitung veröffentlicht, wie sich dieses Verhalten umgehen lässt.

» Löscht Windows 7 sehr schnell ältere Wiederherstellungspunkte auf der Festplatte? Die Ursache können Drittprogramme wie Defragmenter oder Virenscanner sein, die unter Windows 7 das Anlegen von Schattenkopien erzwingen (siehe auch meinen Beitrag zu Windows Vista unter *http://www.borncity.com/blog/2007/05/15/wiederherstellungspunkte-kaum-angelegt-und-schon-wieder-weg/* [gbeh-k3-006]).

Treffen die obigen Punkte nicht zu und funktioniert die Systemwiederherstellung nicht bzw. legt keine Wiederherstellungspunkte an? Prüfen Sie in diesem Fall, ob genügend freier Speicher auf der Festplatte vorhanden ist (siehe Kapitel 1). Andernfalls deaktiviert Windows 7 die betreffende Funktion.

TIPP   Um in Windows 7 die durch Volumenschattenkopien (enthalten die vorherigen Versionen einer Datei, während Wiederherstellungspunkte sich nur auf einen Schnappschuss der Systemdateien beziehen) belegte Kapazität auf einem Laufwerk zu begrenzen, können Sie eine administrative Eingabeaufforderung öffnen (*cmd* in das Suchfeld des Startmenüs eintippen und [Strg]+[⇧]+[↵] drücken). Dann lässt sich der Befehl *vssadmin Resize ShadowStorage /For=C: /On=C: /MaxSize=2GB* eingeben. Der obige Befehl begrenzt z.B. den Platz für Volumenschattenkopien auf Laufwerk *C:* auf 2 GByte.

3.2.2 Das Herunterfahren von Windows klappt nicht mehr

Lässt sich Windows nicht mehr herunterfahren oder dauert dieser Vorgang unendlich lange? Erscheinen beim Herunterfahren Hinweise, dass die Anwendung XY nicht mehr reagiert und in xx Sekunden zwangsweise beendet wird? Oder schaltet Windows den Rechner nicht mehr ab? Dies kann eine Reihe verschiedener Ursachen haben. Oft sind es aber nicht mehr reagierende Treiber, die das Herunterfahren blockieren.

Haben Sie gerade ein Programm oder einen Gerätetreiber installiert, ist die Ursache in der Regel eindeutig. Deinstallieren Sie diese Komponente versuchsweise, denn manchmal sind es fehlerhafte Treiber, die das Herunterfahren blockieren. Bei USB-Geräten können Sie diese abkoppeln und dann testen, ob das Herunterfahren wieder klappt. Falls nicht, verwenden Sie zur Sicherheit die Systemwiederherstellung (siehe Kapitel 1), um das System auf einen Punkt vor Installation der problematischen Komponente zurückzusetzen. Sie müssen dann aber zwischenzeitlich installierte Updates und Anwendungen erneut installieren. Läuft das System wieder, können Sie prüfen, ob es eine für Windows 7 aktualisierte Fassung des Programms bzw. Treibers gibt, die das Herunterfahren nicht blockiert.

Wenn Windows-Funktionen streiken

Stellen Sie sicher, dass der Rechner frei von Viren, Trojanern, Würmern oder anderen Schädlingen ist. Einige dieser Schädlinge blockieren das Herunterfahren von Windows. Bei Windows 7 kann das Herunterfahren, speziell nach Updates oder Softwareinstallationen, mitunter sehr lange dauern. Der Grund liegt im Dienstesteuerungs-Manager, der bis zu drei Minuten auf das Beenden aller Dienste wartet, bis er das Herunterfahren fortsetzt.

INFO

Gelegentlich kommt es vor, dass die Energiesparfunktionen von USB-Geräten ein sauberes Herunterfahren blockieren. Das Problem tritt auf, wenn zwei USB-Geräte die gleiche ID belegen. In diesem Fall können Sie testweise die Energieverwaltung für die USB-Root-Hubs abschalten:

1. Tippen Sie »Geräte« in das Suchfeld des Startmenüs ein und wählen Sie den Befehl *Geräte-Manager*.

2. Erweitern Sie im Fenster des Geräte-Managers den Zweig des Geräts *USB-Controller* und doppelklicken Sie auf den Eintrag *USB-Root-Hub* (Abbildung 3.4, Hintergrund).

3. Klicken Sie auf der Registerkarte *Allgemein* des Eigenschaftenfensters auf die Schaltfläche *Einstellungen ändern* und bestätigen Sie dann die Sicherheitsabfrage der Benutzerkontensteuerung.

4. Deaktivieren Sie auf der Registerkarte *Energieverwaltung* (Abbildung 3.4, Vordergrund) des Eigenschaftenfensters das Kontrollkästchen *Computer kann das Gerät ausschalten, um Energie zu sparen*.

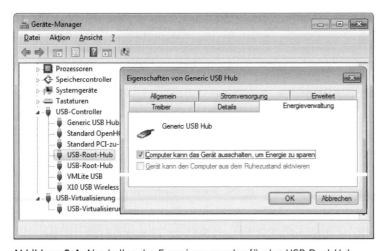

Abbildung 3.4: Abschalten des Energiesparmodus für den USB-Root-Hub

Anschließend können Sie das Eigenschaftenfenster über die *OK*-Schaltfläche verlassen und das Fenster des Geräte-Managers schließen. Je nach Hardwarekonfiguration müssen Sie diese Schritte für verschiedene USB-Root-Hubs durchführen.

Hilfe bei der Fehlerdiagnose durch Startprotokollierung

Falls es Probleme mit dem Herunterfahren gibt und Sie mit den obigen Hinweisen nicht weiterkommen, können Sie die Startprotokollierung aktivieren. Drücken Sie beim Bootvorgang die Funktionstaste F8 und wählen Sie dann den betreffenden Befehl im erweiterten Startmenü (siehe Kapitel 1, Abschnitt »Systemreparatur über ›Erweiterte Startoptionen‹«).

In Windows 7 lässt sich die Startprotokollierung auch über das Programm *Systemkonfiguration* auf der Registerkarte *Start* ein-/ausschalten (Abbildung 3.5). Bei aktivierter Startprotokollierung findet sich in der im Windows-Verzeichnis abgelegten Protokolldatei *ntbtlog.txt* für jeden geladenen Treiber ein Eintrag (hilft ggf. den Fachleuten im Support bei der Fehlerdiagnose).

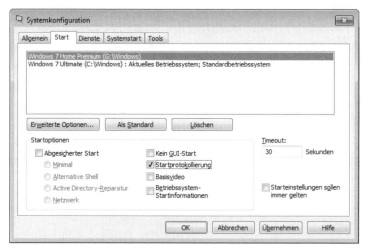

Abbildung 3.5: Startprotokollierung aktivieren

Sauberer Neustart zur Diagnose

Zudem ist es sinnvoll, bei Problemen mit dem (Hoch- und) Herunterfahren die Ausführung der Windows-Dienste und der Systemstartelemente (Autorun-Einträge) zur Fehlerdiagnose zu unterbinden.

1. Tippen Sie in das Suchfeld des Startmenüs den Befehl *msconfig* ein, drücken Sie die ⏎-Taste und bestätigen Sie die Sicherheitsabfrage der Benutzerkontensteuerung.

2. Auf der Registerkarte *Allgemein* (Abbildung 3.6) des Dialogfelds *Systemkonfiguration* markieren Sie die Option *Benutzerdefinierter Systemstart*.

3. Anschließend können Sie die Optionen zum Laden der Dienste und Systemstartelemente durch Löschen der Markierung der zugehörigen Kontrollkästchen beim Start ausnehmen.

Wenn Windows-Funktionen streiken

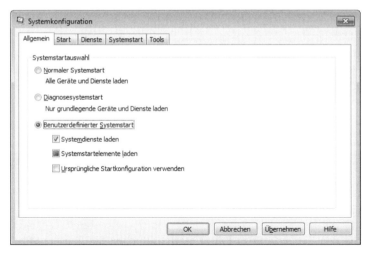

Abbildung 3.6: Optionen des Systemstartprogramms

Die Änderungen werden gespeichert, sobald Sie die Registerkarte über die *OK*-Schaltfläche schließen. Nach dem anschließenden Neustart des Systems lässt sich testen, ob die Probleme behoben sind. Lässt sich das System nun sauber herunterfahren, können im Systemkonfigurierungsprogramm einzelne Elemente beim Systemstart hinzugefügt werden. Über die Registerkarten *Dienste* und *Systemstart* des Programms lässt sich detaillierter angeben, welche Dienste und Startprogramme beim Systemstart zu berücksichtigen sind (siehe auch den Abschnitt »Beim Start werden mysteriöse Programme geladen« ab Seite 182). Auf diese Weise lässt sich eventuell die kritische Komponente lokalisieren und die Ursache ggf. durch Aktualisieren des Treibers beheben.

TIPP Auf der Webseite *http://support.microsoft.com/kb/929135/de* [gbeh-k3-007] finden Sie eine ausführliche Anleitung mit den Schritten, wie Sie einen sauberen Neustart ausführen und dann schrittweise Dienste und Autostart-Einträge überprüfen.

Das Herunterfahren beschleunigen

Braucht der Rechner ewig lange, bis er sich nach Anwahl der Schaltfläche *Herunterfahren* ausschaltet? Auch dies kann verschiedene Ursachen haben. Sie können ggf. die Wartezeit zum Beenden laufender Prozesse heruntersetzen. Suchen Sie im Registrierungs-Editor den Schlüssel *HKEY_LOCAL_MACHINE\SYSTEM\ControlSet001\Control*. Setzen Sie den Wert *WaitToKillServiceTimeout* auf den gewünschten Verzögerungswert (z. B. 5000, steht für 5 000 Millisekunden bzw. 5 Sekunden).

Erscheint regelmäßig ein Dialogfeld, dass eine Anwendung oder der Explorer nicht mehr reagiert und zwangsweise beendet wird? Auch hier bekommen Sie 20 Sekunden Zeit, die Anwendung manuell über ein Dialogfeld zu beenden. Erst danach wirft Windows die Anwendung automatisch aus dem Arbeitsspeicher. Falls es sich um eine Anwendung von Drittanbietern handelt, sollten Sie das Programm vor dem Herunterfahren manuell beenden.

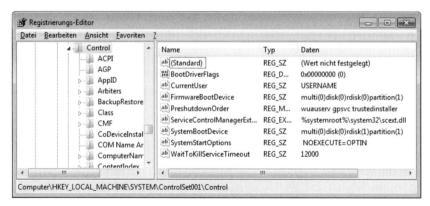

Abbildung 3.7: Registrierungseinträge zum Beenden von Tasks

Alternativ können Sie den Registrierungs-Editor starten. Suchen Sie den Schlüssel *HKEY_CURRENT_USER\Control Panel\Desktop* und setzen (bzw. ergänzen) Sie im rechten Fenster den DWORD-Wert *AutoEndTasks* auf 1. Damit unterbleibt die Nachfrage, ob eine hängende Anwendung beim Herunterfahren beendet werden soll. Windows wirft die Anwendung direkt aus dem Speicher. Ein Wert 0 für *AutoEndTasks* stellt den alten Zustand wieder her.

Weiterhin können Sie die Zeit, bis eine hängende Anwendung von Windows zwangsweise »abgeschossen« wird, reduzieren. Hierzu setzen Sie in obigem Schlüssel den Zeichenfolgenwert *HungAppTimeout* auf 5000. Dieser Wert gibt die Wartezeit in Millisekunden an, die Windows wartet, bis bei nicht reagierenden Anwendungen die Meldung zum Abbruch kommt. Zusätzlich lässt sich der Zeichenfolgenwert *WaitToKillAppTimeout* im gleichen Schlüssel (Abbildung 3.7) reduzieren, um die Wartezeit, bis Anwendungen beendet werden, zu verkürzen.

Arbeitet das Laufwerk beim Herunterfahren für längere Zeit? Ursache kann ein »Optimierungstipp« für Windows sein, der durch das Internet geistert. Über den DWORD-Wert *ClearPageFileAtShutdown* im Registrierungszweig *HKEY_LOCAL_MACHINE\SYSTEM\CurrentControlSet\Control\Session Manager\Memory Management* wird gesteuert, ob Windows beim Herunterfahren den Inhalt der Auslagerungsdatei löschen soll. Dies erhöht zwar die Sicherheit, kostet aber zusätzlich Zeit. Ist der Wert vorhanden und auf 1 gesetzt, sollten Sie diesen auf 0 zurücksetzen. Nach dem Neustart des Rechners unterbleibt zukünftig das Leeren der Auslagerungsdatei.

Der Rechner schaltet sich nicht automatisch aus

Schaltet sich der Rechner nach dem Herunterfahren nicht automatisch ab? Dann hängt Windows entweder oder die betreffenden BIOS-Funktionen sind nicht kompatibel. Falls es auf älteren Rechnern bei einem frisch installierten Windows 7 nicht mit dem Herunterfahren klappen will, überprüfen Sie, ob das BIOS auf dem aktuellen Versionsstand ist.

Klappt das Ausschalten manchmal nicht oder funktionierte es früher einwandfrei? In diesem Fall erreicht Windows 7 beim Herunterfahren vermutlich gar nicht den Punkt, an dem das Netzteil abgeschaltet werden soll. Prüfen Sie dann, ob Windows durch Treiber oder Programme beim Herunterfahren blockiert wird. Gelegentlich ist auch ein Update die Ursache dafür, dass der Rechner nicht abgeschaltet wird. Dann helfen das Ausschalten über den Netzschalter und ein erneuter Systemstart.

3.2.3 Das Herunterfahren endet mit einem Bluescreen

Wenn Sie das System herunterfahren, schaltet sich der Rechner nicht aus, sondern auf dem Bildschirm erscheint ein sogenannter Bluescreen? Dann tritt beim Deaktivieren eines Dienstes, beim Beenden einer Anwendung oder beim Entladen eines Treibers ein kritischer Anwendungsfehler auf. Das System wird angehalten, um Schäden zu vermeiden. Der Bluescreen zeigt in der Regel Informationen über die Datei an, die zum Absturz geführt hat. Ursache sind veraltete oder nicht zur Windows-Version kompatible Treiber. Sie müssen versuchen, diese Datei oder den Treiber, die bzw. der den Bluescreen verursacht, zu identifizieren. Dann gilt es eine aktuelle und fehlerbereinigte Fassung des Treibers oder des Programms zu installieren.

Sehen Sie ggf. auf den Webseiten der Gerätehersteller nach, ob entsprechende Treiber verfügbar sind. Weiterhin können Sie eine Suchmaschine nutzen, um eventuell Details über die Fehlercodes oder die Treiber herauszufinden. **TIPP**

3.2.4 Der Windows-Start dauert endlos

Dauert es nach dem Einschalten des Rechners sehr lange, bis die Anmeldeseite von Windows erscheint? Ist der Rechner auch nach der Anmeldung langsam und reagiert sehr zäh? Häufig sind im Hintergrund geladene Programme die Ursache.

» Gehen Sie wie im Abschnitt »Sauberer Neustart zur Diagnose« ab Seite 155 beschrieben vor und deaktivieren Sie die Autostart-Programme über das Systemkonfigurationsprogramm (*msconfig.exe*). Sie finden die Einträge auf der Registerkarte *Start* bzw. *Systemstart*.

» Prüfen Sie zudem, ob im Startmenü unter *Alle Programme/Autostart* Anwendungen geladen werden. Lassen Sie nur solche Anwendungen beim Start laden, die wirklich gebraucht werden (z.B. Virenwächter).

» Stellen Sie sicher, dass keine Viren, Trojaner oder andere Schädlinge auf dem System vorhanden sind. Ein aktueller Virenscanner kann Aufklärung bringen, ob die Systemleistung durch Schadprogramme reduziert wird. Manchmal ist auch die verwendete Sicherheitslösung die Ursache für enorme Leistungseinbußen. Insbesondere Internet-Security-Lösungen mit Firewall, Virenscanner etc. führen in Windows 7 häufiger zu Problemen. In diesem Fall sollten Sie die Sicherheitslösung deinstallieren und ein Programm wie Microsoft Security

Essentials (*http://www.microsoft.com/security_essentials/default.aspx?mkt=de-de* [gbeh-k3-008]) installieren.

» Auf manchen Systemen sind dem Systemstart sowie dem Herunterfahren Klangereignisse zugewiesen. Die Ausgabe der Klangdateien benötigt Systemleistung und kann bei beschädigten Klangdateien sogar zu Systemabstürzen führen. Klicken Sie mit der rechten Maustaste im Infobereich der Taskleiste auf das Lautsprechersymbol und wählen Sie den Kontextmenübefehl *Sounds*. Auf der Registerkarte *Sounds* können Sie das Listenfeld *Soundschema* auf den Wert »Keine Sounds« stellen. Alternativ lassen sich die Programmereignisse (z. B. Windows beenden, Anmelden etc.) anwählen und das Listenfeld *Sounds* auf den Wert »(Kein)« stellen. Sobald Sie die Registerkarte über die *OK*-Schaltfläche schließen, wird die Änderung übernommen.

Bei Notebooks kann zudem eine Energiespareinstellung die Geschwindigkeit des Prozessors reduzieren und so die Ursache für einen Leistungsabfall sein.

3.2.5 Bootanalyse unter Windows

Zur genauen Diagnose bei Problemen beim Systemstart oder beim Herunterfahren empfiehlt es sich, eine Bootanalyse durchzuführen. Diese Bootanalyse auf hängende Treiber ist mit dem Process Monitor aus den Sysinternals-Tools möglich (Download kostenfrei unter *http://www.sysinternals.com* [gbeh-k3-009]).

» Nach dem Starten lässt sich das Protokollieren von Daten über die Schaltfläche mit dem Lupensymbol anhalten.

» Anschließend wählen Sie im Menü *Options* den Befehl *Enable Boot Logging* aus. Danach können Sie den Rechner neu starten.

» Wenn Sie nun den Process Monitor nach dem Anmelden erneut aufrufen, sollte dieser die aufgezeichneten Daten anzeigen.

Sie können die aufgezeichneten Daten in eine Protokolldatei speichern und analysieren. Hinweise zum Thema finden Sie unter *http://www.pcwelt.de/ratgeber/ Blockierende-Treiber-erneuern-Ratgeber-Windows-1008780.html* [gbeh-k3-010].

INFO Einen Überblick über die Sysinternals-Tools lässt sich unter *http://www.sysinternals.com* [gbeh-k3-009] abrufen, Details zum Process Monitor werden auf der Seite *http:// technet.microsoft.com/de-de/sysinternals/bb896645.aspx* [gbeh-k3-012] bereitgestellt.

Gezielte Performance-Analyse

Eine noch weitergehende Analyse der Boot-, Shutdown- oder Hibernate-Abläufe ermöglicht das Windows Performance Analysis Toolkit. Dieses ist Bestandteil des Windows 7 SDK (*http://msdn.microsoft.com/de-de/windows/bb980924.aspx* [gbeh-k3-025]) und enthält Befehlszeilenprogramme, um Vorgänge beim Start und Herunterfahren von Windows zu analysieren. Ist das Toolkit installiert, gehen Sie zur Analyse folgendermaßen vor.

1. Öffnen Sie das Fenster der administrativen Eingabeaufforderung (*cmd* in das Suchfeld des Startmenüs eingeben und [Strg] + [⇧] + [⏎] drücken).

2. Anschließend rufen Sie das Befehlszeilenprogramm *xbootmgr* mit den gewünschten Optionen auf.

Mit *xbootmgr –help* können Sie sich ein Dialogfeld mit Hilfeinformationen anzeigen lassen. In der Anweisung:

```
xbootmgr -trace boot -traceFlags BASE+CSWIXEH+DRIVERS+POWER -resultPath
C:\TEMP
```

bewirkt der Parameter *boot* eine Aufzeichnung des Bootvorgangs, wobei über *traceFlags* wie *POWER, BASE, DRIVERS* etc. die aufzuzeichnenden Informationen angegeben werden (*BASE + CSWITCH* sind Standard). Die Option *resultPath* gibt das Zielverzeichnis zum Speichern der Ergebnisdatei an. Lassen Sie diese Angabe weg, wird der aktuelle Pfad verwendet. Sie müssen sicherstellen, dass *xbootmgr* in den Zielordner (hier *c:\temp*) schreiben kann.

Statt des Parameters *boot* können Sie die Schlüsselwörter *shutdown, hibernate, reboot* und *standby* angeben, um das Herunterfahren, den Neustart oder die Modi Ruhezustand und Energiesparen zu analysieren. Zudem lässt sich optional der Parameter *–postBootDelay xxx* angeben, wobei *xxx* für eine Zeitangabe in Sekunden steht. Dann zeichnet *xbootmgr* noch *xxx* Sekunden nach dem Booten weiter auf.

Nach Eingabe des Befehls erscheint ein Dialogfeld (Abbildung 3.8, oben) mit dem Hinweis, dass Sie automatisch abgemeldet werden. Daraufhin bootet das System neu. Bei der anschließenden Neuanmeldung am Benutzerkonto erscheint auf dem Desktop eine Anzeige »Delaying for boot trace« (Abbildung 3.8, unten). Warten Sie, bis das Dialogfeld verschwindet.

Klicken Sie auf die Schaltfläche *Finish,* erhalten Sie noch einen Hinweis, dass die Aufzeichnung persönliche Daten enthalten kann und Sie dies bei der eventuellen Weitergabe der Trace-Dateien berücksichtigen sollten.

INFO

Auswertung der Aufzeichnung

Sobald *xbootmgr* die Ergebnisse im angegebenen Ordner als *.etl*-Datei abgelegt hat, lässt sich diese mit dem Programm *xperfview.exe* analysieren (Abbildung 3.9). Sie können den Befehl *xperfview.exe* in das Suchfeld des Startmenüs eintippen und dann die [⏎]-Taste drücken. Danach lässt sich im Fenster *Windows Performance Analyzer* über das Menü *File/Open* die gewünschte *.etl*-Datei auswählen und laden.

Kapitel 3 • Wenn Windows richtig spinnt

Abbildung 3.8: Dialogfelder vor und während der Analyse

Da es aber zu Fehlern bei der Analyse (z.B. bei Zeitinversion mit Startzeit älter als Endzeit) kommen kann, bevorzuge ich zum Aufruf die Eingabeaufforderung.

1. Navigieren Sie in einem Ordnerfenster zum Ordner mit den *.etl*-Dateien (in unserem Beispiel ist dies der Ordner *c:\temp*).

2. Im ersten Schritt sollten Sie eine Kopie der zu analysierenden *.etl*-Datei anfertigen und diese in *trace.etl* umbenennen (dies erleichtert die Tipparbeit bei der Analyse).

3. Klicken Sie im Navigationsbereich des Ordnerfensters den Ordnernamen (*c:\temp*) bei gedrückter ⇧-Taste mit der rechten Maustaste an und wählen Sie den Kontextmenübefehl *Eingabeaufforderung hier öffnen*.

Mit dem letzten Schritt öffnen Sie die Eingabeaufforderung, wobei der Pfad zum Ordner mit den *.etl*-Dateien bereits eingestellt ist. Jetzt können Sie den Befehl zur Analyse der *.etl*-Datei eingeben:

```
xperfview -i trace.etl -tti
```

Im aktuellen Beispiel wird mit dem Schalter *-i* der Name der Eingabedatei (hier *trace.etl*) angegeben. Der Schalter *–tti* war im aktuellen Fall erforderlich, da im Testszenario eine Zeitinversion bei einzelnen Werten auftrat und das Programm andernfalls die Analyse verweigert. Eine Übersicht über die möglichen Aufrufoptionen erhalten Sie über *xperfview –h*.

Klappt das Laden, erscheint das Programmfenster *Windows Performance Analyzer*, in dem mehrere Seiten (Frames) mit Analysedaten enthalten sind (Abbildung 3.9). Über die Bildlaufleiste lässt sich zwischen den Seiten blättern. Das Bedienelement am linken Fensterrand ermöglicht, einen sogenannten Flyout-Bereich ein- oder auszublenden, in dem Sie bestimmte Frames über Kontrollkästchen auswählen können. Anhand der Frames lässt sich analysieren, ob bestimmte Treiber oder Komponenten beim Laden, Herunterfahren etc. besonders lange benötigen.

Wenn Windows-Funktionen streiken

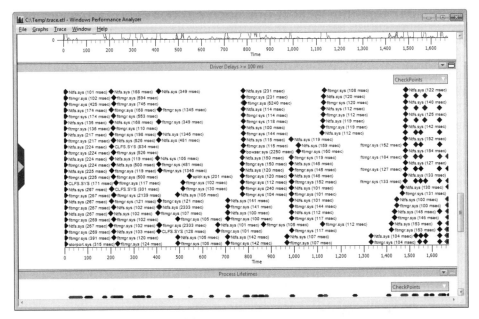

Abbildung 3.9: Anzeige der Analysedaten

Informationen zur Performance-Analyse hält die Seite *http://msdn.microsoft.com/en-us/performance/default.aspx* [gbeh-k3-013] vor. Weiterführende Hinweise zu möglichen Befehlen und zur Vorgehensweise finden Sie unter *http://www.winvistaside.de/forum/index.php?showtopic=2085* [gbeh-k3-014]. Zudem enthält die Webseite *http://www.winfaq.de/faq_html/Content/tip2500/onlinefaq.php?h=tip2667.htm* [gbeh-k3-015] eine Anleitung zum Verwenden des Toolkits. Einige englischsprachige Hinweise zum Umgang mit dem Toolkit finden sich auf der Webseite *http://blogs.microsoft.co.il/blogs/sasha/archive/2008/03/15/xperf-windows-performance-toolkit.aspx* [gbeh-k3-016].

INFO

Wenn Sie im Windows 7 SDK das Paket im Zweig »Redistributable Packages« installieren, finden Sie anschließend im Ordner *Program Files\Microsoft SDKs\Windows\v7.1\Redist\Windows Performance Toolkit* des Windows-Laufwerks drei Dateien mit den Namen *wpt_ia64.msi*, *wpt_x64.msi* und *wpt_x86.msi*. Es handelt sich um Installationspakete des Performance-Toolkits, die auf die verschiedenen Windows 7-Architekturen (x86 = 32 Bit, x64 = 64 Bit, ia64 = Itanium) abgestimmt sind. Sie brauchen daher nicht das komplette Windows 7 SDK auf einer zu analysierenden Maschine zu installieren. Kopieren Sie einfach die passende *.msi*-Datei auf den Zielrechner und lassen Sie das Toolkit dann durch einen Doppelklick auf die Datei installieren. Anschließend können Sie wie oben beschrieben die Analyse durchführen.

3.2.6 Der Rechner ackert nur noch auf der Festplatte

Stellen Sie fest, dass Windows langsamer wird und sehr häufig auf die Festplatte zugreift? Eine Ursache kann ein zu geringer Arbeitsspeicher sein, der das System zum Auslagern der Speicherseiten in die Auslagerungsdatei zwingt. Beenden Sie alle Programme und klicken Sie die Taskleiste mit der rechten Maustaste an. Wenn Sie den Kontextmenübefehl *Task-Manager* wählen, können Sie im Task-Manager auf der Registerkarte *Leistung* prüfen, wie viel Arbeitsspeicher zur Verfügung steht und wie viel Speicher noch frei ist.

Ein anderer Grund für häufige Festplattenzugriffe bei unbenutztem Rechner kann auch der Indexdienst sein. Dieser benötigt nach der Inbetriebnahme einige Zeit, um alle zu indizierenden Ordner der Festplatte zu durchsuchen und die Dateien für spätere Suchanfragen zu katalogisieren. Geben Sie dem Indexdienst einfach einige Stunden Zeit, die Dateien zu indizieren. Die Festplattenzugriffe nehmen erfahrungsgemäß ab, sobald die Dateien indiziert sind.

3.3 Allgemeine Probleme mit Windows-Funktionen und Programmen

Gelegentlich verursachen mit Windows mitgelieferte oder separat installierte Programme Ärger. Da gibt es ältere Anwendungen, die nicht mehr unter Windows 7 laufen wollen, oder Windows-Funktionen tun es einfach nicht mehr. Nachfolgend finden Sie einige Hinweise, wie sich bestimmte Probleme beheben lassen.

3.3.1 Zugriff auf die Problembehandlung zur Fehlerkorrektur

Gelegentlich stellt man als Anwender fest, dass eine Windows-Funktion nicht mehr verwendbar ist. In Windows 7 sind einige Diagnoseassistenten zur Problembehandlung integriert, die bestimmte Konfigurationsfehler beheben können. So lässt sich z.B. das Netzwerkverbindungssymbol im Infobereich der Taskleiste mit der rechten Maustaste anklicken, um den Kontextmenübefehl *Problembehandlung* anzuwählen.

Bei fehlender Aero-Anzeige können Sie auf der Seite *Anpassung* (aufrufbar über den Kontextmenübefehl *Anpassen* des Desktops) den dann angezeigten Hyperlink *Problembehandlung für Transparenz und weitere Aero-Effekte* wählen, um einen Assistenten zur Problemlösung aufzurufen.

Um gezielt auf die in Windows 7 eingebauten Funktionen zur Problembehebung zuzugreifen, gehen Sie folgendermaßen vor.

1. Öffnen Sie die Windows-Systemsteuerung (z.B. über das Startmenü) und klicken Sie in der Kategorie *System und Sicherheit* auf den Hyperlink *Probleme erkennen und beheben*.

Allgemeine Probleme mit Windows-Funktionen und Programmen

2. Auf der Seite *Computerprobleme behandeln* (Abbildung 3.10, oben) klicken Sie in der Aufgabenspalte (links) auf den Befehl *Alles anzeigen*.

Auf der Seite *Computerprobleme behandeln* (Abbildung 3.10, oben) können Sie bereits auf verschiedene Befehle zur Problembehandlung zugreifen. Der Befehl *Alles anzeigen* zeigt die Seite aus Abbildung 3.10, unten, auf der Sie Verknüpfungen zu allen Assistenten zur Problembehandlung finden. Es ist schon erstaunlich, was sich alles mit den Einträgen der Seite reparieren lässt. Die Problembehebung reicht von der Reparatur der Medienbibliothek bis hin zum Löschen nicht benötigter Dateien beim Windows-Update.

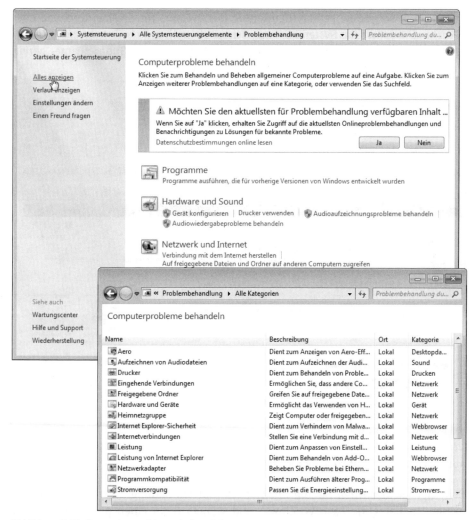

Abbildung 3.10: Computerprobleme behandeln

INFO Über den Befehl *Verlauf anzeigen* der Problembehandlung (Abbildung 3.10, oben) können Sie kontrollieren, welche Probleme bereits behandelt wurden. Geben Sie in das Suchfeld des Startmenüs »Fehler« ein, lässt sich der Befehl *Lösungen für Probleme anzeigen* wählen. Dann erscheint die Seite des Wartungscenters, über die Sie ebenfalls Zugriff auf die Problembehandlung erhalten. Wählen Sie in der Aufgabenleiste des Wartungscenters den Befehl *Archivierte Meldungen anzeigen*, listet Windows die archivierten Nachrichten zu Computerproblemen auf. Per Doppelklick auf einen solchen Eintrag lässt sich ein ggf. vorhandener Lösungsvorschlag abrufen.

3.3.2 Verwenden des Microsoft Fix it-Supportcenters

Gelegentlich sorgt eine Fehlkonfigurierung des Systems für diverse Probleme oder bewirkt eine schwache Systemleistung. Microsoft stellt auf der Internetseite *http://support.microsoft.com/fixit* [gbeh-k3-017] das Microsoft Fix it-Supportcenter bereit, welches Problemlösungen für diverse Fehler anbietet.

Abbildung 3.11: Microsoft Fix it-Supportcenter

Bei einem Fehler rufen Sie die Internetseite auf (Abbildung 3.11), navigieren zur passenden Kategorie (wie Windows) und wählen dann einen passenden Eintrag für das vorhandene Problem aus. Es wird ein Download-Link für die Fix it-Lösung angeboten. Nach dem Download starten Sie die betreffende *.exe*-Datei. Das Programm analysiert das Problem und kann neben der Reparatur von Konfigurationsfehlern bei Bedarf auch vorhandene Fixes von den Microsoft-Webseiten herunterladen und installieren.

3.3.3 Problemberichterstattung anpassen

Bei Programmabstürzen wird die Problemberichterstattung aktiv und versucht, Informationen über die Absturzursache an Microsoft zu melden. Falls dies stört, lässt sich die Funktion anpassen oder ggf. abschalten. Tippen Sie in das Suchfeld des Startmenüs »Probleme« ein und wählen Sie den Befehl *Art der Problemberichterstattung auswählen*. Anschließend können Sie die gewünschten Optionen im angezeigten Dialogfeld wählen und dann über die *OK*-Schaltfläche aktivieren.

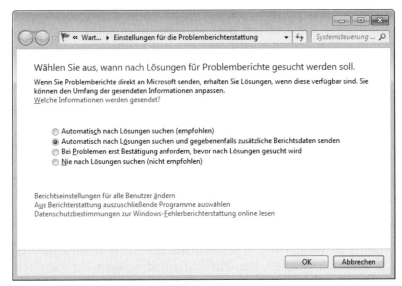

Abbildung 3.12: Problemberichterstattung anpassen

3.3.4 Medienwiedergabe hängt Windows oder den Player auf

Hängen sich Windows oder der Media Player bei der Wiedergabe von Mediendateien (Audio- oder Videodateien) auf? Dies kann durchaus verschiedene Ursachen haben:

» Tritt dieser Effekt bei allen Mediendateien auf, deutet dies auf einen fehlerhaften Soundtreiber hin. Sie sollten dann den betreffenden Treiber aktualisieren.

» Tritt der Absturz nur bei bestimmten Mediendateien auf? In diesem Fall kann eine beschädigte Audio- oder Videodatei die Ursache sein. Sie sollten dann die betreffende Datei löschen oder einen Reparaturversuch mit einem Konvertierungsprogramm starten.

Manchmal führen auch die zur Wiedergabe im Windows Media Player benötigten DirectShow-Filter (volkstümlich als Codecs bezeichnet, d.h. Softwarebausteine zum Encodieren der Daten) zu Programmabstürzen. Es handelt sich dabei um DirectShow-Filter, die durch die Installation sogenannter Codec-Packs auf das System gelangen. Abhilfe schafft meist die vollständige Deinstallation solcher Codec-Packs.

TIPP   Auch Wiedergabeprobleme im Windows Live Movie Maker sind auf fehlerhafte Direct-Show-Filter zurückzuführen. Stürzt der Windows-Explorer ab, wenn Sie die Miniaturanzeige für Videoordner einschalten? Dann kann ein zusätzlich installiertes DivX- bzw. XviD-Codec-Pack die Ursache sein. Mein Tipp: Verwenden Sie den VLC-Player (*http://www.videolan.org/* [gbeh-k3-026]) zur Wiedergabe der vom Windows Media Player nicht unterstützten Audio- und Videoformate. Der VLC-Player bringt eigene Decoder mit, die nicht mit den DirectShow-Filtern von Windows 7 kollidieren (siehe auch *http://www.borncity.com/blog/2010/03/20/warum-spielt-vlc-videos-ab-und-der-wmp-12-nicht/* [gbeh-k3-027]).

3.3.5 Spiele und Programme laufen nicht mehr

Besitzen Sie ältere Spiele oder Anwendungsprogramme, die Sie unter Windows 7 einsetzen möchten? Leider haben sich einige Dinge in Windows 7 geändert, die zwar die Stabilität erhöhen, aber auch dazu führen, dass ältere Software nicht mehr läuft. Die einfachste Variante besteht in diesem Fall darin, auf die Software zu verzichten oder auf aktuelle Versionen zu wechseln.

16-Bit-Programme laufen nicht unter 64-Bit-Windows

Verwenden Sie die 64-Bit-Version von Windows 7, können ältere 16-Bit-Windows-Programme (z.B. Microsoft Word 97, Ami Pro etc.) grundsätzlich nicht mehr ausgeführt werden. Abhilfe schafft ggf. die Verwendung des Windows XP-Mode (eine sogenannte virtuelle Maschine, in der ein Windows XP SP3 installiert ist). Allerdings beschränkt Microsoft die Unterstützung des Windows XP-Mode auf Windows 7 Professional und Ultimate. Sie können aber Produkte wie VMware Player oder VirtualBox zur Virtualisierung verwenden (siehe *http://www.borncity.com/blog/2009/12/13/teil-1-virtualisierungslosungen-fur-windows-7-im-uberblick/* [gbeh-k3-028]).

STOPP   Alle Systemtools (Virenscanner, Optimierungsprogramme, Disk-Utilities etc.), die für ältere Windows-Versionen entwickelt wurden, dürften Sie unter Windows 7 nicht mehr verwenden. In diesem Fall hilft nur der Umstieg auf eine an die jeweilige Windows-Version angepasste Fassung.

Kompatibilitätsmodus für Altanwendungen verwenden

Möchten oder müssen Sie ein älteres Spiel oder eine Anwendung weiter unter Windows 7 betreiben, können Sie versuchsweise den Kompatibilitätsmodus vorgeben:

1. Klicken Sie auf das Symbol der *.exe*-Datei der betreffenden Anwendung (oder die Verknüpfungsdatei) mit der rechten Maustaste an und wählen Sie im Kontextmenü den Eintrag *Eigenschaften*.

2. Passen Sie auf der Registerkarte *Kompatibilität* (Abbildung 3.13) die Kompatibilitätsoptionen für die Betriebssystemversion sowie die Optionen für Bildschirmauflösung, Farbtiefe, visuelle Optionen etc. an.

Abbildung 3.13: Optionen der Registerkarte *Kompatibilität*

Sobald Sie die Registerkarte schließen, werden die Einstellungen übernommen. Führen Sie die Anwendung anschließend aus, aktiviert Windows diese im Kompatibilitätsmodus. In diesem Modus schaltet Windows eventuell auch die Farbtiefe oder die Bildschirmauflösung um.

Die Option *Programm als Administrator ausführen* auf der Registerkarte *Kompatibilität* ist nur verfügbar, wenn Sie über Administratorberechtigungen verfügen oder die Schaltfläche *Einstellungen für alle Benutzer ändern* anklicken.   INFO

Der Kompatibilitätsassistent von Windows

Windows 7 stellt zudem einen Programmkompatibilitäts-Assistenten zur Verfügung. Klicken Sie eine Altanwendung (*.exe*-Datei oder Verknüpfungsdatei) mit der rechten Maustaste an, lässt sich der Kontextmenübefehl *Behandeln von Kompatibilitätsproblemen* wählen. Dann startet der Assistent, der die Kompatibilitätseinstellungen ermittelt und über dessen Schaltflächen *Weiter* und *Zurück* Sie zwischen verschiedenen Dialogschritten wechseln können.

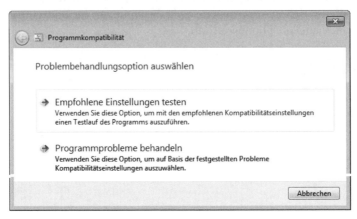

Abbildung 3.14: Optionen der Registerkarte *Kompatibilität*

Über *Empfohlene Einstellungen testen* gibt der Assistent die Kompatibilitätseinstellungen vor. Der Befehl *Programmprobleme behandeln* gibt Ihnen die Möglichkeit, in weiteren Dialogfeldern zutreffende Probleme anzugeben und dann eine kompatible Windows-Version zur Auswahl der Einstellungen vorzugeben. Der Assistent stellt dann die Optionen ein und versucht, die Anwendung damit auszuführen. Funktioniert dieser Ansatz, lässt sich festlegen, dass die Anwendung zukünftig immer mit den vorgegebenen Optionen auszuführen ist.

TIPP Falls Sie die Kompatibilitätsoptionen nicht erfolgreich auf ein Programm anwenden können, sollten Sie das Setup-Programm der betreffenden Anwendung im Assistenten ausführen. Dann sorgt der Kompatibilitätsassistent dafür, dass die Installation unter den vorgegebenen Optionen erfolgt. In einigen Fällen hilft dies. Bei Windows ist es dabei u.U. hilfreich, die Anwendung nicht im vorgeschlagenen Ordner *Programme*, sondern in einem eigenen Ordner unter *C:* installieren zu lassen. Dies verhindert, dass Zugriffe auf den Ordner *Programme* durch Windows 7 umgeleitet (d.h. virtualisiert) werden.

3.3.6 Anwendungen machen Probleme

Bereitet eine Anwendung unter Windows Probleme, kann dies verschiedene Ursachen haben. Hier einige Punkte, die Sie in diesem Fall überprüfen sollten:

» Besuchen Sie die Webseiten des Programmherstellers und sehen Sie nach, ob eine fehlerbereinigte oder verbesserte Version der betreffenden Anwendung für

Ihre Windows-Version bereitsteht. Ist dies der Fall, sollten Sie diese Version herunterladen und verwenden.

» Bei der Installation älterer Programme versuchen diese häufig, Systemdateien oder Bibliotheksdateien auszutauschen. Windows 7 verhindert dies durch eine sogenannte Virtualisierung bestimmter Ordner und Registrierungszweige, bei der Zugriffe auf die Elemente durch Windows in bereitgestellte Ordner bzw. Registrierungszweige umgeleitet werden. Kommt es zu Problemen, sollten Sie die Anwendung nicht im Ordner *Programme*, sondern in einem eigenen Verzeichnis unter *C:* installieren lassen.

» Windows 7 besitzt eigene Brennfunktionen, die durch die Installation zusätzlicher Brennprogramme beeinflusst werden können. Achten Sie bei der Installation von Brennprogrammen darauf, dass diese kompatibel zu Windows 7 sind. Zudem sollten niemals zwei Brennprogramme parallel installiert werden, da sich diese gegenseitig beeinflussen und Fehler verursachen. Treten Fehler nach der Installation eines Brennprogramms auf, sollten Sie die Software deinstallieren und das System auf einen früheren Systemsicherungspunkt wiederherstellen.

» Stellen Sie sicher, dass das System frei von Schädlingen (Viren, Trojanern, Würmern) ist. Manchmal verändern solche Schädlinge Programmdateien und führen so zu Instabilitäten. Systemnahe Programme wie Virenscanner, Defragmenter, Partitionierungswerkzeuge müssen zwingend Windows 7-kompatibel sein, da es sonst zu Instabilitäten des Systems kommen kann.

» Besuchen Sie die Webseite *http://support.microsoft.com* [gbeh-k3-030] und suchen Sie dort nach dem Namen der Anwendung. In einigen Fällen ist der Fehler bereits bekannt und die Microsoft Knowledge Base liefert einen Tipp zur Abhilfe.

Ziehen Sie auch in Betracht, dass fehlende Zugriffsberechtigungen auf Dateien oder ein gesetzter Schreibschutz bei Dateien und Ordnern die Ursache für Fehlfunktionen sind. Den Schreibschutz kontrollieren Sie, indem Sie den Ordner oder die Datei mit der rechten Maustaste anklicken und den Kontextmenübefehl *Eigenschaften* wählen. Dann kann das Attribut *Schreibgeschützt* auf der Registerkarte *Allgemein* eingesehen und geändert werden. Gerade beim Arbeiten mit eingeschränkten Berechtigungen kommt es häufiger zu dem Effekt, dass eine unsauber programmierte Anwendung streikt. Häufig hilft es in diesen Fällen, wenn das Programm über den Kontextmenübefehl *Als Administrator ausführen* mit ausreichenden Rechten ausgeführt wird (siehe Kapitel 2 im Abschnitt »Mein Programm startet nicht (mehr)«). Ein hilfreicher Trick unter Windows 7 ist auch, die betreffende Anwendung nicht im Ordner *Programme* installieren zu lassen, sondern in einem eigenen Ordner auf dem Laufwerk *C:*. Dies verhindert, dass Installationsdateien durch die Windows-Virtualisierungsfunktion in andere Ordner umgeleitet werden. Zudem kann ein solches Programm ggf. auf den eigenen Installationsordner schreibend zugreifen.

3.3.7 Die Datenausführungsverhinderung blockt ein Programm

Erhalten Sie beim Ausführen der Anwendung eine Datenausführungsverhinderung-Fehlermeldung? Die Datenausführungsverhinderung blockiert auf CPU-Ebene die Interpretation von Datenbereichen als ausführbarem Programmcode. Falls Programme aber Datenbereiche zur Codeausführung nutzen, werden diese durch die Datenausführungsverhinderung (Data Execution Protection) beendet. Wird ein Programm durch die Datenausführungsverhinderung beendet? Der erste Ansatz besteht darin, beim Hersteller nach einer aktualisierten Fassung des Programms zu fragen. Muss das vorhandene Programm weiter verwendet werden, lässt sich die Datenausführungsverhinderung für diese Anwendung eventuell abschalten.

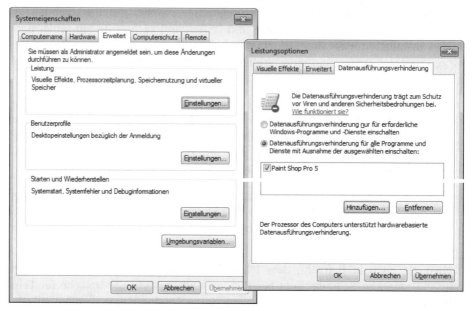

Abbildung 3.15: Konfigurierung der Datenausführungsverhinderung

1. Klicken Sie mit der rechten Maustaste auf das Symbol *Computer* und wählen Sie den Kontextmenübefehl *Eigenschaften*. Klicken Sie in der Aufgabenleiste des Systemfensters auf den Befehl *Erweiterte Systemeinstellungen*.

2. Wählen Sie auf der Registerkarte *Erweitert* die Schaltfläche *Einstellungen* der Gruppe *Leistung* (Abbildung 3.15, links).

3. Im Eigenschaftenfenster *Leistungsoptionen* wählen Sie die Registerkarte *Datenausführungsverhinderung* (Abbildung 3.15, rechts). Dort markieren Sie die untere Option *Datenausführungsverhinderung für alle Programme und Dienste mit Ausnahme der ausgewählten einschalten*.

4. Anschließend klicken Sie auf die Schaltfläche *Hinzufügen* und wählen das Programm (*.exe*-Datei) aus, welches Probleme bereitet. Stellen Sie sicher, dass der

Allgemeine Probleme mit Windows-Funktionen und Programmen

Programmeintrag auf der Registerkarte *Datenausführungsverhinderung* ein markiertes Kontrollkästchen aufweist.

Wenn Sie die Dialogfelder über die *OK*-Schaltfläche schließen, werden die Änderungen nach dem nächsten Systemstart wirksam.

3.3.8 Eine Anwendung hängt, was kann ich tun?

Sie haben ein Programm aufgerufen, welches sich plötzlich nicht mehr bedienen lässt. Ein Klick auf die Schaltfläche *Schließen* oder sonstige Versuche zur Bedienung des Programms scheitern. In diesem Fall hat das Programm entweder sehr viel zu tun und kann nicht mehr auf Eingaben reagieren, oder die Anwendung ist gänzlich abgestürzt. Noch problematischer sind Anwendungen ohne Dialogfelder oder Fenster (z.B. Skriptprogramme oder Dienste). Wenn diese sich nicht automatisch beenden, bleibt nur noch der manuelle Abbruch. Gehen Sie dazu folgendermaßen vor:

1. Klicken Sie mit der rechten Maustaste auf eine freie Stelle der Taskleiste und wählen Sie den Kontextmenübefehl *Task-Manager*.

2. Anwendungen, die über Fenster verfügen, werden auf der Registerkarte *Anwendungen* des Task-Managers aufgelistet. Klicken Sie in der Liste der Anwendungen auf das gewünschte Programm und dann auf die Schaltfläche *Task beenden* (Abbildung 3.16, links).

3. Dienste oder Programme, die nicht über Fenster verfügen, werden auf der Registerkarte *Prozesse* verwaltet. Wählen Sie den Eintrag für den Prozess und klicken Sie auf die Schaltfläche *Prozess beenden* (Abbildung 3.16, rechts).

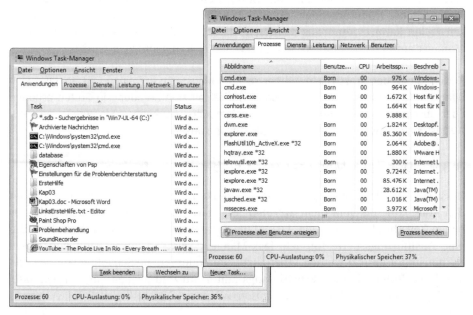

Abbildung 3.16: Beenden von Anwendungen im Task-Manager

Windows schickt dem Programm oder dem Prozess eine Aufforderung, sich zu beenden. Leistet die Anwendung dieser Aufforderung nicht Folge, erscheint nach einer kurzen Wartezeit ggf. ein Dialogfeld mit dem Hinweis, dass die Anwendung nicht reagiert. Sie können dann das Dialogfeld über die Schaltfläche zum sofortigen Beenden der Anwendung schließen. Sofern die Anwendung nicht die gesamte Rechenleistung von Windows verbraucht, wird das Betriebssystem diese zwangsweise beenden. In solchen Fällen erscheint meist ein Dialogfeld mit der Fehlerberichterstattung an Microsoft, das Sie aber abbrechen können.

Die größte Schwierigkeit beim Beenden von Prozessen besteht darin, den richtigen Eintrag zu finden. Beenden Sie den falschen Prozess, kann dies die Stabilität von Windows beeinträchtigen. Auf der Internetseite *http://www.frankn.com/* [gbeh-k3-018] finden sich Erläuterungen zu einigen Prozessnamen. Bei unbekannten Einträgen hilft es auch, im Internet nach dem Prozessnamen zu suchen. Hier noch einige weitere Prozesse, die häufig in der Taskliste auftauchen: Der Prozess *wscript.exe* steht z. B. für den Windows Script Host, der Skriptprogramme ausführt. Der Name *RunDll.exe* gehört meist zu einem geöffneten Eigenschaftenfenster.

Der Prozess *Explorer.exe* auf der Registerkarte *Prozesse* steht für die Windows-Shell. Wird dieser Prozess zwangsweise beendet, verschwinden Desktop, Startmenü und Taskleiste. Sie sehen nur noch einen weißen Bildschirm und den Task-Manager. Um anschließend eine neue Instanz der Windows-Shell zu starten, wählen Sie auf der Registerkarte *Anwendungen* die Schaltfläche *Neuer Task*, geben den Befehl *Explorer.exe* in das angezeigte Dialogfeld ein und schließen dieses über die *OK*-Schaltfläche. Dann sollte nach wenigen Sekunden der Windows-Desktop samt Taskleiste erscheinen. Auf diese Weise lässt sich die Windows-Shell nach Problemen oder Änderungen zurücksetzen. Die Spalte *CPU(-Auslastung)* der Registerkarte *Prozesse* zeigt Ihnen die Auslastung durch die einzelnen Prozesse an. Sie können daher leicht erkennen, ob eine Anwendung den Rechner auslastet. In diesen Fällen kann es durchaus passieren, dass es einige Zeit dauert, bis der Task-Manager auf dem Desktop erscheint bzw. der Task abgebrochen wird.

INFO   Klicken Sie in der Prozessliste mit der rechten Maustaste auf einen Eintrag, lässt sich über ein Kontextmenü die Ausführungspriorität einer Anwendung in Stufen erhöhen oder absenken. Auf der Registerkarte *(System-)Leistung* können Sie zudem die CPU-Auslastung des Systems als grafische Darstellung ansehen.

3.3.9   Der Task-Manager lässt sich nicht aufrufen

Lässt sich der Task-Manager über die Tastenkombination [Alt] + [Strg] + [Entf] oder den Kontextmenübefehl nicht aufrufen? Bei stark ausgelastetem System dauert es einige Zeit, bis Windows den Task-Manager aktiviert. Eine andere Ursache kann eine Ausführungssperre für den Task-Manager sein. So etwas kann von einem Administrator gesetzt werden. Aber auch Viren oder andere Schädlinge nutzen diesen Trick. Rufen Sie den Registrierungs-Editor auf und suchen Sie den Schlüssel *HKEY_CURRENT_USER\Software\Microsoft\Windows\CurrentVersion\Policies\System*.

Ist der Unterschlüssel *System* im Schlüssel *Policies* vorhanden und dort der DWORD-Wert *DisableTaskMgr* mit dem Wert 1 eingetragen, löschen Sie diesen Eintrag. Dann sollte sich der Task-Manager wieder aufrufen lassen.

3.3.10 Beim Task-Manager fehlt die Menüleiste

Rufen Sie das Fenster des Task-Managers auf und stellen plötzlich fest, dass die Menüleiste fehlt (Abbildung 3.17)? Dies ist ein bekannter Effekt, der so manchen Benutzer ziemlich verblüfft.

Das Menü verschwindet, sobald der Benutzer auf den oberen Rand neben den Registerreitern oder auf den linken bzw. rechten Rand doppelklickt. Durch einen erneuten Doppelklick auf den Rand (z. B. den Bereich um die Schaltfläche *Process beenden*) des Task-Managers erscheint die Menüleiste wieder.

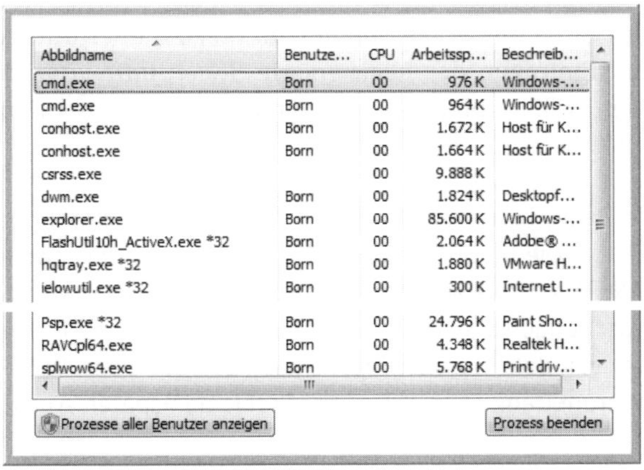

Abbildung 3.17: Task-Manager ohne Menüleiste

3.3.11 Der Explorer stürzt beim Öffnen ab

Manchmal gibt es den Effekt, dass der Windows-Explorer (und damit die Windows-Shell) beim Öffnen oder beim Doppelklick auf bestimmte Dateien (z. B. .avi-Videodateien) abstürzt. Dies kann verschiedene Ursachen haben:

» Manchmal sind es bestimmte Tools, die sich in die Shell einklinken und die Abstürze verursachen (z. B. Tuning-Utilities, Shell-Erweiterungen). Unter *http://www.borncity.com/blog/2007/08/09/startmen-oder-explorer-geht-nicht-mehrist-langsam/* [gbeh-k3-029] finden Sie einen Blogbeitrag, der zeigt, wie sich Shell-Erweiterungen mit Zusatztools deaktivieren, und so die Fehlerursache eingrenzen lässt.

» Gelegentlich sind es installierte Codec-Packs oder DirectShow-Filter für Videoformate, die das Problem verursachen. In diesem Fall sollten Sie die betreffenden DirectShow-Filter und Codec-Packs deinstallieren.

Eine Suche im Internet (z. B. unter *http://support.microsoft.com* [gbeh-k3-030] oder in einer Suchmaschine) bringt weitere Hinweise auf ähnliche Probleme. Um zu vermeiden, dass der Absturz des Explorers jedes Mal die Shell beeinträchtigt, können Sie diesen als separaten Prozess starten lassen. Wählen Sie im Ordnerfenster im Menü der Schaltfläche *Organisieren* den Befehl *Ordner- und Suchoptionen*. Auf der Registerkarte *Ansicht* ist dann das Kontrollkästchen *Ordnerfenster in einem eigenen Prozess starten* zu markieren.

3.3.12 Beim Start werden mysteriöse Programme geladen

Stellen Sie fest, dass der Rechner bei jedem Start langsamer wird? Dauert es nach der Anmeldung ewig, bis der Desktop erscheint und Sie mit Windows arbeiten können? Dann gehen Sie wie im Abschnitt »Der Windows-Start dauert endlos« ab Seite 165 beschrieben vor und überprüfen Sie die Einträge im Programmzweig *Alle Programme/Autostart* des Startmenüs. Weiterhin sind die Autostart-Einträge auf der Registerkarte *Systemstart* des Programms *Systemkonfiguration* zu überprüfen. Informationen zu den einzelnen Einträgen der Registerkarte *Systemstart* können Sie über das Internet herausfinden (z. B. in einer Suchmaschine nach den Begriffen suchen lassen).

INFO Die Alternative besteht darin, die Registrierungseinträge für den Autostart direkt per Registrierungs-Editor zu bereinigen. Die Registrierungsschlüssel werden im Zweig *HKEY_LOCAL_MACHINE\SOFTWARE\Microsoft\Windows\CurrentVersion\Run* verwaltet. Um sich vor unliebsamen Überraschungen zu schützen, empfiehlt es sich aber, den Inhalt der Registrierungsschlüssel vor dem Löschen vorsichtshalber über das *Datei*-Menü in eine *.reg*-Datei zu exportieren. Dann kann dieser bei Problemen später erneut importiert werden.

3.4 Probleme mit Dateitypen

Ein häufig auftauchendes Problem besteht darin, dass Programme bei der Installation die Zuordnung von Dateitypen zu bestimmten Anwendungen verändern. Der folgende Abschnitt zeigt, wie sich solche Probleme beheben lassen.

3.4.1 Ein Doppelklick startet das falsche Programm

Sie waren es bisher gewohnt, ein Dokument (z. B. Grafik, Musikstück etc.) per Doppelklick in einer bestimmten Anwendung zu öffnen? Und nun passiert beim Doppelklick auf eine solche Datei entweder nichts mehr oder es startet ein gänzlich anderes Programm? Ursache ist meist die Installation einer neuen Anwendung, die die Zuordnung der Dateitypen verändert und auf sich selbst umgeleitet hat. Dies ist ärgerlich, kommt aber bei Grafikprogrammen und bei Wiedergabeprogrammen für Musik und Videos häufig vor. Um in Windows einen unbekannten Dateityp einer Anwendung zuzuweisen oder die Zuweisung eines Dateityps zu einer Anwendung nachträglich zu korrigieren, führen Sie die folgenden Schritte aus:

Probleme mit Dateitypen

1. Klicken Sie in einem Ordnerfenster eine Dokumentdatei vom gewünschten Typ mit der rechten Maustaste an und wählen Sie im Kontextmenü den Befehl *Öffnen mit*.

2. Wählen Sie im Untermenü den Eintrag der gewünschten Anwendung. Wird die gewünschte Anwendung nicht angezeigt, wählen Sie den Befehl *Standardprogramm auswählen* (Abbildung 3.18, Hintergrund).

3. Wählen Sie im Dialogfeld *Öffnen mit* (Abbildung 3.18, Vordergrund) die gewünschte Anwendung. Bei Bedarf können Sie mittels der Schaltfläche *Durchsuchen* die Anwendung über ein Dialogfeld auf der Festplatte suchen.

4. Markieren Sie das Kontrollkästchen *Dateityp immer mit dem ausgewählten Programm öffnen*.

Abbildung 3.18: Dateityp in Windows zuweisen

Sobald Sie das Dialogfeld über die *OK*-Schaltfläche schließen, wird das Dokument im gewählten Programm geöffnet. Ist das Kontrollkästchen *Dateityp immer mit dem ausgewählten Programm öffnen* markiert, passt Windows 7 den Eintrag für den Dateityp in der Registrierung so an, dass das Dokument zukünftig mit der Anwendung geöffnet wird.

INFO

Um zu überprüfen, ob sich ein Dokumenttyp mit einer Anwendung überhaupt öffnen lässt, sollten Sie das Kontrollkästchen *Dateityp immer mit dem ausgewählten Programm öffnen* beim ersten Aufruf unmarkiert lassen.

Bei einigen Programmen lässt sich bei der benutzerdefinierten Installation in Dialogen wählen, ob die Anwendung bestimmte Dateitypen registrieren darf. Falls dies angeboten wird, sollten Sie die betreffenden Optionen verwenden.

3.4.2 .exe-Dateien lassen sich nicht mehr starten

Öffnet ein Doppelklick auf eine beliebige .*exe*-Datei eine bestimmte Anwendung, statt das Programm zu starten? Dann haben Sie (vermutlich mit den obigen Schritten) eine fehlerhafte Dateitypenzuordnung für .*exe*-Dateien angelegt.

Auf den Webseiten *http://www.winhelponline.com/blog/file-asso-fixes-for-windows-7/* [gbeh-k3-019] und *http://www.sevenforums.com/tutorials/19449-default-file-type-associations-restore.html* [gbeh-k3-021] finden Sie .*reg*-Dateien, mit denen sich die Einstellungen der Standarddateitypen (u. a. auch .*exe*-Dateien) wiederherstellen lassen. Es reicht, die Datei für den gewünschten Fix herunterzuladen und die ZIP-Archivdatei zu entpacken. Anschließend kann die .*reg*-Datei mit der rechten Maustaste angeklickt und dann der Kontextmenübefehl *Zusammenführen* gewählt werden.

Zudem hat Microsoft auf das Problem der falsch zugeordneten .*exe*-Dateitypen reagiert und bietet unter *http://support.microsoft.com/kb/950505/de* [gbeh-k3-020] eine Lösung zum Reparieren an.

3.4.3 Standarddateitypenzuordnung ändern

Ist ein Dateityp einer falschen Anwendung zugeordnet, können Sie dies auch über die Funktion *Standardprogramme* von Windows ändern.

1. Wählen Sie im Startmenü den Befehl *Standardprogramme* und klicken Sie im dann angezeigten Dialogfeld auf den Befehl *Dateityp oder Protokoll einem Programm zuordnen*.

2. Warten Sie, bis Windows 7 die Liste der Dateitypen und Protokolle erstellt hat (Abbildung 3.19) und wählen Sie den Eintrag des gewünschten Dateityps aus.

3. Klicken Sie auf die Schaltfläche *Programm ändern* und wählen Sie im Dialogfeld *Öffnen mit* (Abbildung 3.18, Vordergrund, Seite 183) die neue Anwendung.

Die Änderungen werden wirksam, sobald Sie das Dialogfeld *Öffnen mit* über die *OK*-Schaltfläche verlassen.

Probleme mit Dateitypen

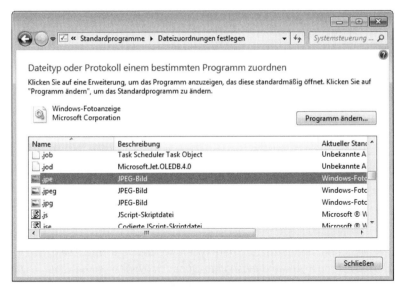

Abbildung 3.19: Dateizuordnung in Windows festlegen

3.4.4 Anpassen der Registrierungseinträge für Dateitypen

In Windows 7 ist es (im Gegensatz zu Windows XP) jedoch nicht mehr möglich, die Befehle (Verben) von Dateitypen über Dialogfelder einzusehen bzw. zu ändern. Auch das Zuweisen von Symbolen für Dateitypen wird nicht direkt unterstützt. Solche Änderungen sind direkt in der Registrierung vorzunehmen. Die Informationen zur Registrierung der Dateitypen stecken in der Registrierung im Zweig *HKEY_CLASSES_ROOT*. Für jeden Dateityp ist dort ein Unterschlüssel mit dem Namen der Dateierweiterung (z.B. *.bmp*) enthalten. Der Standardwert dieses Schlüssels zeigt auf einen zweiten Schlüssel (z.B. *Paint.Picture*), der die für den Dateityp gültigen Befehle enthält (Abbildung 3.20).

Die Verben (z.B. *open*) befinden sich als Unterschlüssel im Unterschlüssel *shell*, wobei der Standardwert ggf. die lokalisierte Fassung des angezeigten Befehls aufweist. Die Befehle selbst werden im Standardwert des Unterschlüssels *command* gespeichert. Der Unterschlüssel *DefaultIcon* legt das für den Dateityp verwendete Dateisymbol fest.

Enthält der Schlüssel mit dem Namen der Dateinamenerweiterung (z.B. *.bmp*) den Unterschlüssel *OpenWithList*? Die dort enthaltenen Einträge legen die im Dialogfeld *Öffnen mit* (Abbildung 3.18, Vordergrund, Seite 183) aufgeführten Programme fest.

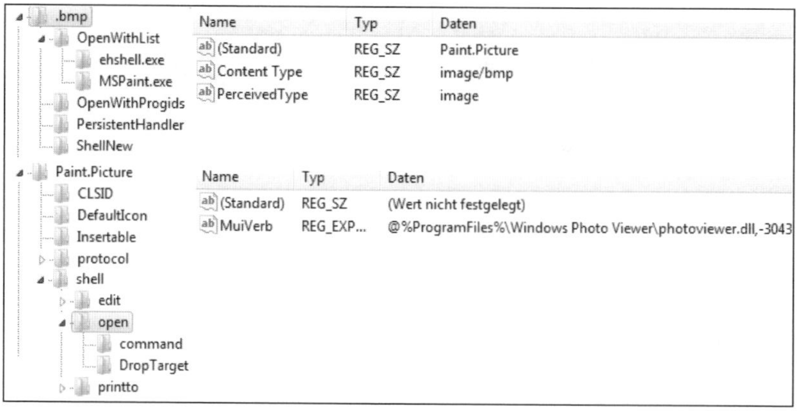

Abbildung 3.20: Registrierungseinträge für einen Dateityp

INFO
Die von einer Anwendung unterstützten Dateitypen werden ggf. im Zweig *HKEY_CLASSES_ROOT\Applications\<Anwendungsname>\SupportedTypes* eingetragen. Der Zweig *HKEY_CLASSES_ROOT\SystemFileAssociations* enthält die vom System benötigten Dateitypen. Zudem gibt es den Zweig *HKEY_CURRENT_USER\Software\Microsoft\Windows\CurrentVersion\Explorer\FileExts*, in dem benutzerspezifisch die im Windows-Explorer bekannten Dateitypen eingetragen sind. Die Zuordnung der Dateitypen erfolgt aber über die obigen Schlüssel im Zweig *HKEY_CLASSES_ROOT*.

Die in Windows XP vorhandene Möglichkeit, Dateitypen einzelne Befehle zum Öffnen, Drucken etc. zuzuweisen, ist in Windows 7 nicht mehr vorhanden. Sie können aber die Eingabeaufforderung öffnen (z.B. *cmd* in das Suchfeld des Startmenüs eingeben und ⏎ drücken). Mit dem Befehl *assoc* werden Ihnen die Zuordnungen von Dateinamenerweiterungen zu Dateitypen angezeigt bzw. lassen sich auch ändern. Die Anweisung *assoc .js = JSFile* weist der Dateinamenerweiterung .js den Dateityp *JSFile* zu. Mit dem Befehl *ftype* lässt sich dann einem Dateityp eine Anwendung zuordnen (z.B. *ftype JSFile = "C:\Windows\System32\Wscript.exe" "%1" %**). Details zu den Aufrufoptionen liefern die Befehle, wenn sie mit der Option */?* aufgerufen werden (z.B. *assoc /?*).

Zum Pflegen der Dateitypenzuordnung sind auch Tools von Drittherstellern wie »FileTypesMan« *http://www.nirsoft.net/utils/file_types_manager.html* [gbeh-k3-022]) oder »ExtMan« (*http://www.pix-house.com/extman.html* [gbeh-k3-023]) verfügbar. Diese lesen die Registrierungsinformationen ein und stellen eine komfortable Bedienoberfläche zum Anpassen der Einstellungen bereit (Abbildung 3.21).

Probleme mit Dateitypen

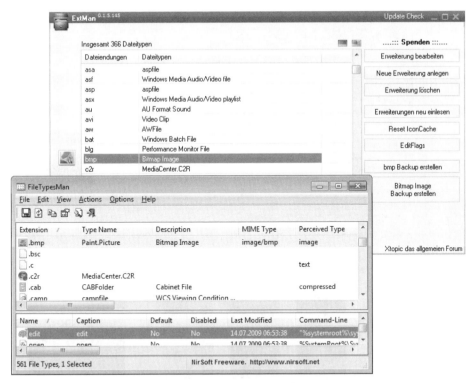

Abbildung 3.21: Anpassen der Dateitypenzuordnung mit Tools

3.4.5 Grafikvorschau und Miniaturansicht funktionieren nicht

In Ordnerfenstern lässt sich über die Schaltfläche *Blenden Sie das Vorschaufenster ein* eine Vorschau in der rechten Spalte einblenden, die Informationen und ggf. eine Grafikvorschau auf den Inhalt der gewählten Datei anzeigt (Abbildung 3.22, Vordergrund).

Zudem können Sie über die Schaltfläche *Weitere Ansichten/Weitere Optionen* (Abbildung 3.22, Hintergrund) die Darstellung der Dateien als Miniaturansichten abrufen. Bei vielen Grafikdateien zeigt Windows eine Miniaturvorschau auf den Bildinhalt an. Klappt diese Vorschau nicht mehr und es erscheint ein Platzhalter (Abbildung 3.22, Hintergrund)?

1. In diesem Fall öffnen Sie das Menü der Schaltfläche *Organisieren* und klicken auf den Befehl *Ordner- und Suchoptionen*.

2. Anschließend löschen Sie auf der Registerkarte *Ansicht* die Markierung des Kontrollkästchens *Immer Symbole statt Miniaturansichten anzeigen*.

Sobald Sie die Registerkarte über die *OK*-Schaltfläche schließen, sollten die Miniaturansichten und auch die Vorschau wieder angezeigt werden.

Kapitel 3 • Wenn Windows richtig spinnt

Abbildung 3.22: Miniaturansicht des Dateiinhalts

INFO Die Vorschau erscheint aber nur bei Grafikdateien und Dokumenten, für die ein Vorschauhandler installiert ist. Bei Office-Dokumenten müssen diese mit der Eigenschaft *Vorschaugrafik speichern* gesichert werden. Gibt es Probleme mit der Vorschau von PDF-Dokumenten unter einem 64-Bit-Windows, finden Sie unter *http://www.borncity.com/blog/2010/02/01/vorschau-auf-pdf-dokumente-erscheint-nicht/* [gbeh-k3-024] eine Lösung. Weiterhin kann eine fehlerhafte Dateitypenzuordnung die Ursache sein, dass der Vorschauhandler nicht mehr aufgerufen werden kann. In diesem Fall sollten Sie prüfen, ob das Zurücksetzen des Dateityps (*http://www.sevenforums.com/tutorials/19449-default-file-type-associations-restore.html* [gbeh-k3-021]) auf die Windows 7-Standardvorgaben Abhilfe schafft.

Kapitel 4
Hardware- und Laufwerkprobleme

Dieses Kapitel befasst sich mit Hardware- und Laufwerkproblemen, die bei Rechnern und Notebooks auftreten können. Peripheriegeräte wie Drucker, Maus oder Tastatur werden im folgenden Kapitel 5 behandelt.

4.1 Ärger mit Festplattenlaufwerken

Ohne Festplatte sind die meisten Rechner nutzlos. Der folgende Abschnitt befasst sich mit Problemen rund um die Festplatte.

4.1.1 Die Festplatte wird nicht erkannt

Schalten Sie den Rechner ein und meldet das System, dass kein Betriebssystem vorhanden ist? Oder es erscheint vom BIOS eine Meldung »HDD CONTROLLER ERROR«? Beim anschließenden Test mit einem Systemreparaturdatenträger stellen Sie fest, dass keine Festplatte vorhanden ist? Dies kann mehrere Ursachen haben:

Abbildung 4.1: Strom- und IDE-Kabel an einer Festplatte

» Wurde die Festplatte neu eingebaut, prüfen Sie bitte, ob alle Kabel korrekt angeschlossen wurden. Neben dem Kabel für die Spannungsversorgung muss das Datenkabel mit dem Anschluss auf der Hauptplatine und dem entsprechenden Anschluss der Festplatte verbunden sein. Bei Festplatten mit IDE-Schnittstelle (Abbildung 4.1) achten Sie daher darauf, dass das Kabel richtig herum in die

Buchsen eingesteckt wird (die rot markierte Ader markiert Pin 1 und muss immer auf der Seite der Spannungsversorgungsbuchse des Laufwerks liegen). Ein kodierter Stecker sowie eine Aussparung an der Buchse des Laufwerkanschlusses sollen falsch eingesteckte Kabel verhindern. Leider fehlt diese Kodierung bei manchen Steckern auf der Festplattenseite. Bei falsch herum eingestecktem IDE-Kabel leuchtet die HDD-Anzeige am Rechner permanent und das Laufwerk wird nicht erkannt. Ich hatte auch schon Fälle, wo der Stecker sich am Motherboard bzw. an der Festplatte gelockert hatte. Dadurch kam kein bzw. ein fehlerhafter Kontakt zustande. Bei SATA-Platten gilt sinngemäß das Gleiche. Sie müssen darauf achten, dass die Stecker für Stromversorgung und das SATA-Kabel korrekt mit den jeweiligen Buchsen verbunden sind.

Abbildung 4.2: Festplatteneinschub für ein Notebook (Fujitsu Siemens)

» Wurde die Festplatte bei einem Notebook gewechselt, prüfen Sie bitte, ob das Laufwerk für das betreffende Gerät geeignet ist und korrekt angeschlossen bzw. eingebaut wurde. Bei modernen Notebooks sind die Laufwerke teilweise als Einschübe ausgeführt (Abbildung 4.2). Die standardisierten 2½-Zoll-Festplatten werden dann in den Rahmen des Einschubs eingebaut. Stellen Sie sicher, dass der Einschub mit Schrauben fixiert ist und Kontakt hat. Bei IDE-Festplatten prüfen Sie anhand der beiliegenden Dokumentation, ob und wie diese für einen Master/Slave-Betrieb gejumpert werden müssen.

» Stehen zwei IDE-Anschlüsse (IDE-Ports) für Laufwerke (Festplatten, CD-ROM-Laufwerke, CD-/DVD-Brenner) bereit (Abbildung 4.3)? Ein IDE-Anschluss unterstützt je ein Laufwerk im Master- und im Slave-Modus. Dadurch lassen sich insgesamt vier Laufwerke anschließen. Allerdings muss meist am Laufwerk über Jumper (kleine Steckbrücken) der jeweilige Modus »Master« oder »Slave« vorgegeben werden. Überprüfen Sie bei Problemen mit einem Laufwerk, ob dieses korrekt für den Master- oder Slave-Betrieb konfiguriert wurde. Abbildung 4.4 zeigt den Anschlussbereich einer Festplatte mit einem Jumper,

Ärger mit Festplattenlaufwerken

der das Laufwerk hier für den Master-Betrieb konfiguriert. Die erste Festplatte wird in der Regel als Master am ersten IDE-Kanal betrieben. Details zu den Stellungen der Jumper für den Master- oder Slave-Betrieb des Laufwerks entnehmen Sie bitte der zugehörigen Dokumentation. Oft sind die Einstellungen für die Steckbrücken auch auf dem Gehäuse der Festplatte zu finden. Fehlen diese Infos, schauen Sie auf den Internetseiten des Herstellers nach.

Abbildung 4.3: IDE-Ports einer Hauptplatine

Abbildung 4.4: Jumper für Master/Slave-Modus bei Laufwerken

Abbildung 4.5: SATA-Anschluss der Hauptplatine

» Moderne Hauptplatinen sind mit der SATA-Schnittstelle (Serial ATA, siehe *http://de.wikipedia.org/wiki/Serial_ATA* [gbeh-k4-001]) ausgerüstet (Abbildung 4.5). Diese Schnittstelle unterstützt einen höheren Datentransfer als das parallele ATA-Pendant. Sie benötigen eine Festplatte mit SATA-1- oder SATA-2-Schnittstelle sowie ein SATA-Kabel. Die Festplatte wird über das 7-polige Kabel (Abbildung 4.6) mit der SATA-Schnittstelle des Motherboards verbunden. Einige SATA-Festplatten besitzen einen Adapter, sodass die Standard-5-Volt-Stecker des Rechners zur Spannungsversorgung benutzt werden können. Andernfalls benötigen Sie das 15-polige Stromkabel oder einen Adapter. Verfügen Sie noch über ATA-Laufwerke, lassen sich diese zur Not über entsprechende SATA-ATA-Adapter an der SATA-Schnittstelle betreiben (im Internet nach »IDE SATA Converter« suchen und sich einen IDE-zu-SATA-Konverter beschaffen).

Kapitel 4 • **Hardware- und Laufwerkprobleme**

Abbildung 4.6: SATA-Kabel

Sofern die Probleme auftauchen, weil Sie eine größere Festplatte nachgerüstet haben, sollten Sie auf einige Punkte achten.

» Ältere Hauptplatinen weisen nur IDE-Ports (siehe Abbildung 4.3) für entsprechende (P)ATA-Festplattenlaufwerke auf. Diese werden über ein 80-poliges Datenkabel (siehe Fehler! Verweisquelle konnte nicht gefunden werden.) mit dem IDE-Port verbunden. Solche (P)ATA-Festplatten (PATA steht für Parallel AT Attachment) müssen korrekt im Master/Slave-Modus für die jeweiligen IDE-Kanäle konfiguriert werden. Allerdings empfiehlt es sich, Systeme nur noch mit SATA-Festplatten aufzurüsten. Ist kein SATA-Anschluss auf der Hauptplatine vorhanden, benötigen Sie einen S-ATA-zu-PATA-Konverter oder einen SATA-Controller als PCI-Steckkarte, ein SATA-Datenkabel sowie einen Molex-zu-SATA-Power-Adapter. Solche Komponenten sind bei Anbietern wie Amazon für ca. 10 Euro erhältlich.

» Hinsichtlich des mechanischen Einbaus ist zu prüfen, ob genügend freier Platz vorhanden ist und ob das Laufwerk in einen 5¼-Zoll- oder in einen 3½-Zoll-Schacht montiert werden muss. Es gibt aber entsprechendes Montagezubehör und Einschübe, mit denen 3½-Zoll-Laufwerke auch in 5¼-Zoll-Schächte eingebaut werden können.

» Bei der Verkabelung von ATA-Festplatten haben Sie noch die Wahl zwischen Flachbandkabeln und Rundkabeln. Letztere stehen in unterschiedlichen Längen (bis 1 m) zur Verfügung und haben den Vorteil, dass sie den Wärmeaustausch im Gehäuse des Rechners nicht so behindern wie Flachbandkabel.

Wird die Festplatte nach dem Einbau nicht erkannt, prüfen Sie, ob die Anschlüsse im BIOS freigegeben sind. Die BIOS-Option für SATA-Laufwerke muss ggf. auf den Wert »SCSI« eingestellt werden, um den Controller freizugeben. Die Inbetriebnahme der Festplatten ist bei ATA- und SATA-Geräten weitgehend identisch. Nach dem Einbau wird die Festplatte ggf. initialisiert, dann partitioniert und in logische Laufwerke unterteilt (siehe den Abschnitt »Laufwerkpartitionierung prüfen und anpassen« ab Seite 194). Nachdem diese Laufwerke formatiert wurden, stehen sie unter Windows zur Verfügung.

Eine externe Festplatte wird nicht erkannt

Bei Notebooks lässt sich ein externes Laufwerk per PC-Card-Adapter (auch als PCMCIA-Adapter bezeichnet) oder über die USB 2.0/3.0-Schnittstelle anschließen. Bei PCs stehen USB 2.0/3.0-Schnittstellen zum Anschluss zur Verfügung. Systeme, die SATA-Laufwerke unterstützen, ermöglichen auch den Anschluss externer SATA-

Laufwerke über den noch schnelleren External-Serial-ATA-Anschluss (eSATA). Entsprechende eSATA-Kabel oder ein eSATA-Slotblech zum Nachrüsten eines Rechners finden Sie im Handel (z. B. *http://www.amazon.de* [gbeh-k4-002], *http://www.hardware-rogge.com* [gbeh-k4-003], Stichwort »SATA auf eSATA Slotblech« oder »eSATA«). Anbieter wie Pearl (*http://www.pearl.de/* [gbeh-k4-004]) bieten Gehäuse für 3½- (für Festplatten) oder 5¼-Zoll-Laufwerke (für CD-/DVD-Laufwerke) an. Die Gehäuse stellen intern eine IDE/ATAPI- oder SATA-Schnittstelle für Festplatten und DVD-Laufwerke bereit. Die Verbindung zum Rechner erfolgt wahlweise über einen USB 2.0/3.0- oder eSATA-Anschluss.

Wird eine solche externe Festplatte nicht vom Rechner erkannt (selbst wenn die Festplatte bereits beim Einschalten angeschlossen war)? Sofern die Verbindung zwischen Festplatte und Rechner in Ordnung ist, kann es am Strombedarf des externen Geräts liegen. Manche externen Festplatten besitzen ein Y-Kabel, um die Stromversorgung über zwei USB-Buchsen des Rechners sicherzustellen. Dies muss aber nicht immer ausreichen – speziell wenn die Stromversorgung der USB-Buchsen keine 500 mA liefert. Ich besitze z. B. eine 3½-Zoll-Festplatte mit einem USB 2.0-Anschluss, die zwar am Computer, nicht aber am USB-Anschluss einer FRITZ!Box betrieben werden kann. Achten Sie daher bei externen Laufwerken darauf, dass die Gehäuse über eine externe Stromversorgung verfügen. Alternativ können Sie die externe Festplatte über einen aktiven USB-Hub mit eigener Stromversorgung anschließen.

Erhalten Sie unter Windows nach dem Ändern der SATA-Einstellungen des Startlaufwerks die Fehlermeldung »STOP 0x0000007B«? Unter *http://support.microsoft.com/kb/922976* [gbeh-k4-005] finden Sie einen Artikel von Microsoft, der sich mit dieser Problematik befasst.

INFO

BIOS-Anzeige der erkannten Festplatten

Handelt es sich um ein neues System oder wurde die Festplatte neu eingebaut, prüfen Sie bitte, ob die Festplatte im BIOS korrekt erkannt und konfiguriert wurde. Das BIOS blendet beim Systemstart die gefundenen Geräte kurzzeitig in einer Liste auf dem Bildschirm ein (Abbildung 4.7).

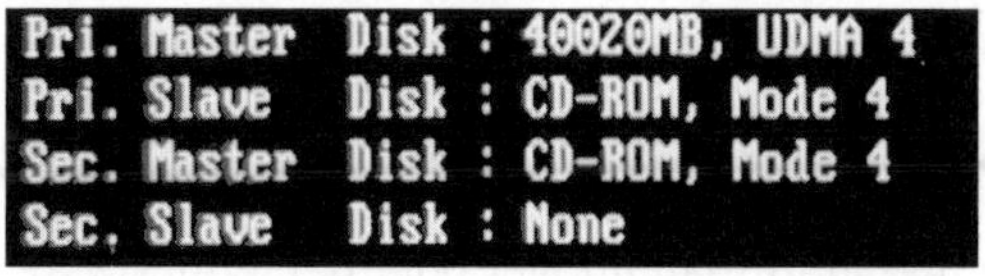

```
Pri. Master  Disk : 40020MB, UDMA 4
Pri. Slave   Disk : CD-ROM, Mode 4
Sec. Master  Disk : CD-ROM, Mode 4
Sec. Slave   Disk : None
```

Abbildung 4.7: Auflistung der beim Systemstart gefundenen Geräte durch das BIOS

Fehlt das Gerät, ziehen Sie ggf. die Datenkabel von anderen IDE-/SATA-Laufwerken ab und testen, ob die Festplatte allein erkannt wird. Ist dies der Fall und gibt es lediglich Probleme im Zusammenspiel mit der zweiten Festplatte? Sofern die Steckbrücken (Jumper) für Master/Slave bei IDE-Laufwerken korrekt gesetzt sind, kann es auch sein, dass eine Festplatte nicht als Slave arbeitet. Probieren Sie dann, ob sich die beiden Festplatten als Master an zwei separaten IDE-Controllern betreiben lassen. CD- und DVD-Laufwerke sowie Brenner lassen sich dann als Slave-Einheiten einstellen.

INFO Festplatten, die den UDMA/100- oder UDMA/133-Modus unterstützen, benötigen zudem 80-polige Datenkabel (siehe auch die folgenden Abschnitte). Details zu Schnittstellen wie EIDE, ATA, Serial ATA etc. können Sie unter *http://www.elektronik-kompendium.de/ sites/com/0808061.htm* [gbeh-k4-006] nachlesen.

Taucht die Festplatte beim Systemstart nicht in der Auflistung der vom BIOS gefundenen Geräte auf? Überprüfen Sie ggf. im BIOS-Setup, ob die Festplatte am SATA- bzw. IDE-Port erkannt wird. Das BIOS-Setup lässt sich beim Systemstart über Tasten (z. B. `F2`, `Entf` etc.) aufrufen. In den Standard-BIOS-Optionen sollten die IDE-Kanäle (*Primary Master, Primary Slave, Secondary Master* etc.) sowie die SATA-Ports zusammen mit den daran angeschlossenen Geräten wie Festplatten und BD-/DVD-Laufwerken aufgeführt werden. Prüfen Sie, ob der SATA-Port bzw. der IDE-Kanal freigegeben ist und das Laufwerk korrekt angezeigt wird.

Wählen Sie einen Eintrag wie *Primary Master* an, zeigt eine Zusatzseite die aktuellen BIOS-Einstellungen. Beim Typ »Auto« liest das BIOS bestimmte Sektoren der Festplatte aus und ermittelt aus diesen Daten selbstständig die korrekten Werte für die Festplattenparameter. Dies ist die Standardeinstellung für alle modernen Festplatten. Bei älteren Festplatten kann das BIOS u. U. diese Daten nicht ermitteln, das Laufwerk wird nicht korrekt erkannt. Kommt es bei älteren Festplatten/BIOS-Versionen zu solchen Problemen, müssen Sie ggf. die Festplattendaten (Köpfe, Zylinder, Sektoren) manuell im BIOS einstellen. Angaben dazu sind häufig auf der Festplatte aufgedruckt. Gelegentlich hilft auch eine Aktualisierung des BIOS, um die Festplatten sauber einzubinden.

4.1.2 Laufwerkpartitionierung prüfen und anpassen

Lassen sich Verkabelungsprobleme oder BIOS-Einstellungen als Fehler ausschließen bzw. wird die Festplatte als Laufwerk korrekt erkannt? Dann kann die Ursache für nicht nutzbare Festplattenlaufwerke noch an einer fehlenden Partitionierung, an falschen Partitionierungseinstellungen oder an einer fehlenden Formatierung liegen. Zum Partitionieren von Laufwerken bietet Windows verschiedene Ansätze.

Diskpart zum Partitionieren einsetzen

Sofern Sie das System mit einem Systemreparaturdatenträger oder der Windows 7-Setup-DVD booten können (siehe Kapitel 1), lässt sich auf das Fenster der Eingabeaufforderung zugreifen. Dann können Sie das Befehlszeilenprogramm »Diskpart« zur Analyse und Partitionierung der Festplatten verwenden (Abbildung 4.8). Nach dem Aufruf des Programms blendet dieses eine Befehlszeile im Fenster der Eingabeaufforderung ein und wartet auf entsprechende Befehle.

Ärger mit Festplattenlaufwerken

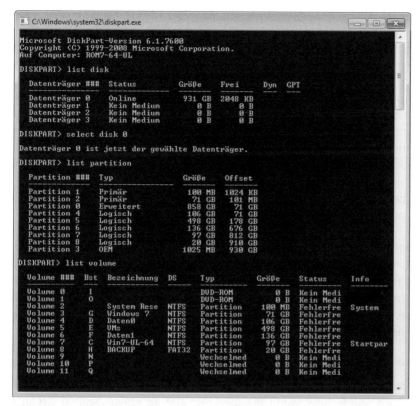

Abbildung 4.8: Diskpart-Befehle zur Anzeige logischer Laufwerke und Partitionen

» Mit *select disk = 0* ↵ wird die erste Festplatte als Laufwerk eingestellt.

» Danach können Sie mit dem Befehl *list partition* ↵ die auf diesem Laufwerk erkannten Partitionen auflisten lassen (Abbildung 4.8). Das Programm gibt dann an, ob es sich um eine primäre oder sekundäre Partition oder um ein logisches Laufwerk handelt. Zusätzlich wird die Kapazität der Partition aufgelistet.

» Mit der Eingabe *list volume* ↵ werden die von Windows erkannten logischen Laufwerke im Fenster der Eingabeaufforderung aufgelistet.

Durch Eingabe eines Fragezeichens und Betätigen der ↵-Taste lassen sich die verfügbaren Befehle auflisten. Beendet wird das Programm Diskpart durch Eingabe des Befehls *exit*.

Kapitel 4 • Hardware- und Laufwerkprobleme

INFO Eine als sogenannter Basisdatenträger (Master-Boot-Record-Festplatte) benutzte Festplatte kann standardmäßig in bis zu vier Partitionen unterteilt werden. Dabei muss mindestens eine dieser Partitionen primär sein. Die anderen Partitionen können in Diskpart als erweiterte (sekundäre) Partitionen angelegt werden. Mit *create partition primary size=xxx* wird eine Primärpartition der gewünschten Größe xxx in MByte erstellt, während *create partition extended size=xxx* eine Sekundärpartition erzeugt. Einer sekundären Partition lassen sich mehrere logische Laufwerke zuweisen (z.B. der Befehl *create volume simple size=1000* erzeugt ein 1-GByte-Volume). Ein angelegtes Volume muss formatiert werden, bevor es sich unter Windows benutzen lässt. Die Partitionierung ermöglicht Ihnen, eine physische Festplatte in mehrere logische Laufwerke aufzuteilen. Dies hat Vorteile, da bei Problemen auf einem Laufwerk der Inhalt der anderen Laufwerke meist nicht beeinflusst wird. So können Sie Windows auf Laufwerk *C:* neu installieren, ohne dass Daten auf den anderen Laufwerken verloren gehen.

Eine vom BIOS erkannte Festplatte lässt sich bei einem neuen Rechner, auf dem noch kein Betriebssystem vorhanden ist, direkt im Setup-Programm von Windows partitionieren. Während der ersten Installationsschritte zeigt das Setup-Programm die gefundenen Festplatten, deren Kapazität, die darauf enthaltenen logischen Laufwerke sowie unpartitionierte Bereiche. Sie finden dann Optionen, um Partitionen auf freien Festplattenbereichen anzulegen.

Laufwerkpartitionierung mit der Computerverwaltung

Sofern Sie den Rechner mit Windows booten können oder falls eine zweite Festplatte eingebaut wurde oder wenn Sie die Festplatte an einen zweiten Rechner angeschlossen haben, lässt sich die Laufwerkpartitionierung sehr komfortabel über die Datenträgerverwaltung der Computerverwaltung vornehmen:

1. Geben Sie »Comp« in das Suchfeld des Startmenüs ein, klicken Sie den angezeigten Befehl *Computerverwaltung* mit der rechten Maustaste an und wählen Sie den Kontextmenübefehl *Als Administrator ausführen*. Danach ist die Abfrage der Benutzerkontensteuerung zu bestätigen.

2. Im Fenster der Computerverwaltung wählen Sie in der linken Spalte den Zweig *Datenspeicher* und dann *Datenträgerverwaltung* an. Anschließend warten Sie, bis die Verbindung zu den Laufwerken hergestellt wurde.

Windows scannt dann den Rechner nach Laufwerken und zeigt deren Daten im rechten Teil der Computerverwaltung an. Für jedes Laufwerk (Datenträger) werden die Partitionen (unteres Teilfenster in Abbildung 4.9), zugewiesene logische Laufwerke und deren Kapazitäten angezeigt (oberes Teilfenster in Abbildung 4.9).

3. Klicken Sie mit der rechten Maustaste auf eine Partition oder ein logisches Laufwerk, stehen Ihnen Befehle zum Formatieren, Löschen oder Verwalten zur Verfügung (Abbildung 4.9).

Ärger mit Festplattenlaufwerken

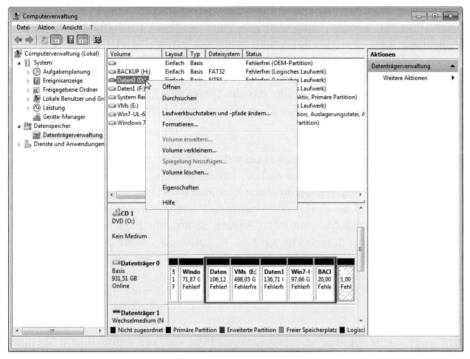

Abbildung 4.9: Datenträgerverwaltung unter Windows 7

Markiert die Datenträgerverwaltung das Symbol des physischen Laufwerks im rechten unteren Fenster durch einen Kreis mit einem nach unten weisenden roten Pfeil und dem Text »Nicht initialisiert« (Abbildung 4.10, Hintergrund)? Dann lassen sich keine Befehle zum Partitionieren anwählen. Klicken Sie im Fenster der Datenträgerverwaltung mit der rechten Maustaste auf das Symbol des physischen Laufwerks und wählen Sie im Kontextmenü den Befehl *Datenträger initialisieren*. Anschließend lässt sich in einem Dialogfeld vorgeben, ob der Datenträger als Master-Boot-Record-Medium oder GPT-Medium einzurichten ist (Abbildung 4.10, Vordergrund). Wählen Sie die MBR-Partitionierung und klicken Sie auf die *OK*-Schaltfläche. Nach der Initialisierung kennt die Datenträgerverwaltung das Laufwerk und gibt die Befehle zum Partitionieren frei.

TIPP

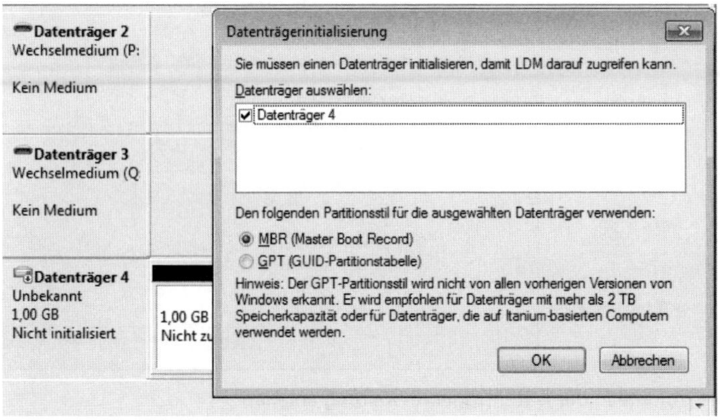

Abbildung 4.10: Datenträger initialisieren

Bei freien, d.h. unpartitionierten, Bereichen der Festplatte steht ein Kontextmenübefehl *Partition anlegen* zum Anlegen einer weiteren Partition zur Verfügung (Abbildung 4.11, Hintergrund, links). Nach der Anwahl startet ein Assistent, in dessen Dialogfeldern (Abbildung 4.11, Vordergrund) sich die Partitionsgröße vorgeben lässt. Anschließend können Sie der so angelegten Partition ein oder mehrere logische Laufwerke zuweisen. Ein Assistent fragt den Laufwerkbuchstaben sowie das gewünschte Format (FAT, FAT32, NTFS) ab und übernimmt auch die Formatierung.

INFO   Bei der Datenträgerverwaltung gibt es beim Partitionieren von MBR-Datenträgern noch eine Besonderheit. Es gibt keine Option, um die Art der Partition vorzugeben. Die Datenträgerverwaltung legt automatisch drei Primärpartitionen an. Erst wenn diese vorhanden sind, wird als Viertes eine erweiterte Partition (Sekundärpartition) zur Aufnahme mehrerer logischer Laufwerke erzeugt. Sofern allerdings eine versteckte Primärpartition auf dem Datenträger existiert, klappt dieser Ansatz nicht. Dann sind Sie auf Fremdtools oder Diskpart zum Partitionieren angewiesen. Weitere Hinweise rund um die Partitionierung mit der Datenträgerverwaltung finden Sie unter http://www.borncity.com/blog/2010/04/08/partitionierung-ein-buch-mit-7-siegeln/ [gbeh-k4-007].

Eine vorhandene Partition des Datenträgers lässt sich per Kontextmenü als aktiv markieren. Dies ist die Partition, die vom Master Boot Record beim Booten ausgewählt wird und die Windows-Dateien enthalten muss. Wird eine »falsche« Partition als aktiv markiert, kann Windows 7 nicht mehr booten.

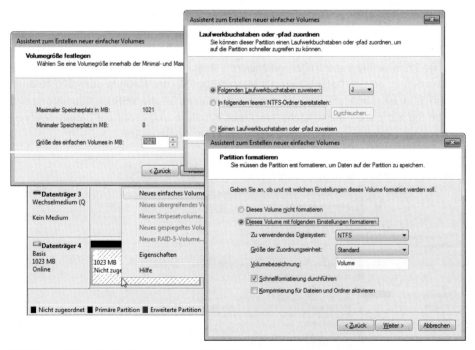

Abbildung 4.11: Logisches Volume in der Datenträgerverwaltung anlegen

Ärger mit Festplattenlaufwerken

Ein bereits bestehendes logisches Laufwerk können Sie über den Kontextmenübefehl *Formatieren* jederzeit mit einem neuen Dateisystem formatieren (Abbildung 4.12). Weiterhin lässt sich das Laufwerk mit dem Kontextmenübefehl *Laufwerk löschen* freigeben (um z.B. mehrere logische Laufwerke einer Partition in ein größeres Laufwerk umzuwandeln). Bei beiden Befehlen gehen aber alle Informationen auf dem logischen Laufwerk verloren.

Ein logisches Laufwerk kann niemals größer als die zugrunde liegende Partition sein. Ist die Kapazität eines logischen Laufwerks zu klein, müssen Sie die Partition vergrößern (ggf. mehrere Partitionen zu einer zusammenfassen). Hierzu wird unpartitionierter freier Speicherplatz am Ende der jeweiligen Partition benötigt. Ist kein freier Speicher vorhanden, müssen Sie erst die logischen Laufwerke der dahinter liegenden Partitionen löschen. Enthält eine Partition keine logischen Laufwerke mehr, lässt sich die Partition ebenfalls per Kontextmenü löschen. Dann wird dieser Bereich als frei markiert. Mehrere benachbarte Partitionen werden beim Löschen zu einem freien Bereich der Festplatte zusammengefasst. Dieser lässt sich anschließend als eine Partition mit größerer Kapazität anlegen, der dann ein logisches Laufwerk zugewiesen wird.

Abbildung 4.12: Laufwerk in der Datenträgerverwaltung formatieren

Die Datenträgerverwaltung von Windows 7 kann bestehende Volumes ohne Datenverlust verkleinern bzw. bei noch freier Kapazität auf der Partition vergrößern. Das Verkleinern funktioniert aber nur, wenn das logische Volume noch freie Kapazität am Partitionsende aufweist. Verweigert Windows 7 das Verkleinern einer Partition, obwohl rechnerisch noch genügend Kapazität frei sein müsste? Die Ursache sind Dateien, die am Ende des Partitionsbereichs abgelegt sind. Dies können auch Wiederherstellungspunkte oder Volumenschattenkopien sein (siehe *http://www.borncity.com/blog/2010/04/08/partitionierung-ein-buch-mit-7-siegeln/* [gbeh-k4-007]).

INFO

FAT- und FAT32-Partitionen werden nur noch selten benutzt. Lediglich Speicherkarten oder externe Festplatten sind FAT-formatiert, da dieses Format auch von anderen Betriebssystemen wie Mac OS X, Linux oder Geräten wie Digitalkameras gelesen werden kann. Für Windows 7 ist das NTFS-Format für das Systemlaufwerk und auch für Sicherungsmedien zwingend erforderlich, da dieses sowohl Dateien größer 2 GByte als auch Zugriffsberechtigungen auf Dateisystemelemente unterstützt.

Um eine FAT-Partition verlustfrei in das NTFS-Dateisystem umzuwandeln, können Sie die Eingabeaufforderung im Administratormodus öffnen und dort den Befehl *Convert lw: /FS:NTFS* eingeben. Anstelle des Platzhalters *lw:* ist dabei der Laufwerkbuchstabe des zu konvertierenden Laufwerks einzusetzen. Der Befehl *Convert /?* listet die verfügbaren Programmoptionen auf. Zur verlustfreien Umwandlung von NTFS-Datenträgern in das FAT-Format (i. d. R. nicht sinnvoll) sind Sie auf Partitionierungsprogramme von Drittanbietern wie Paragon Partition Manager angewiesen.

Partitionieren mit Fremdtools

Auch wenn die Datenträgerverwaltung von Windows 7 das verlustlose Vergrößern bzw. Verkleinern von Partitionen unterstützt, gibt es doch eine Menge Einschränkungen. So können, neben den oben genannten Einschränkungen, auch keine freien Bereiche am Ende einer Partition an den Anfang einer anderen Partition verschoben werden. Um möglichst flexibel partitionieren zu können, sind Sie auf Partitionierungstools von Drittherstellern angewiesen:

» *Paragon Partition Manager 11:* Dieses Werkzeug (Abbildung 4.13, unten) ermöglicht Ihnen, Partitionen zu erstellen, zu formatieren, zu löschen und zu vergrößern oder zu verkleinern. Sehr komfortabel ist die Möglichkeit, zwei aneinandergrenzende Partitionen zu einer größeren Partition zusammenzufassen oder Partitionen zu verschieben oder zu kopieren. Zudem können Sie Partitionsparameter ändern, Partitionen verstecken und wieder einblenden oder Dateisysteme ohne Datenverlust konvertieren. Eine eingebaute Defragmentierfunktion ermöglicht eine Low-Level-Defragmentierung auf FAT- und NTFS-Ebene. Zudem ermöglicht der Partition Manager das Erstellen einer Rettungs-CD/-DVD, mit der sich ein defektes System wieder booten und dann partitionieren lässt.

» *Acronis Disk Director Suite 11:* Diese Toolsammlung (Abbildung 4.13, oben) stellt in einem Fenster Funktionen zum Festplattenmanagement bereit. Mit dem Acronis Partition Expert lassen sich Partitionen erstellen, verschieben, kopieren, in der Größe ändern, aufteilen und zusammenführen. Die Funktionen ermöglichen das Anpassen bestehender Partitionen ohne Datenverlust. Der Acronis OS Selector ist ein Bootlader, der Ihnen das Booten mehrerer Betriebssysteme ermöglicht. Mit dem Acronis Recovery Expert steht Ihnen ein Werkzeug zur Wiederherstellung von verlorenen oder versehentlich gelöschten Partitionen zur Verfügung. Der Acronis Disk Editor bietet Bearbeitungsfunktionen für Festplatteninhalte.

Wer häufiger Festplatten partitioniert, kommt um die Anschaffung dieser Werkzeuge nicht herum. Achten Sie bei Windows 7 darauf, dass die erworbene Version für dieses Betriebssystem freigegeben ist. Weitere Hinweise zu den beiden Programmen finden Sie auf den Herstellerseiten *http://www.paragon-software.de* [gbeh-k4-008] und *http://www.acronis.de* [gbeh-k4-009].

Ärger mit Festplattenlaufwerken

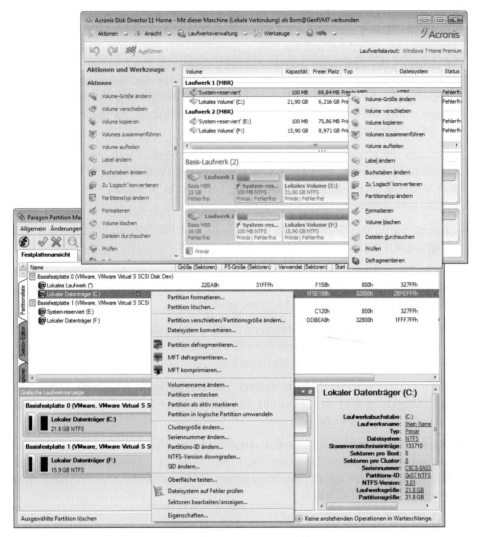

Abbildung 4.13: Acronis Disk Director Suite und Paragon Partition Manager

4.1.3 Die Festplattenzugriffe sind sehr langsam

Haben Sie das Gefühl, dass das System bei Festplattenzugriffen sehr langsam ist oder können Sie dies anhand von Benchmarks mit Testprogrammen sogar belegen? Wenn eine schnelle Festplatte verbaut ist und das Motherboard den schnellen Übertragungsmodus unterstützt, kann dies an verschiedenen Ursachen liegen:

» Überprüfen Sie bei (P)ATA-Festplatten (IDE), ob die Steckbrücken für den Master/Slave-Betrieb für alle Geräte korrekt gesetzt sind. Die erste Festplatte sollte im Master-Betrieb, die zweite Festplatte im Slave-Modus am ersten IDE-Controller hängen. Auch defekte Kabel kommen als Ursache infrage, wenn diese den langsamen PIO-Mode erzwingen.

» Oft werden Rechner so konfiguriert, dass am ersten IDE-Controller eine Festplatte als Master und ein DVD-Laufwerk als Slave angeschlossen sind. Der Controller stellt sich dann auf das langsamere DVD-Laufwerk ein. Steigt die Transferleistung der Festplatte, sobald das DVD-Laufwerk abgeklemmt wird, sollten Sie das DVD-Laufwerk am zweiten IDE-Controller im Master/Slave-Modus betreiben und den ersten IDE-Controller für die Festplatten reservieren. Allerdings dürfte dieses Problem nur noch selten auftauchen, da moderne Rechner und Laufwerke SATA-Schnittstellen verwenden.

Lassen sich die obigen Probleme als Ursache ausschließen und arbeitet der Controller korrekt, kann es auch sein, dass Windows die Festplatte nicht im schnellen Direct Memory Access-Modus (DMA-Mode) betreibt. In Windows 7 können Sie die Modi für Festplattenzugriffe sehr einfach kontrollieren:

1. Tippen Sie in das Suchfeld des Startmenüs »Geräte« ein und wählen Sie den angezeigten Befehl *Geräte-Manager* an.

2. Expandieren Sie in der linken Spalte des Geräte-Managers den Eintrag *IDE ATA/ATAPI-Controller* und doppelklicken Sie dann auf den Eintrag des ATA-Kanals des Laufwerks (Abbildung 4.14, Hintergrund).

3. Klicken Sie im Eigenschaftenfenster des ATA-Kanals auf der Registerkarte *Allgemein* die Schaltfläche *Erweitere Einstellungen* an und bestätigen Sie die Sicherheitsabfrage der Benutzerkontensteuerung.

4. Wechseln Sie im Eigenschaftenfenster zur Registerkarte *Erweiterte Einstellungen* (Abbildung 4.14, Vordergrund) und kontrollieren Sie dort die Einstellungen für den Übertragungsmodus.

Standardmäßig wird automatisch der aktuelle Modus angezeigt und in der Gruppe *Geräteeigenschaften* sollte das Kontrollkästchen *DMA aktivieren* markiert sein. Die Änderungen werden nach der Bestätigung der *OK*-Schaltfläche aber erst nach dem nächsten Systemstart wirksam.

INFO Bei manchen Systemen, die extrem langsam laufen, hilft es, die BIOS-Einstellungen auf die Standardwerte zurückzustellen, um einen schnelleren Betriebsmodus zu erreichen.

Die Firma Hitachi stellt für Laufwerke unter *http://www.hitachigst.com/hdd/support/download.htm* [gbeh-k4-012] das Testprogramm *Drive Fitness Test* für Festplatten zum kostenlosen Download bereit. Auf der Seite finden Sie auch ein CD-Image, welches zum Erzeugen einer bootbaren CD mit dem Testprogramm verwendet werden kann.

Ärger mit Festplattenlaufwerken

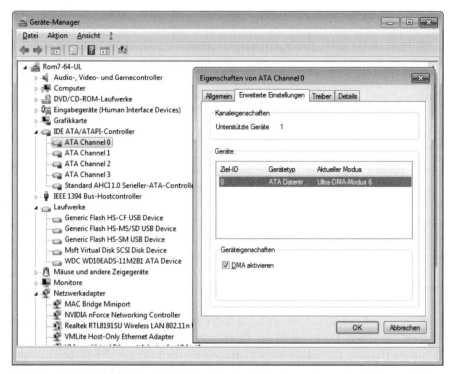

Abbildung 4.14: Eigenschaften des IDE-Kanals ansehen

4.1.4 Es gibt Konflikte mit Laufwerkbuchstaben

Bauen Sie neue Laufwerke (BD-/DVD-Laufwerke, Wechseldatenträger) in den Rechner ein, werden diesen beim Systemstart durch Windows automatisch Laufwerkbuchstaben zugewiesen. Ähnliches gilt für Wechseldatenträger oder Speicherkartenleser. Auch beim Partitionieren einer eingebauten Festplatte mit Aufteilung in logische Laufwerke erhalten diese durch Windows einen Laufwerkbuchstaben zugewiesen.

Windows reserviert beim Systemstart die Laufwerkbuchstaben A: und B: für Diskettenlaufwerke, auch wenn solche nicht vorhanden sind. Danach werden die gefundenen Festplattenlaufwerke, beginnend mit C:, durchnummeriert. Anschließend weist Windows den CD-, BD- und DVD-Laufwerken die nächsten freien Buchstaben zu. Sind Wechseldatenträger (z.B. Lesegeräte für Speicherkarten oder USB-Sticks) angeschlossen, erhalten diese ebenfalls freie Laufwerkbuchstaben zugewiesen. Bauen Sie neue Festplatten ein oder verändern Sie die Zahl der logischen Laufwerke durch Umpartitionieren einer Festplatte, wirkt sich dies auf die von Windows vergebenen Laufwerkbuchstaben für die nachfolgenden Laufwerke aus.

INFO

Standardmäßig erhält die Windows-Systempartition immer den Laufwerkbuchstaben C: zugewiesen. Dies kann bei Dual-Boot-Konfigurationen dazu führen, dass die

Zuordnung der restlichen Laufwerkbuchstaben sich beim Booten zwischen den verschiedenen Betriebssystemen verändert. Um Windows 7 bei Dual-Boot-Konfigurationen einen festen logischen Laufwerkbuchstaben zuzuweisen, müssen Sie dies bereits bei der Installation berücksichtigen. Booten Sie das vorhandene Windows, legen Sie die Windows 7-Installations-DVD ein und führen Sie das Setup-Programm aus. Anschließend ist die Installationsvariante *Benutzerdefiniert* zu wählen. Da das aktuell gebootete Betriebssystem den Laufwerkbuchstaben *C:* belegt, behält die Partition mit der neuen Windows 7-Installation den im Dateisystem zugewiesenen Laufwerkbuchstaben bei.

Achten Sie beim Einbau oder der Bereitstellung neuer logischer Laufwerke darauf, dass sich der Laufwerkbuchstabe für das Windows-Systemlaufwerk nicht ändert. Andernfalls kann der Rechner nach dem nächsten Systemstart Windows nicht mehr laden. Die geänderten Laufwerkbuchstaben führen außerdem zu Problemen bei der Nachinstallation von Programmfunktionen. Das Setup-Programm fordert dann das Installationsmedium an, obwohl dieses bereits im Laufwerk liegt. Sie sind u. U. gezwungen, jeweils den Installationspfad manuell im Installationsdialogfeld anzupassen. Oder Anwendungen haben Probleme, weil sie durch die geänderten Laufwerkbuchstaben nicht mehr auf Daten zugreifen können. Vermeiden lässt sich dies alles, wenn Sie neuen logischen Laufwerken manuell freie Laufwerkbuchstaben zuweisen. Dann bleibt die Laufwerknummerierung für bereits vorhandene Geräte erhalten. Die Laufwerkbuchstaben können Sie bei der Partitionierung der Festplatte (siehe den Abschnitt »Laufwerkpartitionierung mit der Computerverwaltung« ab Seite 196) vergeben. Oder Sie gehen folgendermaßen vor:

Abbildung 4.15: Anpassen der Laufwerkbuchstaben

1. Geben Sie in das Suchfeld des Startmenüs »Computer« ein und starten Sie den angezeigten Befehl *Computerverwaltung* über den Kontextmenübefehl *Als Administrator ausführen*.

2. Wählen Sie in der linken Spalte der Computerverwaltung den Eintrag für die Datenträgerverwaltung und warten Sie, bis die Laufwerkdaten eingelesen wurden.

3. Klicken Sie in der rechten Spalte das logische Laufwerk, dessen Laufwerkbuchstaben Sie ändern möchten, mit der rechten Maustaste an und wählen Sie im Kontextmenü den Befehl *Laufwerkbuchstaben und -pfade ändern* (Abbildung 4.9, Seite 197).

4. Wählen Sie im Dialogfeld *Laufwerkbuchstabe und -pfade für ... ändern* die Schaltfläche *Ändern* (Abbildung 4.15, Hintergrund).

5. Im Dialogfeld *Laufwerkbuchstabe oder -pfad ändern* (Abbildung 4.15, Vordergrund) ist dann das Optionsfeld *Folgenden Laufwerkbuchstaben zuweisen* markiert und Sie können über das rechts daneben befindliche Listenfeld einen freien Laufwerkbuchstaben auswählen.

Verlassen Sie anschließend die Dialogfelder jeweils über die *OK*-Schaltfläche. Nach einer Warnmeldung, die Sie bestätigen müssen, wird dem Laufwerk der neue Buchstabe zugewiesen.

Die Zuweisung neuer Laufwerkbuchstaben klappt nicht nur bei Festplatten, sondern auch bei Wechseldatenträgern (BD-/DVD-Laufwerken, Brennern und Kartenlesern). Bei externen Laufwerken, die per USB- oder FireWire-Schnittstelle bzw. eSATA angeschlossen werden, müssen Sie die Geräte lediglich zur Anpassung des Laufwerkbuchstabens kurz in Betrieb nehmen.

INFO

Hat sich die Zahl der logischen Laufwerke durch Einbau neuer Komponenten oder Neupartitionierung verändert, weisen Sie diesen einfach freie Laufwerkbuchstaben zu. Fügen Sie neue Laufwerke zum System hinzu, können Sie diesen auf die gleiche Weise unbelegte Laufwerkbuchstaben zuweisen.

Sind am Rechner Speicherkartenleser angeschlossen, blendet Windows für jedes vom Leser unterstützte Kartenformat ein Wechseldatenträger-Laufwerksymbol ein. Falls Sie nur ein oder zwei Speicherkartentypen verwenden, können Sie die Anzeige der restlichen Laufwerke unterdrücken. Öffnen Sie den Geräte-Manager und expandieren Sie den Zweig *Laufwerke*. Doppelklicken Sie auf den Eintrag eines nicht benutzten Speicherkartenlesegeräts, klicken Sie auf der Registerkarte *Allgemein* auf die Schaltfläche *Einstellungen ändern* und bestätigen Sie die Abfrage der Benutzerkontensteuerung. Danach wählen Sie auf der Registerkarte *Treiber* die Schaltfläche *Deaktivieren*. Durch die so deaktivierten Kartenleser wird Windows diese im Ordnerfenster *Computer* nicht mehr anzeigen, kann die Leseeinschübe aber auch nicht mehr verwenden.

TIPP

4.1.5 Auf der Festplatte gibt es Lesefehler

Systemabstürze, Soft- und Hardwareprobleme können zu Fehlern an den gespeicherten Daten der Laufwerke führen. Bei einem Neustart nach einem Systemabsturz führt Windows automatisch eine Festplattenprüfung durch, um ggf. Probleme mit dem Dateisystem zu erkennen und zu beheben. Haben Sie den Verdacht, dass etwas auf der Festplatte nicht ganz in Ordnung ist, können Sie zudem

Kapitel 4 • Hardware- und Laufwerkprobleme

eine Prüfung auf fehlerhafte Daten auf der Windows-Ebene durchführen und Datenfehler korrigieren lassen:

1. Klicken Sie im Ordnerfenster *Computer* mit der rechten Maustaste auf das zu überprüfende Laufwerk und wählen Sie im Kontextmenü den Eintrag *Eigenschaften*.

2. Klicken Sie auf der Registerkarte *Tools* auf die Schaltfläche *Jetzt prüfen* (Abbildung 4.16, Hintergrund) und bestätigen Sie anschließend die Sicherheitsabfrage der Benutzerkontensteuerung.

3. Im dann geöffneten Dialogfeld markieren Sie die Kontrollkästchen der gewünschten Prüfoptionen und klicken auf die Schaltfläche *Starten* (Abbildung 4.16, Vordergrund).

Abbildung 4.16: Datenträger überprüfen (Windows 7)

In der Regel genügt es, die Fehlerprüfung ohne markierte Optionen zu starten. Dann werden Sie über eventuell gefundene Probleme informiert. In einem zweiten Durchlauf können Sie Dateisystemfehler durch Markieren der betreffenden Option automatisch korrigieren lassen. Die Option *Fehlerhafte Sektoren suchen/wiederherstellen* führt eine intensivere Prüfung durch, die allerdings bei größeren Laufwerken recht lange dauern kann.

INFO Die Prüfung ist nur bei geschlossenen Dateien möglich. Windows 7 überprüft das Systemlaufwerk, indem ein Neustart ausgeführt und dann der Test durch die Befehlszeilenversion des Programms durchgeführt wird. Beim NTFS-Dateisystem werden Transaktionen automatisch protokolliert und fehlerhafte Cluster ersetzt.

Im Fenster der administrativen Eingabeaufforderung können Sie die Festplatte mit dem Befehl *chkdsk* ebenfalls auf Fehler überprüfen. Verwenden Sie im Fenster der Eingabeaufforderung den Befehl *chkdsk /?*, erscheint ein Text mit den Aufrufoptionen des Programms.

4.1.6 SMART-Werte der Festplatte auslesen

Um einen Ausfall der Festplatte ggf. bereits im Vorfeld feststellen zu können, verfügen diese über eine Selbstüberwachung (SMART = Self-Monitoring, Analysis and Reporting). Die betreffende Funktion überwacht bestimmte Parameter und speichert Fehlerwerte, die sich mit geeigneten Tools wie System Information for Windows (SIW, *http://www.gtopala.com/* [gbeh-k2-016]), GSmartControl (*http://gsmartcontrol.berlios.de/home/index.php/en/Home* [gbeh-k4-039]) auslesen und anzeigen lassen (Abbildung 4.17).

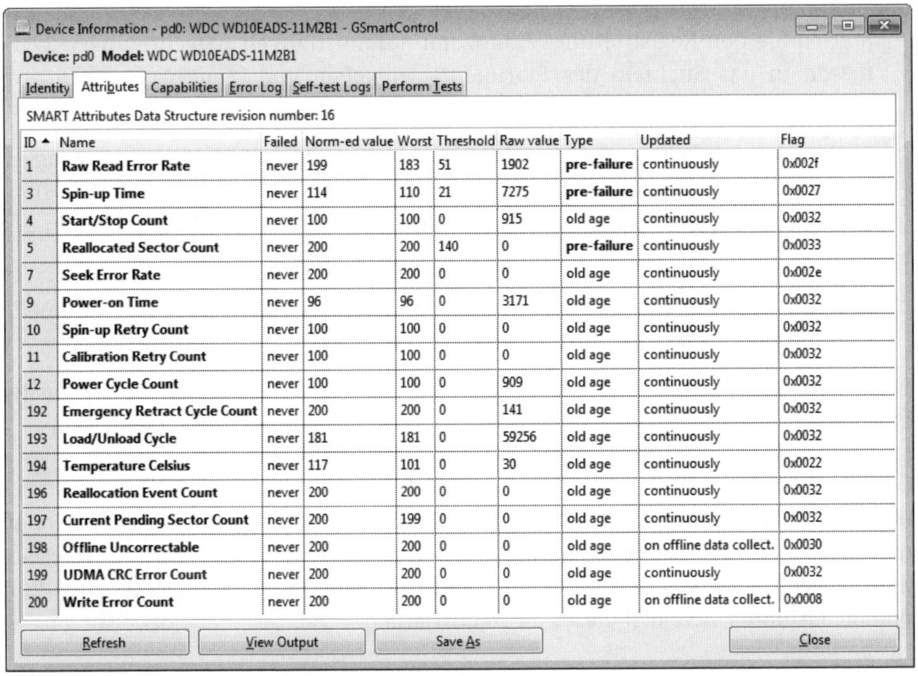
Device Information - pd0: WDC WD10EADS-11M2B1 - GSmartControl

Device: pd0 **Model:** WDC WD10EADS-11M2B1

Identity | Attributes | Capabilities | Error Log | Self-test Logs | Perform Tests

SMART Attributes Data Structure revision number: 16

ID ▲	Name	Failed	Norm-ed value	Worst	Threshold	Raw value	Type	Updated	Flag
1	**Raw Read Error Rate**	never	199	183	51	1902	**pre-failure**	continuously	0x002f
3	**Spin-up Time**	never	114	110	21	7275	**pre-failure**	continuously	0x0027
4	**Start/Stop Count**	never	100	100	0	915	old age	continuously	0x0032
5	**Reallocated Sector Count**	never	200	200	140	0	**pre-failure**	continuously	0x0033
7	**Seek Error Rate**	never	200	200	0	0	old age	continuously	0x002e
9	**Power-on Time**	never	96	96	0	3171	old age	continuously	0x0032
10	**Spin-up Retry Count**	never	100	100	0	0	old age	continuously	0x0032
11	**Calibration Retry Count**	never	100	100	0	0	old age	continuously	0x0032
12	**Power Cycle Count**	never	100	100	0	909	old age	continuously	0x0032
192	**Emergency Retract Cycle Count**	never	200	200	0	141	old age	continuously	0x0032
193	**Load/Unload Cycle**	never	181	181	0	59256	old age	continuously	0x0032
194	**Temperature Celsius**	never	117	101	0	30	old age	continuously	0x0022
196	**Reallocation Event Count**	never	200	200	0	0	old age	continuously	0x0032
197	**Current Pending Sector Count**	never	200	199	0	0	old age	continuously	0x0032
198	**Offline Uncorrectable**	never	200	200	0	0	old age	on offline data collect.	0x0030
199	**UDMA CRC Error Count**	never	200	200	0	0	old age	continuously	0x0032
200	**Write Error Count**	never	200	200	0	0	old age	on offline data collect.	0x0008

Refresh | View Output | Save As | Close

Abbildung 4.17: SMART-Werte in SIW überprüfen

Der Parameter wird dabei als Rohwert (RAW) und normierter Wert (Value) ausgewiesen. Zusätzlich sind für die kritischen Parameter noch der schlechteste erreichte Wert (Worst) und der Schwellwert (Treshold) ausgewiesen. Der Wert für einen Parameter startet beim Skalenendwert und wird bei Fehlern oder zunehmendem Alter der Festplatte reduziert. Sinkt ein Wert unter den vom Hersteller angegebenen Schwellwert (Treshold), liegt ein Problem mit der Festplatte vor. Weitere Hinweise zu den SMART-Parametern finden Sie auf den Webseiten *http://de.wikipedia.org/wiki/Self-Monitoring,_Analysis_and_Reporting_Technology* [gbehk4-040] und *http://www.pcwelt.de/tipps/Festplatte-Smart-Werte-richtig-deuten-1333678.html* [gbeh-k4-041].

4.2 Probleme mit BD-/DVD-Laufwerken

Die meisten Systeme sind mittlerweile mit BD- oder DVD-Laufwerken oder -Brennern ausgestattet. Auch hier gibt es diverse Probleme, die sich oft mit etwas Hintergrundwissen beheben oder umgehen lassen.

4.2.1 Das CD-/DVD-/BD-Laufwerk wird nicht erkannt

Sind plötzlich CD-, DVD- oder BD-Laufwerke aus dem Ordnerfenster *Computer* verschwunden? Haben Sie vor den Problemen Brenn-, Videoschnitt- und Authoringprogramme etc. installiert bzw. deinstalliert? Dann kann ein fehlerhafter Registrierungseintrag die Ursache sein.

1. Starten Sie den Registrierungs-Editor mit administrativen Berechtigungen (z. B. regedit in das Suchfeld des Startmenüs eingeben und [Strg] + [⇧] + [↵] drücken).

2. Suchen Sie den Schlüssel *HKEY_LOCAL_MACHINE\SYSTEM\CurrentControlSet\Control\Class* und dann den Eintrag {4D36E965-E325-11CE-BFC1-08002BE10318}. Exportieren Sie zur Sicherheit diesen Schlüssel über den Befehl *Exportieren* des Menüs *Datei*.

3. Prüfen Sie, ob im Schlüssel die Werte *LowerFilters* und *UpperFilters* vorhanden sind, und entfernen Sie diese.

Nach dem Neustart des Systems sollten die Laufwerke wieder im Ordnerfenster erscheinen.

INFO — Der Hersteller Nero AG des Brennprogramms »Nero« stellt auf seiner Webseite *http://www.nero.com/deu/tools-utilities.html* [gbeh-k4-013] verschiedene Tools zum Bereinigen von Windows zur Verfügung. Klicken Sie dazu im Download-Bereich der Webseite auf die Registerkarte »Nero General Cleantools«. Wenn Sie das entsprechende Programm ausführen, bereinigt dieses die Registrierung.

4.2.2 Die obigen Maßnahmen helfen nicht

Wird das betreffende optische Laufwerk unter Windows nicht erkannt oder haben die obigen Maßnahmen versagt bzw. treffen die Voraussetzungen nicht zu? Dann liegt vielleicht ein Hardwarekonflikt vor. Prüfen Sie zunächst, ob das Gerät überhaupt richtig eingebaut wurde und auch am richtigen IDE-/SATA-Kanal angeschlossen ist.

Probleme mit BD-/DVD-Laufwerken

Ist die Verkabelung korrekt und das Gerät auch korrekt für den primären bzw. sekundären IDE-Kanal als Master oder Slave konfiguriert? Sie könnten dann den Rechner herunterfahren, neu starten und das BIOS-Setup beim Booten aufrufen. Das BIOS-Setup wird meist durch Drücken einer Taste wie [Entf] oder [F2] in den ersten Sekunden des Systemstarts aktiviert. Die benötigte Taste wird beim Booten in einem Textbildschirm angezeigt. Überprüfen Sie dann im BIOS die Einstellungen für die IDE-/SATA-Schnittstelle. Gelegentlich sind Controller abgeschaltet, und Sie müssen diese dann freigeben. Verlassen Sie das BIOS und speichern Sie ggf. durchgeführte Änderungen.

Waren die BIOS-Einstellungen in Ordnung und wird das Laufwerk trotzdem nicht korrekt unter Windows erkannt?

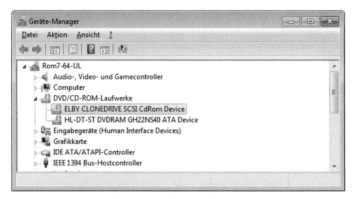

Abbildung 4.18: CD-/DVD-Laufwerke im Geräte-Manager

1. Rufen Sie den Geräte-Manager (z. B. über das Suchfeld des Startmenüs) auf und navigieren Sie dann zum Zweig *DVD/CD-ROM-Laufwerke* (Abbildung 4.18).

2. Expandierten Sie den Zweig und prüfen Sie, ob Windows die Laufwerke in der Geräteliste aufführt. Falls ja, prüfen Sie, ob das Symbol mit einem gelben Fragezeichen, einem roten Kreuz etc. versehen ist.

Ein gelbes Fragezeichen signalisiert, dass etwas mit dem Treiber für das Laufwerk nicht in Ordnung ist. Ein nach unten zeigender Pfeil signalisiert, dass der Treiber deaktiviert wurde. Bei einem deaktivierten Gerät können Sie dessen Symbol per Doppelklick anwählen. Arbeiten Sie unter einem Standardbenutzerkonto, ist dann auf der Registerkarte *Allgemein* noch die Schaltfläche *Einstellungen ändern* anzuklicken. Nach Bestätigung der Abfrage der Benutzerkontensteuerung lässt sich das Gerät auf der Registerkarte *Treiber* aktivieren oder deinstallieren. Unter Administratorkonten wird der Zugriff auf die Geräteeigenschaften direkt freigegeben und die Anwahl der Schaltfläche *Einstellungen ändern* entfällt. Werden Treiberprobleme durch ein gelbes Fragezeichen signalisiert, lassen Sie Windows den Treiber über die entsprechende Schaltfläche der Registerkarte aktualisieren.

TIPP Bei hartnäckigen Problemen mit dem Brennerlaufwerk hilft gelegentlich auch ein radikaler Trick. Rufen Sie den Geräte-Manager auf, suchen Sie das betreffende Laufwerk und entfernen Sie dieses aus der Gerätekonfiguration. Anschließend fahren Sie Windows herunter und lassen das System neu booten. Windows wird dann beim nächsten Hochfahren den Treiber neu installieren. Oft sind dann die Probleme mit dem nicht erkannten Laufwerk behoben.

4.2.3 Beim Einlegen einer CD/DVD/BD rattert das Laufwerk

Fängt das optische Laufwerk nach dem Einlegen des Mediums (CD, DVD, BD) laut an zu rattern? Meist sind Unwuchten oder schlechte Rohlinge die Ursache für dieses Verhalten. Bei den Lesegeschwindigkeiten moderner Laufwerke wirken sich selbst kleinste Fehler auf die Laufruhe aus. Nicht für die betreffende Geschwindigkeit spezifizierte Medien oder aufgeklebte Labels sind häufige Ursachen für diesen Effekt. Sie sollten das Medium möglichst zügig dem Laufwerk entnehmen und durch eine Kopie ersetzen.

4.2.4 Das Medium wird vom Laufwerk nicht erkannt

Sie haben eine CD, BD oder eine DVD in ein Laufwerk eingelegt und dann das Laufwerk im Ordnerfenster *Computer* per Doppelklick angewählt. Anstatt den Inhalt des Mediums anzuzeigen, arbeitet das Laufwerk minutenlang und Windows fordert Sie plötzlich zum Einlegen des Datenträgers auf oder zeigt an, dass das Medium nicht gelesen werden kann? Dies kann mehrere Ursachen haben. Prüfen Sie folgende Punkte, um eventuelle banale Fehler auszuschließen (dies ist mir alles schon untergekommen):

» Stellen Sie sicher, dass das Medium zum Laufwerk passt (ein DVD-Laufwerk kann z.B. keine BD-Medien lesen).

» Lassen Sie das Medium auswerfen und prüfen Sie, ob vielleicht zwei Medien übereinander eingelegt wurden. Ist nur ein Medium vorhanden, prüfen Sie, ob dieses mit der richtigen Seite in das Laufwerk eingelegt wurde. Die Datenträgerschicht muss nach unten liegen, die Seite mit dem Aufdruck zeigt nach oben. Bei doppelseitigen DVDs ist nicht immer klar, welche Seite nun Daten enthält.

» Meldet Windows bei CD-/DVD-/BD-Rohlingen einen Datenfehler? Prüfen Sie bei Rohlingen, ob diese auch wirklich gebrannt wurden und Daten enthalten. Sie müssen den Rohling in einen geeigneten Brenner legen und testen, ob die Disk bereits eine Session enthält. Hierzu können Sie das Programm »IsoBuster« (*http://www.isobuster.com* [gbeh-k4-014]) nutzen. Starten Sie das Programm und wählen Sie das Laufwerk aus. Bei einem leeren Rohling meldet das Programm dies in der linken Spalte.

Können Sie die obigen eher banalen Fehler ausschließen, kann die Ursache am Laufwerk oder am Medium liegen.

Das Laufwerk erkennt keine gebrannten Medien

Nutzen Sie CD-, BD- oder DVD-Rohlinge, tritt häufiger der Effekt auf, dass Laufwerke das Lesen von CD-RWs, BD-RWs oder von DVDs verweigern. Bei CD-RWs liegt das Problem am geringeren Reflektionsgrad der Datenträgerschicht. Die Optik ist bei älteren CD-Laufwerken nicht leistungsfähig genug, um die Daten zu erkennen.

Bei DVDs ist der Fall noch komplizierter. Bei den Rohlingen gibt es verschiedene Standards (DVD+R, DVD+RW, DVD-R, DVD-RW, DVD+R DL, DVD-R DL, DVD-RAM). Ein selbst gebrannter Rohling wird sich nur dann in einem DVD-Laufwerk lesen lassen, wenn das Laufwerk den Disktyp auch unterstützt. Ähnliches gilt für BD-Rohlinge. Aktuelle Brenner und Laufwerke sollten aber gebrannte CDs und DVDs erkennen. In BD-Laufwerken sollten auch gebrannte BD-R- und -RW-Rohlinge erkannt werden.

INFO: Gibt es Probleme mit der Wiedergabe von Video-DVDs im Windows Media Player, haben Sie vielleicht die Windows 7 Starter Edition oder eine Windows 7 Home Premium N-Version. In diesen Versionen ist der MPEG-2-Decoder zur Wiedergabe der Videoinhalte nicht enthalten. Verwenden Sie ein Wiedergabeprogramm wie den VLC-Player (*http://www.videolan.org/* [gbeh-k4-015]) zum Abspielen der Video-DVDs.

Bei Blu-ray Discs mit Videoinhalten wird ein BD-Decoder benötigt, der nicht Bestandteil von Windows 7 ist. Sie benötigen ein spezielles Wiedergabeprogramm mit BD-Unterstützung wie Cyberlink PowerDVD (*http://de.cyberlink.com/* [gbeh-k4-016]). Diese installieren auch den benötigten Decoder, um Videos anzuzeigen.

Um herauszufinden, welche Medien von einem Laufwerk unterstützt werden, lässt sich das Programm DVDInfo (als Testversion) von der Internetseite *http://www.dvdinfopro.com/* [gbeh-k4-017] herunterladen. Weist das Testprogramm das Laufwerk als kompatibel zum benutzten Rohlingstyp (z.B. DVD+R/+RW, DVD-R/-RW) aus, die Rohlinge lassen sich aber trotzdem nicht lesen? In diesem Fall kann es an der verwendeten Rohlingsmarke liegen.

Beim Zugriff auf das Medium treten ständig Lesefehler auf

Treten beim Zugriff auf das Medium ständig Lesefehler auf, kann die Oberfläche der Datenträgerschicht verschmutzt, zerkratzt oder beschädigt sein. Entnehmen Sie das Medium dem Laufwerk und überprüfen Sie die Oberfläche der CD/DVD.

- » Befinden sich dort Fingerabdrücke oder Schmutzreste, reinigen Sie die Oberfläche mit einem weichen, feuchten Tuch, indem Sie die Verunreinigungen von innen nach außen wegwischen. Achten Sie beim Wischen darauf, dass keine Kratzer entstehen, da dies zu weiteren Fehlern führt.

- » Sind bereits Kratzer auf der Oberfläche der Datenschicht zu sehen? Im Handel gibt es spezielle Reparaturkits, mit denen sich solche Kratzer wegpolieren lassen. Es gibt auch die Möglichkeit, feine Kratzer mit Zahnpasta (muss ein Schleifmittel enthalten) wegzupolieren.

Gelegentlich findet man den Rat, die Linse des Lasers im Laufwerk zu reinigen, um Datenfehler durch Verschmutzung zu vermeiden. Hierzu gibt es spezielle Reinigungs-CDs mit Bürsten, die in das Laufwerk eingelegt werden können. Verzichten Sie auf diese Reparaturversuche, da es nicht hilft, aber möglicherweise dazu beiträgt, das Laufwerk vollständig zu beschädigen.

Die CD/DVD/BD kann überhaupt nicht mehr gelesen werden

Haben Sie die Ansätze im vorherigen Abschnitt probiert, konnten den Inhalt der CD, DVD oder BD aber nicht mehr komplett auslesen? Ist die Datenträgerschicht einer selbst gebrannten CD/DVD/BD fehlerhaft oder sind die Dateien auf dem Medium teilweise beschädigt? Manchmal gelingt es, mit Spezialprogrammen zumindest einen Teil des Diskinhalts zu retten.

Eine Möglichkeit stellt das bereits erwähnte Programm IsoBuster (*http://www.isobuster.com/* [gbeh-k4-014]) dar. Rufen Sie das Programm nach der Installation auf und wählen Sie das Laufwerk mit dem eingelegten Medium aus. Sofern sich Teile der CD/DVD/BD bzw. das Inhaltsverzeichnis noch lesen lassen, listet das Programm die gefundenen Strukturen auf (Abbildung 4.19). Sie können die Tracks und Ordner in der linken Spalte anwählen und dann per Kontextmenü Dateien und Ordner auf die Festplatte extrahieren lassen. IsoBuster stellt dabei auch die Option bereit, die Daten im RAW-Modus zu speichern.

TIPP Neben IsoBuster gibt es noch weitere Spezialprogramme, um CD- und DVD-(RW)-Medien mit defekten oder gelöschten Dateien rekonstruieren zu können. »CD-Roller« (*http://www.cdroller.com* [gbeh-k4-019]) enthält ebenfalls einen UDF-Reader (UDF steht für Universal Disk Format) und kann gelöschte Dateien von UDF-formatierten Medien (diese lassen sich wie Flash-Medien mit einzelnen Dateien beschreiben) rekonstruieren sowie ISO-Images von CDs/DVDs/BDs anfertigen. Details entnehmen Sie bitte der Programmdokumentation.

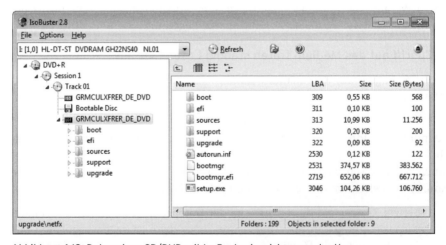

Abbildung 4.19: Daten einer CD/DVD mit IsoBuster inspizieren und retten

4.2.5 Ich krieg die CD/DVD nicht mehr aus dem Laufwerk

BD- und DVD-Laufwerke sowie -Brenner haben eine Auswurftaste für die Laufwerkschublade an der Vorderseite. Ist ein Medium eingelegt, brauchen Sie lediglich diese Taste zu drücken, um die Schublade auszufahren und das Medium zu entnehmen. Bei laufendem Windows-Betrieb funktioniert dies aber nicht, das Drücken der Auswurftaste bleibt ohne Folgen. Dies kann verschiedene Ursachen haben:

» Blinkt die Anzeige am Laufwerk, greift Windows oder ein Programm auf das Medium zu. Dann wird der Auswurf von Windows blockiert. Sie müssen einfach warten, bis die Zugriffe beendet sind.

» Manchmal passiert es, dass die Schublade für den Bruchteil einer Sekunde aus- und dann sofort wieder eingefahren wird. Sie haben dann keine Chance, das Medium zu entnehmen. Die Ursache liegt dann bei Ihnen, Sie haben die Auswurftaste mehrfach gedrückt. Windows speichert dies und arbeitet die Befehle nacheinander ab. Warten Sie einfach, bis sich nichts mehr auf dem Laufwerk tut, und drücken Sie einmal die Auswurftaste. Nach einiger Zeit sollte die Schublade ausgefahren werden.

» Sie drücken die Auswurftaste, aber es tut sich nichts. Auch der Kontextmenübefehl *Ausfahren* des Laufwerks (aufrufbar im Ordnerfenster) bewirkt nichts? Das deutet bei Windows auf einen gravierenden Fehler hin. Manchmal kommt es vor, dass die Laufwerktreiber abstürzen. Fahren Sie den Rechner herunter und starten Sie Windows neu. Dann sollte sich die Schublade wieder ausfahren lassen.

Abbildung 4.20: Notauswurf einer CD/DVD/BD

Es gibt aber Fälle, wo das Laufwerk defekt ist und die Auswurftaste nicht mehr funktioniert. Oder der Rechner lässt sich nicht mehr starten, es liegt aber noch eine CD/DVD im Laufwerk. Um das Medium dem Laufwerk zu entnehmen, benötigen Sie eine aufgebogene Büroklammer. Diese stecken Sie in die Notauswurföffnung an der Laufwerkschublade (Abbildung 4.20). Sobald Sie das Ende der Büroklammer langsam in die Öffnung drücken, wird die Schublade geöffnet und einige Millimeter herausgefahren. Sie können dann die geöffnete Schublade per Hand ganz herausziehen, das Medium entnehmen und die Schublade manuell wieder schließen.

4.3 Wechselmedienlaufwerke

Neben BD- und DVD-Laufwerken verfügen viele Rechner noch über Laufwerke für andere Wechselmedien (z.B. Lesegeräte für Speicherkarten von Digitalkameras). Der folgende Abschnitt geht auf Probleme ein, die im Zusammenhang mit Wechselmedien (können auch optische Laufwerke für CDs oder DVDs sein) auftreten können.

4.3.1 Ärger mit Autorun- und AutoPlay-Funktionen

Windows kennt eine Autorun-Funktion für Wechseldatenträger (CD, DVD, BD). In Windows 7 wurde die Funktion *Autorun* zum Ausführen von Programmen bei Flash-Datenträgern aber aus Sicherheitsgründen deaktiviert. Sobald Sie ein Medium in das optische Laufwerk einlegen, greift Windows auf das Medium zu. Befindet sich im Hauptverzeichnis der Disk eine Datei *Autorun.inf* und ist diese zum Aufruf der auf dem Medium gespeicherten Startdateien konfiguriert, werden diese Startdateien automatisch ausgeführt. Dies ist der Grund, warum sich beim Einlegen optischer Medien häufig Setup-Programme melden.

Windows kennt zudem noch eine sogenannte automatische Wiedergabe (AutoPlay-Funktion). Beim Einlegen eines Wechseldatenträgers mit Mediendaten (Musik-CD, Foto-CD, Video etc.) erscheint ein Dialogfeld zur Auswahl der auszuführenden Funktion. Klappt Autorun nicht mehr oder startet AutoPlay die falschen Funktionen? Windows 7 bietet eine Reihe von Eingriffsmöglichkeiten, um die Autorun- und AutoPlay-Funktionen der Laufwerke zu beeinflussen.

» Manche Programme (z.B. VMware) deaktivieren die Autorun-Funktion aller Wechseldatenträger-Laufwerke bei der Installation. Unter *http://www.borncity.com/blog/2009/06/29/autorun-nach-vmware-installation-reaktivieren/* [gbeh-k4-020] habe ich beschrieben, wie sich dies korrigieren lässt.

» Auch Sicherheitslösungen wie Kaspersky Internet Security können die AutoPlay-Funktion von Windows 7 deaktivieren (siehe *http://www.borncity.com/blog/2010/01/17/automatische-wiedergabe-bei-wechselmedien-funktioniert-nicht-mehr/* [gbeh-k4-021]).

Mit den in den beiden Blogbeiträgen beschriebenen Maßnahmen sollte sich die Funktion zum Aufruf des Dialogfelds *Automatische Wiedergabe* reaktivieren lassen.

4.3.2 Automatische Wiedergabe reparieren

Gibt es in Windows Probleme mit der automatischen Wiedergabe? Tut sich beim Einlegen eines Wechseldatenträgers nichts mehr oder startet die falsche Anwendung? Windows 7 stellt Ihnen eine Verwaltungsfunktion zum Konfigurieren der betreffenden Einstellungen bereit:

Wechselmedienlaufwerke

1. Wählen Sie im Startmenü den Befehl *Standardprogramme* und dann im eingeblendeten Fenster den Befehl *Einstellungen für automatische Wiedergabe ändern* (Abbildung 4.21, Hintergrund).

2. Im Dialogfeld *Automatische Wiedergabe* (Abbildung 4.21, Vordergrund) muss das Kontrollkästchen *Automatische Wiedergabe für alle Medien und Geräte verwenden* markiert sein.

3. Anschließend suchen Sie den gewünschten Eintrag, öffnen das zugehörige Listenfeld und wählen den gewünschten Wert.

Die Änderungen werden wirksam, sobald Sie das Dialogfeld über die *Speichern*-Schaltfläche verlassen.

TIPP Hat eine Programminstallation den AutoPlay-Handler von Windows 7 überschrieben oder ist ein Fremdhandler bei der Installation eines Programms zurückgeblieben, enthält das Dialogfeld *Automatische Wiedergabe* u.U. nicht mehr funktionierende Einträge. Wie sich so etwas durch Eingriffe in die Registrierung eventuell reparieren lässt, habe ich unter *http://www.borncity.com/blog/2010/02/06/autoplay-handler-unter-windows-7-entfernen-und-korrigieren/* [gbeh-k4-022] beschrieben.

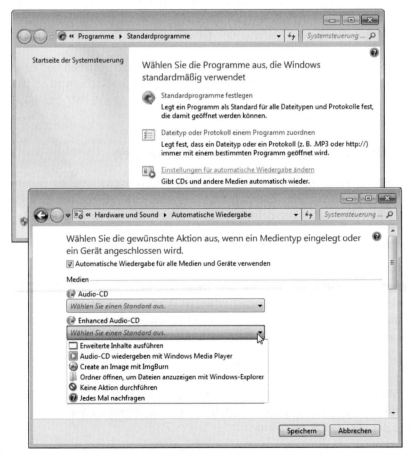

Abbildung 4.21: Automatische Wiedergabe in Windows anpassen

4.3.3 USB-Speicherstick wird nicht erkannt

Wird der USB-Stick beim Einstecken in die USB-Buchse des Rechners nicht erkannt? Oder fordert Windows einen Treiber an? Windows 7 besitzt eigentlich intern Treiber für USB-Speichersticks. Bei sehr alten USB-Sticks kommt es aber vor, dass diese nicht erkannt werden. In diesem Fall sollten Sie auf ein neueres Exemplar ausweichen. In einigen Fällen hilft es, den USB-Speicherstick auf einem anderen Computer neu im FAT-Dateisystem zu formatieren.

Hilft dies nicht und Windows 7 fordert weiterhin einen Treiber an, kann die Ursache auch ein beschädigter Drivercache sein. Hinweise, wie sich der Treibercache durch Löschen zurücksetzen lässt, finden Sie in meinem Blog unter *http://www.borncity.com/blog/2008/02/25/treiber-fr-usb-speicherstick-wird-nicht-gefunden/* [gbeh-k4-024].

Verwenden Sie USB-Speichersticks nach dem U3-Standard? Diese ermöglichen, Programme direkt vom USB-Stick auszuführen, und sind dafür vom Hersteller mit einer besonderen, als Launchpad bezeichneten Software versehen (*http://de.wikipedia.org/wiki/U3_(Standard)* [gbeh-k4-023]). Leider wird der Launchpad unter 64-Bit-Windows nicht unterstützt und die Weiterentwicklung der Software wurde eingestellt. Bei einem 32-Bit-Windows 7 müssen Sie die Version 1.6.3.9 des Launchpads auf dem Stick installieren. Updates der Launchpad-Software sollten noch über die Internetseiten des betreffenden Herstellers erhältlich sein.

TIPP In einigen Fällen ist es hilfreich, wenn Sie den USB-Stick mehrfach abziehen und dann wieder einstecken. Dabei empfiehlt es sich, ggf. verschiedene USB-Buchsen zu testen. Zudem können Sie das Programm »USBDeview« (*http://www.nirsoft.net/* [gbeh-k4-037]) zur Inspektion der USB-Geräte verwenden.

4.3.4 Häufige Datenverluste bei Wechselmedien

Treten bei Speicherkarten von Digitalkameras oder bei USB-Sticks häufiger Datenverluste auf? Kommt es nach der Entnahme der Speicherkarte zu Fehlern in Windows, und das Betriebssystem versucht, auf das Laufwerk zuzugreifen?

Speicherkarten und USB-Sticks sicher entfernen

Der größte Fehler vieler Anwender besteht darin, die Speicherkarten, USB-Speichersticks oder USB-Festplatten einfach aus dem Laufwerk bzw. aus der USB-Buchse herauszuziehen. Dies kann dazu führen, dass noch zu schreibende Daten nicht mehr auf den Datenträger ausgelagert werden. Im ungünstigsten Fall kann sogar der Speicher beschädigt werden.

Zum richtigen Entfernen solcher Datenträger öffnen Sie das Ordnerfenster *Computer*, klicken das Symbol des Wechseldatenträgers der betreffenden Leseeinheit mit der rechten Maustaste an und wählen den Kontextmenübefehl *Auswerfen* (Abbildung 4.22, links). Erst nachdem dieser Befehl ausgeführt wurde, können Sie die Speicherkarte dem Laufwerk entnehmen.

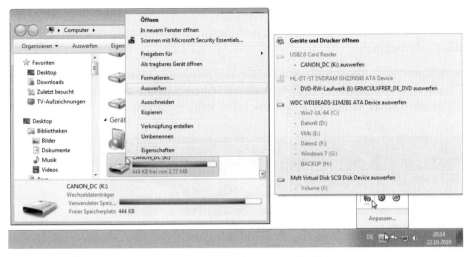

Abbildung 4.22: Auswerfen einer Speicherkarte oder eines USB-Sticks

Bei USB-Medien doppelklicken Sie auf das im Infobereich der Taskleiste angezeigte Symbol *Hardware sicher entfernen und Medium sicher entfernen* (ggf. ist die Schaltfläche *Ausgeblendete Symbole einblenden* vorher anzuklicken). Anschließend suchen Sie im Menü (Abbildung 4.22, rechts) den Befehl zum Auswerfen des betreffenden Laufwerks. Erst wenn Windows 7 eine entsprechende Meldung zeigt, kann das USB-Speichermedium abgezogen werden.

Mit diesen Schritten erreichen Sie, dass Windows eventuell ungespeicherte Daten zwangsweise auf das Speichermedium auslagert und so beschädigte Dateien vermieden werden. Das sichere Entfernen der Speicherkartenlesegeräte ist übrigens weniger sinnvoll, da diese dann erst nach dem nächsten Systemstart wieder zur Verfügung stehen.

Kommt es bei SD-Speicherkarten unter Windows 7 zu Datenverlusten? Microsoft stellt unter *http://support.microsoft.com/kb/976092* [gbeh-k4-025] einen entsprechenden Fix für dieses Problem bereit.

INFO

4.4 Probleme mit Grafikkarte und Bildschirm

Wenn der Bildschirm dunkel bleibt oder die Grafikkarte nicht so will wie geplant bzw. nach dem Austausch die Funktion verweigert, ist guter Rat teuer. Die folgenden Abschnitte gehen auf einige Fehler und Fragen im Zusammenhang mit diesen Themen ein.

4.4.1 Probleme beim Wechsel der Grafikkarte

Ist Ihre Grafikkarte zu schwach für Videos oder neue Spiele? Um sich Probleme zu ersparen, sollten Sie beim Wechsel der Grafikkarte geplant vorgehen.

AGP-Steckplatz oder PCI-Express?

Bei der Auswahl der Grafikkarte müssen Sie auf die Fähigkeiten des Motherboards Rücksicht nehmen.

» Für ein Motherboard mit einem AGP-8x-Steckplatz (Abbildung 4.23) benötigen Sie eine Grafikkarte mit AGP-Anschluss. Ältere AGP-2x- und AGP-4x-Steckplätze dürften für Windows 7-Systeme keine Rolle mehr spielen.

Abbildung 4.23: Steckplätze (unten PCI, oben AGP)

» Für Motherboards mit PCI-Express-Steckplatz benötigen Sie eine Grafikkarte mit PCI-Express-Anschluss.

Zudem ist darauf zu achten, dass die neue Grafikkarte durch Grafiktreiber für Windows 7 (WDDM 1.1) unterstützt wird. Um das Anzeigeschema »Aero« anzuzeigen, muss die Grafikkarte mindestens DirectX 9.0c und das Pixel Shader-Modell 2.0 unterstützen (was aber bei aktuellen Grafikkarten gegeben ist). Zudem ist ein Grafikspeicher von 128 MByte erforderlich.

TIPP Achten Sie beim Kauf einer neuen Grafikkarte auf deren Energieverbrauch. Manche Karten benötigen so viel Strom, dass dieser nicht mehr über den Steckplatz bereitgestellt werden kann. Dann sind zusätzliche Stromzuführungen vom Netzteil des Rechners zur Grafikkarte erforderlich. Wichtig ist dann auch, dass das Netzteil die erforderliche Zusatzleistung verkraftet. Bei manchen Computern ist das Netzteil bereits am Limit und macht mit der neuen Grafikkarte einfach schlapp. Zudem sollten Sie auch das Problem der Wärmeabfuhr beachten. Durch die hohe Stromaufnahme heizt die Grafikkarte den Rechner kräftig auf. Daher sollten Sie beim Einbau darauf achten, dass genügend Luftzirkulation vorhanden ist. Andernfalls kann es aufgrund von Überhitzung zum Ausfall einzelner Komponenten kommen.

Konflikte mit dem Onboard-Grafikchip

Besitzt Ihr Rechner bzw. das Notebook einen integrierten Grafikchip auf der Hauptplatine? Um eine zusätzliche Grafikkarte in Betrieb zu nehmen, müssen Sie den Onboad-Grafikchip im BIOS-Setup deaktivieren.

4.4.2 Treiberprobleme smart gelöst

Treten Probleme mit der Grafikkarte auf (Treiber stürzt ab, Bildschirminhalte bleiben stehen), sollten Sie prüfen, ob eine aktualisierte Fassung des Grafikkartentreibers vorhanden ist (die mit Windows 7 ausgelieferten Grafiktreiber sind meist veraltet).

» Bei Notebooks empfiehlt es sich, die Internetseite des Geräteherstellers aufzusuchen. Die Grafikkartenhersteller überlassen es meist den Notebook-Anbietern, aktualisierte Treiber für Mobility-Grafikkarten bereitzustellen. Nur wenn Sie dort nicht fündig werden, können Sie testen, ob Treiber des Herstellers der Grafikchips ggf. funktionieren.

» Bei Desktopsystemen mit eingebauten AGP-, PCI- oder PCI-Express-Grafikkarten können Sie direkt auf den Webseiten der Grafikkartenhersteller (z.B. ATI, *http://www.amd.com/de-de* [gbeh-k4-027], NVIDIA, *http://www.nvidia.de* [gbeh-k4-026]) nach neuen Treibern suchen.

Gibt es Probleme bei der Treiberinstallation? Schauen Sie auf den Internetseiten des Anbieters nach, ob es dort Hinweise zur Treiberinstallation oder zur Problemlösung bei Fehlern gibt. Bei einigen Paketen muss zur Installation beispielsweise der Virenscanner abgeschaltet oder die alte Software des Herstellers zur Verwaltung der Grafikkarte deinstalliert werden. Weitere Hinweise finden Sie nachfolgend.

INFO ATI und NVIDIA bieten zwischenzeitlich Universaltreiber für ganze Grafikkartenfamilien an. Achten Sie beim Download darauf, dass die Pakete die bei Ihnen verbaute Grafikkarte unterstützen und ob die Treiber für Windows 7 freigegeben wurden. Da auch aktuelle Treiber gelegentlich Fehler aufweisen, empfiehlt es sich in diesen Fällen, mehrere Versionen zu testen. Nach dem Download ist die betreffende *.exe*-Datei zu starten. Ein Installationsprogramm führt dann die Treiberinstallation durch.

STOPP Verzichten Sie auf inoffizielle Grafiktreiber, die auf diversen Webseiten angeboten werden. Diese versprechen zwar mehr Grafikleistung, bereiten aber oft Probleme. Sie sollten die Standardgrafikkartentreiber von Windows oder die offiziellen Treiber des Notebook- bzw. Grafikchip-Herstellers verwenden.

Bei der Treiberaktualisierung treten Probleme auf

Hersteller wie NVIDIA oder ATI stellen regelmäßig neue Treiber auf ihren Internetseiten zum Download zur Verfügung. Auch die Windows Update-Funktion bietet unter Umständen die Aktualisierung der Treiber an. Haben Sie einen neuen Treiber für die Grafikkarte installiert und kommt es danach zu Problemen? Unter Windows 7 können Sie sehr leicht zur vorherigen Version des Treibers zurückkehren:

1. Rufen Sie den Geräte-Manager auf, suchen Sie den Eintrag für die Grafikkarte in der Geräteliste und wählen Sie diesen per Doppelklick an. Danach wählen Sie auf der Registerkarte *Allgemein* die Schaltfläche *Einstellungen ändern*.

Kapitel 4 • Hardware- und Laufwerkprobleme

2. Wechseln Sie im Eigenschaftenfenster zur Registerkarte *Treiber* und klicken Sie auf die Schaltfläche *Vorheriger Treiber* (Abbildung 4.24).

Die Schaltfläche setzt das System (über den bei der Installation angelegten Systemprüfpunkt) automatisch auf den alten Treiber zurück. Löst dies das Problem nicht, können Sie die Systemwiederherstellung aufrufen und das System auf einen früheren Wiederherstellungspunkt zurücksetzen (siehe Kapitel 1).

Treiberinstallation bei Tausch der Grafikkarte

Um beim Tausch der Grafikkarte nicht mit Softwareproblemen geplagt zu werden, gilt es vorher die alte Software zu entfernen.

1. Tippen Sie in das Suchfeld des Startmenüs »Prog« ein und wählen Sie den Befehl *Programme ändern oder entfernen*. Anschließend suchen Sie im eingeblendeten Dialogfeld die ggf. vorhandenen Zusatzprogramme des Grafikkartenherstellers und deinstallieren diese (Eintrag anklicken und die Schaltfläche *Deinstallieren* wählen). Danach schließen Sie das Dialogfeld.

2. Rufen Sie anschließend den Geräte-Manager auf und suchen Sie dort den Eintrag für die Grafikkarte. Doppelklicken Sie auf den Eintrag *Grafikkarte/ < Name der Grafikkarte >* und wählen Sie auf der Registerkarte *Allgemein* die Schaltfläche *Einstellungen ändern*. Bestätigen Sie die Abfrage der Benutzerkontensteuerung und wählen Sie auf der Registerkarte *Treiber* die Schaltfläche zum Deinstallieren (Abbildung 4.24).

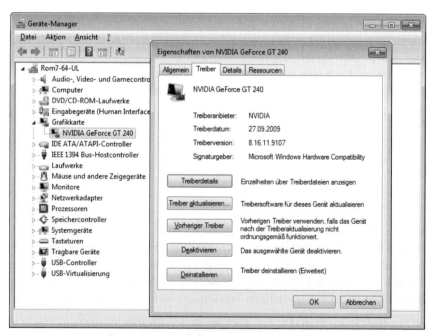

Abbildung 4.24: Treiber für die Grafikkarte deinstallieren

Sie stellen damit sicher, dass sich keine Treiberleichen oder Hilfsprogramme des Grafikkartenherstellers mehr im System befinden. Fahren Sie Windows 7 herunter und tauschen Sie die Grafikkarte aus. Beim nächsten Hochfahren installiert Windows den internen Treiber zur Ansteuerung der Grafikkarte. Anschließend können Sie ggf. aktualisierte Treiber aus dem Download-Paket des Herstellers installieren.

4.4.3 Es treten ständig Anzeigefehler auf

Kommt es beim Betrieb von Windows 7 häufiger zu Anzeigefehlern (z.B. beim Schließen von Fenstern bleiben Teile auf dem Desktop sichtbar)? Ursache für solche Effekte ist meist der Grafiktreiber, der nicht sauber funktioniert oder die Grafikbeschleunigung der Grafikkarte nicht korrekt nutzt. Prüfen Sie, ob der Hersteller einen aktualisierten Grafiktreiber bereitstellt.

Erscheint beim Anmelden unter einem Administratorkonto häufiger eine QuickInfo mit dem Hinweis, dass der Anzeigetreiber wegen eines Fehlers wiederhergestellt werden musste? Auch dies deutet auf einen fehlerhaften Grafikkartentreiber hin. Sie sollten in diesem Fall ebenfalls prüfen, ob eine fehlerbereinigte Fassung auf den Webseiten des Grafikkartenherstellers verfügbar ist.

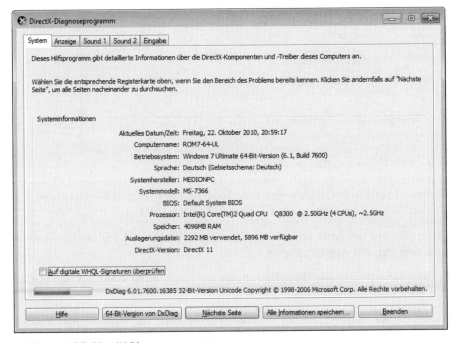

Abbildung 4.25: DirectX-Diagnoseprogramm

Treten Grafikfehler bei Spielen oder 3D-Anwendungen auf? Dann können Sie die DirectX-Unterstützung überprüfen. Informationen über das installierte DirectX-Paket samt der vorhandenen Version liefert das DirectX-Diagnoseprogramm. Geben Sie in das Suchfeld des Startmenüs den Befehl *dxdiag* ein. Dann erscheint das

Eigenschaftenfenster aus Abbildung 4.25, auf dessen Registerkarte *System* auch die DirectX-Version angezeigt wird.

INFO Bei sehr schwachen Netzteilen kann es vorkommen, dass die Grafikkarte bei 3D-Anzeigen zu viel Strom zieht und so die Spannungsversorgung in die Knie zwingt. Dann bleibt nur der Umstieg auf ein stärkeres Netzteil.

4.4.4 Anzeige fehlerhaft

Ist die Anzeige auf dem Bildschirm fehlerhaft? Stimmt die Auflösung oder die Farbtiefe nicht oder wirkt die Darstellung auf einem Röhrenmonitor verzerrt?

Abbildung 4.26: Bildschirmauflösung anpassen

1. Klicken Sie auf dem Desktop eine freie Stelle mit der rechten Maustaste an und wählen Sie im Kontextmenü den Befehl *Bildschirmauflösung*.

2. Passen Sie auf der Seite *Bildschirmauflösung* (Abbildung 4.26) die Grafikauflösung und ggf. die Ausrichtung an.

3. Klicken Sie auf der Seite *Bildschirmauflösung* (Abbildung 4.26) auf den Hyperlink *Erweiterte Einstellungen*.

4. Anschließend können Sie im Eigenschaftenfenster die Bildschirmaktualisierungsrate und die Farbtiefe (Registerkarte *Monitor*, Abbildung 4.27), die Farbeinstellungen (Registerkarte *Farbverwaltung*) etc. anpassen.

Bei TFT-Monitoren brauchen Sie die Auflösung nicht anzupassen, da Windows diese auf die Eigenschaften des Anzeigegeräts abstimmt. Bei Röhrenmonitoren können Sie die Bildschirmauflösung ändern. Windows schaltet zur neuen Auflösung um. Bleibt bei Ihnen der Bildschirm nach dem Wechsel der Auflösung dunkel? Dann verkraftet der Monitor die neue Auflösung nicht und kann die Ausgabe der Grafikkarte nicht anzeigen. Nach ein paar Sekunden kehrt Windows automatisch zur vorherigen Auflösung zurück, und der Desktop sollte wieder zu sehen sein. Sie müssen dann ggf. etwas experimentieren, um die nutzbaren Auflösungen herauszufinden.

Abbildung 4.27: Grafikeinstellungen anpassen

Ist die Bildschirmdarstellung auf einem Röhrenmonitor verzerrt, passen Auflösung und Bildschirmfrequenz nicht zusammen. Passen Sie die Bildschirmaktualisierungsrate auf der Registerkarte *Monitor* an. Bei einem TFT-Monitor sind Werte von 60 Hertz gängig, bei Röhrenmonitoren kommen Frequenzen zwischen 75 und mehr Hertz zur Anwendung.

Auf der Registerkarte *Farbverwaltung* können Sie ggf. Farbkalibrierungen für Geräte über Farbprofile anpassen. Je nach Grafiktreiber erscheinen zusätzliche Registerkarten, über die Sie auf Zusatzfunktionen des Grafiktreibers zugreifen können.

INFO

Werden größere TFT-Monitore nicht korrekt erkannt, kann ein falsches DVI-Kabel die Ursache sein. Single-Link-DVI-Kabel beschränken die maximale Auflösung auf ca. 1920 × 1200 Bildpunkte, während Dual-Link-Kabel eine um den Faktor 1,414 höhere Auflösung ermöglichen (*http://de.wikipedia.org/wiki/Digital_Visual_Interface* [gbeh-k4-018]).

Die am Display angezeigten Farben stimmen nicht

Stimmen die am TFT-Farbdisplay angezeigten Farbtöne nicht? Gerade beim Bearbeiten von Fotos, die später ausgedruckt werden müssen, sollte der Farbeindruck realistisch sein. TFT-Anzeigen neigen dazu, die Farben zu leuchtend darzustellen.

1. Klicken Sie eine freie Stelle des Desktops mit der rechten Maustaste an und wählen Sie den Kontextmenübefehl *Bildschirmschirmauflösung*.

2. Wählen Sie auf der Seite *Bildschirmauflösung* den Hyperlink *Text und weitere Elemente vergrößern oder verkleinern*.

3. Auf der Seite *Anzeige* wählen Sie in der Aufgabenleiste den Befehl *Farbe kalibrieren*. Dann führt ein Assistent Sie durch die Schritte, um eine Farbkalibrierung des Bildschirms durchzuführen.

Um einen realistischen Farbeindruck zur Beurteilung von Farbfotos oder -grafiken zu bekommen, müssen aber die einzelnen Anzeige- und Ausgabegeräte über Farbprofile kalibriert werden. Hierzu liefern die Gerätehersteller eigene Kalibrierungsprofile mit, die in der Farbverwaltung von Windows einzurichten sind. Um ein Farbprofil für das TFT-Display einzurichten, gehen Sie in folgenden Schritten vor:

1. Rufen Sie das Eigenschaftenfenster des Bildschirms auf (Kontextmenübefehl *Bildschirm* des Desktops wählen und dann auf den Hyperlink *Erweiterte Einstellungen* klicken.

2. Wählen Sie auf der Registerkarte *Farbverwaltung* die gleichnamige Schaltfläche, um das Eigenschaftenfenster zur Farbverwaltung zu öffnen.

3. Wechseln Sie zur Registerkarte *Geräte*, wählen Sie über das Listenfeld ein Gerät aus und markieren Sie das Kontrollkästchen *Eigene Einstellungen für das Gerät verwenden*.

4. Anschließend können Sie über die Schaltfläche *Hinzufügen* eines der im System installierten Farbprofile zuweisen.

Auf der Registerkarte *Alle Profile* werden die installierten Profile aufgelistet. Über die Schaltfläche *Hinzufügen* lassen sich auf der Registerkarte *Alle Profile* Farbprofile hinzufügen.

INFO   Die Registerkarte *Erweitert* ermöglicht es, Geräteprofile für Windows-Farbsystemstandards und Anzeigebedingungen festzulegen sowie die Zuordnung zwischen ICC-Rendering (ICC steht für International Colour Consortium, Rendering ist die Anzeige des ICC-Farbprofils) und WCS-Farbskala (WCS steht für Windows Color System) anzupassen.

Probleme mit Grafikkarte und Bildschirm

Die Anzeige des TFT-Monitors ist fehlerhaft

Sind einzelne Bildpunkte auf dem TFT-Display des Notebooks fehlerhaft? Hier handelt es sich um herstellungsbedingte Fehler, die sich nicht korrigieren lassen. Unter *http://de.wikipedia.org/wiki/Pixelfehler* [gbeh-k4-028] finden Sie Hinweise, wie viele Pixel bei einer angegebenen Fehlerklasse defekt sein dürfen. Achten Sie beim Kauf eines Notebooks bzw. eines TFT-Monitors darauf, dass dessen TFT-Anzeige möglichst keine Pixelfehler aufweist.

Flackert die TFT-Anzeige des Notebooks, speziell beim Zuklappen des Gehäusedeckels? Dies deutet auf einen Wackelkontakt beim Anschlusskabel hin. Ein Flackern beim Booten oder bei Laufwerkzugriffen im Akkubetrieb signalisiert, dass die Akkus entweder leer sind oder dass es ein Problem mit der Stromversorgung gibt.

Eine zu dunkle TFT-Anzeige am Notebook kann auf das Ende der Lebenszeit bei der Hintergrundbeleuchtung hinweisen. Es ist aber auch möglich, dass die Helligkeit des Displays reduziert wurde. Meist lässt sich die Helligkeit über Tastenkombinationen (z. B. [Fn] + [F7] und [Fn] + [F8]) oder einen Regler am Notebook verändern.

Stellen Sie fest, dass die TFT-Anzeige unscharf ist? Dann kann es sein, dass die falsche Auflösung an der Grafikkarte eingestellt ist. TFT-Displays besitzen eine feste Auflösung, die in den Gerätedaten angegeben wird. Stellen Sie die Grafikkarte auf eine andere Bildschirmauflösung ein, muss der Monitor die Darstellung auf die interne Pixelzahl umrechnen – was ggf. zu einer unscharfen Darstellung führt.

4.4.5 Der zweite Videoausgang der Grafikkarte bleibt dunkel

Moderne Grafikkarten besitzen zwei Grafikausgänge. Ein VGA- oder DVI- oder sogar ein HDMI-Ausgang dient zum Anschluss des Monitors. Der zweite Ausgang ist auf eine separate VGA-, DVI- oder HDMI-Buchse sowie gelegentlich auf eine Cinchbuchse (FBAS-Ausgang) oder eine S-Video-Buchse herausgeführt (Abbildung 4.28). Über diese Buchse lässt sich das Videosignal an Fernseher oder Projektoren (Beamer) ausgeben.

Abbildung 4.28: Buchsen des zweiten Videoausgangs (oben von links nach rechts: DVI, FBAS, VGA, unten: HDMI, VGA, DVI)

Abbildung 4.29: Adapter SCART auf S-Video

Haben Sie ein externes Gerät an die zweite DVI-/VGA-Buchse oder mit entsprechenden Adaptern an den S-Video- bzw. FBAS-Ausgang der Grafikkarte angeschlossen, das Anzeigegerät erhält aber kein Bild? Sofern der S-Video- oder FBAS-Ausgang benutzt wurde, sollten Sie zuerst prüfen, ob keine Verkabelungsfehler vorliegen. Fernsehgeräte besitzen meist einen SCART-Anschluss, und Sie benötigen einen Adapter, der die S-Video- oder FBAS-Signale auf SCART umsetzt. Bei der Verwendung eines SCART-auf-S-Video-Adapters muss der In/Out-Schalter korrekt eingestellt sein (Abbildung 4.29).

Bei HDMI-Schnittstellen muss die HDMI-Buchse des Rechners über ein geeignetes HDMI-Kabel mit dem HDMI-Eingang des Flachbildschirms verbunden werden. HDMI ist eine Schnittstelle, um Audio- und Videosignale kopiergeschützt zwischen Geräten zu übertragen. Bleibt der Bildschirm dunkel, obwohl ein geeignetes HDMI-Kabel eingesetzt wird? In diesem Fall sind fehlerhafte Grafiktreiber installiert.

Abbildung 4.30: Auswahl des Bildschirms

Können Sie Verkabelungsprobleme als Fehlerursache ausschließen? Dann sollten Sie prüfen, ob an der Grafikkarte auch die Ausgabe auf den zweiten Grafikausgang konfiguriert ist. Zunächst ist sicherzustellen, dass Sie über einen aktuellen Treiber des Herstellers verfügen. Anschließend gilt es die Bildschirmausgabe auf den zweiten Videoausgang zu schalten. Wenn Sie das Eigenschaftenfenster der Anzeige aufrufen (siehe vorherige Seiten), lässt sich auf der Seite *Bildschirmauflösung* der zweite Monitor als Ausgabegerät wählen. Sie können entweder den zweiten Monitor in der stilisierten Vorschau anklicken oder den Monitor über das Listenfeld *Anzeige* auswählen (Abbildung 4.30).

Die Hersteller der Grafikkarten stellen in ihren Treiberpaketen spezielle Software zur Verwaltung des zweiten Monitorausgangs bereit (z.B. NVIDIA-Systemsteuerung). Je nach Softwarevariante müssen Sie dann im Eigenschaftenfenster der Grafikkarte (Abbildung 4.27, Seite 223) die Registerkarte des Grafikkartenherstellers wählen. Dann lässt sich ein separates Fenster mit den Steueroptionen öffnen. Ist ein zweiter Monitor angeschlossen, können Sie die Ausgabe auf den zweiten Ausgang umschalten. Je nach Grafikkarte gibt es auch Modi wie »Dualanzeige« oder »Klonen«, um die Ausgabe auf beiden Bildschirmen (Monitor und TV-Gerät) zu ermöglichen. Zudem stellt Windows 7 die Funktion des Projektors (aufrufbar z.B. über die Tastenkombination ⊞ + P) zur Verfügung. Im Fenster des Projektors (Abbildung 4.31) lässt sich dann das Ausgabegerät und der -modus wählen.

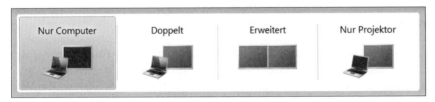

Abbildung 4.31: Optionen des Projektors

4.5 Soundkarte

Bleibt das am Rechner angeschlossene Lautsprechersystem stumm oder scheitert die Aufnahme an einem fehlenden Eingangssignal? In diesem Abschnitt wird die Ausgabe von Klängen sowie die Aufnahme von Audiodaten über die Soundkarte besprochen.

4.5.1 Die Soundausgänge bleiben stumm

Besitzt Ihr Rechner Audioausgänge und haben Sie dort Lautsprecher angeschlossen? Bleiben die Lautsprecher beim Abspielen von Musik stumm? Um die Ursachen herauszufinden, sollten Sie folgende Punkte prüfen:

» Ist die Verkabelung der Ein-/Ausgabegeräte (Lautsprecher, Kopfhörer, Mikrofon) korrekt und passen die Geräte zu den Anschlüssen der Soundkarte?

» Ist der richtige Treiber für die Soundkarte installiert und funktionsfähig? Wichtig ist, dass der Treiber im Geräte-Manager keine Fehler meldet.

» Ist die Soundausgabe am Lautsprecher überhaupt aktiv und ist die Lautstärke entsprechend hochgeregelt?

Wie Sie beim Test planvoll vorgehen, wird in den folgenden Abschnitten detaillierter besprochen.

Was bei der Verkabelung schiefgehen kann

Die meisten Rechner besitzen ein eigenes Anschlussfeld für die Ein-/Ausgänge der Soundkarte, die als 3,5-mm-Klinkenbuchsen ausgeführt sind. Möchten Sie ein Mikrofon zur Aufnahme von Klängen oder einen Kopfhörer bzw. ein Lautsprecherset anschließen, müssen Sie die Klinkenstecker in die richtige Buchse stecken. Bei manchen Systemen ist dies gar nicht simpel, weisen diese doch nur drei farbig kodierte Buchsen mit unverständlichen Symbolen auf. Andere Systeme enthalten gar vier Audiobuchsen für analoge Ein-/Ausgangssignale (Abbildung 4.32).

Abbildung 4.32: Anschlussbuchsen der Soundkarte

Die mit *Line in* bezeichnete oder einem blauen Ring markierte Buchse ist für den Audioeingang vorgesehen. Ein Mikrofoneingang ist dagegen mit einem rosa Ring gekennzeichnet. Eine grün gekennzeichnete oder mit *Line out* bezeichnete Buchse steht für den Stereoausgang. Weist das Anschlussfeld weitere Buchsen auf, handelt es sich um einen 5.1-Soundausgang (oder um 7.1-Ausgänge). Dann müssen Sie den Stereolautsprecher oder den Klinkenstecker des Kopfhörers an die mit *front* bezeichnete Buchse anschließen. Die mit *rear* ausgezeichnete Buchse ist zum Anschluss der beiden rückwärtigen Lautsprecher vorgesehen. Die mit *c/sub* bezeichnete Buchse dient zum Anschluss des Center-Lautsprechers und des Subwoofers. Prüfen Sie bei Problemen zuerst, ob diese Anschlussbelegung korrekt ausgeführt wurde.

INFO   Unterstützt die Soundkarte digitale Ein-/Ausgänge, finden sich entweder S/PDIF-Cinchbuchsen oder optische Buchsen zum Anschluss von TOSLink-Kabeln. Solche digitalen Ein-/Ausgänge lassen sich über ein koaxiales oder optisches Kabel mit entsprechenden Pendants anderer Geräte (Hi-Fi-Anlage, Heimkinoverstärker) verbinden. Lautsprecher können nur dann an der digitalen Schnittstelle betrieben werden, wenn es sich um ein aktives Boxenset mit entsprechender Schnittstelle handelt. Dann enthält die Box mit dem digitalen Eingang einen eigenen Verstärker, der die digitalen Signale kanalweise trennt und an die einzelnen Boxen weiterleitet.

So können Sie den Soundausgang testen

Sie könnten zum Testen der Soundkarte natürlich eine Audiodatei über den Windows Media Player ausgeben und hoffen, dass etwas am Ausgang zu hören ist. Problem bei diesem Ansatz ist aber, dass dieser viele zusätzliche Fehlerquellen aufweist. Sicherer ist die folgende Vorgehensweise:

1. Klicken Sie das im Infobereich der Taskleiste sichtbare Lautsprechersymbol mit der rechten Maustaste an und wählen Sie den Kontextmenübefehl *Sounds*.

2. Auf der Registerkarte *Sounds* (Abbildung 4.33) markieren Sie in der Gruppe der Programmereignisse einen Eintrag, der mit einem vorangestellten Lautsprechersymbol versehen ist.

3. Anschließend klicken Sie auf die Schaltfläche *Testen* (links neben der Schaltfläche *Durchsuchen*).

Abbildung 4.33: Registerkarte *Sounds*

Jetzt sollte ein Ton am Lautsprecher zu hören sein. Ist dies nicht der Fall, stellen Sie sicher, dass die Lautstärke nicht heruntergeregelt oder die Soundausgabe abgeschaltet ist. Hierzu klicken Sie das Lautsprechersymbol im Infobereich der Taskleiste mit der rechten Maustaste an und wählen den Kontextmenübefehl *Lautstärkemixer öffnen*. Im Fenster des Mixers können Sie über die angezeigten Schieberegler die Lautstärke für den Soundausgang anpassen. Dieser Regler sollte auf dem Wert »Hoch« stehen. Zudem darf das Lautsprechersymbol unterhalb des Reglers nicht mit einem durchgestrichenen roten Kreis markiert sein. Ist die Markierung vorhanden, klicken Sie das Lautsprechersymbol per Maus an, um die Stummschaltung zu beenden.

INFO Falls Sie sicher sind, dass die Lautsprecher bzw. Kopfhörer korrekt am analogen Soundausgang angeschlossen sind und die obigen Tests kein Ergebnis gebracht haben, prüfen Sie, ob die Soundausgabe für Windows auf die korrekten Geräte gesetzt ist. In Windows 7 klicken Sie das Lautsprechersymbol im Infobereich der Taskleiste mit der rechten Maustaste an und wählen den Kontextmenübefehl *Wiedergabegeräte* (Abbildung 4.34, unten rechts). Auf der Registerkarte *Wiedergabe* (Abbildung 4.34, links) prüfen Sie, ob die Soundausgabe für Windows auf die korrekten Geräte gesetzt ist. Das Standardgerät weist einen grünen Kreis mit einem Häkchen und eine Pegelanzeige auf. Sind mehrere Geräte zur Soundausgabe installiert, klicken Sie das gewünschte Gerät mit der rechten Maustaste an und wählen im Kontextmenü den Befehl *Als Standardgerät auswählen*. Über weitere Menübefehle können Sie getrennte und deaktivierte Geräte anzeigen. Die Schaltfläche *Konfigurieren* öffnet das Fenster eines Assistenten, in dem Sie das Lautsprecher-Setup durchführen und die Ausgabe testen können. Die Schaltfläche *Eigenschaften* zeigt ein Eigenschaftenfenster, in dem Sie Pegel und Klangcharakteristik anpassen können.

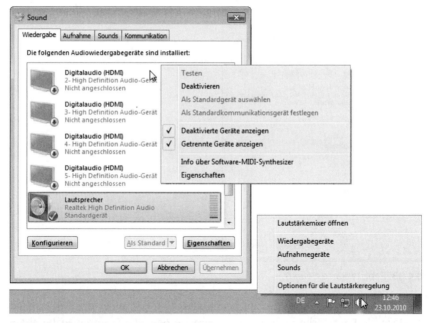

Abbildung 4.34: Registerkarte *Wiedergabe*

Funktioniert die Soundkarte nicht oder meldet der Treiber Fehler?

Haben Sie mit den obigen Schritten keinen Erfolg, sollten Sie überprüfen, ob die Soundkarte überhaupt erkannt wurde und funktionsfähig ist. Hierzu rufen Sie den Geräte-Manager auf und schauen im Zweig *Audio-, Video- und Gamecontroller* nach, ob ein Soundgerät in der Geräteliste vorhanden ist. Zeigt Windows ein gelbes Ausrufezeichen beim Symbol des Audiogeräts an, liegt ein Problem vor. Wählen Sie den Eintrag per Doppelklick aus und sehen Sie sich den Gerätestatus auf der Registerkarte *Allgemein* an. Notfalls müssen Sie den Treiber für die Soundausgabe aktualisieren.

Die Soundkarte wird nicht gefunden oder kollidiert mit dem Onboard-Sound

Besitzt die Hauptplatine einen integrierten Soundcontroller und haben Sie das System mit einer Soundkarte aufgerüstet? Dann kann es zu Kollisionen zwischen der Steckkarte und den integrierten Soundchips kommen. Schalten Sie die Soundfunktionen auf der Hauptplatine ab. Rufen Sie hierzu das BIOS-Setup auf und prüfen Sie, ob eine Option wie »Onboard Audio Device« vorhanden ist. Zum Abschalten stellen Sie deren Option auf »Disabled«. Existiert keine BIOS-Option, prüfen Sie, ob sich eine entsprechende Steckbrücke mit Jumpern zum Deaktivieren des Soundchips auf der Hauptplatine befindet.

Falls Sie den Onboard-Soundchip benutzen möchten, Windows aber keine Soundgeräte findet, kann ein im BIOS deaktiviertes Audiogerät die Ursache sein. Dann müssen Sie die Funktion des Soundchips im BIOS freigeben. Eine andere Fehlerursache kann auch ein nicht aktueller Chipsatztreiber des Motherboards sein. Dieser ist direkt nach der Windows 7-Installation (vor der Installation weiterer Treiber für Grafikkarte, Audio, WLAN) zu installieren.

INFO

Treten bei Windows 7 Aussetzer bei der Soundausgabe auf? Häufig sind es fehlerhafte Soundkartentreiber, die diesen Effekt verursachen. In manchen Fällen hilft es, wenn Sie das Lautsprechersymbol im Infobereich der Taskleiste mit der rechten Maustaste anklicken und den Kontextmenübefehl *Wiedergabegeräte* wählen. Auf der Registerkarte *Wiedergabe* markieren Sie den Eintrag *Lautsprecher*, klicken auf die Schaltfläche *Eigenschaften* und löschen auf der Registerkarte *Erweitert* des Dialogfelds *Eigenschaften von Lautsprecher* die Markierung der beiden Kontrollkästchen in der Gruppe *Exklusiver Modus*.

4.5.2 Störgeräusche bei der Soundausgabe

Treten bei Ihnen Störgeräusche auf, wenn Sie Musik über die Soundkarte abspielen? Diese Geräusche können verschiedene Ursachen haben. Knacksen oder Rauschen kann durch Einstrahlungen in die Audioleitungen der Verkabelung oder der Soundkarte verursacht werden.

Prüfen Sie dann, ob die Störungen verschwinden, wenn Sie die Soundkarte auf einen anderen Steckplatz (weiter weg von der Grafikkarte) unterbringen. Weiterhin können Sie versuchsweise die Audioleitungen etwas anders verlegen, sodass diese nicht direkt neben Stromkabeln verlaufen.

Handelt es sich bei den Störungen eher um ein tiefes Brummen im Lautsprecher? Dann liegt eine sogenannte Brummschleife vor, bei der Fehlerströme die Netzfrequenz in die Audiosignale einkoppeln. Solche Brummschleifen treten beim Zusammenschalten mehrerer Geräte (PC, Lautsprecher, Hi-Fi-Anlage) auf. Verwenden Sie abgeschirmte Kabel für die Audioleitungen und betreiben Sie die Geräte möglichst an einer gemeinsamen Steckdose/Steckdosenleiste. Sie müssen dann Geräte sukzessive von der Stromversorgung trennen, um den Störer zu finden. Stecken Sie den Netzanschluss des betreffenden Geräts um 180 Grad gedreht in die Steckdose. Entfernen Sie Antennenkabel von den Geräten. Ist der Störer identifiziert, der Brummton lässt sich aber durch die beschriebenen Maßnahmen nicht eliminieren? Im Fachhandel gibt es Trennverstärker, die sich in die Audioleitungen schalten lassen, sowie Mantelstromfilter zur Entkopplung für die Antennenleitungen. Damit lassen sich die Störungen durch Brummschleifen eliminieren.

4.5.3 Der digitale Audioein-/-ausgang funktioniert nicht

Möchten Sie den digitalen Audioein-/-ausgang der Soundkarte mit anderen Geräten nutzen, stellen aber fest, dass sich keine Signale übertragen lassen? Sofern Sie sicher sind, dass die Verkabelung korrekt ist (Koaxialkabel oder TOSLink-Lichtleiter korrekt angeschlossen und nicht gebrochen), kann es zwei weitere Fehlerursachen geben.

Stellen Sie sicher, dass die betreffenden S/PDIF-Ein-/-Ausgänge der Soundkarte wirklich freigegeben sind. Bei Windows 7 erfolgt die Umstellung der Ausgabe aber ggf. auf der Registerkarte *Wiedergabe* (Abbildung 4.34, links). Sie müssen eventuell den Eintrag für die digitale Ausgabe anklicken und als Standardgerät einstellen.

Die zweite Ursache für fehlende Soundausgaben am digitalen Ausgang kann eine Inkompatibilität der Geräte sein. Solange nur Stereosignale digital übertragen werden, ist dies relativ unkritisch. Handelt es sich aber um Mehrkanalton, der mit Dolby Digital oder DTS kodiert ist (z. B. eine Audioeingabe von einem DVD-Player), scheitert die Übernahme der Signale möglicherweise am fehlenden Dolby-Decoder in der Audiokarte. Sie erhalten dann nur Rauschen am Eingang bzw. am digitalen Ausgang.

4.5.4 Nur die vorderen Lautsprecher funktionieren

Sie haben ein Mehrkanal-Soundsystem mit sechs Lautsprechern an eine 5.1-Soundkarte angeschlossen. Nun stellen Sie aber fest, dass nur Klänge aus den vorderen Lautsprechern kommen?

» Stellen Sie sicher, dass das Lautsprechersystem korrekt angeschlossen ist (siehe die vorhergehenden Abschnitte) und auch die Lautstärke der einzelnen Boxen genügend hoch ist.

» Prüfen Sie, ob Windows für die Verwendung eines Mehrkanalsystems konfiguriert ist (siehe den Abschnitt »So können Sie den Soundausgang testen« ab Seite 229). Öffnen Sie die Registerkarte *Wiedergabe*, wählen Sie den Audioausgang (z. B. Lautsprecher) und klicken Sie auf die Schaltfläche *Konfigurieren*. Windows 7 startet das Lautsprecher-Setup zum Einrichten der Audiokanäle.

Um Mehrkanalton bzw. die Lautsprecherkombination zu testen, empfiehlt es sich, eine Videodatei mit Dolby Digital-Raumklang in einem Dolby- oder DTS-fähigen Wiedergabeprogramm (z. B. Cyberlink PowerDVD) abzuspielen.

4.6 Arbeitsspeicher und Steckkarten

In diesem Abschnitt finden Sie noch einige Hinweise zu Problemen mit bestimmten Hardwarekomponenten (z. B. RAM-Erweiterung oder PCI-Steckkarten).

4.6.1 Probleme mit dem Arbeitsspeicher

Soll der Rechner mit Arbeitsspeicher (RAM) aufgerüstet werden? Um Probleme zu vermeiden, sollten Sie einige Grundregeln beachten.

» Bei einem 32-Bit-Windows-System ist der maximal unterstützte Arbeitsspeicher auf 4 GByte begrenzt. Bei Windows 7 Starter werden sogar nur 2 GByte unterstützt.

» Sie können beim RAM-Ausbau nur solche Speicherbausteine verwenden, die zum System (Motherboard) beziehungsweise zu den vorhandenen Speichertypen passen.

Speicherbausteine sind empfindliche Bauteile, die bereits beim Anfassen durch statische Aufladungen zerstört werden können. Daher sind die Speicherriegel meist in antistatischen Tüten oder in leitendem Moosgummi verpackt. Falls Sie Speicherbausteine wechseln möchten, sollten Sie keine Kleidung (Nylonhemden) tragen, die zu statischer Aufladung neigt. Bevor Sie die Speicherbausteine aus der Verpackung nehmen und einbauen, sollten Sie zur Ableitung eventuell vorhandener statischer Aufladungen an das metallische Rechnergehäuse fassen. **STOPP**

Von den Herstellern wurde eine ganze Reihe verschiedener Speichertypen entwickelt, die den steigenden Anforderungen an Speichergröße und Rechnergeschwindigkeit Rechnung trägt.

» *SDRAM-DIMM:* SDRAM-DIMMs (Synchronous Dynamic Random Access Memory Dual Inline Memory Modules) weisen zwei Einkerbungen an der Steckleiste des Speicherriegels auf (Abbildung 4.35). Die Speicherriegel werden einzeln in die jeweiligen Steckplätze der Speicherbänke eingebaut, müssen aber auf die CPU-Geschwindigkeit abgestimmt sein (PC133, PC233, PC333). Die Speicherriegel werden von oben in den Steckplatz eingedrückt. Zwei Kunststoffhebel an den Seiten des Steckplatzes rasten dann in Kerben an der Seite des Speicherriegels ein und fixieren diesen. Zum Entfernen des Speicherriegels müssen lediglich die Hebel mit den Fingern nach unten gedrückt werden. Der Riegel wird dann aus dem Steckplatz ausgeworfen.

Abbildung 4.35: Einbau eines SDRAM-DIMM-Speichers

» *DDR-SDRAM:* DDR-SDRAM(Double Data Rate Synchronous Dynamic Random Access Memory)-Module arbeiten doppelt so schnell wie die SDRAM-DIMM-Speicherbausteine und weisen nur eine Einkerbung an der Steckleiste, aber zwei Einkerbungen an der Seite auf (Abbildung 4.36). Die Speicherriegel werden, wie SDRAM-DIMMs, einzeln in die jeweiligen Steckplätze der Speicherbänke eingebaut und müssen ebenfalls auf die CPU-Geschwindigkeit abgestimmt sein.

Abbildung 4.36: DDR-SDRAM-Speicher (Quelle: Kingston)

» *DDR2-/DDR3-SDRAM:* Es handelt sich um eine Weiterentwicklung des DDR-SDRAM, wo die vierfache (DDR2) bzw. achtfache (DDR3) Zugriffsgeschwindigkeit, bezogen auf DDR-SRAMs, erreicht wird. Moderne Rechner sind mittlerweile fast ausschließlich mit DDR2- oder DDR3-SDRAMs ausgestattet. Auch bei diesen RAM-Typen gibt es verschiedene Geschwindigkeitsklassen, die Sie bei der Beschaffung zusätzlicher Speicherriegel berücksichtigen müssen.

Neben den hier beschriebenen Speicherbausteinen gibt es noch speziellere Varianten wie RDRAM (Rambus Dynamic RAM) der Firma Rambus. Diese besitzen aber kaum noch praktische Bedeutung. Eine Übersicht über die verschiedenen Speichertypen finden Sie unter *http://dewikipedia.org/wiki/DDR-SDRAM* [gbeh-k4-029].

Sonderfall Arbeitsspeicher für Notebooks

Die Notebook-Hersteller verwenden meist spezielle Speichermodule (SO-DIMM, Small Outline Dual Inline Memory Module), die von den Bauformen bei normalen PCs abweichen (Abbildung 4.37). Als Erstes müssen Sie daher herausfinden, welcher Typ von Speichermodulen (z. B. Double Data Rate Synchronous Dynamic RAM) Ihr Notebook benötigt und welche Bauform (72 Pin SO-DIMM oder 144 Pin SO-DIMM) benutzt wird. Auch die Geschwindigkeit (PC333, PC400 etc.), für die die Memory-Module spezifiziert sind, ist zu beachten. Zu allem Überfluss gibt es

Arbeitsspeicher und Steckkarten

die Speichermodule für 2,5 Volt und für 3,3 Volt Versorgungsspannung. In einigen Konstellationen darf ein 2,5-Volt-Modul eingesetzt werden, während bei der Verwendung von zwei Modulen die 3,3-Volt-Technik zwingend erforderlich ist (da sich zwei 2,5-Volt-Module zu stark erhitzen würden). Zu klären ist auch, ob überhaupt noch Steckplätze im Notebook frei sind. Öffnen Sie hierzu das Gehäuse des Notebooks oder die Abdeckung des Bereichs mit den Speichermodulen. Sie können dann die Zahl der freien Steckplätze sowie die verwendete Modulvariante erkennen. Mein Tipp ist, zusätzlich die Herstellerunterlagen (Handbuch, Webseiten) bezüglich der Frage zu konsultieren, welche Speichermodule zulässig sind. Prüfen Sie dann auf den Seiten des Herstellers bzw. bei Drittanbietern (z.B. *http://www.notebook-speicher.de/* [gbeh-k4-030], *http://www.alternate.de* [gbeh-k4-031]), ob es die betreffenden Module im Angebot gibt. Sind noch Steckplätze frei, müssen Sie den gleichen Modultyp wählen, der bereits eingebaut ist (beachten Sie aber die oben beschriebene 2,5-/3,3-Volt-Problematik). Das Gleiche gilt, falls ein Speichermodul des Notebooks defekt ist und ausgewechselt werden soll.

Abbildung 4.37: Speichermodul für Notebooks

Beim Einbau in ein Notebook sind die Speicherriegel leicht gekippt in den Steckplatz einzuschieben und dann nach unten zu drücken (Abbildung 4.38). Sobald eine Kunststoff- oder Metalllasche in die Bohrungen des Speicherriegels einrastet, ist das Modul fixiert. Zum Entfernen müssen Sie die beiden Laschen mit den Fingern zur Seite drücken und den Riegel nach oben kippen. Danach lässt sich der Speicherriegel aus dem Steckplatz herausziehen und entfernen. Bewahren Sie solche Module in einer Schutzhülle aus antistatischem Kunststoff auf, um eine Beschädigung durch statische Aufladung zu vermeiden.

Abbildung 4.38: Einbau eines SO-DIMM-DDR-Speichermoduls in ein Notebook

TIPP Die Größe des internen Arbeitsspeicherausbaus liefert Windows über die Systemeigenschaften. Klicken Sie mit der rechten Maustaste auf das Symbol *Computer* und wählen Sie den Kontextmenübefehl *Eigenschaften*. Auf der Seite *System* wird der Wert für den Speicherausbau, die Taktfrequenz des Prozessors sowie die genaue Windows-Version angezeigt. Die Information über den Arbeitsspeicherausbau sowie den Arbeitsspeichertyp liefert auch das BIOS beim Systemstart. Sind keine freien Steckplätze für die Speichererweiterung mehr vorhanden, müssen Sie zum Aufrüsten die vorhandenen Speicherriegel durch neue Bauteile größerer Kapazität ersetzen.

Probleme nach dem Arbeitsspeicherausbau

Haben Sie den Arbeitsspeicher aufgerüstet und bleibt das System beim Booten mit einem Bluescreen hängen oder friert ein? Dann gilt es die Fehlerursache herauszufinden:

» Überprüfen Sie, ob die einzelnen Speicherriegel wirklich auf die Geschwindigkeit des Prozessors abgestimmt sind. Je nach Hauptplatine und Speichertyp müssen Sie auch Speicherbausteine gleicher Kapazität kombinieren. Weiterhin ist es empfehlenswert, Bausteine des gleichen Herstellers zum Aufrüsten zu verwenden.

» Häufig ist auf der Hauptplatine auch eine bestimmte Reihenfolge bei der Bestückung der Speicherbänke mit RAM-Speicherriegeln einzuhalten.

» Aktivieren Sie das BIOS-Setup und prüfen Sie die Optionen für den Speichertakt der RAM-Bausteine. In den Advanced-Optionen des Setups lässt sich meist das Timing für den Speicher vorgeben. Reduzieren Sie ggf. das DRAM-Timing oder setzen Sie den Wert auf »Auto«. Sind unterschiedlich schnelle Speichertypen eingebaut, passen Sie den Speichertakt an die Werte des langsamsten Bausteins an.

Piept der Rechner beim Einschalten oder stürzt das System plötzlich sporadisch ab? Dies kann ebenfalls mit dem Arbeitsspeicherausbau zusammenhängen. In Kapitel 1 finden Sie im Abschnitt »Nach dem Einschalten piept der Rechner nur« Hinweise zu den auf diese Weise übermittelten Fehlercodes. Wird ein Speicherfehler vom BIOS gemeldet, sollten Sie überprüfen, ob die Bausteine wirklich richtig in den Steckplätzen sitzen und an den Halterungen eingerastet sind. Bei mehreren Speicherriegeln können Sie diese einzeln im Rechner testen und ggf. defekte Bauteile identifizieren. Der Abschnitt »Rechnerabstürze durch defekte Speicherbausteine« in Kapitel 1 zeigt, wie sich defekte oder unzuverlässige Speicherbausteine mittels Testprogrammen identifizieren lassen.

4.6.2 Geräte und PCI-Steckkarten identifizieren

Haben Sie ein Gerät oder eine Steckkarte gekauft, deren Hersteller Sie nicht kennen? Oft ist es leider so, dass die Produktverpackungen die tollsten Bezeichnungen tragen, die nichts mit dem Hersteller zu tun haben. Benötigen Sie Treiber oder Firmware-Updates für dieses Gerät und ist in den Produktunterlagen kein Hinweis auf eine Internetseite gegeben, wird das Ganze problematisch. Sie können aber zu ein paar Tricks greifen, um den Hersteller doch noch zu identifizieren und dann ggf. die Webseite mit den Treibern zu finden.

» Schauen Sie nach, ob ein Typenschild auf dem Gerätegehäuse untergebracht ist. Laufwerke müssen Sie ggf. aus dem Gehäuse ausbauen. Oft ist dort der OEM-Hersteller angegeben. Fehlt die Herstellerangabe, benutzen Sie die aufgedruckte Typenbezeichnung, um über Internetsuchmaschinen den Hersteller zu ermitteln. Auf diese Weise bin ich schon häufig fündig geworden.

» Wenn Sie eine PCI-Steckkarte unbekannter Herkunft besitzen, können Sie über die Vendor- und Device-ID des BIOS den Hersteller herausfinden. Beim Systemstart zeigt das BIOS die PCI-Geräteliste an (Abbildung 4.39), in deren Spalten »Vendor ID« und »Device ID« der erkannte Gerätetyp erscheint. Können Sie die Steckkarte in der PCI-Geräteliste nicht identifizieren, notieren Sie alle Einträge, fahren den Rechner herunter, bauen die Karte aus und lassen die PCI-Geräteliste erneut anzeigen. Gegenüber der ersten Liste sollte jetzt der Eintrag der ausgebauten PCI-Steckkarte fehlen. Anschließend können Sie im Internet auf die Webseite *www.pcisig.com/membership/vid_search* [gbeh-k4-038] gehen und die als Hexadezimalzahl angezeigte Vendor-ID in ein Formular eintippen. Sobald Sie als Produkttyp »Vendor« wählen und nach der ID suchen lassen, wird der Hersteller aus der Datenbank ermittelt und angezeigt. Mit dieser Information können Sie weiter im Internet nach dem Hersteller fahnden.

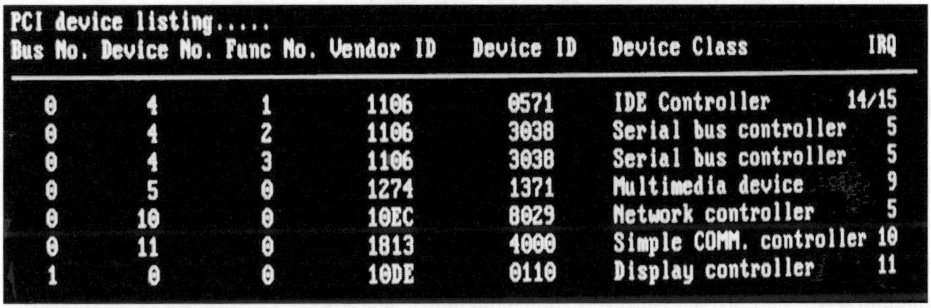

```
PCI device listing.....
Bus No. Device No. Func No. Vendor ID   Device ID   Device Class              IRQ

   0        4          1       1106        0571      IDE Controller          14/15
   0        4          2       1106        3038      Serial bus controller       5
   0        4          3       1106        3038      Serial bus controller       5
   0        5          0       1274        1371      Multimedia device           9
   0       10          0       10EC        8029      Network controller          5
   0       11          0       1813        4000      Simple COMM. controller   10
   1        0          0       10DE        0110      Display controller         11
```

Abbildung 4.39: BIOS-Anzeige der PCI-Geräteliste

Bei externen Geräten oder Karten, die ohne Treiber nicht erkannt werden, können Sie nachsehen, ob eine FCC-ID angegeben ist. Anhand der FCC-ID lässt sich auf manchen Internetseiten (z.B. *http://www.treiberupdate.de/FCC-ID/* [gbeh-k4-032]) auch direkt nach den Treibern suchen.

4.6.3 Probleme mit PC-Card-Steckkarten

Manche Zusatzkomponenten und Schnittstellen werden bei Notebooks über PCMCIA-Steckkarten (zwischenzeitlich allgemein auch als PC-Card bezeichnet) angeschlossen bzw. bereitgestellt. Beim ersten Einstecken des Geräts sollte dieses von Windows erkannt werden. Dann startet der Assistent zur Treiberinstallation. Sie müssen dann in den Dialogfeldern den Pfad zu den Treibern angeben oder den Assistenten nach den Geräten suchen lassen. Kommt es zu Problemen mit den angeschlossenen PC-Card-Geräten? Prüfen Sie in diesem Fall die folgenden Punkte:

» Prüfen Sie als Erstes, ob das betreffende Gerät wirklich mit der PCMCIA-Steckkarte korrekt am Notebook angeschlossen ist. Manchmal ist die Steckkarte nicht richtig in den Schacht eingeschoben, und dann kommt es zu Wackelkontakten. Ein weiteres Problem ist, dass es zwischenzeitlich PC-Cards vom Typ I, II und III mit unterschiedlichen Dicken gibt (siehe *http://de.wikipedia.org/wiki/PCMCIA* [gbeh-k4-033]), die im ungünstigsten Fall mechanische Probleme beim Einstecken verursachen. Zumindest kommt es häufiger vor, dass der PC-Card-Adapter durch die Bauhöhe zwei PCMCIA-Steckplätze belegt (Abbildung 4.40).

» Ein wunder Punkt ist auch der Strombedarf der durch die PCMCIA-Karten verbundenen Geräte. Reicht die interne Stromversorgung des PCMCIA-Adapters nicht, wird das Gerät Probleme bereiten. Sie benötigen dann eine separate Stromversorgung über ein externes Netzteil. Sie müssen dann sicherstellen, dass dieses eingeschaltet ist (in diesem Fall ist nur noch ein Netz-, jedoch kein Akkubetrieb mehr möglich).

Abbildung 4.40: PC-Card mit Netzwerk- und Modemanschlüssen

Funktioniert das Gerät trotzdem nicht, rufen Sie den Geräte-Manager auf und prüfen dort, ob das Gerät aufgeführt wird. Erscheint das Gerät mit einem Zusatzsymbol (Fragezeichen), gibt es Probleme mit dem Treiber. Wählen Sie das Gerät per Doppelklick an und schauen Sie nach, welcher Treiberfehler angezeigt wird. Konsultieren Sie dann die Geräteunterlagen und schauen Sie auf den Webseiten des Geräteherstellers nach, ob dort etwas bezüglich des Fehlers bekannt ist. Bei manchen Geräten muss vor der ersten Inbetriebnahme auch eine Zusatzsoftware installiert werden, die Windows für die Hardwareerkennung des Geräts vorbereitet.

4.6.4 Probleme mit Mini-PCI-Steckkarten

In einigen Notebooks steht ein Steckplatz für Mini-PCI-Steckkarten zur Verfügung. Diese Steckplätze werden häufig zum Einbau von Netzwerk- und WLAN-Karten benötigt. Bevor Sie sich mit der Aufrüstung oder dem Austausch einer solchen Mini-PCI-Steckkarte befassen, sollten Sie klären, welche technischen Randbedingungen gelten. So setzt das Centrino-Label von Intel voraus, dass der Chipsatz, der Prozessor und die WLAN-Karte von diesem Hersteller stammen. Andernfalls können die Stromsparfunktionen nicht gewährleistet werden. Achten Sie auch darauf, dass den Mini-PCI-Steckkarten aktuelle Windows-Treiber der jeweiligen Hersteller beiliegen. Beim Einbau der Karten ist das Gerät vom Netz zu trennen, und Sie sollten vorsichtshalber auch den Akku ausbauen. Gibt es nach dem Einbau einer Mini-PCI-Steckkarte Probleme, prüfen Sie die folgenden Punkte:

» Passt die Mini-PCI-Karte in den Einschub und wurde die Karte richtig eingebaut? Mechanische Probleme können den Einbau verhindern und schief sitzende Karten verursachen u.U. Kurzschlüsse.

» Starten Sie den Geräte-Manager und prüfen Sie, ob die Karte in der Geräteliste aufgeführt wird. Zeigt der Geräte-Manager zusätzliche Symbole neben dem Gerätesymbol (rotes Kreuz, Fragezeichen etc.), deutet dies auf Probleme hin.

Ein Doppelklick auf den Geräteeintrag zeigt dessen Eigenschaftenfenster. Auf der Registerkarte *Allgemein* werden ggf. Fehlermeldungen des Treibers mit Fehlercodes angezeigt. Sie müssen dann ggf. den Treiber aktualisieren oder auf den Internetseiten des Geräteherstellers nachsehen, ob Fehler und Lösungen bekannt sind.

4.7 Akkus bei Notebooks

In diesem Abschnitt finden Sie noch einige Hinweise, was es bezüglich der Pflege der Akkus bei Notebooks und hinsichtlich auftretender Probleme zu beachten gilt.

4.7.1 Akkuprobleme beim Notebook

Wundern Sie sich, dass die Akkus im Notebook auch bei voller Ladung spätestens nach einer halben Stunde schlappmachen? Die im Notebook eingebauten Akkus verlieren mit der Zeit an Kapazität. Zudem kann durch falsche Handhabung (z.B. häufiges Aufladen bei teilentladenen Akkus) ein Kapazitätsverlust durch Überhitzung auftreten. Der Akku lässt sich dann nicht mehr vollständig aufladen.

Kapitel 4 • Hardware- und Laufwerkprobleme

Abbildung 4.41: Akkueinheit eines Notebooks

Die Lebensdauer eines Akkus liegt irgendwo bei ca. drei Jahren, wobei einzelne Zellen auch vorher ausfallen können. Je nach Akkutyp erkennt der Rechner defekte Akkus und meldet dies bzw. blockiert den Akkubetrieb. Auch ein beim Hersteller neu gekaufter Akku kann bereits eine mehrjährige Lagerzeit aufweisen. Ist der Akku am Ende der Lebensdauer angelangt oder weist er defekte Zellen auf, wird ein Austausch notwendig. Dummerweise benutzt jeder Hersteller eigene Einschübe, um die Akkus zu kapseln (Abbildung 4.41). Die erste Adresse für Ersatzakkus stellt der Gerätehersteller dar. Schauen Sie im Benutzerhandbuch bzw. auf den Internetseiten des Notebook-Herstellers nach dem Ersatz. Günstiger sind die Akkus bei Drittanbietern (*http://www.akku-markt.com/* [gbeh-k4-034], *http://www.akkutheke.de/* [gbeh-k4-035] etc.). Auf der Internetseite *http://www.akku-doktor.de/* [gbeh-k4-036] wird sogar eine Reparatur defekter Akkus angeboten.

STOPP Achten Sie beim Ersatz der Akkus darauf, dass diese für das Notebook spezifiziert sind. Im ungünstigsten Fall kann der Akku durch Überlastung extrem warm werden, was zu Schäden an den Bauteilen oder am Gehäuse führt oder Verbrennungen verursachen kann. Muckt das Notebook im Akkubetrieb häufiger, deutet dies auf einen Wackelkontakt im Gerät (z.B. im Kontaktstecker des Akkus) hin. Überprüfen Sie in diesem Fall die Steckkontakte im Gehäuseeinschub und verifizieren Sie, dass keine Kontakte verbogen sind. Der eingesetzte Akku sollte fest im betreffenden Einschub sitzen und mechanisch fixiert sein.

Kurze Akkulaufzeiten können aber auch mit fehlerhaft konfigurierten oder nicht funktionierenden Energiesparfunktionen zusammenhängen.

» Schauen Sie in Kapitel 2 im Abschnitt »Bildschirm, Festplatte oder Rechner schaltet sich ab« nach, welche Einstelloptionen es gibt. Setzen Sie die Energiesparoptionen für TFT-Display, Suspend-to-RAM, Suspend-to-Disk und das

Abschalten der Festplatte so, dass ein unbenutzter Rechner möglichst energiesparend betrieben wird.

» Aktivieren Sie die Energiesparfunktionen von Komponenten wie Modem, WLAN-Karte, Netzwerkanschluss. Hierzu geben Sie »Energie« in das Suchfeld des Startmenüs ein und wählen den Befehl *Energiesparplan bearbeiten*. Anschließend passen Sie die Vorgaben für Bildschirm und Energiesparmodus an. Über den Hyperlink *Erweiterte Energieeinstellungen ändern* können Sie weitere Optionen (z. B. Prozessorenergieverwaltung) verwalten.

» Lesen Sie in der Herstellerdokumentation des Notebooks nach, ob der Hersteller spezielle Einstelloptionen für die Energiesparmodi des Prozessors bereitstellt. Typischerweise werden die Taktfrequenzen bei Notebook-CPUs aus Energiespargründen im unbenutzten Modus heruntergefahren. Gelegentlich verhindern aber fehlerhafte BIOS-Versionen, dass dies funktioniert. Konsultieren Sie dann die Internetseiten der Hersteller, um Näheres herauszufinden.

Zudem empfiehlt es sich, im Akkubetrieb nicht benötigte Geräte (PC-Card-Adapter, externe Laufwerke, Bluetooth/UMTS-Sticks etc.) vom Notebook abzuziehen. Dann können diese Geräte auch keinen Strom beziehen und den Akku entladen.

4.7.2 Tipps zur Akkupflege

Um eine möglichst lange Akkulebensdauer zu erreichen und die Akkuladung bestmöglich nutzen zu können, empfiehlt es sich, in die Pflege der Akkus zu investieren. Dies ist mit wenig Aufwand durch Befolgen einiger Regeln zu erreichen:

» Betreiben Sie Ihr Notebook vorwiegend am Stromnetz, sollten Sie den Akku auf ca. 50 bis 80 Prozent aufladen, aus dem Gerät herausnehmen und bei niedriger Zimmertemperatur lagern. Dies verhindert einerseits ein ständiges Nachladen teilentladener Akkus im Notebook und vermeidet zudem eine unnötige Erhitzung durch den Ladevorgang (was die Lebensdauer reduziert). Beachten Sie jedoch, dass ein ausgebauter Akku durch Selbstentladung nach ca. einem Monat fast leer ist. Um eine Tiefstentladung, die den Akku irreparabel schädigen kann, zu vermeiden, sollten Sie diesen in Intervallen von zwei bis drei Wochen nachladen.

» Die in modernen Notebooks eingesetzten Lithium-Ionen-Akkus kennen zwar keinen Memory-Effekt mehr. Die Hersteller von Lithium-Ionen-Akkus sichern aber nur 500 bis 1000 Ladezyklen zu. Wird das Notebook mit teilentladenen Akkus ständig neu (teil-)aufgeladen, ist die Anzahl der garantierten Ladezyklen sehr schnell erreicht. Zudem schädigt die Erwärmung beim Aufladen den Akku. Konsultieren Sie das Handbuch des Notebooks, um herauszufinden, ob eine Ladeüberwachung vorhanden ist und ob der Hersteller Empfehlungen zum Aufladen gibt. Im Zweifelsfall sollten Sie das Notebook im Batteriemodus so lange betreiben, bis der Akku leer ist. Danach lassen Sie das Gerät am Stromnetz vollständig aufladen und fahren dann wieder im Batteriebetrieb.

Achten Sie auch darauf, das Notebook nicht an zu heißen Stellen (Hutablage der Heckscheibe, Fensterbank, Heizung) abzulegen. Die Hitze ist der Akkulebensdauer nicht unbedingt zuträglich. Laden Sie Akkus kurz vor der Nutzung vollständig auf. Dann steht Ihnen die maximale Kapazität zum Arbeiten zur Verfügung.

Kapitel 5
Ärger beim Drucken und mit Peripheriegeräten

Dieses Kapitel befasst sich mit Problemen, die beim Drucken unter Windows oder mit anderen Peripheriegeräten wie Monitor, Maus und Tastatur auftreten können.

5.1 Wenn Drucker und Geräte streiken

Beim Ausdrucken können verschiedene Probleme auftreten, angefangen von fehlendem Papier bis hin zu Fehlern in Treibern. Nachfolgend wird besprochen, wie sich Probleme erkennen und beheben lassen.

5.1.1 Der Ausdruck ist fehlerhaft

Haben Sie etwas ausgedruckt und stellen nun fest, dass das Ergebnis fehlerhaft ist? Zeichen im Text sind verschluckt oder verstümmelt oder der gesamte Ausdruck besteht aus unleserlichen Zeichen? Werden Grafiken nicht korrekt ausgegeben? In diesem Fall überprüfen Sie Folgendes:

» Stellen Sie zunächst sicher, dass die Stecker des Anschlusskabels fest in den Buchsen am Computer und am Drucker sitzen. Mir ist es bereits passiert, dass ein loser Stecker für solche Fehler sorgte. Zudem sollte das Druckeranschlusskabel nicht länger als 2 bis 3 Meter sein.

» Manchmal hilft es auch, den Drucker vor dem nächsten Druckauftrag auszuschalten und dann erneut einzuschalten.

Bei fehlerhaften Ausdrucken, bei denen falsche Buchstaben erscheinen oder Grafiken fehlen, deutet aber vieles auf einen falschen Druckertreiber hin. Sie sollten daher den Drucker sowie den Windows-Druckertreiber gezielt testen. Sind z.B. mehrere Drucker an einer Schnittstelle eingerichtet, zwischen denen Sie wechseln? Dann stellen Sie sicher, dass beim Drucken aus einer Anwendung der richtige Drucker im Dialogfeld *Drucken* gewählt wurde. Andernfalls passt der Druckertreiber nicht zum angeschlossenen Drucker.

Falls Sie das Gefühl haben, dass etwas mit dem Drucker nicht stimmt, unterziehen Sie das Gerät einem Selbsttest. Dieser Test lässt sich unabhängig vom Rechner ausführen. Wie Sie den Selbsttest durchführen, entnehmen Sie bitte der Dokumentation zum Drucker. Meist sind beim Einschalten des Geräts mehrere Tasten gleichzeitig zu drücken. Das Gerät gibt dann eine Testseite zur Beurteilung der Druckqualität aus.

Ist die Testseite in Ordnung, liegt das Problem eher an Windows bzw. den Druckertreibern. Zur Überprüfung der Funktion des Druckertreibers und der Windows-Druckfunktionen gehen Sie in folgenden Schritten vor:

1. Klicken Sie im Startmenü auf den Befehl *Geräte und Drucker*, um das Ordnerfenster mit den eingerichteten Druckern zu öffnen.

2. Klicken Sie im Ordnerfenster (Abbildung 5.2 auf Seite 246) den gewünschten Drucker mit der rechten Maustaste an und wählen Sie im Kontextmenü den Befehl *Druckereigenschaften*.

3. Auf der Registerkarte *Allgemein* der Druckereigenschaften klicken Sie auf die Schaltfläche *Testseite drucken* (Abbildung 5.1).

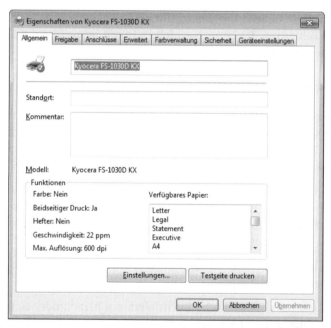

Abbildung 5.1: Registerkarte *Allgemein* der Druckereigenschaften

Sofern der Drucker eingeschaltet ist, sollte eine Testseite mit einer Grafik (bei grafikfähigen Druckern) und etwas Text über das Gerät ausgegeben werden. Entnehmen Sie diese Testseite dem Drucker. Dann gibt es zwei Möglichkeiten:

» Ist der Ausdruck in Ordnung, liegt der Fehler weder am Drucker noch an den Windows-Druckfunktionen, sondern an der Anwendung. Vielleicht verwenden Sie im Dokument einen Zeichensatz, der auf dem Drucker nicht vorhanden ist. Dann kann es passieren, dass Zeichen im Text nicht wiedergegeben werden. Fehlende Grafiken deuten auf einen Speichermangel im Drucker oder auf ausgeschalteten Grafikdruck in der Anwendung hin. Hilfreich ist dann, mit einem

Textverarbeitungsprogramm eine einfache Testseite mit einer kleineren eingebundenen Grafik zu erstellen und diese zum Testen auszudrucken. Ist dieser Ausdruck in Ordnung, liegt es am Dokument, welches Sie vorher ausgegeben haben.

» Treten die Fehler im Testausdruck auch auf? Dann deutet vieles darauf hin, dass ein falscher oder ein fehlerhafter Druckertreiber verwendet wurde. Schließen Sie das Dialogfeld mit dem Hinweis auf die Testausgabe und überprüfen Sie anschließend, ob der richtige Druckertreiber benutzt wird. Installieren Sie den Treiber gegebenenfalls neu bzw. aktualisieren Sie ihn.

Falls Sie weitere Informationen benötigen, können Sie im Dialogfeld *Eine Testseite wurde an den Drucker gesendet* den Hyperlink *Hilfe zum Drucken* wählen. Windows öffnet die Hilfe mit Informationen zum Thema »Warum kann ich nicht drucken?«.

INFO

Um viel Aufwand zur Ursachenforschung zu sparen, sollten Sie noch einen Trivialfall ausschließen: Wenn Sie ein längeres Dokument ausdrucken und dann den Drucker ausschalten, bleibt ein Teil der Druckdaten in der Druckerwarteschlange. Schalten Sie den Drucker später ein, versucht Windows, die Daten auszugeben. Da dann aber ein Teil der Steuercodes fehlt, wird der Drucker u.U. nur Zeichensalat ausgeben. Sie sollten daher die Druckerwarteschlange auf anstehende Aufträge überprüfen und diese ggf. löschen (siehe den Abschnitt »Es wird nichts gedruckt« ab Seite 250). Nur wenn das Gerät nach dem Einschalten bei hochgefahrenem Windows nichts mehr druckt, ist die Druckerwarteschlange leer.

5.1.2 Der Druckertreiber ist fehlerhaft

Enthält der Ausdruck fehlerhafte Inhalte oder ist der Ausdruck überhaupt nicht lesbar? Kommt es beim Drucken immer wieder zu Fehlern? Ließ sich mit den Tests des vorherigen Abschnitts keine Fehlerursache finden? Oder klappt das Drucken im Netzwerk nicht? Dann spricht vieles dafür, dass der Druckertreiber fehlerhaft oder nicht mit der von Ihnen verwendeten Windows-Version kompatibel ist. Bei Druckproblemen sollten Sie ggf. den bestehenden Druckertreiber deinstallieren und dann erneut installieren bzw. sogar eine aktualisierte Version einrichten. Bei einem Kyocera-Drucker hatte ich beispielsweise das Problem, dass beim Drucken von Netzwerkstationen die Druckaufträge nach kurzer Zeit zwar in der Druckerwarteschlange vorhanden waren, aber nicht mehr ausgegeben wurden. Erst die Installation eines aktualisierten Treibers vom Hersteller behob das Problem. Oder es kam zu Bluescreens beim Drucken aus dem Windows-Editor, deren Ursache ebenfalls ein fehlerhafter 64-Bit-Druckertreiber von Kyocera war.

1. Klicken Sie im Startmenü auf den Befehl *Geräte und Drucker*, um das gleichnamige Ordnerfenster anzuzeigen.

2. Markieren Sie den Eintrag für den gewünschten Drucker, öffnen Sie das Kontextmenü mit einem Klick der rechten Maustaste und wählen Sie im Kontextmenü den Befehl *Gerät entfernen* (Abbildung 5.2).

Kapitel 5 • Ärger beim Drucken und mit Peripheriegeräten

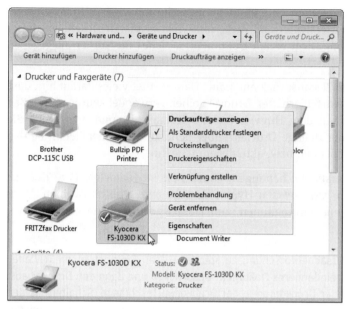

Abbildung 5.2: Druckerordner mit Druckern und Kontextmenü

Sobald Sie die Sicherheitsabfrage über die *Ja*-Schaltfläche und dann die Abfrage der Benutzerkontensteuerung bestätigen, entfernt Windows den Drucker aus dem Ordner.

INFO Sie sollten vor dem Entfernen des Druckers alle Programme schließen, die den Drucker benutzen könnten. Dazu gehören auch Eigenschaftenfenster des Druckers. Stellen Sie außerdem sicher, dass die Druckwarteschlange keine Druckaufträge mehr enthält. Sie sollten diese notfalls vorher löschen (siehe den Abschnitt »Es wird nichts gedruckt« ab Seite 250). Andernfalls kann es zu Problemen in Windows kommen, wenn dieses versucht, den noch in Benutzung befindlichen Drucker zu löschen.

5.1.3 Druckertreiber löschen

Wenn Sie einen Drucker aus dem Druckerordner löschen, bleibt dessen Druckertreiber in Windows weiterhin vorhanden. Um einen fehlerhaften Druckertreiber zu deinstallieren, müssen Sie diesen im Druckerserver löschen.

1. Klicken Sie im Ordnerfenster *Geräte und Drucker* (Abbildung 5.2) auf ein beliebiges Druckersymbol und dann auf die in der Symbolleiste eingeblendete Schaltfläche *Druckerservereigenschaften* (notfalls das Menü am rechten Rand der Symbolleiste über die Schaltfläche *Weitere Befehle anzeigen* öffnen, um die ausgeblendete Schaltfläche als Menübefehl anzuzeigen).

2. Wechseln Sie zur Registerkarte *Treiber* (Abbildung 5.3, Hintergrund), markieren Sie den unerwünschten Druckertreiber und klicken Sie auf die Schaltfläche *Entfernen*.

Wenn Drucker und Geräte streiken

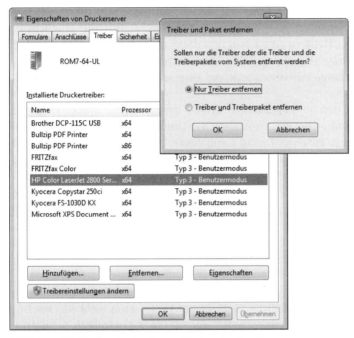

Abbildung 5.3: Treiber in den Eigenschaften des Druckerservers

3. Windows gibt Ihnen in einem weiteren Dialogfeld (Abbildung 5.3, Vordergrund) die Möglichkeit, den Treiber oder das gesamte Paket zu entfernen.

Das Paket lässt sich jedoch nur entfernen, wenn dieses separat installiert wurde und nicht Bestandteil der Windows 7-Built-in-Treiber ist.

5.1.4 Installation eine neuen Druckertreibers

Ist der Treiber gelöscht, können Sie den Drucker erneut unter Windows installieren. Hierzu sollten Sie den Drucker einschalten.

» Bei einem per USB-Kabel am Rechner angeschlossenen Drucker erkennt Windows das Gerät und installiert den Treiber automatisch. Ist das Druckermodell bekannt, verwendet Windows teilweise von Microsoft bereitgestellte oder noch von einer Installation vorhandene Druckertreiber.

» Ist der Drucker über ein paralleles oder serielles Kabel mit dem Drucker verbunden (oder gibt es Probleme bei der Installation eines USB-Druckers)? Dann wählen Sie in der Symbolleiste des Ordners *Geräte und Drucker* die Schaltfläche *Drucker hinzufügen*. Ein Drucker-Installationsassistent führt Sie dann durch die Schritte zum Einrichten des Druckers.

Findet Windows bei der Installation keinen internen Treiber, fordert der Drucker-Installationsassistent die Treiber-CD/-DVD des Herstellers an. Geben Sie dann den Pfad zu den Treibern in einem Dialogfeld an. Die einzige Schwierigkeit besteht gelegentlich darin, die richtigen Ordner auf der CD zu finden, in denen der passende Druckertreiber abgelegt ist. Windows 7 bietet zusätzlich die Möglichkeit, online nach passenden Treibern zu suchen und diese zu installieren. Eine Druckerinstallation richtet übrigens nicht nur den Druckertreiber ein, sondern legt auch eine Druckerwarteschlange zur Verwaltung der Druckaufträge dieses Geräts an.

INFO Weigert sich Windows, den im angegebenen Ordner gespeicherten Druckertreiber zu installieren? Oder kommt es bei der Installation des Druckertreibers zu Fehlern? Dann spricht vieles für einen zu Windows 7 nicht kompatiblen Treiber. Rufen Sie die Internetseite des Geräteherstellers auf und suchen Sie nach einem aktualisierten Windows 7-Treiber. Wird ein solcher Treiber gefunden, laden Sie diesen auf die Festplatte herunter. Achten Sie dabei darauf, dass es Treiber für 32- und für 64-Bit-Windows 7 gibt. Anschließend entpacken Sie den Treiber ggf. aus der heruntergeladenen Archivdatei (ZIP) in einen Ordner. Danach lässt sich der Treiber bei der Installation verwenden. Manche Druckerhersteller liefern eine ausführbare Installationsdatei mit. In diesem Fall starten Sie diese und befolgen die Anweisungen des Setup-Programms.

TIPP Meldet der Assistent zur Geräteinstallation, dass kein Treiber gefunden wird, obwohl Windows definitiv über einen Treiber verfügt? Dieser Fehler kann nicht nur bei Druckern, sondern auch bei internen Komponenten wie IDE-/SATA-Controllern, Schnittstellen etc. auftreten. Solche Geräte werden standardmäßig mit internen Windows-Treibern versehen. Dann spricht vieles für eine beschädigte Cache-Datei. In diesem Fall gehen Sie wie unter *http://www.borncity.com/blog/2008/02/25/treiber-fr-usb-speicherstick-wird-nicht-gefunden/* [gbeh-k5-001] beschrieben vor und löschen die Datei *infcache.1*. Diese Datei wird beim nächsten Systemstart neu angelegt, und die Treiber sollten bei der Installation wiedergefunden werden.

Den Druckertreiber gezielt aktualisieren

Sie haben sich eine aktualisierte Treiberdatei des Druckerherstellers aus dem Internet heruntergeladen, die nun unter Windows eingerichtet werden soll? Um den Druckertreiber gezielt zu aktualisieren, gehen Sie folgendermaßen vor.

1. Klicken Sie im Startmenü auf *Geräte und Drucker*, um das betreffende Ordnerfenster zu öffnen. Dann klicken Sie das Druckersymbol mit der rechten Maustaste an und wählen im Kontextmenü den Befehl *Druckereigenschaften*.

2. Wechseln Sie im Eigenschaftenfenster des Druckers zur Registerkarte *Erweitert* (Abbildung 5.4), wählen Sie ggf. über das Listenfeld *Treiber* den gewünschten Drucker und klicken Sie anschließend auf die Schaltfläche *Neuer Treiber*.

3. Befolgen Sie die Anweisungen des Assistenten zur Druckertreiberinstallation, der Sie über verschiedene Dialogfelder durch die Installation des Druckertreibers führt.

Abbildung 5.4: Eigenschaften des Druckers

Im Dialogfeld *Druckertreiberauswahl* lassen sich Hersteller und Druckermodell auswählen. Über die Schaltfläche *Windows Update* dieses Dialogfelds lässt sich auf der Microsoft Update-Seite nach Druckertreibern suchen. Wenn Sie die Schaltfläche *Datenträger* anklicken, können Sie auch den Pfad zur lokal gespeicherten Treiberdatei angeben. Sobald die Dialogfelder geschlossen sind, wird der Treiber durch Windows benutzt. Sie können dann testen, ob die Probleme behoben sind.

Netzwerkdruckertreiber lässt sich nicht installieren

Gelegentlich gibt es das Problem, dass ein auf einem Windows XP-System über das Netzwerk freigegebener Drucker nicht unter Windows 7 genutzt werden kann. Beim Versuch, den Netzwerkdrucker in Windows 7 einzurichten, bricht der Einrichtungsassistent mit einer Fehlermeldung ab, dass kein Netzwerkdrucker gefunden werden kann. Oder der Zugriff auf den Netzwerkdrucker wird beim Einrichten verweigert. Falls solche Probleme auftreten, prüfen Sie zuerst Folgendes:

» Liegt ein für Windows 7 freigegebener Druckertreiber vor und ist der auch installiert? Kann mit dem Druckertreiber lokal am Windows XP-Rechner sowie am Windows 7-Rechner gedruckt werden (notfalls den Drucker testweise an beiden Rechnern ausprobieren)? Schauen Sie nach, ob der Drucker auf dem Netzwerkrechner auch wirklich freigegeben ist.

» Windows 7 benötigt zwingend Benutzerkonten, die mit einem Kennwort versehen sind. Andernfalls erhält der Druckprozess keinen Zugriff auf die Netzwerkressource. Überprüfen Sie in der Windows-Firewall auch, ob die Option *Datei- und Druckerfreigabe* als Ausnahme zugelassen ist.

Mit diesen Grundvoraussetzungen sollte es eigentlich mit der Installation eines Netzwerkdruckers klappen. Für besonders hartnäckige Fälle (z.B. Drucker an Windows XP freigegeben, aber das Gerät erscheint nicht als Netzwerkfreigabe im Ordner *Netzwerk* des Windows 7-Rechners) führen Sie folgende Schritte aus:

1. Installieren Sie den Druckertreiber lokal auf dem Druckerausgang LPT1: des Windows 7-Rechners. Dies sorgt dafür, dass die Treiber lokal vorhanden sind. Testen Sie, ob der Drucker lokal funktioniert.
2. Wählen Sie im Ordnerfenster *Geräte und Drucker* den neu eingerichteten lokalen Drucker mit der rechten Maustaste an und klicken Sie auf den Kontextmenübefehl *Druckereigenschaften*.
3. Im Eigenschaftenfenster des Druckers gehen Sie zur Registerkarte *Anschlüsse* (Abbildung 5.6, Seite 253), klicken auf die Schaltfläche *Hinzufügen* und wählen den Anschlusstyp »Local Port«.
4. Klicken Sie auf die Schaltfläche *Neuer Anschluss* und tippen Sie in das Feld *Anschlussname* den Pfad zum Netzwerkdrucker (z. B. »\\Rom7-64-UL\Kyocera FS-1030D KX«) ein.

Es muss der Freigabename des Windows XP-/Vista-/Windows 7-Netzwerkdruckers als Pfad eingegeben werden. Notfalls müssen Sie mit der Schreibweise etwas experimentieren. Anschließend sollten Sie die Registerkarten und Dialogfelder über die *OK*-Schaltflächen schließen. Jetzt sollte ein neuer Anschluss (z. B. \\Rom7-64-UL\Kyocera FS-1030D KX) zu sehen sein. Stellen Sie sicher, dass das Kontrollkästchen für den neuen Port markiert ist.

Danach kann der Drucker wieder an den Netzwerkrechner gehängt werden. Sie können im noch geöffneten Druckereigenschaftenfenster des Clients zur Registerkarte *Allgemein* wechseln und testen, ob die Druckausgabe funktioniert.

INFO   Unter *http://www.dimido.de/alte-hewlett-packard-hp-drucker-unter-microsoft-windows-7-installieren* [gbeh-k5-002] finden Sie einige Hinweise, um ältere HP-Drucker unter Windows 7 zu installieren.

5.1.5 Es wird ein fehlender Standarddrucker bemängelt

Klicken Sie in einer Anwendung auf das Druckersymbol, erfolgt die Ausgabe an den Standarddrucker. Meldet Windows, dass der Standarddrucker fehlt? Dann öffnen Sie den Druckerordner (Abbildung 5.2, Seite 246) über den Startmenübefehl *Geräte und Drucker*. Klicken Sie das Symbol des gewünschten Druckers mit der rechten Maustaste an und wählen Sie im Kontextmenü den Befehl *Als Standarddrucker festlegen*. Das Druckersymbol wird dann mit einem stilisierten Häkchen markiert und intern als Standarddrucker eingetragen.

5.1.6 Es wird nichts gedruckt

Haben Sie die Schaltfläche mit dem Druckersymbol in einer Anwendung angeklickt, es erscheint jedoch nichts auf dem Drucker? Dann liegt ein Druckerproblem vor, das verschiedene Ursachen haben kann. Je nach Windows-Version bzw. -Einstellung kann auch eine QuickInfo mit dem Hinweis auf einen Druckerfehler erscheinen.

» Prüfen Sie, ob der Drucker korrekt angeschlossen und eingeschaltet ist. Ein loses Druckerkabel oder fehlender Strom ist schon häufiger die Ursache für solche Druckprobleme gewesen. Ob der Drucker eingeschaltet ist, lässt sich meist an Kontrollanzeigen des Geräts erkennen.

» Prüfen Sie, ob der Drucker auf online steht (hierzu gibt es meist eine entsprechende Taste am Drucker) und ob alle Klappen geschlossen sind. Ein teilweise geöffneter Deckel oder ein nicht ganz geschlossener Papierschacht blockiert die Druckausgabe.

» Prüfen Sie auch, ob der Drucker genügend Papier im Papierschacht aufweist, ob kein Papierstau vorliegt und ob genügend Toner oder Tinte zum Drucken vorhanden ist. Fehlender Toner oder Tinte sollte allerdings vom Drucker oder vom Druckertreiber mit einer entsprechenden Meldung angezeigt werden.

» Wählen Sie das Druckersymbol im Ordnerfenster *Geräte und Drucker* per Doppelklick an. Dann öffnet sich das Fenster des Druck-Managers (Programm, welches für die Druckausgabe verantwortlich ist). Prüfen Sie im angezeigten Fenster (Abbildung 5.5), ob die Druckerwarteschlange des Druckers in Windows auf offline geschaltet oder der Drucker angehalten worden ist. Der Druck-Manager blendet den Status (offline oder angehalten) in der Titelleiste des Fensters ein.

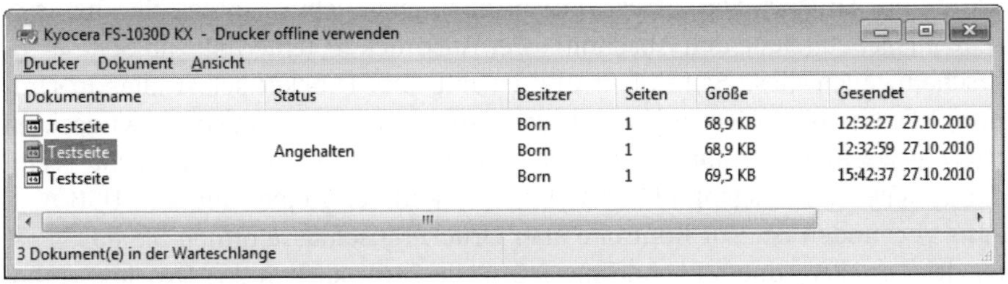

Abbildung 5.5: Fenster der Druckerwarteschlange

Ist der Drucker angehalten oder auf offline gestellt? Öffnen Sie im Fenster des Druck-Managers das Menü *Drucker*, wird ein angehaltener oder offline geschalteter Drucker mit einem Häkchen vor dem betreffenden Befehl markiert. Es reicht, den betreffenden Befehl erneut anzuwählen, um den Status umzustellen.

Werden lediglich einige Dokumente nicht mehr ausgedruckt? Dann kann es sein, dass die Druckaufträge angehalten oder abgebrochen wurden. Dies kann manuell durch den Benutzer oder bei Fehlern automatisch durch Windows erfolgt sein. Zum Anhalten bzw. Löschen eines Auftrags klicken Sie den Eintrag im Fenster der Druckerwarteschlange mit der rechten Maustaste an und wählen im Kontextmenü den betreffenden Befehl *Anhalten* beziehungsweise *Abbrechen*.

Kontrollieren Sie den Status der Aufträge im Fenster der Druckerwarteschlange. Sind diese Aufträge auf *Angehalten* oder *Wird gelöscht* gesetzt, erfolgt ebenfalls keine Druckausgabe. Angehaltene Aufträge lassen sich über den Kontextmenübefehl *Fortsetzen* zum Drucken einplanen. Fehlerhafte Druckaufträge können über den Kontextmenübefehl *Neu starten* wiederholt werden. Die betreffenden Befehle stehen Ihnen für den jeweils gewählten Druckauftrag auch im Menü *Dokument* der Druckerwarteschlange zur Verfügung.

Sind die falschen Geräte am Treiber konfiguriert?

Sofern Sie mehrere Drucker angeschlossen haben oder mit einem Netzwerk verbunden sind, kann der Fehler auch an einer falschen Gerätekonfiguration liegen. Um banale Fehler auszuschließen, sollten Sie in diesem Fall folgende Punkte überprüfen:

» Sind mehrere Drucker unter Windows installiert, kann es sein, dass die Ausgaben an ein anderes Gerät geleitet wurden. Prüfen Sie (z.B. im Dialogfeld *Drucken*, abrufbar aus der Anwendung), ob das richtige Gerät als Standarddrucker eingestellt ist. Schauen Sie ggf. im Ordnerfenster *Geräte und Drucker* (aufrufbar über das Startmenü) nach, ob der Ausdruck nicht an einem anderen Gerät (welches vielleicht sogar ausgeschaltet ist) erfolgt. Hierzu reicht es, die angezeigten Druckersymbole per Doppelklick anzuwählen. Im Fenster des Druck-Managers sehen Sie die anstehenden Druckaufträge und deren jeweiligen Status. Kontrollieren Sie, ob der Status des obersten Druckauftrags in der Warteschlange auf »Wird gedruckt« steht.

» Wurde ein Drucker neu angeschlossen bzw. eingerichtet, sollten Sie die Testseite ausgeben (siehe den Abschnitt »Der Ausdruck ist fehlerhaft« ab Seite 243). Erscheint auch diese Seite nicht und ist mit dem Drucker selbst alles in Ordnung? Dann sollten Sie prüfen, ob der Drucker wirklich mit der gewünschten (bzw. erwarteten) Schnittstelle verbunden ist. Die Ausgabe klappt nicht, wenn der Drucker am Ausgang *LPT1:* hängt, während der Treiber mit dem USB-Ausgang verbunden ist. Zur Kontrolle aller Druckeranschlüsse öffnen Sie das Fenster des Druckerordners (Abbildung 5.2, Seite 246), klicken das Druckersymbol mit der rechten Maustaste an und wählen im Kontextmenü den Befehl *Druckereigenschaften*. Wechseln Sie zur Registerkarte *Anschlüsse* (Abbildung 5.6) und überprüfen Sie die Zuordnung der Druckertreiber zu den Anschlüssen. Über die Schaltfläche *Konfigurieren* lassen sich bei seriellen und parallelen Schnittstellen die Übertragungsparameter anpassen.

» Handelt es sich um einen Netzwerkdrucker, der die Probleme bereitet? Stellen Sie in diesem Fall sicher, dass der betreffende Rechner im Netzwerk aktiv und der Drucker noch freigegeben ist (siehe auch Kapitel 7). Gelegentlich hilft es, den Netzwerkdrucker im Fenster des Druckerordners zu löschen und dann den Netzwerkdrucker neu zu installieren. Dann passt Windows die UNC-Pfade zum betreffenden Netzwerkanschluss automatisch an.

Bei Netzwerkdruckern kann auch ein fehlerhafter Treiber die Ursache für Probleme sein. Hier kann eine Aktualisierung des Treibers Abhilfe schaffen.

Abbildung 5.6: Registerkarte *Anschlüsse* der Druckereigenschaften

5.1.7 Der Druckauftrag wird nicht gelöscht

Windows trägt alle anstehenden Druckaufträge in der Druckerwarteschlange des Ausgabegeräts ein und gibt die Daten schrittweise je nach Verfügbarkeit des Druckers aus. Erst nach der Ausgabe löscht das System den Eintrag aus der Druckerwarteschlange. Eigentlich sollte der Auftrag dann sofort aus der Warteschlange verschwinden. Bleibt bei Ihrem System ein bereits angefangener Druckauftrag in der Warteschlange mit dem Status »Wird gelöscht« hängen? Dann können natürlich auch keine nachfolgenden Druckaufträge mehr ausgegeben werden.

Manchmal hilft es, den Druck einzuschalten und kurz zu warten, bis der Auftrag aus der Warteschlange verschwindet. Bei USB-Druckern kann das Problem auftreten, dass andere Geräte (Scanner, Festplatten etc.) die Übertragungsbandbreite zum Drucker blockieren. Dann dauert es mitunter sehr lange, bis ein gelöschter Auftrag bzw. dessen Eintrag »Wird gelöscht« aus der Warteschlange verschwindet. In diesem Fall sollten Sie prüfen, ob es nicht besser ist, den Drucker an einem eigenen USB-Port des Rechners zu betreiben.

Werden die Druckaufträge nach der Ausgabe generell nicht in der Druckerwarteschlange gelöscht? Dann rufen Sie die Registerkarte *Erweitert* (Abbildung 5.7, links) der Druckereigenschaften auf und prüfen Sie, ob das Kontrollkästchen *Druckaufträge nach dem Drucken nicht löschen* aktiviert ist. Stellen Sie fest, dass Druckaufträge automatisch auf »angehalten« gesetzt werden? Dann überprüfen Sie, ob das Kontrollkästchen *Fehlerhafte Druckaufträge anhalten* markiert ist. Der Aufruf der Registerkarte *Erweitert* der Druckeigenschaften ist im folgenden Abschnitt beschrieben.

Kapitel 5 • **Ärger beim Drucken und mit Peripheriegeräten**

INFO Gelegentlich kommt es vor, dass sich Druckaufträge in der Druckerwarteschlange grundsätzlich nicht löschen lassen. Unter *http://www.borncity.com/blog/2007/06/18/druckauftrag-lschen/* [gbeh-k5-003] habe ich beschrieben, wie sich Druckaufträge unter Windows Vista löschen lassen. Der Ansatz kann auch unter Windows 7 verwendet werden.

5.1.8 Große Dokumente lassen sich nicht drucken

Meldet Windows beim Versuch, sehr große Dokumente zu drucken, einen Fehler, dass nicht genügend Speicher vorhanden ist? Windows schreibt die Druckaufträge der Druckerwarteschlange auf die Festplatte. Wird dort der Speicherplatz knapp, kann der Druck sehr lange dauern oder es wird überhaupt nicht mehr gedruckt. Sind in Ihrem System mehrere logische Laufwerke vorhanden, können Sie den Spoolordner auf ein anderes Laufwerk legen:

1. Öffnen Sie das Ordnerfenster *Geräte und Drucker* über das Startmenü und klicken Sie in der Symbolleiste auf die Schaltfläche *Druckerservereigenschaften*.

2. Wechseln Sie zur Registerkarte *Erweitert* (Abbildung 5.7, rechts), klicken Sie auf die Schaltfläche *Erweiterte Einstellungen ändern*, bestätigen Sie die Sicherheitsabfrage der Benutzerkontensteuerung und passen Sie den Pfad im Feld *Spoolordner* an.

Wenn Sie die Registerkarte über die *OK*-Schaltfläche schließen, werden die neuen Einstellungen wirksam. Ist nicht genügend freier Speicherplatz auf anderen Laufwerken vorhanden oder ist nur das Systemlaufwerk nutzbar? Dann können Sie bei Speichermangel den Druckspooler für einzelne Drucker abschalten.

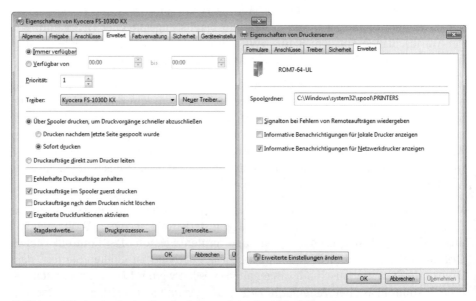

Abbildung 5.7: Anpassen des Spoolordners und der Spooleinstellungen

1. Öffnen Sie das Ordnerfenster *Geräte und Drucker* über das Startmenü, wählen Sie das Symbol des betreffenden Druckers mit der rechten Maustaste an und klicken Sie auf den Kontextmenübefehl *Druckereigenschaften*.

2. Gehen Sie im Eigenschaftenfenster zur Registerkarte *Erweitert* (Abbildung 5.7, links) und markieren Sie das Optionsfeld *Druckaufträge direkt zum Drucker leiten*.

Sobald Sie die Registerkarte über die *OK*-Schaltfläche schließen, schaltet Windows den Druck-Manager ab.

Ist es bei Laserdruckern unmöglich, größere Dokumente mit umfangreichen Grafiken zu drucken? Häufig ist dann der Arbeitsspeicher des Druckers zu klein, um die Grafik auf einer Seite auszugeben. Sie müssen den Arbeitsspeicher des Druckers aufrüsten oder versuchen, die Grafikseiten einzeln auszugeben.

INFO

5.1.9 Im Ausdruck fehlen Grafiken oder die Ränder

Stellen Sie fest, dass im Dokument enthaltene Grafiken im Ausdruck fehlen? Die Ursache liegt meist an den Einstellungen des beim Drucken benutzten Anwendungsprogramms. So lassen sich beispielsweise in Microsoft Word Grafiken beim Ausdruck durch Platzhalter ersetzen. Prüfen Sie dann in der Anwendung, ob Optionen zum Ausblenden der Grafiken beim Drucken gesetzt sind.

Lassen sich die Ränder eines Blatts nicht bedrucken bzw. sind Zeichen oder Grafikteile abgeschnitten? Dies kann an der Anwendung oder am Drucker liegen. Sofern die Anwendung Druckränder definieren kann, müssen Sie die betreffenden Werte reduzieren. Zudem können die meisten Drucker das Blatt nicht randlos bedrucken, d.h., am Blattrand bleiben einige Millimeter frei.

5.1.10 Die Trennseite beim Drucken stört

Wird beim Ausdrucken mehrerer Dokumente immer eine nutzlose Trennseite ausgeworfen? Dann sind auf Ihrem System Trennseiten konfiguriert. Klicken Sie im Ordner *Geräte und Drucker* mit der rechten Maustaste auf das Symbol des gewünschten Druckers. Wählen Sie den Kontextmenübefehl *Druckereigenschaften*, wechseln Sie zur Registerkarte *Erweitert* (Abbildung 5.7, links) und klicken Sie auf die Schaltfläche *Trennseite*. Im nun eingeblendeten Dialogfeld löschen Sie den Pfad zur Trennseitendatei und schließen die Registerkarten und Dialogfelder.

5.1.11 Weitere Probleme beim Drucken

Neben den technischen Problemen streiken gelegentlich die Drucker selbst. Kleinere Probleme lassen sich häufig mit einigen Kniffen selbst beheben.

Der Drucker verursacht ständig Papierstau

Kommt es ständig zu Papierstau beim Drucken mehrseitiger Dokumente? Werden häufig mehrere Blätter eingezogen? Dies kann verschiedene Ursachen wie ungeeignetes Papier oder abgenutzte Transportwalzen haben.

» Verwenden Sie nur das vom Druckerhersteller empfohlene Druckerpapier und achten Sie darauf, dass dieses nicht feucht gelagert wird. Feuchtigkeit bewirkt, dass die Seiten zu fest aneinanderhaften. Der Drucker zieht mehrere Blätter gleichzeitig ein und streikt dann.

» Fächern Sie einen Papierstoß gut auf, bevor Sie ihn in den Vorratsbehälter für Papier legen. Dies ist besonders wichtig, falls Sie beidseitig drucken (z. B. indem Sie in zwei Durchläufen erst gerade und dann ungerade Seiten drucken). Vermeiden Sie auch, das Papierfach zu voll zu machen, da dies bei einigen Druckermodellen zu Problemen führt.

» Manche Papiersorten besitzen eine Vorzugsrichtung zum Drucken. Ein Pfeil auf der Verpackung zeigt dann an, welche Seite nach unten kommt. Achten Sie darauf, dass dies beim Einlegen des Papiers in den Papierschacht auch eingehalten wird.

» Wird überhaupt nichts eingezogen, prüfen Sie, ob das Papier ordnungsgemäß im Papierschacht bzw. im Einzelblatteinzug eingelegt ist. Manche Drucker machen auch Probleme, die letzten Blätter aus dem Papierschacht einzuziehen. Dann müssen Sie Papier nachlegen. Schauen Sie auch nach, ob die Papierführung der Kassette korrekt eingestellt ist.

Bei viel benutzten Geräten können auch abgenutzte oder verschmutzte Gummiwalzen der Grund für einen schlechten Einzug sein. Bei verschmutzten Transportwalzen reinigen Sie das Gummi mit einem feuchten Tuch. Hilft dies nicht, versuchen Sie, das Gummi der Transportwalzen mit feinem Schleifpapier etwas anzurauen. Andernfalls bleibt nur der Austausch der Transportwalzen oder der Kauf eines neuen Druckers.

INFO Haben Sie bei der Druckausgabe die Druckereigenschaften auf »Einzelblatteinzug« gestellt, der Drucker meldet aber fehlendes Papier? Dann prüfen Sie, ob die eingelegten Blätter auch weit genug in den Schacht geschoben wurden. Ist dies der Fall, liegt es möglicherweise am Papiersensor, der verschmutzt oder defekt ist.

Das Papier wird schräg eingezogen

Zieht der Drucker das Papier schräg ein? Überprüfen Sie die Einstellung der Papierführung am Papierschacht oder am Einzelblatteinzug. Diese Begrenzung lässt sich so einstellen, dass das Blatt an den Rändern geführt wird. Hilft dies nichts, sind die Transportwalzen zu glatt. Sofern das Papier für den Drucker geeignet ist, sollten Sie die Transportwalzen reinigen oder gezielt mit feinem Schleifpapier aufrauen.

Falscher Schacht bei der Papierausgabe oder beim Papiereinzug

Wirft der Laserdrucker die bedruckten Blätter hinter dem Gerät statt in der Papierablage aus? Dann ist das Gerät meist auf eine horizontale Ausgabe eingestellt. Konsultieren Sie ggf. das Handbuch, um herauszufinden, wie Sie die Ablage der Druckseiten über das Bedienfeld des Geräts umschalten.

Zieht der Drucker das Papier am falschen Schacht ein? Oder piept der Drucker und meldet fehlendes Papier, obwohl der Papierschacht voll ist? Sofern kein Papierstau oder ein Fehler am Sensor zur Überprüfung des Papiervorrats vorliegt, sucht der Drucker ggf. an einem anderen Schacht (z.B. beim Einzelblatteinzug) nach Papier. Probieren Sie dann, ob ein Blatt im Einzelblatteinzug des Druckers eingezogen und bedruckt wird. Trifft dies zu, ist definitiv der falsche Papierschacht als Quelle beim Drucken eingestellt. Sie können dies beim Drucken mit wenigen Handgriffen vorgeben:

Abbildung 5.8: Auswahl der Papierquelle

1. Öffnen Sie im Fenster der Anwendung das Dialogfeld *Drucken* (oder den Backstagebereich mit den Druckoptionen) und wählen Sie die Schaltfläche *Einstellungen* (oder *Eigenschaften*), um das Eigenschaftenfenster des Druckers zu öffnen. Alternativ können Sie im Ordnerfenster *Geräte und Drucker* das Druckersymbol mit der rechten Maustaste anklicken und den Kontextmenübefehl *Druckeinstellungen* wählen.

2. Prüfen Sie auf der Registerkarte *Grundlagen* die Einstellung des Listenfelds *Quelle* (Abbildung 5.8), wobei die Benennung und der genaue Aufbau der Registerkarte vom Drucker abhängt.

Der Wert »Autom. Quellenauswahl« bewirkt, dass der Drucker selbst einen Schacht mit dem Papiervorrat sucht. Ist dort ein fester Papierschacht als Wert vorgegeben, sollten Sie diesen auf die richtige Kassette umstellen.

INFO Gibt es das Problem des »falschen« Papierschachts für den Einzug nur beim Drucken einiger Dokumente? Beachten Sie, dass Programme wie Microsoft Word das Seitenformat samt der Papierquelle über Vorlagedateien vorgeben können. Prüfen Sie in diesem Fall, ob in der Dokumentvorlage eventuell eine solche Vorgabe zur Auswahl der Papierquelle existiert, und passen Sie diese an.

Schlechte Qualität bei Fotos und Farbdrucken

Versuchen Sie, Fotos oder farbige Dokumente zu drucken, deren Druckqualität lässt aber stark zu wünschen übrig? Dies kann natürlich mehrere Ursachen haben. Die Qualität der Ausgangsmaterialien (Tinte, Papier) sowie die Fähigkeit des Druckers bestimmen die Ausgabequalität. Besitzen Sie einen guten Fotodrucker und stimmt die Qualität trotzdem nicht? Bei Fotodrucken mit Tintenstrahldruckern sollten Sie gutes Fotopapier und entsprechende Tintenpatronen verwenden. Trifft dies zu, kann eine falsche Einstellung im Druckertreiber die Ursache für die schlechte Qualität sein. Prüfen Sie, ob der Drucker auf das richtige Papier eingestellt ist:

1. Rufen Sie das Dialogfeld mit den Druckeinstellungen auf (z. B. im Dialogfeld *Drucken* auf die Schaltfläche *Einstellungen* klicken oder den Kontextmenübefehl *Druckeinstellungen* des Druckersymbols im Ordnerfenster *Geräte und Drucker* wählen).

2. Prüfen Sie auf der Registerkarte *Papier/Qualität* (die genaue Bezeichnung hängt vom Drucker ab) die Einstellung des Listenfelds *Papierart* (Abbildung 5.9, links). Der Wert der Papierart muss auf den Typ des von Ihnen verwendeten Fotopapiers abgestimmt sein.

3. Weist die Registerkarte *Papier/Qualität* weitere Optionen wie *Qualitätseinstellungen* auf, stellen Sie sicher, dass Werte wie »Optimal« oder »Normal« gewählt sind. Modi wie »Entwurf« weisen den Drucker an, in reduzierter Qualität zu drucken.

4. Findet sich auf der Registerkarte *Papier/Qualität* kein Hinweis auf den Fehler, klicken Sie auf die Schaltfläche *Erweitert*. Windows öffnet dann das Dialogfeld mit den erweiterten Einstellungen des Druckertreibers (Abbildung 5.9, rechts). Je nach Treiber können dort weitere Optionen zu- oder abgeschaltet werden. Prüfen Sie dort, ob die Auflösung reduziert oder der Fotodruckmodus abgeschaltet wurde.

Hier gilt es ggf. etwas mit den Einstellungen des Druckertreibers, dem Papier und der verwendeten Tinte zu experimentieren, um optimale Ergebnisse zu erreichen.

Wenn Drucker und Geräte streiken

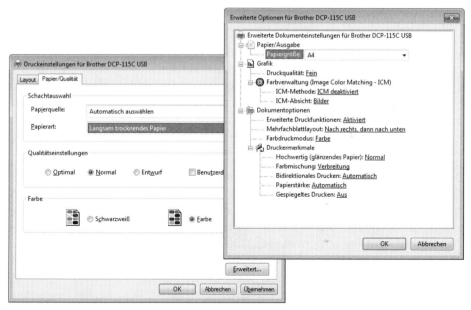

Abbildung 5.9: Papierqualität und erweiterte Druckoptionen

Pixeln die Ausdrucke, d.h., sind einzelne Bildpunkte im Ausdruck zu erkennen? Bei Fotos deutet dies auf eine zu hohe Vergrößerung hin. Bei 1,3-Megapixel-Bildern lassen sich nur Fotos im Format 9 x 13 cm sauber ausdrucken. Für 10 x 15 cm sind bereits 2,1 Megapixel erforderlich und das Format 13 x 18 cm setzt Auflösungen von 3,3 Megapixeln voraus.

INFO

Fehler oder schlechte Qualität bei Ausdrucken

Lässt die Qualität des Ausdrucks zu wünschen übrig? Ist der Ausdruck zu blass oder weist er keine bzw. inverse Farben auf?

» Prüfen Sie in den Druckeigenschaften, ob normale oder optimale Qualität eingestellt ist und ob das eingestellte Papierformat stimmt (Abbildung 5.9, links). Kontrollieren Sie über die Schaltfläche *Erweitert* der Registerkarte *Papier/Qualität* die druckerspezifischen Einstellungen wie Auflösung etc. (Abbildung 5.9, rechts).

» Verläuft der Ausdruck bei einem Tintenstrahldrucker auf dem Blatt, haben Sie das falsche Papier verwendet. Sie sollten auf jeden Fall speziell auf Tintenstrahldrucker abgestimmtes Papier verwenden. Insbesondere beim Fotodruck oder beim Drucken großer schwarzer Flächen kommt viel Tinte auf das Papier, wodurch dieses stark durchfeuchtet wird. Das Papier wellt, und das Druckbild wird schnell verschmiert.

» Bei blassen Ausdrucken, trotz neuer Tintenpatrone oder Tonerkassette, sollten Sie in den Druckereigenschaften nachprüfen, ob das Gerät sich möglicherweise im Eco-Modus befindet. Dann spart das Gerät Tinte bzw. Toner, gibt aber nur blasse Ausdrucke in schlechter Qualität aus. Schalten Sie in diesem Fall den Eco-Modus ab.

» Weist der Ausdruck Streifen, Flecke oder Farbänderungen auf? Oder werden Buchstaben durch dünne, weiße, horizontal verlaufende Streifen unterbrochen? Bei Tintenstrahldruckern können verstopfte oder eingetrocknete Düsen die Ursache dieses Fehlerbilds sein. Verwenden Sie die Druckerfunktion zur Reinigung der Düsen. Bei manchen Druckern wird diese über Tasten am Gerät aufgerufen, andere Geräte stellen die Reinigungsfunktion über den Treiber zur Verfügung (Näheres finden Sie im Gerätehandbuch).

Bei hartnäckig eingetrockneten Druckköpfen müssen Sie die Tintenpatrone aus dem Drucker nehmen. Stellen Sie diese für einige Zeit auf ein feuchtes Papiertuch. Anbieter von Refill-Kits (siehe unten) stellen hierzu spezielle Reinigungsflüssigkeiten zur Verfügung – zur Not lässt sich auch destilliertes Wasser verwenden. Die Feuchtigkeit wird die eingetrocknete Tinte lösen und über die Kapillarkräfte der Papierfasern aus den Düsen saugen. Anschließend setzen Sie die Patrone wieder in den Drucker ein und wiederholen die Düsenreinigung. Keinesfalls sollten Sie jedoch Alkohol oder Spiritus zur Düsenreinigung verwenden, da dies den Druckkopf beschädigt.

TIPP Benötigen Sie den Drucker längere Zeit nicht, sollten Sie die Tintenpatronen in den vom Hersteller mitgelieferten Behältern bzw. Haltern aufbewahren. Diese Vorrichtungen (oder ein Einpacken in Klarsichtfolie) verhindern bzw. verzögern ein Austrocknen der Düsen am Druckkopf.

Bei Laserdruckern haben Sie nichts mit eingetrockneten Tintenpatronen zu tun. Aber auch dort gibt es allerhand Druckfehler:

» Verwenden Sie einen Laserdrucker, bei dem plötzlich vertikale Streifen, weiße Flächen oder Flecke auftreten? Dann muss der Koronadraht gereinigt werden. Die meisten Laserdrucker haben eine Reinigungsvorrichtung für diesen Zweck. Konsultieren Sie das Handbuch des Druckers, um herauszufinden, wie die Reinigung vorzunehmen ist. Dort ist auch erläutert, wie Sie anschließend eine Testseite über die Diagnosefunktion des Druckers ausgeben, um die Druckqualität zu beurteilen. Werden nur noch weiße Seiten ausgegeben, ist der Koronadraht defekt, das Gerät muss vom Fachmann repariert werden.

» Weist die Druckseite vertikale schwarze Streifen in festen Abständen auf? Dies deutet auf eine Beschädigung der Bildtrommel hin, die sich nur durch Austausch des Bauteils korrigieren lässt. Eine typische Ursache für solche Schäden sind zusammengeklammerte Blätter, die in den Drucker geraten sind. Es kommt dann zwar meist zum Papierstau, sobald die Metallklammer an das Druckwerk stößt. Dies reicht aber meist für eine Riefenbildung an der Trommel aus. Bei sehr langem Gebrauch des Druckers kann aber auch eine Abnutzung der Trommel die Ursache für die vertikale Streifenbildung sein. Falls die Trommel nicht im Gehäuse der Tonerkartusche enthalten und beim Tonerwechsel automatisch ersetzt wird, kann nur der Techniker (ggf. durch Austausch der Trommel) Abhilfe schaffen.

» Ist die bedruckte Seite verschmiert oder färbt der Toner ab? Tritt dieser Effekt im Zusammenhang mit einem Papierstau auf? Dann werfen Sie die Blätter weg und drucken die Seiten neu. Durch den Papierstau schaltet die Heizung der Entwickler-/Fixiereinheit ab und der Toner wird nicht in das Papier eingebrannt. Tritt der Fehler ständig auf, ist die Fixiereinrichtung am Laserdrucker ausgefallen und muss ersetzt werden. Auch dies ist eine Reparatur, die nur durch einen Fachmann vorgenommen werden kann.

Ansonsten können Sie bei Laserdruckern gelegentlich den Papierschacht sowie beim Wechsel der Tonerkartusche den Koronadraht reinigen. Das Druckerhandbuch sowie die der Tonerkartusche beiliegende Anleitung erläutern, wie diese Reinigungsvorgänge ablaufen müssen.

TIPP Meldet der Laserdrucker, dass der Toner aufgebraucht ist? Tritt dies ein, wenn Sie dringend noch ein paar Seiten ausgeben müssen, aber keine neue Tonerkassette vorrätig haben? Bis zum Eintreffen der neuen Kartusche können Sie aber nicht warten? Öffnen Sie den Drucker, entnehmen Sie die Tonerkassette und schütteln Sie diese. Danach setzen Sie die Kassette wieder ein. Durch das Schütteln werden an den Kanten der Kassette anhaftende Tonerreste gelöst, und es lassen sich meist noch einige Seiten drucken.

5.1.12 Farbstich bei Ausdrucken

Stimmen die Farben bei Ausdrucken nicht und wirken Fotos farbstichig? Sind die Fotos am Monitor in Ordnung und stimmt das gewählte Fotopapier? Dann kann eine leere Tintenpatrone die Ursache sein. Manchmal fällt eine Farbe aus, weil der Tintentank leer ist. Lassen Sie den Drucker eine Diagnoseseite mit einem Testausdruck ausgeben, um zu prüfen, ob die Farben sauber wiedergegeben werden. Das Druckerhandbuch sollte einen Hinweis enthalten, wie sich die Testseite abrufen lässt.

Bei Fotodrucken kann ein Farbstich auch die Folge einer fehlenden oder falschen Kalibrierung sein. Öffnen Sie das Eigenschaftenfenster des Druckers (im Ordner *Geräte und Drucker* das Kontextmenü des Druckers öffnen und den Befehl *Druckereigenschaften* wählen). Klicken Sie auf der Registerkarte *Farbverwaltung* auf die gleichnamige Schaltfläche. Im angezeigten Dialogfeld wählen Sie auf der Registerkarte *Geräte* im Listenfeld *Gerät* den Drucker aus. Wurde vom Druckerhersteller ein Farbprofil mitgeliefert, markieren Sie das Kontrollkästchen *Eigene Einstellungen für das Gerät verwenden*. Dann können Sie über die Schaltfläche *Hinzufügen* eines der installierten Farbprofile zuweisen. Auf der Registerkarte *Alle Profile* können Sie bei Bedarf weitere Farbprofile aus Kalibrierungsdateien des Druckerherstellers über die mit *Hinzufügen* beschriftete Schaltfläche einrichten. Hier müssen Sie vermutlich etwas experimentieren, um die Farbkalibrierung des Druckers zu optimieren.

Kapitel 5 • Ärger beim Drucken und mit Peripheriegeräten

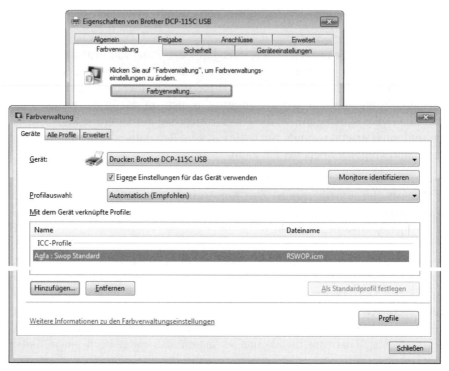

Abbildung 5.10: Farbverwaltung des Druckers

INFO   Die Farbprofile dienen aber lediglich zur Feinabstimmung der Farbkalibrierung. Dies ist erforderlich, wenn am Ausdruck die Qualität der Farben für weitere Produktionsschritte (z.B. beim Layout von Plakaten) beurteilt werden soll. Eine Farbstichigkeit bei Fotos oder blasse Farben haben meist andere Ursachen.

5.1.13 Eine Refill-Tintenpatrone wird nicht erkannt

Tintenpatronen der Hersteller gehen so richtig ins Geld. Viele Hersteller geben die Drucker preiswert ab und finanzieren sich über den Verkauf der (überteuerten) Patronen. Viele Anwender greifen daher zu preisgünstigen Refill-Patronen von Drittherstellern oder kaufen sich Refill-Kits, um die Patronen sogar selbst nachzufüllen. Die Druckerhersteller versuchen dies zu verhindern und statten die Drucker mit einer Füllstandserkennung für die Patronen aus. Wurde eine Patrone als leer erkannt, merkt sich der Druckertreiber dies und verweigert den Druck nach dem Wiederbefüllen. Die von den Herstellern verwendeten technischen Tricks zur Erkennung leerer Patronen (Speicherung der Seriennummer, Aufzeichnung der gedruckten Seiten, Erfassung des Füllstands mit einem Chip etc.) lassen sich u.U. durch geeignete Gegenmaßnahmen (Reset-Box, Verwendung mehrerer Patronen etc.) umgehen. Die Ansätze variieren aber von Hersteller zu Hersteller und von Druckermodell zu Druckermodell.

Auf den Internetseiten *http://anleitungen.compedo.de* [gbeh-k5-004] und *http://www.hstt.net/refill-faq/grundlagen.html* [gbeh-k5-005] finden sich Hinweise zum Refill verschiedener Tintenpatronen. Tipps zur Problembehebung an speziellen Druckern, zum Refill etc. finden Sie auf der Internetseite *http://www.druckerchannel.de* [gbeh-k5-006]. Die Seite *http://www.drucker-onkel.de* [gbeh-k5-007] enthält ebenfalls viele Informationen zu Druckern, Anleitungen zum Refill und zum Beheben von Problemen. Zudem empfiehlt es sich bei Drucker- oder Refill-Problemen, das Druckermodell und die Stichworte »Refill Probleme« in eine Internetsuchmaschine einzugeben. Dann werden ggf. weitere hilfreiche Webseiten aufgelistet.

TIPP

5.2 Monitor und Flachbildschirm

Der folgende Abschnitt befasst sich mit Problemen, die beim Einsatz von Röhrenmonitoren und Flachbildschirmen unter Windows auftreten können.

5.2.1 Der Bildschirm flimmert

Flimmert der an der Grafikkarte angeschlossene Röhrenmonitor, ist meist die Aktualisierungsrate zu gering eingestellt. Moderne Röhrenmonitore schaffen Bildwiederholraten von 75 Hz und mehr. Zum Anpassen der Bildwiederholfrequenz gehen Sie in folgenden Schritten vor:

1. Klicken Sie eine Stelle des Desktops mit der rechten Maustaste an und wählen Sie den Kontextmenübefehl *Bildschirmauflösung*.

2. Klicken Sie auf der Seite *Bildschirmauflösung* auf den Hyperlink *Erweiterte Einstellungen* (Abbildung 5.11, Hintergrund).

3. Im dann erscheinenden Eigenschaftenfenster des Monitors und der Grafikkarte wechseln Sie zur Registerkarte *Monitor* und stellen die Bildschirmfrequenz über das Listenfeld *Bildschirmaktualisierungsrate* ein (Abbildung 5.11, Vordergrund).

Je höher die Aktualisierungsrate gesetzt wird, umso besser wird das Bild. Sobald Sie die *Übernehmen*-Schaltfläche anklicken, schaltet Windows zur neuen Frequenz um. Der Bildschirm wird für kurze Zeit dunkel, und anschließend sollte die Anzeige wieder erscheinen. Manche Monitore können jedoch nur bestimmte maximale Frequenzen anzeigen. Wird ein zu hoher Wert gewählt, schalten moderne Monitore die Anzeige ab, um Schäden zu vermeiden. Warten Sie einige Sekunden, schaltet Windows automatisch zum alten Wert zurück.

Kapitel 5 • Ärger beim Drucken und mit Peripheriegeräten

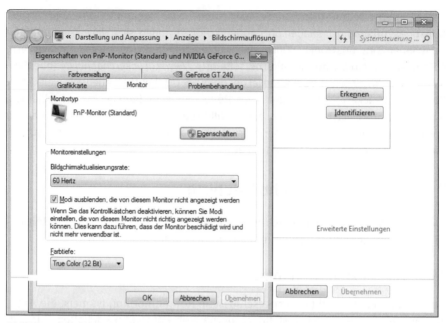

Abbildung 5.11: Einstellen der Bildschirmaktualisierungsrate

STOPP Besitzen Sie einen älteren Monitor und beginnt dieser nach der Umstellung der Bildschirmaktualisierungsrate zu pfeifen oder zu zirpen? Dann ist der Monitor überlastet, und Sie sollten schnellstens die Bildschirmfrequenz reduzieren. Andernfalls sind Schäden vorprogrammiert. Solange das Kontrollkästchen *Modi ausblenden, die von diesem Monitor nicht angezeigt werden* markiert ist, besteht keine Gefahr, dass Sie falsche Bildschirmaktualisierungsraten einstellen.

Verwenden Sie einen TFT-Monitor oder benutzen Sie ein Notebook? Dann brauchen Sie die Bildwiederholfrequenz nicht zu ändern, da dieser Gerätetyp auch bei niedrigen Frequenzen nicht flimmert. Windows erkennt den TFT-Monitor und setzt eine feste Frequenz (60 Hertz) ein. Bleibt der neu angeschlossene TFT-Monitor dunkel, kann es sogar sein, dass die Bildwiederholfrequenz der Grafikkarte zu hoch eingestellt ist. Verfügen Sie noch über einen Röhrenmonitor, schließen Sie diesen an und setzen Sie die Bildwiederholfrequenz auf einen niedrigeren Wert von 60 Hertz herunter. Anschließend können Sie den TFT-Monitor erneut am VGA- oder DVI-Ausgang der Grafikkarte testen. Falls kein Monitor vorhanden ist, drücken Sie beim Rechnerstart die Funktionstaste [F8] und wählen Sie im erweiterten Bootmenü versuchsweise den Befehl »Anzeige mit niedriger Auflösung aktivieren«. Klappt auch dies nicht, können Sie versuchsweise im abgesicherten Modus booten. Dann sollte Windows 7 passende Anzeigeeinstellungen verwenden. Tritt der Fehler nach der Installation eines neuen Grafikkartentreibers auf, versuchen Sie eine Systemwiederherstellung im abgesicherten Modus.

Höhere Bildwiederholfrequenzen fehlen

Die meisten Bildschirme sind Plug&Play-Geräte, die durch Windows automatisch erkannt werden. Meldet Windows, dass der Monitor nicht erkannt wird oder gibt es sonst Probleme? Fehlen auf der Registerkarte *Monitor* (Abbildung 5.11) Bildwiederholfrequenzen, die der Monitor unterstützt? Dann hat Windows den angeschlossenen Monitor nicht erkannt und arbeitet mit Standardmonitoreinstellungen. Sie können im Geräte-Manager nachsehen, ob im Zweig *Monitore* ein Eintrag für den Standardmonitor zu sehen ist. Trifft dies zu, installieren Sie einen Treiber des Monitorherstellers. Diese Treiber werden vom Hersteller den Geräten beigelegt oder lassen sich von deren Webseiten herunterladen. In der Regel handelt es sich um eine *.inf*-Installationsdatei, in der die vom Monitor unterstützten Bildwiederholfrequenzen eingetragen sind.

1. Rufen Sie die Registerkarte *Monitor* (Abbildung 5.11, Vordergrund) auf und klicken Sie auf die Schaltfläche *Eigenschaften*. Bestätigen Sie anschließend die Sicherheitsabfrage der Benutzerkontensteuerung.
2. Im Eigenschaftenfenster des Monitors wechseln Sie zur Registerkarte *Treiber* und klicken dann auf die Schaltfläche *Treiber aktualisieren*.
3. Anschließend durchlaufen Sie die Dialogfelder des Hardware-Assistenten zur Installation der Treibersoftware und lassen den Treiber installieren.

Danach sollte die Registerkarte *Monitor* alle vom Gerät unterstützten Bildwiederholfrequenzen zur Auswahl bereitstellen.

Verfügen Sie über eine *.inf*-Datei für den Monitor, können Sie diese auch direkt mit der rechten Maustaste anklicken und im Kontextmenü den Befehl *Installieren* wählen. Dann werden die entsprechenden Einträge in die Windows-Registrierung übernommen.

INFO

Wird ein TFT-Monitor an einem DVI-Anschluss nicht erkannt, kann dies an einem falschen Single-Link-DVI-Kabel liegen. Verwenden Sie ein Dual-Link-DVI-Kabel zum Monitoranschluss.

5.2.2 Fehler bei Röhrenmonitoren

Ist die Bildlage auf einem Röhrenmonitor verschoben oder treten tonnen- bzw. kissenförmige Verzerrungen und trapezförmige Darstellungen auf? Dann kann ein Einstellungsfehler an der Bildröhre die Ursache sein. Die meisten Röhrenmonitore besitzen Einstelltasten, mit denen sich die Anzeigeparameter (Helligkeit, Kontrast, Bildlage etc.) einstellen lassen (Abbildung 5.12).

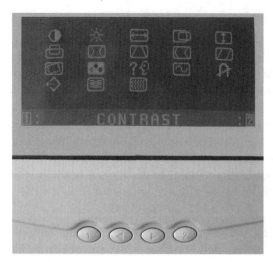

Abbildung 5.12: Bildlage und -parameter am Monitor einstellen

Schauen Sie in der Bedienungsanleitung des Monitors nach, welche Tasten zum Aufrufen des Einstellmenüs am Bildschirm zu drücken und welche zur Navigation zwischen den Symbolen des Bildschirmmenüs vorgesehen sind. Die im Bildschirmmenü eingeblendeten Symbole rufen die einzelnen Einstelloptionen ab und sind weitgehend selbsterklärend. Zudem blenden die meisten Monitore die Funktion bei Anwahl des Piktogramms im Klartext ein. Die Sprache für die Funktionsnamen kann dabei über eine eigene Option auf »Deutsch« umgestellt werden. Eine stilisierte Sonne steht für die Helligkeit, der stilisierte Halbmond bezieht sich auf den Kontrast. Weitere Piktogramme korrigieren die Bildlage, -höhe und -breite. In gewissen Grenzen können auch trapez- oder tonnenförmige Verzerrungen des Bilds am Monitor korrigiert werden.

Ist die Bildlage um einen gewissen Winkel verdreht, deutet vieles auf verschobene Magnetspulen hin. Bei vielen Monitoren gibt es eine Option, um ein verdrehtes Bild um einige Grad zu drehen (in Abbildung 5.12 die erste Option in der dritten Reihe). Manchmal sind verzerrte Bildteile fertigungsbedingt (bei gröberen Fehlern sollte das Gerät dann im Rahmen der Garantie zurückgegeben werden). Meist ist jedoch eine Magnetisierung von Monitorteilen die Ursache für diesen Fehler. Versuchen Sie dann, die als »Degauss« bezeichnete Entmagnetisierungsfunktion des Monitors über das Menü aufzurufen.

Schwingt das Bild im laufenden Betrieb auf und ab oder seitwärts? Sind Wellenbewegungen in der Bildlage zu erkennen? Dann kann ein in der Nähe auftretendes Magnetfeld (Motoren, Telefone, Trafos, Lautsprecherboxen) die Ursache sein. Prüfen Sie in diesem Fall, ob ein anderer Aufstellungsort der Geräte das Problem behebt.

5.3 Tastatur und Maus

Der folgende Abschnitt befasst sich mit Problemen, die rund um die Eingabe- und Bediengeräte Joystick, Tastatur und Maus auftreten können.

5.3.1 Das Touchpad funktioniert nicht

Notebooks sind oft mit einem Touchpad ausgerüstet, worüber sich Mausbewegungen simulieren lassen. Normalerweise sollte das Notebook das Touchpad erkennen und die Einheit automatisch unter Windows einbinden. Je nach Treiber wird das Touchpad dann als »Maus« oder Maus-kompatibles Gerät eingebunden. Gibt es Probleme, weil das Touchpad oder die zugehörigen Tasten nicht funktionieren?

» Prüfen Sie als Erstes, ob das Touchpad ggf. über eine [Fn]-Tastenkombination abgeschaltet wurde. Ist dies nicht der Fall, prüfen Sie im Geräte-Manager, ob das Touchpad als Gerät im Zweig *Mäuse und andere Zeigegeräte* aufgeführt wird. Ist eine externe Maus angeschlossen, sollten beide Geräte aufgeführt werden. Signalisiert der Geräte-Manager ein Treiberproblem, wählen Sie das Zeigegerät per Doppelklick an und schauen auf der Registerkarte *Allgemein* nach, ob dort Hinweise zur Fehlerursache zu finden sind.

» Wird ein Treiberproblem gemeldet, klicken Sie auf der Registerkarte *Allgemein* die Schaltfläche *Einstellungen ändern* an und bestätigen die Abfrage der Benutzerkontensteuerung. Wechseln Sie zur Registerkarte *Treiber* und installieren bzw. aktualisieren Sie über deren Schaltflächen den Gerätetreiber. Dieser sollte vom Hersteller des Notebooks mitgeliefert worden sein. Aktualisierte Treiber finden Sie ggf. auf den Webseiten des Herstellers. Wurde der Treiber des Herstellers überschrieben, sollten Sie das Gerät im Geräte-Manager deinstallieren, dann nach neuer Hardware suchen und anschließend den Treiber des Herstellers für das Touchpad installieren lassen. Nur so ist die Funktionalität gewährleistet.

» Wird das Touchpad nicht im Geräte-Manager angezeigt und auch beim Suchen nach neuer Hardware nicht gefunden? Dann prüfen Sie beim Systemstart im BIOS-Setup, ob das interne Zeigegerät eventuell deaktiviert wurde. Bei vielen Notebooks lässt sich das Touchpad auch über eine Tastenkombination abschalten (schauen Sie im Gerätehandbuch nach, ob dort entsprechende Informationen zu finden sind).

Erkennt Windows das Touchpad des Notebooks, es kommt aber zu funktionellen Einschränkungen? Dann ist vermutlich kein Treiber des Herstellers für das Touchpad (oder ein Maus-kompatibler Treiber) installiert. Rufen Sie das Fenster der Systemsteuerung auf und wählen Sie dort das Symbol der Maus per Doppelklick an. Im Eigenschaftenfenster der Maus finden Sie dann Registerkarten mit den Eigenschaften des Zeigegeräts. Je nach Treiber werden spezielle Registerkarten mit den

Einstellungen des Touchpads eingeblendet. Wechseln Sie zu den jeweiligen Registerkarten und passen Sie die betreffenden Eigenschaften an.

INFO
Der genaue Aufbau der Registerkarten im Eigenschaftenfenster hängt vom Treiber des Herstellers ab. Haben Sie eine externe Maus angeschlossen und stellen Sie fest, dass sich der Mauszeiger »wie von Geisterhand« bewegt, ohne dass Sie die Maus benutzen? Passiert das, wenn Sie etwas über die Tastatur des Notebooks eingeben? Dann liegen die Handballen auf der Sensorfläche des Touchpads. In diesem Fall empfiehlt es sich, das Touchpad abzuschalten.

5.3.2 Die (externe) Maus funktioniert nicht mehr

Stellen Sie fest, dass die am Computer bzw. Notebook angeschlossene Maus nicht funktioniert? Oder meldet Windows beim Start, dass keine Maus vorhanden ist? Dann sollten Sie folgende Fehlerursachen überprüfen:

» Schauen Sie bei kabelgebundenen Mäusen nach, ob diese auch wirklich am Computer angeschlossen sind. Lockere oder abgezogene Stecker sind häufig die Ursache für solche Probleme.

» Wurde kürzlich etwas an der Verkabelung des Computers geändert oder wurde das Gerät neu aufgebaut? Bei Mäusen mit PS/2-Anschlusssteckern sollten Sie sicherstellen, dass diese in der richtigen Anschlussbuchse des Rechners eingestöpselt sind. Maus und Tastatur benutzen die gleichen PS/2-Buchsen, die lediglich farbig unterschiedlich markiert sind. Windows merkt sich bei der ersten Inbetriebnahme, welche Geräte an welchen PS/2-Buchsen eingestöpselt waren. Werden die Anschlüsse später vertauscht, funktionieren die Geräte und damit die Maus u.U. nicht mehr.

» Wurde eine neue USB-Maus am Computer angeschlossen, sollte Windows diese beim nächsten Systemstart automatisch erkennen und die Treiber installieren. Wird die Maus nicht erkannt und haben Sie bisher noch keine USB-Geräte benutzt? Dann sollten Sie prüfen, ob die USB-Controller im BIOS freigegeben sind.

» Handelt es sich um eine Funkmaus, kann eine leere Batterie die Ursache sein. Von manchen Benutzern wird berichtet, dass die Batterien alle 14 Tage gewechselt werden müssen. In diesem Fall empfiehlt es sich, auf Akkus auszuweichen, die sich immer wieder aufladen lassen. Manche Funkmäuse werden gleich mit Akkus und Ladestation ausgeliefert. Streikt die Maus bei solchen Geräten, kann der Akku leer oder defekt sein. Vielleicht haben Sie oder der Benutzer vergessen, die Maus abends in die Ladestation zu stecken. Sind die neuen Batterien bereits nach einem Tag leer, deutet einiges auf einen Kurzschluss hin, wodurch die Maus zu viel Strom zieht. Dann hilft nur noch (bei neuen Geräten ggf. im Rahmen der Garantie) der Austausch der Maus.

» Bei Infrarotgeräten sollten Sie sicherstellen, dass der Empfänger nicht durch Gegenstände verdeckt wird, sodass die optischen Signale diesen nicht erreichen können. Decken Sie die Oberseite von optischen Mäusen, die Probleme bereiten, mit der Handfläche ab und probieren Sie nun, ob die Maus dann funktioniert. Trifft dies zu, fällt von oben Licht in die Maus, was Störungen verursacht – hier hilft nur ein Neukauf. Als Unterlage sollte bei Infrarotmäusen keine Glasplatte verwendet werden, da dies die Bewegungserkennung erschwert.

» Bei Funkmäusen können auch andere Geräte (Mikrowellen, WLAN-Stationen, DECT-Telefone, Babyfone etc.) Störungen verursachen, da diese auf den gleichen Frequenzbändern senden. Bei kabelgebundenen Mäusen sollten Sie ggf. auch das Kabel auf Beschädigungen überprüfen. Bei längerer Benutzung kann es an der Kabeleinführung der Maus zum Bruch der Adern kommen. Dies führt zu einem Wackelkontakt, sodass die Maus häufiger ausfällt. Testen lässt sich so etwas, indem Sie das Kabel an der Einführung zur Maus etwas biegen, drehen oder stauchen. Bewegt sich dann der Mauszeiger auf dem Bildschirm, deutet vieles auf einen Kabelbruch hin. Wer handwerklich geschickt ist, kann die Maus öffnen und die einzelnen Adern des Kabels überprüfen (kurz an der Leitung ziehen). Sind Adern gebrochen, kürzen Sie das Kabel und löten die Drähte neu an. Auf diese Weise habe ich selbst bereits einige Mäuse repariert.

» »Friert« der Mauszeiger unerwartet ein, d. h., er reagiert nicht auf Mausbewegungen? Manchmal ist der Treiber das Problem (dieser wird nicht geladen, es ist eine falsche Variante installiert etc.). Dann sollten Sie alle Programme beenden, Windows herunterfahren und neu starten. Anschließend können Sie die Mausfunktionen überprüfen. Hat der Neustart nicht geholfen, sollten Sie ggf. den Treiber aktualisieren.

TIPP

Das Problem bei einer ausgefallenen (oder »eingefrorenen«) Maus besteht in der Bedienung von Windows. Mit etwas Know-how lassen sich aber die Mausfunktionen auch per Tastatur simulieren. Bei den meisten Anwendungen können Sie Änderungen im Dokument mit der Tastenkombination [Strg]+[S] in der aktuellen Dokumentdatei sichern. Anwendungen lassen sich mit der Tastenkombination [Alt]+[F4] schließen. Mit der Tastenkombination [Alt]+[↹] kann die Taskliste aufgerufen und zwischen Tasks umgeschaltet werden. [Alt]+[Esc] schaltet sogar direkt zwischen Fenstern um. Über die Tastenkombination [Strg]+[Esc] (bei alten Tastaturen) oder über die [⊞]-Taste (bei aktuellen Tastaturen) lässt sich das Startmenü öffnen. Über die Cursortasten [↑], [↓], [→], [←] und die [↹]-Taste können Sie im Startmenü navigieren, die [↵]-Taste führt einen angewählten Befehl aus. In geöffneten Dialogfeldern lässt sich ebenfalls über die Tasten [↹] und ggf. [←] bzw. [→] navigieren. Die [Esc]-Taste schließt Dialogfelder und Menüs.

5.3.3 Die Maus streikt nach dem Batteriewechsel

Wurde die Batterie an einer Infrarot- oder Funkmaus gerade gewechselt und nun funktioniert das Zeigegerät nicht mehr? Bezüglich dieses Fehlers hat mich bereits so mancher Hilferuf erreicht. Wenn Sie sicher sind, dass die Batterien richtig herum eingelegt wurden und auch nicht leer sind, müssen Sie die Maus erneut an der Empfangsstation anmelden.

Kapitel 5 • Ärger beim Drucken und mit Peripheriegeräten

Abbildung 5.13: Anmeldetaste einer Funkmaus

Diese explizite Anmeldung ist erforderlich, um die gegenseitige Beeinflussung mehrerer Geräte zu vermeiden. Bei dieser Anmeldung stellen sich Empfangsstation und Gerät aufeinander ein. Nur dadurch ist es möglich, mehrere Geräte wie Funktastatur und -maus an einem Rechner oder zwei PCs mit Funkmäusen nebeneinander zu betreiben (andernfalls würden sich die Geräte gegenseitig stören). Die manuelle Anmeldung ist sehr einfach: Drehen Sie die Maus und schauen Sie auf der Unterseite nach, wo der Kontakt zur Anmeldung an der Empfangsstation zu finden ist. Meist ist die Anmeldetaste als kleiner Kontaktknopf ausgebildet, der in einer Vertiefung des Gehäuses untergebracht ist (Abbildung 5.13).

Sie brauchen dann einen Kugelschreiber, einen Bleistift oder eine aufgebogene Büroklammer, um den Kontakt für einige Sekunden zu betätigen. Gleichzeitig müssen Sie die mit »Connect« oder ähnlich bezeichnete Taste an der Empfangsstation (Abbildung 5.14) für einige Sekunden drücken. Danach sollte die Maus wieder funktionieren.

Abbildung 5.14: Empfangsstation für Funkmäuse und -tastaturen

5.3.4 Der Mauszeiger springt und ruckelt

Springt der Mauszeiger beim Bewegen der Maus über den Bildschirm oder bleibt er kurz hängen? Bei einer optischen Maus sollten Sie prüfen, ob die Unterseite mit den Linsen der optischen Sensoren verschmutzt ist (notfalls mit einem feuchten Tuch abwischen). Weist die Unterlage, auf der die Maus bewegt wird, keinerlei Muster auf (z. B. eine durchsichtige Schreibunterlage), kann der Geber die Mausbewegung nicht erkennen. Versuchen Sie, mit einer anderen Unterlage (z. B. bedrucktem Papier, Mauspad) zu arbeiten.

Bei mechanischen Mäusen mit einer Rollkugel könnte die Unterlage zu glatt für die mechanischen Geber sein. Probieren Sie, ob die Probleme verschwinden, wenn Sie die Maus auf einem anderen Untergrund (z. B. einem anderen Mauspad) bewegen. Ruckelt der Mauszeiger bei einer mechanischen Maus weiter, ist der Bewegungsaufnehmer vermutlich verschmutzt und sollte gesäubert werden. An der Unterseite von mechanischen Mäusen befindet sich eine drehbare Platte, über die sich die Kugel entfernen lässt (Abbildung 5.15). Drehen Sie die Platte einfach in Richtung der aufgeprägten Pfeile und heben Sie diese ab. Sobald Sie die Rollkugel entfernt haben, werden die Rädchen der beiden Bewegungsaufnehmer sichtbar. Anhaftenden Schmutz müssen Sie durch ein feuchtes Wattestäbchen vorsichtig entfernen. Danach setzen Sie die Mauskugel wieder ein und verschließen die Öffnung mit der drehbaren Platte. Anschließend sollte die Maus wieder korrekt funktionieren.

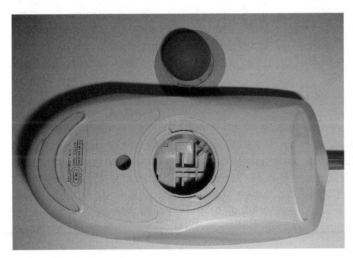

Abbildung 5.15: Säubern einer Maus

Bewegt sich der Mauszeiger nur in eine Richtung? Dann deutet vieles darauf hin, dass der betreffende Aufnehmer defekt ist. Dann hilft nur der Neukauf einer Maus. Ich habe allerdings auch schon Fälle gehabt, wo eine Wolke aus Staubfusseln in der Lichtschranke des Bewegungssensors die Erkennung der Mausbewegung in eine Richtung verhinderte.

Kapitel 5 • Ärger beim Drucken und mit Peripheriegeräten

INFO In einigen seltenen Fällen sind auch fehlerhafte Einstellungen der Mauseigenschaften die Ursache für ungleichmäßige Mausbewegungen (z.B. Mauszeiger beschleunigt bei längeren Bewegungen). Rufen Sie das Eigenschaftenfenster der Maus über die Systemsteuerung auf und gehen Sie zur Registerkarte *Zeigeroptionen*. Dort finden Sie eine Option, um die Zeigergeschwindigkeit anzupassen (Abbildung 5.16). Verschwindet der Mauszeiger immer mal wieder (wenn Sie etwas per Tastatur eintippen)? Dann löschen Sie die Markierung des Kontrollkästchens *Zeiger bei Tastatureingaben ausblenden* auf der Registerkarte.

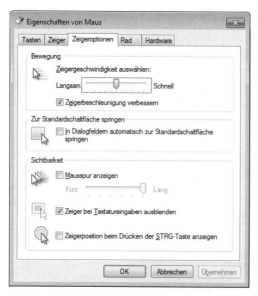

Abbildung 5.16: Einstellen der Mauszeigereigenschaften

5.3.5 Die mittlere Maustaste ist ohne Funktion

Stellen Sie fest, dass die mittlere Taste bei einer Drei-Tasten-Maus in Windows ohne Funktion ist? Dies ist normal, da Windows nur die linke und die rechte Maustaste benötigt. Lediglich andere Betriebssysteme wie Linux oder Programme können gegebenenfalls mit der mittleren Maustaste etwas anfangen. Daher unterstützt der Standardtreiber von Windows 7 auch nur zwei Tasten. Um die mittlere Maustaste nutzen zu können, benötigen Sie einen Treiber des Mausherstellers. Laden Sie sich diesen aus dem Internet herunter und aktualisieren Sie danach den Maustreiber.

TIPP Sieht der Mauszeiger in Anwendungen (Microsoft Word, Microsoft Excel, OpenOffice.org Writer etc.) gelegentlich wie in Abbildung 5.17 aus? Rollt eine Bewegung der Maus die Dokumentseiten im Fenster? Stellt sich das Verhalten beim Drücken einer Maustaste ein? Keine Angst, es ist nichts kaputtgegangen. Sie haben lediglich aus Versehen die mittlere Taste oder die im Mausrädchen integrierte Taste gedrückt. Der entsprechende Treiber versetzt die Anwendung in den Scrollmodus. Mausbewegungen bewirken dann

Tastatur und Maus

ein Blättern im Dokument. Bei einigen Anwendungen bleibt der Scrollmodus sogar beim Loslassen der mittleren Maustaste erhalten. Klicken Sie dann einfach mit der linken Maustaste an eine Stelle des Dokumentfensters, um den Scrollmodus zu beenden

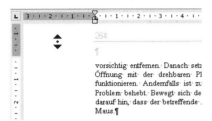

Abbildung 5.17: Der Mauszeiger sieht komisch aus und die Seiten im Fenster scrollen

5.3.6 Das Mausrädchen funktioniert nicht richtig

Sie besitzen eine Maus mit einem Rädchen zwischen linker und rechter Maustaste? Über dieses Rädchen können Sie in Dokumenten zwischen den Seiten oder den Zeilen blättern.

» Funktioniert das Rädchen bei Ihnen (z. B. in Microsoft Word) nicht? Dann aktualisieren Sie den vorhandenen Maustreiber, sodass dieser die Funktionen der vorhandenen Maus unterstützt.

» Gefällt Ihnen der Bildlauf nicht, d. h., bei der geringsten Drehung am Rädchen springt das Dokument auf die nächste Seite? Oder müssen Sie sehr viel drehen, um im Dokument ein paar Zeilen zu scrollen? Wählen Sie über die Systemsteuerung das Symbol der Maus an. Anschließend gehen Sie im Eigenschaftenfenster der Maus zur Registerkarte *Rad* (Abbildung 5.18). Dort lässt sich über die Optionen die Zahl der zu scrollenden Zeilen oder der Scrollmodus (Seite oder Zeilen) vorgeben.

Abbildung 5.18: Anpassen der Einstellungen des Mausrads

5.3.7 Die linke/rechte Maustaste ist vertauscht

Normalerweise ist es so, dass Windows beim Drücken der rechten Maustaste ein Kontextmenü öffnet. Zeigt Windows bei Ihrer Maus das Kontextmenü beim Drücken der linken Maustaste? Meist ist eine für Linkshänder umgestellte Maus die Ursache.

1. Öffnen Sie das Fenster der Systemsteuerung und wählen Sie das Maussymbol mit einem Doppelklick an.

2. Markieren Sie auf der Registerkarte *Tasten* das Kontrollkästchen *Primäre und sekundäre Taste umschalten* (Abbildung 5.19).

Das Schließen der Registerkarte ist jedoch mit einer Hürde verbunden: Windows besitzt die unangenehme Eigenart, bereits beim Markieren des Kontrollkästchens *Primäre und sekundäre Taste umschalten* die Wirkung der Tasten zu vertauschen. Sie müssen bei markiertem Kontrollkästchen daher die rechte Maustaste zum Anklicken der *OK*-Schaltfläche verwenden!

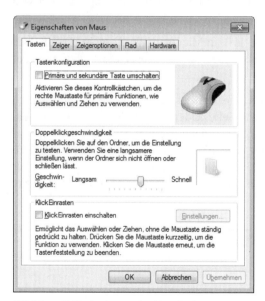

Abbildung 5.19: Anpassen der Maustasten

5.3.8 Die Maus markiert ohne gedrückte Taste

Haben Sie eine Dokumentstelle etwas länger angeklickt und markiert die Maus bei Bewegungen plötzlich Inhalte, ohne dass die linke Maustaste gedrückt ist? Klicken Sie in diesem Fall auf eine Textstelle und prüfen Sie, ob das Markieren beendet wurde. Falls ja, ist die Einrastfunktion von Windows aktiv. Sie können diese durch Deaktivieren des Kontrollkästchens *KlickEinrasten einschalten* auf der Registerkarte *Tasten* wieder abschalten (Abbildung 5.19). Ist dadurch das Problem nicht behoben, prüfen Sie, ob ggf. die linke Maustaste klemmt.

5.3.9 Der Doppelklick funktioniert nicht richtig

Haben Sie Probleme mit dem Doppelklicken per Maus? Öffnen sich plötzlich Kontextmenüs oder werden beim Doppelklicken Symbole und Bedienelemente verschoben? Dies kann an einer Fehlbedienung liegen. Einsteiger haben häufig das Problem, beim Doppelklicken die Maus etwas zu bewegen. Windows verschiebt dann das betreffende Element auf dem Desktop. Oder will der Doppelklick zum Öffnen eines Symbols überhaupt nicht klappen? In beiden Fällen können Sie die Probleme lindern, indem Sie die Doppelklickgeschwindigkeit anpassen.

1. Gehen Sie wie im vorhergehenden Abschnitt vor und rufen Sie das Eigenschaftenfenster der Maus über die Systemsteuerung auf (oder geben Sie »Maus« in das Suchfeld des Startmenüs ein und wählen Sie den Befehl *Maus*).

2. Auf der Registerkarte zum Anpassen der Tastenkonfiguration (Abbildung 5.19) verschieben Sie im Abschnitt *Doppelklickgeschwindigkeit* den Schieberegler in Richtung *Langsam* (um mehr Zeit beim Doppelklick zu haben) oder *Schnell* (um den Doppelklick abzukürzen).

3. Sie können die neue Einstellung testen, indem Sie auf das rechts neben dem Regler angezeigte Testfeld doppelklicken. Wird der Doppelklick erkannt, ändert sich das im Testfeld angezeigte Symbol.

Sobald Sie das Fenster über *OK* schließen, werden die Anpassungen wirksam.

5.3.10 Der Mauszeiger zieht eine Spur hinter sich her

Bewegen Sie den Mauszeiger über den Bildschirm und zieht dieser eine Mausspur hinter sich her? Dies ist eine Funktion, die bei Notebook-Bildschirmen ganz hilfreich ist, um den Mauszeiger besser zu erkennen. Bei normalen Monitoren oder TFT-Anzeigen macht diese Spur aber wenig Sinn. Öffnen Sie das Eigenschaftenfenster der Maus über die Systemsteuerung und prüfen Sie auf der Registerkarte *Zeigeroptionen*, ob das Kontrollkästchen *Mausspur anzeigen* markiert ist (Abbildung 5.16, Seite 272). Über einen Schieberegler können Sie die Länge der Mausspur anpassen und über das Kontrollkästchen die Anzeige sogar komplett abschalten.

TIPP Der in Windows sichtbare Zeigerschatten lässt sich im Eigenschaftenfenster der Maus über das Kontrollkästchen *Zeigerschatten aktivieren* auf der Registerkarte *Zeiger* ausblenden (Abbildung 5.20).

5.3.11 Der Mauszeiger besitzt plötzlich andere Symbole

Windows 7 verwendet einen Satz unterschiedlicher Mauszeiger, um verschiedene Betriebsmodi (Ausgelastet, Normal, Hilfeauswahl etc.) zu signalisieren. Der Benutzer kann dabei zwischen verschiedenen Mauszeigerschemata wählen. Gelegentlich kommt es aber vor, dass Windows das falsche Mauszeigerschema verwendet. Möchten Sie das standardmäßige Mauszeigerschema von Windows verwenden?

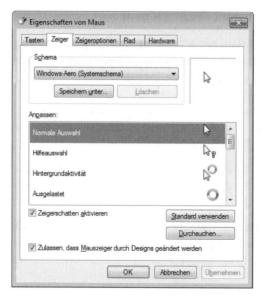

Abbildung 5.20: Anpassen der Zeigeroptionen

1. Rufen Sie das Eigenschaftenfenster der Maus über die Systemsteuerung auf und wechseln Sie zur Registerkarte *Zeiger*.

2. Prüfen Sie die Vorgaben auf der Registerkarte *Zeiger* bzw. wählen Sie das gewünschte Mauszeigerschema aus (Abbildung 5.20).

Standardmäßig ist das Windows-Standardschema »Windows-Aero« eingestellt. Werden falsche Mauszeiger angezeigt, obwohl das Windows-Schema im Listenfeld *Schema* sichtbar ist? Dann stellen Sie eines der vorhandenen anderen Schemata ein und klicken auf die *Übernehmen*-Schaltfläche. Anschließend wählen Sie das Windows-Standardschema und klicken erneut auf die *Übernehmen*-Schaltfläche. Dies bewirkt in der Regel, dass die Windows-Zeiger aus dem Cache entfernt und durch die Symbole des gewählten Schemas ersetzt werden.

5.3.12 Die (externe) Tastatur funktioniert nicht richtig

Haben Sie Probleme mit der am Rechner angeschlossenen Tastatur? Oder funktioniert die interne Tastatur des Notebooks nicht so, wie sie soll? Dies kann verschiedene Ursachen haben. Lesen Sie in Kapitel 1 im Abschnitt »Der Rechner meldet beim Start einen Tastaturfehler« nach, ob eine der dort beschriebenen Fehlerursachen zutrifft. Bei anderen Fehlern kann Folgendes helfen:

» Fällt die Tastatur gelegentlich während des laufenden Betriebs aus? Dann hilft es, den Tastaturstecker am Rechnergehäuse kurz abzuziehen und dann wieder einzustecken – der Tastaturprozessor wird dadurch zurückgesetzt.

» Friert die Tastatur immer mal wieder für kurze Zeit ein, scheint dann aber wieder normal zu arbeiten? Im günstigsten Fall zieht eine Windows-Anwendung einfach zu viel Rechenzeit ab, sodass das Betriebssystem keine Zeit zum Abfragen des Tastaturpuffers hat. Solche Tastaturverzögerungen können aber auch ein Hinweis auf einen Befall durch einen Trojaner sein. Sie sollten den Rechner deshalb vorsichtshalber auf Viren, Würmer oder Trojaner überprüfen.

```
OnChip USB 1            [Enabled]
OnChip USB 2            [Enabled]
USB Keyboard Support    [Disabled]
```

Abbildung 5.21: Freigabe der USB-Unterstützung im BIOS

» Haben Sie gerade eine neue USB-Tastatur (z. B. am Notebook) angeschlossen, die nicht erkannt wird? Sofern es sich um das einzige USB-Gerät am Rechner handelt, fahren Sie das System wieder herunter und prüfen beim nächsten Systemstart im BIOS, ob die Erkennung der USB-Tastatur (Option »USB Keyboard Support«) vorhanden und freigegeben ist. Zudem sollten Sie prüfen, ob der USB-Controller im BIOS aktiviert wurde (Abbildung 5.21).

Eine Ursache für Probleme mit der Tastatur kann auch ein fehlerhafter oder für die Tastatur nicht passender Treiber sein. Rufen Sie den Geräte-Manager auf und prüfen Sie in der Geräteliste unter *Tastaturen*, ob eine Tastatur (z. B. Standardtastatur) vorhanden ist und ob eventuell bei der Tastatur ein Fehler gemeldet wird. Benutzen Sie ein spezielles Keyboard und sind lediglich einige spezielle Funktionen nicht vorhanden? Dann dürfte der installierte Treiber die Tastatur nicht vollständig unterstützen. Wählen Sie den Eintrag für die Tastatur per Doppelklick an und installieren Sie im Eigenschaftenfenster über die Registerkarte *Treiber* einen neuen Tastaturtreiber des Herstellers.

Die Funktastatur funktioniert nicht mehr

Verwenden Sie eine Funktastatur, prüfen Sie bitte, ob die Batterien vielleicht leer sind. Bei Verwendung von Akkus kann auch ein Akkudefekt die Ursache für eine streikende Tastatur sein. Haben Sie die Batterien der Tastatur gewechselt und ist die Tastatur nun tot? Wenn Sie falsch eingesetzte oder leere Batterien ausschließen können, kennt die Empfangsstation die Tastatur nicht mehr. Ähnlich wie bei Funkmäusen müssen Sie die Tastatur nach dem Batteriewechsel an der Empfangsstation anmelden. Drehen Sie die Tastatur um und drücken Sie für einige Sekunden die Anmeldetaste an der Unterseite der Tastatur (Abbildung 5.22). Während dieser Zeit müssen Sie die Connect-Taste an der Empfangsstation (Abbildung 5.14, Seite 270) gedrückt halten. Dies gibt den Geräten die Möglichkeit, sich bei der Empfangsstation anzumelden.

Abbildung 5.22: Taste an einer Funktastatur

Die Tastatur liefert nur Großbuchstaben

Erscheinen beim Eintippen Großbuchstaben und werden bei gedrückter ⇧-Taste Kleinbuchstaben angezeigt? Dann haben Sie versehentlich die ⇩-Taste gedrückt. Diese befindet sich oberhalb der linken ⇧-Taste und schaltet die Tastatur in den Großbuchstabenmodus. Erkennen lässt sich dies an einer Anzeige in der rechten oberen Ecke der Tastatur (oder in der TFT-Anzeige mancher Notebooks). Drücken Sie erneut die ⇩-Taste, um den betreffenden Modus wieder abzuschalten.

Der numerische Tastenblock funktioniert nicht

Funktionieren die Tasten auf der numerischen Tastatur nach dem Systemstart nicht richtig? Standardmäßig lassen sich dort Ziffern der numerischen Tastatur abrufen. Aber auch eine Belegung mit Cursortasten zur Cursorsteuerung ist möglich. Drücken Sie die Num⇩-Taste in der linken oberen Ecke des numerischen Tastenblocks, um die Tastatur zwischen den Modi umzustellen. Sobald die Anzeige »Num« auf der Tastatur leuchtet, können Sie Ziffern über den Tastenblock eingeben.

Es werden Zeichen verschluckt oder mehrfach ausgegeben

Werden beim Drücken einer Taste plötzlich die zugehörigen Zeichen auf dem Bildschirm wiederholt? Eine Fehlerursache sind prellende oder klemmende Tasten. Prellende Tasten sollten bei modernen Tastaturen so gut wie nie vorkommen. Säubern Sie ggf. die Tastatur und stellen Sie sicher, dass nichts auf der Tastatur oder zwischen den Tasten liegt.

TIPP Schütteln Sie die Tastatur mit den Tastenkappen nach unten, damit eingedrungener Schmutz oder Fremdkörper herausfallen. Lassen sich Fremdkörper nicht herausschütteln, müssen Sie die Tastenkappen abziehen und die Gegenstände entfernen. Achten Sie beim erneuten Aufstecken der Tastenkappen darauf, dass diese an die richtigen Stellen kommen.

Verschluckt die Tastatur beim sehr schnellen Tippen eventuell Zeichen? Zeichenwiederholungen oder verschluckte Eingaben können auch an falschen Tastatureinstellungen liegen. Wenn Sie dann eine Taste etwas zu lange drücken, wiederholt Windows die Eingaben.

1. Rufen Sie über die Systemsteuerung das Eigenschaftenfenster der Tastatur auf (oder geben Sie »Tas« in das Suchfeld des Startmenüs ein und wählen Sie den Befehl *Tastatur*).
2. Passen Sie auf der Registerkarte *Geschwindigkeit* (Abbildung 5.23) die Verzögerungsrate sowie die Wiederholrate über die Schieberegler an.
3. Sie können die Einstellungen im Testfeld überprüfen und anschließend das Fenster über die *OK*-Schaltfläche schließen.

Abbildung 5.23: Einstellen der Tastaturgeschwindigkeit

Konnte das Tastaturproblem mit den obigen Tipps nicht behoben werden? Die Verzögerungs- und Wiederholrate lassen sich u.U. auch im BIOS-Setup anpassen. Überprüfen Sie die BIOS-Einstellungen. Sofern eine zweite Tastatur vorhanden ist, testen Sie, ob diese die gleichen Effekte aufweist.

Falls die Tastatur ausgefallen ist, die Maus aber noch funktioniert und Sie vor dem Herunterfahren des Systems unbedingt noch einige Tastatureingaben benötigen, können Sie die Bildschirmtastatur verwenden. Sie finden diese im Startmenü unter *Alle Programme/Zubehör/Erleichterte Bedienung*.

TIPP

Einzelne Tasten der Notebook-Tastatur funktionieren nicht richtig

Funktionieren einzelne Tasten der internen Notebook-Tastatur nicht oder erfordert der Tastenanschlag große Kraft? Neben den obigen beschriebenen Einstellungen kann auch mechanischer Verschleiß die Ursache sein. Bei einigen »Billigsystemen« hängt die Tastaturplatine nach kurzem Gebrauch in der Mitte regelrecht durch. Manchmal hilft es, das Gerät zu öffnen und unter die Tastatur ein paar Blatt zurechtgeschnittenes Papier als Stütze unterzulegen. Problematisch wird dies aber, wenn der Bereich der Tastatur als Kühlfläche für das Notebook benutzt wird. Dann sollten Sie diese Papierunterlage nicht verwenden, da es sonst zu Wärmestaus und sogar Brandgefahr kommen kann. Bei neueren Geräten sollten Sie den Fehler im Rahmen der Garantie reklamieren.

5.3.13 Die Tastenbelegung ist vertauscht

Bei deutschen Rechnern ist auch die Tastatur mit deutschen Buchstaben und Umlauten ausgestattet. Windows oder der Rechner kann aber der Tastatur beliebige Sprachen zuordnen, wodurch sich die Tastenbelegung unter Umständen verändert. Gibt es das Problem, dass beim Drücken einer Taste ein anderes Zeichen auf dem Bildschirm erscheint, kann dies verschiedene Ursachen haben:

» Sind lediglich die Tasten [Y] und [Z] vertauscht, wenn Sie sich im BIOS-Setup befinden? Dies ist normal, da dieses die US-Tastenbelegung verwendet.

» Haben Sie ein Betriebssystem geladen und stellen fest, dass die Tasten falsche Zeichen liefern? Dann ist eine falsche Tastatursprache geladen und Sie müssen diese gegen eine deutsche Tastenbelegung austauschen.

» Springt die Tastaturbelegung wie von »Geisterhand« plötzlich von der deutschen zur englischen Tastaturbelegung um? Dann sind mehrere Eingabegebietsschemata geladen und beim Drücken der Tastenkombination [Alt] + [⇧] oder [Strg] + [⇧] schaltet Windows zur englischsprachigen Tastaturbelegung um.

Zur Überprüfung der Sprachversion für die Tastatur führen Sie folgende Schritte aus.

1. Öffnen Sie das Fenster der Systemsteuerung und klicken Sie auf *Tastaturen und Eingabemethoden ändern*.

2. Im Eigenschaftenfenster *Region und Sprache* wechseln Sie zur Registerkarte *Tastaturen und Sprachen* und klicken dann auf die Schaltfläche *Tastaturen ändern* (Abbildung 5.24, Hintergrund).

3. Windows öffnet ein Eigenschaftenfenster, auf dessen Registerkarte *Allgemein* Sie die installierten Eingabegebietsschemata sehen (Abbildung 5.24, Vordergrund). Benötigen Sie nur die deutsche Tastaturbelegung, markieren Sie in der Liste *Installierte Dienste* die fremdsprachigen Tastaturschemata und klicken auf die *Entfernen*-Schaltfläche.

Anschließend können Sie die Registerkarten über die *OK*-Schaltfläche schließen. Windows verfügt dann nur noch über das deutschsprachige Tastaturschema, und die Tastaturbelegung sollte stimmen.

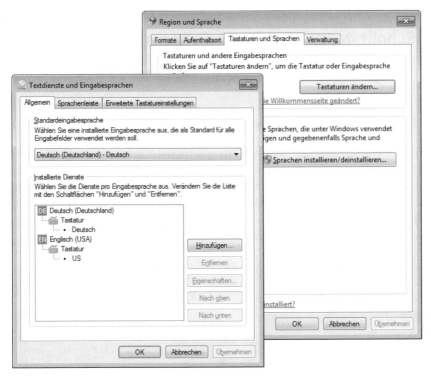

Abbildung 5.24: Einstellen der Eingabegebietsschemata

Benötigen Sie mehrere Sprachbelegungen auf der Tastatur, macht das Löschen der Eingabegebietsschemata keinen Sinn. Sie können dann aber die Sprachumschaltung über Tastenkombinationen deaktivieren. Wechseln Sie zur Registerkarte *Erweiterte Tastatureinstellungen*. Auf der Registerkarte lassen sich die Tastenkombinationen zum Wechsel der Tastatursprache vorgeben. Deaktivieren Sie ggf. die Umschaltung per Tastenkombination (gerade bei Microsoft Word sind einige Kombinationen ebenfalls in ähnlicher Form belegt).

Abbildung 5.25: Wechsel des Eingabegebietsschemas

Kapitel 5 • Ärger beim Drucken und mit Peripheriegeräten

INFO Auf der Registerkarte *Sprachleiste* finden Sie Optionen, um die Leiste zur Umschaltung der Tastatursprache in der Taskleiste einzublenden. Dann können Sie zur Sprachumschaltung mit der Maus auf das Symbol klicken und das gewünschte Tastaturlayout wählen (Abbildung 5.25).

5.4 Schnittstellen für externe Peripherie

In diesem Abschnitt erhalten Sie Hinweise zur Fehlerdiagnose, falls die Schnittstellen für externe Geräte Probleme bereiten.

5.4.1 Probleme mit Peripheriegeräten

Haben Sie eine Festplatte, einen Scanner, ein Bluetoothgerät oder ein anderes Peripheriegerät angeschlossen und es wurden Treiber installiert, aber trotzdem funktioniert das Gerät nicht? In diesem Fall wählen Sie als Erstes im Startmenü den Befehl *Geräte und Drucker*, um das gleichnamige Ordnerfenster einzublenden. In diesem Ordnerfenster blendet Windows 7 neben den eingerichteten Druckern auch die Symbole verwalteter Peripheriegeräte ein (Abbildung 5.26, Hintergrund).

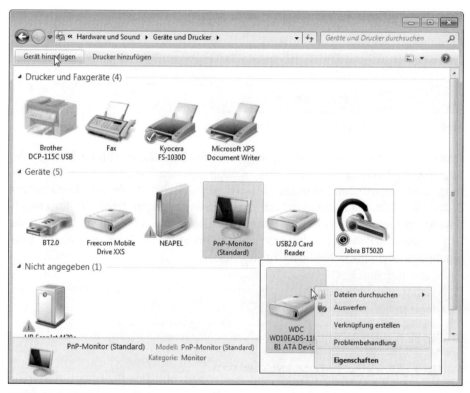

Abbildung 5.26: Geräteanzeige

Geräte mit Störungen weisen ein gelbes Dreieck mit Ausrufezeichen auf. Klicken Sie ein solches Gerätesymbol mit der rechten Maustaste an, lässt sich der Kontextmenübefehl *Problembehandlung* wählen (Einblendung im Vordergrund von Abbildung 5.26). Dann startet der Problembehebungsassistent, der Sie über gefundene Fehler informiert und Lösungsvorschläge unterbreitet. Meist sind es aber fehlende oder nicht funktionierende Gerätetreiber, die zu einer solchen Störung führen.

Manche Bluetoothadapter werden automatisch durch Windows 7 erkannt und mit Treibern versorgt. Ist dies nicht der Fall, sollten Sie darauf achten, dass lediglich die Treiber des Herstellers, nicht aber die Software des Herstellers für den Bluetoothstack installiert wird. Windows 7 bringt einen eigenen Bluetoothstack mit, und die Varianten der BT-Adapterhersteller führen meist zu erheblichen Problemen (siehe *http://www.borncity.com/blog/2009/12/23/windows-hilfe-und-support-funktioniert-nicht/* [gbeh-k5-010]).

STOPP

5.4.2 Die USB-Geräte funktionieren nicht?

Der Universal Serial Bus (USB) ist eine Schnittstelle, über die sich (theoretisch) bis zu 127 Geräte mit dem Rechner verbinden lassen. Praktisch wird die Zahl der tatsächlich unter Windows nutzbaren Geräte durch die Übertragungsbandbreite der USB-Schnittstelle (auf ca. 70 Geräte) begrenzt. Moderne Rechner sind aber meist mit mehreren USB-Anschlüssen an der Gerätevorder- und -rückseite ausgestattet (Abbildung 5.27).

Abbildung 5.27: FireWire-Buchse (links) und zwei USB-Buchsen (rechts)

Zur Geräteinbetriebnahme reicht es, das Gerät über ein USB-Kabel mit einer USB-Buchse des Rechners zu verbinden. Beim ersten Verbinden startet Windows den Assistenten zur Geräteinstallation, der den Treiber einmalig einrichtet. Danach lässt sich das Gerät während des laufenden Betriebs in der USB-Buchse ein- und ausstöpseln. Windows 7 merkt sich dies und aktiviert die Geräteliste im Geräte-Manager automatisch. Gibt es Probleme mit der Benutzung von USB-Geräten? Die folgenden Punkte ermöglichen, die wichtigsten Fehlerquellen zu identifizieren und ggf. die Ursachen zu beseitigen.

Es wird kein USB-Gerät erkannt

Ist Ihr Rechner mit USB-Buchsen ausgestattet, die über Kabel angeschlossenen USB-Geräte werden aber nicht erkannt? Dann spricht vieles dafür, dass der USB-Controller der Hauptplatine abgeschaltet ist. Rufen Sie das BIOS-Setup beim nächsten Systemstart auf und prüfen Sie, ob der USB-Controller im BIOS freigegeben ist (Abbildung 5.28).

Kapitel 5 • Ärger beim Drucken und mit Peripheriegeräten

Abbildung 5.28: USB-Controller im BIOS freigeben

Sind die USB-Controller im BIOS freigegeben, sollten Sie verschiedene USB-Geräte sowohl an den USB-Buchsen der Gerätevorder- als auch an der Geräterückseite testen. Dies schließt aus, dass ein defektes USB-Gerät oder eine nicht angeschlossene, frontseitige USB-Buchse zu einer fehlerhaften Diagnose führt. Die USB-Buchsen an der Geräterückseite sind meist direkt mit der Hauptplatine verbunden, sodass dort Verkabelungsfehler kaum auftreten können.

Ob der USB-Controller von Windows erkannt wird, lässt sich im Geräte-Manager überprüfen. Dort sollten die Geräte auftauchen (Abbildung 5.29, Hintergrund). Weist der Eintrag ein gelbes Fragezeichen auf, wählen Sie diesen mit einem Doppelklick an. Auf der Registerkarte *Allgemein* des Eigenschaftenfensters finden Sie dann Hinweise auf die Fehlerursache. Auf der Registerkarte *Treiber* lässt sich ggf. der Treiber für den USB-Controller erneuern.

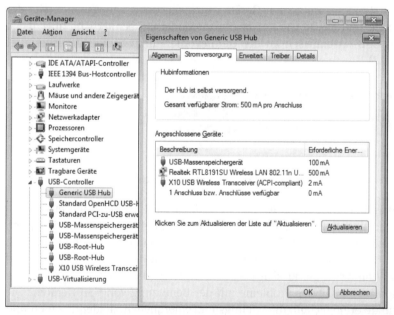

Abbildung 5.29: Stromverbrauch am USB-Root-Hub

Manche USB-Geräte werden nicht erkannt

Wird nur ein USB-Gerät beim Einstecken in die USB-Buchse nicht erkannt? Neben einem Defekt am USB-Gerät kann auch die Stromversorgung die Fehlerursache sein. Das USB-Kabel übernimmt auch die Stromversorgung der Geräte. Aber nur bei wenigen USB-Geräten (Maus, DSL-Modem) reicht der Strom, den eine USB-Schnittstelle liefert, aus. Diese kann fünfmal 0,5 Watt (5 Volt, 500 mA) an Energie-

Schnittstellen für externe Peripherie

bedarf decken. Zieht das USB-Gerät zu viel Strom, liefert der Hersteller normalerweise ein externes Netzteil mit.

Es gibt aber Fälle, wo der Strombedarf eines Geräts hart an der Grenze der USB-Spezifikation liegt. Hängen dann mehrere USB-Geräte am USB-Bus, kann eine Überlastung auftreten.

> **TIPP**
>
> Um die Kapazitäten der Stromversorgung am USB-Root-Hub des Rechners zu überprüfen, öffnen Sie den Geräte-Manager und suchen den Eintrag »USB-Root-Hub« im Zweig *USB-Controller* (Abbildung 5.29, Hintergrund). Wählen Sie den Eintrag »USB-Root-Hub« per Doppelklick an und wechseln Sie im Eigenschaftenfenster zur Registerkarte *Stromversorgung*. Dort zeigt Windows den Stromverbrauch der angeschlossenen Komponente an (Abbildung 5.29, Vordergrund).

Besitzen Sie sehr viele USB-Geräte und reichen die USB-Buchsen am Rechner nicht aus, können Sie sogenannte USB-Hubs als Verteilerstation verwenden. Jeder Hub hat einen Eingang und mehrere USB-Ausgänge (Abbildung 5.30). Werden an diesen Hubs angeschlossene Geräte nicht erkannt? Ursache können lockere Verbindungen, ein defekter Hub oder eine ausgefallene Stromversorgung sein. Bei der Verwendung von Hubs sollten Sie aber immer die Möglichkeit berücksichtigen, dass die Stromversorgung für die Geräte nicht ausreicht und es zu einer Überlastung kommt. Testen Sie daher das Gerät, bei dem der Fehler auftritt, direkt an der USB-Buchse des Rechners. Tritt der Fehler nicht mehr auf und lässt sich ein defekter Hub ausschließen, liegt es vermutlich am Strombedarf des Geräts. Sie müssen dann das Gerät direkt am USB-Anschluss des Rechners betreiben und gegebenenfalls andere Geräte am USB-Hub anschließen.

Abbildung 5.30: USB-Hub

Gibt es gelegentlich Probleme beim Zugriff auf ein USB-Gerät, das über einen Hub an den Rechner angeschlossen ist? Dann kann die verfügbare Bandbreite des USB-Hostcontrollers zur Abfrage zu gering sein. Überprüfen lässt sich dies im Geräte-Manager, indem Sie den Eintrag für den USB-Controller per Doppelklick anwählen und dann zur Registerkarte *Erweitert* des Eigenschaftenfensters wechseln (Abbildung 5.31). Dort wird die Bandbreite der erkannten Geräte aufgelistet. Kommt es zu einem Engpass, müssen Sie bestimmte Geräte deaktivieren oder so an verschiedene USB-Controller aufteilen, dass deren freie Bandbreite ausgenutzt wird.

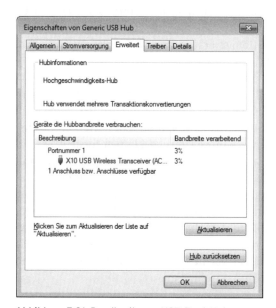

Abbildung 5.31: Bandbreite am USB-Root-Hub

Windows bemäkelt, dass ein USB 2.0-Gerät erkannt wurde

Ältere Rechner sind mit USB-Controllern gemäß dem USB 1.x-Standard ausgerüstet. Moderne Geräte verwenden zwischenzeitlich den schnelleren USB 2.0- (oder neuerdings den USB 3.0-)Standard (siehe *http://de.wikipedia.org/wiki/USB* [gbehk5-008]). Alle USB-Standards verwenden die gleichen USB-Buchsen und -Stecker.

Stöpseln Sie ein USB 2.0-Gerät an einen älteren Rechner mit USB 1.x-Buchse an, erkennt Windows dies. Es erscheint eine QuickInfo mit dem Hinweis, dass ein Hochleistungs-USB-Gerät erkannt wurde, der Rechner aber nur USB 1.x unterstützt. Sie können den Warndialog schließen und mit dem Gerät arbeiten. Dann steht aber nur die geringe Bandbreite des USB 1.x zur Verfügung. Bei Festplatten oder CD-/DVD-Laufwerken sinkt lediglich die Übertragungsrate beim Zugriff auf die Daten. Bei CD-/DVD-Brennern kann die reduzierte Datenübertragungsrate zu Problemen beim Brennen führen. Bei über USB angeschlossenen DVB-T- und DVB-S-Empfangseinheiten oder bei USB-Videograbbern bewirkt die reduzierte Übertragungsgeschwindigkeit ruckelnde Bilder oder eine reduzierte Bildqualität.

Schnittstellen für externe Peripherie

TIPP Um zu überprüfen, ob ein USB 2.0-Anschluss am Rechner vorhanden ist, können Sie den Geräte-Manager verwenden. Sind in der Geräteliste nur Universal USB-Host-Controller vorhanden, handelt es sich um USB 1.0/1.1-Ausgänge. Für USB 2.0 muss ein EHCI-, Open-HCD-USB-Hostcontroller oder ein erweiterter USB 2.0-Hostcontroller aufgeführt sein.

Bei modernen Rechnern ist eine USB 2.0-Unterstützung Standard. Wird trotzdem eine USB 1.1-Schnittstelle bemängelt, überprüfen Sie im BIOS-Setup, ob die USB-Ausgänge vielleicht auf USB 1.1 umgestellt sind.

USB 2.0-Geräte machen Probleme

Besitzen Sie einen Rechner mit USB 2.0-Anschlussbuchsen und möchten USB 2.0-Geräte einsetzen? Gibt es Probleme mit dieser Gerätekombination? Gelegentlich steckt der Teufel im Detail, und der Fehler kann verschiedene Ursachen haben.

Stellen Sie sicher, dass das USB 2.0-Gerät wirklich an einer USB 2.0-Anschlussbuchse bzw. an einem USB 2.0-Hub hängt. Da die USB-Buchsen für die Versionen 1.x und 2.0 gleich aussehen, kann es leicht zu Verwechslungen kommen. Im Gegensatz zu USB 1.x-Kabeln lassen sich USB 1.x-Hubs nicht mit USB 2.0-Geräten verwenden. Funktioniert das USB 2.0-Gerät lediglich direkt am USB 2.0-Anschluss des Rechners einwandfrei, deutet vieles darauf hin, dass die verwendeten Hubs nur USB 1.x unterstützen oder defekt sind.

TIPP Lässt sich der Computer mittels einer USB-Maus oder -Tastatur nicht mehr aus dem Ruhezustand reaktivieren? Wählen Sie im Geräte-Manager den betreffenden USB-Hub per Doppelklick an, klicken Sie auf der Registerkarte *Allgemein* auf die Schaltfläche *Einstellungen ändern* und schalten Sie im Eigenschaftenfenster die Energiesparoptionen auf der Registerkarte *Energieverwaltung* ab (Abbildung 5.32).

Auf der Internetseite *http://www.nirsoft.net/* [gbeh-k5-009] finden Sie das Tool »USBDeview«, mit dem sich installierte USB-Geräte anzeigen, deaktivieren und wieder aktivieren lassen.

Abbildung 5.32: Energieverwaltung des USB-Root-Hubs

5.4.3 Probleme mit Infrarot- und Bluetoothverbindungen

Besitzt Ihr Rechner einen Infrarot- oder Bluetoothempfänger und haben Sie Probleme mit der Bluetooth- bzw. IrDA-Schnittstelle? In diesem Fall sollten Sie den Geräte-Manager aufrufen und in der Geräteliste prüfen, ob die Bluetooth- bzw. IrDA-Schnittstelle fehlerfrei erkannt wurde. Achten Sie bei der Inbetriebnahme von Bluetoothadaptern, dass kein herstellerspezifischer Bluetoothstack installiert wird, da dies meist zu Problemen in Windows 7 führt.

Gibt es Probleme, wählen Sie das betreffende Gerät im Geräte-Manager per Doppelklick an und überprüfen Sie auf der Registerkarte *Allgemein* den Gerätestatus. Treiber lassen sich über die gleichnamige Registerkarte aktualisieren oder deinstallieren. Können Sie die Probleme so nicht lösen, lässt sich über die Schaltfläche *Problembehandlung* ein Ratgeber aufrufen, der die Fehlerdiagnose unterstützt.

INFO Bei manchen Rechnern gibt es eine BIOS-Option, mit der sich der Modus der Infrarotschnittstelle zwischen »IrDA« (Infrared Data Application) und »FIR« (Fast Infrared) umstellen lässt. Bestehen Probleme in der Kommunikation zwischen Rechner und Handy/PDA etc., setzen Sie die BIOS-Option auf »IrDA«.

5.4.4 Probleme mit weiteren Schnittstellen

Gibt es Probleme, Geräte an den seriellen oder parallelen Schnittstellen des Rechners zu betreiben? Sofern die Verkabelung in Ordnung ist, kann eine abgeschaltete Schnittstelle im BIOS des Rechners die Ursache sein. Rufen Sie den Geräte-Manager auf und prüfen Sie, ob im Zweig *Anschlüsse (COM und LPT)* die Einträge für serielle und parallele Schnittstellen vorhanden sind. Fehlen Einträge, müssen Sie den Rechner neu starten und im BIOS-Setup die betreffenden Schnittstellen freigeben. Zeigt der Geräte-Manager ein rotes Kreuz oder ein gelbes Ausrufezeichen beim Symbol der nicht funktionierenden Schnittstelle? Dann wählen Sie den Eintrag per Doppelklick an und schauen auf der Registerkarte *Allgemein* nach, ob ein Fehlercode gemeldet wird. Über die Schaltfläche *Problembehandlung* der Registerkarte können Sie eine Hilfeseite mit Diagnoseanweisungen zur Eingrenzung des Fehlers aufrufen.

Kapitel 6
Ärger bei Installation und Aktualisierung

Schon allein aus Sicherheits- und Stabilitätsgründen sollten Sie Windows und die Anwendungen aktuell halten. Gibt es Probleme mit Geräten, steht auch ein Treiberupdate auf dem Plan. Ärgerlich, wenn diese Aktualisierungen oder die Installation von Funktionen schiefgeht. Dieses Kapitel zeigt, wie Sie diverse Probleme und Fehler selbst beheben können.

6.1 Installationsprobleme unter Windows

Weigert sich das Setup-Programm, ein Programmupdate zu installieren? Oder gibt es Probleme nach dem Update? Nachfolgend werden einige Installationsprobleme und deren Ursachen behandelt.

6.1.1 Die Programminstallation ist nicht möglich

Sie versuchen, ein Programm oder ein Update für eine Anwendung zu installieren, das Setup-Programm bricht aber mit einer Fehlermeldung ab? Die möglichen Ursachen können Sie anhand der folgenden Checkliste analysieren:

» Klingt banal, aber stellen Sie sicher, dass Sie zur Installation über Administratorrechte verfügen. Unter Benutzerkonten mit eingeschränkten Rechten muss die Sicherheitsabfrage der Benutzerkontensteuerung erscheinen, in der Sie ein Administratorkonto wählen und das zugehörige Kennwort eingeben müssen, um entsprechende Berechtigungen zu erteilen.

» Erscheint beim Aufruf des Setups keine Sicherheitsabfrage der Benutzerkontensteuerung oder bleibt die Bestätigung dieser Abfrage wirkungslos? Prüfen Sie also als Erstes, ob die Benutzerkontensteuerung eingeschaltet ist (»uac« in das Suchfeld des Startmenüs eintippen und den Befehl *Einstellungen der Benutzerkontensteuerung ändern* wählen, dann kontrollieren, ob der Schieberegler für Benachrichtigungen auf der obersten Position steht). Wird die Benutzerkontensteuerung danach beim Setup trotzdem nicht aufgerufen, klicken Sie die Setup-Datei mit der rechten Maustaste an und wählen den Kontextmenübefehl *Als Administrator ausführen*. Dies erzwingt den Aufruf der Benutzerkontensteuerung samt Installation mit Administratorberechtigungen.

» Programme, die zur Laufzeit Dateien in die Ordner *Programme* und *Windows* kopieren, führen zu Problemen in Windows 7. In einigen Fällen hilft es dann, wenn Sie das Programm nicht im Ordner *Programme*, sondern in einem eigenen Ordner auf dem Systemlaufwerk *C:* installieren.

» Prüfen Sie, ob ein installierter Virenscanner (oder eine Internet-Security-Lösung) für die Installationsfehler verantwortlich ist. Schalten Sie den Virenscanner für die Zeit der Installation ab. In manchen Fällen muss der Virenscanner auch komplett deinstalliert werden. Informieren Sie sich auf den Seiten des Programmherstellers über die Anforderungen, die das System zur Installation erfüllen muss. Sind diese Anforderungen nicht erfüllt, wird die Installation oder die Software nicht funktionieren. Windows 7 erfordert, dass die Programme nach bestimmten Regeln installiert werden müssen. Hält ein Setup-Programm diese Regeln nicht ein, schlägt die Installation fehl.

» Schauen Sie bei Problemen mit der Installation auf den Supportseiten des jeweiligen Herstellers nach, ob das Problem bekannt ist. Die Softwarehersteller verwenden verschiedene Installationstechnologien (InstallShield, MSI-Installer etc.), die teilweise Fehler enthalten. Oft werden dann Patches angeboten, um den Installer oder Hilfsdateien vor der eigentlichen Installation zu aktualisieren.

Erscheint während der Installation eine Fehlermeldung, dass Dateien in Benutzung sind? Dann kann der Installer diese Dateien nicht durch neue Kopien ersetzen.

» Beenden Sie in diesem Fall alle laufenden Anwendungen und versuchen Sie die Installation erneut.

» Hilft dies nicht, starten Sie Windows neu und wiederholen die Installation. Ist auch dieser Ansatz nicht erfolgreich, liegt ein Fehler im Installer vor, der nur durch den Hersteller des Pakets korrigiert werden kann.

Meldet das Setup- oder Installationsprogramm fehlende Dateien? In diesem Fall sollten Sie prüfen, ob ein Pfad zu den Installationsdateien in einem Dialogfeld abgefragt wird. Das Dialogfeld enthält meist einen Hinweis, um welche Dateien es sich handelt. Dies gibt Ihnen Gelegenheit, die fehlenden CDs oder DVDs in ein Laufwerk einzulegen und den Pfad einzutragen. Viele Setup-Programme enthalten die zu installierenden Dateien als selbstextrahierendes Archiv. Dann hilft es häufig, die betreffenden Dateien in ein lokales Verzeichnis der Festplatte zu entpacken und danach das Setup-Programm aus diesem Verzeichnis aufzurufen. Prüfen Sie ggf., ob das Setup-Programm entsprechende Optionen zum Entpacken bereitstellt.

TIPP Um zu überprüfen, ob der Windows Installer-Dienst läuft, geben Sie in das Suchfeld des Startmenüs *msiexec*⏎ ein. Dann sollte ein Dialogfeld des Windows-Installers geöffnet werden. Tut sich nichts, geben Sie »Dienste« in das Suchfeld des Startmenüs ein und rufen den gleichnamigen Befehl über den Kontextmenüeintrag *Als Administrator ausführen* auf. Anschließend überprüfen Sie, ob der Windows Installer-Dienst auf »Manuell« steht. Zudem darf der Status nicht auf »Angehalten« gesetzt sein.

Microsoft hat einige Supportartikel zu Installationsproblemen veröffentlicht. Die Webseite *http://support.microsoft.com/kb/2438651/* [gbeh-k6-001] hilft, falls der Installer-Dienst nicht aufgerufen werden kann oder ein Fehler mit der Nummer 5 gemeldet wird.

6.1.2 Der Installer stürzt ab oder das System hängt sich auf

Dieser Fehler deutet auf gravierende Beschädigungen oder Inkompatibilitäten des Installationspakets hin. Bei aus dem Internet heruntergeladenen Setup-Paketen kann es sein, dass diese beschädigt sind. Wiederholen Sie den Download und versuchen Sie, eine erneute Installation durchzuführen.

Stürzt der Installer ab oder hängt sich das System bei der Installation auf, können der Installer oder das zu installierende Programm inkompatibel zu Windows 7 sein. Prüfen Sie, ob das Programm für die Systemumgebung spezifiziert wurde. Viele Installationsprobleme bei älteren Softwareversionen treten mit den jeweils aktuellsten Produktversionen dieser Softwarepakete nicht mehr auf. Meldet das Setup-Programm, dass die Programmversion nicht für Windows 7 geeignet sei? Prüfen Sie dann, ob das Installationspaket zur 32- bzw. 64-Bit-Version von Windows 7 passt. Unter 64 Bit können keine 32-Bit-Pakete installiert werden, die Treiber beinhalten. Auch die Installation von alten 16-Bit-Programmen ist bei einem 64-Bit-Windows nicht möglich.

Nach einem Systemabsturz sollten Sie den Rechner ggf. im abgesicherten Modus hochfahren und Windows über die Systemwiederherstellung auf den letzten Sicherungspunkt zurücksetzen. Dies bereinigt das System ggf. von Dateileichen, die bei der abgebrochenen Installation zurückgeblieben sind.

TIPP

Der MSI-Installer meldet einen Fehler

Microsoft stellt für Windows eine eigene Installer-Technologie (den Windows Installer) bereit. Die Setup-Dateien werden in *.msi*-Dateien weitergegeben. Es handelt sich dabei um ein komprimiertes Archivformat, welches zudem Anweisungen zur Installation (Kopieren von Dateien, Anpassen der Registrierung, Meldungen für den Benutzer etc.) enthalten kann.

Meldet Windows bzw. der MSI-Installer einen Fehler bei der Installation einer *.msi*-Datei? Erscheint die Meldung »Auf den Windows Installer-Dienst konnte nicht zugegriffen werden«?

» Leeren Sie das *Temp*-Verzeichnis des Rechners (z. B. über die Datenträgerbereinigung) und deaktivieren Sie die Virenschutzprogramme für die Dauer der Installation. Nach einem Neustart können Sie die Installation erneut versuchen.

» Tritt der Fehler erneut auf, kann der Installer beschädigt oder falsch eingerichtet sein. Dann müssen Sie den Installer reparieren.

Zur Reparatur des MSI-Installers tippen Sie in das Suchfeld des Startmenüs *cmd* ein und drücken die Tastenkombination [Strg] + [⇧] + [↵]. Dann geben Sie im Fenster der administrativen Eingabeaufforderung nacheinander die folgenden Befehle ein:

```
msiexec /unregister
msiexec /regserver
```

Diese beiden Befehle bewirken, dass der Installer zunächst entfernt und anschließend erneut registriert wird. Zudem kann es sein, dass Dateien des Installers durch Windows-Aktualisierungen oder Programminstallationen beschädigt wurden. Da der Windows Installer 5 Bestandteil von Windows 7 ist, lässt er sich auch nicht neu installieren. Um zu prüfen, ob Systemdateien beschädigt sind, öffnen Sie das Fenster der Eingabeaufforderung mit administrativen Berechtigungen und geben den folgenden Befehl ein:

```
sfc /scannow
```

Dieser Befehl wird beschädigte Dateien melden und diese ggf. reparieren. Anschließend kontrollieren Sie im Registrierungs-Editor den Eintrag im Schlüssel *HKEY_LOCAL_MACHINE\SYSTEM\CurrentControlSet\services\msiserver*. Dort sollte ein REG_EXPAND_SZ-Wert *ImagePath* mit dem Wert »%systemroot%\system32\ msiexec /V« vorhanden sein. Ist der Wert vorhanden, können Sie ggf. die Angabe *msiexec* in *msiexec.exe* ändern. Eine andere Möglichkeit ist, die Systemwiederherstellung aufzurufen und dann Windows auf einen Punkt vor dem Auftreten des Problems zurückzusetzen.

Weiterhin empfiehlt es sich, bei Problemen mit dem Windows Installer die Supportseiten von Microsoft (*http://support.microsoft.com* [gbeh-k6-002] und *http://social.answers.microsoft.com/Search/de-DE* [gbeh-k6-003]) aufzusuchen und die Suchbegriffe »MSI Installer Probleme« einzugeben. Es gibt eine ganze Reihe von Knowledge-Base-Artikeln und Forenbeiträgen, die auf spezielle Fehler und deren Beseitigung eingehen.

TIPP   Um die Ursache eines Installationsfehlers einzugrenzen, können Sie bei Installationsdateien im Windows Installer-Format (*.msi*) den Befehl *msiexec.exe /i pfad\Install.msi /L*v pfad\Protokoll.log* eingeben. Die Platzhalter *pfad* stehen für Dateipfade (z.B. c:\Windows\system32*), Install.msi* ist der Name der Installationsdatei, und *Protokoll.log* gibt die Protokolldatei an. Das Protokoll wird durch den Schalter */L* angestoßen, */i* erzeugt Statusmeldungen. Die Details zu den Optionen sind über den Befehl *msiexec.exe /?* abrufbar. Anschließend können Sie die *.log*-Datei im Windows-Editor ansehen. Verwenden Sie den Befehl *msiexec.exe /?*, zeigt der Installer in einem Dialogfeld die Version sowie die verfügbaren Befehle an.

6.1.3 Windows-Komponenten fehlen oder sind überflüssig

Windows 7 ermöglicht Ihnen, verschiedene optionale Windows-Funktionen ein- oder auszuschalten. Gehen Sie in folgenden Schritten vor, um optionale Windows-Funktionen ein- oder auszuschalten.

1. Tippen Sie in das Suchfeld des Startmenüs »Feature« ein, wählen Sie den Befehl *Windows-Funktionen aktivieren oder deaktivieren* und bestätigen Sie die Abfrage der Benutzerkontensteuerung.
2. Warten Sie, bis Windows eine Liste der verfügbaren Funktionen in einem Dialogfeld anzeigt (Abbildung 6.1).
3. Expandieren Sie ggf. den betreffenden Zweig und setzen oder löschen Sie die Markierung der Kontrollkästchen.

Abbildung 6.1: Windows-Funktionen ein-/ausschalten

Sobald Sie das Dialogfeld über die *OK*-Schaltfläche schließen, werden die markierten Funktionen eingeschaltet. Nicht markierte Kontrollkästchen bewirken, dass die Funktionen abgeschaltet werden.

6.1.4 Programmstandards festlegen

Microsoft liefert Windows mit bestimmten Programmeinstellungen aus. So ist der Microsoft Internet Explorer als Standard vorgesehen. Möchten Sie in Windows die Programmstandards ändern? Hierzu melden Sie sich unter einem Administratorkonto an und führen folgende Schritte aus:

Kapitel 6 • Ärger bei Installation und Aktualisierung

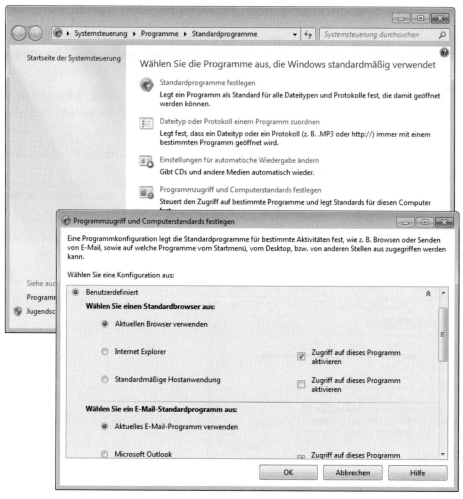

Abbildung 6.2: Programmstandards in Windows festlegen

1. Öffnen Sie das Startmenü und wählen Sie den Befehl *Standardprogramme*. Anschließend klicken Sie auf der angezeigten Seite (Abbildung 6.2, Hintergrund) auf den Befehl *Programmzugriff und Computerstandards festlegen*.

2. Auf der dann angezeigten Seite klicken Sie auf das Optionsfeld *Benutzerdefiniert*. Anschließend können Sie die Titelzeile oder die runde Schaltfläche am rechten Rand anklicken, um die Details der Kategorie einzublenden.

3. Markieren Sie für jede der angezeigten Kategorien das Optionsfeld, welches die zu verwendende Komponente darstellt. Sie können beispielsweise den aktuellen Browser oder den Internet Explorer als Standardbrowser vorgeben (Abbildung 6.2, Vordergrund).

Sobald Sie das Dialogfeld über die *OK*-Schaltfläche schließen, werden die Einstellungen wirksam.

6.1.5 Ein Programm soll entfernt werden

Wird ein Programm nicht mehr benötigt oder ist es fehlerhaft, sollte es aus Windows entfernt werden. Dies spart nicht nur Speicherplatz auf der Festplatte, sondern verbessert u. U. auch die Stabilität des Betriebssystems. Einige Anwendungen bieten hierzu einen eigenen Befehl im Startmenü. Ist dies nicht der Fall, dürfen Sie nicht einfach die Programmdateien löschen. Gehen Sie vielmehr folgendermaßen vor:

1. Öffnen Sie das Fenster der Systemsteuerung und wählen Sie den Hyperlink *Programm deinstallieren*.
2. Suchen Sie den gewünschten Programmeintrag im angezeigten Dialogfeld, markieren Sie diesen und wählen Sie die Schaltfläche *Deinstallieren* (Abbildung 6.3).

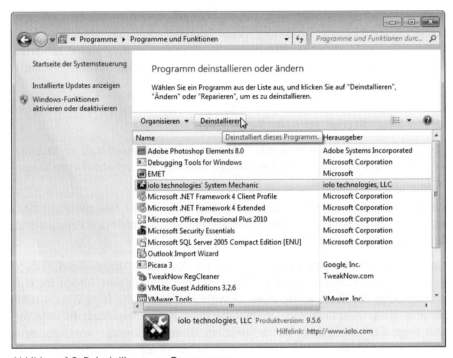

Abbildung 6.3: Deinstallieren von Programmen

Windows benutzt dann die vom Installer in der Registrierung eingetragenen Informationen, um eine Deinstallationsroutine aufzurufen. Diese löscht dann kopierte Dateien und setzt Registrierungsänderungen zurück. Der genaue Ablauf der Deinstallation hängt dabei vom benutzten Deinstaller ab. Die meisten Deinstaller führen den Benutzer über Dialogfelder durch die Prozeduren.

INFO Beim Deinstallieren werden Sie ggf. in Dialogfeldern gefragt, ob gemeinsam benutzte Bibliotheksdateien entfernt werden dürfen. Diese Abfrage sollten Sie nur mit *Ja* bestätigen, wenn Sie sich wirklich sicher sind, dass die betreffenden Dateien von keiner anderen Windows-Anwendung benutzt werden.

Sind noch Benutzer unter anderen Konten angemeldet, kann der Installer eventuell nicht alle Dateien entfernen, die dann manuell zu löschen sind.

6.1.6 Die Deinstallation eines Programms ist nicht möglich

Leider kommt es bei der Deinstallation über das Dialogfeld *Programme und Funktionen* schon mal vor, dass der Vorgang mit einem Fehler abbricht. Das Programm bzw. der Programmeintrag lässt sich dann nicht aus Windows entfernen.

» Stellen Sie bei der Deinstallation sicher, dass das betreffende Programm nicht mehr benutzt wird bzw. noch Dateien geöffnet hat.

» Die häufigste Ursache für Fehler beim Deinstallieren sind aber fehlerhafte Installer und gelöschte Installationsdateien (Installationsprogramme hinterlassen meist eine Protokolldatei oder ein Uninstall-Programm auf der Festplatte, welches bei der Deinstallation benötigt wird).

Wurden Installationsdateien gelöscht und klappt die Deinstallation nicht mehr, gibt es mehrere Möglichkeiten zur Systembereinigung:

» Manchmal hilft es, die betreffende Anwendung einfach nochmals zu installieren. Dann werden die fehlenden Dateien restauriert, und die Deinstallation funktioniert anschließend.

» Für Microsoft Office 2003 bis 2010 stellt Microsoft auf der Internetseite *http://support.microsoft.com/kb/290301* [gbeh-k6-004] sogenannte Fix it-Pakete bereit, um die Installation zu entfernen.

» Eine weitere Möglichkeit besteht im Einsatz des »Revo Uninstallers« (*http://www.revouninstaller.com* [gbeh-k6-005]). Auf der Internetseite finden Sie eine Beschreibung des Tools sowie einen Download-Link für die freie Version. Eine portable Ausgabe braucht nicht einmal installiert zu werden. Auch die freie Version zeigt nach dem Start die gefundenen Uninstall-Einträge an (Abbildung 6.4). Es reicht, einen Eintrag anzuwählen und dann auf die *Uninstaller*-Schaltfläche zu klicken, um den Eintrag zu entfernen. Ähnlich funktioniert auch »MyUninstaller« (*http://www.nirsoft.net/* [gbeh-k6-009]).

Installationsprobleme unter Windows

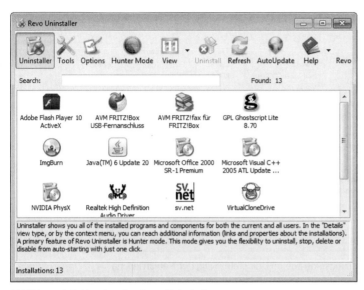

Abbildung 6.4: Fenster des Revo Uninstallers

Beachten Sie, dass bei manchen Programmen (Norton Security Suite, Nero etc.) auch bei einer erfolgreichen Deinstallation nicht alle Änderungen zurückgenommen werden. Häufig bleiben Registrierungseinträge, Bibliotheksdateien oder weitere Dateien im System zurück. Dies kann zu Problemen bei der Installation neuerer Programmversionen oder anderer Anwendungen führen. Die Hersteller solcher Pakete bieten meist sogenannte Clean Tools zum Download an. Laden Sie das Clean Tool von den Internetseiten des Herstellers herunter und führen Sie das betreffende Programm nach einer (erfolgreichen oder missglückten) Deinstallation zum Bereinigen des Systems aus.

Manuelle Bereinigung der Registrierung

Zeigt das Dialogfeld *Programme und Funktionen* keine Einträge zum Deinstallieren an oder enthält die Liste der installierten Programme Lücken? Dann ist ein Uninstall-Eintrag in der Registrierung fehlerhaft und verhindert, dass die Liste sauber aufgebaut wird. Eine Möglichkeit besteht darin, das System über die Systemwiederherstellung auf einen früheren Wiederherstellungspunkt zurückzusetzen. Dieser Ansatz hat aber den Nachteil, dass dann aber auch alle anderen, zwischenzeitlich vorgenommenen Änderungen weg sind. Zudem kommt es immer wieder vor, dass der Zeitpunkt der Softwareinstallation zu lange zurückliegt und es keinen entsprechenden Sicherungspunkt mehr gibt. In diesem Fall haben Sie zumindest die Möglichkeit, die Registrierungseinträge zu bereinigen, sodass die Anwendungen nicht mehr im Dialogfeld *Programme und Funktionen* auftauchen.

Kapitel 6 • Ärger bei Installation und Aktualisierung

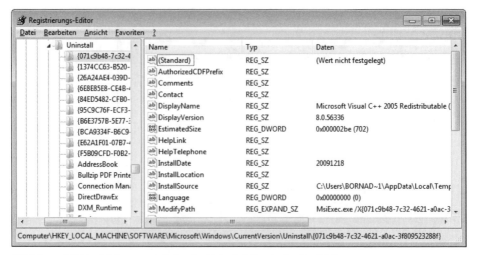

Abbildung 6.5: Registrierungseinträge im Uninstall-Zweig der Registrierung

1. Tippen Sie in das Suchfeld des Startmenüs *regedit* ein und drücken Sie die Tastenkombination [Strg] + [⇧] + [↵], um den Registrierungs-Editor mit administrativen Berechtigungen zu starten.

2. Navigieren Sie in der linken Spalte des Registrierungs-Editors zum Schlüssel *HKEY_LOCAL_MACHINE\SOFTWARE\Microsoft\Windows\CurrentVersion\Uninstall* und markieren Sie den Schlüssel *Uninstall*.

3. Im Schlüssel finden Sie eine ganze Reihe weiterer Unterschlüssel, wobei jeder für eine installierte Komponente steht. Suchen Sie den Unterschlüssel der nicht mehr deinstallierbaren Komponente (Abbildung 6.5) und löschen Sie ihn.

Um sicherzugehen, dass es der richtige Schlüssel war, können Sie diesen vorher zur Sicherheit über das Menü *Datei* in eine *.reg*-Datei exportieren. Der Eintrag der Anwendung verschwindet dann im Dialogfeld *Programme und Funktionen*.

INFO Der Eingriff in den *Uninstall*-Schlüssel der Registrierung bedeutet aber, dass die bei der Installation des Programms vorgenommenen Änderungen am System (Dateien, Registrierungseinträge) erhalten bleiben. Selbst nach einer erfolgreichen Deinstallation kann es trotzdem sein, dass noch Ordner, Dateien oder Startmenü- und Registrierungseinträge zurückbleiben. Sie müssen dann das Startmenü manuell bereinigen und ggf. die im Ordner *Programme* des Systemlaufwerks abgelegten Ordner und Dateien des deinstallierten Programms manuell löschen. Registrierungseinträge finden sich meist in den Zweigen *HKEY_LOCAL_MACHINE\SOFTWARE* und *HKEY_CURRENT_USER\Software*. Die Schlüssel sind an dem Namen der Anwendung oder des Programmherstellers zu erkennen. Sie können dann diese Einträge ebenfalls entfernen. Zur Sicherheit lässt sich der zu löschende Zweig vorher im Registrierungs-Editor über den Befehl *Exportieren* des Menüs *Datei* in eine *.reg*-Datei speichern. Gibt es Probleme nach dem Löschen eines Registrierungseintrags, kann die *.reg*-Datei über den Befehl *Importieren* des Menüs *Datei* erneut importiert werden. Der Registrierungs-Editor restauriert dann die in der Datei gespeicherten Registrierungseinträge.

Im Handel und im Internet werden diverse Tuning-Tools angeboten, die auch eine Bereinigung der Registrierung versprechen. Das kostenlose Programm »CCleaner« bietet ebenfalls Funktionen zur »Bereinigung« der Registrierung von Uninstall-Einträgen. Mein Rat lautet, besser die Finger von solchen Tools zu lassen – in den Microsoft Windows 7-Foren sind mir einfach zu viele Anwender begegnet, die sich mit solchen Tools ein funktionierendes System ruiniert haben und dann zur Neuinstallation gezwungen waren.

STOPP

6.2 Ärger mit Treibern und Gegenmaßnahmen

Bei der Installation von Geräten benötigen diese Steuerprogramme (Treiber), die zusätzlich installiert werden müssen. Leider kommt es immer wieder vor, dass diese Treiber nicht funktionieren oder die Stabilität von Windows gefährden. In diesem Fall müssen Sie die Treiber entfernen und das System ggf. bereinigen. Der folgende Abschnitt befasst sich mit der Frage, wie sich Probleme mit Treibern korrigieren lassen.

6.2.1 Windows macht Ärger mit Treibern

Wenn Sie ein neues Gerät in Betrieb nehmen, benötigt Windows einen entsprechenden Treiber. Im Idealfall wird dieser als Built-in-Treiber durch Windows bereitgestellt und automatisch installiert, sobald das Gerät erkannt wird. Ist dies nicht der Fall, benötigen Sie einen Gerätetreiber, der über Microsoft Update, auf den Webseiten des Geräteherstellers per Download oder auf einer dem Gerät beiliegenden CD bzw. DVD bereitgestellt wird.

Kann Windows keinen Built-in-Treiber finden, startet ein Assistent, der Sie in verschiedenen Dialogfeldern (Abbildung 6.8, Seite 303) durch die Treiberinstallation führt. Im Wesentlichen müssen Sie nur dem Assistenten vorgeben, wo er nach dem richtigen Treiber suchen soll. Gegebenenfalls ist noch der Speicherort, wo sich der Treiber befindet, in einem Dialogfeld anzugeben. In der Praxis gibt es jedoch andere Fälle, bei denen es Ärger gibt:

» Der Hersteller möchte sich den aufwendigen Kompatibilitätstest bei Microsoft sparen und liefert auf der Treiber-CD nur unsignierte Treiber aus. Die 64-Bit-Windows-Versionen erwarten übrigens signierte Treiber (auch wenn sich dieses Feature deaktivieren lässt). In den 32-Bit-Versionen von Windows erscheint bei der Treiberinstallation eine deutliche Warnung vor der Installation unsignierter Treiber (Abbildung 6.6). Sie können dann die Schaltfläche *Diese Treibersoftware trotzdem installieren* anklicken und hoffen, dass der Treiber keine Probleme bereitet. Bei vielen Geräten ist dies auch der Fall.

» Gelegentlich stellt man aber überrascht fest, dass Windows sich weigert, den Treiber zu installieren. Für ältere Hardware bieten manche Hersteller überhaupt keine Treiber für Windows 7 an. Sie können dann zwar ausprobieren, ob Treiber für ältere Windows-Versionen wie Windows XP oder Windows Vista installierbar sind. Neben nicht funktionierenden Geräten kann es dann aber sein, dass sich das System mit Bluescreens verabschiedet, weil ein Treiber nicht korrekt funktioniert.

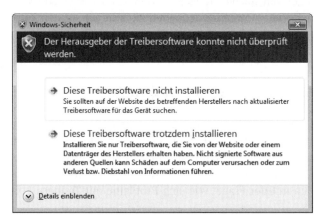

Abbildung 6.6: Warnung bei unsignierten Treibern

Gibt es Probleme, sehen Sie im Internet nach oder fragen Sie beim Händler, ob es aktualisierte Treiber für Windows 7 gibt. Oft ist es auch so, dass auf den Treiber-CDs/-DVDs noch alte Fassungen ausgeliefert werden, weil die Verweilzeit zwischen der Herstellung der Masterkopie und dem Verkauf der Produkte durchaus Jahre betragen kann. Häufig haben die Entwickler dann bereits neue Treiber im Internet zum Download bereitgestellt. Oft ist es auch so, dass die Windows 7-Built-in-Treiber und Treiber von der Microsoft Update-Seite nicht aktuell oder optimal auf das Gerät abgestimmt sind. Verwenden Sie ggf. Suchmaschinen und geben Sie die Gerätebezeichnung ein (siehe auch Kapitel 4), um aktuelle Treiber auf den Internetseiten des Geräteherstellers zu finden und herunterzuladen.

INFO   Sofern Sie gezwungen sind, Treiber für ältere Windows-Versionen einzusetzen, schauen Sie zuerst, ob es 32- bzw. 64-Bit-Treiber für Windows Vista gibt. Bei DVB-TV-Empfangskarten benötigen Sie BDA-Treiber (oder noch besser PBDA-Treiber), die für das Windows Media Center geeignet sind. Hier sollten Sie auf die Windows 7-Kompatibilität achten, da es andernfalls zu Bluescreens und Funktionsverlusten kommen kann. Für die von Scannern und Digitalkameras benutzte WIA-Schnittstelle benötigen Sie ebenfalls Treiber, die zumindest auf Windows Vista abgestimmt sind. Grund: Microsoft hat die WIA-Schnittstelle ab Windows Vista geändert, sodass Windows XP-Treiber grundsätzlich nicht mehr funktionieren. Gibt es keine Treiber, müssen Sie sich mit den in *http://www.borncity.com/blog/category/scanner-foto-video/* [gbeh-k6-006] beschriebenen Notlösungen behelfen. Digitalkameras, die den »Digital Mass Storage Class«-Standard unterstützen, werden in Windows 7 ohne Treiber als Wechsellaufwerk eingebunden. Windows 7 unterstützt auch das bei manchen Kameras benutzte Picture Transfer Protocol (PTP). Für alle anderen Kameras empfiehlt sich die Verwendung eines Lesegeräts zum direkten Einlesen der Speicherkarten.

Ärger mit Treibern und Gegenmaßnahmen

Für ein 64-Bit-Windows sind zwingend 64-Bit-Treiber für das Gerät erforderlich. Die Installation von 32-Bit-Treibern unter einem 64-Bit-Windows ist nicht möglich.

STOPP

Müssen Sie einen Treiber für die internen Komponenten des Notebooks neu installieren oder gibt es Probleme mit dem mitgelieferten Treiber? Dann ist es wichtig, sich auf den Internetseiten des Notebook-Herstellers nach neuen Versionen umzusehen. Die Hersteller von Grafik- oder Soundchips überlassen das Anbieten neuer Treiber in der Regel den Notebook-Herstellern. Falls Sie Grafikkarten-, WLAN- oder Soundkartentreiber der Chiphersteller auf dem Notebook installieren, ist die Gefahr groß, dass dies zu Problemen führt.

Was tun, wenn der Treiber nicht automatisch installiert wird?

Tut sich nach dem Einbau der neuen Hardware nichts oder wird diese einfach nicht erkannt? Um solche Probleme zu beheben oder ggf. sogar vorausschauend zu umgehen, empfiehlt sich die folgende Strategie:

» Schauen Sie nach, ob der Hersteller eine Installationsanleitung beigelegt hat. Auch wenn es oft nur eine Seite ist, kann dies hilfreich sein. Gelegentlich findet sich die Anleitung auch als Datei (Textdatei, HTML-Dokument, PDF-Dokument) auf der CD.

» Gibt es die Anleitung, prüfen Sie auf jeden Fall, ob zuerst eine Software zu installieren ist oder ob das Gerät eingebaut und das System neu gestartet werden soll. Manche Hersteller erwarten zwingend, dass erst eine Setup-Software auszuführen ist, bevor das Gerät eingebaut werden darf. Nur dann erkennt Windows 7 die Komponente korrekt und startet den Assistenten zur Treiberinstallation.

Einige Hersteller stellen die Treiber über selbstentpackende Installationsarchive bereit. Dann ist der Hardware-Assistent zur Treiberinstallation nutzlos, da er u.U. die Treiberdateien nicht findet. In diesem Fall starten Sie das Installationsprogramm des Geräteherstellers (von der Treiber-CD oder aus dem Download-Ordner), welches Sie durch die erforderlichen Schritte zum Einrichten des Geräts führt.

Manchmal hilft es auch, den Geräte-Manager aufzurufen (»Geräte« in das Suchfeld des Startmenüs eintippen und den Befehl *Geräte-Manager* wählen). Dann können Sie in der Symbolleiste des Geräte-Managers auf die Schaltfläche *Nach geänderter Hardware suchen* klicken, um die Suche und Installation manuell anzustoßen. Zudem können Sie in das Suchfeld des Startmenüs *hdwwiz.exe* eintippen, dann die ⏎-Taste drücken und die Sicherheitsabfrage der Benutzerkontensteuerung bestätigen. Anschließend startet ein Hardware-Assistent, der Sie durch die Geräteinstallation führt (siehe auch den Abschnitt »Windows erkennt das Gerät nicht« ab Seite 304).

INFO

Das Setup-Programm meldet Fehler

Liegt nur ein älterer Installer für Windows Vista oder Windows XP vor, dessen Ausführung unter Windows 7 Probleme bereitet? Sofern sichergestellt wurde, dass das Installationspaket die für die 32-/64-Bit-Version von Windows benötigten Treiber enthält, stellen Sie sicher, dass die Installationsdateien lokal in einem Ordner der Festplatte abgelegt sind.

1. Dann wählen Sie die Setup-Datei mit einem Rechtsklick an und klicken auf den Kontextmenübefehl *Eigenschaften*.

2. Auf der Registerkarte *Kompatibilität* markieren Sie das Kontrollkästchen *Programm im Kompatibilitätsmodus ausführen für* und stellen über das zugehörige Listenfeld eine passende Betriebssystemversion (z.B. »Windows XP (Service Pack 3)«) ein.

3. Bei Bedarf können Sie auch weitere Kompatibilitätsoptionen setzen und dann die Registerkarte über die *OK*-Schaltfläche schließen.

4. Nach dem Schließen der Registerkarte klicken Sie die Setup-Datei mit der rechten Maustaste an und wählen den Kontextmenübefehl *Als Administrator ausführen*.

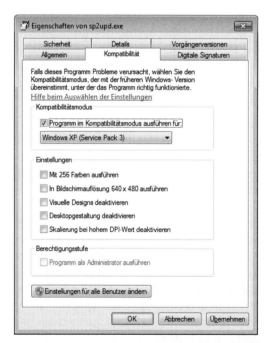

Abbildung 6.7: Einrichten des Kompatibilitätsmodus für das Setup

Diese Maßnahmen stellen sicher, dass der Installer für die Treiberinstallation zumindest unter Windows 7 mit ausreichenden Systemberechtigungen ausgeführt

Ärger mit Treibern und Gegenmaßnahmen

wird. Ob der Treiber dann installiert werden kann und später funktioniert, ist allerdings eine andere Frage.

TIPP

Ist der Gerätetreiber veraltet oder führt er zu Problemen? Microsoft bietet unter *http://support.microsoft.com/default.aspx?scid=fh;DE;Treiber* [gbeh-k6-007] per Internet eine ganze Liste von Treibern verschiedener Hersteller und für verschiedene Gerätekategorien zum Download. Zudem zeigt die Windows Update-Funktion ebenfalls an, ob aktuelle Treiber zum Download bereitstehen. Unter *http://www.treiber.de* [gbeh-k6-008] finden Sie Verweise auf die Treiberarchive verschiedener Hersteller sowie Links zu den Treiberseiten verschiedener Computerzeitschriften und sonstige Angebote. Das Programm »Unknown Device Identifier« (*http://www.zhangduo.com/udi.html* [gbeh-k6-010]) ermöglicht Ihnen, unbekannte Geräte des Geräte-Managers zu identifizieren und nach Treibern zu suchen.

Windows findet keinen Treiber

Findet Windows keinen Treiber und meldet dies (z. B. über eine QuickInfo im Infobereich der Taskleiste)? Dann müssen Sie die Treiberinstallation manuell vornehmen.

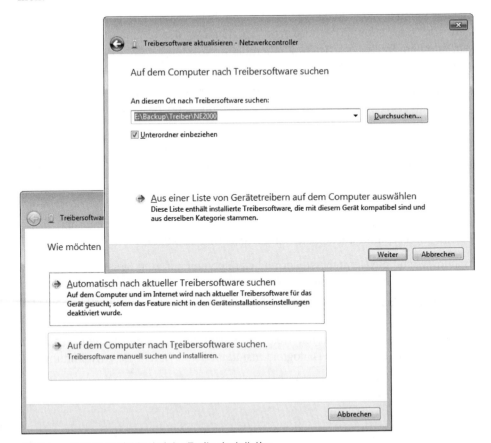

Abbildung 6.8: Dialogfelder bei der Treiberinstallation

1. Melden Sie sich möglichst unter einem Administratorkonto unter Windows 7 an, warten Sie, bis das Dialogfeld zur Treiberinstallation erscheint (Abbildung 6.8, unten), und klicken Sie auf den Befehl *Auf dem Computer nach Treibersoftware suchen*.

2. Markieren Sie im Dialogfeld aus Abbildung 6.8, oben, das Kontrollkästchen *Unterordner einbeziehen*, wählen Sie die Schaltfläche *Durchsuchen* und stellen Sie den Pfad zum Treiberordner ein.

Wenn Sie dieses Dialogfeld über die *OK*-Schaltfläche schließen und dann im Assistenten die *Weiter*-Schaltfläche anklicken, übernimmt der Assistent die Suche nach dem richtigen Treiber. Wird ein passender Treiber gefunden, können Sie diesen vom Assistenten installieren lassen.

Windows erkennt das Gerät nicht oder nicht richtig

Findet Windows keine neuen Geräte, oder funktioniert das Gerät nach der Treiberinstallation nicht richtig? In vielen Fällen ist es so, dass vor dem Einbau des Geräts eine Installationssoftware auszuführen ist. Diese konfiguriert Windows so, dass nach dem Einbau der Hardware diese auch erkannt wird.

Hat der Hersteller kein Installationsprogramm beigelegt, mit dem der Treiber installiert wird, oder erkennt der Assistent von Windows das falsche Gerät bzw. richtet den falschen Treiber ein? Dann können Sie in Windows 7 die Installation mit folgenden Schritten probieren.

1. Geben Sie in das Suchfeld des Startmenüs »hdwwiz« ein und klicken Sie auf den angezeigten Befehl *hdwwiz.exe*. Anschließend bestätigen Sie die Sicherheitsabfrage der Benutzerkontensteuerung.

2. Sobald der Hardware-Installationsassistent startet, klicken Sie auf die *Weiter*-Schaltfläche des Dialogfelds. Markieren Sie im zweiten Dialogfeld das Optionsfeld *Hardware manuell aus einer Liste wählen und installieren* und klicken Sie erneut auf die *Weiter*-Schaltfläche.

3. Wählen Sie im dann angezeigten Dialogfeld (Abbildung 6.9, oben links) den Hardwaretyp und klicken Sie auf die Schaltfläche *Weiter*.

Windows listet die Gerätehersteller und Gerätetypen auf, und Sie können dann den Hersteller und den Gerätetyp auswählen. Ist das Gerät nicht vorhanden, hilft es gelegentlich, einen ähnlichen Gerätetyp zu wählen. Wenn Sie auf *Weiter* klicken, informiert Windows Sie, ob sich der Treiber installieren lässt.

4. Besitzen Sie ein Medium mit Treibern, wählen Sie die Schaltfläche *Datenträger*. Der Assistent öffnet das Dialogfeld *Installation von Datenträger* (Abbildung 6.9, unten links).

Ärger mit Treibern und Gegenmaßnahmen

5. Wählen Sie die Schaltfläche *Durchsuchen*, navigieren Sie im Dialogfeld *Datei suchen* (Abbildung 6.9, unten rechts) zum Treiberordner und wählen Sie die *.inf*-Datei des Treibers an. Dann klicken Sie im Dialog auf die *Öffnen*-Schaltfläche.

6. Sobald das Gerät im Dialogfeld (Abbildung 6.9, oben rechts) angezeigt wird, markieren Sie dieses und verwenden die *Weiter*-Schaltfläche, um zu den Folgeschritten zu gehen.

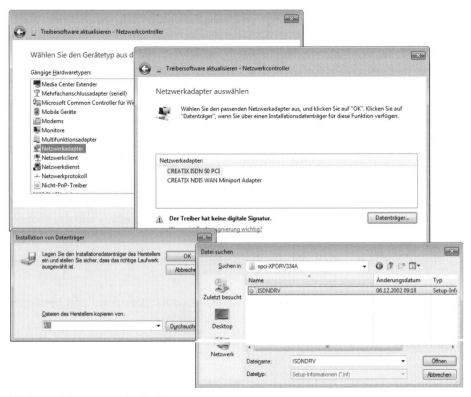

Abbildung 6.9: Auswahl des Gerätetyps

Liegen unsignierte Treiber vor, erhalten Sie die bereits erwähnte Warnung. Kann Windows den Treiber installieren, starten Sie das System neu und prüfen anschließend, ob das Gerät funktioniert.

Weiterhin besteht die Möglichkeit, im Menü *Aktion* des Geräte-Managers den Befehl *Nach Legacy Hardware hinzufügen* zu wählen (Sie müssen dazu unter einem Administratorkonto angemeldet sein). Dann startet ebenfalls der Assistent zur Hardwareinstallation.

INFO

TIPP   Wird die Treiberinstallation durch Windows verweigert? Dann sollten Sie zuerst sicherstellen, dass der Treiber wirklich zu Windows 7 passt (oder zumindest für Windows XP bzw. Windows Vista vorgesehen ist). Oft legen die Hersteller Treiber für mehrere Betriebssystemversionen auf einer CD/DVD bei. Sie müssen dann den richtigen Ordner mit der passenden Treiberversion zur Installation wählen. Manchmal können auch fehlerhafte Registrierungseinträge oder Treiberleichen älterer Versionen die Ursache für den Installationskonflikt sein. Bei manchen Geräten haben die Hersteller geschlampt und die Deinstallationsroutinen unsauber gestaltet. Dies führt dann dazu, dass das Gerät sich nur einmal installieren lässt. Ich habe bereits mehrere Fälle erlebt, in denen sich der Treiber bei der Erstinstallation problemlos einrichten ließ, aber bei einer Zweitinstallation den Dienst versagte. Dann empfiehlt es sich, auf den Internetseiten der Gerätehersteller oder der Treiber-CD nachzusehen, ob eventuell sogenannte Clean Tools zur Treiberdeinstallation angeboten werden. Manchmal hilft es auch weiter, in eine Suchmaschine den Gerätenamen sowie die Stichworte »Treiberinstallation Probleme« einzutippen. Häufig werden dann Webseiten mit Foreneinträgen gefunden, in denen die Probleme beschrieben und unter Umständen Lösungen angeboten werden.

6.2.2 Hilfe, mein Treiber spinnt

Hat es mit der Installation nicht so ganz geklappt, und funktioniert das Gerät mit dem benutzten Treiber nicht? Kommt es zu Abstürzen, oder funktioniert das betreffende Gerät nicht so, wie es soll? Der Geräte-Manager ist so etwas wie das Diagnosezentrum von Windows.

1. Tippen Sie in das Suchfeld des Startmenüs »Geräte« ein und wählen Sie den angezeigten Befehl *Geräte-Manager*.

2. Rufen Sie das Programm aus einem Standardbenutzerkonto auf und bestätigen Sie die *OK*-Schaltfläche des angezeigten Dialogfelds.

3. Im Fenster des Geräte-Managers können Sie auf die Gerätekategorien doppelklicken, um die Geräteliste ein-/auszublenden.

Bei Störungen werden die betreffenden Zweige automatisch eingeblendet. So erhalten Sie sehr schnell einen Überblick, welche Geräte Probleme bereiten, und können diese, falls erforderlich, umkonfigurieren bzw. deaktivieren (Abbildung 6.10, links). Treten bei einem Gerät Probleme auf, expandiert der Geräte-Manager den betreffenden Zweig automatisch und blendet ein zusätzliches Symbol ein.

» Ein gelbes Dreieck mit einem Ausrufezeichen im Gerätesymbol (in Abbildung 6.10, links, beim Netzwerkcontroller) signalisiert Probleme mit dem Treiber.

» Ein nach unten weisender Pfeil im Gerätesymbol steht für deaktivierte Geräte, die dann auch nicht funktionieren können. Diese Geräte sind im Computer vorhanden und belegen ggf. Ressourcen. Lediglich der Treiber wird dann nicht geladen.

Ärger mit Treibern und Gegenmaßnahmen

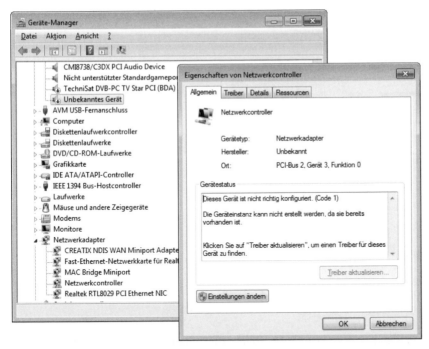

Abbildung 6.10: Anzeige von Geräteproblemen im Geräte-Manager

Wird ein Problem bei einem Gerät angezeigt, können Sie den Eintrag per Doppelklick anwählen. Dann erscheint ein Eigenschaftenfenster, auf dessen Registerkarte *Allgemein* meist die Fehlercodes und Erläuterungen mit Hinweisen auf das Problem angezeigt werden (Abbildung 6.10, rechts). Informationen zu den einzelnen Fehlercodes finden Sie auf der Microsoft-Internetseite *http://support.microsoft.com/?scid=kb;de-de;125174* [gbeh-k6-016].

Wird die Schaltfläche *Einstellungen ändern* angezeigt, haben Sie den Geräte-Manager unter einem Standardkonto aufgerufen. Dann ist diese Schaltfläche anzuklicken und die Sicherheitsabfrage der Benutzerkontensteuerung zu bestätigen. Erst danach erhalten Sie die Möglichkeit, Treiber zu deaktivieren oder zu aktualisieren. Um ein Gerät zu aktivieren bzw. zu deaktivieren, klicken Sie auf der Registerkarte *Treiber* auf die Schaltfläche *Aktivieren* bzw. *Deaktivieren* (Abbildung 6.11, Seite 308).

INFO

Treiber aktualisieren, entfernen, zurücksetzen

Möchten oder müssen Sie den Treiber des Geräts entfernen? Soll ein Treiber aktualisiert werden, oder möchten Sie die vorherige Treiberversion zurückholen? Rufen Sie dazu den Geräte-Manager gemäß den Anleitungen im vorherigen Abschnitt auf und wählen Sie den Geräteeintrag per Doppelklick an. Anschließend können Sie auf der Registerkarte *Treiber* (Abbildung 6.11, Hintergrund) das Notwendige veranlassen:

Kapitel 6 • Ärger bei Installation und Aktualisierung

Abbildung 6.11: Registerkarte *Treiber*

» Wählen Sie auf der Registerkarte *Treiber* die Schaltfläche *Deinstallieren*, um den Treiber komplett zu entfernen. Taucht das Dialogfeld aus Abbildung 6.11, rechts, auf, lassen sich über das Kontrollkästchen *Die Treibersoftware für dieses Gerät löschen* die kompletten Treiberdateien entfernen. Diese Option steht aber für die Built-in-Treiber, die mit Windows 7 geliefert werden, nicht zur Verfügung.

» Ist etwas bei der Installation des neuen Gerätetreibers schiefgelaufen? Funktioniert das Gerät mit dem neuen Treiber nicht mehr, oder kommt es gar zu Systemabstürzen? Wählen Sie auf der Registerkarte *Treiber* die Schaltfläche *Vorherige Treiber*. Windows wird dann den neu installierten Treiber gegen die gesicherte vorherige Fassung austauschen.

» Ist der installierte Treiber fehlerhaft oder weist er Funktionsmängel auf? Dann hilft vielleicht eine Aktualisierung auf die neueste Version. Wählen Sie auf der Registerkarte *Treiber* die Schaltfläche *Treiber aktualisieren* (Abbildung 6.11). Dann startet der Assistent zur Treiberinstallation (siehe Abbildung 6.8, Seite 303) und Sie können den Treiber neu installieren.

Schließen Sie das Dialogfeld mit den Registerkarten über die *OK*-Schaltfläche. Anschließend empfiehlt es sich, einen Systemneustart auszuführen. Danach sollten Sie die Gerätefunktionen testen, um eventuelle Probleme möglichst schnell aufzudecken.

Ärger mit Treibern und Gegenmaßnahmen

TIPP Ist eine Treiberinstallation fehlgeschlagen, gibt es auch die Möglichkeit, das System über die Systemwiederherstellung auf einen früheren Zeitpunkt zurückzusetzen. Falls Windows nach der Treiberinstallation nicht mehr startet, können Sie im Menü zum Aufrufen des abgesicherten Modus die Option zur Wiederherstellung der letzten funktionierenden Konfiguration erzwingen (siehe Kapitel 1 und Kapitel 3).

6.2.3 Inaktive Treiber im Geräte-Manager einblenden

Der Geräte-Manager zeigt standardmäßig nur die aktuell vorhandenen Geräte an. Möchten Sie sehen, was alles so im System steckt, oder müssen Sie Treiberleichen bereits ausgebauter Geräte entfernen? Wählen Sie im Menü *Ansicht* des Geräte-Manager-Fensters den Befehl *Ausgeblendete Geräte anzeigen*.

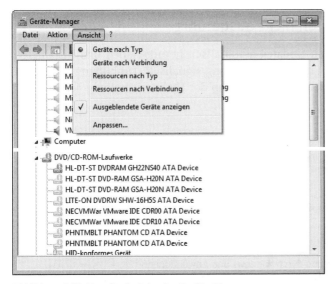

Abbildung 6.12: Erweiterte Infos im Geräte-Manager

Dann zeigt der Geräte-Manager eine Reihe abgeblendeter Einträge (Abbildung 6.12), und Sie können diese per Doppelklick anwählen. Im Eigenschaftenfenster lassen sich Treiberleichen deinstallieren oder deaktivieren.

TIPP Um in Windows 7 nicht mehr vorhandene (Phantom-)Geräte einzublenden, müssen Sie die Umgebungsvariable *devmgr_show_nonpresent_devices=1* setzen und dann die Anzeige ausgeblendeter Geräte aktivieren. Die Details habe ich unter *http://www.borncity.com/blog/2010/12/10/ausgeblendete-gerte-im-gerte-manager/* [gbeh-k6-017] beschrieben.

Treten bei Ihrem System Interrupt- und Ressourcenkonflikte auf? Sie können die Belegung der Interrupts im Geräte-Manager kontrollieren, indem Sie im Menü *Ansicht* den Befehl *Ressourcen nach Verbindung* wählen. Im Zweig *Interruptanforderung (IRQ)* sehen Sie, welche Interrupts mit welchen Geräten belegt sind. Belegen zwei Geräte den gleichen Interrupt, und kommt es zu Problemen? Manchmal hilft es, wenn Sie die PCI-Steckkarten auf andere PCI-Steckplätze umstecken.

6.3 Probleme mit dem Windows Update

Microsoft bietet über Windows Update Sicherheitsaktualisierungen und Patches für das Betriebssystem und viele Microsoft-Anwendungen an. Nachfolgend wird skizziert, was bei Problemen mit der Update-Funktion unternommen werden kann.

6.3.1 Updates werden nicht ausgeführt

Windows 7 sollte eigentlich Updates automatisch herunterladen und installieren. Dies wird auch über eine Erinnerungsmeldung signalisiert (Abbildung 6.13). Falls keine Updates installiert werden, kann dies an der Updateeinstellung liegen.

Abbildung 6.13: Updateerinnerung durch Windows und Anwendungen

1. Geben Sie in das Suchfeld des Startmenüs »Update« ein und wählen Sie den Befehl *Windows Update*.

2. Dann lässt sich in der Aufgabenleiste des Fensters *Windows Update* der Befehl *Einstellungen ändern* wählen (Abbildung 6.14, Hintergrund).

3. Passen Sie anschließend auf der Seite *Einstellungen ändern* (Abbildung 6.14, Vordergrund) die Optionen für den gewünschten Updatemodus an, klicken Sie auf die *OK*-Schaltfläche und bestätigen Sie die Sicherheitsabfrage der Benutzerkontensteuerung.

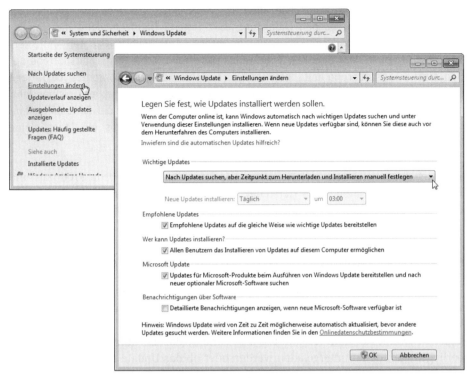

Abbildung 6.14: Optionen für das automatische Update

Standardmäßig sollte der Eintrag des Listenfelds *Wichtige Updates* auf »Updates automatisch installieren (empfohlen)« gesetzt sein. Sofern Sie mehr Kontrolle über den Updatevorgang haben möchten, wählen Sie den Eintrag »Nach Updates suchen, aber Zeitpunkt zum Herunterladen und Installieren manuell festlegen«. Sie können dann wie gewohnt mit Windows arbeiten. Während einer bestehenden Internetverbindung fragt der Windows Update-Dienst einfach kurz beim Microsoft Update-Server nach, ob Aktualisierungen vorhanden sind. Die übertragene Datenmenge ist nur gering und beeinträchtigt auch eine langsame Internetverbindung nicht merklich. Werden Updates gefunden, informiert Windows den Benutzer in einer QuickInfo (Abbildung 6.13, unten). Dann genügt ein Mausklick auf das angezeigte Symbol, um zum Fenster *Windows Update* zu gelangen, in dem Sie dann die Updates auswählen, herunterladen und installieren können (siehe folgende Abschnitte).

Weiterhin lässt sich über die Kontrollkästchen *Empfohlene Updates auf die gleiche Weise wie wichtige Updates bereitstellen* und *Updates für Microsoft-Produkte beim Ausführen von Windows Update bereitstellen* ... steuern, ob auch für Windows empfohlene Updates sowie Aktualisierungen für andere Microsoft-Produkte mit installiert werden dürfen.

Kapitel 6 • Ärger bei Installation und Aktualisierung

STOPP Markieren Sie das Kontrollkästchen *Allen Benutzern das Installieren von Updates auf diesem Computer ermöglichen* (Abbildung 6.14, unten). Dann erscheint die Updatebenachrichtigung auch, wenn sich Benutzer unter Standardbenutzerkonten anmelden. Beachten Sie aber, dass Benutzer von Standardkonten u.U. die Sicherheitsabfrage der Benutzerkontensteuerung mit dem Kennwort eines Administratorkontos bestätigen müssen. Werden Updates (z.B. in Windows 7 Professional/Ultimate) über Gruppenrichtlinien verwaltet, sperrt Windows die Anpassungsmöglichkeiten auf der Seite *Einstellungen ändern* (Abbildung 6.14, unten) und blendet einen Hinweis ein, dass einige Einstellungen vom Administrator verwaltet werden.

Beachten Sie auch, dass sich Windows Update nur auf Microsoft-Produkte und Windows bezieht. Stellen die Hersteller anderer Produkte Aktualisierungen bereit, wird dies über eigene Mechanismen überwacht und ggf. signalisiert (Abbildung 6.13, oben).

6.3.2 Über Windows-Updates informieren lassen

Fragen Sie sich, ob Updates für Windows 7 vorliegen, die noch nicht installiert wurden? Um sich zu informieren, was alles an Updates verfügbar ist, rufen Sie Windows Update (z.B. über das Suchfeld des Startmenüs) auf. Sie werden im Dialogfeld *Windows Update* (Abbildung 6.15, unten) darüber informiert, ob Updates vorliegen, gerade heruntergeladen werden oder ob das Update abgeschlossen ist.

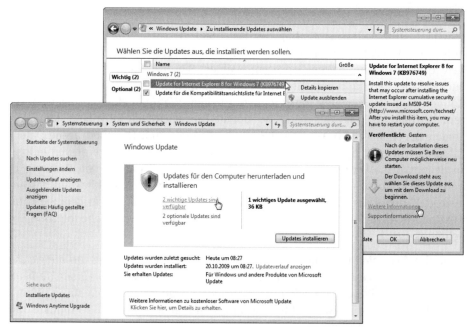

Abbildung 6.15: Updatedetails ansehen

Wenn Sie auf der angezeigten Seite auf den Hyperlink *x wichtige Updates sind verfügbar* (Abbildung 6.15, unten) klicken, lassen sich im eingeblendeten Dialogfeld mit den verfügbaren Updates (Abbildung 6.15, oben) die Kontrollkästchen der zu installierenden Pakete markieren. Die Updates werden installiert, sobald Sie im Dialogfeld (Abbildung 6.15, unten) die *Updates installieren*-Schaltfläche anwählen. Je nach Update muss die Sicherheitsabfrage der Benutzerkontensteuerung bestätigt werden.

In Abbildung 6.15, oben, erkennen Sie, dass Microsoft die anstehenden Updatepakete nach deren Wichtigkeit klassifiziert. Klicken Sie auf einen Eintrag, blendet Windows Update in der rechten Spalte (Abbildung 6.15, oben) Zusatzinformationen ein. Über Hyperlinks lassen sich dann die Internetseiten mit Details zum betreffenden Update abrufen. Ein Mausklick auf den Hyperlink *Weitere Information* zeigt die betreffende Seite in der Microsoft Knowledge Base im Browser an. Sie können sich also darüber informieren, was ein Update bewirkt (und nicht benötigte oder zu Problemen führende Aktualisierungen aussparen).

Je nach installiertem Update ist ein Neustart des Systems erforderlich, bevor alle Änderungen wirksam werden. Vergessen Sie den Neustart bzw. möchten Sie nach dem Update einfach anstehende Arbeiten fertigstellen, erinnert Windows Update Sie durch ein Dialogfeld in zyklischen Abständen an den Neustart.

> **TIPP** Klicken Sie im Dialogfeld aus Abbildung 6.15, oben, einen Eintrag mit der rechten Maustaste an, lässt sich der Kontextmenübefehl *Update ausblenden* wählen. Nach dem Bestätigen der Sicherheitsabfrage der Benutzerkontensteuerung verschwindet der Eintrag, und das Update wird nicht installiert. Möchten Sie diese Einträge zu einem späteren Zeitpunkt wieder anzeigen? Öffnen Sie das Dialogfeld *Windows Update* (Abbildung 6.15, unten) und klicken Sie in der Aufgabenleiste am linken Fensterrand auf den Hyperlink *Ausgeblendete Updates anzeigen*. Sie finden dann eine Liste vor, in der Sie ausgeblendete Updates wieder einblenden können.

6.3.3 Die Update-Funktion funktioniert nicht

Windows Update benötigt eine bestehende Internetverbindung zur Überprüfung, ob Aktualisierungen vorhanden sind. Treten Fehler beim Einspielen der Updates auf, können verschiedene Ursachen vorliegen.

» Es steht nicht genügend Speicher auf der Festplatte zur Verfügung, und Windows Update kann die betreffenden Pakete nicht mehr herunterladen bzw. zur Installation entpacken. Sorgen Sie für Abhilfe, indem Sie Speicherplatz auf der Festplatte freigeben. Sie können beispielsweise temporäre Dateien über die Datenträgerbereinigung löschen lassen oder die Größe des Papierkorbs über dessen Eigenschaftenseite reduzieren.

» Wurde die Internetverbindung während des Downloads getrennt, oder hat der Benutzer über die Schaltfläche *Update abbrechen* des Dialogfelds *Windows Update* das laufende Update abgebrochen, öffnen Sie das Fenster *Windows Update* erneut und lassen dann nach Updates suchen.

Hinweise auf Fehler liefert auch die Ereignisanzeige (in das Suchfeld des Startmenüs »Ereig« eintippen und den Befehl *Ereignisanzeige* wählen). Sofern eine Fehlermeldung angezeigt wird, können Sie die Microsoft-Supportseite im Internet (*http://support.microsoft.com/ph/6527* [gbeh-k6-011]) aufrufen und dort anhand der Fehlernummer recherchieren.

INFO Bei Problemen mit Updates empfiehlt es sich, in der Windows-Hilfe nachzuschlagen. Dort finden Sie ebenfalls Hinweise zur Lösung des Problems. Am einfachsten ist es, wenn Sie den Updateverlauf anzeigen lassen (Abbildung 6.16, oben) und dort auf den Hyperlink *Probleme bei der Updateinstallation beheben* klicken. Hinweise, was beim Updatefehler 80200053 zu tun ist, finden Sie unter *http://www.borncity.com/blog/2010/05/03/windows-update-fehler-80200053/* [gbeh-k6-012]. Von der Zeitschrift PC-Welt gibt es zudem einen Update-Fixer (*http://www.pcwelt.de/tipps/Update-Helfer-Probleme-beim-Windows-Update-beseitigen-1364806.html?r=259626061753551&lid=96017* [gbeh-k6-013]), um Probleme zu beheben. Detaillierte Informationen, was bei der Installation (oder Deinstallation) eines Updates schiefgelaufen ist, sind übrigens in der Protokolldatei *CBS.log* aufgeführt. Sie finden diese Protokolldatei im Ordner *C:\Windows\Logs\CBS*. Kopieren Sie die Datei mit Administratorberechtigung zum Desktop, lässt sie sich im Windows-Editor öffnen.

6.3.4 Ein Update bereitet Probleme, wie lösche ich es?

Gelegentlich kommt es vor, dass eingespielte Updates auf dem Rechner Probleme bereiten. Dann ist das Update manuell zu entfernen.

1. Rufen Sie die Seite *Windows Update* (z.B. über das Suchfeld des Startmenüs) auf und klicken Sie im Fenster auf den Hyperlink *Updateverlauf anzeigen* (Abbildung 6.15, unten).

2. Wählen Sie im Dialogfeld *Überprüfen Sie den Updateverlauf* (Abbildung 6.16, oben) den Hyperlink *Installierte Updates* (oder tippen Sie in das Suchfeld des Startmenüs »Up« ein und wählen Sie den Befehl *Installierte Updates anzeigen*).

3. Im Fenster *Installierte Updates* (Abbildung 6.16, unten) markieren Sie den Eintrag für das unerwünschte Update und klicken dann auf die *Deinstallieren*-Schaltfläche.

Die Deinstallation funktioniert wie bei Programmen. Sie benötigen Administratorrechte und müssen die Sicherheitsabfrage der Benutzerkontensteuerung bestätigen, um den Vorgang abzuschließen.

Probleme mit dem Windows Update

Updates werden in Windows 7 durch das eigenständige Update-Installationsprogramm *wusa.exe* installiert. Dieses kann auch zur Deinstallation von Paketen eingesetzt werden. Mit *wusa.exe /uninstall <Pfad>* deinstallieren Sie das in *<Pfad>* angegebene Updatepaket. Der Befehl *wusa.exe /uninstall /kb:<KB Nummer>* ermöglicht dagegen, ein Update mit der angegebenen *kb*-Nummer zu deinstallieren. Das Update-Installationsprogramm unterstützt zudem einige Optionen (*/log*, */extract* etc.), mit denen sich der Updatevorgang protokollieren oder ein *.msu*-Updatepaket entpacken lässt. Die Details sind auf der Webseite *http://technet.microsoft.com/de-de/library/dd871148(WS.10).aspx* [gbeh-k6-014] zu finden. Unter *http://www.winvistaside.de/forum/index.php?showtopic=3335* [gbeh-k6-015] gibt es Hinweise, wie sich ein installiertes Service Pack 1 unter Windows 7 ggf. wieder entfernen lässt.

INFO

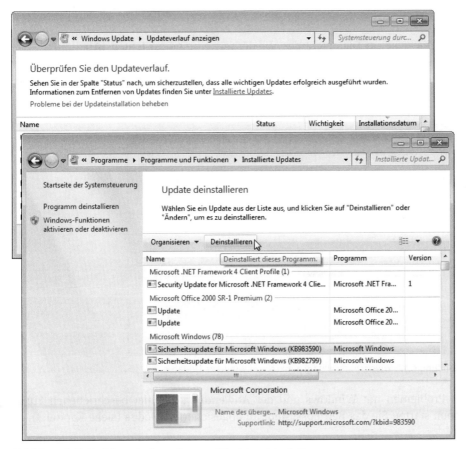

Abbildung 6.16: Updateverlauf anzeigen und Updates deinstallieren

Deinstallation klappt nicht

Die Deinstallation klappt aber nicht bei allen Updates. Hat das Update wichtige Systemdateien ersetzt, wird das betreffende Paket nicht in der Liste *Updates deinstallieren* (Abbildung 6.16, unten) aufgeführt. Glücklicherweise legen die Updates vor der Installation einen Systemprüfpunkt an. Kommt es nach einem Update zu Problemen und reagiert das System anschließend nicht mehr oder zeigt Fehlermeldungen an, gehen Sie so vor:

1. Rufen Sie die Systemwiederherstellung (z.B. über den Startmenüeintrag *Alle Programme/Zubehör/Systemprogramme/Systemwiederherstellung*) auf und bestätigen Sie die Sicherheitsabfrage der Benutzerkontensteuerung.

2. Durchlaufen Sie die Dialogfelder der Systemwiederherstellung, indem Sie auf die *Weiter*-Schaltfläche klicken.

3. Wählen Sie im Dialogfeld des Wiederherstellungsassistenten (Abbildung 6.17) den gewünschten Wiederherstellungspunkt aus und setzen Sie das System über die *Weiter*-Schaltfläche auf den Zustand vor der Installation des Updates zurück.

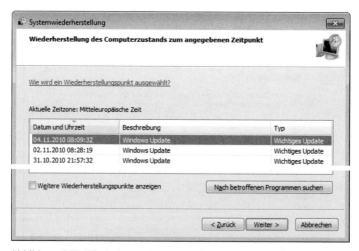

Abbildung 6.17: Wiederherstellungspunkte von Windows-Updates

Bei Problemen mit Windows und der Anwendung der hier beschriebenen Funktionen starten Sie das Betriebssystem im abgesicherten Modus (siehe Kapitel 3).

Kapitel 7
Konflikte mit Internet und Netzwerk

In diesem Kapitel werden Probleme mit dem Netzwerkzugang und der Internetverbindung von Windows behandelt.

7.1 Wenn's mit dem Netzwerk nicht klappt

Haben Sie Probleme mit einem Windows-Netzwerk? Die folgenden Abschnitte gehen auf verschiedene Probleme und Methoden zur Fehlerdiagnose ein.

7.1.1 Keine Verbindung im Netzwerk möglich

Haben Sie einige Rechner zu einem kabelgebundenen Netzwerk zusammengeschaltet? Treten Fehler in diesem Netzwerk auf, sodass Sie nicht auf freigegebene Ordner und Geräte der anderen Netzwerkstationen zugreifen können? Nachfolgend finden Sie einige Hinweise zur Fehlerdiagnose.

Ist die Verkabelung in Ordnung?

Haben Sie das Netzwerk über Kabelverbindungen realisiert, kann ein defektes oder loses Netzwerkkabel die Fehlerursache darstellen. Wurde der Rechner an einen anderen Ort gebracht, kann z.B. ein falsch aufgestecktes Netzwerkkabel die Ursache für die Verbindungsprobleme sein.

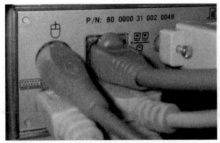 

Abbildung 7.1: Twisted-Pair-Netzwerkverkabelung mit Cat.5-Kabeln

» Prüfen Sie bei einer Twisted-Pair-Verkabelung mittels Cat.5-Kabeln, ob die Stecker richtig in der betreffenden RJ-45-Netzwerkbuchse der Netzwerkkarte (Abbildung 7.1, links) bzw. der Anschlussdose (Abbildung 7.1, rechts) eingeklinkt sind. Da ISDN-Karten ebenfalls RJ-45-Buchsen aufweisen, kann es zu

Verwechslungen kommen. Zudem rasten die ummantelten RJ-45-Stecker der Cat.5-Kabel sehr schlecht in die RJ-45-Buchse ein, und es kommt in der Folge leicht zu Wackelkontakten. Prüfen Sie, ob alle Kabel in Ordnung und mit den jeweiligen Netzwerkanschlüssen verbunden sind. Sind die Kabel fest verlegt, achten Sie darauf, dass die Biegeradien in den Ecken nicht zu gering ausgeführt wurden, da sonst Kabelbrüche und Kurzschlüsse auftreten können.

» Um zu prüfen, ob das Netzwerkkabel korrekt an der Netzwerkbuchse des Computers angeschlossen ist, geben Sie in das Suchfeld des Startmenüs »Frei« ein und wählen Sie den Befehl *Netzwerk- und Freigabecenter*. Anschließend klicken Sie im *Netzwerk- und Freigabecenter* auf den Befehl *Adaptereinstellungen ändern* (Abbildung 7.2, Hintergrund), um die in Abbildung 7.2, Vordergrund, gezeigte Adapterliste samt Status abzurufen.

Abbildung 7.2: Fehlermeldung in Windows 7 bei Kabelproblemen

» Bei einer Twisted-Pair-Verkabelung mit Cat.5-Kabeln gibt es einige zusätzliche Fehlerquellen. Werden zwei Rechner direkt mit einem Cat.5-Kabel zu einem Netzwerk verschaltet, ist u. U. ein spezielles Crossover-Kabel erforderlich (nur moderne Netzwerkkarten unterstützen die für 1:1-Netzwerkkabel benötigte Auto-MDIX-Technik).

» Zur Vernetzung mehrerer Rechner kommen Hubs, Switches oder Router zum Einsatz. Prüfen Sie dann, ob diese Geräte mit Strom versorgt und dass die Netzwerkkabel mit den richtigen Buchsen verbunden sind. Bei manchen Hubs, Switches, Routern oder Netzwerkkarten zeigen LEDs an, ob diese in Betrieb sind, und grüne LEDs signalisieren eintreffende Datenpakete. Manche dieser Geräte weisen auch LEDs mit der Bezeichnung »Collision« auf. Leuchtet diese (meist gelbe) Anzeige permanent, deutet dies auf eine defekte Netzwerkkarte hin. Der gemischte Betrieb von Netzwerkkomponenten mit unterschiedlichen Geschwindigkeiten (10, 100 oder 1000 Mbit/Sekunde) ist nur an einem Switch oder einem Hub möglich.

Wenn Sie ein Netzwerk einrichten und es zu keiner Verbindung kommt, können Sie mit einfachen Tests herausfinden, ob es an der Verkabelung oder an einer fehlerhaften Netzwerkkonfigurierung von Windows liegt. Prüfen Sie zuerst, ob eine LED an der Netzwerkkarte eintreffende Datenpakete signalisiert. Lässt sich keine Netzwerkverbindung aufbauen, testen Sie die anderen LAN-Anschlüsse des Switch/Routers oder vernetzen Sie zwei Rechner direkt über deren RJ-45-LAN-Anschlüsse. Funktioniert dann die Netzwerkverbindung, liegt ein Verkabelungsproblem oder ein Defekt am Switch/Router vor. Andernfalls müssen Sie die folgenden Abschnitte zur weiteren Fehlerdiagnose durchgehen.

Bei 1-Gigabit-Netzwerken empfiehlt es sich, Cat.6-Netzwerkkabel zu verwenden, da Cat.5-Netzwerkkabel normalerweise nicht die erforderliche Qualität zur störungsfreien Datenübertragung aufweisen.

INFO

Ist die Netzwerkkarte fehlerhaft oder falsch konfiguriert?

Eine zweite Fehlerquelle stellen auch defekte oder fehlerhaft konfigurierte Netzwerkkarten (bzw. Onboard-Netzwerkfunktionen) dar. In meiner mehrjährigen Praxis trat dieser Fehler durchaus häufiger auf.

1. Rufen Sie den Geräte-Manager auf (z.B. »Gerät« in das Suchfeld des Startmenüs eintippen und den Befehl *Geräte-Manager* anklicken).

2. Prüfen Sie, ob die Netzwerkkarte in der Geräteliste auftaucht und ob diese korrekt erkannt wird (Abbildung 7.3, Hintergrund).

In der Regel wird Windows eine ganze Reihe von Einträgen im Zweig *Netzwerkadapter* auflisten. Relevant sind die Geräte, die den Begriff »Ethernet« im Namen aufweisen. Durch einen Doppelklick auf ein Gerätesymbol können Sie dessen Eigenschaftenseite aufrufen, um auf der Registerkarte *Allgemein* ggf. Details zu Fehlern herauszufinden. Über die Registerkarte *Treiber* lässt sich der Treiber der Netzwerkkarte aktualisieren oder nach der Installation eines neuen Treibers auf den alten Stand zurücksetzen (siehe auch Kapitel 6).

Moderne Notebooks und Rechner sind bereits werksseitig mit einer LAN-Schnittstelle ausgestattet. Fehlt ein LAN-Anschluss, kann dieser über eine PCMCIA- oder eine Mini-PC-Netzwerkkarte nachgerüstet werden. In beiden Fällen sollten Sie darauf achten, dass der Netzwerkkarte Treiber für die verwendete Windows-Version beiliegen. Speziell bei Windows 7 kann ein fehlerhafter Treiber die Ursache für eine langsame oder instabile Netzwerkverbindung sein.

TIPP

Kapitel 7 • Konflikte mit Internet und Netzwerk

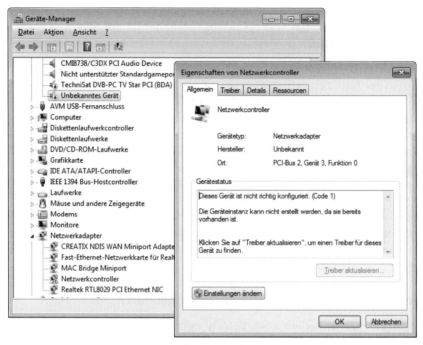

Abbildung 7.3: Netzwerkadapter im Geräte-Manager

7.1.2 Netzwerksymbol zeigt Kreuz oder gelbes Dreieck

Erscheint das Netzwerksymbol im Infobereich der Taskleiste mit einem weißen X auf rotem Kreis (Abbildung 7.4, unten)? Dies signalisiert eine Störung des Netzwerkanschlusses. Stellen Sie aber verwundert fest, dass das Netzwerk trotzdem funktioniert? Windows 7 wertet den Fehlerstatus aller Netzwerkadapter (z.B. LAN, WLAN, UTMS, Modem) aus. Ist nur ein Adapter gestört, wird das Fehlersymbol eingeblendet, während der Netzwerkverkehr oder die Internetverbindung über einen anderen Adapter abgewickelt wird.

Abbildung 7.4: Netzwerkstatus im Infobereich der Taskleiste

Ursache dieses Fehlers ist meistens ein fehlerhafter Netzwerktreiber (siehe *http://www.borncity.com/blog/2010/02/17/netzwerksymbol-zeigt-strung-roter-kreis-mit-x/* [gbeh-k7-001]). Sie können versuchsweise alle Treiber für die Netzwerkadapter deinstallieren und hoffen, dass der Fehler verschwindet. Ich hatte aber bereits Fälle, wo das Deinstallieren nicht half und ich den Zustand vor der Installation des fehlerhaften Treibers per Systemwiederherstellung restaurieren musste.

Blendet Windows 7 dagegen ein gelbes Dreieck mit Ausrufezeichen im Netzwerksymbol der Taskleiste ein, existiert keine Internetverbindung (Abbildung 7.4, oben). Zeigen Sie per Maus auf das Netzwerksymbol, wird in einer QuickInfo ein nicht identifiziertes Netzwerk gemeldet. In diesem Fall sperrt die Windows-Firewall den Zugriff auf das Netzwerk bzw. das Internet. Ursache sind entweder fehlerhafte Netzwerktreiber oder nicht zu Windows 7 kompatible DSL-Router. Unter *http://www.borncity.com/blog/2010/03/05/nicht-identifiziertes-netzwerk/* [gbeh-k7-002] werden verschiedene Fehlerursachen samt Lösungsvorschlägen beschrieben.

7.1.3 Die Netzwerkkonfiguration überprüfen und reparieren

Treten Netzwerkprobleme in Windows 7 auf, die Sie nicht mit den auf den vorherigen Seiten beschriebenen Ansätzen beheben können? Rufen Sie das Netzwerk- und Freigabecenter auf (tippen Sie »Freigabe« in das Suchfeld des Startmenüs ein und wählen Sie den eingeblendeten Befehl *Netzwerk- und Freigabecenter*). Das Netzwerk- und Freigabecenter zeigt Ihnen im oberen Teil sofort den Status des Netzwerks und der Internetverbindung. In Abbildung 7.5, Hintergrund, lässt sich zum Beispiel erkennen, dass sowohl die Verbindung zum Netzwerk als auch zum Internet gestört ist. Im Vordergrund ist nur die Internetverbindung gestört und neben einem Netzwerk mit dem Namen »Orion« ist ein nicht identifiziertes Netzwerk vorhanden.

» Funktionierte das Netzwerk schon einmal vor dem Auftreten der Störung, und haben Sie überprüft, ob die Hardware funktioniert (siehe vorhergehende Seiten)? Dann können Sie auf das gelbe Dreieck mit dem Ausrufezeichen oder auf das rote Kreuz doppelklicken. Dann startet die Netzwerkdiagnose, die eine Reparatur der Verbindung versucht. Der Reparaturassistent kann zum Beispiel gestörte Netzwerkadapter zurücksetzen oder IP-Adressen für den Adapter erneut vom DHCP-Server anfordern und so die Verbindung reparieren. Die Reparaturfunktion können Sie übrigens auch über den Kontextmenübefehl *Problembehandlung* des Netzwerksymbols aufrufen, welches im Infobereich der Taskleiste angezeigt wird. Zudem finden Sie im unteren Teil des *Netzwerk- und Freigabecenters* den Befehl *Probleme beheben*, mit dem sich der Reparaturassistent aufrufen lässt.

» Weist das angezeigte Netzwerkdiagramm eine Unterbrechung der Internetverbindung auf und erscheint ein Eintrag »Nicht identifiziertes Netzwerk« (Abbildung 7.5, Vordergrund)? Wenn die Netzwerkkarte und -verkabelung in Ordnung sind und einwandfrei funktionieren (siehe vorherige Seiten), prüfen Sie, ob eventuell mehrere Netzwerkadapter vorhanden sind und zu einer Netzwerkbrücke hinzuzufügen sind (siehe Abschnitt »Problemstelle Netzwerkbrücke«, Seite 331).

Kapitel 7 • Konflikte mit Internet und Netzwerk

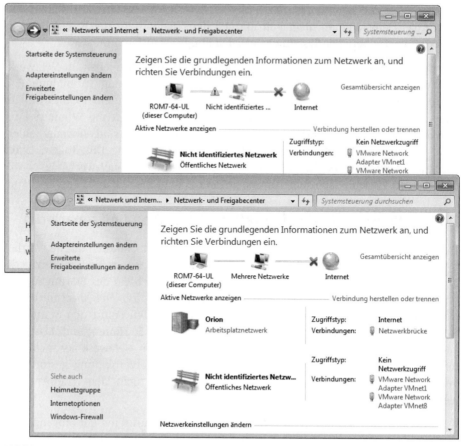

Abbildung 7.5: Netzwerkstatus in Windows prüfen

» Wird im Netzwerk- und Freigabecenter der Netzwerkstatus als »Öffentliches Netzwerk« angezeigt (Abbildung 7.6, Hintergrund)? Der Netzwerkstandort »Öffentliches Netzwerk« ist erforderlich, wenn Sie über eine WLAN-Strecke auf einen Hotspot (öffentliches Netzwerk) zugreifen. Windows schaltet aus Sicherheitsgründen dann aber die Erkennung der Geräte im Netzwerk (über die Firewall) ab. Sie bekommen eventuell keinen Zugriff auf das Heimnetzwerk bzw. dessen Freigaben. Klicken Sie auf den Hyperlink *Öffentliches Netzwerk* (Abbildung 7.6, Hintergrund). Im Dialogfeld *Netzwerkadresse festlegen* (Abbildung 7.6, Vordergrund) klicken Sie auf den Eintrag *Arbeitsplatznetzwerk* (oder auf *Heimnetzwerk*, wenn Sie eine Heimnetzgruppe verwenden möchten). Bestätigen Sie die Sicherheitsabfrage der Benutzerkontensteuerung. Danach können Sie das Dialogfeld über die *Schließen*-Schaltfläche verlassen.

Wenn's mit dem Netzwerk nicht klappt

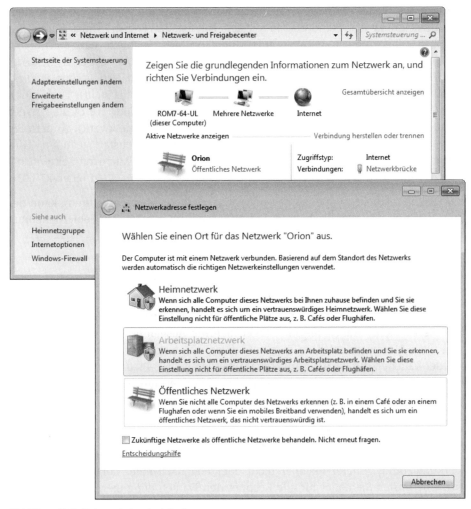

Abbildung 7.6: Netzwerkstandort ändern

Gelegentlich stellen Benutzer fest, dass sich der Netzwerkstandort nicht ändern lässt. STOPP
Die Anpassung des Netzwerknamens und des Standorts ist nur bei verwalteten Netzwerken möglich. Wird das Netzwerk als »Nicht identifiziert« ausgewiesen, lässt sich zwar dessen Symbol anwählen. Der Netzwerkname ist aber im angezeigten Dialogfeld nicht änderbar, und der Standort wird als öffentlich ausgewiesen. Versuchen Sie, die Problemursache für das nicht identifizierte Netzwerk zu beseitigen (siehe den Abschnitt »Netzwerksymbol zeigt Kreuz oder gelbes Dreieck« ab Seite 320).

Manche Benutzer berichten auch, dass die Änderung des Netzwerkstandorts gesperrt wird, wenn einmalig das Kontrollkästchen *Zukünftige Netzwerke als öffentliche Netzwerke behandeln. Nicht erneut nachfragen.* markiert wurde. Standardmäßig können Sie das Dialogfeld *Netzwerkadresse festlegen* (Abbildung 7.6, Vordergrund) erneut aufrufen und die Markierung des Kontrollkästchens löschen.

Gelegentlich blendet Windows 7 aber das Kontrollkästchen aus und blockiert auch das Umschalten des Standorts. In diesem Fall ist der Registrierungs-Editor mit administrativen Berechtigungen aufzurufen (in das Suchfeld des Startmenüs *regedit* [Strg] + [⇧] + [↵] eingeben). Navigieren Sie zum Schlüssel *HKEY_LOCAL_MACHINE\SOFTWARE\Microsoft\Windows NT\CurrentVersion\NetworkList\Profiles\ <Profil>* (wobei *< Profil >* für den Class-ID-Code eines Profils steht). Der Eintrag *ProfileName* gibt den Netzwerknamen an, während im DWORD-Wert *Category* der Standort steht (0 = Öffentlich, 1 = Arbeitsplatz oder Heimnetzwerk). Ändern Sie diesen Wert, wird der Netzwerkstandort beim nächsten Neustart geändert. Hinweise zu den Netzwerkstandorten etc. finden sich auf der Microsoft-Seite http://windows.microsoft.com/de-DE/windows7/Choosing-a-network-location [gbeh-k7-003].

Bei falschen Arbeitsgruppennamen oder abgeschalteter Geräteerkennung kann der Zugriff auf das Netzwerk scheitern oder sehr langsam werden. Zur Fehlerbehebung gehen Sie wie in den folgenden Abschnitten beschrieben vor.

7.1.4 Die Netzwerkrechner werden nicht gefunden

Haben Sie ein Netzwerk eingerichtet, Windows findet aber bei Anwahl des Symbols *Netzwerk* im Navigationsbereich des Ordnerfensters einzelne Rechner des Netzwerks nicht? Haben Sie die obigen Schritte ausgeführt und sind Sie sicher, dass kein Hardwarefehler vorliegt und dass das Netzwerk korrekt eingerichtet wurde? Tauchen die Rechner auf, sobald Sie deren UNC-Pfad in der Art *Rechnername* eingeben? Dann ist der betreffende Rechner vermutlich Mitglied einer anderen Arbeitsgruppe.

Arbeitsgruppe zuordnen

Ist der Rechner einer falschen Arbeitsgruppe zugeordnet, taucht dieser in der Netzwerkumgebung anderer Rechner nicht oder erst nach einer langen Verzögerung auf. Überprüfen Sie daher für alle Rechner den Namen der zugewiesenen Arbeitsgruppe.

1. In Windows 7 klicken Sie das Symbol *Computer* (z. B. im Startmenü) mit der rechten Maustaste an und wählen den Kontextmenübefehl *Eigenschaften*.

2. Auf der Eigenschaftenseite des Systems wählen Sie in der Aufgabenleiste den Befehl *Erweiterte Systemeinstellungen* und bestätigen die Sicherheitsabfrage der Benutzerkontensteuerung.

3. Wechseln Sie im Eigenschaftenfenster *Systemeigenschaften* zur Registerkarte *Computername* (Abbildung 7.7, links) und klicken Sie auf die Schaltfläche *Ändern*.

4. Passen Sie im Dialogfeld aus Abbildung 7.7, rechts, ggf. den Computernamen an, markieren Sie ggf. das Optionsfeld *Arbeitsgruppe* und tragen Sie den Arbeitsgruppennamen ein.

Der Name der Arbeitsgruppe muss für alle Rechner des Netzwerks gleich sein. Anschließend können Sie das Dialogfeld sowie die Registerkarte über die *OK*-Schaltfläche schließen. Danach ist Windows 7 neu zu starten, damit die Änderungen wirksam werden.

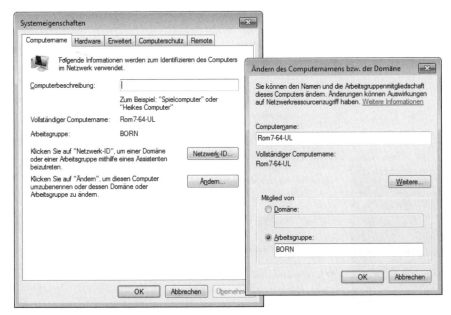

Abbildung 7.7: Arbeitsgruppennamen ändern

Die obigen Schritte lassen sich auch in Windows XP und in Windows Vista verwenden, um den Arbeitsgruppennamen zu kontrollieren. In Windows XP verwenden Sie den Kontextmenübefehl *Eigenschaften* des Symbols *Arbeitsplatz* zum Öffnen des Eigenschaftenfensters.

INFO

Netzwerk-/Geräteerkennung ist nicht eingeschaltet

In Windows Vista und Windows 7 kann es auch sein, dass die Geräteerkennung abgeschaltet ist. Dann werden keine Rechner innerhalb des Netzwerks gefunden. Rufen Sie das Netzwerk- und Freigabecenter gemäß den Ausführungen im vorherigen Abschnitt auf.

» In **Windows Vista** expandieren Sie in der Kategorie *Freigabe und Erkennung* die Unterkategorie *Netzwerkerkennung*, indem Sie die Schaltfläche am rechten Rand anklicken. Dann lässt sich im Formular die Option *Netzwerkerkennung einschalten* markieren (Abbildung 7.8, unten). Wenn Sie die Schaltfläche *Übernehmen* auf der Seite anklicken und die Sicherheitsabfrage der Benutzerkontensteuerung bestätigen, sollten die Rechner und Geräte des Netzwerks in Windows Vista im Ordnerfenster *Netzwerk* auftauchen. Im gleichen Bereich lässt sich in Windows Vista auch die Freigabe von Dateien über ein Optionsfeld einschalten.

Kapitel 7 • Konflikte mit Internet und Netzwerk

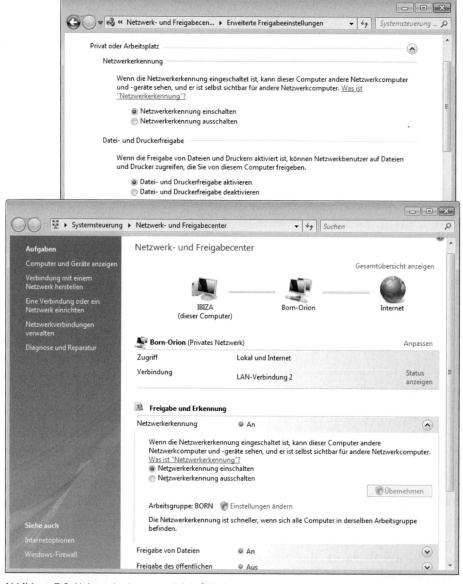

Abbildung 7.8: Netzwerkerkennung (Vista/Windows 7)

» In **Windows 7** klicken Sie in der Aufgabenleiste des *Netzwerk- und Freigabecenters* auf den Befehl *Erweiterte Freigabeeinstellungen ändern*. Anschließend expandieren Sie im Dialogfeld *Erweiterte Freigabeeinstellungen* die Kategorie *Privat und Arbeitsplatz* durch Anklicken des Kategorientitels. Anschließend können Sie das Optionsfeld *Netzwerkerkennung einschalten* markieren (Abbildung 7.8, oben) und dann mittels der Schaltfläche *Änderungen speichern* übernehmen. Auf der Seite können Sie auch das Optionsfeld *Datei- und Druckerfreigabe aktivieren* markieren, um Dateifreigaben im Netzwerk erteilen zu können.

Wurde die Geräte- oder Netzwerkerkennung eingeschaltet und ist die Freigabe von Dateien aktiv, sollten Sie die Rechner im Netzwerk finden und auf deren Freigaben zugreifen können.

Weitere Fehlerursachen

Können die Rechner auch weiterhin nicht im Netzwerk gefunden werden, kann dies auch die nachfolgenden Ursachen haben:

» Benutzen die Rechner eine gemeinsame Internetverbindung? Dann fungiert entweder einer der Rechner oder ein DSL-Router als sogenannter DHCP-Server. In diesem Fall ist sicherzustellen, dass der DSL-Router bzw. der Rechner mit dem Internetanschluss (ICS, Internet Connection Sharing) als erste Station im Netzwerk hochgefahren wird. Beim Starten erhalten die anderen Rechner im Netzwerk von diesem DHCP-Server ihre IP-Adressen zugewiesen. Fahren Sie im Zweifelsfall alle Rechner herunter, starten Sie dann den ICS-Rechner oder den DSL-Router zuerst. Danach fahren Sie die restlichen Arbeitsstationen hoch und überprüfen, ob die Netzwerkverbindung nun klappt.

» Einer der Rechner (Masterbrowser) innerhalb des Netzwerks übernimmt dessen Verwaltung. Dieser Rechner besitzt auch ein Abbild, welche anderen Rechner im Netzwerk gerade aktiv sind. Neu hochgefahrene Netzwerkstationen melden sich an diesem Masterbrowser an und fragen die Namen der bekannten Stationen ab. Falls dieser Rechner nicht aktiv ist, übernimmt eine andere Station die Rolle des Masterbrowsers. Daher kann es durchaus einige Minuten dauern, bis alle Rechner im Netzwerk bekannt sind und in der Windows-Netzwerkumgebung auftauchen. Geben Sie daher dem System etwas Zeit, um die Rechner im Netzwerk zu finden. Dies gilt speziell für Windows XP-Rechner.

» Haben Sie Sicherheitslösungen von Drittherstellern unter Windows installiert, die auch über eine eigene Firewall verfügen? Insbesondere unter Windows Vista und Windows 7 gab und gibt es immer wieder Produkte, die der Grund für Internet- und Netzwerkverbindungsprobleme sind. Besonders die Internet-Security-Suites mit integrierter Firewall erfordern unter Umständen einen erhöhten Konfigurationsaufwand. Bei Problemen deinstallieren Sie zuerst die Sicherheitslösungen von Drittherstellern testweise. Sofern vom Hersteller auch ein Cleaning-Tool angeboten wird, führen Sie dieses ebenfalls aus. Anschließend sollten bei der Windows-Firewall unter Windows Vista die Kontrollkästchen der Ausnahmen *Datei- und Druckerfreigabe*, *Kernnetzwerk* und *Netzwerkerkennung* auf der Registerkarte *Ausnahmen* markiert sein. Bei Windows XP sind *Datei- und Druckerfreigabe* und *Netzwerkdiagnose für Windows XP* als Ausnahmen zuzulassen. In Windows 7 rufen Sie die Windows-Firewall auf und

Kapitel 7 • Konflikte mit Internet und Netzwerk

wählen in der Aufgabenleiste *Ein Programm oder Feature durch die Windows-Firewall zulassen*. Dann geben Sie auf der Seite *Kommunikation von Programmen durch die Windows-Firewall zulassen* die Ausnahmen *Datei- und Druckerfreigabe*, *Kernnetzwerk* und *Netzwerkerkennung* durch Aktivieren der jeweiligen Kontrollkästchen frei. Aufrufen lässt sich das Eigenschaftenfenster *Windows-Firewall* über die Systemsteuerung.

Verwenden Sie eine Firewall eines Drittherstellers, schauen Sie in deren Bedienunterlagen nach, welche Optionen für die Netzwerkeinrichtung freizugeben sind.

Netzwerkübersicht fehlerhaft oder funktioniert nicht

Wenn Sie in Windows Vista/Windows 7 im Netzwerk- und Freigabecenter auf den am oberen Rand angezeigten Hyperlink *Gesamtübersicht anzeigen* klicken, öffnet sich eine Seite mit der Netzwerkübersicht. Fehlen dort Windows XP-Rechner in der Übersicht bzw. werden diese am unteren Rand des Fensters als Einzelsysteme angezeigt?

Grund ist, dass das zum Erstellen der Netzwerkübersicht benötigte Link-Layer-Topology-Discovery-Protokoll unter Windows XP nicht vorhanden ist. Unter *http://support.microsoft.com/kb/922120/de* [gbeh-k7-004] finden Sie einen Artikel, der das Problem beschreibt. Auf der Seite lässt sich auch ein Hotfix für Windows XP SP3 per E-Mail anfordern, der das Protokoll nachrüstet.

STOPP Funktioniert nach der Installation des LLTD-Protokolls auf Windows XP-Systemen die Netzwerkübersicht unter Windows Vista/Windows 7 nicht mehr? Rufen Sie unter Windows XP das Ordnerfenster *Netzwerkverbindungen* über die Netzwerkumgebung auf. Dann öffnen Sie das Eigenschaftenfenster der LAN-Adapter, gehen zur Registerkarte *Allgemein* und deaktivieren das LLTD-Protokoll in den Adaptereigenschaften der Windows XP-Rechner. Funktioniert die Netzwerkübersicht danach wieder, können Sie das Protokoll über die Registerkarte mit den Adaptereigenschaften auch deinstallieren. Das Problem ist unter *http://www.borncity.com/blog/2010/11/08/die-netzwerkbersicht-funktioniert-nicht/* [gbeh-k7-005] beschrieben.

TIPP Tauchen Rechner nicht in der Netzwerkumgebung auf, können Sie den UNC-Pfad der betreffenden Stationen (z.B. *\\WinXP-V*, *\\Win7-64-UL* etc.) in das Adressfeld eingeben. Falls die NetBIOS-Namensauflösung des Netzwerks (diese setzt die Namen der Arbeitsstationen intern in die IP-Adressen der Computer um) nicht funktioniert, tippen Sie versuchsweise die IP-Adresse des gewünschten Computers in das Adressfeld ein. Existiert eine Station mit dieser IP-Adresse und ist diese erreichbar, wird sie im Ordnerfenster aufgelistet.

Wenn's mit dem Netzwerk nicht klappt

Testen der Netzwerkverbindung

Falls die obigen Maßnahmen nicht zum Erfolg führen, können Sie testen, ob die anderen Rechner überhaupt über das im Netzwerk verwendete TCP/IP-Protokoll erreichbar sind. Der Test auf Protokollebene hat den Vorteil, dass die Windows-Funktionen zur Verwaltung des Netzwerks unberücksichtigt bleiben und Sie die Fehlerursache eingrenzen können. Zum Testen lassen sich die zwei Programme *ping* und *net view* in der Eingabeaufforderung verwenden. Tippen Sie *cmd* in das Suchfeld des Startmenüs ein und drücken Sie die ⏎-Taste. In Windows XP wählen Sie den Startmenübefehl *Ausführen* und geben dort den Befehl ein.

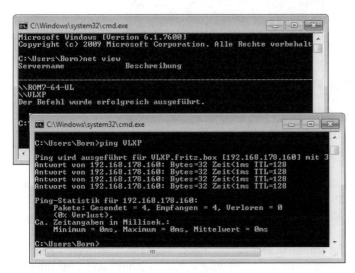

Abbildung 7.9: *net view* und *ping*-Ausgaben

Geben Sie in das Fenster der Eingabeaufforderung den Befehl *net view* ein und drücken Sie die ⏎-Taste. Der Befehl *net view* listet alle vom Rechner erreichbaren Arbeitsstationen auf (Abbildung 7.9, Hintergrund). Tauchen keine Rechner auf, kann das Netzwerk nicht erreicht werden.

Um einzelne Rechner auf der Ebene des IP-Protokolls anzusprechen, verwenden Sie den Befehl *ping xxxx* und drücken die ⏎-Taste. Sie können als Parameter *xxxx* eine IP-Adresse (z. B. *ping 192.168.178.2*) oder einen Stationsnamen (z. B. *ping Wien*) angeben. Ping versucht, eine direkte Verbindung zum jeweiligen Rechner herzustellen. Mit *ping Wien* wird die Station *Wien* im Netzwerk abgefragt. Um bei Problemen die NetBIOS-Namensauflösung als mögliche Fehlerquelle zu umgehen, empfiehlt es sich aber, in Ping mit IP-Adressen zu arbeiten (z. B. *ping 192.168.178.2*). Verlaufen die Anfragen erfolgreich, wird die in (Abbildung 7.9, Vordergrund) gezeigte Anzeige erscheinen. Wurde beim Ping-Aufruf ein Stationsname angegeben, liefert *ping* auch die IP-Adresse des betreffenden Rechners zurück.

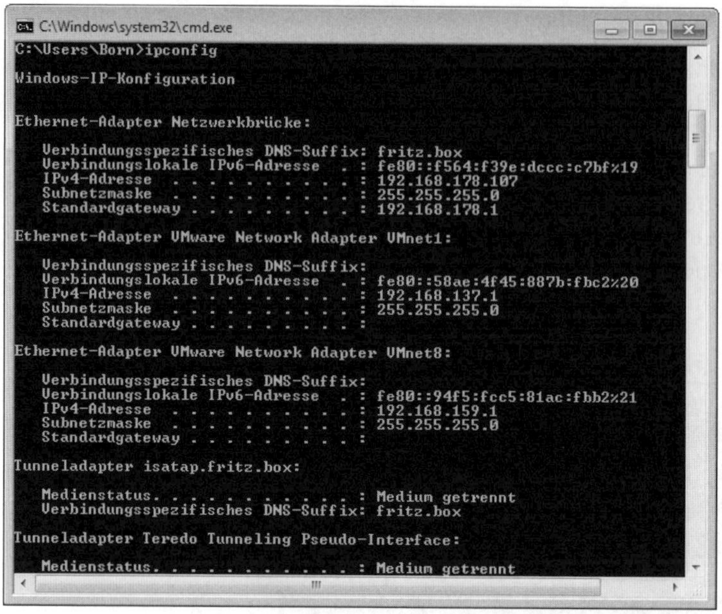

Kapitel 7 • Konflikte mit Internet und Netzwerk

```
C:\Windows\system32\cmd.exe

C:\Users\Born>ipconfig

Windows-IP-Konfiguration

Ethernet-Adapter Netzwerkbrücke:

   Verbindungsspezifisches DNS-Suffix: fritz.box
   Verbindungslokale IPv6-Adresse  . : fe80::f564:f39e:dccc:c7bf%19
   IPv4-Adresse . . . . . . . . . . : 192.168.178.107
   Subnetzmaske . . . . . . . . . . : 255.255.255.0
   Standardgateway. . . . . . . . . : 192.168.178.1

Ethernet-Adapter VMware Network Adapter VMnet1:

   Verbindungsspezifisches DNS-Suffix:
   Verbindungslokale IPv6-Adresse  . : fe80::58ae:4f45:887b:fbc2%20
   IPv4-Adresse . . . . . . . . . . : 192.168.137.1
   Subnetzmaske . . . . . . . . . . : 255.255.255.0
   Standardgateway. . . . . . . . . :

Ethernet-Adapter VMware Network Adapter VMnet8:

   Verbindungsspezifisches DNS-Suffix:
   Verbindungslokale IPv6-Adresse  . : fe80::94f5:fcc5:81ac:fbb2%21
   IPv4-Adresse . . . . . . . . . . : 192.168.159.1
   Subnetzmaske . . . . . . . . . . : 255.255.255.0
   Standardgateway. . . . . . . . . :

Tunneladapter isatap.fritz.box:

   Medienstatus. . . . . . . . . . : Medium getrennt
   Verbindungsspezifisches DNS-Suffix: fritz.box

Tunneladapter Teredo Tunneling Pseudo-Interface:

   Medienstatus. . . . . . . . . . : Medium getrennt
```

Abbildung 7.10: *ipconfig*-Ausgaben

Die IP-Adressen der einzelnen Rechner im Netzwerk werden in der Regel dynamisch (meist per DHCP-Server) vergeben. Um die Stationen mit *ping* anzusprechen, müssen Sie aber die betreffenden IP-Adressen kennen. Die IP-Adresse eines Rechners können Sie im Fenster der Eingabeaufforderung der betreffenden Station durch den Befehl *ipconfig* abfragen. Der Befehl liefert dann die IP-Adressen aller im System gefundenen Adapter zurück (Abbildung 7.10). In Abbildung 7.10 interessiert die IP-Adresse der Netzwerkbrücke, die für die Kommunikation mit *ping* relevant ist.

Ist die Netzwerkverbindung eingerichtet, können Sie auch direkt auf Windows-Ebene prüfen, ob Datenpakete über den Anschluss übertragen bzw. empfangen werden.

» In **Windows XP** öffnen Sie das Ordnerfenster der Netzwerkumgebung und klicken in der Aufgabenleiste auf den Befehl *Netzwerkverbindungen anzeigen*. Im Fenster *Netzwerkverbindungen* werden alle LAN-, WLAN- und DFÜ-Verbindungen als Symbole eingeblendet. Es reicht, das Symbol der LAN-Verbindung per Doppelklick anzuwählen.

» In **Windows Vista** öffnen Sie das Netzwerk- und Freigabecenter und klicken anschließend in der Zeile mit dem angezeigten Netzwerk (in Abbildung 7.8, unten, Seite 326, z.B. das Netzwerk »Born-Orion«) auf den Hyperlink *Status anzeigen*.

» In **Windows 7** öffnen Sie ebenfalls das Netzwerk- und Freigabecenter und klicken anschließend in der Zeile mit dem angezeigten Netzwerk auf den eingeblendeten Hyperlink (in Abbildung 7.11, Hintergrund, z.B. *Netzwerkbrücke*).

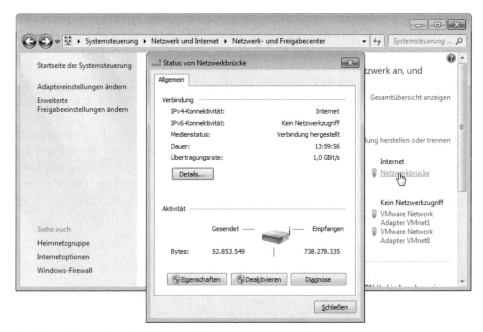

Abbildung 7.11: Anzeige der Netzwerkdiagnose

Im eingeblendeten Statusfenster (Abbildung 7.11, Vordergrund) zeigt Windows die Zahl der gesendeten und empfangenen Datenpakete sowie die Verbindungsdauer an. Bleibt der Wert *Empfangen* auf 0 stehen, ist der Rechner nicht aus dem Netzwerk zu erreichen.

TIPP

In Windows XP zeigt das im Infobereich der Taskleiste sichtbare Netzwerksymbol durch Blinken, ob Daten über den Netzwerkadapter übertragen werden. Wenn Sie in Windows Vista ebenfalls eine Animation zur Anzeige des Datentransfers haben möchten, klicken Sie das Netzwerksymbol mit der rechten Maustaste an und wählen den Kontextmenübefehl *Animation bei Aktivität einschalten*. Die Animation steht unter Windows 7 nicht mehr zur Verfügung.

7.1.5 Problemstelle Netzwerkbrücke

Sind in einem Rechner mehrere Netzwerkkarten vorhanden, gibt es mehrere Netzwerksegmente. Dies kann z.B. ein zusätzlicher UMTS-Adapter, ein ISDN-Adapter oder ein Modem sein. Auch die Netzwerkadapter installierter virtueller Maschinen (VirtualBox, VMLite, VMware Player) fallen in die Kategorie. In Windows Vista/Windows 7 tauchen dann u.U. nicht identifizierte Netzwerke auf, und es gibt Probleme. Können Sie von den so angebundenen Netzwerkrechnern jeweils den Knotenrechner mit den Netzwerkadaptern, nicht jedoch die anderen Rechner im Netzwerk erreichen? Dann fehlt ggf. die sogenannte Netzwerkbrücke. Diese verbindet die einzelnen Netzwerksegmente und regelt den Datenverkehr zwischen den Stationen.

Kapitel 7 • Konflikte mit Internet und Netzwerk

In Windows XP wird die Netzwerkbrücke ggf. automatisch vom Netzwerkinstallations-Assistenten eingerichtet. Sie können aber die Netzwerkbrücke auch manuell einrichten und überprüfen. Hierzu öffnen Sie das Ordnerfenster *Netzwerkverbindungen*, (in Windows Vista z.B. über den Befehl *Netzwerkverbindungen verwalten* des Netzwerk- und Freigabecenters, in Windows 7 über den Befehl *Adaptereinstellungen ändern* des Netzwerk- und Freigabecenters, in Windows XP z.B. über den Startmenüeintrag *Netzwerkverbindungen*). Dann können Sie zwei LAN-Verbindungssymbole per Mausklick markieren und die Brücke über den Kontextmenübefehl *Verbindung überbrücken* einrichten. Die Brücke wird dann als Symbol im Ordnerfenster *Netzwerkverbindungen* aufgeführt (Abbildung 7.12). Über das Kontextmenü können Sie die Eigenschaften der Verbindung einsehen. Das Kontextmenü der LAN-Verbindungen ermöglicht es, diese der Brücke hinzuzufügen oder von der Brücke zu entfernen.

Abbildung 7.12: Netzwerkbrücke

STOPP Die virtuellen Netzwerkadapter von VMware Player und VMware Workstation lassen sich jedoch nicht zur Netzwerkbrücke hinzufügen. Ist ein Adapter der virtuellen Maschine als »bridged« konfiguriert, übernimmt der Treiber die Integration in die Netzwerkbrücke.

7.1.6 Probleme mit Netzwerkfreigaben und Zugriffsrechten

Windows Vista und Windows 7 stellen einen Assistenten zum Freigeben von Ordnern im Netzwerk bereit. Stellen Sie fest, dass bei Freigaben der Windows-Benutzerordner so etwas wie *C:\User...* im Netzwerk auftaucht? Der Freigabe-Assistent von Windows besitzt die Eigenart, statt des Benutzerordnernamens den kompletten Benutzerprofilordner im Netzwerk freizugeben. Diese Probleme lassen sich vermeiden, indem Sie ein Ordnerfenster öffnen, die Menüschaltfläche *Organisieren* anklicken und anschließend im Menü den Befehl *Such- und Ordneroptionen* wählen. Auf der Registerkarte *Ansicht* ist dann die Markierung des Kontrollkästchens *Freigabe-Assistent verwenden (empfohlen)* zu löschen. Wenn Sie danach die Registerkarte über die *OK*-Schaltfläche schließen, wird der Freigabe-Assistent abgeschaltet.

Über den Kontextmenübefehl *Freigabe* (Windows Vista) bzw. *Freigeben für/Erweiterte Freigabe* (Windows 7) öffnen Sie dann das in Abbildung 7.13 gezeigte Eigenschaftenfenster. Auf der Registerkarte *Freigabe* können Administratoren die Schaltfläche *Erweiterte Freigabe* wählen. Nach der Bestätigung einer Sicherheitsabfrage der Benutzerkontensteuerung gelangen Sie zu einem Dialogfeld, in dem sich das markierte Element (Laufwerk, Ordner) freigeben lässt. In diesem Dialogfeld können auch Zugriffsberechtigungen auf Freigaben angepasst werden.

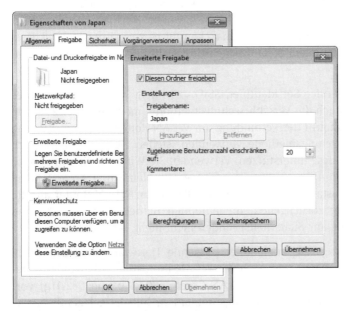

Abbildung 7.13: Erweiterte Freigabe in Windows

Haben Sie Schwierigkeiten, ein Arbeitsgruppennetzwerk unter Windows Vista oder Windows 7 einzurichten bzw. auf Freigaben zuzugreifen? Häufig sind fehlende Kennwörter bei den Benutzerkonten oder unterschiedliche Benutzerkontennamen die Ursache dafür, dass die Zugriffe abgewiesen werden. Unter *http://www.borncity.com/blog/2007/07/22/netzwerkdruckerinstallation-in-windows-vista/* [gbeh-k7-006] und *http://www.borncity.com/blog/2010/03/08/first-aid-faq-zur-netzwerkeinrichtung/* [gbeh-k7-007] habe ich in Blogbeiträgen einige Hinweise zusammengefasst. Dort finden Sie auch Verweise auf Microsoft-Internetseiten, auf denen die Einrichtung von Netzwerken unter Windows schrittweise erläutert wird.

INFO

7.1.7 Die WLAN-Verbindung macht Probleme

Treten beim Einrichten einer WLAN-Verbindung Probleme auf? Dann können Sie folgende Punkte überprüfen:

» Kann ein Notebook keine WLANs empfangen, überprüfen Sie, ob die WLAN-Funktion am Notebook oder am WLAN-Router überhaupt eingeschaltet ist. Bei Notebooks gibt es meist eine [Fn]-Tastenkombination, um die WLAN-Funktion ein- oder auszuschalten. Bei der FRITZ!Box lässt sich die WLAN-Funktionalität über die Konfigurationsoberfläche ein-/ausschalten.

» Stellen Sie sicher, dass der Netzwerkname (SSID) vom WLAN-Router ausgesandt wird (Option *SSID-Broadcasting* auf »ein« stellen). Bei Windows Vista (ohne Service Pack 1) lassen sich die Daten eines Verbindungsprofils nur dann korrekt eintragen, wenn die Verbindung zum WLAN-Router besteht. Eine abgeschaltete Aussendung der SSID hat einen zweiten Nachteil: Senden zwei WLAN-Netzwerke auf dem gleichen Kanal, kommt es zu Störungen. Dies lässt sich aber bei abgeschaltetem SSID-Broadcasting nicht oder nur schlecht erkennen.

» Neben dem SSID (Service Set Identifier, SSID, d.h. dem Netzwerknamen) des WLAN müssen Sie auch die Verschlüsselungsmethode (möglichst WPA2) sowie das Kennwort zum Zugriff der Verbindung am WLAN-Router angeben. Falls Sie WPA2 als Verschlüsselungsmethode verwenden, stellen Sie sicher, dass auch alle anderen Geräte diese unterstützen. Verwenden Sie Windows XP mit Service Pack 3, um WPA2 nutzen zu können. Gibt es Probleme und kommt keine Datenübertragung zustande, können Sie zum Testen am WLAN-Router auf die WEP-Verschlüsselung zurückgehen. Im laufenden Betrieb sollte Sie aber die WEP-Verschlüsselung aus Sicherheitsgründen nicht mehr verwenden.

» Stellen Sie sicher, dass Sie zueinander passende Hardware einsetzen (IEEE 802.11b oder IEEE 802.11g) und auch die WLAN-Protokolle aufeinander abgestimmt sind. Sind unterschiedliche WLAN-Geräte (802.11b und 802.11g) vorhanden und kommt es zu Übertragungsproblemen, hilft es gelegentlich, das IEEE 802.11g-Gerät von 54 Mbit auf 11 Mbit herunterzusetzen.

» Macht eine WLAN-Karte bei Notebooks im Batteriebetrieb Probleme? Gibt es den Effekt, dass die WLAN-Verbindung unterbrochen und nicht wieder aufgenommen wird, wenn der Rechner in den Ruhemodus wechselt? Dann rufen Sie den Geräte-Manager auf, suchen den Eintrag der WLAN-Karte im Gerätebaum und schauen auf der Registerkarte *Energieverwaltung* nach, ob die Option *Computer kann Gerät ausschalten, um Energie zu sparen* markiert ist. Dann kommt Ihr Notebook mit dem betreffenden Modus der Karte bzw. des zugehörigen Treibers nicht klar. Sie sollten die Markierung dieser Option aufheben.

» Können per WLAN keine Verbindungen zu anderen Netzwerkrechnern aufgebaut werden? Bei der FRITZ!Box sollten Sie dann überprüfen, ob die Option *Die angezeigten WLAN-Geräte dürfen untereinander kommunizieren* markiert ist.

Kommt keine Verbindung zum WLAN-Router zustande, obwohl Sie alle Verschlüsselungen abgeschaltet haben? Prüfen Sie in diesem Fall, ob im Router eventuell ein MAC-Adressfilter die Verbindungsaufnahme blockiert. Jeder Netzwerkkarte ist vom Hersteller eine weltweit eindeutige MAC-Adresse zugeordnet. In der populären FRITZ!Box Fon WLAN gibt es in den Experteneinstellungen eine entsprechende Option, die neue WLAN-Geräte blockiert und nur Verbindungen zulässt, deren MAC-Adressen im Router eingetragen sind.

Macht eine WLAN-Verbindung Probleme, hilft es gelegentlich, die WLAN-Karte zu deaktivieren, dann wieder zu aktivieren und einen Neustart des Systems auszuführen. Klappt die WLAN-Verbindung, Sie erhalten aber keinen Zugang zu anderen Rechnern? Melden Sie sich von Windows ab und danach wieder an. Zudem können Sie die gleichen Techniken anwenden, die am Kapitelanfang im Hinblick auf kabelgebundene Netzwerke erläutert wurden.

Hinweise zur Fehlersuche bei WLAN-Verbindungen finden Sie auf der Webseite *http:// www.borncity.com/blog/2010/03/08/first-aid-faq-zur-netzwerkeinrichtung/* [gbeh-k7-007]. Liefert Windows 7 einen Fehlercode 10 für den Virtual-WiFi-Miniport-Adapter? Ursache ist meist ein fehlerhafter WLAN-Treiber (*http://www.borncity.com/blog/2010/ 10/20/virtual-wifi-miniport-adapter-liefert-code-10/* [gbeh-k7-008]).

INFO

Die WLAN-Verbindung bricht häufig ab

Ist eine Verbindung unstabil oder weist diese eine niedrige Datenübertragungsrate auf, sollten Sie die Stärke des WLAN-Signals kontrollieren. Bei der FRITZ!Box lässt sich auf den Konfigurationsseiten die Signalstärke vorgeben. In Windows Vista können Sie auch das Fenster der Eingabeaufforderung (z.B. über das Startmenü) öffnen und den Befehl *netsh wlan show networks mode = bssid*⏎ eingeben. Dann wird nicht nur die Signalstärke, sondern auch der benutzte Kanal angezeigt. Bei Windows 7 klicken Sie auf das WLAN-Symbol im Infobereich der Taskleiste. In der eingeblendeten Palette werden die WLAN-Netzwerke samt deren Signalstärke eingeblendet.

Ein großes Problem bei WLAN-Verbindungen zwischen verschiedenen Stockwerken sind Stahlbetondecken. Die Metallarmierung im Beton wirkt wie ein Käfig, der die Funkwellen abschirmt. Aber selbst zwischen den Zimmerwänden kann es Probleme geben, da die Feuchtigkeit in Holzverkleidungen oder in den Lehmwänden von Fachwerkhäusern dämpfend wirkt. Gelegentlich hilft es, den WLAN-Router oder die Antennen etwas zu verschieben.

Als weitere Störquellen, die die Übertragungsqualität reduzieren, kommen andere Sender (z.B. andere WLAN-Strecken, Mikrowellen, DECT-Telefone, Babyfon, ein Videoübertragungssystem) in der Nähe in Betracht. Versuchen Sie, die Kanäle für die WLAN-Kommunikation zu wechseln. Je weiter die Sendefrequenzen auseinanderliegen, umso besser sollte die Verbindungsqualität werden.

Bei Verbindungsproblemen oder -abbrüchen, die nicht auf schwache Signale oder Signalstörungen zurückzuführen sind, überprüfen Sie über den Geräte-Manager, ob der Treiber für den WLAN-Adapter des Rechners funktioniert und aktuell ist. Zudem kann eine veraltete Firmware des WLAN-DSL-Routers die Ursache für Zugangsprobleme sein. Überprüfen Sie, ob der Routerhersteller eine aktuellere Firmware anbietet, und installieren Sie diese.

INFO   Im Hinblick auf die Absicherung des WLAN-Netzes gegenüber unbefugten Dritten ist eine Position des WLAN-Routers in Fensternähe als kritisch zu betrachten. Denn dann reicht der Funkbereich weit über die Gebäudegrenzen hinaus. Achten Sie beim Einrichten des WLAN-Netzwerks darauf, die Standardeinstellungen des Herstellers (Netzwerkname, Kennwörter etc.) zu verändern. Details zum Einrichten sollten Sie in den Geräteunterlagen finden.

7.2   Probleme mit dem Internetzugang

Gibt es Probleme mit dem Internetzugang per WLAN, DSL-Anschluss oder Modem/ISDN-Karte? Die nachfolgenden Abschnitte geben Hinweise auf Fehlerursachen und Problemlösungen.

7.2.1   Modem/ISDN-Karte macht Probleme

Benutzen Sie ein analoges Modem oder eine ISDN-Karte für den Internetzugang und gibt es Probleme damit? Nachfolgend finden Sie einige Hinweise, um die Fehlerursache herauszufinden und das Problem zu beheben.

Ist das Gerät korrekt verkabelt?

Um die etwas banaleren Fehler auszuschließen, sollten Sie bei Störungen erst einen Blick auf die Verkabelung der Geräte werfen:

» Bei USB-Geräten prüfen Sie, ob das Kabel zwischen Rechner und Gerät korrekt in den betreffenden Buchsen sitzt. Achten Sie auch darauf, immer die gleiche USB-Buchse zum Anschluss zu verwenden. Andernfalls installiert Windows jeweils einen neuen Treiber, wenn die USB-Anschlussbuchse gewechselt wird.

» Bei Modems, die über die serielle Schnittstelle angeschlossen werden, prüfen Sie, ob die betreffenden Stecker an der richtigen COM-Schnittstelle hängen und auch festgeschraubt sind. Wurde das Modem neu angeschlossen, sollten Sie sicherstellen, dass die richtige COM-Schnittstelle benutzt wurde.

» Überprüfen Sie bei externen Modems auch, ob das Gerät Strom erhält (wird meist durch kleine Leuchtdioden für die Betriebsanzeige signalisiert).

» Überprüfen Sie die Verkabelung zwischen Gerät und Telefonanschluss. Bei analogen Modems muss eine Verbindung zur Telefondose (TAE) vorhanden sein, das Modem ist in eine N-Buchse einzustöpseln. Bei ISDN-Karten/-Modems wird eine Verbindung zum RJ-45-Anschluss der ISDN-Dose hergestellt.

Sofern Sie sicher sind, dass die Verbindungen korrekt verkabelt sind und das Gerät trotzdem nicht funktioniert, sollten Sie die nachfolgend beschriebenen Punkte überprüfen.

Die Tipps zum Prüfen der Verkabelung gelten auch, falls es Probleme mit dem Internetzugang über einen DSL-Router oder ein DSL-Modem gibt. Diese Geräte werden über ein Cat.5-Netzwerkkabel mit der Netzwerkbuchse des Rechners verbunden. Eine lose Verbindung oder ein defektes Netzwerkkabel kann der Grund für das Problem sein. Ob der DSL-Zugang funktioniert, wird an den Geräten durch Leuchtanzeigen signalisiert. Bei Problemen empfiehlt es sich auch, das DSL-Gerät kurz vom Stromnetz zu trennen, um einen Reset auszulösen.

INFO

Wird das Gerät korrekt erkannt?

Stellt der Rechner bereits einen Modem- oder einen ISDN-Anschluss bereit oder stehen die Komponenten als USB-Geräte zur Verfügung? Machen die Komponenten Probleme? Dann sollten Sie den Geräte-Manager aufrufen und dort überprüfen, ob das Gerät auch auftaucht und als funktionierend erkannt wird. Optimal ist es, wenn der Hersteller einen Windows 7-Treiber bereitstellt.

Bei vielen ISDN-Karten oder bei einigen USB-Analogmodems muss vor dem Einbau der Hardware ein Setup-Programm ausgeführt werden. Dieses bereitet Windows auf die Geräteerkennung vor. Erst dann darf die Hardware installiert oder angeschlossen und anschließend der Treiber installiert werden. Bei ISDN-Karten oder -Modems müssen Sie sich an die Installationsanleitung des Herstellers halten, da dort auch beschrieben wird, wie Sie ggf. die MSN-Mehrfachgerätenummern (das sind die Telefonnummern, die Ihnen bei einem ISDN-Anschluss zugewiesen werden) dem Gerät zuordnen.

Das Analogmodem scheint nicht zu funktionieren

Wenn der Geräte-Manager das Modem als funktionsfähig anzeigt, es aber noch Probleme gibt, können Sie weitere Diagnoseschritte durchführen:

» Rufen Sie das Eigenschaftenfenster des Modems im Geräte-Manager auf und wechseln Sie zur Registerkarte *Diagnose*. Dort klicken Sie auf die Schaltfläche *Modem abfragen*. Nach einigen Sekunden sollten die an das Modem gesendeten Befehle und die Antworten in der Liste *Befehl/Antwort* der Registerkarte erscheinen (Abbildung 7.14, Vordergrund, rechts). In den ersten beiden Einträgen sollte der Text »Erfolgreich« und der Modemtyp als Antwort erscheinen.

» Schlägt die Modemdiagnose fehl, können Sie auf der Registerkarte *Modem* überprüfen, ob das Modem ggf. an der richtigen Schnittstelle hängt. Ist dem nicht so, müssen Sie das Modem an die angegebene Schnittstelle anschließen oder den Treiber deinstallieren und das Modem neu installieren (dann sollte die aktuelle Schnittstelle erkannt und im Treiber berücksichtigt werden).

Kapitel 7 • Konflikte mit Internet und Netzwerk

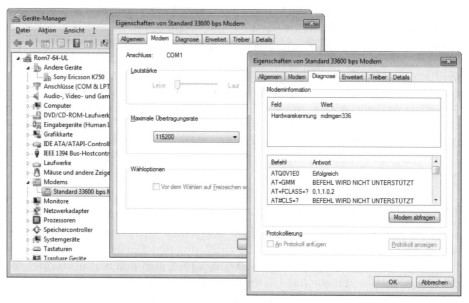

Abbildung 7.14: Modemdiagnose und -einstellungen

» Ist die richtige Schnittstelle vorhanden, es kommt aber keine korrekte Kommunikation bei der Diagnose zustande? Dann prüfen Sie den Wert des Listenfelds *Maximale Übertragungsrate* auf der Registerkarte *Modem* (Abbildung 7.14, Vordergrund, Mitte). Ist dieser höher als 115.200 gesetzt, reduzieren Sie die Einstellung versuchsweise. Auf der Registerkarte lassen sich auch die Lautsprecherlautstärke und die Wähloptionen anpassen. Sind Optionen grau abgeblendet, klicken Sie auf der Registerkarte *Allgemein* auf die Schaltfläche *Einstellungen ändern* und bestätigen Sie die Sicherheitsabfrage der Benutzerkontensteuerung. Dann werden die betreffenden Optionen (sofern vom Modemtreiber unterstützt) zur Anpassung freigegeben.

Im Geräte-Manager ist übrigens auch zu erkennen, ob der Modemtreiber korrekt installiert ist. In Abbildung 7.14, Hintergrund, findet sich beispielsweise der Eintrag für ein Handy, bei dem keine Treiber installiert werden konnten. Folglich lässt sich das GPRS-/UMTS-Modem des Handys auch nicht verwenden.

Das Modem wählt nicht oder bekommt keinen Freiton

Ist das Modem funktionsfähig, wählt aber bei der Verbindungsaufnahme nicht bzw. es meldet einen fehlenden Signalton (Carrier)?

» Prüfen Sie zuerst, ob das Modem korrekt an der Telefonanschlussdose angeschlossen wurde. In Deutschland sind hierzu NFN-Stecker erforderlich, die in die N-Buchse der TAE-Dose eingestöpselt werden und den Modems beigelegt sind. Das Telefon muss an der F-Buchse eingestöpselt sein, während Modem und Fax an N-Buchsen angeklemmt werden. Testen Sie ggf. das Modem an beiden N-Buchsen. Gibt es das Problem, dass das Telefon nach dem Anschließen

Probleme mit dem Internetzugang

des Modems nicht mehr funktioniert? Dies deutet auf ein fehlerhaftes oder ungeeignetes Modemkabel oder ein Modem mit fehlendem Überbrückungsrelais hin.

» Ist das Modem korrekt angeschlossen, und betreiben Sie eine hausinterne Telefonanlage, bei der das Amt durch Drücken der Ziffer 0 oder 1 geholt wird? Dann ist die Fehlerursache klar, das Modem wartet nach dem Abheben auf den Wählton, dieser wird von der Telefonanlage aber nicht freigegeben, da diese auf die Ziffer zur Amtholung wartet. Rufen Sie das Eigenschaftenfenster des Modems auf (siehe vorherigen Abschnitt) und löschen Sie auf der Registerkarte *Modem* (Abbildung 7.14, Vordergrund, Mitte) die Markierung des Kontrollkästchens *Vor dem Wählen auf Freizeichen warten*.

Um die Amtholung zu aktivieren, müssen Sie zudem der Einwahlnummer für den Internetanbieter die Ziffer 0 oder 1 voranstellen. Tippen Sie »Telefon« in das Suchfeld des Startmenüs ein und wählen Sie den Befehl *Telefon und Modem*. Im Dialogfeld *Standortinformationen* lässt sich dann die Amtskennziffer in ein Textfeld eingeben (Abbildung 7.15).

Abbildung 7.15: Wählregeln für die Amtskennziffer

Hören Sie bei der Interneteinwahl des Modems ein »Klackern«, steht das Gerät noch auf Impulswahl. Stellen Sie dann das Wählverfahren auf der Registerkarte *Allgemein* bzw. im Dialogfeld auf »Ton (MFV)« um. Dann erfolgt die Einwahl über das wesentlich schnellere Mehrfrequenzverfahren (MFV). **TIPP**

Zeigt Windows beim Versuch, eine Modemverbindung aufzubauen, den Fehlercode 678 an? Dann erhält das Modem kein Freizeichen oder die Gegenstelle antwortet nicht. Weitere Hinweise zu diesem Fehler erhalten Sie im Windows Hilfe- und Supportcenter, wo Sie die Suchbegriffe »Modem Fehler« eintippen. Manchmal hilft es auch, einen Neustart des Systems durchzuführen und den Einwahlversuch zu wiederholen. **INFO**

Kapitel 7 • Konflikte mit Internet und Netzwerk

7.2.2 Der Internetzugang funktioniert nicht

Haben Sie eine Einwahlverbindung per Modem oder ISDN eingerichtet oder verwenden Sie eine Breitband-DSL-Verbindung? Bekommen Sie keine Verbindung zum Provider? Dies kann ebenfalls verschiedene Ursachen haben.

Ist der Wählverbindung das richtige Gerät zugeordnet?

Damit die im Ordner *Netzwerkverbindungen* eingerichteten Wählverbindungen auch funktionieren, müssen die richtigen Geräte zugeordnet sein.

1. Öffnen Sie das Ordnerfenster *Netzwerkverbindungen* (z.B. »Netzwerkv« in das Suchfeld des Startmenüs eintippen und den Befehl *Netzwerkverbindungen anzeigen* wählen).

2. Klicken Sie den Eintrag für die nicht funktionierende Wählverbindung mit der rechten Maustaste an und wählen Sie im Kontextmenü den Befehl *Eigenschaften* (Abbildung 7.16, Hintergrund). Anschließend bestätigen Sie die Sicherheitsabfrage der Benutzerkontensteuerung.

3. Im Eigenschaftenfenster der Wählverbindung werden die unter Windows verfügbaren Geräte auf der Registerkarte *Allgemein* im Feld *Verbindung herstellen über* aufgelistet (Abbildung 7.16, Vordergrund). Stellen Sie sicher, dass das gewünschte Gerät (Modem, ISDN-Kanal) zugewiesen ist.

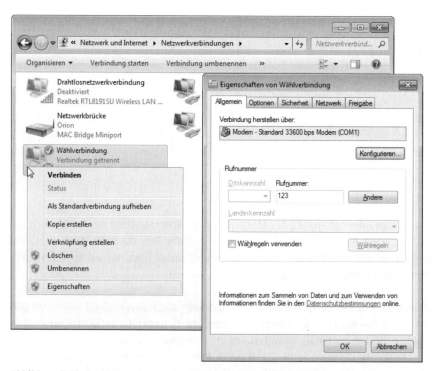

Abbildung 7.16: Gerätezuordnung einer Wählverbindung überprüfen

Über die Schaltfläche *Konfigurieren* öffnen Sie ein Dialogfeld, in dem sich ggf. Geräteparameter (z.B. Modemgeschwindigkeit, Wählregeln verwenden etc.) anpassen lassen. Manche Modems werden als unterschiedliche Geräte mit verschiedenen Übertragungsraten dargestellt. Im Bedarfsfall müssen Sie ggf. schrittweise mit verschiedenen Modemeinträgen prüfen, ob eine Verbindung zustande kommt. Bei ISDN-Karten sollten Sie sicherstellen, dass einer der beiden ISDN-Kanäle für die Einwahlverbindung zugewiesen ist.

Ist der Wählverbindung die richtige Einwahlnummer zugeordnet?

Ein häufig auftretender Fehler bei Problemen mit der Interneteinwahl sind falsche Einwahlnummern. Zur Überprüfung der Einwahlnummer gehen Sie wie im vorherigen Abschnitt vor und rufen die Registerkarte *Allgemein* der Wählverbindung auf (Abbildung 7.16, Vordergrund). Auf der Registerkarte lässt sich dann die Einwahlnummer des Internetproviders kontrollieren und ggf. anpassen. Arbeiten Sie mit einem analogen Modem, welches an einer Telefonanlage hängt, und benötigt diese eine Ziffer zur Amtholung? Dann sollten Sie die Option *Wählregeln verwenden* markieren. Wie Sie die Wählregeln definieren, ist im Abschnitt »Das Modem wählt nicht oder bekommt keinen Freiton« ab Seite 338 beschrieben.

Nehmen Sie Ihr Notebook auf Reisen mit und müssen Sie im Ausland eine Verbindung zum Internet aufbauen? Ideal ist es, dafür einen öffentlichen Hotspot zu verwenden. Sind Sie auf eine Einwahlverbindung per Modem angewiesen, benötigen Sie einen entsprechenden Adapter, um das Modem mit der Telefondose zu verbinden. Solche Adapter gibt es ggf. im Fachhandel. Zusätzlich benötigen Sie noch einen Provider, der die Internetverbindung bereitstellt. Anbieter wie ATeO (*http://www.ateo.de/ipass-roaming.html* [gbeh-k7-009]) bieten einen internationalen Internetzugang über Einwahl- und WLAN-Verbindungen an. Die Alternative (meist aber teuer) ist, die deutsche Nummer des eigenen Providers über eine internationale Vorwahl anzurufen. Lässt sich ein Handy an das Notebook anschließen? Dann können Sie über Ihren Handyprovider die Partnernetze im Ausland erfragen und über diese eine Internetverbindung aufbauen (vorher aber unbedingt die Kosten klären). Hinweise, wie Sie mit dem Notebook im Ausland ins Internet kommen, finden Sie unter *http://www.oliver-brosch.de/tarife/?InetAusland* [gbeh-k7-010]. Die einfachste und preiswerteste Variante ist es jedoch, ein Internetcafé aufzusuchen und den dortigen Internetzugang zu nutzen.

INFO

Die Einwahl über die Wählverbindung scheitert

Ein Doppelklick auf ein Symbol einer Wählverbindung im Ordnerfenster *Netzwerkverbindungen* öffnet das Dialogfeld *Verbindung mit* (Abbildung 7.17). Über die Schaltfläche *Wählen* wird dann die Interneteinwahl gestartet. Benutzen Sie eine ISDN-Verbindung, und tut sich nach dem Anklicken der Schaltfläche nichts? Dann kann es sein, dass beide ISDN-Kanäle durch andere Teilnehmer bereits belegt sind. Prüfen Sie, ob gegenwärtig weitere Personen Telefonate führen.

Kapitel 7 • Konflikte mit Internet und Netzwerk

Beginnt das Modem oder die ISDN-Karte zwar mit der Einwahl ins Internet, bricht aber nach wenigen Sekunden mit einem Fehler ab? Hier sind verschiedene Fehlerursachen denkbar:

» Einmal kann es sein, dass der Server mit den Internetzugängen des Providers momentan überlastet oder ausgefallen ist. Versuchen Sie es dann zu einem späteren Zeitpunkt nochmals. Bei analogen Modems oder ISDN können Sie zum Testen weitere Internet-by-Call-Internetzugänge einrichten.

» Meldet die Wählverbindung, dass Sie keine Berechtigung zum Zugriff auf den Internetzugang haben? Dann sind Zugangsdaten vermutlich falsch oder wurden verändert. Geben Sie dann den Benutzernamen sowie das Kennwort im Dialogfeld *Verbindung mit* vor dem nächsten Einwahlversuch erneut ein.

Abbildung 7.17: Dialogfeld *Verbindung mit* zur Interneteinwahl

Windows zeigt im Dialogfeld *Verbindung mit* auch die Einwahlnummer an (Abbildung 7.17). Fehlt diese Einwahlnummer beim Aufruf des Dialogfelds? Dann klicken Sie auf die Schaltfläche *Eigenschaften* und markieren auf der Registerkarte *Optionen* das Kontrollkästchen *Rufnummer abfragen*.

INFO Falsche Zugangsdaten sind häufig auch der Grund für Einwahlprobleme bei mobilen GPRS-/UMTS-Verbindungen per Handy oder USB-Surfstick. Konsultieren Sie die Internetseiten des betreffenden Mobilfunkanbieters, um die notwendigen Einwahldaten zu ermitteln oder sich über Aktualisierungen der Zugangssoftware (z.B. Mobile Partner) für einen USB-Surfstick zu informieren.

Probleme mit dem Internetzugang

Die Internetverbindung per Einwahl wird nicht automatisch aufgebaut

Wurde die Internetverbindung bisher in Ihrem System automatisch aufgebaut, sobald Sie im Browser eine Internetadresse abgerufen oder im E-Mail-Client den Postaustausch angewählt haben? Klappt diese automatische Verbindungsaufnahme zum Internet plötzlich nicht mehr?

1. Tippen Sie in das Suchfeld des Startmenüs »Inter« ein und wählen Sie den Befehl *Internetoptionen*.
2. Wechseln Sie zur Registerkarte *Verbindungen* und setzen Sie die Markierung des Optionsfelds *Keine Verbindung wählen* auf *Nur wählen, wenn keine Netzwerkverbindung besteht* um (Abbildung 7.18).

Abbildung 7.18: Auswahl der Verbindungseinstellungen

Wenn Sie die Registerkarte über die *OK*-Schaltfläche verlassen, sollte die automatische Interneteinwahl wieder funktionieren.

> **TIPP** Möchten Sie verhindern, dass Windows automatisch eine Einwahlverbindung zum Internet herstellt, sollten Sie das Optionsfeld *Keine Verbindung wählen* auf der Registerkarte *Verbindungen* markieren. Sie können sich anschließend Verknüpfungen zu den Wählverbindungen des Ordners *Netzwerkverbindungen* auf dem Desktop anlegen. Dann lässt sich die Internetverbindung gezielt per Doppelklick auf diese Verbindungssymbole aufbauen.

Sind mehrere Einwählverbindungen unter Windows konfiguriert, und wird plötzlich ein anderer Provider für die automatisch hergestellte Internetverbindung verwendet? Dann rufen Sie die Registerkarte *Verbindungen* auf und markieren die von Ihnen bevorzugte Verbindung im Feld *Einstellungen für VPN- und Einwählverbindungen*. Anschließend markieren Sie die Option *Immer Standardverbindung wählen* und klicken auf die nun freigegebene Schaltfläche *Als Standard*. Danach ist das Eigenschaftenfenster über die *OK*-Schaltfläche zu schließen.

Die Internetverbindung bricht immer ab

Treten bei Ihnen Verbindungsabbrüche bei der Einwählverbindung während einer Internetsitzung auf? Verwenden Sie ein analoges Modem für den Internetzugang, kann eine schlechte Leitungsqualität der Telefonverbindung die Ursache sein. Treten die Abbrüche der Internetverbindung nach einiger Zeit auf, wenn Sie gerade nichts tun (z. B. eine Internetseite lesen)? Dann dürfte eine zu kurz eingestellte Leerlaufzeit die Ursache sein.

1. Klicken Sie mit der rechten Maustaste im Ordnerfenster *Netzwerkverbindungen* die betreffende Wählverbindung an und wählen Sie im Kontextmenü den Befehl *Eigenschaften*. Bestätigen Sie die Abfrage der Benutzerkontensteuerung.

2. Wechseln Sie im Eigenschaftenfenster zur Registerkarte *Optionen* und kontrollieren Sie die Einstellung *Leerlaufzeit, nach der aufgelegt wird* (Abbildung 7.19). Setzen Sie den Wert ggf. herauf.

Abbildung 7.19: Optionen einer Wählverbindung

Bei Einwahlverbindungen per Modem oder ISDN, die im Minutentakt abgerechnet werden, sollten Sie das Listenfeld aber keinesfalls auf »Niemals« stellen. Wenn Sie die Registerkarte über die *OK*-Schaltfläche schließen, wird die Einstellung übernommen.

TIPP

Falls Sie mit den obigen Hinweisen die Verbindungsprobleme nicht lösen können, rufen Sie die Hilfe von Windows auf. Geben Sie in das Suchfeld den Begriff »Modem Probleme«, »Internetverbindung Probleme« oder Ähnliches ein, listet die Hilfe diverse Hyperlinks zum Aufruf der betreffenden Hilfeseiten auf.

Verwenden Sie ein Funknetzwerk und kommt es bei der WLAN-Verbindung ständig zu Verbindungsabbrüchen? Dann kann ein Störsender oder ein schwaches Signal die Ursache sein (siehe den Abschnitt »Die WLAN-Verbindung macht Probleme« ab Seite 334).

7.2.3 Der Durchsatz der Internetverbindung ist zu gering

Haben Sie das Gefühl, dass Downloads sehr zäh ablaufen oder die Webseiten ganz langsam im Browser angezeigt werden. Dies kann verschiedene Ursachen haben:

» Bei Mobilfunk- oder Modemverbindungen kann eine schlechte Leitungsstrecke bzw. Verbindungsqualität die Ursache für stark reduzierte Übertragungsraten sein. Beim Aufbau der Verbindung zeigt eine QuickInfo in der Taskleiste die vom Modem erreichte Transferrate an. Bei sehr schlechten Werten hilft es, die Verbindung sofort zu beenden und dann neu aufzubauen.

» Bei DSL-Breitbandverbindungen muss es nicht immer sein, dass die von Ihnen im Tarif »gebuchte« Geschwindigkeit bereitgestellt wird. Viele Provider drosseln die DSL-Geschwindigkeit, und auch die Leitungsqualität kann zu einem Verlust an Übertragungskapazität führen. Unter *http://ww.wieistmeineip.de/speedtest* [gbeh-k7-011] können Sie zumindest grob die DSL-Übertragungsgeschwindigkeit überprüfen.

» Lassen sich andere Internetseiten schneller abrufen, liegt es am Server, auf dem die Seiten abgelegt sind. Bei Downloads sollten Sie dann prüfen, ob ggf. alternative Webserver vorhanden sind. Oder Sie versuchen den Download zu einem späteren Zeitpunkt erneut.

» Die Auslastung des Internets oder die Zahl der Internetnutzer, die gerade bei Ihrem Provider angemeldet sind, bestimmen die Übertragungsrate. Sie können die Übertragungsrate zu anderen Zeitpunkten testen, um »Stauzeiten« im Internet zu umgehen.

» Ein spezielles Problem können auch sogenannte Internet-Security-Suites diverser Anbieter sein, die den Internetverkehr filtern und zu erheblichen Leistungseinbußen oder gar zu Verbindungsabbrüchen führen. Hier empfiehlt es sich, testweise die Security-Suite komplett zu deinstallieren und ggf. auch das vom Hersteller angebotene Clean Tool ausführen zu lassen. Danach prüfen Sie die Verbindungsgeschwindigkeit. Ist diese danach in Ordnung, empfiehlt sich die Verwendung eines Virenscanners wie der kostenlosen Microsoft Security Essentials in Verbindung mit der Windows-Firewall.

Vermuten Sie Ihren Internetanbieter als Leistungsbremse? Sofern Sie per Modem oder ISDN ins Internet gehen, können Sie verschiedene Internet-by-Call-Anbieter testen. Laden Sie sich den kostenlosen SmartSurfer unter *http://smartsurfer.web.de* [gbeh-k7-012] herunter. Dieser Tarifsurfer zeigt Ihnen die aktuellen Internettarife an und ermöglicht eine komfortable Einwahl bei verschiedenen Internet-by-Call-Anbietern.

INFO Gelegentlich kann es auch helfen, das Autotuning der TCP-IP-Verbindung zu deaktivieren. Die erforderlichen Befehle (z.B. *netsh interface tcp set global autotuning=disabled*) zum Ein-/Ausschalten des Autotuning lassen sich z.B. unter *http://www.speedguide.net/faq_in_q.php?qid=247* [gbeh-k7-013] nachlesen. Bricht der Datendurchsatz über Internet- und Netzwerkverbindungen nach einer Weile stark ein, kann es sein, dass die Autotuning-Funktion nicht mehr arbeitet. Microsoft hat unter *http://support.microsoft.com/kb/983528/en* [gbeh-k7-014] einen entsprechenden Fix bereitgestellt.

7.2.4 Webseiten sind nicht erreichbar

Lassen sich Webseiten im Browser nicht abrufen? Dies kann verschiedene Ursachen haben:

» Wird eine Webseite beim Aufruf nicht aktualisiert, prüfen Sie zuerst, ob der Browser ggf. auf Offlinebetrieb umgestellt wurde. Im Internet Explorer öffnen Sie das Menü der Schaltfläche *Extras* und wählen den Befehl *Offlinebetrieb*. Im Firefox 3.x wählen Sie im Menü *Datei* den Befehl *Offline arbeiten*.

» Wird statt der Webseite eine Fehlerseite angezeigt? Möglicherweise wurde die betreffende Webseite aus dem Netz genommen, was zu einer Fehlerseite führt. Tippen Sie dagegen eine Webadresse ein (z.B. *www.microsoft.de*), die Seite wird aber von einer anderen Internetadresse geladen? Dann hat der Anbieter der Webseiten eine Umleitung für die betreffende Internetadresse eingerichtet. Sofern das erwartete Angebot angezeigt wird, ist dies in Ordnung.

» Dauert es ewig, bis die Seite erscheint oder zeigt der Browser eine Diagnoseseite an? Manchmal ist der Webserver überlastet oder abgestürzt. Prüfen Sie einfach anhand anderer Internetseiten, ob das Problem auf einzelne Sites eingrenzbar ist. Wenn Sie die Eingabeaufforderung öffnen, können Sie mit dem Befehl *ping* < url > (z.B. *ping www.spiegel.de*) prüfen, ob der im Platzhalter < url > angegebene Server überhaupt antwortet. Manchmal hilft es, den Seitenabruf zu einem späteren Zeitpunkt nochmals zu versuchen.

Probleme mit dem Internetzugang

Klappt ggf. das Ansprechen der Webserver über den *ping*-Befehl, das Abrufen der Webseiten im Browser scheitert aber? Sofern Sie eine Sicherheitslösung (Internet-Security-Suite) mit integriertem Virenscanner samt Firewall unter Windows installiert haben, könnte das die Ursache sein. Gerade ältere Internet-Security-Suites diverser Hersteller weisen dieses Verhalten unter Windows 7 auf. In diesen Fällen sollten Sie die betreffende Sicherheitslösung des Fremdherstellers komplett deinstallieren und dann testen, ob die Internetverbindung aufgebaut werden kann.

Solche Security-Suites können auch die Ursache sein, wenn nach dem Eintippen einer Webseite plötzlich eine gänzlich andere Seite erscheint. Bevor Sie die Security-Suite deinstallieren, sollten Sie aber das Fenster der administrativen Eingabeaufforderung öffnen (*cmd* [Strg] + [⇧] + [↵] in das Suchfeld des Startmenüs eintippen). Dann geben Sie den Befehl *ipconfig /flushdns* in der Eingabeaufforderung ein und testen anschließend, ob das Problem behoben ist.

Kapitel 8
Probleme mit E-Mail und WWW

In diesem Kapitel finden Sie Hinweise auf Probleme, die mit dem Internet Explorer 8 sowie dem Firefox 3.x beim Surfen im Internet auftreten können. Zudem wird auf Probleme im Zusammenhang mit E-Mails eingegangen.

8.1 Kleine und große Probleme beim Surfen

Wer im World Wide Web surft, stößt auf größere und kleinere Probleme, die sich oft mit dem notwendigen Wissen beheben lassen. Da der Großteil der Anwender mit dem in Windows enthaltenen Internet Explorer 8 arbeitet, liegt der Schwerpunkt der behandelten Probleme auch auf diesem Programm sowie auf dem Firefox 3.x (wobei Internet Explorer 9 und Firefox 4 mit adressiert werden).

8.1.1 Der Internet Explorer stürzt ab bzw. funktioniert nicht

Tut sich nach dem Starten des Internet Explorers gar nichts, d.h., das Fenster des Programms erscheint nicht? Meldet der Internet Explorer nach dem Aufruf, dass ein Problem festgestellt wurde und das Programm beendet werden muss? Stürzt das Programm beim Abrufen diverser Webseiten oder bei Anwahl einer neuen Registerseite ab? Oder gibt es sonst ungewöhnliche Funktionseinschränkungen?

» In den meisten Fällen sind fehlerhaft programmierte Add-Ons die Ursache für dieses Fehlerbild (siehe *http://www.borncity.com/blog/2007/08/09/internet-explorer-funktioniert-nicht-mehr/* [gbeh-k8-001]). Starten Sie den Browser im abgesicherten Modus ohne Add-Ons. Hierzu finden Sie den Eintrag *Internet Explorer (ohne Add-Ons)* im Startmenü im Zweig *Alle Programme/Zubehör/Systemprogramme*. Alternativ können Sie in das Schnellsuchfeld des Windows-Startmenüs den Befehl *iexplore –extoff*⏎ eingeben. Startet der Internet Explorer und erscheint eine lokale Webseite mit dem Hinweis, dass der Internet Explorer momentan ohne Add-Ons ausgeführt wird? Testen Sie nun, ob die Abstürze weiterhin auftreten. Funktioniert der Browser, sind fehlerhafte Add-Ons als Ursache nachgewiesen.

» Erscheint beim Aufruf des Internet Explorers mit den Add-Ons dagegen eine Fehlermeldung, in der der Name der problematischen DLL-Datei als Problemursache aufgeführt wird? Suchen Sie im Internet nach dem Namen der DLL-Datei. Meist finden sich dort Hinweise, zu welchem Add-On diese DLL-Datei gehört. Anschließend sollten Sie über die Systemsteuerung das Dialogfeld *Programme und Funktionen* aufrufen und das fehlerhafte Add-On deinstallieren.

» Kann der Internet Explorer gestartet werden, und tauchen die Probleme beim Zugriff auf Internetseiten oder beim Wechsel zu einer neuen Registerkarte Å im Browserfenster auf? Dann sollten Sie die Add-Ons entsprechend den nachfolgenden Hinweisen schrittweise deaktivieren und den Browser testen.

Zum Abschalten einzelner Add-Ons öffnen Sie im Internet Explorer das Menü der Schaltfläche *Extras* (Abbildung 8.2, Hintergrund, sowie Abbildung 8.1, Hintergrund) und wählen den Befehl *Add-Ons verwalten*. Im Dialogfeld *Add-Ons verwalten* (Abbildung 8.1, Vordergrund) können Sie über das Listenfeld *Anzeigen* zwischen den Add-On-Kategorien wechseln. Dann lassen sich die eingeblendeten Einträge per Mausklick markieren und über die *Deaktivieren*-Schaltfläche abschalten. Deaktivieren Sie alle Add-Ons und versuchen Sie dann durch schrittweises Neuaktivieren, die problematische Komponente herauszufinden.

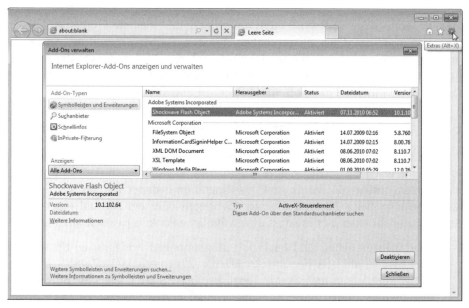

Abbildung 8.1: Add-On-Verwaltung im Internet Explorer 9

TIPP Browsererweiterungen von Drittanbietern können Sie zum Test auch zentral abschalten. Wählen Sie im Menü der Schaltfläche *Extras* den Befehl *Internetoptionen*. Anschließend können Sie auf der Registerkarte *Erweitert* die Markierung des Kontrollkästchens *Browsererweiterungen von Drittanbietern aktivieren* löschen. Wenn Sie den Internet Explorer neu starten, werden die betreffenden Erweiterungen nicht mehr ausgeführt.

8.1.2 Den Internet Explorer zurücksetzen

Macht der Browser extreme Probleme und lassen sich Add-Ons als Ursache ausschließen, kann eine Fehlkonfiguration den Effekt verursachen. In diesem Fall hilft es möglicherweise, den Internet Explorer auf Werkseinstellungen zurückzusetzen.

Kleine und große Probleme beim Surfen

1. Klicken Sie auf die Menüschaltfläche *Extras* (Abbildung 8.2, Hintergrund, sowie Abbildung 8.1, Hintergrund) und wählen Sie den Befehl *Internetoptionen*.

2. Wechseln Sie im Eigenschaftenfenster zur Registerkarte *Erweitert* und klicken Sie anschließend auf die Schaltfläche *Zurücksetzen* (Abbildung 8.2, Vordergrund).

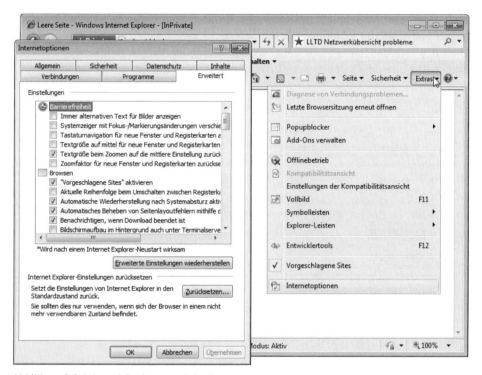

Abbildung 8.2: Internet Explorer zurücksetzen

Nach diesem Schritt befindet sich der Browser wieder im Ursprungszustand, und Sie können testen, ob der Fehler behoben ist.

Im Internet Explorer 9 lassen sich viele der in diesem Kapitel beschriebenen Techniken ebenfalls einsetzen. Da Microsoft die Symbolleiste gegenüber dem Internet Explorer 8 verändert hat, erfolgt der Zugriff auf die Internetoptionen aber über die Schaltfläche *Extras* (mit dem Symbol eines Zahnrads). Einige Befehle werden zudem über andere Menüschaltflächen aufgerufen. Drücken Sie im Zweifelsfall kurz die [Alt]-Taste, um die Menüleiste temporär einzublenden. Anschließend können Sie bei Bedarf im Menü *Ansicht* über den Befehl *Symbolleisten* die aus dem Internet Explorer 8 bekannte Befehlsleiste einblenden.

INFO

Den Internet Explorer 8 neu installieren

Soll eine beschädigte Installation des Internet Explorer 8 repariert werden, hilft die Neuinstallation. Unter Windows 7 geben Sie »Feature« in das Suchfeld des Startmenüs ein und wählen den Befehl *Windows-Funktionen aktivieren oder deaktivieren*. Dann lässt sich im gleichnamigen Dialogfeld (Abbildung 8.3) die Markierung des Kontrollkästchens für den Internet Explorer löschen. Beim Schließen des Dialogfelds über die *OK*-Schaltfläche wird der Browser deinstalliert. Führen Sie nach einem Neustart die gleichen Schritte aus, markieren aber jetzt das Kontrollkästchen des Internet Explorers erneut. Windows installiert dann den Browser wieder und stellt sicher, dass die Browserkomponenten korrekt eingerichtet sind.

Abbildung 8.3: Internet Explorer 8 aktivieren/deaktivieren

INFO Weitere Hinweise zur Problembehebung im Internet Explorer finden Sie unter *http://www.iefaq.info/* [gbeh-k8-002] in der von Kai Schätzl geführten deutschsprachigen Internet Explorer-FAQ.

Bei installiertem Internet Explorer 9 verschwindet der Eintrag für den Internet Explorer 8 im Dialogfeld (Abbildung 8.3). Sie finden den Eintrag zum Deinstallieren ggf. unter *Installierte Updates* der Seite *Programme und Funktionen*. Dort lässt sich der Browser deinstallieren.

8.1.3 Probleme mit Leisten des Internet Explorers

Haben Sie Probleme mit den Adress- und Symbolleisten des Internet Explorers 8? Oder vermissen Sie unter Windows 7 die Menüleiste im Internet Explorer?

» Um die Menüleiste temporär im Browserfenster einzublenden, reicht ein kurzes Drücken der [Alt]-Taste. Öffnen Sie das Menü der Schaltfläche *Extras*, lässt sich die Menüleiste im Internet Explorer 8 durch Anwahl der Befehle *Symbolleisten/Menüleiste* (Abbildung 8.4, Hintergrund) dauerhaft im Browserfenster einblenden.

Kleine und große Probleme beim Surfen

» Fehlt die Statusleiste am unteren Rand des Internet Explorers? Blenden Sie die Menüleiste ein und wählen Sie im Menü *Ansicht* den Befehl *Symbolleisten/ Statusleiste* an. Prüfen Sie, ob der Befehl mit einem Häkchen markiert ist. Falls nicht, wählen Sie den Befehl per Mausklick an.

» Sind plötzlich Symbolleisten verschwunden oder neu hinzugekommen? Öffnen Sie das Menü *Extras* (oder wählen Sie in der eingeblendeten Menüleiste den Eintrag *Ansicht*) und klicken Sie auf den Befehl *Symbolleisten*. Im Untermenü des Befehls werden alle verfügbaren Leisten aufgeführt.

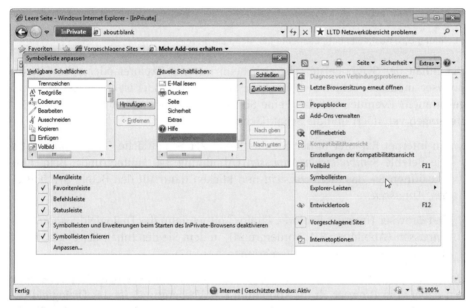

Abbildung 8.4: Leisten des Internet Explorers 8 verwalten

Ein Häkchen im Untermenü des Befehls *Symbolleisten* signalisiert, dass die Leiste angezeigt wird. Klicken Sie auf einen dieser Befehle, um das Häkchen zu setzen oder zu löschen und damit die Leiste ein- bzw. auszublenden.

Die obigen Ansätze lassen sich sinngemäß auch im Firefox-Browser nutzen, um Symbol- und Statusleisten ein-/auszublenden. Die betreffenden Befehle finden Sie beim Firefox 3.x im Menü *Ansicht*. Beim Firefox 4.x können Sie die fehlende Menüleiste übrigens durch kurzes Drücken der [Alt]-Taste einblenden. Dann lassen sich die in diesem Kapitel beschriebenen Funktionen ebenfalls verwenden.

INFO

8.1.4 Symbolleisteneinträge sind verschwunden

Sind bei Ihnen plötzlich Schaltflächen in den Symbolleisten des Browserfensters verschwunden oder tauchen neue Schaltflächen auf? Eine Möglichkeit ist, dass das Fenster einfach zu klein zur Anzeige der Schaltflächen ist. Dann werden die am rechten Rand der Symbolleiste befindlichen Schaltflächen nicht mehr angezeigt.

Beim Internet Explorer und Firefox wird daraufhin ein Symbol mit zwei nach rechts weisenden Pfeilen am rechten Rand der Symbolleiste eingeblendet (Abbildung 8.5). Klicken Sie dieses Symbol an, öffnet sich ein Menü, welches die ausgeblendeten Schaltflächen bzw. Befehle aufweist.

Abbildung 8.5: Ausgeblendete Elemente per Menü abrufen

Der Inhalt der Symbolleiste lässt sich beim Internet Explorer oder beim Firefox-Browser anpassen. Fehlen Symbole bzw. Schaltflächen oder ist etwas Neues hinzugekommen? Eventuell hat dann eine Software oder ein anderer Benutzer die Einstellungen verändert und die Schaltflächen entfernt.

1. Im Internet Explorer öffnen Sie das Menü der Schaltfläche *Extras* und wählen die Befehle *Symbolleisten/Anpassen* (Abbildung 8.4, Hintergrund). Beim Firefox öffnen Sie das Menü *Ansicht* und klicken dann auf den Befehl *Symbolleisten/Anpassen*.

2. Der Browser (Internet Explorer, Firefox) öffnet dann das Dialogfeld *Symbolleiste anpassen* (Abbildung 8.4, Vordergrund), in dem Sie den Inhalt der Symbolleiste nach Ihren Wünschen gestalten können.

Der Aufbau des Dialogfelds sowie die genaue Vorgehensweise beim Anpassen hängen dabei vom Browser ab. In Abbildung 8.4, Vordergrund, ist das Dialogfeld des Internet Explorers 8 zu sehen. In der Liste *Verfügbare Schaltflächen* finden Sie die fehlenden Schaltflächen, während die Liste *Aktuelle Schaltflächen* die Einträge der aktuellen Symbolleiste auflistet. Markieren Sie einen Eintrag und klicken Sie dann auf die Schaltflächen *Hinzufügen* bzw. *Entfernen*.

Beim Firefox listet das Dialogfeld *Symbolleiste anpassen* die verfügbaren Symbole auf. Sie können dann optional eine neue Symbolleiste mittels der Schaltfläche *Neue Symbolleiste* anlegen. Anschließend ziehen Sie einfach die Schaltflächen bei gedrückter linker Maustaste zur betreffenden Symbolleiste. Umgekehrt können Sie auch Schaltflächensymbole aus einer Leiste zum Dialogfeld zurückziehen, um diese in der Leiste zu entfernen. Sobald Sie das Dialogfeld über die *Fertig*-Schaltfläche schließen, wird die Änderung übernommen.

INFO   Zeigt die Titelleiste des Internet Explorers 8 einen Werbetext? Um den Text der Titelleiste im Internet Explorer anzupassen, suchen Sie im Registrierungs-Editor den Zweig *HKEY_CURRENT_USER\Software\Microsoft\Internet Explorer\Main*. Finden Sie dort den Zeichenkettenwert *Window Title* vor, können Sie dessen Titeltext anpassen oder den Wert löschen.

Sind im Menü der Schaltfläche *Seite* (Internet Explorer 8) die Befehle *Seite über E-Mail senden* oder *Link über E-Mail senden* grau abgeblendet und gesperrt. Sofern ein E-Mail-Programm wie Windows Live Mail installiert ist, wählen Sie im Startmenü den Befehl *Standardprogramme* und klicken im angezeigten Dialogfeld auf *Standardprogramme festlegen*. Danach wählen Sie den Eintrag für das E-Mail-Programm (z.B. *Windows Live Mail*) in der Programmliste und klicken anschließend im rechten Teil der Seite auf den Befehl *Dieses Programm als Standard festlegen*.

8.1.5 Browserinhalt ist sehr groß oder sehr klein

Wundern Sie sich, dass die Texte bzw. Inhalte von Webseiten plötzlich riesig groß erscheinen oder kaum noch lesbar sind, weil die Buchstaben so winzig angezeigt werden? Dann hat jemand den Zoomfaktor der Anzeige im Browser umgestellt. Im **Internet Explorer 8** öffnen Sie das Menü der in der rechten unteren Ecke sichtbaren Schaltfläche und wählen einen Zoomfaktor aus (Abbildung 8.6). Im Internet Explorer 9 ist ggf. die Statusleiste über den Befehl *Symbolleisten* des Menüs *Ansicht* einzublenden. Beim **Firefox** öffnen Sie im Menü *Ansicht* das Untermenü *Zoom*. Dort finden Sie Befehle, um den Schriftgrad der Darstellung zu erhöhen oder zu verringern.

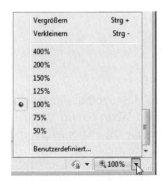

Abbildung 8.6: Vergrößerungsfaktor im Internet Explorer einstellen

Schneller geht es, wenn Sie die Tastenkombination [Strg] + [+] und [Strg] + [-] zum stufenweisen Vergrößern bzw. Verkleinern der Anzeige benutzen. Als weitere Möglichkeit bietet sich noch die stufenlose Skalierung der Anzeige an, die sich bei gedrückter Ÿ-Taste über das Mausrädchen vornehmen lässt.

> **TIPP**
> Drücken Sie die [Alt]-Taste, können Sie im Menü *Ansicht* des Internet Explorers den Befehl *Textgröße* wählen. Im Untermenü finden Sie weitere Befehle zur Anpassung der Schriftgröße im Browserfenster. Beim Firefox wählen Sie im Menü *Ansicht* den Befehl *Zoom/Nur Text zoomen*. Dann wirkt sich der Zoomfaktor nur auf Texte aus.

Sind die Browserfenster beim Öffnen immer zu klein oder zu groß? Internet Explorer und Firefox speichern die Größeneinstellung des zuletzt geöffneten Fensters. Passen Sie daher die Fenstergröße vor dem Schließen des Browsers an Ihre Wünsche an. Dann wird diese Größe beim nächsten Öffnen übernommen. Über die Funktionstaste [F11] lässt sich die Darstellung übrigens zwischen dem Fenster- und dem Kioskmodus umschalten. Im Kioskmodus steht fast der gesamte Bildschirm zur Anzeige der Webseite zur Verfügung.

8.1.6 Der Browser startet mit einer bestimmten Internetseite

Ruft der Browser beim Starten automatisch eine bestimmte Internetseite auf? Dann hat der Benutzer oder ein Programm die Startseite des Browsers verändert. Wählen Sie im Menü (oder im Menü der Schaltfläche) *Extras* des Browserfensters den Befehl *Internetoptionen* (Internet Explorer) bzw. *Einstellungen* (Firefox). Der Browser öffnet dann das Eigenschaftenfenster mit den Einstelloptionen. Im **Internet Explorer** gehen Sie zur Registerkarte *Allgemein* und wählen dort die Schaltfläche *Leere Seite* (Abbildung 8.7).

Abbildung 8.7: Startseite im Internet Explorer einstellen

Im **Firefox** klicken Sie im Dialogfeld *Einstellungen* auf das Symbol *Allgemein*. Anschließend können Sie im Dialogfeld über das Listenfeld *Wenn Firefox gestartet wird* den Wert »Leere Seite anzeigen« einstellen. Schließen Sie die Dialogfelder und starten Sie den Browser neu, sollte dieser eine leere Webseite anzeigen.

INFO Hilft der obige Ansatz nicht weiter, weil beim nächsten Aufruf des Browsers oder nach dem nächsten Windows-Start erneut eine fremde Startseite erscheint? Dann sind Sie das Opfer einer Browser-Hijacking-Attacke geworden. Auch wenn dies unter Windows 7 seltener vorkommt, sorgt eine Browserkomponente für die Anzeige der Startseite. Dies kann z.B. ein Suchprovider sein, den Sie von einer Internetseite als Add-On heruntergeladen haben (siehe auch nachfolgender Abschnitt). Auch Browser-Toolbars, ActiveX- oder Java-Komponenten können solche Funktionen beinhalten. Auf der Internetseite *http://www.borncity.com/blog/2010/11/17/internet-explorer-startseite-verndert/* [gbeh-k8-004] gebe ich einige Hinweise, wie sich die Ursache für veränderte Startseiten identifizieren und korrigieren lässt. Die Internetseite *http://www.trojaner-info.de/hijacker/index.shtml* [gbeh-k8-003] liefert weitere Informationen zu diesem Thema.

8.1.7 Der Suchanbieter des Browsers ist verändert

Geben Sie einen Begriff in das Suchfeld des Browsers ein, verwendet der Internet Explorer die Microsoft-Suchmaschine Bing, während der Firefox auf Google oder Yahoo setzt. Öffnen Sie das Menü des Suchfelds, lassen sich in beiden Browsern andere eingerichtete Anbieter für die Suche auswählen (Abbildung 8.8).

Abbildung 8.8: Suchstandards einstellen (IE 8 links, Firefox rechts)

Weiterhin können in beiden Browsern zusätzliche Suchanbieter eingerichtet werden. Hierzu öffnen Sie im Browser das Menü des Suchfelds und wählen im **Internet Explorer 8** den Befehl *Suchanbieter verwalten* (Abbildung 8.8, links). Beim Internet Explorer 9 wählen Sie den Befehl *Add-Ons verwalten* der Menüschaltfläche *Extras*. Anschließend können Sie beim Internet Explorer im Dialogfeld *Add-Ons verwalten* (Abbildung 8.9, links) Suchanbieter anklicken und löschen oder als Standard vorgeben. Über den Hyperlink *Weitere Suchanbieter suchen* lässt sich eine Webseite öffnen, die Informationen zum Installieren neuer Suchanbieter wie Google etc. enthält.

Im **Firefox** (Abbildung 8.8, rechts) wählen Sie den Befehl *Suchmaschinen verwalten*. Dann wird das Dialogfeld *Liste der Suchmaschinen verwalten* angezeigt (Abbildung 8.9, rechts). Markieren Sie einen Eintrag, lässt sich dieser über Schaltflächen nach oben oder unten in der Suchliste verschieben oder löschen. Der oberste Eintrag der Liste definiert den Standardsuchanbieter.

Über den Hyperlink *Weitere Suchmaschinen hinzufügen* öffnen Sie ebenfalls eine Internetseite, auf der Add-Ons für den Firefox heruntergeladen und als Suchanbieter installiert werden können.

Kapitel 8 • Probleme mit E-Mail und WWW

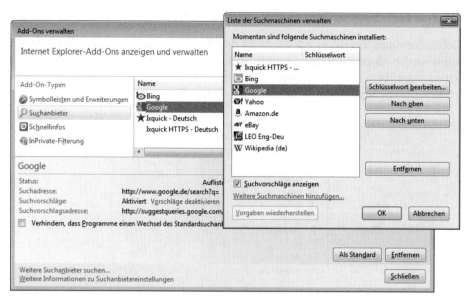

Abbildung 8.9: Suchanbieter verwalten (IE Hintergrund, Firefox Vordergrund)

8.1.8 Internetseiten sind nicht erreichbar

Haben Sie die URL einer bestimmten Internetseite in die Adressleiste des Browsers eingetippt, es erscheint jedoch der Hinweis, dass die Seite nicht gefunden wurde? Oder es wird eine leere Seite bzw. eine völlig unerwartete Seite im Browser angezeigt? Neben den in Kapitel 7 im Abschnitt »Webseiten sind nicht erreichbar« genannten Ursachen wie nicht kompatible Internet-Security-Suites kann es sein, dass ein Schadprogramm Ihre *hosts*-Datei manipuliert hat (z.B. um den Zugriff auf die Webseiten der Hersteller von Virenschutzprogrammen zu unterbinden).

1. Tippen Sie *notepad* in das Suchfeld des Startmenüs ein und drücken Sie die Tastenkombination [Strg] + [⇧] + [↵], um den Windows-Editor mit Administratorrechten zu starten.

2. Wählen Sie im Menü *Datei* den Befehl *Öffnen* und navigieren Sie im Dialogfeld *Öffnen* zum Ordner *Windows\System32\drivers\etc* des Systemlaufwerks. Öffnen Sie die Datei *hosts* im Windows-Editor (um die Datei zu sehen, ist das Listenfeld zur Auswahl des Dateityps auf »Alle Dateien (*.*)« zu stellen).

3. Prüfen Sie im Windows-Editor, ob dort die URLs der betreffenden Webseiten eingefügt sind (Abbildung 8.10). Falls ja, können Sie die betreffenden Einträge entfernen und dann die Datei speichern.

Die Datei *hosts* lässt sich verwenden, um DNS-Einträge der Art *www.xyz.com* direkt auf IP-Adressen umzuleiten. Standardmäßig finden sich nur einige Kommentarzeilen in der Datei. Trägt ein Schadprogramm nun eine IP-Adresse und eine URL in die Datei ein, wird bei Eingabe der URL immer die Webseite unter der angegebenen Adresse abgerufen.

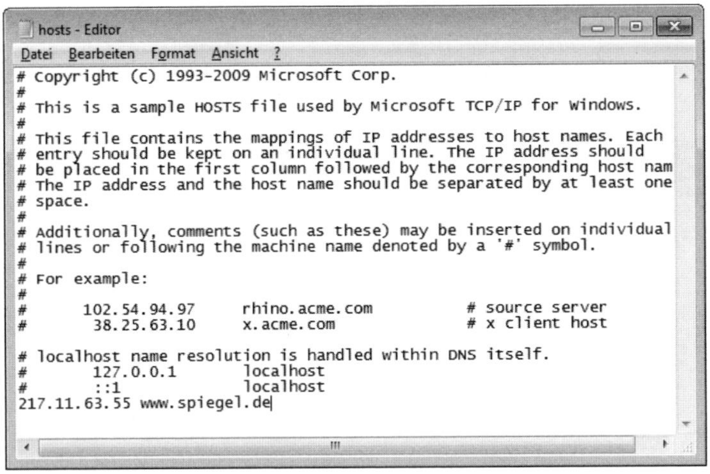

```
# hosts - Editor
Datei  Bearbeiten  Format  Ansicht  ?
# Copyright (c) 1993-2009 Microsoft Corp.
#
# This is a sample HOSTS file used by Microsoft TCP/IP for windows.
#
# This file contains the mappings of IP addresses to host names. Each
# entry should be kept on an individual line. The IP address should
# be placed in the first column followed by the corresponding host nam
# The IP address and the host name should be separated by at least one
# space.
#
# Additionally, comments (such as these) may be inserted on individual
# lines or following the machine name denoted by a '#' symbol.
#
# For example:
#
#      102.54.94.97     rhino.acme.com          # source server
#       38.25.63.10     x.acme.com              # x client host

# localhost name resolution is handled within DNS itself.
#       127.0.0.1       localhost
#       ::1             localhost
217.11.63.55 www.spiegel.de
```

Abbildung 8.10: Umleitung einer Webseite über die *hosts*-Datei

8.1.9 Cookie-Sperre blockiert Internetseiten

Versuchen Sie, eine Internetseite abzurufen, der Browser meldet aber, dass diese ohne aktivierte Cookies nicht funktioniert? Oder klappt eine Anmeldung an einer Webseite nicht, obwohl Sie sicher sind, Benutzername und Kennwort korrekt eingegeben zu haben? Dann haben Sie die Annahme von Cookies entweder generell oder für diese Webseite blockiert.

» Um die Cookie-Einstellungen im **Firefox**-Browser anzupassen, wählen Sie im Menü *Extras* den Befehl *Einstellungen*. Im Dialogfeld *Einstellungen* (Abbildung 8.11, Hintergrund) ist die Schaltfläche *Datenschutz* anzuklicken. Zur Cookie-Annahme sollte im Dialogfeld das Kontrollkästchen *Cookies akzeptieren* markiert sein. Die Option *Cookies von Drittanbietern akzeptieren* kann deaktiviert werden. Über das Listenfeld *Behalten bis* lässt sich einstellen, wie der Browser Cookies behandeln soll. Über die Schaltfläche *Ausnahmen* öffnen Sie das in Abbildung 8.11, links, angezeigte Dialogfeld. Tragen Sie dort die Adresse der Webseite in das Feld *Adresse der Website* ein und klicken Sie auf die Schaltfläche *Für diese Sitzung erlauben*. Sofern Sie die Seite häufiger aufrufen und Cookies generell zulassen wollen, verwenden Sie die Schaltfläche *Erlauben*. Anschließend verlassen Sie die Dialogfelder über die *Schließen*-Schaltfläche. Möchten Sie einzelne Cookies kontrollieren oder löschen? Wählen Sie im Dialogfeld *Einstellungen* die Schaltfläche *Cookies anzeigen*. Das sich öffnende Dialogfeld (Abbildung 8.11, rechts) listet alle Cookies auf. Markieren Sie ggf. ein unerwünschtes Cookie und klicken Sie auf die Schaltfläche *Cookie entfernen*. Oder Sie verwenden die Schaltfläche *Alle Cookies entfernen*, um die gespeicherten Cookies zu löschen.

Kapitel 8 • Probleme mit E-Mail und WWW

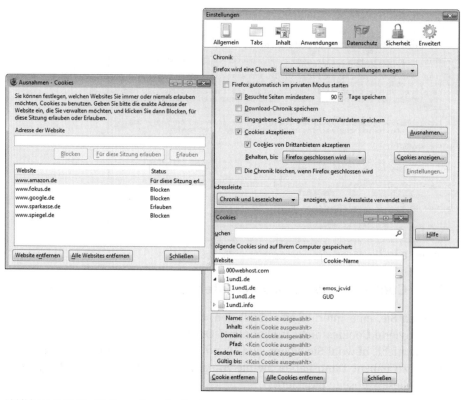

Abbildung 8.11: Cookie-Verwaltung im Firefox

» Im **Internet Explorer** wählen Sie im Menü der Schaltfläche *Extras* den Befehl *Internetoptionen* und wechseln im Eigenschaftenfenster zur Registerkarte *Datenschutz* (Abbildung 8.12, Hintergrund, rechts). Anschließend klicken Sie auf die Schaltfläche *Erweitert* und markieren dort das Kontrollkästchen *Automatische Cookiebehandlung aufheben*. Die Optionsfelder der Gruppen *Cookies von Erstanbietern* und *Cookies von Drittanbietern* setzen Sie auf *Bestätigen* (Abbildung 8.12, unten). Diese Einstellung bewirkt später die Anzeige eines Dialogfelds, sobald eine Webseite ein Cookie ablegen möchte. Sie können dann über Kontrollkästchen und Schaltflächen dieses Dialogfelds festlegen, ob das Cookie einmalig oder dauernd akzeptiert oder abgelehnt wird. Um eine bereits blockierte Cookie-Annahme für eine Website wieder zuzulassen, wählen Sie auf der Registerkarte *Datenschutz* die Schaltfläche *Sites*. In dem dann geöffneten Dialogfeld (Abbildung 8.12, links) werden alle Websites aufgeführt, für die eine Cookie-Behandlung definiert ist. Suchen Sie die Adresse der gewünschten Website. Ist diese als »Blockiert« in der Liste aufgeführt, markieren Sie den Eintrag und klicken auf die Schaltfläche *Entfernen*. Soll die Website permanent Cookies ablegen dürfen, tippen Sie deren Adresse in das Feld *Adresse der Website* ein und betätigen dann die Schaltfläche *Zulassen*.

Kleine und große Probleme beim Surfen

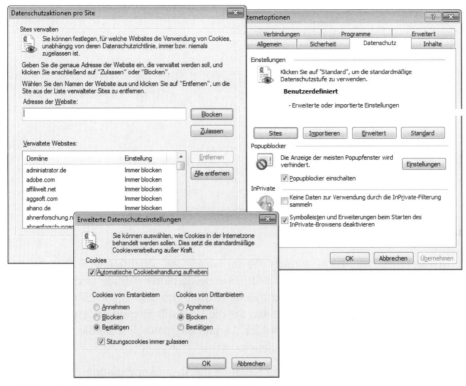

Abbildung 8.12: Cookie-Verwaltung im Internet Explorer

Schließen Sie die Dialogfelder und Registerkarten über die *OK*-Schaltfläche, sollte spätestens beim erneuten Aufruf des Browsers die Cookie-Behandlung nach den eingestellten Vorgaben erfolgen (oft ist nicht einmal der Neustart des Browsers erforderlich).

8.1.10 Die Surfspuren sollen entfernt werden

Beim Surfen im Internet speichert der benutzte Browser die besuchten Internetseiten, deren URLs und Cookies etc. auf dem lokalen Rechner. Aber auch Kennworteingaben in Webseiten oder Formulareingaben werden u.U. vom Browser aufgezeichnet. Möchten Sie solche Spuren entfernen, um z.B. Missbrauch durch gespeicherte Formulareingaben oder Kennwörter oder das Ausspionieren Ihrer Surfgewohnheiten zu verhindern? Die Vorgehensweise hängt vom Browser ab.

» Im Firefox 3.x wählen Sie im Menü *Extras* den Befehl *Neueste Chronik löschen*. Blenden Sie im Dialogfeld *Neueste Chronik löschen* über die Schaltfläche *Details* die Optionen ein und passen Sie die Markierung der Kontrollkästchen der zu löschenden Elemente an. Klicken Sie danach auf die Schaltfläche *Jetzt löschen* (Abbildung 8.13).

Kapitel 8 • Probleme mit E-Mail und WWW

Abbildung 8.13: Daten im Firefox löschen

» Im Internet Explorer 8 wählen Sie im Menü der Schaltfläche *Sicherheit* den Befehl *Browserverlauf löschen*. Beim Internet Explorer 9 findet sich der Befehl *Sicherheit* im Menü der Schaltfläche *Extras*. Im Dialogfeld *Browserverlauf löschen* (Abbildung 8.14) markieren Sie die Kontrollkästchen der zu löschenden Informationen (Kennwörter, Cookies, Verlauf etc.). Wählen Sie die Schaltfläche *Löschen*, um das Löschen einzuleiten.

In beiden Browservarianten können Sie auch die Tastenkombination [Strg] + [⇧] + [Entf] zum Aufruf des Dialogfelds wählen.

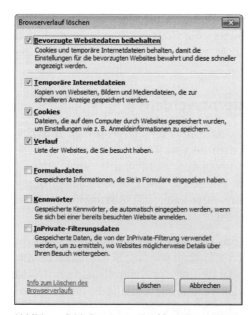

Abbildung 8.14: Browserverlauf im Internet Explorer löschen

362

Kleine und große Probleme beim Surfen

Möchten Sie, dass die temporären Internetdateien im Internet Explorer nach jeder Sitzung gelöscht werden, wählen Sie im Menü (der Schaltfläche) *Extras* den Befehl *Internetoptionen*. Dann wechseln Sie zur Registerkarte *Erweitert* und markieren im Abschnitt *Sicherheit* der Liste *Einstellungen* das Kontrollkästchen *Leeren des Ordners für temporäre Internetdateien beim Schließen des Browsers*. Beim Firefox können Sie im Menü *Extras* den Befehl *Einstellungen* wählen. Im Dialogfeld *Einstellungen* ist dann das Symbol *Datenschutz* anzuklicken. Dort finden Sie das Listenfeld *Firefox wird eine Chronik erstellen*, über welches Sie den Speichermodus festlegen. Zudem gibt es das Kontrollkästchen *Die Chronik löschen, wenn Firefox geschlossen wird*. Beide Browser unterstützen zudem einen Privatmodus, der sich im Internet Explorer über die Menüschaltfläche *Sicherheit*, Befehl *InPrivate-Browsen*, und im Firefox im Menü *Extras* über *Privaten Modus starten* aufrufen lässt. Oder Sie drücken die Tastenkombination [Strg]+[⇧]+[P].

INFO

Kann ich in die Adressleiste eingetippte URLs selektiv löschen?

Sobald Sie eine Webadresse in das Adressfeld des Browsers eintippen, wird diese intern gespeichert. Öffnen Sie das Listenfeld des Adressfelds, tauchen die eingetippten URLs wieder auf. Möchten Sie verhindern, dass Dritte über die bei Eingaben in das Adressfeld eingeblendete URL-Liste mitbekommen, welche Webseiten besucht wurden? Sie können den Privatmodus beim Surfen verwenden (siehe vorherige Seite). Verwenden Sie diesen Modus nicht? Wenn Sie den Verlauf leeren, wird auch die URL-Liste zurückgesetzt. Um lediglich einzelne Einträge beim Internet Explorer zu löschen, öffnen Sie das Listenfeld des Adressfelds und klicken auf das am rechten Rand des Eintrags eingeblendete *Löschen*-Symbol (Abbildung 8.15).

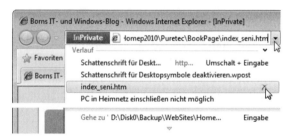

Abbildung 8.15: URL-Eintrag im Internet Explorer löschen

Beim Firefox öffnen Sie ebenfalls das Listenfeld mit den URL-Einträgen, wählen den gewünschten Eintrag mittels der Tasten [↑] und [↓] aus und drücken dann die [Entf]-Taste. Dann sollte diese URL beim erneuten Aufruf des Browsers nicht mehr in der URL-Liste auftauchen.

8.1.11 Probleme mit Grafiken im Internet Explorer

Arbeiten Sie mit dem Internet Explorer, und werden bei Grafikdateien nur noch Platzhalterzeichen (rotes X) angezeigt? Wählen Sie im Menü der Schaltfläche *Extras* den Befehl *Internetoptionen*. Anschließend aktivieren Sie auf der Registerkarte *Erweitert* das Kontrollkästchen *Bilder anzeigen aktivieren*.

Eine Ursache können auch defekte Registrierungseinträge sein. Prüfen Sie zuerst, ob im Schlüssel *HKEY_CLASSES_ROOT\.png* der Wert *Content Type* auf »"image/png"« gesetzt ist. Auf der Webseite *http://www.sevenforums.com/tutorials/19449-default-file-type-associations-restore.html* [gbeh-k8-007] finden Sie zusätzliche Informationen, um Registrierungseinträge für diverse Dateitypen zu erneuern.

Grafiken nur im BMP-Format speicherbar

Klicken Sie auf einer Webseite eine Grafik mit der rechten Maustaste an, lässt sich im Kontextmenü der Befehl *Bild speichern unter* wählen. Gibt es Probleme, weil sich JPEG-Grafiken nur im BMP- oder PNG-Format sichern lassen? Dann löschen Sie den Cache mit den temporären Internetdateien (siehe den Abschnitt »Die Surfspuren sollen entfernt werden« ab Seite 361). Wenn Sie den Browser anschließend erneut starten, sollten wieder das JPEG- und das BMP-Format zum Speichern von Grafikdateien zur Auswahl stehen.

TIPP Das Löschen der temporären Dateien im Cache-Speicher behebt auch einige andere Probleme, die beim Internet Explorer auftreten. Sofern Sie auf unerklärliche Phänomene stoßen, sollten Sie diese Maßnahme ausprobieren.

8.1.12 Der Download von Dateien klappt nicht mehr

Versuchen Sie, Dateien von Internetseiten herunterzuladen, der Download klappt aber nicht? Erscheint nach dem Anklicken des Download-Links ein Dialogfeld mit dem Hinweis, dass die aktuellen Sicherheitseinstellungen keinen Download erlauben (Abbildung 8.16)? In diesem Fall ist die Funktion zum Download im Internet Explorer blockiert.

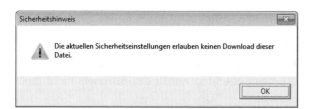

Abbildung 8.16: Gesperrter Download im Internet Explorer

1. Wählen Sie im Menü der Schaltfläche *Extras* den Befehl *Internetoptionen* und wechseln Sie zur Registerkarte *Sicherheit*.

2. Markieren Sie das Symbol *Internet* in der Gruppe der Webinhaltszonen und klicken Sie danach auf die Schaltfläche *Stufe anpassen* (Abbildung 8.17, links).

3. Suchen Sie im Dialogfeld *Sicherheitseinstellungen – Internetzone* (Abbildung 8.17, rechts) den Eintrag *Dateidownload* und setzen Sie die Markierung des Optionsfelds von *Deaktivieren* auf *Aktivieren* um.

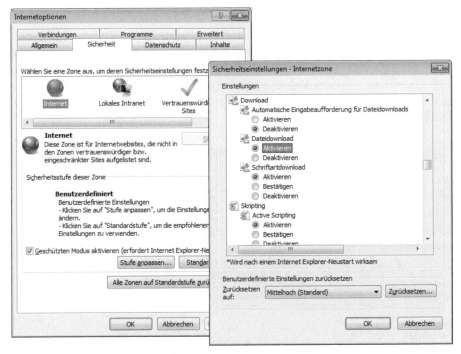

Abbildung 8.17: Dateidownload im Internet Explorer zulassen

Wenn Sie danach das Dialogfeld und die Registerkarte über die *OK*-Schaltfläche schließen sowie die Sicherheitsabfrage bestätigen, sollte der Download spätestens in der nächsten Sitzung des Internet Explorers wieder funktionieren.

Falls der Download einer Datei trotzdem blockiert wird, kann auch eine installierte Internet-Security-Suite die Ursache sein. Überprüfen Sie in diesem Fall die Einstellungen des betreffenden Programms im Hinblick auf blockierte Downloads.

INFO

Und es gibt noch eine Falle: Stufen Sie eine Website (z. B. wegen eingeblendeter Werbung) in die Zone »Eingeschränkte Sites« um, wird der Download natürlich auch blockiert. In diesem Fall empfiehlt es sich keinesfalls, die Sicherheitseinstellungen der Zone zu lockern. Sie können solche Dateien zwar mit einem alternativen Browser wie dem Firefox herunterladen (da diese die Einstellungen des Internet Explorers nicht auswerten). Aber dann gibt es ein anderes Problem: Windows 7 wird alle Aktionen auf der Datei mit einer Sicherheitswarnung blockieren.

Sie können noch nicht einmal ein ZIP-Archiv entpacken! Sie müssen die heruntergeladene Datei zunächst mit der rechten Maustaste anklicken, den Kontextmenübefehl *Eigenschaften* wählen und dann auf der Registerkarte *Allgemein* auf die *Zulassen*-Schaltfläche klicken. Dann wird das Zonenbit gelöscht, und die Datei lässt sich verwenden.

8.1.13 Probleme mit Werbeeinblendungen (Popups)

Erscheinen beim Surfen im Internet plötzlich und ohne Ihr Zutun neue Fenster im Vordergrund? Diese als Popups bezeichneten Fenster enthalten meist Werbung und können ziemlich nervig werden. Browser wie der Internet Explorer sind zwar mit einem sogenannten Popupblocker ausgestattet. Angezeigte Popupfenster können aber darauf hinweisen, dass die betreffende Funktion im Internet Explorer abgeschaltet ist.

Abbildung 8.18: Popupeinstellungen im Firefox

Im **Firefox** wählen Sie im Menü *Extras* den Befehl *Einstellungen* und klicken dann im angezeigten Dialogfeld auf die Kategorie *Inhalt*. Dann prüfen Sie, ob das Kontrollkästchen *Pop-up-Fenster blockieren* markiert ist (Abbildung 8.18, Hintergrund). Zudem empfiehlt es sich, über die Schaltfläche *Ausnahmen* zu kontrollieren (Abbildung 8.18, Vordergrund), ob ggf. die aktuelle Webseite als Ausnahme zugelassen ist.

Beim **Internet Explorer 8** wählen Sie im Menü der Schaltfläche *Extras* den Befehl *Popupblocker*. Erscheint im Untermenü der Befehl *Popupblocker einschalten*, wählen Sie diesen an, um den Popupblocker wieder einzuschalten. Über den Befehl *Popupblockereinstellungen* im gleichen Untermenü öffnen Sie ein Dialogfeld, in dem Sie die Filterstufe festlegen und Webseiten als Ausnahmen eintragen können.

Trotz Popupblockern kommt noch Werbung durch

Ist der Popupblocker eingeschaltet, beim Abrufen von Internetseiten tauchen aber weiterhin lästige Werbefenster auf? Der Popupblocker des Browsers wirkt bei Webseiten, die ein zusätzliches Fenster im Browser öffnen. Kommen bei eingeschaltetem Popupblocker weiterhin Werbeinblendungen, wurde die Funktion ausgetrickst. Dies kann durch Flash-Layer, ActiveX-Elemente oder Java-Applets sowie durch sogenannte Layer-Ads geschehen.

» Im **Internet Explorer** können Sie im Menü der Schaltfläche *Extras* den Befehl *Internetoptionen* wählen und dort zur Registerkarte *Sicherheit* wechseln. Anschließend klicken Sie auf der Registerkarte *Sicherheit* das Symbol *Eingeschränkte Sites* an. Wählen Sie die Schaltfläche *Sites* und klicken Sie dann im Dialogfeld *Eingeschränkte Sites* auf die Schaltfläche *Hinzufügen*. Damit wird die Adresse der aktuellen Webseite in die Liste der eingeschränkten Sites aufgenommen. Der Internet Explorer blockiert bei diesen Webseiten das Ausführen der zum Einblenden der Layer-Ads benötigten Skriptprogramme. Anschließend sollten Sie testen, ob die Inhalte der Webseite noch angezeigt werden.

» Die meisten Werbefenster werden aber mit der Macromedia Shockwave Flash-Technologie realisiert. Und diese Elemente werden von vielen Popupblockern nicht erkannt. Aus diesem Grund sollten Sie das Shockwave Flash-Player-Add-On deaktivieren. Im **Internet Explorer** wählen Sie im Menü der Schaltfläche *Extras* den Befehl *Add-Ons verwalten* und im Untermenü den Befehl *Add-Ons aktivieren bzw. deaktivieren*. Im Fenster *Add-Ons verwalten* markieren Sie den Eintrag »Shockwave Flash Object« (Abbildung 8.19) und dann das Optionsfeld *Deaktivieren*. Wenn Sie danach das Dialogfeld über die *OK*-Schaltfläche schließen, sollten die nervigen Flash-Werbeinblendungen spätestens nach dem Neustart des Browsers verschwinden.

Neben den obigen Ansätzen können Sie auch auf zusätzliche Blocker für den verwendeten Browser setzen. Für den Firefox-Browser gibt es verschiedene Add-Ons wie »Adblock Plus« oder »NoScript« (siehe *http://addons.mozilla.org/de/firefox/recommended* [gbeh-k8-008]), die Werbefenster blockieren können. Benutzer des Internet Explorers können einen Blick auf »Quero« (*http://www.quero.at/de/* [gbeh-k8-009]) werfen. Die Symbolleiste besitzt auch eine Funktion, um Werbefenster zu blockieren. Auch auf der Microsoft-Codeplex-Seite (*http://www.codeplex.com/* [gbeh-k8-010]) finden Benutzer des Internet Explorers Add-Ons wie »AdBlocker IE«, mit denen sich Werbeeinblendungen blockieren lassen.

Kapitel 8 • Probleme mit E-Mail und WWW

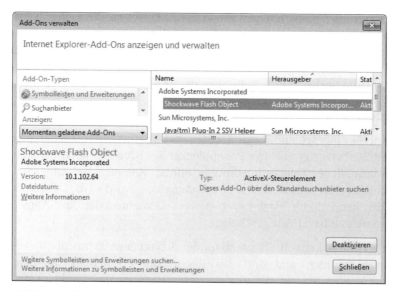

Abbildung 8.19: Add-Ons im Internet Explorer verwalten

8.1.14 Die Java Virtual Machine fehlt im Internet Explorer

Microsoft liefert den Internet Explorer nicht mehr mit der Java Virtual Machine aus. Dies bedeutet, dass dieser Browser keine Internetseiten mit Java-Applets anzeigen kann. Wurde Java nicht über eine Anwendung wie OpenOffice.org installiert, lässt sich die Java Virtual Machine von der Internetseite *http://java.com/de/download/index.jsp* [gbeh-k8-011] herunterladen und installieren.

8.1.15 Der Adobe Flash Player funktioniert nicht

Sie haben eine Webseite mit Flash-Inhalten im Internet Explorer oder im Firefox aufgerufen und erhalten die Meldung, dass der Flash Player fehlt? Standardmäßig stellt die Webseite einen Link zum Download und zur Installation des Flash Players als Add-On bereit.

Bei einem 64-Bit-Windows 7 können Sie den 32- oder den 64-Bit-Internet Explorer verwenden, benötigen dann aber ein entsprechendes Flash-Add-On. Zumindest beim Schreiben dieses Buches war noch keine endgültige Version des 64-Bit-Flash-Add-Ons verfügbar. Es empfiehlt sich bei Problemen, auf die 32-Bit-Version des Browsers und des passenden Flash-Add-Ons auszuweichen.

Gibt es Probleme bei der Installation, laden Sie das komplette Flash-Installationspaket (Eintrag »Get Adobe Flash Player«) von der Internetseite *http://www.adobe.com/de/downloads/* [gbeh-k8-012] herunter und installieren Sie dieses mit Administratorberechtigungen. Achten Sie bei der Installation darauf, dass die Google-Toolbar nicht mit installiert wird (die Option ist über ein Kontrollkästchen abwählbar).

8.1.16 Phishingfilter, funktioniert der?

Sowohl der Internet Explorer als auch der Firefox besitzen einen eingebauten Phishingfilter (im Internet Explorer als SmartScreen-Filter bezeichnet). Dieser soll potenziell gefährliche Seiten identifizieren und den Benutzer warnen (Abbildung 8.20). Allerdings kann der Benutzer den Filter bewusst abschalten.

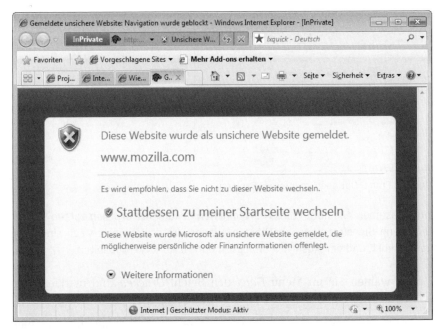

Abbildung 8.20: Phishingwarnung im Internet Explorer

Es gibt jedoch auch Situationen, wo der Filter versagt oder ungewollt Alarm auslöst. Unter *http://www.borncity.com/blog/2009/12/22/wie-teste-ich-den-phishing-filter/* [gbeh-k8-013] habe ich Hinweise zusammengefasst, wie sich die Phishingfilter beim Internet Explorer überprüfen lassen. Dort finden Sie auch Hinweise zum Ein-/Ausschalten des Filters.

8.1.17 Drucken von Webseiten bereitet Probleme

Erscheint beim Ausdrucken von Internetseiten ein Dialogfeld mit dem Hinweis auf Zugriffskonflikte, haben Sie vorher mit hoher Wahrscheinlichkeit den Ordner für die temporären Internetdateien auf eine andere Partition verlagert. Dann stimmen aber die Zugriffsrechte auf den neuen Ordner nicht mehr. Unter *http://www.borncity.com/blog/2007/08/06/drucken-im-internet-explorer-geht-nicht-mehr/* [gbeh-k8-014] finden Sie einen Beitrag zu Windows Vista, der auch für Windows 7 gilt. In einem weiterführenden Link auf den Blog von Daniel Melanchthon werden die Hintergründe dieses Problems erläutert. Auch wenn das Anlegen von Favoriten im Browser nicht mehr klappt, liegt die gleiche Ursache vor.

Stellen Sie fest, dass eine Webseite auf mehrere Blätter ausgegeben wird? Bei Webseiten, die sogenannte Frames verwenden, hilft es, wenn Sie im Internet Explorer den betreffenden Dokumentteil mit der rechten Maustaste anklicken und im Kontextmenü den Befehl *Drucken* wählen. Im Dialogfeld *Drucken* wechseln Sie zur Registerkarte *Optionen* und stellen sicher, dass das Optionsfeld *Nur ausgewählten Frame* markiert ist (Abbildung 8.21).

Abbildung 8.21: Frame-Optionen im Internet Explorer

INFO   Das Kontrollkästchen *Alle durch Links verbundenen Dokumente drucken* sollten Sie nur aktivieren, wenn Sie die Folgen abschätzen können. Im schlechtesten Fall sind viele Webseiten verlinkt, und der Ausdruck umfasst mehrere Hundert Webseiten.

Beim Firefox wählen Sie im Menü *Datei* den Befehl *Drucken* und markieren im Dialogfeld *Drucken* die gewünschte Option in der Gruppe *Frames drucken*.

Werden die Webseiten beim Ausdrucken am rechten Rand abgeschnitten? Wählen Sie im Internet Explorer im Menü der Schaltfläche *Drucken* den Befehl *Druckvorschau*. Im angezeigten Fenster finden Sie in der Kopfzeile Bedienelemente, um die Skalierung anzupassen, sodass die Webseite komplett erscheint. Beim Firefox wählen Sie im Menü *Datei* den Befehl *Druckvorschau* und passen die Skalierung der Ausgabe an. Falls die Webseite zu breit ist und dann die Druckausgabe zu klein gerät und schlecht lesbar wird, empfiehlt es sich, beim Ausdruck das Querformat zu wählen. Microsoft beantwortet unter *http://windows.microsoft.com/de-DE/windows-vista/Printing-webpages-frequently-asked-questions* [gbeh-k8-015] einige Hinweise zum Drucken.

8.1.18 Registerkarten fehlen in Internetoptionen

Haben Sie im Internet Explorer das Eigenschaftenfenster über den Befehl *Internetoptionen* der Menüschaltfläche *Extras* aufgerufen, stellen nun aber fest, dass die Registerkarten wie *Erweitert* fehlen? Dann suchen Sie im Registrierungs-Editor folgende Schlüssel:

HKEY_CURRENT_USER\SOFTWARE\Policies\Microsoft\Internet Explorer\Control Panel

HKEY_LOCAL_MACHINE\Software\Policies\Microsoft\Internet Explorer\Control Panel

Ist einer der Schlüssel vorhanden, prüfen Sie, ob dort DWORD-Werte wie *AdvancedTab*, *ConnectionTab*, *ContentTab*, *GeneralTab* enthalten sind. Ist dieser Wert auf 1 gesetzt, blendet der Internet Explorer die betreffende Registerkarte (z. B. *Erweitert*, *Verbindungen*, *Inhalte* etc.) aus. Löschen Sie den DWORD-Wert oder ändern Sie diesen auf 0, um die Registerkarte wieder anzuzeigen. Der Unterschlüssel *Control Panel* ist optional und nur vorhanden, wenn die entsprechende Systemrichtlinie durch ein Programm oder einen Administrator eingetragen wurde.

Einträge im Zweig HKEY_LOCAL_MACHINE wirken sich global auf das System aus, während HKEY_LOCAL_USER nur für das Benutzerkonto gilt. Anpassungen können nur von Benutzern mit Administratorrechten vorgenommen werden. Bei HKEY_LOCAL_USER gibt es aber das Problem, dass beim Aufruf des Registrierungs-Editors über *Als Administrator ausführen* nicht das lokale Benutzerkonto, sondern das Administratorkonto im Programmfenster angezeigt wird. Entweder stufen Sie das Standardbenutzerkonto vor der Änderung zu einem Administratorkonto hoch. Oder Sie suchen im Zweig HKEY_USERS den zum aktuellen Benutzerkonto passenden Zweig (siehe auch Anhang zum Registrierungs-Editor).

STOPP

8.2 E-Mail-Probleme selbst beheben

Zum Erstellen, Bearbeiten und zum Austausch von E-Mails benötigen Sie ein E-Mail-Programm (E-Mail-Client). Der folgende Abschnitt enthält Hinweise, wie sich einige Probleme mit E-Mail-Programmen wie Microsoft Outlook oder Windows Live Mail eingrenzen und beheben lassen.

8.2.1 Windows enthält kein E-Mail-Programm

Windows 7 enthält kein eigenes E-Mail-Programm mehr, d. h., Sie sind zur E-Mail-Bearbeitung auf Drittprogramme angewiesen. Hier einige Möglichkeiten, an kostenlose und kostenpflichtige E-Mail-Programme heranzukommen.

» In Microsoft Office Home and Business 2010 ist das Programm Microsoft Outlook enthalten. Das Programm kann nicht nur E-Mails verwalten und bearbeiten, sondern stellt Kalenderfunktionen, Terminplanung, Adressverwaltung und mehr zur Verfügung.

» Kostenlos ist das E-Mail-Programm Windows Live Mail aus Windows Live Essentials (Download unter *http://windows.microsoft.com/de-DE/windows7/products/features/windows-live-essentials* [gbeh-k8-016]). Neben Funktionen zum Schreiben, Verwalten und Lesen von Nachrichten können Termine und Kontakte verwaltet werden.

» Das kostenlose Programm Thunderbird lässt sich unter *http://www.mozillamessaging.com/de/* [gbeh-k8-017] herunterladen und unterstützt sowohl das Erstellen und Lesen als auch das Verwalten von E-Mails. Ein weiterer Vorteil ist, dass Thunderbird unter verschiedenen Betriebssystemen wie Windows, Mac OS X und Linux läuft.

Persönlich setze ich Thunderbird (*http://portableapps.com/apps/internet/ thunderbird_portable* [gbeh-k8-018]) seit Jahren unter Linux und seit über einem Jahr unter Windows problemlos ein. Die portable Version für Windows lässt sich auf einem USB-Speichermedium oder einer separaten Festplatte speichern und braucht nicht installiert zu werden. Bezüglich Windows Live Mail zwei Hinweise: Umsteigern von Windows Mail (Windows Vista) wird die Version aus 2009 entgegenkommen, während die Version 2011 auf das bei Microsoft Office 2007/2010 verwendete Menüband umgestellt wurde. Bei einem von mir 2009 durchgeführten Intensivtest der Version 2009 erwies sich das Programm aber nicht als sonderlich stabil, weshalb ich den E-Mail-Client nicht produktiv verwende.

8.2.2 E-Mails lassen sich nicht importieren

Verwenden Sie Microsoft Outlook und möchten Sie E-Mails aus Outlook Express (Windows XP) oder Windows Mail (Windows Vista) übernehmen? Der Importbefehl von Microsoft Outlook bietet keine Möglichkeit, die E-Mails direkt zu übernehmen. Vielmehr muss auf dem Altsystem Microsoft Outlook installiert werden. Anschließend kann im E-Mail-Client der Export-Befehl aufgerufen werden. Dann verwendet die Export-Funktion des E-Mail-Programms den sogenannten MAPI-Client von Outlook, um die Nachrichten in eine Outlook-PST-Datei zu überführen.

Unter *http://www.borncity.com/blog/2010/10/12/e-mail-im-und-export-in-windows/* [gbeh-k8-019] habe ich die verschiedenen Ansätze zum Import von E-Mails in verschiedenen Clients beschrieben.

8.2.3 Outlook: Vorgang wegen Beschränkungen abgebrochen

Benutzer von Microsoft Outlook haben gelegentlich das Problem, dass beim Anklicken eines Links die Fehlermeldung »Vorgang wurde wegen Beschränkungen auf dem Computer abgebrochen. Bitte wenden Sie sich an Ihren Administrator« erscheint. Ursache ist meist die Installation und Deinstallation eines Browsers. Dadurch wird der Schlüssel *HKEY_Local_Machine\Software\Classes\htmlfile\shell\ open\command* entfernt oder überschrieben. Um das Problem zu beheben, gilt es den beschädigten Schlüssel zu reparieren. Unter *http://www.borncity.com/blog/ 2010/09/14/outlook-2010-vorgang-wegen-beschrnkungen-abgebrochen/* [gbeh-k8-020] habe ich die verschiedenen Ansätze zum Reparieren der Registrierungseinträge beschrieben.

8.2.4 Ich kann meine E-Mails nicht mehr abrufen

Klappt das Senden bzw. Empfangen von E-Mails im E-Mail-Programm nicht mehr und wird eine Fehlermeldung angezeigt (Abbildung 8.22)? Auftretende Fehler können mehrere Ursachen haben:

» Prüfen Sie bei Fehlern, ob überhaupt eine Internetverbindung besteht (z. B. testweise eine Webseite im Browser abrufen). E-Mail-Clients wie Windows Live Mail benutzen die Interneteinstellungen des Internet Explorers mit. Sie können daher im Internet Explorer den Befehl *Internetoptionen* der Menüschaltfläche *Extras* wählen und die Einstellungen auf der Registerkarte *Verbindungen* kontrollieren. Dort sollte die Option *Keine Verbindung wählen* markiert sein. Im Thunderbird wählen Sie den Befehl *Einstellungen* im Menü *Extras* und klicken im angezeigten Dialogfeld auf die Kategorie *Erweitert*. Dann klicken Sie in der Gruppe *Festlegen wie sich Thunderbird mit dem Internet verbindet* auf die Schaltfläche *Einstellungen*. Im angezeigten Dialogfeld sollte die Option *Proxy-Einstellungen des Systems verwenden* markiert sein.

» Internet-Sicherheitssoftware von Drittherstellern kann ebenfalls die Ursache dafür sein, dass in Windows keine E-Mails mehr abrufbar sind. Speziell Lösungen mit integrierter Firewall und Filterfunktionen setzen voraus, dass diese auf Windows 7 abgestimmt sind und vom Anwender entsprechend konfiguriert werden. In manchen Fällen hilft dann nur die vollständige Deinstallation der betreffenden Internet-Security-Suite. Ähnliches gilt, falls Sie ein zusätzliches Filterprogramm für Spam auf dem Rechner installiert haben. Dann kann es sein, dass dieses den Zugriff des E-Mail-Programms auf die Internetverbindung blockiert. Im Zweifelsfall sollten Sie das Filterprogramm deinstallieren und das System über die Systemwiederherstellung auf einen Zustand vor der Installation des Spam-Filters zurücksetzen.

Abbildung 8.22: Fehlermeldung in Windows Live Mail

Kapitel 8 • Probleme mit E-Mail und WWW

Kann das E-Mail-Programm zwar auf das Internet zugreifen, es kommt aber beim Versenden und Abrufen von Nachrichten zu einem Fehler? Meist gibt das betreffende E-Mail-Programm dann einen genauen Fehlercode an. Häufig sind fehlerhafte Einstellungen bei den Zugangsdaten für den E-Mail-Server die Ursache für auftretende Probleme. Hier hilft nur, die Einstellungen der E-Mail-Konten zu überprüfen.

» *Windows Live Mail 2011:* Wechseln Sie im Menüband zur Registerkarte *Konten*, markieren Sie in der linken Spalte das gewünschte E-Mail-Konto und klicken Sie im Menüband auf die Schaltfläche *Eigenschaften* (Abbildung 8.23, Hintergrund). Im Eigenschaftenfenster *< Name > Eigenschaften* (Abbildung 8.23, Vordergrund) überprüfen Sie die Einstellungen der Registerkarten *Allgemein*, *Server* und *Erweitert*. Auf der Registerkarte *Allgemein* muss die E-Mail-Adresse angegeben sein. Das Kontrollkästchen *Dieses Konto beim Empfangen oder Synchronisieren von E-Mails einbeziehen* steuert, ob Nachrichten automatisch mit abgerufen werden. Auf der Registerkarte *Server* sind die Adressen des Posteingangs- und -ausgangsservers sowie die Anmeldedaten für den Posteingangsserver einzutragen. Gängige Posteingangsserver verwenden eine Klartextauthentifizierung bei der Anmeldung. Um Post versenden zu können, ist es häufig erforderlich, das Kontrollkästchen *Server erfordert Authentifizierung* in der Kategorie *Postausgangsserver* zu markieren. Auf der Registerkarte *Erweitert* finden Sie noch die Angaben für die Serverportnummern und ob der Server eine sichere Verbindung (SSL) erfordert (was viele Server unterstützen).

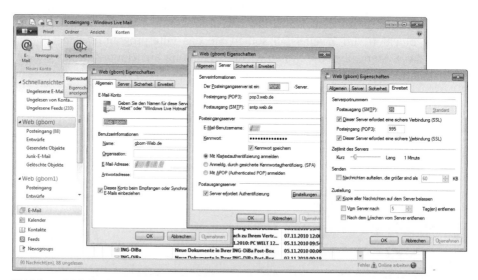

Abbildung 8.23: Kontenkonfigurierung in Windows Live Mail

E-Mail-Probleme selbst beheben

» *Microsoft Outlook 2010:* Öffnen Sie den Backstage-Bereich über den Registerreiter *Datei*, wählen Sie ggf. den Menübefehl *Informationen* und klicken Sie auf die Schaltfläche *Kontoeinstellungen* (Abbildung 8.24, Hintergrund). Dann wählen Sie den eingeblendeten gleichnamigen Menübefehl. Im Dialogfeld *Kontoeinstellungen* können Sie auf der Registerkarte *E-Mail* eines der E-Mail-Konten per Doppelklick anwählen. Dann erscheint ein Dialogfeld *Konto ändern* (Abbildung 8.24, rechts), in dem Sie die E-Mail-Kontendaten und Serverinformationen einsehen können. Die Schaltfläche *Weitere Einstellungen* öffnet ebenfalls ein Dialogfeld, in dem sich über verschiedene Registerkarten die Konteneinstellungen ändern lassen.

» *Thunderbird:* Wählen Sie im Menü *Extras* den Befehl *Konten-Einstellungen*. Im Dialogfeld *Konten-Einstellungen* (Abbildung 8.25) lassen sich in der linken Spalte die Einträge »Server-Einstellungen« der Posteingangsserver für die konfigurierten E-Mail-Konten anwählen. Im rechten Teil des Dialogfelds werden dann die Konfigurationsdaten des POP-Servers angezeigt. Der unterste Eintrag »Postausgangs-Server (SMTP)« der in der linken Spalte eingeblendeten Liste zeigt die konfigurierten Postausgangs-Server an. Markieren Sie einen Eintrag, lässt sich über die *Bearbeiten*-Schaltfläche auf die Konfigurationsdaten zugreifen.

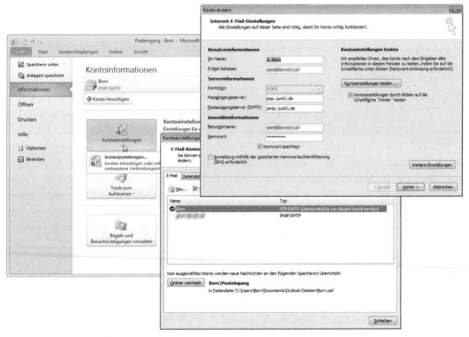

Abbildung 8.24: Kontenkonfigurierung in Microsoft Outlook 2010

Kapitel 8 • Probleme mit E-Mail und WWW

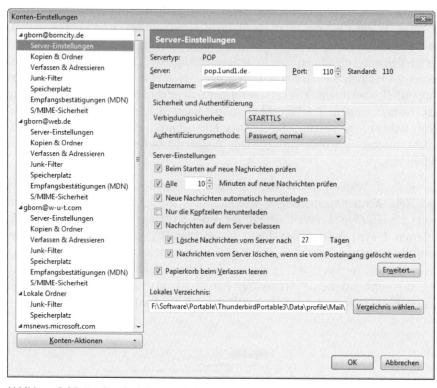

Abbildung 8.25: Konteneinstellungen beim Thunderbird

Tritt das Problem beim Empfangen der E-Mails auf, sind häufig falsche Adressen des POP3-Servers die Ursache. Kann keine Post verschickt werden, überprüfen Sie die SMTP-Adresse des Kontos. Weiterhin müssen der Benutzername und auch das Benutzerkennwort für das betreffende Konto korrekt eingetragen sein. Kontrollieren Sie zudem, ob die für das E-Mail-Konto geforderten Einstellungen (z.B. Authentifizierung auf der Registerkarte *Server* und eine vom Server geforderte abgesicherte Verbindung auf der Registerkarte *Erweitert*) korrekt gesetzt sind. Gelegentlich hilft es bei einigen E-Mail-Konten, die SSL-Verschlüsselung einzuschalten. Die Anmeldedaten, Serveradressen und Einstelloptionen sollten Sie über den Anbieter des Postfachs erhalten bzw. auf dessen Webseiten nachlesen können.

Abbildung 8.26: Fehler bei Freemail-Konten

Benutzen Sie ein kostenloses Postfach eines Freemail-Anbieters (WEB.DE, GMX, Freenet)? Dann kann es ggf. sein, dass dieser Anbieter den Zugang per POP3-/

SMTP-Protokoll unterbindet oder zeitlich limitiert. Erscheint beispielsweise plötzlich eine Kennwortanfrage und der in Abbildung 8.26 gezeigte Fehlerdialog? Bei den kostenlosen WEB.DE-Postfächern ist eine »Bremse« eingebaut, die eine Abfrage des Postfachs nur in Abständen von 15 Minuten zulässt. Fragen Sie häufiger ab, blockiert der E-Mail-Server dies. In diesem Fall versuchen Sie, die E-Mails ein paar Stunden später einfach nochmals abzurufen. Klappt dies, lag es am Zeitlimit des E-Mail-Servers. Funktioniert der Postaustausch über mehrere Stunden nicht und ist der E-Mail-Server des Providers nicht gestört, deutet vieles auf eine fehlerhafte Konfigurierung des E-Mail-Programms hin.

TIPP

Erscheint bei Ihnen alle 10 Minuten ein Fenster von Thunderbird, Outlook oder Windows Live Mail, das einen Übertragungsfehler meldet? Die Ursache kann dann ebenfalls eine zu häufige POP3-Abfrage eines Freemail-Kontos sein. Sie müssen dann das Abfrageintervoll hochsetzen oder die automatische Abfrage abschalten. Bei Windows Live Mail gehen Sie im Menüband zur *Windows Live Mail*-Schaltfläche und wählen im eingeblendeten Menü den Befehl *Optionen*. Dann klicken Sie auf den Befehl *E-Mail*. Im Eigenschaftenfenster *Optionen* löschen Sie auf der Registerkarte *Allgemein* die Markierung des Kontrollkästchens *Beim Start Nachrichten senden und empfangen*. Anschließend passen Sie den Wert bei *Nachrichteneingang alle 10 Minute(n) prüfen* entsprechend an.

Manchmal hängt der E-Mail-Server des Anbieters eines Postfachs auch einfach oder ist überlastet. Bei kurzfristigen Serverstörungen können ebenfalls Kennwortabfragen auftreten. In diesem Fall sollten Sie einfach die Funktion zum Senden/Empfangen der E-Mail später wiederholen.

INFO

Sofern Sie eine Firewall eines Drittanbieters installiert haben, prüfen Sie bitte in deren Einstellungen, ob ggf. der E-Mail-Client blockiert ist. Dann lässt sich natürlich auch keine Post versenden. Zudem habe ich bereits die Situation gehabt, dass die zum Optimieren der TCP/IP-Paketgröße benutzte Autotuning-Funktion bei einigen Routern Probleme bereitet. In diesem Fall öffnen Sie das Fenster der Eingabeaufforderung über den Befehl *Als Administrator ausführen*. Anschließend geben Sie den Befehl *netsh interface tcp set global autotuninglevel=disabled* ein, um das Autotuning abzuschalten. Hilft dies nicht, können Sie den alten Zustand durch den Befehl *netsh interface tcp set global autotuninglevel=normal* wieder einschalten. Noch auf Windows Vista bezogene, aber auch in Windows 7 anwendbare Hinweise zur Autotuning-Funktion finden Sie unter *http://blogs.technet.com/dmelanchthon/archive/2007/10/31/netzwerkperformance-unter-windows-vista.aspx* [gbeh-k8-021].

8.2.5 Ein Postfach scheint nicht abgefragt zu werden

Stellen Sie fest, dass bei der Abfrage von E-Mails in Microsoft Outlook, Thunderbird bzw. Windows Live Mail Nachrichten von einem oder mehreren E-Mail-Servern nicht abgeholt werden? Es gibt auch keine Fehlermeldung? Dann ist das Konto ggf. von der E-Mail-Abfrage ausgenommen. Sie können dies sehr leicht testen, indem Sie das betreffende E-Mail-Konto gezielt lesen lassen.

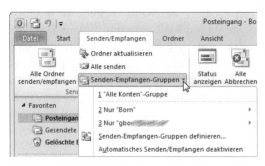

Abbildung 8.27: E-Mail-Konten gezielt abfragen (Microsoft Outlook)

» In Microsoft Outlook 2010 gehen Sie im Menüband zur Registerkarte *Senden/ Empfangen*, öffnen das Menü der Schaltfläche *Senden-Empfangen-Gruppen* (Abbildung 8.27) und wählen das gewünschte Konto aus.

» Im Thunderbird genügt es, das Menü der Schaltfläche *Abrufen* zu öffnen und dann das E-Mail-Konto auszuwählen (Abbildung 8.28).

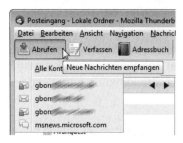

Abbildung 8.28: E-Mail-Konten in Thunderbird abfragen

» Arbeiten Sie mit Windows Live Mail 2011, gehen Sie im Menüband zur Registerkarte *Privat*, wählen die Menüschaltfläche *Senden/Empfangen* und dann das E-Mail-Konto.

Klappt die Kontenabfrage, passen Sie im Anschluss die Konteneinstellungen so an, dass das betreffende E-Mail-Konto automatisch in das Senden/Empfangen von Nachrichten einbezogen wird (siehe vorhergehender Abschnitt). Bei Windows Live Mail ist in den Konteneigenschaften auf der Registerkarte *Allgemein* das Kontrollkästchen *Dieses Konto beim Empfangen oder Synchronisieren von E-Mails einbeziehen* zu markieren (Abbildung 8.29). Nach diesen Schritten sollte das E-Mail-Konto zukünftig automatisch in die Abfrage durch die Senden/Empfangen-Funktion einbezogen werden.

E-Mail-Probleme selbst beheben

Abbildung 8.29: Konteneigenschaften (Windows Live Mail)

Die Option zum Herausnehmen eines E-Mail-Kontos aus dem automatischen Versand ist recht hilfreich, wenn Sie ein Postfach besitzen, welches häufiger Störungen aufweist oder sich nicht permanent abfragen lässt. Persönlich habe ich beispielsweise meine Freemail-Postfächer bei Anbietern wie WEB.DE etc. von der automatischen Abfrage ausgenommen, da sonst zu häufig Fehler durch ein zu kurzes Abfrageintervall auftreten.

INFO

8.2.6 Der Postversand scheitert immer beim ersten Mal

Tritt beim Versenden von Post immer ein Fehler am Server auf? Ist dieser Fehler komischerweise weg, sobald Sie die Senden/Empfangen-Funktion ein zweites Mal aufrufen? Manche Provider benutzen die Abfrage des POP3-Postfachs, um die Benutzeridentität festzustellen und dann den SMTP-Versand für die Sitzung kurzfristig freizugeben (»POP before SMTP«). Leider versuchen viele E-Mail-Clients, erst die Post per SMTP zu versenden, bevor sie den POP3-Server abfragen. Durch den zweimaligen Aufruf der Senden/Empfangen-Funktion wird der SMTP-Server beim ersten Durchlauf für den Versand freigeschaltet.

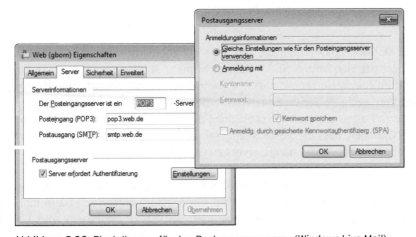

Abbildung 8.30: Einstellungen für den Postausgangsserver (Windows Live Mail)

Bei den meisten Providern lässt sich aber die Authentifizierung für den SMTP-Server mittels eines Kennworts auch dauerhaft einstellen. Sie müssen im E-Mail-Client nur die Eigenschaften des E-Mail-Kontos entsprechend konfigurieren:

1. In Windows Live Mail 2011 gehen Sie beispielsweise im Menüband zur Registerkarte *Konten*, wählen das E-Mail-Konto und öffnen dessen Eigenschaftenfenster (z. B. über den Kontextmenübefehl *Eigenschaften*).

2. Auf der Registerkarte *Server* (Abbildung 8.30, Hintergrund) ist das Kontrollkästchen *Server erfordert Authentifizierung* zu markieren und dann die Schaltfläche *Einstellungen* zu wählen.

3. Im Dialogfeld *Postausgangsserver* (Abbildung 8.30, Vordergrund) markieren Sie die Option *Gleiche Einstellungen wie für den Posteingangsserver verwenden*. Bei Bedarf können Sie natürlich auch die Option *Anmeldung mit* markieren und die Authentifizierungsdaten für den SMTP-Server in die betreffenden Textfelder eintragen.

Danach schließen Sie die Dialogfelder und Registerkarten über die *OK*-Schaltfläche. Anschließend sollte der E-Mail-Versand über das Postfach beim ersten Aufruf klappen.

Abbildung 8.31: Einstellungen für den Postausgangsserver (Microsoft Outlook)

INFO Bei Microsoft Outlook 2010 öffnen Sie das Eigenschaftenfenster des E-Mail-Kontos (siehe den Abschnitt »Ich kann meine E-Mails nicht mehr abrufen« ab Seite 373). Klicken Sie dann im Dialogfeld (Abbildung 8.24, Seite 375) auf die Schaltfläche *Weitere Einstellungen* und wechseln Sie im Eigenschaftenfenster *Internet-E-Mail-Einstellungen* zur Registerkarte *Postausgangsserver* (Abbildung 8.31). Auf dieser Registerkarte markieren Sie die Optionen, dass der Postausgangsserver eine Authentifizierung erfordert und die Einstellungen des Posteingangsservers zu verwenden sind.

Bei Thunderbird wählen Sie den Befehl *Konten-Einstellungen* im Menü *Extras* und klicken in der linken Spalte auf den Eintrag für die Postausgangsserver. Dann markieren Sie ggf. den Postausgangsserver (bei mehreren SMTP-Einträgen) und klicken auf die Schaltfläche *Bearbeiten*. Im Dialogfeld *SMTP-Server* setzen Sie unter

Authentifizierungsmethode eine unterstützte Methode (z. B. »Passwort, ungesichert übertragen«) und geben einen Benutzernamen in das betreffende Feld ein. Das Kennwort zur Authentifizierung wird beim ersten Postversand abgefragt und lässt sich über den Kennwort-Manager speichern.

8.2.7 Die Absenderangabe bei neuen E-Mails ist falsch

Haben Sie mehrere E-Mail-Konten in Ihrem E-Mail-Client eingerichtet? Beim Erstellen einer neuen E-Mail zeigt das E-Mail-Programm automatisch eine Absenderadresse an. Möchten Sie eigentlich ein anderes E-Mail-Postfach zum Versenden neuer E-Mails benutzen? Bei den meisten E-Mail-Programmen können Sie die Absenderadresse über ein Listenfeld im Kopf des E-Mail-Editors ändern (Abbildung 8.32). Zudem lässt sich eines der E-Mail-Konten als Standard zum Versenden von neuen E-Mails festlegen. Details finden Sie in der Hilfe des jeweiligen E-Mail-Programms.

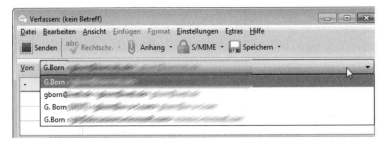

Abbildung 8.32: Auswahl des Absenderkontos (Thunderbird)

8.2.8 Outlook 2002 speichert das Kennwort nicht

Wenn Sie in Outlook 2002 den Austausch von Nachrichten anstoßen und kein Kennwort zum Zugriff auf das Postfach existiert, fordert das Programm das Kennwort in einem Dialogfeld an. Über ein Kontrollkästchen lässt sich festlegen, dass dieses Kennwort für zukünftige Sitzungen gespeichert werden soll. Fordert Outlook 2002 ein korrekt eingegebenes Kennwort trotzdem bei der nächsten Sitzung an? Das Programm kann keine Kennwörter speichern, weshalb Microsoft den Einsatz von Outlook 2007 oder 2010 unter Windows 7 empfiehlt. Unter *http://www.borncity.com/blog/2010/02/28/microsoft-office-lsst-sich-nicht-installieren/* [gbehk8-022] wird eine kostengünstigere Lösung unter Verwendung eines kleinen Hilfsprogramms vorgestellt.

8.2.9 Das Postfach läuft angeblich über

Erhalten Sie von Dritten den Hinweis, dass Ihr Postfach angeblich überläuft und Sie alle Mails an dieses Postfach als unzustellbar zurückbekommen? Oder wundern Sie sich, dass Sie auf einem Postfach keine Mails mehr bekommen? Schicken Sie testweise eine E-Mail an das eigene Postfach. Wird diese mit dem Hinweis, dass das Postfach voll sei, abgewiesen? Dann läuft das Posteingangsfach auf dem E-

Mail-Server über. Die Ursache kann eine falsche Einstellung im E-Mail-Client sein, die alte Post nach dem Empfang auf dem Server belässt.

Rufen Sie die Eigenschaften des E-Mail-Kontos im E-Mail-Client auf (siehe den Abschnitt »Ich kann meine E-Mails nicht mehr abrufen« ab Seite 373). Bei Microsoft Live Mail reicht es, auf der Registerkarte *Erweitert* die Markierung des Kontrollkästchens *Kopie aller Nachrichten auf dem Server belassen* zu löschen (Abbildung 8.33). Bei anderen E-Mail-Clients gibt es gleichlautende oder ähnliche Optionen, die sich in den Eigenschaften des E-Mail-Kontos einstellen lassen.

Abbildung 8.33: Einstellungen für die Zustellung (Windows Live Mail)

8.2.10 Anhänge lassen sich nicht öffnen

Haben Sie in Windows Live Mail eine E-Mail mit Anhang erhalten, im Nachrichtenfenster erscheint beim Öffnen der Nachricht jedoch eine Warnung, dass die Anlage über einen unzulässigen Datentyp verfügt, und der Anhang ist blockiert (Abbildung 8.34, Hintergrund)? Ursache für diese Warnung ist, dass Anhänge mit bestimmten Dateitypen (z. B. *.exe*, *.bat*, *.cmd*, *.ps1*, *.js*, *.vbs* etc.), die für ausführbare Programme stehen, als potenziell schädlich betrachtet werden. Je nach Einstellung gibt Windows Live Mail die entsprechende Warnung aus und blockiert das Speichern des Anhangs.

INFO Bei *.exe*-Dateien kann es aber sein, dass der Provider eines E-Mail-Kontos diese mit einem eigenen Dateityp versieht. In meiner Testumgebung kommt beispielsweise ein Anhang mit dem Namen *Test.exe* als *Test.exe.warn* beim Empfänger an. In diesem Fall blendet Windows Live Mail keine Warnung ein und gibt den Anhang zum Speichern frei.

Das Verhalten, wie Windows Live Mail auf E-Mail-Anhänge reagieren soll, lässt sich mit folgenden Schritten einstellen.

E-Mail-Probleme selbst beheben

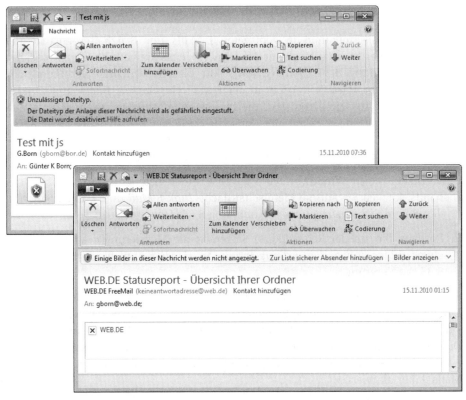

Abbildung 8.34: Warnung vor Anlagen und blockierte Bilder in Windows Live Mail

1. In Windows Live Mail 2011 klicken Sie auf der Registerkarte *Privat* des Menübands auf die Menüschaltfläche *Junk-E-Mail* und wählen dann den Befehl *Sicherheitsoptionen* (Abbildung 8.35, Hintergrund).

2. Löschen Sie auf der Registerkarte *Sicherheit* die Markierung des Kontrollkästchens *Speichern oder Öffnen von Anlagen, die möglicherweise einen Virus enthalten könnten, nicht zulassen* (Abbildung 8.35, Vordergrund) und schließen Sie die Registerkarte über die *OK*-Schaltfläche.

Wenn Sie jetzt die E-Mail erneut im Nachrichtenfenster öffnen, sollte der Anhang angezeigt werden und sich über das Kontextmenü in einem lokalen Ordner der Festplatte speichern lassen. Verwenden Sie dann einen aktuellen Virenscanner, um die Anlagen auf potenziell gefährliche Anlagen zu überprüfen.

Auch Microsoft Outlook 2010 blockiert den Empfang von Anlagen, die potenziell schädlich sein können. Sie finden in der Office-Hilfe (unter »Blockierte Anlagen in Outlook«) oder auf der Webseite *http://support.microsoft.com/kb/829982* [gbeh-k8-024] Hinweise, wie in einem solchen Fall vorzugehen ist (z.B. Anlagen sind in *.zip*-Archivdateien zu verpacken und dann als Anlage zu versenden).

INFO

8.2.11 In meinen E-Mails fehlen Bilder

Zeigt das E-Mail-Programm in geöffneten E-Mails nur Platzhalter anstelle der erwarteten Bilder an, und erscheint der Hinweis, dass aktive Inhalte ggf. blockiert wurden (Abbildung 8.34, Vordergrund)? Mit diesem Verhalten verhindert das E-Mail-Programm, dass Dritte über in der E-Mail eingebettete Bilder und Objekte den Empfänger ausspionieren. Wer die Inhalte sehen möchte, kann in einer eingeblendeten Infoleiste oder in einer Kopfzeile des E-Mail-Fensters den Befehl zum Einblenden der Bilder wählen. Dann lädt das E-Mail-Programm die fehlenden Elemente von den in der Mail angegebenen Webservern herunter.

1. Wechseln Sie in Windows Live Mail 2011 zur Registerkarte *Privat* des Menübands, klicken Sie auf die Menüschaltfläche *Junk-E-Mail* und wählen Sie dann den Befehl *Sicherheitsoptionen* (Abbildung 8.35, Hintergrund).

2. Löschen Sie auf der Registerkarte *Sicherheit* die Markierung des Kontrollkästchens *Bilder und andere externe Inhalte in HTML-E-Mail blocken* (Abbildung 8.35, Vordergrund).

Sobald Sie die Registerkarte über die *OK*-Schaltfläche schließen, sollten Bilder in E-Mails automatisch eingeblendet werden. Sie sollten sich aber bewusst sein, dass Dritte so die Möglichkeit zur Überprüfung erhalten, ob die E-Mail geöffnet wurde. Dies ist besonders für Spam-Versender hilfreich, die dann wissen, dass die E-Mail-Adresse existiert. Persönlich lasse ich die Option zum Ausblenden von Bildern in Mails daher aktiviert.

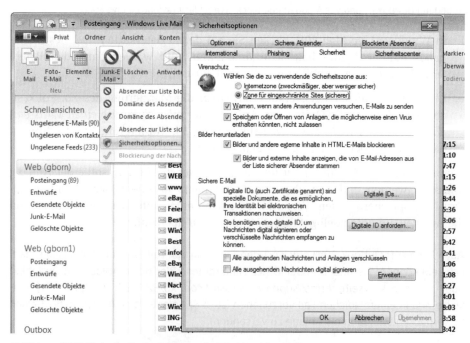

Abbildung 8.35: Sicherheitseinstellungen in Windows Live Mail

E-Mail-Probleme selbst beheben

INFO

Bei Microsoft Outlook 2010 erscheint ebenfalls eine Informationsleiste in der Kopfzeile der Nachricht, über die Sie ausgeblendete Bilder einblenden können. Um die Optionen zur Bildanzeige zu ändern, klicken Sie die Informationsleiste mit der rechten Maustaste an und wählen den Kontextmenübefehl *Einstellungen für den automatischen Download ändern*. Im Dialogfeld *Sicherheitscenter* sollte in der linken Spalte *Automatischer Download* markiert sein. Löschen Sie die Markierung des Kontrollkästchens *Bilder in HTML-Nachrichten oder RSS-Elementen nicht automatisch herunterladen* und schließen Sie das Dialogfeld über die *OK*-Schaltfläche.

8.2.12 Lesebestätigung blockieren

Um sich vor einem Ausspionieren zu schützen, sollten Sie die automatische Lesebestätigung von E-Mails im E-Mail-Programm abschalten:

1. In Windows Live Mail 2011 klicken Sie im Menüband auf die *Windows Live Mail*-Schaltfläche und wählen den Befehl *Optionen*.

2. Wählen Sie im Untermenü den Befehl *E-Mail* und wechseln Sie im Eigenschaftenfenster zur Registerkarte *Bestätigungen*.

3. Setzen Sie die Markierung der Gruppe *Versenden von Lesebestätigungen* auf das Optionsfeld *Bei Anforderung einer Lesebestätigung benachrichtigen*.

Wenn Sie die Registerkarte über die *OK*-Schaltfläche schließen, wird der E-Mail-Client zukünftig nachfragen, ob eine Lesebestätigung verschickt werden soll. Sie können dann das Senden der Lesebestätigung bei Bedarf erlauben oder verbieten.

Im Thunderbird wählen Sie im Menü *Extras* den Befehl *Konten-Einstellungen* und markieren im gleichnamigen Dialogfeld das Konto sowie den Zweig *Empfangsbestätigungen (MDN)*. Markieren Sie die beiden Optionsfelder *Einstellungen für dieses Konto anpassen* und *Nie eine Empfangsbestätigung senden*.

INFO

Bei Microsoft Outlook 2010 klicken Sie im Menüband auf *Datei* und wählen im Menü des Backstage-Bereichs den Befehl *Optionen*. Im Dialogfeld *Outlook-Optionen* wählen Sie die Kategorie *E-Mail* in der linken Spalte und blättern dann im rechten Teil bis zur Rubrik »Verlauf«. Dort sollte dann das Optionsfeld *Nie eine Lesebestätigung senden* oder *Senden einer Lesebestätigung immer bestätigen lassen* markiert sein. Schließen Sie das Dialogfeld über die *OK*-Schaltfläche.

8.2.13 Windows Live Mail-Nachrichten lassen sich nicht löschen

Stellen Sie plötzlich fest, dass sich Nachrichten im *Posteingang*, im *Postausgang* oder unter *Gelöschte Elemente* nicht mehr löschen lassen? Erscheint beim Löschversuch eine Fehlermeldung »Unbekannter Fehler«? In diesem Fall ist die Windows Live Mail-Datenbasis beschädigt. Prüfen Sie, ob die von mir für das ältere Windows Mail beschriebenen Schritte unter *http://www.borncity.com/blog/2007/08/01/windows-mail-nachrichten-nicht-mehr-lschbar/* [gbeh-k8-023] weiterhelfen.

Kapitel 8 • Probleme mit E-Mail und WWW

TIPP Ist die Schaltfläche bzw. der Menübefehl *Drucken* in Windows Live Mail gesperrt? Dies liegt daran, dass Sie das Vorschaufenster auf die Nachrichteninhalte ausgeblendet haben (in Windows Live Mail 2011 wird dies auf der Registerkarte *Ansicht* über die Menüschaltfläche *Lesebereich* konfiguriert). Öffnen Sie die Nachricht per Doppelklick und drucken Sie aus dem Nachrichteneditor heraus.

8.2.14 Es kommen sehr viele Spam-Mails, was tun?

Wer eine E-Mail-Adresse besitzt, erstickt früher oder später in einer Flut von Werbemüll. Sofern Sie die E-Mail-Adresse noch benötigen, hilft nur das Ausfiltern der Werbemails. Diese Funktion steht bei allen E-Mail-Clients (ggf. unter dem Begriff »Junk-E-Mail-Filter«) zur Verfügung.

TIPP Grundsätzlich sollten Sie schon im Vorfeld vermeiden, dass Ihre Adresse in die Hände der Spammer gelangt. Tragen Sie daher nie Ihre Haupt-E-Mail-Adresse in Gewinnspielen, in Forenbeiträgen oder auf Internetseiten ein. Sofern für Bestellungen oder Registrierungen auf Internetseiten eine E-Mail-Adresse benötigt wird, legen Sie sich für diese Zwecke eine kostenlose Freemail-Adresse bei einem Anbieter wie WEB.DE, Google etc. zu. Vermeiden Sie auch, bei E-Mails weitere Absender in das Feld *Cc:* einzutragen, sondern benutzen Sie das *Bcc:*-Adressfeld für den E-Mail-Verteiler. Dies sichert zudem die Anonymität der Adressaten Ihrer Mails.

In Windows Live Mail (oder auch in Microsoft Outlook) ist bereits ein Spam-Filter eingebaut. Sie können als Spam erkannte, aber im Posteingang abgelegte Nachrichten zum Trainieren des Junk-E-Mail-Filters verwenden. Das Gleiche gilt für erwünschte E-Mails, die im Ordner *Junk-E-Mail* gelandet sind.

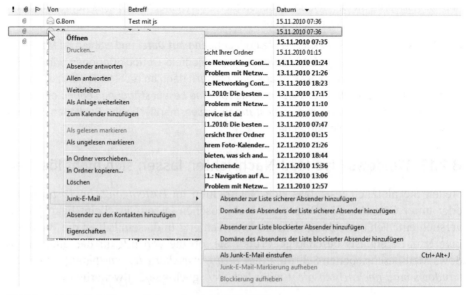

Abbildung 8.36: Befehle zum Setzen des Junk-E-Mail-Filters

E-Mail-Probleme selbst beheben

1. Rufen Sie den Inhalt des jeweiligen Ordners in der Nachrichtenleiste des Windows Live Mail-Fensters auf und markieren Sie die betreffende Nachricht in dieser Leiste.
2. Öffnen Sie das Kontextmenü über die rechte Maustaste und wählen Sie den gewünschten Befehl im Untermenü des Menüs *Junk-E-Mail* (Abbildung 8.36).

Gehört die Nachricht zu bekannten Absendern, lässt sich die Absenderadresse über den Befehl *Absender zur Liste sicherer Absender hinzufügen* in eine Liste erwünschter Korrespondenzpartner aufnehmen. Deren Nachrichten werden zukünftig nicht mehr als Junk-E-Mail betrachtet.

Bei offensichtlichen Werbe-E-Mails können Sie deren Absender im Junkfilter blockieren. Wählen Sie im Untermenü des Befehls *Junk-E-Mail* den Befehl *Absender zur Liste blockierter Absender hinzufügen*. Häufig benutzen Spam-Versender jedoch wechselnde E-Mail-Adressen, die aber von bestimmten Domains (z.B. @yahoo.com etc.) kommen. Der Befehl *Domäne des Absenders der Liste blockierter Absender hinzufügen* bewirkt, dass zukünftig alle Nachrichten mit Absendern dieser Domäne vom Junkfilter blockiert werden. Ist Ihnen ein Fehler unterlaufen, können Sie dies über den Befehl *Blockierung aufheben* im Menü *Junk-E-Mail* rückgängig machen.

Windows Live Mail ermöglicht Ihnen zudem, die Empfindlichkeit des Junk-E-Mail-Filters einzustellen. Hierzu wechseln Sie im Menüband zur Registerkarte *Privat*, öffnen das Menü der Schaltfläche *Junk-E-Mail* und wählen den Befehl *Sicherheitsoptionen*.

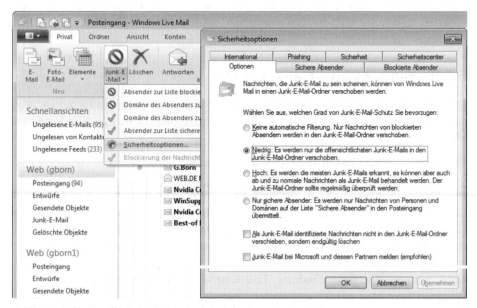

Abbildung 8.37: Empfindlichkeit des Junk-E-Mail-Filters einstellen

Im Eigenschaftenfenster legen Sie dann die Filterstufe auf der Registerkarte *Optionen* fest (Abbildung 8.37). Stellen Sie den Filter auf *Niedrig* oder *Hoch*, um Werbemails bereits beim Empfang zu erkennen und ggf. auszusortieren. Können Sie den Absenderkreis für Ihre zu empfangenden E-Mails fest angeben, markieren Sie das Optionsfeld *Nur sichere Absender*. Sie müssen dann die erwünschten Absenderadressen auf der Registerkarte *Sichere Absender* eintragen. Wählen Sie diese Registerkarte und klicken Sie auf die Schaltfläche *Hinzufügen*. Dann lässt sich die Absender-E-Mail-Adresse in ein Textfeld eintippen und mittels der *OK*-Schaltfläche in die Liste sicherer Absender übertragen.

Auf der Registerkarte *Blockierte Absender* lassen sich die E-Mail-Adressen und Domänen der erkannten Junkversender verwalten. Erhalten Sie nur Nachrichten aus dem deutschen Sprachraum? Dann können Sie zur Registerkarte *International* wechseln und dort über die Schaltfläche *Liste der blockierten Domänen auf oberster Ebene* eine Liste mit zu blockierenden Länderkennungen pflegen. Über die Schaltfläche *Liste blockierter Codierungen* können zudem in bestimmten Sprachen verfasste E-Mails als Junk-E-Mails kategorisiert werden. Auf der Registerkarte *Phishing* finden Sie zwei Kontrollkästchen, um den Posteingang vor möglichen Phishinglinks zu schützen und solche Nachrichten sofort in den Ordner *Junk-E-Mail* zu verschieben.

TIPP Viele Anbieter von E-Mail-Konten (z.B. WEB.DE, 1&1) bieten für die Postfächer auch bereits einen Online-Spam-Filter an, der die Werbemails auf dem E-Mail-Server ausfiltert. Dann erhalten Sie eine Benachrichtigungsmail mit den im Spam-Filter einsortieren Nachrichten. Über das Webinterface des betreffenden E-Mail-Kontos können Sie fehlerhaft einsortierte Nachrichten aus dem Spam-Filter in den Posteingangsserver verschieben. Lesen Sie ggf. die Dokumentation des Providers bezüglich Details dieser Funktionen.

8.2.15 Windows Live Mail reparieren

Kommt es bei Windows Live Mail 2011 zu unerklärlichen Funktionsstörungen, oder das Programm startet nicht mehr? Gibt es Abstürze beim Start von Windows Live Mail?

Wählen Sie in der Systemsteuerung den Hyperlink *Programme deinstallieren* an und markieren Sie im Fenster *Programme und Funktionen* den Eintrag *Windows Live Essentials 2011*. Ein Klick auf die Schaltfläche *Deinstallieren/ändern* öffnet das Dialogfeld *Windows Live Essentials 2011*. Hier finden Sie Befehle, um alle Windows Live-Programme zu reparieren oder einzelne Programme zu entfernen. Wählen Sie zuerst den Befehl zum Reparieren und durchlaufen Sie die Anweisungen des Programms. Hilft dies nicht, lassen Sie Windows Live Mail deinstallieren. Anschließend können Sie das Windows Live-Setup-Programm erneut ausführen und Windows Live Mail wieder installieren lassen. Allerdings gehen bei dieser Aktion alle bereits empfangenen E-Mails verloren.

E-Mail-Probleme selbst beheben

Abbildung 8.38: Windows Live-Programme reparieren/entfernen

Wenn Sie unter *http://support.microsoft.com* [gbeh-k8-025] nach dem Begriff »Outlook« bzw. »Windows Live Mail« suchen lassen, finden Sie einige Artikel, die sich mit speziellen Problemen dieses Programms befassen. Und unter *http://www.mailhilfe.de* [gbeh-k8-006] werden Probleme mit verschiedenen E-Mail-Clients (u.a. Microsoft Outlook) behandelt. Unter *http://www.priotecs.com/windows-mail-backup/index.php* [gbeh-k8-005] wird das Programm »WinMail Backup« angeboten, mit dem sich Windows Live Mail-Daten sichern und später wiederherstellen lassen.

INFO

Kapitel 9
Windows-Sicherheit

In diesem Kapitel finden Sie Hinweise, wie Sie Windows 7 gegen Schadprogramme wie Viren oder Trojaner absichern und was es an Vorbeugemaßnahmen gegen einen Befall durch Schadprogramme gibt.

9.1 Wie sicher ist mein System eigentlich?

Sicherheitslücken im Betriebssystem sind ein Einfallstor für Schädlinge. In diesem Abschnitt erfahren Sie, wie sich Sicherheitslücken im System aufspüren lassen.

9.1.1 Wie prüfe ich die Sicherheit?

Wenn Sie Windows und die Internetanwendungen aktuell halten sowie einen aktuellen Virenscanner installiert haben, wird der Rechner sicherlich gegen Angriffe Dritter geschützt sein. Aber es stellt sich die Frage, ob vielleicht unerkannte Sicherheitslücken existieren oder die Einstellungen des Systems verbessert werden könnten. In diesem Fall empfiehlt sich eine Prüfung, wie sicher das System gegen Missbrauch und Befall ist.

Um die Sicherheit Ihrer Benutzerkonten oder die Aktualität von Windows bzw. wichtiger Microsoft-Software im Hinblick auf Updates und mehr zu überprüfen, bietet Microsoft ein Programm mit dem Namen »Microsoft Baseline Security Analyzer« (MBSA) an. Sie können dieses Programm von der Microsoft-Internetseite kostenlos herunterladen (*http://technet.microsoft.com/en-us/security/cc184924.aspx* [gbeh-k9-001]). Nach dem Herunterladen der *.msi*-Datei installieren Sie das Programm (unter einem Administratorkonto) per Doppelklick auf diese Datei. Ist das Programm unter Windows eingerichtet, starten Sie den Microsoft Baseline Security Analyzer (MBSA) über das zugehörige Desktopsymbol. Anschließend können Sie die Prüfung über verschiedene Befehle im Formularfenster für den lokalen Rechner (oder ggf. für Rechner im Netzwerk) durchführen lassen.

Nach der Analyse zeigt Ihnen das Programm einen Sicherheitsbericht an (Abbildung 9.1). Werden dort Benutzerkonten mit fehlenden oder unsicheren Kennwörtern aufgeführt, sollten Sie dies schnellstmöglich korrigieren. Besteht eine Verbindung zum Internet, während das Programm eine Überprüfung ausführt, kann es zudem auch fehlende Windows-Updates ermitteln und anzeigen. Listet MBSA fehlende Updates oder ein ausgeschaltetes Windows Update auf, sollten Sie das System umgehend aktualisieren.

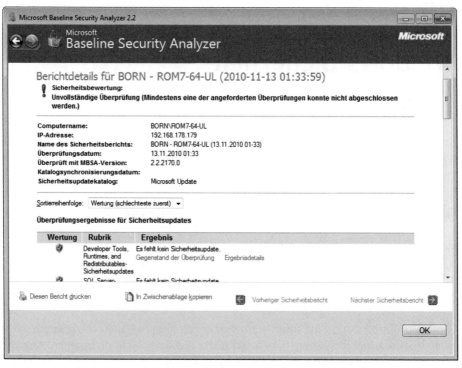

Abbildung 9.1: Microsoft Baseline Security Analyzer

TIPP Auf der Ergebnisseite des MBSA können Sie sich über Hyperlinks detaillierte Informationen über die jeweiligen Sicherheitsmängel anzeigen lassen. Zudem können Sie Informationen zum Beheben der Mängel über die zugehörigen Hyperlinks abrufen.

9.1.2 Das Wartungscenter meldet Probleme mit dem System

Windows 7 enthält das Wartungscenter, welches auch den Systemstatus (Firewall, Virenschutz, Windows Update etc.) überwacht und festgestellte Sicherheitsprobleme meldet. Kündigen sich Sicherheitsprobleme an (z. B. abgelaufene Virensignaturdatei, fehlende kritische Betriebssystemaktualisierungen) oder gibt es eine Sicherheitslücke (kein Virenscanner, Firewall ausgeschaltet), wird dies durch eine QuickInfo im Infobereich der Taskleiste signalisiert (Abbildung 9.2). Zudem erscheint beim Symbol des Wartungscenters ein roter Kreis mit einem weißen X.

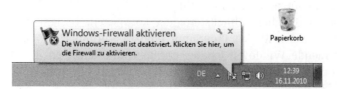

Abbildung 9.2: QuickInfo mit Information des Windows-Wartungscenters

Wie sicher ist mein System eigentlich?

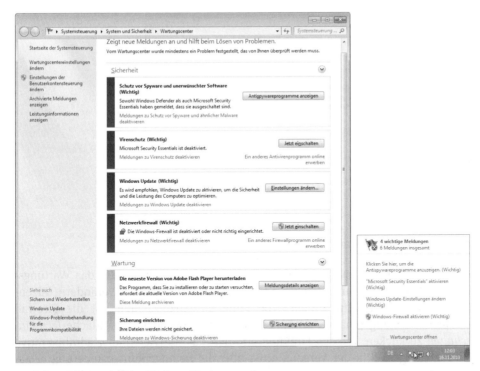

Abbildung 9.3: Anzeige des Windows-Wartungscenters

Zeigen Sie auf das Symbol, blendet Windows 7 eine QuickInfo mit der Anzahl der Meldungen ein. Ein Mausklick auf das Wartungscentersymbol blendet dann eine Palette mit Meldungsdetails ein (Abbildung 9.3, unten rechts). Wählen Sie in der Palette den Hyperlink *Wartungscenter öffnen*, erscheint das in Abbildung 9.3, links, sichtbare Fenster des Wartungscenters. Dieses zeigt in der Gruppe *Sicherheit* sofort, ob Probleme erkannt wurden.

» Ein gelb markierter Eintrag weist ggf. auf eine reduzierte Sicherheit oder einen erforderlichen Eingriff hin. Dies ist beispielsweise der Fall, wenn Updates für Komponenten bereitstehen oder noch keine Windows-Sicherung eingerichtet wurde.

» Ein roter Farbbalken links neben einem Eintrag signalisiert dagegen ein potenzielles Sicherheitsproblem (z. B. abgeschaltete Firewall, fehlender Virenscanner). Sie sollten diesem Punkt dann schnellstmöglich auf den Grund gehen und die Ursache beseitigen.

Im Gegensatz zu früheren Windows-Versionen zeigt das Wartungscenter übrigens nicht mehr an, wenn mit einer Funktion alles in Ordnung ist. Über die (runde) Schaltfläche am rechten Rand der jeweiligen Kategorie oder über den Kategorientitel können Sie Detailinformationen anzeigen lassen oder verstecken (einfach den Titel oder die Schaltfläche anklicken).

Kapitel 9 • Windows-Sicherheit

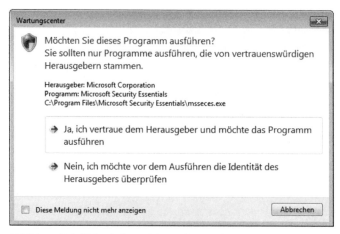

Abbildung 9.4: Sicherheitsnachfrage des Wartungscenters

Gibt es ein Problem, müssen Sie die Ursache beheben. Meist stellt das Wartungscenter Schaltflächen und Befehle bereit, um Einstellungen zu verändern, Eigenschaftenfenster zu öffnen oder eine Funktion einzuschalten. Ist die Firewall beispielsweise abgeschaltet, genügt es, auf die eingeblendete Schaltfläche *Jetzt einschalten* zu klicken. Je nach Funktion erfordert das Aktivieren aber administrative Berechtigungen, d.h. der Vorgang muss über die Benutzerkontensteuerung bestätigt werden. Bei Fremdprogrammen wird zudem noch ein Dialogfeld angezeigt (Abbildung 9.4), in dem Sie die Vertrauenswürdigkeit des Herausgebers überprüfen können. Klicken Sie auf den Befehl *Nein, ich möchte vor dem Ausführen die Identität des Herausgebers überprüfen*, sollte ein Zertifikat angezeigt werden. Anhand des Zertifikats können Sie erkennen, ob der vermutete Herausgeber der Software (z.B. Microsoft, Adobe) dahintersteckt und ob das Zertifikat noch gültig ist. Sofern Sie der Funktion (z.B. Virenscanner) vertrauen, klicken Sie auf *Ja, ich vertraue dem Herausgeber und möchte das Programm ausführen*. Dann wird die Funktion aktiviert.

Probleme des Windows-Wartungscenters lösen

Bekommen Sie Warnungen bezüglich eines fehlenden Virenscanners oder einer deaktivierten Firewall angezeigt, obwohl entsprechende Produkte von Drittherstellern installiert sind? Voraussetzung ist, dass die Virenscanner sowie die ggf. eingesetzte Firewall von Drittanbietern kompatibel mit Windows 7 sind. Manchmal hilft es, diese Produkte zu deinstallieren und dann erneut zu installieren. Andernfalls prüfen Sie, ob es neue Versionen der betreffenden Produkte gibt.

STOPP Generell ist bezüglich der Verwendung von Sicherheitsprodukten mit integrierter Firewall (sogenannter Internet-Security-Suites) Zurückhaltung angesagt. Die zusätzliche Firewall führt nicht unbedingt zu mehr Sicherheit – aus diesem Blickwinkel ist die Windows-Firewall ausreichend. Oft führen zusätzliche Firewalls aber zu Problemen, wenn das Produkt durch den Hersteller nicht vollständig an Windows 7 angepasst ist.

Wie sicher ist mein System eigentlich?

Meldet das Windows-Wartungscenter anstehende Windows-Updates nicht? Oder wird ein deaktivierter Virenscanner bzw. eine abgeschaltete Firewall nicht signalisiert?

1. Tippen Sie z. B. in das Suchfeld des Startmenüs »Wart« ein und wählen Sie den Befehl *Wartungscenter*.
2. Klicken Sie in der linken Aufgabenspalte des Windows-Wartungscenters (Abbildung 9.3, Seite 393) auf den Hyperlink *Wartungscentereinstellungen ändern*.
3. Überprüfen Sie im Dialogfeld *Wartungscentereinstellungen ändern* (Abbildung 9.5) die Markierung der Kontrollkästchen der gewünschten Kategorie. Passen Sie die Optionen an und schließen Sie das Dialogfeld über die *OK*-Schaltfläche.

Eine gelöschte Markierung (das Häkchen verschwindet) deaktiviert die Überwachung der betreffenden Funktion. Im Wartungscenter lässt sich zwar noch der Sicherheitsstatus für die betreffende Kategorie einsehen. Eine Warnung über Quick-Infos unterbleibt aber. Um die Warnung also zuzulassen, markieren Sie das betreffende Kontrollkästchen im Dialogfeld *Wartungscentereinstellungen ändern*.

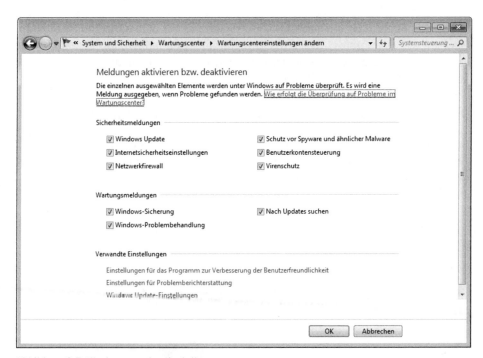

Abbildung 9.5: Wartungscentereinstellungen

Checkliste zur Systemsicherheit

Um die Sicherheit von Windows 7 zu gewährleisten, sollten Sie die betreffenden Windows-Funktionen einschalten sowie zusätzlich benötigte Drittprogramme installieren. Hierzu können Sie nach folgender Checkliste vorgehen:

- » *Firewall:* Das System muss durch eine Firewall vor Angriffen aus dem Internet oder einem Netzwerk geschützt werden. Grundsätzlich ist die Windows-Firewall ausreichend! Eine Zusatzfirewall von Drittherstellern bringt keine Vorteile, kann durchaus aber zu Problemen führen.

- » *Windows Update:* Sie sollten keinesfalls Windows Update abschalten und idealerweise den Modus »Updates automatisch installieren« einstellen. Falls Sie mehr Kontrolle über die Installation von Updates benötigen, verwenden Sie die Einstellungen »Updates herunterladen, aber Installation manuell durchführen« oder »Nach Updates suchen, aber Zeitpunkt zum Herunterladen und Installierens manuell festlegen«.

- » *Virenschutz:* Wichtig ist auch, dass ein zu Windows 7 kompatibler Virenschutz installiert ist und aktuell gehalten wird (siehe den Abschnitt »Wie schütze ich mein System wirksam vor Schädlingen?« ab Seite 408). Typischerweise wird man eines der gängigen Antivirenprogramme installieren und einsetzen. Beachten Sie in diesem Zusammenhang, dass immer nur ein einziges Virenschutzprogramm installiert wird, da es sonst zu gegenseitigen Beeinflussungen und Fehlern kommen kann.

Wichtig ist auch, dass die verwendeten Programme auf dem aktuellen Stand sind. Browser wie der Firefox, das E-Mail-Programm Thunderbird etc. enthalten eine Funktion, um vorhandene Updates automatisch zu melden und nach Freigabe durch den Benutzer zu installieren.

9.1.3 Tests auf offene Sicherheitslücken über Internetseiten

Neben den Wartungscenterfunktionen und dem auf den vorherigen Seiten vorgestellten Microsoft Baseline Security Analyzer können Sie ein System auch über Internetseiten einer Sicherheitsüberprüfung unterziehen lassen. Ziel ist es, herauszufinden, ob das System per Internet angreifbar ist.

Abbildung 9.6: Symantec Security Check

Die Wirksamkeit der Windows-Firewalleinstellungen lässt sich z. B. über die Webseite *http://security.symantec.com* [gbeh-k9-002] mittels eines »Security Scans« überprüfen (Abbildung 9.6). Voraussetzung ist allerdings, dass Sie der Installation eines Symantec-ActiveX-Controls zustimmen. Dieses wird dann im Internet Explorer ausgeführt und kann z. B. diverse Überprüfungen ausführen. In Abbildung 9.6 ist allerdings zu erkennen, dass der Symantec Security Scan einen fehlenden Antivirenschutz bemängelt. Ursache ist, dass der Anbieter nur sein eigenes Produkt erkennt und daher in diesem Punkt ein fehlerhaftes Ergebnis liefert.

Es gibt zusätzliche Internetseiten, auf denen Sie über neueste Sicherheitslücken in Browsern informiert werden. Diese Webseiten stellen in der Regel auch Tests zur Überprüfung dieser Sicherheitslücken bereit. Eine gute Anlaufstelle für Sicherheitstests ist auch die Website *http://www.heise.de/security/* [gbeh-k9-003]. Auf dieser Seite finden Sie z. B. die Links *Update-Check*, *Browsercheck*, *Emailcheck* und *Netzwerkcheck*. Die dazugehörenden Unterseiten stellen Tests für verschiedene Browser, E-Mail-Clients und Betriebssysteme bereit.

STOPP Sie sollten aber darauf verzichten, solche Sicherheitschecks auf den Webseiten unbekannter Anbieter durchführen zu lassen. Im schlechtesten Fall wird Ihnen mit der zu installierenden Software ein Schadprogramm (Trojaner) untergeschoben.

9.2 Windows durch die Firewall absichern

Windows 7 verfügt über eine integrierte Firewall, die den Rechner oder ein gesamtes lokales Netzwerk vor Zugriffen Dritter aus dem Internet abschottet. In diesem Abschnitt geht es um Fragen zum Einsatz und zur Konfiguration der Windows-Firewall.

9.2.1 Was sollte ich über eine Firewall wissen?

Ein mit einem Netzwerk oder dem Internet verbundener Computer kann über dessen IP-Adresse über das Internet oder das Netzwerk angesprochen werden. Bei Bedarf lassen sich Datenpakete über Kommunikationskanäle an die auf dem Rechner laufenden Dienste schicken. Problem ist, dass sich auf diese Weise ggf. Sicherheitslücken ausnutzen lassen.

Eine Firewall überwacht den Datenverkehr zwischen dem Internet (oder dem Netzwerk) und dem Computer. Jedes aus dem Internet eintreffende Datenpaket kann von der Firewall gefiltert werden. Treffen von außen Datenpakete ein, die nicht als Antwort auf vom System bzw. von Anwendungen angeforderte Daten interpretiert werden können, entscheidet die Firewall über ein Regelwerk, ob die Nachricht über den betreffenden Port dem Dienst zugestellt wird oder nicht. Nur wenn der Benutzer einen Port für eine Anwendung freigibt, leitet die Firewall die Nachrichten weiter.

Das Blockieren eingehender Verbindungen hat den Vorteil, dass der Rechner nach außen quasi nicht sichtbar wird oder nur über freigegebene Kommunikationskanäle (auch als Ports bezeichnet) erreichbar ist. Bei Verwendung von Internettelefonie kann es beispielsweise sinnvoll sein, die Kommunikationskanäle für eingehende Telefonanrufe in der Firewall zuzulassen. Ähnliches gilt für die Geräteerkennung in Netzwerken, bei Filesharing-Programmen etc. Schadprogramme, die einen Rechner per Internet auf Sicherheitslücken scannen möchten, können dann höchstens diese geöffneten Kommunikationskanäle ansprechen, erhalten aber keine Chance, alle Kommunikationskanäle (Ports) des gesamten Rechners auf Sicherheitslücken zu scannen.

Windows 7 verfügt über eine Zwei-Wege-Firewall, die ein- und ausgehende Verbindungen nach bestimmten Regeln filtern kann. Über den Befehl *Windows-Firewall* lassen sich Ausnahmen für eingehende Verbindungen konfigurieren. Ausgehende Verbindungen können Sie über den Befehl *Windows-Firewall mit erweiterter Sicherheit* konfigurieren. Die Befehle werden angezeigt, sobald Sie in das Suchfeld des Startmenüs »Firewall« eintippen.

Zusätzlich bieten Dritthersteller komplette Sicherheitslösungen mit eigener Firewall an. Und externe Geräte, wie beispielsweise DSL-Router, besitzen häufig ebenfalls eine Firewall, die ein- und ausgehende Verbindungen filtern kann.

INFO Ports sind Kommunikationskanäle im TCP/IP-Protokoll, über die der Datenaustausch zwischen dem Internet und verschiedenen Diensten des Computers abgewickelt wird. Die Portnummern innerhalb der transportierten Nachrichten steuern die Weiterleitung an die jeweiligen Dienste.

Brauche ich eine separate Firewall?

An dieser Stelle noch ein paar Worte zur Frage: Brauche ich eine eigene Firewall? Manche Anbieter werben damit, dass eine Zwei-Wege-Firewall in ihren Produkten enthalten sei, die auch ausgehende Verbindungen blockiert. Grundsätzlich lässt sich feststellen, dass die Windows-Firewall (ggf. in Verbindung mit der Firewall mit erweiterter Sicherheit) ausreichend ist. Externe Firewalls sind nicht erforderlich und führen mitunter auch zu erheblichen Problemen.

Hilft mir eine Zwei-Wege-Firewall?

Wie sieht es nun mit dem Mehrwert einer Zwei-Wege-Firewall aus? Diese Firewall ermöglicht es, auch ausgehende Verbindungen zu filtern. Theoretisch ließe sich damit die Verbindungsaufnahme aller auf dem Rechner laufenden Programme unterbinden. Folglich hätten Viren, Trojaner etc. keine Chance mehr, Daten per Internet oder Netzwerk zu übertragen. Eigentlich eine tolle Sache, oder etwa nicht?

Leider gibt es einen Haken: Schadsoftware kann Mittel und Wege finden, eine unter Windows laufende Firewall zu umgehen oder sogar auszuschalten. Ist ein Schadprogramm also bereits auf dem Rechner installiert, hilft auch eine Zwei-Wege-Firewall nicht weiter.

Windows durch die Firewall absichern

Bei Anwendungen, die sich »wohl verhalten«, gäbe es zwar die Möglichkeit, ausgehende Verbindungen zu blockieren. Andererseits kann das Blockieren ausgehender Verbindungen bei erwünschten Anwendungen zu erhöhtem Konfigurationsaufwand oder gar Fehlfunktionen (z. B. automatische Updates funktionieren nicht mehr) führen. Bei von mir durchgeführten Tests musste ich sehr häufig manuell in die Konfiguration der Zwei-Wege-Firewall eingreifen. Und nicht selten treten Probleme aufgrund fehlerhafter Firewallkonfigurationen auf.

Aus diesem Grund verzichte ich auf die Zwei-Wege-Firewall und stelle lediglich sicher, dass die Windows-Firewall nur ausgewählten Programmen gestattet, Ports für bestimmte eingehende Verbindungen zu öffnen. Eine zusätzliche Firewall macht nur dann Sinn, wenn diese hardwaremäßig als separates Gerät, z. B. in einem WLAN-Router wie der FRITZ!Box Fon WLAN, integriert ist. Dann müssen Sie aber auch darauf achten, dass diese für ein- und/oder ausgehende Verbindungen korrekt konfiguriert ist. Details zu solchen Fragen finden Sie in den Geräteunterlagen der Router.

INFO

9.2.2 Die Firewall blockiert meine Programme

Standardmäßig überwacht und blockiert die Firewall alle eingehenden Verbindungen zum lokalen Rechner. Versucht ein der Firewall unbekanntes Programm auf dem lokalen Computer einen Port (für eingehende) Verbindungen zu öffnen, meldet die Firewall dies über ein Dialogfeld (Abbildung 9.7). Ein Administrator kann dann die Blockade aufheben oder bestätigen.

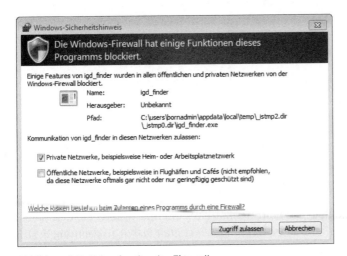

Abbildung 9.7: Popupfenster der Firewall

» Trauen Sie dem Programm, d. h., soll dieses (z. B. bei IP-Telefonanwendung etc.) eingehende Internetanfragen akzeptieren, klicken Sie auf die Schaltfläche *Zugriff zulassen*. Gegenüber früheren Windows-Versionen können Sie dabei über die beiden Kontrollkästchen wählen, ob sich die Zugriffe auf das lokale Netzwerk oder auch das Internet (öffentliche Netzwerke) erstrecken soll. Zur

Freigabe des betreffenden Ports benötigen Sie Administratorrechte bzw. müssen die Freigabe über eine Sicherheitsabfrage der Benutzerkontensteuerung bestätigen. Dann trägt die Firewall diese Ausnahme in eine interne Regelliste ein. Die Sicherheitswarnung unterbleibt zukünftig.

» Meist erscheint das Dialogfeld nach der Installation einer neuen Software. Sie müssen dann entscheiden, ob Sie das Programm durch die Firewall kommunizieren lassen. Ist Ihnen das Programm unbekannt, klicken Sie auf die *Abbrechen*-Schaltfläche, um die Portfreigabe zu unterbinden.

INFO   Das Blockieren eines Programms kann, muss aber nicht, bedeuten, dass dieses nicht mehr funktioniert. Ein Browser, ein E-Mail-Programm, ein Filesharing-Programm kann (sofern keine ausgehenden Verbindungen über die Firewall mit erweiterter Sicherheit geblockt wurden) durchaus Daten aus dem Internet anfordern. Die Firewall lässt die Datenpakete mit den Antworten dann passieren. Nur wenn nicht angeforderte Datenpakete aus dem Internet eintreffen (z.B. eine Remoteverbindungsaufforderung oder ein eingehendes IP-Telefongespräch), würden diese ohne Portfreigabe von der Firewall geblockt.

Programmausnahmen kontrollieren

Möchten Sie die Konfiguration der Firewall einsehen oder konfigurierte Programmausnahmen anpassen, gehen Sie in folgenden Schritten vor.

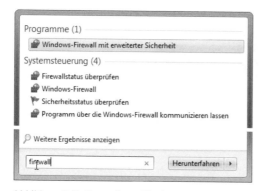

Abbildung 9.8: Firewall per Startmenü aufrufen

1. Tippen Sie in das Suchfeld des Startmenüs »Fire« ein und wählen Sie den Befehl *Programm über die Windows-Firewall kommunizieren lassen* (Abbildung 9.8).

2. Klicken Sie im Dialogfeld *Zugelassene Programme* auf die Schaltfläche *Einstellungen ändern* und bestätigen Sie die Sicherheitsabfrage der Benutzerkontensteuerung.

3. Passen Sie die Markierung der Kontrollkästchen in den Spalten *Heim/Arbeit (Privat)* bzw. *Öffentlich* bzw. am Anfang der Zeile an (Abbildung 9.9).

Windows durch die Firewall absichern

Im Dialogfeld (Abbildung 9.9) listet die Firewall alle Ausnahmen auf und zeigt über markierte Kontrollkästchen für beide Profile (*Heim/Arbeit (Privat)* und *Öffentlich*), ob für die betreffende Anwendung oder Funktion die benötigten Eingabeports der Firewall geöffnet werden. Löschen Sie die Markierung, wird der von der Anwendung geöffnete Port wieder gesperrt.

» Bei den durch Windows vordefinierten Firewallausnahmen können Sie die Kontrollkästchen der Spalten *Heim/Arbeit (Privat)* und *Öffentlich* markieren oder deaktivieren.

» Bei den vom Benutzer eingetragenen Ausnahmen für Programme oder Funktionen lässt sich bei den meisten Einträgen jeweils nur die Markierung eines Kontrollkästchens aufheben.

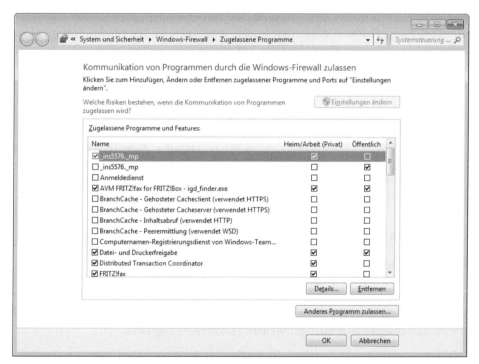

Abbildung 9.9: Zugelassene Programme in der Firewall

Gerade der zweite Punkt ist etwas verwirrend. Haben Sie die Markierung des Kontrollkästchens für einen Eintrag in der Spalte *Heim/Arbeit (Privat)* gelöscht, lässt sich die eventuell gesetzte Markierung des Kontrollkästchens in der Spalte *Öffentlich* nicht mehr löschen. Sie können die Markierung des Kontrollkästchens am Zeilenanfang löschen und damit die Filterregel deaktivieren. Um eine Ausnahme zu löschen, markieren Sie die Zeile und klicken dann auf die Schaltfläche *Entfernen*. Nach einer Sicherheitsabfrage wird dann der komplette Eintrag aus der Ausnahmenliste entfernt. Je restriktiver eine Firewall eingestellt wird, umso besser ist

Windows gegen Angriffe geschützt. Allerdings sind dann u. U. verschiedene Funktionen unter Windows nicht mehr verfügbar.

INFO Die Schaltfläche *Details* öffnet ein Dialogfeld mit Hinweisen auf das Programm, für welches die Ausnahme eingetragen wurde. Über die Schaltfläche *Anderes Programm zulassen* können Sie das Dialogfeld *Programm hinzufügen* öffnen. In diesem Dialogfeld lassen sich Anwendungen auswählen, die als Firewallausnahmen vereinbart werden und dann eingehende Ports freigeben dürfen.

Windows 7 passt automatisch einige Eigenschaften der Firewall an, wenn Sie z. B. das Netzwerk einrichten. Sind keine Netzwerkzugriffe möglich, müssen Sie die Ausnahmen *Kernnetzwerk, Netzwerkerkennung* und *Datei- und Druckerfreigabe* markieren. Die Wirksamkeit der Windows-Firewall lässt sich testen, indem Sie beispielsweise die Webseite *http://webscan.security-check.ch/* [gbeh-k9-004] aufrufen und dort einen Portscan ausführen lassen. Bedenken Sie aber beim Einsatz eines DSL-Routers, dass der Portscan nicht unbedingt die Windows-Firewall überprüft, sondern nur die Firewall im Router. Dem Gesamtergebnis tut dies unter dem Strich aber keinen Abbruch.

STOPP Achten Sie darauf, dass sich keine Schadsoftware auf dem System einnisten kann. Diese kann (z. B. über den Insidern bekannten Befehl *netsh firewall*) die Firewall komplett abschalten und so Sicherheitseinrichtungen unterlaufen. Eine Übersicht über die Befehle zum Konfigurieren der Firewall aus dem Fenster der Eingabeaufforderung finden Sie unter *http://technet.microsoft.com/de-de/library/cc771046(WS.10).aspx* [gbeh-k9-005].

9.2.3 Konfiguration der Windows-Firewall

Um die Windows-Firewall ein-/auszuschalten oder Ausnahmen zuzulassen, können Sie in das Suchfeld des Startmenüs »Fire« eintippen und dann den Befehl *Windows-Firewall* wählen. Windows 7 öffnet das Dialogfeld aus Abbildung 9.10, Hintergrund, in dem der Status der Firewall eingeblendet wird. Über die Befehle der Aufgabenleiste lässt sich auf weitere Funktionen zugreifen.

Wählen Sie den Befehl *Windows-Firewall ein- oder ausschalten* und bestätigen Sie die Sicherheitsabfrage der Benutzerkontensteuerung, erscheint die Seite aus Abbildung 9.10, Vordergrund.

» Für jeden Netzwerkstandorttyp lässt sich dabei über das Kontrollkästchen *Alle eingehenden Verbindungen blockieren ...* (Abbildung 9.10, unten) vorgeben, ob die Firewall alle eingehenden Verbindungen (ohne Ausnahme) blockieren soll. Ist das Kontrollkästchen markiert, bietet die Firewall eine maximale Sicherheit für Zugriffe aus dem Internet bzw. Netzwerk auf den lokalen Rechner. Allerdings sind dann u. U. verschiedene Funktionen unter Windows 7 nicht mehr verfügbar. Aus diesem Grund wird die Markierung des Kontrollkästchens standardmäßig deaktiviert.

Windows durch die Firewall absichern

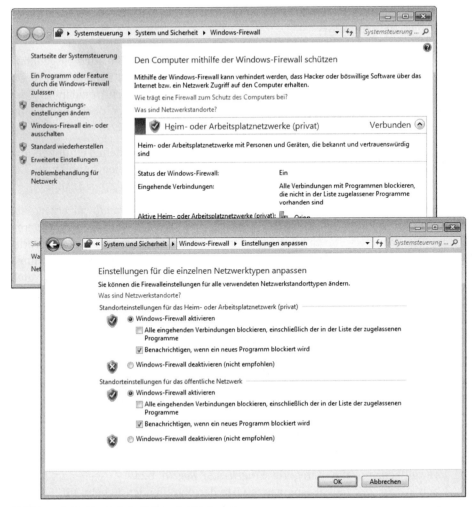

Abbildung 9.10: Firewalleinstellung in Windows 7

» Das Kontrollkästchen *Benachrichtigen, wenn ein neues Programm blockiert wird*, sollte markiert sein. Dann erscheint beim ersten Start eines neuen Programms, welches einen Port der Firewall öffnen möchte, die Benachrichtigung über die Blockierung durch die Firewall (Abbildung 9.7, Seite 399).

Der Befehl *Erweiterte Einstellungen* in der Aufgabenleiste (Abbildung 9.10, oben) ruft das Fenster der Windows-Firewall mit erweiterter Sicherheit auf, in dem Sie Regeln für ein- und ausgehende Verbindungen eintragen können.

9.2.4 Windows-Firewall mit erweiterter Sicherheit konfigurieren

Über die Windows-Firewall mit erweiterter Sicherheit können Sie auch ausgehende Verbindungen überwachen und blockieren. Dies hilft zwar bei Schädlingen nicht, da diese die Firewallfilter zurücksetzen können. Sofern Sie sich trotzdem mit der Konfiguration der Zwei-Wege-Firewall befassen möchten, hier noch einige Hinweise.

Zum Aufrufen können Sie »Firewall« in das Suchfeld des Startmenüs eintippen und dann den Befehl *Windows-Firewall mit erweiterter Sicherheit* (siehe Abbildung 9.8, Seite 400) über den Kontextmenübefehl *Als Administrator ausführen* ausführen.

Klicken Sie in der linken Spalte auf den Zweig *Windows-Firewall mit erweiterter Sicherheit*, erscheinen die aktuellen Einstellungen der Firewall in der mittleren Spalte. Die Windows-Firewall unterscheidet dabei anhand des Netzwerkstandorts, welches Profil für die Kommunikation genutzt werden soll. Dies ermöglicht Ihnen unterschiedliche Einstellungen für die Kommunikation innerhalb eines privaten Netzwerks (LAN), innerhalb einer Netzwerkdomäne oder in einem öffentlichen Netzwerk (WLAN/Internet). Für jedes dieser Profile lässt sich die Firewall ein- oder ausschalten. Zudem können Sie für diese Profile einzeln festlegen, ob eingehende bzw. ausgehende Verbindungen geblockt werden.

Zum Anpassen der Profileinstellungen klicken Sie in der mittleren Spalte (Abbildung 9.11, Hintergrund) auf den Hyperlink *Windows-Firewalleigenschaften*. Die Firewall öffnet dann das in Abbildung 9.11, Vordergrund, gezeigte Eigenschaftenfenster. Über dessen Registerkarten können Sie die Profileinstellungen abrufen und dann über die Listenfelder anpassen.

1. Um die Regeln der Firewall einzusehen, wählen Sie in der linken Spalte des Firewall-Fensters die Kategorie *Eingehende Regeln* bzw. *Ausgehende Regeln*. Nach kurzer Zeit taucht eine ganze Liste der betreffenden Regeln auf. Ein grüner Kreis mit weißem Häkchen bedeutet, dass die Regel aktiv und die Verbindung freigegeben ist. Ein grauer Kreis deutet auf eine deaktivierte Regel hin, während ein roter, durchgestrichener Kreis eine blockierte Verbindung kennzeichnet.

2. Ein Doppelklick auf einen solchen Eintrag öffnet das in Abbildung 9.11, Vordergrund, gezeigte Eigenschaftenfenster, über dessen Registerkarten Sie die Regeln für ausgehende Verbindungen einsehen und anpassen können.

Sie können auf diese Weise auch ausgehende Verbindungen durch die Windows-Firewall blockieren.

1. Möchten Sie neue Regeln für ein- oder ausgehende Verbindungen festlegen, markieren Sie in der linken Spalte eine der drei Kategorien *Eingehende Regeln*, *Ausgehende Regeln* und *Verbindungssicherheitsregeln*.

Windows durch die Firewall absichern

2. Anschließend lässt sich in der rechten Spalte der Befehl *Neue Regel* wählen (Abbildung 9.11, Hintergrund). Daraufhin startet ein Assistent, der Sie in verschiedenen Dialogschritten bei der Definition der Firewallregel unterstützt.

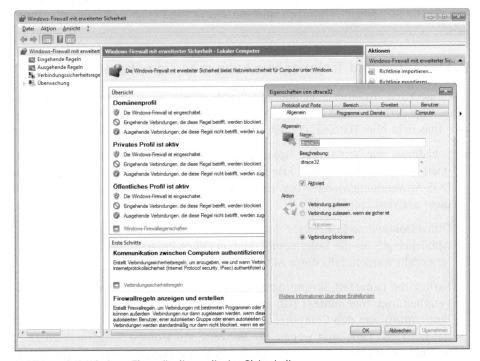

Abbildung 9.11: Windows-Firewall mit erweiterter Sicherheit

Entscheiden Sie sich im ersten Schritt für einen Regeltyp. Dieser kann sich auf Programme, Ports oder auf bereits vordefinierte Regeln beziehen, darf aber auch vollständig benutzerdefiniert sein. Je nach Regeltyp wählen Sie das Programm oder den Port im Folgeschritt, legen die Aktion fest und geben an, auf welches Profil sich die Regel bezieht. Im letzten Dialogschritt ist dann noch der Name der Regel einzutragen. Sie können jederzeit den Hyperlink *Weitere Informationen über ...* im Dialogfeld anwählen, um zusätzliche Informationen abzurufen.

Klicken Sie in der rechten Spalte des Fensters auf den Eintrag *Hilfe*, lassen sich im Hilfefenster detaillierte Informationen über die Firewall mit erweiterter Sicherheit abrufen. Vielleicht möchten Sie sich jetzt am liebsten sofort auf die Möglichkeit zum Blockieren ausgehender Verbindungen stürzen, um Spionagefunktionen an der Weitergabe von Daten zu hindern. Ich hatte je bereits auf den vorherigen Seiten darauf hingewiesen, dass diese Blockade von Schadprogrammen ausgehebelt werden kann. Zudem erweist sich die Konfigurierung zahlreicher Regeln als recht aufwendig, sodass der Ansatz kaum über längere Zeit durchzuhalten ist. Persönlich empfehle ich daher den Verzicht auf die Verwendung ausgehender Firewallregeln.

INFO

9.3 Befall durch Viren und andere Schädlinge

Wurde Ihr System von einem Virus befallen oder haben Sie sich einen Trojaner, einen Wurm oder Spyware eingefangen? Der folgende Abschnitt enthält Hinweise, wie Sie die Sicherheit verbessern und mit einem Schädlingsbefall umgehen können.

9.3.1 Viren und Trojaner, wie kann man sie bekommen?

Computerviren, Trojaner oder andere Schadprogramme werden über unterschiedliche Wege verbreitet und können in unterschiedlichen Dateien enthalten sein. Hier eine Übersicht über Dateien, die potenziell Schadcode enthalten können:

» Schädlinge wie Viren oder Trojaner können in Programmdateien (*.exe*, *.com*, *.msi*) sowie in Dateien mit Erweiterungen wie *.pif* (Konfigurationsdateien für DOS-Anwendungen) oder *.scr* (Bildschirmschoner) enthalten sein bzw. über diese aktiviert werden.

» Office-Dokumente (z. B. *.doc-/.docx*-Dateien etc.) können Makroviren enthalten. Ähnliches gilt für die Dokumente, die von Office-Programmen anderer Hersteller erstellt werden, falls diese Autostart-Makros enthalten.

» Skriptviren benutzen Skriptprogramme (*.vbs*, *.vbe*, *.js*, *.jse*, *.wsf*, *.ps1*), Stapelverarbeitungsprogramme (*.bat*, *.cmd*) oder simple HTML-Dokumente (*.hta*, *.htm*, *.html*), um den Computer anzugreifen. Selbst angehängte Verknüpfungsdateien (*.lnk*, *.url*) sind wegen der Verweise auf ladbare Schadroutinen (z. B. auf Internetseiten) riskant. Und mit *.reg-* oder *.inf*-Dateien kann sich der Benutzer unbedacht die Registrierung verändern (auch wenn maschinenspezifische Schlüssel nur mit administrativen Berechtigungen verändert werden können).

» Zusätzlich können aus dem Internet heruntergeladene und im Internet Explorer ausgeführte ActiveX-Controls (*.dll-* und *.ocx*-Dateien), Add-Ons oder Java-Anwendungen Viren, Trojaner und andere Schädlinge enthalten. Weiterhin statten manche Hersteller ihre Produkte mit Skriptverarbeitung aus. Daher können auch Adobe Acrobat-PDF-Dokumente oder Flash-Animationen potenzielle Träger von Viren sein (obwohl sich der Befall in Grenzen hält).

Beachten Sie aber, dass die obige Aufstellung nicht vollständig ist. Es kann auch sein, dass die Dateien mit dem Schadcode in harmlos scheinende Dokumentdateien (z. B. Bilddateien) umbenannt wurden. Wird das infizierte Programm ausgeführt oder das Dokument geöffnet, versucht der Schädling sich zu verbreiten, indem er seinen Code in nicht befallene Dateien kopiert. Manche Viren versuchen auch, verseuchte Dateien per E-Mail-Anhang an im Adressbuch oder im Postfach des Benutzers aufgeführte Empfänger zu verschicken.

Befall durch Viren und andere Schädlinge

INFO

Beim Arbeiten unter Standardkonten bewirken die Standardvorgaben für die Benutzerkontensteuerung, dass sich Software normalerweise nicht unbemerkt installieren kann. Leider liest man häufig in Internetforen Aussagen wie »Ich bin der einzige Nutzer und hab mir zwei Administratorkonten angelegt. Wie kriege ich jetzt die nervigen Abfragen der Benutzerkontensteuerung weg?«. Wer die Benutzerkontensteuerung abschaltet, wird gezwungenermaßen mit Administratorkonten arbeiten und so die Windows-Sicherheitsmechanismen aushebeln.

Das Tückische an Viren, Trojanern und Adware ist, dass sie sich hinter anderen Funktionen (z. B. in sinnvollen Programmen, in Dokumenten, Webseiten etc.) verstecken und/oder die schädigenden Funktionen eventuell erst an einem ganz bestimmten Datum wirksam werden. Wenn der Benutzer dann eine Programmdatei aus dem Internet herunterlädt und alle Warndialoge von Windows 7 wegklickt, muss er sich nicht wundern, wenn trotz der vielen Sicherheitsfunktionen solche Schädlinge auf den Rechner gelangen.

Wie kommen Schadprogramme auf den Rechner?

Fragen Sie sich, wie Sie an Schadprogramme gerieten? Hier einige der Möglichkeiten zum Angriff auf Ihren Computer:

» Schadprogramme (Viren, Trojaner etc.) können Sie sich z. B. per Internet einfangen, wenn Sie Programme herunterladen, dann unter Windows ausführen und die Sicherheitsabfrage der Benutzerkontensteuerung ahnungslos bestätigen.

» Die zweite Quelle für solche »Schädlinge« sind E-Mails mit angehängten Dateien und Programmen. Öffnet der Benutzer einen solchen Anhang und übergeht die Sicherheitsabfrage der Benutzerkontensteuerung, wird das Programm samt dem Schadcode ausgeführt.

» Das Gleiche gilt für die Übernahme ungeprüfter Dateien von eigenen oder fremden Datenträgern wie CDs, DVDs USB-Sticks etc. Auch virenverseuchte Sicherungskopien von Dateien können die Ursache für einen Befall sein.

» Ein weiteres Einfallstor sind Fehler bzw. Schwachstellen im Betriebssystem oder in Anwendungsprogrammen, die durch Schadprogramme ausgenutzt werden können. Dann reicht im Zweifelsfall der Besuch einer mit Schadprogrammen kompromittierten Internetseite, um mit einem Trojaner oder Ähnlichem infiziert zu werden.

Allerdings ist die Gefahr begrenzt, Schäden werden in der Regel nur durch allzu große Sorglosigkeit der Benutzer verursacht. Beim Arbeiten mit Standardkonten verhindert die Nachfrage der Benutzerkontensteuerung bei administrativen Aufgaben wie der Installation eines Programms oder Add-Ons, dass sich Software unbemerkt installiert. Erscheint beim Öffnen einer Datei die Sicherheitsanfrage der Benutzerkontensteuerung, ist Vorsicht geboten. Bedenken Sie auch, dass die Urheber von Schadsoftware den Benutzer dazu bewegen möchten, der Installation zuzustimmen. Der Schädling versteckt sich daher in einem angeblichen Sicherheitspatch, einem angeblichen Virenscanner oder anderen angeblich tollen Programmen, die ungefragt per E-Mail oder aus obskuren (Internet-) Quellen auf den Rechner gelangen. E-Mail-Anhänge in Form von *.exe*-Dateien mit angeblichen Rechnungen oder vorgebliche Anklagen der Strafverfolgungsbehörden sind meist mit Schädlingen infiziert und installieren Trojaner. Auch Erweiterungen (Add-Ons) für Browser wie den Internet Explorer oder den Firefox können Schadfunktionen aufweisen. Sie sollten die gewünschten Erweiterungen nur aus vertrauenswürdigen Quellen (z.B. Adobe Reader, Adobe Flash Player von der Adobe-Website) installieren.

INFO Eine besondere Gefahr sind die sogenannten Rootkits, die sich ebenfalls über die obigen Mechanismen verbreiten. Rootkits nisten sich außerhalb der Kontrolle des Betriebssystems ein. Hier können Virenscanner mit Rootkit-Detection oder spezielle Programme wie z.B. »BotHunter« (*http://www.bothunter.net* [gbeh-k9-007]), »Threat Fire« (*http://www.threatfire.com* [gbeh-k9-008]) etc. zum Aufspüren verwendet werden. Auch in den Sysinternals-Tools (*http://technet.microsoft.com/de-de/sysinternals/default.aspx* [gbeh-k9-009]) steht mit dem »Rootkit Revealer« ein entsprechendes Werkzeug zur Analyse bereit.

9.3.2 Erkenne ich einen Befall durch Schadprogramme?

Haben Sie den Verdacht, dass Ihr Rechner von Viren, Trojanern oder anderen Schadprogrammen befallen sein könnte? Manchmal geben Fehlfunktionen von Windows, Fehlermeldungen oder ein extrem langsames Betriebssystem zwar Hinweise, die sichere Erkennung der meisten Schädlinge ist aber nur mit einem aktuellen Virenscanner möglich. Aber auch hier sollten Sie wissen, dass es durchaus Fälle geben kann, wo Schädlinge noch nicht durch Antivirenprogramme erkannt werden können.

9.3.3 Wie schütze ich mein System wirksam vor Schädlingen?

Um den bestmöglichen Schutz vor dem Eindringen von Schädlingen zu erreichen, hilft das Beachten der folgenden Maßnahmen.

Aktuelles Virenschutzprogramm verwenden

Unverzichtbar im Hinblick auf die Absicherung des Systems ist ein aktuelles und auf Windows 7 abgestimmtes Virenschutzprogramm. Am Markt gibt es eine ganze Reihe von Virenschutzlösungen verschiedener Anbieter. Diese werden auf dem Computer installiert und können Dateien im Hintergrund bei jedem Zugriff (On-Access-Scan) und auf Anforderung durch den Benutzer auf Viren oder Schadprogramme überprüfen. Ideal sind Virenscanner, die Dateien bereits beim Öffnen sowie E-Mails und deren Anhänge beim Eintreffen vom E-Mail-Server überprüfen und Alarm schlagen, wenn schädigende Inhalte gefunden werden (Abbildung 9.12). Dies können Viren, Trojaner, Dialer oder Malware sein.

Befall durch Viren und andere Schädlinge

Abbildung 9.12: Alarm bei gefundenem Schädling (Microsoft Security Essentials)

Die betroffene Datei lässt sich dann ggf. in einem Quarantänebereich isolieren oder löschen. Privatanwender haben dabei die Wahl zwischen kostenpflichtigen und kostenlosen Virenschutzprogrammen. Hier eine kurze Übersicht ohne Anspruch auf Vollständigkeit:

» *avast! Home Edition:* Dieses Produkt des tschechischen Herstellers Alwil Software steht für Privatanwender kostenlos unter *http://www.avast.com* [gbeh-k9-010] zur Verfügung. Das Produkt bietet ausreichenden Schutz und einen großen Funktionsumfang.

» *Avira AntiVir Personal Free:* Die Firma Avira stellt diese Version ihres Virenscanners Privatanwendern kostenlos unter *http://www.free-av.de* [gbeh-k9-011] zur Verfügung. Der populäre Virenscanner bietet ausreichenden Schutz und überprüft auch E-Mails.

» *Microsoft Security Essentials:* Der von Microsoft auf der Internetseite *http://www.microsoft.com/security_essentials* [gbeh-k9-012] kostenlos angebotene Virenscanner besitzt einen Echtzeitschutz. Das Programm darf auf privaten Systemen ohne Einschränkungen verwendet werden. Beim kommerziellen Einsatz ist die Verwendung des Produkts auf kleine Firmen mit bis zu 10 PCs beschränkt.

Installieren Sie eines dieser Programme, überwacht es das System und meldet auch, wenn Updates der Virensignatur anstehen. Microsoft Security Essentials hat zudem den Vorteil, dass es durch Windows Update auf Aktualisierungen überwacht wird und auch eintreffende E-Mails auf Schadcode überprüft.

INFO Falls Ihnen die obigen kostenfreien Virenscanner nicht ausreichen, legen Sie sich einen der von den jeweiligen Anbietern verfügbaren kostenpflichtigen Virenscannern zu. Diese basieren in der Regel auf dem gleichen Programmcode wie die kostenlosen Virenschutzlösungen, sind aber mit Support, einem beschleunigten Updatemechanismus und ggf. mit einigen Zusatzfunktionen ausgestattet.

Auf den Einsatz sogenannter Internet-Security-Suites mit integriertem Virenscanner, Firewall, Malwareschutz etc. sollten Sie in meinen Augen aber verzichten. Die meisten Benutzer sind mit der Einrichtung der betreffenden Pakete überfordert, und zu allem Überfluss tauchen gelegentlich auch Kompatibilitätsprobleme auf. Die Windows-Firewall sowie der Malwareschutz des Windows Defenders sind in Kombination mit einem aktuellen Virenscanner durchaus ausreichend. Bei Microsoft Security Essentials ist ein Malwareschutz enthalten, sodass dieses Programm den Windows Defender abschaltet.

Gute Virenschutzprodukte besitzen einen Virenwächter, der bei jedem Windows-Start geladen und meist als Symbol im Infobereich der Taskleiste angezeigt wird. Dieser überwacht anschließend alle Dateizugriffe und klinkt sich auch in das E-Mail-Programm ein, um eintreffende E-Mails zu überprüfen. Achten Sie darauf, dass diese Funktion nicht irrtümlich oder wegen eines Fehlers ausgeschaltet ist. Bei AntiVir ist der Status z. B. an einem aufgeklappten oder einem geschlossenen Schirm leicht zu erkennen. Microsoft Security Essentials zeigt ein grün eingefärbtes Symbol, wenn alles in Ordnung ist. Andere Virenscanner nutzen ähnliche Möglichkeiten zur optischen Anzeige des Status. Details zur Bedienung entnehmen Sie bitte der Programmhilfe.

STOPP Egal, welchen Virenscanner Sie bevorzugen, ganz wichtig sind im Zusammenhang mit Virenscannern folgende Dinge: Achten Sie einmal darauf, einen explizit für Windows 7 zugelassenen Virenscanner zu installieren. Ältere Versionen verursachen mitunter gravierende Konflikte und können ggf. sogar Windows 7 beschädigen. Laden Sie die Virenscanner nur von den Internetseiten des jeweiligen Herstellers herunter. Nur so können Sie sicher sein, dass Ihnen kein Schadprogramm unter dem Deckmantel eines Virenscanners untergeschoben wird oder dass Sie in eine sogenannte Abofalle zwielichtiger Websitebetreiber geraten.

Weiterhin ist es ganz wichtig, dass Sie das Virenschutzprogramm sowie dessen Signaturen aktuell halten. Je nach Hersteller kann es durchaus passieren, dass die Signaturdateien mehrmals täglich aktualisiert werden. Falls Sie sich entschließen, den Hersteller des Virenscanners zu wechseln, müssen Sie den vorhandenen Virenscanner vorher erst deinstallieren! Andernfalls kann es zu erheblichen Problemen kommen, da sich die Virenscanner gegenseitig beeinflussen.

Was kann ich noch tun, um die Virengefahr zu reduzieren?

Neben der Installation eines Virenschutzprogramms samt dessen Aktualisierung lässt sich mit ein paar Verhaltensregeln die Gefahr, dass Sie sich ein Schadprogramm einfangen, stark reduzieren:

- Arbeiten Sie in Windows 7 nur unter Standardbenutzerkonten und eingeschalteter Benutzerkontensteuerung mit Benachrichtigung. Dies verhindert das unbemerkte Installieren von Programmen. Bleiben Sie wachsam, wenn beim Ausführen einer Anwendung plötzlich die Anfrage der Benutzerkontensteuerung erscheint..

- Beziehen Sie Programmdateien nur aus vertrauenswürdigen Quellen (z.B. Webseiten renommierter Anbieter, CDs/DVDs aus Büchern oder Zeitschriften). Downloads aus illegalen oder obskuren Quellen sollten gemieden werden.

- E-Mails von unbekannten Personen sollten Sie ungelesen löschen (es sei denn, Sie erwarten solche E-Mails z.B. in E-Mail-Konten mit Kundenkontakten). Seien Sie auf der Hut, wenn eine freundliche Mail von Microsoft oder anderen mit einem angeblichen Windows-Update oder einem Virenscanner im Anhang eintrifft. So wurden bereits einige Viren verbreitet.

- Als E-Mail-Anhänge verschickte Grußkarten (*.exe*-Dateien) oder Bildschirmschoner (*.scr*-Dateien) können ebenfalls Schadfunktionen enthalten. Selbst in E-Mail-Anhängen von Bekannten könnte ein Virus enthalten sein (falls deren System befallen ist und der Schädling die Adressbücher zur weiteren Verbreitung benutzt).

- Schalten Sie die Anzeige der Dateinamenerweiterung in den Ordnerfenstern ein, um bei heruntergeladenen Dateien oder E-Mail-Anhängen den Dateityp zu erkennen. Hierzu klicken Sie im Ordnerfenster auf die Schaltfläche *Organisieren* und wählen im Menü den Befehl *Ordner- und Suchoptionen*. Auf der Registerkarte *Ansicht* ist die Markierung des Kontrollkästchens *Erweiterungen bei bekannten Dateitypen ausblenden* zu löschen.

- Setzen Sie die Sicherheitsstufe für Office-Dokumente auf *Mittel* oder *Hoch*. Hierzu wählen Sie in älteren Office-Versionen den Befehl *Extras/Makros/Sicherheit* in einem der Office-Anwendungsfenster. In dem angezeigten Dialogfeld (Abbildung 9.13, oben) lässt sich die Sicherheitsstufe über Optionsfelder einstellen. Mit den Sicherheitsstufen *Hoch* oder *Mittel* wird die automatische Makroausführung blockiert, und Sie werden beim Laden solcher Dokumente vor der Ausführung von Makros gewarnt. Bei Microsoft Office 2007 müssen Sie auf die *Office*-Schaltfläche klicken und dann die im Menü am unteren Rand angezeigte Schaltfläche *Word-Optionen* wählen. Bei Microsoft Office 2010 finden Sie den Befehl *Optionen* dagegen auf der Registerkarte *Datei* des Menübands. Im Dialogfeld *Word-Optionen* wählen Sie die Kategorie *Vertrauensstellungcenter* (Word 2007) bzw. *Sicherheitscenter* (Word 2010) und klicken in der rechten Rubrik auf die Schaltfläche *Einstellungen für das ...center*. Im Zusatzdialogfeld (Abbildung 9.13, unten) finden Sie ebenfalls Optionsfelder zum Einstellen der Makrosicherheit.

Es gilt das Sprichwort »Vorsicht ist die Mutter der Porzellankiste«. Speichern Sie niemals wichtige Informationen (z. B. unverschlüsselte Kennwörter) auf dem Computer und fertigen Sie Sicherheitskopien von wichtigen Dateien an. Verwenden Sie die in diesem Buch erwähnten Sicherheitseinstellungen. Stellen Sie sicher, dass Windows 7 und die verwendeten Anwendungen auf dem aktuellen Stand sind und alle Sicherheitsaktualisierungen installiert wurden.

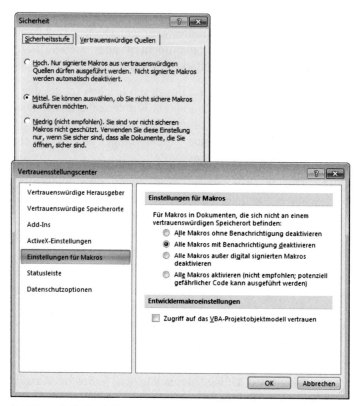

Abbildung 9.13: Einstellungen zur Makrosicherheit in Microsoft Office

STOPP Auch bei einem aktuellen Virenscanner sollten Sie sich im Klaren darüber sein, dass solche Programme immer nur Schädlinge erkennen, die in größerer Zahl in »freier Wildbahn« aufgetaucht sind. Trojaner, die nur an einen kleinen Nutzerkreis geschickt werden, kommen den Herstellern von Virenscannern meist nie in die Hände. Folglich bleiben solche Schädlinge auch unerkannt. Industriespionage durch solche Trojaner ist für Privatanwender zwar kein Thema. Aber abgefischte Zugangsdaten für Konten (Bank, E-Mail, Social Networks etc.) ermöglichen Dritten einen Identitätsdiebstahl und lassen sich entsprechend missbrauchen. Zu allem Überfluss gibt es noch Hoaxes, die von wohlmeinenden Zeitgenossen breit gestreut werden und beim Anwender hektische

Aktivität auslösen. Ein Hoax ist eine Falschmeldung über ein angebliches Virus. Die Seite *http://hoax-info.tubit.tu-berlin.de/hoax/* [gbeh-k9-013] enthält eine sehr gute Übersicht über Hoax-Meldungen.

9.3.4 Mein Rechner ist von einem Schadprogramm befallen

Hat sich ein Virus oder ein anderes Schadprogramm auf Ihrem Rechner installiert (oder vermuten Sie dies), ist planvolles Handeln angesagt. Sie brauchen auf jeden Fall einen aktuellen Virenscanner und etwas Zeit. Hier ein paar Checkpunkte bzw. Anweisungen, wie man vorgehen könnte:

» Hat lediglich der installierte Virenscanner beim Zugriff auf eine E-Mail mit Anhang, beim Besuch einer Website oder beim Zugriff auf eine Datei angeschlagen und gemeldet, dass ein Schadprogramm gefunden wurde? Dann wurde die Gefahr rechtzeitig erkannt, und Sie können die betreffende Datei in die Quarantäne des Schutzprogramms geben und löschen lassen. Beachten Sie aber, dass auch Virenschutzprogramme durchaus mal einen Fehlalarm auslösen lassen. In diesem Fall sollten Sie beim Hersteller recherchieren, ob etwas von einem Fehlalarm bekannt ist.

» Vermuten Sie einen Virenbefall, trennen Sie den Computer vom Internet (Telefonanschluss für Modem/ISDN-Karte ziehen oder DSL-Anbindung unterbrechen), um zu verhindern, dass der Rechner die Viren per Mail verschickt oder die Schadsoftware Daten versendet. Trennen Sie den Rechner auch von einem eventuell vorhandenen Netzwerk, um zu verhindern, dass sich die Infektion über freigegebene Laufwerke verbreitet.

» Starten Sie den bereits installierten Virenscanner und lassen Sie das System auf Schadsoftware überprüfen. Da Sie bei einem infizierten System nie sicher sein können, dass dessen Virenscanner nicht deaktiviert wurde, ist es ideal, den Rechner über eine CD zu booten und dann einen Virenscanner von CD auszuführen. Unter *http://www.avira.com/de/support-download-avira-antivir-rescue-system* [gbeh-k9-014] können Sie sich die ISO-Datei des »AntiVir Rescue System« herunterladen und dann mit der Windows 7-Funktion *Windows-Brenner für Datenträgerabbilder* auf eine CD brennen. Booten Sie den Rechner von dieser CD, startet ein Linux-Notsystem mit einem Avira-Virenscanner, der die Festplatte des Computers auf Schädlinge untersuchen kann.

Lassen Sie anschließend eine Virenprüfung ausführen. Findet das Virenschutzprogramm einen Schädling auf dem Rechner (in einem installierten Programm)? Dann ist die Infektion bereits passiert.

» Bei einem Schädlingsbefall sollten Sie wichtige Dokumentdateien auf einem Wechseldatenträger (CD, DVD) sichern und dann Windows 7 (mit Formatierung der Partition) neu installieren. Die von manchen Produkten angebotene Funktion zum Bereinigen des Betriebssystems von Schädlingen ist zwar ganz nett. Problem ist aber, dass das System durch das Schadprogramm kompromittiert ist. Sie können nie sicher sein, ob die Säuberung durch den Virenscanner vollständig erfolgte (einzige Ausnahme ist der Fall, dass ein Virenscanner beim Zugriff auf eine per E-Mail oder Download frisch eingetroffene Datei Alarm schlägt und der Schädling sofort erkannt wurde).

» Stellen Sie nach der Neuinstallation von Windows 7 sicher, dass Sicherungskopien von Programmen oder anderen Dateien auf Datenträgern (Disketten, Speicherkarten, USB-Sticks, CDs und DVDs) ebenfalls virenfrei sind. Andernfalls besteht die Gefahr, dass Sie das System beim Zurückspielen dieser Sicherungen erneut infizieren.

Anschließend sollten Sie sich Gedanken machen, warum Ihr System durch ein Virus infiziert werden konnte. Es gilt die Schwachstellen und Sicherheitslücken zu identifizieren, um zukünftige Infektionen zu vermeiden.

STOPP Hat der Virenscanner das Virus oder ein Schadprogramm identifiziert, können Sie (eventuell von einem nicht befallenen PC aus) über eine Suchmaschine Informationen zum Schädling recherchieren. Dies hilft gegebenenfalls, die Folgen abzuschätzen und weitere Maßnahmen einzuleiten.

9.3.5 Wechseldatenträger auf Schadprogramme prüfen

Haben Sie eine Datei aus unbekannter Quelle erhalten und möchten Sie diese auf Viren überprüfen? Viele Virenwächter schlagen bereits beim Kopieren oder Speichern verseuchter Dateien Alarm. Haben Sie aber einen Wechseldatenträger, den Sie überprüfen möchten?

Abbildung 9.14: Aufruf der Virenprüfung per Kontextmenü

1. Legen Sie das Wechselmedium in das Laufwerk ein und öffnen Sie das Ordnerfenster *Computer*.

2. Klicken Sie das Symbol des betreffenden Laufwerks mit der rechten Maustaste an und wählen Sie im Kontextmenü den Befehl zur Prüfung (z. B. *Scannen mit Microsoft Security Essentials*, Abbildung 9.14).

Anschließend lassen Sie die Prüfung durchlaufen. Werden Viren oder andere Schädlinge gefunden, meldet der Virenscanner dies. Sie können dann die befallenen Dateien, wie oben beschrieben, löschen oder (falls möglich) reparieren lassen.

Befall durch Viren und andere Schädlinge

Dieser Ansatz der expliziten Prüfung lässt sich auch auf Ordner oder einzelne Dateien anwenden. Dies ist z.B. sinnvoll, falls der verwendete Virenscanner keinen On-Access-Scan beim Zugriff auf eine Datei durchführt.

INFO

Möchten Sie testen, ob der aktuell installierte Virenscanner überhaupt funktioniert? Dann laden Sie sich die Testdatei *Eicar.com* bzw. das ZIP-Archiv mit dieser Datei von der Internetseite *http://www.eicar.org/anti_virus_test_file.htm* [gbeh-k9-015] herunter. Die Datei selbst ist harmlos, enthält aber eine Virensignatur, die durch Virenscanner erkannt werden muss.

TIPP

9.3.6 Mein System ist von einem Wurm/Bot befallen

Würmer oder Bots sind Schadprogramme, die sich über Netzwerke verbreiten und Sicherheitslücken im Betriebssystem ausnutzen. Ziel des Wurms oder Bots ist, die Kontrolle über das System zu erlangen. Bei Bots wird der Rechner dann Teil eines Botnetzwerks. Dann kann der Angreifer das System für seine Zwecke nutzen (z.B. zum Sammeln von Daten vom PC, zum Versenden von Werbemails oder zum Angriff auf Systeme im Internet). Gibt es unerklärlichen Datenverkehr auf einer Internetverbindung, oder haben Sie das Gefühl, dass das System von einem Wurm befallen bzw. Teil eines Botnetzwerks ist?

In den meisten Fällen werden Würmer oder Bots durch aktuelle Virenscanner erkannt und gemeldet. Zum Entfernen eines Wurms benötigen Sie in der Regel spezielle Programme, die von den Herstellern der Virenscanner angeboten werden. Unter *http://vil.nai.com/vil/stinger* [gbeh-k9-016] wird vom Antivirenhersteller McAfee das Produkt »Stinger« zum kostenlosen Download angeboten.

Das Programm Stinger lässt sich ohne weitere Installation direkt über die heruntergeladene Datei aufrufen. Stinger erkennt bestimmte Schädlinge (Würmer) auf dem Rechner und kann diese auch vom System entfernen.

Auch lautet meine Empfehlung, Windows 7 neu (mit Formatierung der Systempartition) aufzusetzen, sobald ein Wurm oder ein Bot auf dem System festgestellt wurde. Sie können sich nie sicher sein, dass die Schadfunktionen durch Stinger oder andere Tools wirklich entfernt wurden.

STOPP

9.3.7 Auf meinem System ist ein Trojaner installiert

Trojaner verbreiten sich ähnlich wie Viren per E-Mail, über Internetseiten oder über Datenträger (CDs, DVDs). Ein Trojaner steckt meist in einem vordergründig sinnvollen Programm. Das Tückische an Trojanern ist, dass diese ggf. Tastatureingaben des Benutzers oder Bildschirmausgaben am Rechner und Dateien auf der Festplatte ausspionieren und an den Urheber des Schadprogramms melden. Dadurch lassen sich beispielsweise Kennwörter für Internetbanking, E-Mail, Onlinedepots, Bestellseiten etc. ausspionieren.

Beim Verdacht auf einen Befall von einem Trojaner können mysteriöse Autostart-Einträge in der Windows-Registrierung (siehe in Kapitel 3 den Abschnitt »Der Windows-Start dauert endlos«) Anhaltspunkte liefern. Dann gilt es diesen Befall zu verifizieren oder auszuschließen. Bekannte Trojaner werden auch von aktuellen Virenprüfprogrammen (AntiVir, avast!, Windows Security Essentials etc.) erkannt und gemeldet.

Allerdings gibt es immer wieder neue Varianten, die zu Spionagezwecken verbreitet werden und durch Virenscanner ggf. nicht erkannt werden. Hier gibt es zwei Ansatzpunkte zum Enttarnen:

» Sie können neben den Autostart-Einträgen auch die laufenden Prozesse über den Task-Manager von Windows inspizieren.

» Da Trojaner über die Onlineverbindung mit Servern im Internet kommunizieren, lassen sie sich ggf. über den Datenverkehr identifizieren.

Wird ein Trojaner erkannt, müssen die befallenen Dateien gelöscht und die Änderungen in den Startdateien sowie in der Registrierung rückgängig gemacht werden. Hinweise, wie einzelne Trojaner zu entfernen sind, finden sich auf der Internetseite *http://www.trojaner-info.de* [gbeh-k9-006]. Sicherer ist es allerdings, Windows nach einem Befall durch einen Trojaner unter Formatierung der Systempartition neu zu installieren.

STOPP Da Trojaner Spionagefunktionen enthalten, sollten Sie sich vor dem Missbrauch der durch das Programm übertragenen Informationen schützen. Sobald das System frei von Trojanern ist, ändern Sie Kennwörter, die Sie benutzt haben (z.B. zur Interneteinwahl, zum Homebanking, bei eBay, PayPal etc.). Dies verhindert, dass sich unbefugte Dritte über diese Kennwörter Zugang zu Ihren Konten verschaffen und diese missbräuchlich nutzen.

9.3.8 Mein System ist von einem Dialer befallen

Dialer sind Wählprogramme, die auf dem lokalen Computer installiert werden und dann den Aufbau einer Internetverbindung zu bestimmten Anbietern (Providern) per Modem oder ISDN übernehmen. Diese Art von Schadprogrammen ist aber nicht mehr allzu verbreitet, seit Dialer bei der Bundesnetzagentur (*http://www.bundesnetzagentur.de* [gbeh-k9-017]) registriert werden müssen und nur noch max. 30 Euro pro Einwahl oder bis zu 2 Euro pro Minute (Zwangstrennung nach einer Stunde) an Kosten anfallen dürfen. Vor und während der Installation muss der Dialer auf die anfallenden Gebühren hinweisen. Zudem gehen viele Benutzer zwischenzeitlich über eine Breitbandverbindung ins Internet, sodass der Dialer nicht aktiv werden kann.

Ist eine Modem- bzw. eine ISDN-Verbindung am Computer vorhanden und haben Sie den Verdacht oder die Gewissheit, dass sich ein Wählprogramm (Dialer) ungewollt auf Ihrem Computer eingenistet hat? Bewahren Sie Ruhe und trennen Sie den

Computer als Erstes vom Telefonnetz (Telefonstecker des Modems oder der ISDN-Karte aus der Telefonanschlussdose ziehen). So kann der Dialer keine weiteren Verbindungen aufbauen und weitere Kosten verursachen.

» Überprüfen Sie den Ordner *Netzwerkverbindungen* (z.B. indem Sie im Startmenü auf den Befehl *Systemsteuerung* klicken und dann im Fenster der Systemsteuerung das Symbol *Netzwerkverbindungen* wählen). Sind im Ordner *Netzwerkverbindungen* plötzlich unbekannte Einträge für Wählverbindungen vorhanden, deutet dies auf einen Dialer hin. Sie können diese Einträge über den Befehl *Verbindung löschen* in der Aufgabenleiste oder über den Befehl *Löschen* im Kontextmenü des Eintrags entfernen.

» Dialer können aber auch als ausführbare Programme in Ordnern versteckt sein oder sogar in Windows-Dateien vorliegen. Verwenden Sie ein Programm, welches Dialer aufspüren und beseitigen kann. Dies kann das bereits weiter oben erwähnte Virenschutzprogramm »AntiVir« sein. Alternativ können Sie Anti-Spyware-Programme wie »Ad-Aware« oder »Spybot – Search & Destroy« verwenden.

Finden Sie einen Dialer, sollen Sie diesen nicht sofort beseitigen. Auf der Internetseite der Bundesnetzagentur lässt sich prüfen, ob der Dialer registriert ist. (Achtung, bei befallenem System den Rechner eines Bekannten zur Recherche nutzen!) Falls Sie sich von dem Anbieter des Dialers getäuscht oder gar betrogen fühlen, müssen Sie eine Beweissicherung durchführen. Bitten Sie Personen aus dem Bekanntenkreis als Zeugen zur Beweissicherung dazu. Notieren Sie sich, auf welcher Webseite der Dialer zum Download angeboten wurde und mit welchen Schritten sich der Dialer installiert hat. Zum Nachweis des ungewollten Befalls müssen Sie die betreffenden Beweise (z.B. Inhalt der Festplatte, installierte Programme, E-Mail-Anhang mit dem Dialer, Webseiten mit dem Download-Link etc.) sichern. Dies ist wichtig, um ggf. nachzuweisen, dass sich der Dialer nicht an die Auflagen der Zulassungsbehörde gehalten hat.

Sind bereits Kosten durch einen illegalen Dialer angefallen, wenden Sie sich an das nächstgelegene Polizeirevier und stellen Sie Strafantrag wegen Betrug. Dort sollte Ihnen auch die Telefonnummer der zuständigen Experten genannt werden können, die den Befall mit einem illegalen Dialer nachvollziehen können. Dann ist aber wichtig, dass nichts an Ihrem Rechner verändert und keine Spuren verwischt wurden.

TIPP

Wer unter Benutzerkonten mit eingeschränkten Rechten surft, verfügt bereits über einen wirksamen Schutz gegen Dialer. Deren Installation wird in der Regel durch Windows wegen fehlender Berechtigungen abgelehnt. Tauchen Kosten, die der Dialer verursacht hat, auf Ihrer Telefonrechnung auf, gilt es gezielt zu handeln. Legen Sie Einspruch gegen die Telefonrechnung ein und fordern Sie umgehend bei Ihrem Telefonanbieter einen ungekürzten Einzelverbindungsnachweis für den betreffenden Zeitraum an. Um die Sperre des Telefonzugangs zu vermeiden, sollten Sie zudem den unstrittigen Anteil der Telefonrechnung an den Anbieter des Telefonanschlusses zahlen. Weitere Informationen zu den Tricks der Dialer-Anbieter, Tipps zum Entfernen von Dialern, Informationen zu rechtlichen Aspekten sowie zur Vorgehensweise bei der Abwehr unberechtigter Ansprüche etc. finden Sie auf der Webseite *http://www.computerbetrug.de* [gbeh-k9-018].

9.3.9 Ist das System von Spyware befallen?

Bei Spyware (auch als Adware oder Malware bezeichnet) handelt es sich um kostenlose, aber über Werbung finanzierte Programme, die hilfreiche Funktionen bereitstellen. Diese Programme werden von den Benutzern selbst installiert. Der Pferdefuß besteht darin, dass diese werbefinanzierten Programme beim Start Werbebanner einblenden (was wegen der Downloads Ihr Geld kostet). Noch schlimmer ist aber, dass in solcher Adware häufig zusätzliche Funktionen eingebaut sind, die den Anbietern Informationen über den Computer (installierte Hard- und Software) oder das Nutzungsverhalten des Anwenders (Nutzungszeiten, angesurfte Webseiten, zuletzt benutzte Dateien, bestellte Waren etc.) liefern. Allein aus Sicherheitserwägungen empfiehlt es sich, das System von Adware zu bereinigen.

In Windows 7 ist der Windows Defender standardmäßig enthalten. Verwenden Sie einen aktuellen Virenscanner wie Microsoft Security Essentials, ist auch eine Überwachung auf Malware enthalten.

INFO Neben dem Windows Defender und Microsoft Security Essentials gibt es weitere Anti-Spyware-Programme wie Spybot – Search & Destroy. Um sich keine Probleme einzuhandeln, sollten Sie aber auf den Einsatz solcher Lösungen (Ausnahme bildet ggf. die Prüfung auf Dialer) verzichten und auf den Spyware-Schutz des eingesetzten Virenschutzprogramms setzen.

Zugriff auf den Windows Defender

Über den Windows Defender können Sie Windows 7 in zyklischen Abständen auf schädliche Programme (Adware, Spyware) untersuchen und diese auch entfernen lassen. Tippen Sie z.B. in das Suchfeld des Startmenüs »Def« ein und wählen Sie den eingeblendeten Befehl *Windows Defender*. Zum Starten des Scans reicht es dann, in der Symbolleiste des Defender-Fensters auf den Befehl *Überprüfung* (Abbildung 9.15, Hintergrund) zu klicken. Das Programm beginnt mit dem Scan des Systems und zeigt die gescannten Dateien sowie die Ergebnisse im Programmfenster an. Bei Bedarf lässt sich dieser Scan über die auf der Seite eingeblendete Schaltfläche *Abbrechen* unterbrechen und später mittels der Schaltfläche *Überprüfung* erneut fortsetzen.

Befall durch Viren und andere Schädlinge

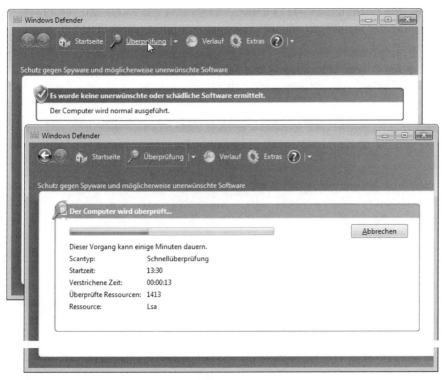

Abbildung 9.15: Systemprüfung mit dem Windows Defender

Schädliche Software kann der Windows Defender in einen Quarantänebereich verschieben und dann das Ergebnis dieser Überprüfung als Statusangabe im Programmfenster zurückliefern. Um sich über das Ergebnis der Prüfung detaillierter zu informieren, klicken Sie in der Symbolleiste des Fensters auf die Schaltfläche *Verlauf*. Der Defender führt in einer Liste ggf. unerwünschte Software auf. Durch Anwahl eines Eintrags lassen sich im unteren Feld der Verlaufsanzeige nähere Informationen zur betreffenden Schadroutine abfragen. Den Quarantänebereich finden Sie in der Rubrik *Extras* in *Unter Quarantäne* (Abbildung 9.17 auf Seite 421).

Der Windows Defender überwacht automatisch die Aktualität der Module und Definitionsdateien und meldet per Wartungscenter, wenn diese nicht mehr aktuell sind. Sie können dann über eine im Defender-Fenster eingeblendete Schaltfläche das Update starten. Zudem stellt Microsoft über Windows Update zyklisch Aktualisierungen für den Windows Defender bereit. Sofern der Rechner also häufiger online ist, sollte das Programm bzw. dessen Signaturendatei aktuell sein.

INFO

Der Windows Defender startet nicht

Erscheint beim Aufruf des Windows Defenders das Dialogfeld aus Abbildung 9.16, unten? Der Windows Defender benötigt einen bestimmten Dienst (Windows Defender) zur Überprüfung des Systems auf Spyware. Dieser kann vom Benutzer oder durch andere Anwendungen deaktiviert werden. So wird der Dienst »Windows Defender« standardmäßig deaktiviert, sobald Microsoft Security Essentials als Virenscanner installiert ist. Diese übernehmen dann zusätzlich die Überprüfung des Systems auf Spyware.

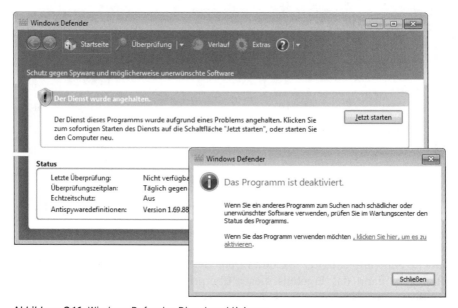

Abbildung 9.16: Windows Defender-Dienst reaktivieren

Soll der Windows Defender verwendet werden, klicken Sie im Dialogfeld aus Abbildung 9.16, unten, auf den Hyperlink *klicken Sie hier, um es zu aktivieren*. Dann erscheint das Fenster des Windows Defenders, in dem Sie die Schaltfläche *Jetzt starten* (Abbildung 9.16, oben) anwählen müssen. Anschließend führt das Programm eine Überprüfung des Systems durch. Alternativ lässt sich der Dienst natürlich auch durch Administratoren über das Programm *Dienste* erneut starten.

Optionen des Windows Defenders anpassen

Um die Prüfeinstellungen des Windows Defenders einzusehen bzw. anzupassen oder im Quarantänebereich isolierte Software zu inspizieren, klicken Sie im Fenster des Windows Defenders auf die Schaltfläche *Extras* (Abbildung 9.17).

» Über den Eintrag *Unter Quarantäne* lässt sich die Darstellung des Quarantänebereichs im Anwendungsfenster aufrufen.

Befall durch Viren und andere Schädlinge

» Der Befehl *Zugelassene Elemente* ermöglicht Ihnen, eine Liste erwünschter, aber vom Windows Defender erkannter Problemprogramme einzusehen bzw. zu pflegen.

» Das Symbol *Optionen* öffnet eine Formularseite, über deren Optionen Sie die Prüfeinstellungen und automatische Überprüfungszyklen einstellen können.

Details zu den einzelnen Optionen liefert die Programmhilfe, die sich über die Hilfeschaltfläche in der Symbolleiste des Fensters abrufen lässt.

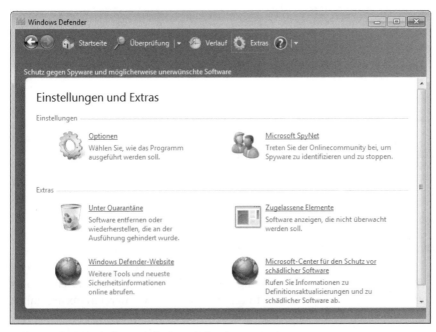

Abbildung 9.17: Optionen des Windows Defenders anpassen

In Windows 7 ergibt sich gegenüber früheren Windows Defender-Versionen u.a. noch die Neuerung, dass der Inhalt der Listen *Unter Quarantäne* und *Zugelassene Elemente* standardmäßig leer ist. Nur ein Administrator kann die Schaltfläche *Ansicht* anwählen und darf nach Bestätigung der Sicherheitsabfrage der Benutzerkontensteuerung die Einträge einsehen.

INFO

9.3.10 Phishing, wie kann ich mich schützen

Eine weitere Bedrohung stellt das sogenannte Phishing dar. Es handelt sich um E-Mails, die angeblich von der eigenen Bank, von eBay, von PayPal etc. stammen und einem mitteilen, dass man sich zur Verifizierung des bestehenden Kontos kurz per Internet anmelden solle. Komfortablerweise wird in der Mail ein Hyperlink mitgeliefert, der beim Anklicken eine Webseite im Browser öffnet. Es handelt sich aber selten um die erwartete Webseite des Anbieters, sondern um eine gefälschte Anmeldeseite des Phishers. Geben Sie auf dieser Anmeldeseite Zugangsdaten oder gar TAN-Nummern für Bankanweisungen ein, werden diese Daten an den Phisher weitergeleitet und von diesem missbraucht.

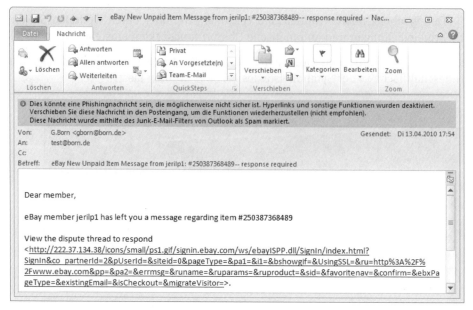

Abbildung 9.18: Phishingwarnungen in Microsoft Outlook 2010

E-Mail-Programme wie Windows Live Mail, Microsoft Outlook, Thunderbird etc. besitzen eine Funktion, die eintreffende E-Mails auf Phishingtechniken überwacht und bei Verdacht eine deutliche Warnung im E-Mail-Nachrichtenfenster einblendet (Abbildung 9.18). Browser wie der Internet Explorer oder der Firefox enthalten ebenfalls einen integrierten Phishingfilter, der angesurfte Webseiten auf Phishingtechniken überprüft und bei Verdacht eine deutliche Warnung einblendet (siehe den Abschnitt »Phishingfilter, funktioniert der?« in Kapitel 8).

Auch wenn die Phishingfunktion des E-Mail-Programms oder des Browsers nicht anschlägt, heißt dies nicht, dass die Seite harmlos ist. Im Zweifelsfall wurde der Phishingfilter ausgetrickst. Sie sollten daher auch bei fehlender Phishingwarnung ein gesundes Misstrauen an den Tag legen, wenn Sie über E-Mails zum Besuch bestimmter Webseiten aufgefordert werden und gleich ein Link zum Aufrufen dabei ist. Keine seriöse Bank wird Sie per E-Mail zur Anmeldung an Ihrem Bankkonto auffordern. Es wird auch niemand die PIN oder TAN-Nummern anfragen. Verwenden Sie niemals in E-Mail angegebene Hyperlinks, um zu einer Anmeldeseite im Internet zu gelangen. Tippen Sie vielmehr die Ihnen bekannten Adressen der betreffenden Anmeldeseiten ein.

Befall durch Viren und andere Schädlinge

Abbildung 9.19: Anzeige eines Zertifikats im Internet Explorer

Überzeugen Sie sich, dass die Webseite über eine abgesicherte SSL-Verbindung erfolgt, und überprüfen Sie das für die Webseite ausgestellte Zertifikat. Eine SSL-Verbindung wird durch das Kürzel *https* in der URL der Adressleiste sowie durch ein eingeblendetes stilisiertes Schloss (in der Statusleiste oder in der Adressleiste) signalisiert. Klicken Sie im Internet Explorer auf das Schloss, zeigt der Browser eine Info mit dem Anbieter, für den das Zertifikat ausgestellt wurde (Abbildung 9.19). Bei Bedarf können Sie über den Hyperlink *Zertifikate anzeigen* weitere Details wie die Gültigkeitsdauer abfragen.

Im Internet Explorer wird die Phishingfunktion über den Befehl *SmartScreen-Filter* der Schaltfläche *Sicherheit* ein-/ausgeschaltet bzw. konfiguriert.

INFO

Kapitel 10
Ärger mit Laufwerken, Ordnern und Dateien

In diesem Kapitel geht es um Probleme, die im Zusammenhang mit Ordnern und Dateien sowie mit den zum Speichern verwendeten Laufwerken (Datenträgern) auftreten können.

10.1 Probleme mit Laufwerken

In Kapitel 4 wurden bereits einige Probleme besprochen, die direkt mit der Erkennung, Partitionierung und Formatierung von Laufwerken zusammenhängen. In diesem Abschnitt finden Sie Hinweise auf weitere Probleme, die mit Laufwerken auftreten können.

10.1.1 Festplattenzugriffe sind sehr langsam

Stellen Sie fest, dass Ihr Windows mit der Zeit immer langsamer wird und speziell die Zugriffe auf die Festplatte sehr zäh erfolgen? Hintergrund ist, dass Dateien beim Speichern in Einheiten, als Cluster bezeichnet, auf dem Laufwerk abgelegt werden. Ideal ist es, wenn alle Cluster einer Datei in benachbarten Sektoren auf dem Medium gespeichert sind. Durch Löschen und Hinzufügen von Dateien verteilen sich die freien Cluster mit der Zeit über die gesamte Festplatte. Die Daten einer Datei werden dann beim Anlegen über die freien Cluster des Mediums verteilt, was die Zugriffe auf das Laufwerk u.U. stark verlangsamt. Man spricht dann davon, dass der Datenträger fragmentiert ist. Windows 7 führt zwar bei NTFS-Datenträgern automatisch eine sogenannte Defragmentierung durch. In ungünstigen Konstellationen kann es trotzdem zu einer Fragmentierung der Festplatte kommen. Im Zweifelsfall können Sie die Fragmentierung eines Laufwerks kontrollieren und die Defragmentierung manuell anstoßen.

1. Tippen Sie in das Suchfeld des Startmenüs »Defrag« ein und wählen Sie den Befehl *Defragmentierung*.
2. Klicken Sie im Fenster des Defragmentierungsprogramms (Abbildung 10.1) auf das Symbol des gewünschten Laufwerks und wählen Sie danach die Schaltfläche *Datenträger defragmentieren*.

Das Defragmentierprogramm führt dann eine Analyse des Datenträgers aus. Wird eine Fragmentierung festgestellt, leitet das Programm selbstständig eine Defragmentierung ein. Dabei werden die fragmentierten Teile von Dateien so verschoben, dass die Daten in benachbarte Cluster zu liegen kommen.

Die Defragmentierung kann einige Zeit dauern. Sie können das Programm im Hintergrund ausführen. Falls aber Anwendungen Dateien im Zugriff haben oder gar verändern, wird die Defragmentierung stark verlangsamt. Weiterhin müssen Sie sicherstellen, dass mindestens 15 Prozent der Laufwerkskapazität frei sind – dieser Bereich wird vom Programm zum Umsortieren der Daten benötigt.

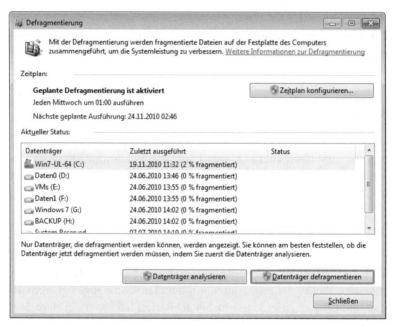

Abbildung 10.1: Datenträger defragmentieren

INFO Über die Schaltfläche *Datenträger analysieren* können Sie übrigens vorab prüfen lassen, ob ein Datenträger überhaupt fragmentiert ist und sich eine Defragmentierung lohnt. Bei Werten von 2 % wird eine Defragmentierung keinen Leistungsvorteil bringen. Die Schaltfläche *Zeitplan konfigurieren* öffnet ein Dialogfeld, in dem Sie vorgeben können, an welchem Tag und zu welcher Uhrzeit die automatische Defragmentierung erfolgen soll.

Es gibt kostenlose Defragmenter wie beispielsweise »Auslogics Disk Defrag« (*http://www.auslogics.com/en/software/disk-defrag/* [gbeh-k10-001]), »Ultra Defragmenter« (*http://ultradefrag.sourceforge.net* [gbeh-k10-002]) oder »WinConfig« (*http://wincontig.mdtzone.it/en/index.htm* [gbeh-k10-003]) oder auch kostenpflichtige Produkte. Persönlich sehe ich aber keine wirkliche Notwendigkeit zum Einsatz dieser Programme, da der Vorteil nicht wirklich erkennbar ist. Andererseits konnte ich bei Tests durchaus feststellen, dass der Einsatz mitunter zu erheblichen Problemen führen kann. Ein Test mit dem Programm »Defraggler« führte dazu, dass Windows 7 aus einem Backup neu zurückgeschrieben werden musste, weil das Betriebssystem extrem zäh lief und Festplattenfehler gemeldet wurden. Gehen ständig Wiederherstellungspunkte verloren? Dann kann es sein, dass Defragmentierungstools oder Virenscanner im sogenannten On-Access-Mode (die Datei wird kurz im Schreibmodus geöffnet und dann wieder geschlossen) auf die Dateien zugreifen. Dies zwingt das Windows NTFS-Dateisystem, für die vermeintlich geänderten Dateien eine Schattenkopie anzulegen. Wird der freie Speicherplatz auf der Festplatte knapp, löscht Windows die ältesten Wiederherstellungspunkte, um Platz für Schattenkopien zu schaffen.

10.1.2 Windows meldet, dass ein Laufwerk voll ist

Geht die freie Kapazität einer Festplatte zur Neige, färbt Windows die Kapazitätsanzeige des Laufwerks im Ordnerfenster *Computer* rot ein. Bei zu geringer freier Festplattenkapazität kann es dann zu Problemen kommen. So lassen sich größere Dateien weder bearbeiten noch speichern. Handelt es sich um das Systemlaufwerk, lassen sich neue Programme nicht mehr installieren. Selbst Updates oder das Drucken größerer Dokumente können Probleme bereiten und die Systemwiederherstellung wird sogar ganz abgeschaltet. Um auf dem Laufwerk freien Speicherplatz zu schaffen, können Sie verschiedene Maßnahmen durchführen.

Datenträgerbereinigung durchführen

Beim Arbeiten mit Windows sammelt sich so allerlei Datenmüll an. Die erste Maßnahme, die u.U. automatisch durch Windows vorgeschlagen wird, ist die Datenträgerbereinigung. Diese Funktion kann temporäre und im Papierkorb zwischengespeicherte Dateien von der Festplatte löschen. Sie können diese Datenträgerbereinigung auch jederzeit manuell durchführen.

1. Klicken Sie im Ordnerfenster *Computer* ein Laufwerkssymbol mit der rechten Maustaste an und wählen Sie im Kontextmenü den Befehl *Eigenschaften*.

2. Wählen Sie auf der Registerkarte *Allgemein* im Eigenschaftenfenster des Laufwerks die Schaltfläche *Bereinigen* (Abbildung 10.2, Hintergrund, oben).

3. Warten Sie, bis Windows die zu löschenden Dateien ermittelt hat und das Dialogfeld (Abbildung 10.2, unten rechts) verschwunden ist.

4. Erscheint das Dialogfeld mit der Registerkarte *Datenträgerbereinigung*, klicken Sie bei Bedarf auf die Schaltfläche *Systemdateien bereinigen* und bestätigen die Sicherheitsabfrage der Benutzerkontensteuerung.

5. Markieren Sie anschließend auf der Registerkarte *Datenträgerbereinigung* (Abbildung 10.2, links) die Kontrollkästchen der Kategorien, deren Dateien entfernt werden sollen.

6. Anschließend klicken Sie auf die *OK*-Schaltfläche und bestätigen im angezeigten Dialogfeld *Datenträgerbereinigung* über die Schaltfläche *Dateien löschen*, dass Sie die markierten Elemente wirklich löschen möchten.

Kapitel 10 • Ärger mit Laufwerken, Ordnern und Dateien

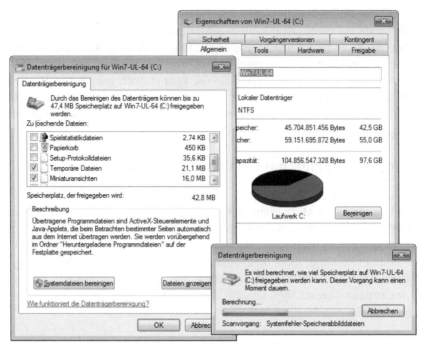

Abbildung 10.2: Bereinigen eines Datenträgers

Je nach Diskgröße und Arbeitsverhalten kann der zu bereinigende Speicherplatz von wenigen Megabytes bis zu beträchtlichen Größen reichen. Speziell temporäre Internetdateien, Einträge der Fehlerberichterstattung oder temporäre Dateien können gefahrlos gelöscht werden. Möchten Sie eventuelle Vorschaubilder in diversen Ordnern entfernen, markieren Sie das Kontrollkästchen *Miniaturansichten*. Das Bereinigen von Systemdateien ist z. B. nach einem Windows-Upgrade hilfreich, um alte Dateien im Ordner *Windows.old* zu löschen.

TIPP Sofern Sie sich unsicher sind, ob Dateien eventuell noch gebraucht werden, können Sie eine Kategorie anklicken und dann die Schaltfläche *Dateien anzeigen* auf der Registerkarte *Datenträgerbereinigung* wählen. Windows öffnet ein Ordnerfenster mit der Dateiansicht des betreffenden Ordners.

Weiteren Speicherplatz freischaufeln

Ist Speicherplatz sehr knapp, stellt sich die Frage, ob alle Wiederherstellungspunkte noch gebraucht werden und ob der reservierte Festplattenbereich ggf. verringert werden kann.

1. Klicken Sie das Symbol *Computer* (z. B. im Startmenü) mit der rechten Maustaste an und wählen Sie den Kontextmenübefehl *Eigenschaften*.

2. Wählen Sie in der Aufgabenleiste der Seite *System* den Befehl *Computerschutz* und bestätigen Sie die Sicherheitsabfrage der Benutzerkontensteuerung.

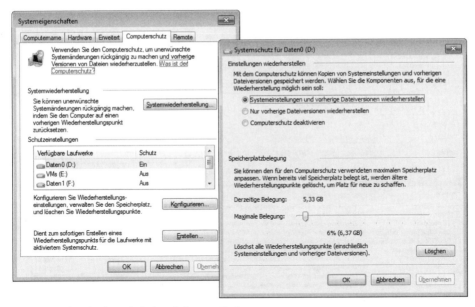

Abbildung 10.3: Systemwiederherstellung optimieren

3. Wählen Sie auf der Registerkarte *Computerschutz* die Schaltfläche *Konfigurieren* (Abbildung 10.3, links).

4. Klicken Sie im Dialogfeld *Systemschutz für* (Abbildung 10.3, rechts) auf die Schaltfläche *Löschen*, um die Wiederherstellungspunkte zu löschen.

5. Bei Bedarf können Sie noch den reservierten Speicherplatz über den Schieberegler reduzieren und dann das Dialogfeld sowie die Registerkarte über die *OK*-Schaltfläche schließen.

Als Nächstes sollten Sie nicht mehr benötigte Dateien von der Festplatte löschen. Mit etwas Nachdenken lässt sich so einiges von der Festplatte entfernen:

» Prüfen Sie, welche Datendateien und Dokumente wirklich noch benötigt werden. Benötigen Sie die Dateien später eventuell noch mal, können Sie diese vor dem Löschen auf andere Speichermedien (CDs, DVDs) sichern. Speziell Video- und Fotodateien belegen schnell einige Gigabytes auf der Festplatte.

» Mehrfach auf der Festplatte gespeicherte Dateien belegen Speicherplatz. Programme wie »Easy Duplicate File Finder« (*http://www.portablefreeware.com/?id=1334* [gbeh-k10-004]) oder »Auslogics Duplicate File Finder« (*http://www.auslogics.com/en/software/duplicate-file-finder/* [gbeh-k10-005]) sind kostenlose Werkzeuge, um Dateidubletten mit gleichem Inhalt aufzuspüren (Abbildung 10.4). Achten Sie aber beim Löschen von Dubletten, dass es sich nicht um von Windows 7 benötigte Dateien handelt.

Kapitel 10 • Ärger mit Laufwerken, Ordnern und Dateien

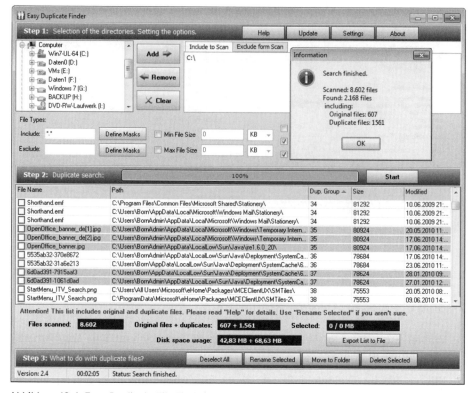

Abbildung 10.4: Easy Duplicate File Finder

» Öffnen Sie die Systemsteuerung (z.B. über das Startmenü) und wählen Sie den Befehl *Programme deinstallieren*. Prüfen Sie im Fenster *Programme und Funktionen* des Systemlaufwerks, ob dort nicht mehr benötigte Programme aufgeführt sind. Markieren Sie diese per Mausklick und wählen Sie dann die Schaltfläche *Deinstallieren*, um die Programme zu entfernen.

» Prüfen Sie im Ordner *Programme* (und ggf. in *Programme (x86)* bei 64-Bit-Systemen) des Systemlaufwerks, ob dort noch Unterordner von deinstallierten Programmen zurückgeblieben sind. Auch auf der Festplatte zwischengespeicherte Installationsdateien (Setup-Dateien von Anwendungen) können ggf. nach Anfertigung einer Sicherungskopie von der Festplatte gelöscht werden.

» Haben Sie Benutzerkonten gelöscht, prüfen Sie im Ordner *Benutzer* des Systemlaufwerks, ob dort noch Einträge für diese Benutzerkonten vorhanden sind. Wichtige Dateien aus dem Ordner *Dokumente* dieser Benutzer können Sie sichern und dann die Ordnerstruktur des Kontos löschen. Dies erfordert jedoch, dass Sie über Administratorrechte verfügen.

» Kontrollieren Sie im Windows-Verzeichnis, ob dort Protokolldateien (*.log*), Textdateien (*.txt*) oder Bilddateien für Desktophintergründe (*.bmp*) vorliegen und ob diese entbehrlich sind. Bei Bedarf können Sie auch eine Suche über die gesamte Festplatte durchführen, um nach solchen Dateien zu suchen und diese ggf. zu löschen. Beachten Sie aber, dass manche Installationsprogramme Protokolldateien mit der Dateinamenerweiterung *.log* anlegen und diese später zur Deinstallation benötigen.

» Prüfen Sie, ob die Größe des Papierkorbs Ihren Vorstellungen wirklich entspricht. Klicken Sie mit der rechten Maustaste auf das Symbol des Papierkorbs und wählen Sie den Kontextmenübefehl *Eigenschaften*. Wählen Sie im angezeigten Dialogfeld (Abbildung 10.5) das Laufwerk in der Liste aus und passen Sie dann im Textfeld der Option *Benutzerdefinierte Größe* die Papierkorbgröße an.

Mit diesen Maßnahmen lässt sich ohne größere Kunstkniffe häufig sehr viel freier Speicherplatz auf der Festplatte schaffen.

Abbildung 10.5: Papierkorbgröße anpassen

Lässt sich der Papierkorb nicht leeren, weil Windows darin enthaltene Dateien nicht löschen kann? Dann könnte eine beschädigte Datenstruktur auf dem Laufwerk die Ursache sein. Führen Sie eine Überprüfung des Datenträgers mit der Systemdateiprüfung durch (siehe Kapitel 4). Falls dies nicht hilft, setzen Sie einfach die Größe des Papierkorbs des betreffenden Laufwerks kurzzeitig auf 0 und markieren das Optionsfeld *Dateien sofort löschen* auf der Registerkarte *Allgemein*.

TIPP

Ist auf Ihrem Windows-Laufwerk die versteckte Datei *Hiberfil.sys* vorhanden? Diese durchaus viele Hundert MByte umfassende Datei wird durch Windows beim Umschalten in den Ruhezustand angelegt. Benötigen Sie den Ruhezustand nicht, rufen Sie die administrative Eingabeaufforderung auf (in das Suchfeld des Startmenüs *cmd* eintippen und dann die Tastenkombination [Strg]+[⇧]+[↵] drücken). Über den Befehl *powercfg –H off* lässt sich der Ruhezustand in der Eingabeaufforderung abschalten und mit *powercfg –H on* wird der Ruhezustand wieder zugelassen.

Komprimieren von Laufwerken und Ordnern

Weisen Sie Windows an, die Inhalte einzelner Ordner oder eines kompletten Laufwerks zu komprimieren. Komprimieren bringt insbesondere bei Textdokumenten oder ungepackten Grafikdateien (z. B. BMP- oder ungepackten TIFF-Grafiken) extrem viel. ZIP-, WMA-, WMV-, MP3-, MPEG2- oder JPEG-Dateien enthalten die Daten dagegen bereits in einem gepackten Format, eine Komprimierung ist weniger sinnvoll. Bei NTFS-Datenträgern unterstützt Windows direkt die Komprimierung von Laufwerken und Ordnern.

Abbildung 10.6: Komprimieren von Ordnern und Laufwerken

1. Klicken Sie das Laufwerk- oder Ordnersymbol in einem Ordnerfenster mit der rechten Maustaste an und wählen Sie den Kontextmenübefehl *Eigenschaften*.

2. Auf der Registerkarte *Allgemein* ist dann bei Laufwerken das Kontrollkästchen *Laufwerk komprimieren, um Speicherplatz zu sparen* zu markieren (Abbildung 10.6, Hintergrund). Bei Ordnern klicken Sie auf der Registerkarte *Allgemein* die Schaltfläche *Erweitert* an und aktivieren im daraufhin geöffneten Dialogfeld das Kontrollkästchen *Inhalt komprimieren, um Speicherplatz zu sparen*.

3. Schließen Sie die Registerkarten und Dialogfelder über die *OK*-Schaltfläche. Erscheint im weiteren Verlauf das Dialogfeld aus Abbildung 10.6, Vordergrund, können Sie noch angeben, ob die Komprimierung auf alle Unterordner des Ordners bzw. Laufwerks anzuwenden ist.

Die Komprimierung eines ganzen Laufwerks mit vielen Dateien kann eine geraume Zeit dauern. Bei komprimierten Dateien ist der Aufwand bei späteren Zugriffen zum Lesen oder Schreiben praktisch nicht mehr bemerkbar.

TIPP Sofern Sie Laufwerke oder Ordner komprimieren möchten, empfiehlt es sich, diesen Vorgang auf leeren Datenträgern oder mit leeren Ordnern auszuführen. Dann ist die Umstellung in wenigen Sekunden vollzogen, da Windows nichts komprimieren muss. Auf eine Komprimierung des Systemlaufwerks sollten Sie allerdings verzichten, da sich in Benutzung befindliche Systemdateien nicht komprimieren lassen. Zudem kann sich die Komprimierung von Systemkomponenten ungünstig auf die Windows-Leistung auswirken. Bei Speicherplatzmangel können Sie aber durchaus Benutzerordner wie *Eigene Dokumente* komprimieren.

Arbeiten mit ZIP-Archiven

Sind auf der Festplatte viele Dokumentdateien (Texte, unkomprimierte Bilder etc.) gespeichert, die nicht ständig in Benutzung sind? Statt diese auf Sicherungsmedien auszulagern, können Sie sie auch in ZIP-Archiven (ZIP-komprimierte Ordner) in komprimierter Form ablegen. Dies reduziert u.U. die benötigte Speicherkapazität um das Hundertfache. Zur Nutzung der ZIP-Archive haben Sie zwei Möglichkeiten:

» Sie können dabei auf die in Windows enthaltene Funktion der ZIP-komprimierten Ordner zurückgreifen, die intern auf ZIP-Dateien aufsetzt. Klicken Sie in einem Ordnerfenster eine freie Stelle mit der rechten Maustaste an und wählen Sie im Kontextmenü den Untermenübefehl *Neu/ZIP-komprimierter Ordner*. Anschließend lässt sich dieser neue Ordner wie jeder andere Windows-Ordner verwalten. Sie können Dateien in den Ordner verschieben, wodurch diese komprimiert im ZIP-Archiv abgelegt werden. Ziehen Sie Dateien aus dem komprimierten Ordner in andere Ordnerfenster, entpackt Windows diese beim Kopieren.

» Effizienter und für erfahrene Anwender wesentlich besser handhabbar sind jedoch Packprogramme wie »7-Zip« (*http://www.7-zip.org/* [gbeh-k10-006]) etc. Geben Sie in eine Suchmaschine Begriffe wie »free zip« ein, werden Ihnen verschiedene Programme zum Download angeboten.

Sobald Sie ein ZIP-Programm unter Windows installieren, wird die Funktion für komprimierte Ordner aber meist abgeschaltet.

TIPP Windows besitzt ein undokumentiertes Programm *IExpress*, welches das Erzeugen von selbstentpackenden Installationsarchiven im ZIP-Format unterstützt. Sie können das Programm über den in das Suchfeld des Startmenüs eingegebenen Befehl *iexpress* aufrufen und werden durch einen Assistenten durch die Schritte zum Erzeugen des Archivs geführt.

Benutzerordner verschieben

Haben Sie eine Festplatte in mehrere logische Laufwerke partitioniert oder sind zusätzliche Festplatten vorhanden und wird der Speicherplatz auf dem Windows-Laufwerk knapp? Dann hilft es ggf. auch, verschiedene Benutzerordner zu verschieben.

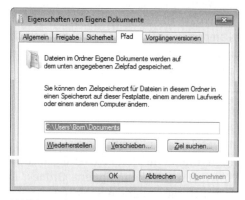

Abbildung 10.7: Benutzerordner verschieben

1. Um die Lage eines Benutzerordners (z.B. *Eigene Dokumente*) zu verschieben, navigieren Sie im Ordnerfenster zum betreffenden Element.

2. Klicken Sie das Ordnersymbol mit der rechten Maustaste an und wählen Sie im Kontextmenü den Befehl *Eigenschaften*.

3. Sobald auf der Registerkarte *Pfad* (Abbildung 10.7) der aktuelle Pfad eingeblendet wird, klicken Sie auf die Schaltfläche *Verschieben*.

4. Wählen Sie im dann angezeigten Dialogfeld den Zielordner und klicken Sie auf die Schaltfläche *Ordner auswählen*.

Sobald das Dialogfeld *Ordner verschieben* erscheint, müssen Sie die Aktion in den angezeigten Dialogfeldern über die *Ja*-Schaltfläche bestätigen. Windows wird dann den betreffenden Benutzerordner zum angegebenen Ziel verschieben. Über die Schaltfläche *Wiederherstellen* der Registerkarte *Pfad* lässt sich das Ganze zurücknehmen.

INFO Windows 7 stellt aber keine Option bereit, um das komplette Benutzerprofil auf eine andere Partition zu verlagern. Im Internet finden sich Hinweise, wie sich Benutzerordner über Registrierungseinträge auf andere Partitionen verlagern lassen. Wer diese Tipps befolgt, handelt sich aber häufig Probleme mit Zugriffsrechten ein, d.h., Anwendungen funktionieren nicht mehr korrekt, die Windows-Sicherung verweigert den Dienst, der Desktop wird nicht mehr aktualisiert, Drucken im Internet Explorer ist nicht möglich (*http://www.borncity.com/blog/2007/08/06/drucken-im-internet-explorer-geht-nicht-mehr/* [gbeh-k10-007]) etc.

10.2 Probleme mit Ordnerfenstern

Manche Anwender haben immer wieder Probleme mit Ordnerfenstern, die ständig andere Darstellungsmodi anzeigen oder irgendwelche mysteriöse Effekte zeigen. Nachfolgend finden Sie einige Hinweise, warum es zu bestimmten Effekten kommt und wie sich diese kurieren lassen.

10.2.1 Meine Anzeige im Ordnerfenster wechselt ständig

Wundern Sie sich darüber, dass beim Öffnen verschiedener Ordner deren Inhalt im Ordnerfenster jedes Mal anders aussieht? Mal erscheinen große Symbole, mal kleine Symbole und dann wieder Listen. Dies liegt an der Art, wie Windows die Ordnerfenstereinstellungen verwaltet.

Abbildung 10.8: Ändern der Ordner- und Dateianzeige

Der Benutzer kann die Ordnerdarstellung über verschiedene Befehle (*Details*, *Kacheln* etc.) der in der Symbolleiste sichtbaren Schaltfläche *Weitere Optionen* in verschiedene Darstellungsmodi umschalten (Abbildung 10.8). Zudem lässt sich die Symbolgröße bei gedrückter [Strg]-Taste durch Drehen des Mausrädchens ändern. Beim Schließen eines Ordnerfensters merkt sich Windows den zuletzt gespeicherten Modus und wendet diesen beim erneuten Öffnen des Ordners automatisch an.

Windows 7 kennt zudem bestimmte Ordnertypen, die spezielle Anzeigeelemente aufweisen (siehe den Abschnitt »Ordnerdarstellung ist fehlerhaft« ab Seite 449). Bei Bedarf können Sie die Darstellung für einen Ordnertyp vereinheitlichen.

1. Öffnen Sie ein Ordnerfenster und wählen Sie im Menü der Schaltfläche *Organisieren* den Befehl *Ordner- und Suchoptionen*.

2. Wechseln Sie zur Registerkarte *Ansicht* und klicken Sie auf die Schaltfläche *Ordner zurücksetzen* (Abbildung 10.9). Anschließend klicken Sie auf die *OK*-Schaltfläche.

Abbildung 10.9: Ordner zurücksetzen

Die Schaltfläche *Ordner zurücksetzen* löscht die von Windows gespeicherten Darstellungsoptionen für die Ordner. Ändern Sie anschließend in geöffneten Ordnern die Darstellungsoptionen, beginnt Windows erneut mit der Speicherung dieser Optionen.

10.2.2 Das Ordnerfenster verhält sich anders als in Windows XP

Benutzer, die von Windows XP auf Windows 7 umsteigen, stellen häufig fest, dass das Verhalten des Ordnerfensters doch erheblich von der früheren Windows-Version abweicht. So lassen sich Fotos im Ordnerfenster nicht mehr durch Ziehen per Maus sortieren.

Wer die aus Windows XP gewohnte Menüleiste im Ordnerfenster vermisst, kann diese durch kurzes Drücken der [Alt]-Taste vorübergehend einblenden. Über das Menü der Schaltfläche *Organisieren* lässt sich die Leiste mittels der Befehle *Layout/Menüleiste* sogar dauerhaft einblenden. Weitere Tipps, wie sich bestimmte Eigenschaften (z.B. die Pfadangabe im Adressfeld) abrufen lassen, finden Sie unter *http://www.borncity.com/blog/2010/02/23/tricks-fr-den-windows-explorer/* [gbeh-k10-008].

Nimmt das Ordnerfenster den gesamten Desktop ein und ist die Titelleiste verschwunden? Diese als Kioskmodus bezeichnete Darstellung lässt sich durch Drücken der Funktionstaste [F11] ein- oder ausschalten.

Bei manchen Benutzern springt die Anzeige der Navigationsleiste, wenn aufgeklappte Ordner den unteren Rand erreichen. Um den Windows-Explorer weitgehend an das Verhalten des Windows XP-Pendants anzunähern, können Sie auch die Classic Shell als Erweiterung installieren. Das kostenlose Programm können Sie unter *http://classicshell.sourceforge.net/* [gbeh-k10-009] herunterladen. Klicken Sie nach der Installation mit der rechten Maustaste auf die Symbolleiste des Ordnerfensters, lässt sich der Modus für das Explorer-Fenster per Kontextmenü ein-/ausschalten. Bei eingeschaltetem Modus wird die Symbolleiste um verschiedene Schaltflächen erweitert (Abbildung 10.10, Hintergrund). Sie können in der eingeblendeten Symbolleiste die Schaltfläche *Classic Explorer Settings* anklicken. Das angezeigte Dialogfeld (Abbildung 10.10, Vordergrund) enthält dann verschiedene Einstellmöglichkeiten. Änderungen werden nach dem nächsten Start des Windows-Explorers wirksam.

Probleme mit Ordnerfenstern

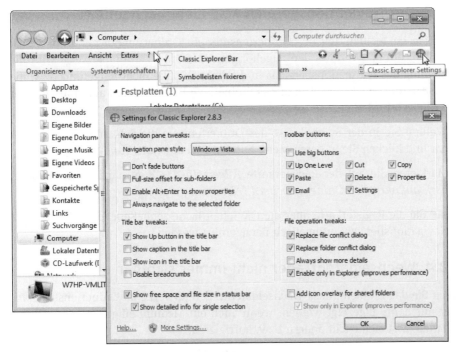

Abbildung 10.10: Erweiterungen der Classic Shell

Experimentierfreudigere Benutzer, die eine angepasste Symbolleiste im Windows-Explorer bevorzugen, können sich auch den Beitrag unter *http://wiki.deskmodder.de/wiki/index.php/Explorer_mit_L%C3%B6schen,Kopieren,Ausschneiden,Einf%C3%Bcgen* [gbeh-k10-010] ansehen. Dort wird erläutert, wie sich spezielle Schaltflächen wie *Ausschneiden*, *Kopieren*, *Löschen* über Registrierungseingriffe in der Symbolleiste einblenden lassen.

INFO

Möchten Sie das Kontextmenü eines Ordners um Befehle zum komfortablen Kopieren oder Verschieben erweitern, geht dies auch mit einem Registrierungseingriff. Suchen Sie im Registrierungs-Editor den Schlüssel *HKEY_CLASSES_ROOT\Directory\shellex\ContextMenuHandlers*. Fügen Sie den Unterschlüssel *Copy* ein und setzen Sie dessen Standardwert auf *{C2FBB630-2971-11D1-A18C-00C04FD75D13}*. Legen Sie zusätzlich den Unterschlüssel *Move* an und setzen Sie dessen Standardwert auf *{C2FBB631-2971-11D1-A18C-00C04FD75D13}*. Dann wird das Kontextmenü um die Befehle *In Ordner kopieren* bzw. *In Ordner verschieben* erweitert. Wenn Sie anschließend ein Ordnersymbol in einem Ordnerfenster mit der rechten Maustaste anklicken, sollten die neuen Befehle bereitstehen. Beide Befehle öffnen ein Dialogfeld zur komfortablen Auswahl des Zielordners. Ergänzen Sie den Schlüssel *HKEY_CLASSES_ROOT*\shellex\ContextMenuHandlers* ebenfalls um die beiden Einträge *Move* und *Copy*, stehen die Befehlserweiterungen auch bei Dateien zur Verfügung.

10.2.3 Der Navigationsbereich wird nicht nachgeführt

Wenn Sie im rechten Teil des Ordnerfensters ein Ordnersymbol per Doppelklick anwählen, öffnet Windows den zugehörigen Unterordner. Dummerweise wird die Darstellung des Navigationsbereichs in der linken Spalte nicht mitgeführt bzw. die Baumstruktur umgeklappt. Um dieses Problem zu beheben, sind aber nur ein paar Mausklicks erforderlich.

1. Wählen Sie in der Symbolleiste des Ordnerfensters die Schaltfläche *Organisieren* und klicken Sie in deren Menü auf den Befehl *Ordner- und Suchoptionen*.

2. Markieren Sie auf der Registerkarte *Allgemein* das Kontrollkästchen *Automatisch auf aktuellen Ordner erweitern* (Abbildung 10.11).

Sobald Sie die Registerkarte über die *OK*-Schaltfläche schließen, sollte die Anzeige im Navigationsbereich automatisch nachgeführt werden.

10.2.4 Wechseldatenträger nicht immer sichtbar

Navigation synchronisieren

Haben Sie das Problem, dass Wechseldatenträgerlaufwerke im Ordnerfenster *Computer* nur dann angezeigt werden, wenn auch ein Medium eingelegt wird? Dieses Verhalten lässt sich leicht ändern bzw. korrigieren.

1. Wählen Sie in der Symbolleiste des Ordnerfensters die Schaltfläche *Organisieren* und klicken Sie in deren Menü auf den Befehl *Ordner- und Suchoptionen*.

2. Markieren Sie auf der Registerkarte *Allgemein* das Kontrollkästchen *Automatisch auf aktuellen Ordner erweitern* (Abbildung 10.11).

3. Wechseln Sie zur Registerkarte *Ansicht* und deaktivieren Sie das Kontrollkästchen *Leere Laufwerke im Ordner "Computer" ausblenden*.

Abbildung 10.11: Optionen für den Navigationsbereich

Wenn Sie die *OK*-Schaltfläche anklicken, werden die Optionen gesetzt. Die Deaktivierung des Kontrollkästchens *Leere Laufwerke ... ausblenden* bewirkt die zwangsweise Anzeige von Laufwerken, die keine Wechseldatenträger enthalten. Mit der Option *Alle Ordner anzeigen* erreichen Sie, dass auch das Benutzerprofil, der Papierkorb sowie die Kategorien der Systemsteuerung im Navigationsbereich erscheinen.

Probleme mit Ordnerfenstern

Sofern die eingeblendeten Symbole des Navigationsbereichs stören, lassen sich diese übrigens mit entsprechenden Eingriffen in die Registrierung auch ausblenden. Unter *http://www.antary.de/2010/05/08/windows-7-navigationsbereich-im-explorer-anpassen/* [gbeh-k10-011] finden Sie einen Artikel, der die Vorgehensweise skizziert. Ein englischsprachiger Beitrag zum Thema lässt sich unter *http://www.ghacks.net/2010/05/10/hide-navigation-pane-items-in-windows-7/* [gbeh-k10-012] abrufen.

TIPP

10.2.5 Laufwerke fehlen im Ordnerfenster

Stellen Sie mit Erschrecken fest, dass ein Laufwerk (z.B. eine Festplatte) plötzlich nicht mehr im Ordnerfenster angezeigt wird? Sofern die zugehörige Partition bzw. das logische Volumen nicht irrtümlich in der Datenträgerverwaltung oder über ein Partitionierungsprogramm gelöscht wurde, kann auch ein fehlender Laufwerkbuchstabe die Ursache sein. Ob ein Laufwerk überhaupt durch Windows erkannt wird, lässt sich in der Datenträgerverwaltung überprüfen.

1. Tippen Sie »Computer« in das Suchfeld des Startmenüs ein und rufen Sie den angezeigten Befehl *Computerverwaltung* über den Kontextmenübefehl *Als Administrator ausführen* auf.

2. Klicken Sie in der linken Spalte der Computerverwaltung auf den Zweig *Datenspeicher/Datenträgerverwaltung* und warten Sie, bis alle Laufwerke angezeigt werden.

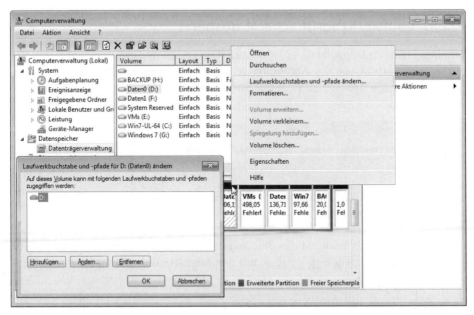

Abbildung 10.12: Laufwerkbuchstaben in der Datenträgerverwaltung korrigieren

Taucht das Laufwerk dort im unteren rechten Bereich als Datenträger auf, kennt Windows zumindest das Gerät. Bei Festplatten sehen Sie zudem die vorhandenen Partitionen (Abbildung 10.12, Hintergrund). Primärpartitionen sind dabei mit einem dunkelblauen Titelbalken markiert. Ein hellblauer Titelbalken weist auf ein logisches Volume einer erweiterten Partition hin. Eine erweiterte Partition wird zudem durch einen grünen Rahmen markiert. Nur wenn die Partitionsanzeige einen schwarzen Balken und den Text »Nicht zugeordnet« aufweist, ist das Laufwerk wirklich gelöscht. Um zu prüfen, ob ein Laufwerkbuchstabe fehlt oder bei einem Konflikt mit anderen Laufwerken führen Sie noch die folgenden Schritte aus.

3. Klicken Sie im unteren rechten Bereich der Computerverwaltung die eingeblendete Partition mit der rechten Maustaste an und wählen Sie den Kontextmenübefehl *Laufwerkbuchstaben und -pfade ändern* (Abbildung 10.12, Hintergrund).

4. Passen Sie im Dialogfeld *Laufwerkbuchstabe und -pfade für ... ändern* (Abbildung 10.12, Vordergrund) den Laufwerkbuchstaben an und schließen Sie das Dialogfeld über die *OK*-Schaltfläche.

Fehlt der Laufwerkbuchstabe, können Sie ihn über die *Hinzufügen*-Schaltfläche neu zuweisen. Wird das Laufwerk (z. B. ein Wechseldatenträger) wegen eines Konflikts mit dem Laufwerkbuchstaben eines anderen Laufwerks nicht angezeigt, wählen Sie die *Ändern*-Schaltfläche und weisen einen neuen Laufwerkbuchstaben zu. Die Änderungen werden sofort wirksam.

10.2.6 Laufwerkzugriff scheint gesperrt

Erhalten Sie beim Doppelklick auf ein Laufwerksymbol im Ordnerfenster *Computer* nur den Fehlerhinweis aus Abbildung 10.13? Dann kann es sein, dass Registrierungseinträge die Anzeige im Ordnerfenster unterdrücken.

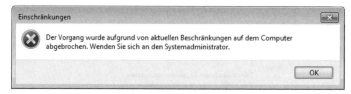

Abbildung 10.13: Zugriff auf ein Laufwerk gesperrt

1. Tippen Sie in das Suchfeld des Startmenüs *regedit* ein und drücken Sie die Tastenkombination [Strg] + [⇧] + [↵], um den Registrierungs-Editor im Administratormodus zu starten.

2. Suchen Sie in der linken Navigationsspalte den Schlüssel *HKEY_CURRENT_USER\Software\Microsoft\Windows\CurrentVersion\Policies\Explorer* (bzw. bei Anmeldung unter einem Standardkonto verwenden Sie den Eintrag für das Konto im Zweig *HKEY_USERS*).

3. Ist der Schlüssel vorhanden, kontrollieren Sie im DWORD-Wert *NoViewOnDrive*, ob dort ein Wert zum Sperren der Laufwerke eingetragen ist.

Der Wert *NoViewOnDrive* ist als Bitflag codiert (Abbildung 10.14), wobei jedes Bit für eines der 26 Laufwerke (A: bis Z:) steht. Bit 0 korrespondiert mit dem Laufwerk A:, Bit 1 mit dem Laufwerk B: und so weiter. Ein auf 0 gesetztes Bit lässt die Anzeige zu, während ein auf 1 gesetztes Bit die Anzeige blockiert. Zur Ermittlung des Registrierungswerts sind die betreffenden Bits als Binärzahl zu notieren (z.B. würde zum Sperren der Laufwerke *A:* und *B:* der Binärwert 0011 verwendet, die untersten Bits sind auf 1 gesetzt, während die restlichen Bits 0 sind). Diesen Binärwert rechnen Sie anschließend in eine Hexadezimalzahl (0011 ergibt den Hexadezimalwert 0x00000003) um, die dann in die Registrierung einzutragen ist. Sie können zur Umrechnung zwischen Binär- und Hexadezimalsystem den Windows-Rechner *Calc.exe* verwenden, wenn Sie im Menü *Ansicht* den Befehl *Programmierer* wählen. Gemäß diesem Ansatz würde der Wert 0x00000001 die Anzeige des Laufwerks *A:* unterdrücken, während 0x03ffffff den Zugriff auf alle Laufwerke sperrt. Die Laufwerksymbole werden zwar noch im Ordnerfenster *Computer* gezeigt. Beim Versuch, diese zu öffnen, erscheint jedoch ein Dialogfeld mit dem Hinweis, dass der Zugriff gesperrt ist.

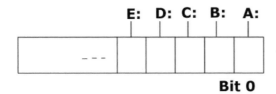

Abbildung 10.14: Bitcodierung in *NoViewOnDrive*

INFO

Rufen Sie den Registrierungs-Editor aus einem Standardkonto mit Administratorrechten auf, zeigt dieser den Zweig *HKEY_CURRENT_USER* des Administratorkontos. Sie können aber im Zweig *HKEY_USERS* den Eintrag für das Benutzerkonto suchen. Meist ist es ein Unterschlüssel mit Namen wie *S-1-5-21-2470343046-4171377843-1606321629-1007*. Persönlich rufe ich bei Standardkonten den Registrierungs-Editor ohne Administratorrechte auf und trage in den Schlüssel *HKEY_CURRENT_USER* einen Wert wie »Born« ein. Dann lässt sich das Konto später im Zweig *HKEY_USERS* leichter identifizieren.

Sind USB-Speichermedien (USB-Sticks und -Festplatten) schreibgeschützt, kann die betreffende Sperre in der Registrierung im Zweig *HKEY_LOCAL_MACHINE\ SYSTEM\CurrentControlSet\Control* eingetragen sein. Kontrollieren Sie, ob der Unterschlüssel *StorageDevicePolicies* vorhanden ist und einen DWORD-Wert *WriteProtect* mit dem Wert 1 enthält. In diesem Fall setzen Sie den Wert auf 0 zurück und starten Windows neu.

10.2.7 Dateien werden im Ordnerfenster nicht angezeigt

Sind Sie sicher, dass sich eine Datei in einem bestimmten Ordner befindet, können diese aber im Ordnerfenster nicht finden? Vielleicht handelt es sich um eine versteckte Datei oder eine Systemdatei. Windows verhindert standardmäßig die Anzeige solcher Dateien und Ordner.

1. Klicken Sie in der Symbolleiste des Ordnerfensters auf die Schaltfläche *Organisieren* und wählen Sie den Menübefehl *Ordner- und Suchoptionen*.

2. Wechseln Sie zur Registerkarte *Ansicht* (Abbildung 10.15), suchen Sie den Abschnitt *Versteckte Dateien und Ordner* und markieren Sie das Optionsfeld *Ausgeblendete Dateien, Ordner und Laufwerke anzeigen*.

Abbildung 10.15: Ordneroptionen

Wenn Sie die Registerkarte über die *OK*-Schaltfläche schließen, werden auch versteckte Dateien angezeigt. Diese werden aber gegenüber normalen Dateien im Ordnerfenster etwas abgeblendet dargestellt (Abbildung 10.16, Hintergrund).

INFO   Werden Ordner oder Dateien in der Ordnerliste blasser als andere Elemente dargestellt (in Abbildung 10.16 ist dies z.B. der Ordner *ProgramData*)? Es handelt sich um Ordner oder Dateien mit dem Attribut »versteckt«. Klicken Sie das abgeblendete Symbol mit der rechten Maustaste an und wählen Sie im Kontextmenü *Eigenschaften*. Auf der Registerkarte *Allgemein* können Sie das Attribut »Versteckt« durch Löschen der Markierung des zugehörigen Kontrollkästchens zurücksetzen. Ist das Kontrollkästchen gesperrt, handelt es sich um eine Systemdatei. Sie können dann als Administrator in das Fenster der administrativen Eingabeaufforderung wechseln und das Systemattribut mit dem Befehl *attrib -s -h <name>* aufheben, wobei *<name>* für den Ordner- oder Dateinamen steht.

Wenn Sie auf der Registerkarte *Ansicht* (Abbildung 10.15) die Markierung des Kontrollkästchens *Geschützte Systemdateien ausblenden (empfohlen)* löschen und die Sicherheitsabfrage bestätigen, werden auch geschützte Systemdateien angezeigt. Dies kann teilweise sinnvoll sein, um z.B. Dateien von Word-Abstürzen, Auslagerungs- und Ruhezustandsdateien, Icon-Caches etc. zu löschen. Allerdings sollten Sie diese Option wirklich nur zum Bereinigen des Systems kurzzeitig einschalten. Speziell beim Arbeiten mit Windows 7 gibt es bei eingeblendeten geschützten Systemdateien einige Problemstellen. Lesen Sie daher den folgenden Abschnitt durch, bevor Sie die Option nutzen.

STOPP

10.2.8 Windows verweigert den Zugriff auf Ordner

Haben Sie unter Windows 7 die vorausgegangene Schrittfolge ausgeführt und die Anzeige geschützter Systemdateien erzwungen? Dies macht nur kurzzeitig Sinn, um bestimmte Systemdateien (z.B. die Word-Dateileichen, Icon-Cache etc.) zu löschen. Im normalen Betrieb sollten auch Administratoren nur die versteckten Dateien, nicht jedoch die geschützten Systemdateien in der Ordneranzeige einblenden lassen. Welche Probleme die Anzeige geschützter Systemdateien unter Windows 7 bereitet, möchte ich nachfolgend kurz skizzieren:

» Arbeiten Sie mit eingeblendeten Systemdateien, zeigt der Desktop z.B. zwei Dateien *Desktop.ini*, die Sie keinesfalls löschen dürfen. Über diese Dateien verwaltet Windows die Desktopanzeige (z.B. benutzte Symbole, Lokalisierung etc.). Eine Datei ist für die Desktopeinstellungen aller Benutzer zuständig, während die zweite Datei zum lokalen Desktop des Benutzerkontos gehört.

» Versuchen Sie den Zugriff auf bestimmte Ordner (z.B. *Dokumente und Einstellungen*, *Programme* etc.), verweigert Windows auch Administratoren den Zugriff. Beim Doppelklick auf das betreffende Ordnersymbol erscheinen eine Fehlermeldung *Der Pfad ist nicht verfügbar* und der Hinweis *Zugriff verweigert* (Abbildung 10.16, Vordergrund).

Die Ursache für die Fehlermeldung aus Abbildung 10.16 liegt darin, dass es sich beim angeklickten Symbol um keinen Ordner handelt. Das Symbol des betreffenden Ordners weist in der linken unteren Ecke das Symbol eines stilisierten Schlosses auf. Es handelt sich um eine Verknüpfung, die konkret als NTFS-Link ausgeführt wurde. Diese Links wurden aus Kompatibilitätsgründen bereits in Windows Vista eingeführt. Windows 7 erkennt interne Zugriffe auf diese Links und leitet diese Zugriffe auf jene Speicherorte um, in denen Windows 7 die betreffenden Dateien führt. Auf Benutzerebene wird dagegen der Zugriff auf diese Links verweigert. Eine Diskussion der Details samt Verweise auf Hintergrundartikel finden Sie auf der Internetseite *http://www.borncity.com/blog/2007/07/22/ordner-mysterien-in-windows-vista/* [gbeh-k10-013]. Um das leidige Problem zu lösen, gehen Sie wie auf der vorherigen Seite beschrieben vor und aktivieren das Kontrollkästchen *Geschützte Systemdateien ausblenden (empfohlen)* auf der Registerkarte *Ansicht* (Abbildung 10.15). Wenn Sie die Registerkarte über die *OK*-Schaltfläche schließen, werden die betreffenden Ordnersymbole wieder ausgeblendet.

Kapitel 10 • Ärger mit Laufwerken, Ordnern und Dateien

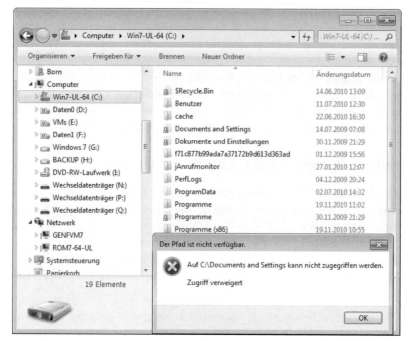

Abbildung 10.16: Anzeige geschützter Systemdateien und Fehlermeldung

10.2.9 Zugriff auf Ordner und Dateien nicht möglich

Mussten Sie Windows neu installieren oder verwenden Sie eine USB-Festplatte an verschiedenen Rechnern? Oder wurde ein Benutzerkonto gelöscht, ohne dessen Dateien zu entfernen? Verweigert Windows nun den Zugriff auf diese Ordner und Dateien?

Entgegen den im vorherigen Abschnitt erwähnten NTFS-Links liegt die Ursache hier in den zugewiesenen Zugriffsberechtigungen. Jedem Ordner und jeder Datei auf NTFS-Laufwerken kann vorgegeben werden, wer darauf zugreifen darf. Nur der Besitzer (das Konto, unter dem die Datei erstellt wurde) kann Dateien bzw. Ordner umbenennen, löschen oder verschieben. Anderen Benutzern von Standardkonten wird der Zugriff verweigert.

Versuchen Sie, alle Dateien in den Ordner *Öffentliche Dokumente* zu kopieren. Windows bestimmt dann die Berechtigung so, dass alle Benutzer auf die Dateien zugreifen können. Klappt dies nicht, passen Sie die Zugriffsberechtigungen an.

1. Hierzu wählen Sie den Ordner oder die Datei per Rechtsklick an und rufen dann den Kontextmenübefehl *Eigenschaften* auf.

2. Wechseln Sie zur Registerkarte *Sicherheit* und klicken Sie auf die Schaltfläche *Erweitert* (Abbildung 10.17).

Probleme mit Ordnerfenstern

Abbildung 10.17: Registerkarte *Sicherheit*

3. Wechseln Sie im nächsten Dialogfeld zur Registerkarte *Besitzer*, klicken Sie auf die Schaltfläche *Bearbeiten* und bestätigen Sie die Sicherheitsabfrage der Benutzerkontensteuerung.

4. Wählen Sie auf der Registerkarte *Besitzer* das angezeigte Benutzerkonto, welches den Besitz übernehmen soll, markieren Sie das Kontrollkästchen *Besitzer der Objekte und untergeordneten Container ersetzen* und bestätigen Sie die *OK*-Schaltfläche.

Jetzt passt Windows den Besitz des Elements so an, dass das gewählte Administratorkonto den Vollzugriff erhält. Beachten Sie aber, dass diese Besitzübernahme nur dann erfolgen sollte, wenn Sie sich über die Konsequenzen im Klaren sind. Ändern Sie den Besitzer von Systemdateien, kann dies die Funktionsfähigkeit von Windows 7 beeinträchtigen.

INFO

In manchen Fällen funktioniert die Besitzübernahme nicht, weil Windows 7 dies verweigert. Neben nicht mehr existierenden Benutzerkonten (erkennbar an vorangestellten Fragezeichen) können auch nicht kompatible Zugriffsberechtigungen des Elements die Ursache sein. Unter *http://www.borncity.de/BookPage/Win/win7HPTricks.htm* [gbehk10-014] finden Sie die Datei *Win7HPTricks.zip*. Im Ordner *Kap07* finden Sie eine Datei *ForceOwner.cmd*. Richten Sie eine Verknüpfung zu dieser Datei ein und setzen Sie in deren Eigenschaften auf der Registerkarte *Kompatibilität* die Option *Programm als Administrator ausführen*. Dann genügt es später, die gewünschte Datei oder den gewünschten Ordner zum Symbol der Verknüpfung zu ziehen. Die *.cmd*-Datei enthält die notwendigen Befehle, um die Besitzübernahme zu erzwingen.

10.2.10 Laufwerkbuchstaben fehlen im Ordnerfenster

Stellen Sie plötzlich fest, dass bei der Laufwerkanzeige im Ordnerfenster *Computer* keine Laufwerkbuchstaben mehr erscheinen? Dies ist eine Einstellungssache, die Sie durch Anwahl des Befehls *Ordner- und Suchoptionen* im Menü der Schaltfläche *Organisieren* korrigieren können. Gehen Sie zur Registerkarte *Ansicht* und stellen Sie sicher, dass das Kontrollkästchen *Laufwerkbuchstaben anzeigen* markiert ist (Abbildung 10.18). Dann schließen Sie die Registerkarte über die *OK*-Schaltfläche.

10.2.11 Dateinamenerweiterungen werden nicht angezeigt

Dateien besitzen einen Namen sowie eine durch einen Punkt abgetrennte Dateinamenerweiterung, die den Dateityp bestimmt. Über den Dateityp lässt sich z.B. bei einem Download erkennen, ob es sich ggf. um eine ausführbare Datei handelt, die Viren oder Würmer enthalten kann. Leider werden die Dateinamenerweiterungen bei neueren Windows-Versionen standardmäßig ausgeblendet.

1. Um die Dateinamenerweiterungen einzublenden, gehen Sie wie im vorherigen Abschnitt beschrieben vor und wählen den Befehl *Ordner- und Suchoptionen* der Schaltfläche *Organisieren* des Ordnerfensters.

2. Gehen Sie zur Registerkarte *Ansicht* (Abbildung 10.18) und löschen Sie die Markierung des Kontrollkästchens *Erweiterungen bei bekannten Dateitypen ausblenden*.

Die Option wird wirksam, sobald Sie die Registerkarte über die *OK*-Schaltfläche schließen.

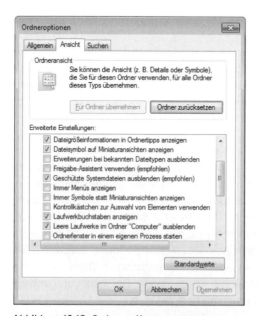

Abbildung 10.18: Ordneroptionen anpassen

10.2.12 Probleme mit der Darstellung der Ordnerfenster

Beim Arbeiten mit Ordnerfenstern tauchen eventuell einige Darstellungsprobleme auf, die oft mit wenigen Mausklicks korrigiert werden können.

Das Ordnerfenster ist beim Öffnen immer so klein

Ärgern Sie sich darüber, dass beim Öffnen eines Ordnerfensters über das Symbol *Computer* die Fenster sehr klein und an einer unmöglichen Stelle auf dem Desktop geöffnet werden? Windows merkt sich beim Schließen eines Ordnerfensters dessen Größe und Position. Wird das Ordnerfenster innerhalb der Sitzung erneut geöffnet, werden die alten Einstellungen für die Größe und Position benutzt. Um also beim Öffnen ein größeres Ordnerfenster zu erhalten, passen Sie das Fenster vor dem Schließen einfach auf die gewünschte Größe an. Zudem können Sie die Fensterposition durch Ziehen der Titelleiste nach Ihren Wünschen vorgeben. Wenn Sie das Fenster danach schließen, bleiben diese Einstellungen gespeichert.

Über den Befehl *Ordner- und Suchoptionen* der Schaltfläche *Organisieren* lässt sich auf der Registerkarte *Ansicht* das Kontrollkästchen *Vorherige Ordnerfenster bei der Anmeldung wiederherstellen* markieren. Dann öffnet Windows bei der nächsten Anmeldung die beim Abmelden noch geöffneten Ordnerfenster erneut.

INFO

Im Ordnerfenster fehlen Schaltflächen

Stellen Sie fest, dass bestimmte Schaltflächen in der Symbolleiste des Ordnerfensters fehlen? Dies kann mehrere Ursachen haben. Manchmal ist das Ordnerfenster einfach nicht breit genug, um alle Schaltflächen in der Symbolleiste einzublenden. Dann ist am rechten Rand der Symbolleiste ein spezielles Symbol zu sehen, welches auf ausgeblendete Schaltflächen hinweist. Klicken Sie auf das Symbol, erscheinen die fehlenden Schaltflächen in einem Zusatzmenü und lassen sich per Maus anwählen (Abbildung 10.19).

Abbildung 10.19: Menü mit ausgeblendeten Schaltflächen der Symbolleiste

Fehlen im Ordner *Kontakte* die Schaltflächen *Importieren* und *Exportieren*? Dies ist ein Problem, das durch fehlerhafte Werte in der Registrierung zustande kommt. Details zur Reparatur finden Sie unter *http://www.borncity.com/blog/2007/08/21/windows-explorer-dateien-lassen-sich-nicht-mehr-auswhlen/* [gbeh-k10-015]. Fehlerhafte Werte in der Registrierung sind auch die Ursache, wenn im Windows Virtual

PC-Ordnerfenster die Schaltfläche zum Anlegen neuer virtueller Maschinen fehlt (*http://www.borncity.com/blog/2010/02/16/windows-virtual-pc-keine-vms-anlegbar/* [gbeh-k10-016]).

Bibliotheken sind verschwunden

Stellen Sie plötzlich fest, dass im Navigationsbereich eines Ordnerfensters die Bibliotheken *Bilder*, *Dokumente*, *Videos* oder *Musik* verschwunden sind? Sie können die Bibliothekseinträge im Navigationsbereich des Ordnerfensters über den Kontextmenübefehl *Umbenennen* ändern oder die Bibliothek mit dem Kontextmenübefehl *Löschen* entfernen. Ist Ihnen dieses Malheur zufällig passiert und Sie möchten die Bibliotheken wiederhaben? Klicken Sie den Eintrag *Bibliotheken* im Navigationsbereich mit der rechten Maustaste an und wählen Sie den Kontextmenübefehl *Standardbibliotheken wiederherstellen*.

INFO — Um Ordner schnell zu bestehenden Bibliotheken hinzuzufügen, klicken Sie den aufzunehmenden Ordner mit der rechten Maustaste an, wählen den Kontextmenübefehl *In Bibliothek aufnehmen* und dann im Untermenü den Namen der gewünschten Bibliothek. Zum schnellen Entfernen eines Ordners wählen Sie dagegen im Navigationsbereich den Ordnereintrag einer Bibliothek mit einem Rechtsklick an. Dann lässt sich der Kontextmenübefehl *Ort aus Bibliothek entfernen* anklicken.

Der Befehl »Ordner- und Suchoptionen« ist gesperrt

Stellen Sie fest, dass der Befehl *Ordner- und Suchoptionen* im Menü der Schaltfläche *Organisieren* gesperrt ist? Oder sind ggf. andere Funktionen (z. B. das Kontextmenü) im Ordnerfenster nicht mehr anzuwählen? Dann hat irgendetwas in die Registrierung eingegriffen und einige Einschränkungen für Ordnerfensters vereinbart. Sie können im Registrierungs-Editor kontrollieren, ob dies der Fall ist. Öffnen Sie den Registrierungs-Editor und suchen Sie den Schlüssel *HKEY_CURRENT_USER\Software\Microsoft\Windows\CurrentVersion\Policies\Explorer*. Anschließend überprüfen Sie die Werte in diesem Schlüssel.

Finden Sie dort einen DWORD-Wert *NoViewContextMenu* vor und ist dessen Wert auf 1 gesetzt, unterdrückt Windows die Kontextmenüs im Ordnerfenster. Setzen Sie den Wert auf 0 oder löschen Sie den Eintrag, um Kontextmenüs nach der nächsten Anmeldung zuzulassen. Die Sperre des Befehls *Ordner- und Suchoptionen* im Menü *Organisieren* wird durch den DWORD-Eintrag *NoFolderOptions* gesetzt. Ein fehlender Wert oder ein auf 0 gesetzter Eintrag bewirkt, dass die Shell den Befehl wieder freigibt.

INFO — Das Ändern des *Policies*-Schlüssels erfordert Administratorrechte. Denken Sie beim Ändern des Schlüssels von einem Standardkonto daran, dass die Einträge unter *HKEY_USERS* zu suchen sind.

10.3 Weitere Probleme mit Ordnern und Dateien

In diesem Abschnitt finden Sie Hinweise auf Probleme, die beim Umgang mit Ordnern und Dateien unter Windows auftreten können.

10.3.1 Dateien werden im Ordnerfenster nicht sortiert

Irritiert es Sie, dass Dateien im Ordnerfenster nicht in der richtigen Reihenfolge sortiert angezeigt werden? Oder können Sie Dateien sogar an beliebige Positionen im Ordnerfenster ziehen und es bleiben dann Lücken im Fenster zurück? Die Ursache für diese Anzeigeprobleme kann eine fehlende Aktualisierung der Darstellung sein. Betätigen Sie einfach die Funktionstaste [F5], um die Darstellung des Ordnerfensters zu aktualisieren. Ursache für eine fehlende Aktualisierung sind meist verschobene Benutzerordner.

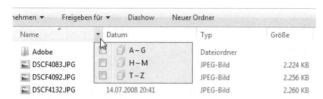

Abbildung 10.20: Sortieren der Dateiliste

TIPP Schalten Sie die Anzeige des Ordnerfensters über die Menüschaltfläche *Weitere Optionen* in den Modus *Details*, können Sie die Sortierung der Dateiliste durch Anklicken der Spaltenköpfe nach verschiedenen Kriterien durchführen lassen (Abbildung 10.20). Der erste Mausklick auf den Spaltenkopf sortiert die Liste in aufsteigender und ein weiterer Klick in absteigender Ordnung. Zudem können Sie die Schaltfläche am rechten Rand des Spaltenkopfs anklicken. Dann lassen sich in der eingeblendeten Palette Sortier- und Gruppieroptionen abrufen (Abbildung 10.20). Über das Kontextmenü lassen sich übrigens weitere Spaltenköpfe mit Informationen ein- oder ausblenden.

10.3.2 Ordnerdarstellung ist fehlerhaft

Stellen Sie fest, dass einzelne Symbole für Ordner fehlerhaft angezeigt werden? Dann klicken Sie das betreffende Ordnersymbol mit der rechten Maustaste an und wählen im Kontextmenü den Befehl *Eigenschaften*. Anschließend wechseln Sie im Eigenschaftenfenster zur Registerkarte *Anpassen*.

» Wird das Ordnersymbol in allen Darstellungsmodi des Ordnerfensters beibehalten, wählen Sie die Schaltfläche *Anderes Symbol* (Abbildung 10.21). Im Dialogfeld lässt sich dann das von Windows normalerweise benutzte Ordnersymbol heraussuchen und zuweisen.

Kapitel 10 • Ärger mit Laufwerken, Ordnern und Dateien

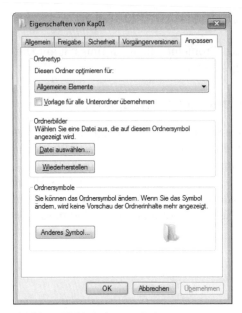

Abbildung 10.21: Ordnersymbol anpassen

» Zeigt das Ordnersymbol verkleinerte Miniaturansichten von im Ordner gespeicherten Bildern? Dann setzen Sie den Ordnertyp im Listenfeld *Diesen Ordnertyp optimieren* der Registerkarte *Anpassen* auf den Wert »Allgemeine Elemente« zurück (Abbildung 10.21).

» Wird im Explorer-Fenster nur in der Darstellung *Miniaturansicht* ein Bild im Ordnersymbol eingeblendet? Dann wurde das Bild von einem Benutzer mittels der Schaltfläche *Datei auswählen* zugewiesen (Abbildung 10.21). Klicken Sie auf die Schaltfläche *Wiederherstellen*, um das vorherige Symbol zurückzuholen.

Die Einstellungen werden wirksam, sobald Sie die *Übernehmen*-Schaltfläche betätigen oder das Dialogfeld über *OK* schließen.

INFO   Das Listenfeld *Ordnertyp* legt übrigens fest, wie das zugehörige Ordnerfenster anzuzeigen ist. Bei Medienordnern (Bilder, Videos, Musik) werden Wiedergabeschaltflächen in der Symbolleiste eingeblendet.

10.3.3 Probleme mit der Miniaturansicht in Ordnerfenstern

Über die Schaltfläche *Ansichten* eines Ordnerfensters können Sie die Darstellung für Dateien und Ordner in eine Miniaturdarstellung umsetzen. Dabei können verschiedene Probleme auftreten, die hier kurz erläutert werden.

Weitere Probleme mit Ordnern und Dateien

Manche Dateien zeigen keine Miniaturansichten

Windows kann nur den Dateiinhalt als Miniaturansicht anzeigen, wenn ein entsprechendes Anzeigemodul (Handler) vorhanden ist. Standardmäßig besitzt Windows nur Anzeigemodule für verschiedene Grafikformate. Bei den Microsoft-Office-Dateien wird die Vorschau nur eingeblendet, wenn Microsoft Office installiert ist. Unter *http://www.borncity.com/blog/2010/02/01/vorschau-auf-pdf-dokumente-erscheint-nicht/* [gbeh-k10-017] habe ich beispielsweise beschrieben, wie eine fehlende Vorschau auf PDF-Dateien repariert werden kann.

Die Vorschau fehlt generell

In der Darstellung »Große Symbole« etc. sollten Fotos und einige andere Dokumente als Miniaturvorschau im Ordnerfenster angezeigt werden. Zudem lässt sich die Vorschau über die Schaltfläche *Blenden Sie das Vorschaufenster ein* der Symbolleiste einblenden. Klicken Sie auf eine Dokumentdatei, versucht Windows deren Inhalt im Vorschaubereich einzublenden. Fehlt diese Vorschau und es erscheint nur ein Platzhalter (Abbildung 10.22), gehen Sie folgendermaßen vor:

1. Klicken Sie auf die Schaltfläche *Organisieren* und wählen Sie im Menü den Befehl *Ordner- und Suchoptionen*.

2. Löschen Sie auf der Registerkarte *Ansicht* die Markierung des Kontrollkästchens *Immer Symbole statt Miniaturansicht anzeigen*.

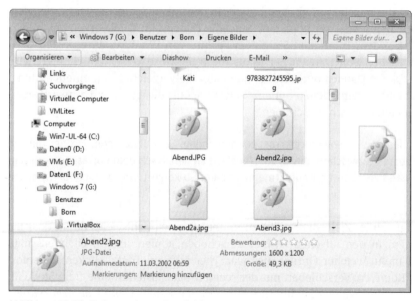

Abbildung 10.22: Dokumentvorschau fehlt

451

Sobald Sie die Registerkarte *Ansicht* über die *OK*-Schaltfläche verlassen, sollte die Vorschau wieder möglich sein. Unter *http://www.borncity.com/blog/2010/11/05/vorschau-und-miniaturbilder-verschwunden/* [gbeh-k10-018] finden Sie weitere Hinweise.

Der Windows-Explorer stürzt bei Miniaturansichten von Videodateien ab

Stürzt der Windows-Explorer ab, sobald Sie ein Ordnerfenster mit Videodateien öffnen und dann die Darstellung von Miniaturansichten einschalten? In diesem Fall wurde vermutlich ein Codec-Pack zur Wiedergabe von Videomaterial installiert und die Decoder sind nicht zu Windows 7 kompatibel.

Zur Problemlösung öffnen Sie die Systemsteuerung über das Startmenü und wählen den Eintrag *Programme deinstallieren*. Anschließend deinstallieren Sie die Codec-Packs zur Anzeige der Videos. Zur Wiedergabe von Videodateien, die in Windows 7 nicht unterstützt werden, können Sie den VLC Media Player (*http://www.videolan.org* [gbeh-k10-019]) verwenden. Dieses Programm unterstützt die Medienwiedergabe durch eigene Codecs und verhindert so die Abstürze des Windows-Explorers (siehe auch *http://www.borncity.com/blog/2010/03/20/warum-spielt-vlc-videos-ab-und-der-wmp-12-nicht/* [gbeh-k10-020]).

10.3.4 Dateien sind nach dem Kopieren verschwunden

Wollten Sie Dateien durch Ziehen per Maus (z. B. zwischen zwei Ordnerfenstern oder vom Ordnerfenster auf ein Symbol der in der linken Spalte des Ordnerfensters angezeigten Explorerleiste) kopieren? Sind die Dateien im Quellverzeichnis plötzlich verschwunden? Dann sind Sie einem Feature von Windows aufgesessen, welches beim Ziehen von Dateien per Maus diese teilweise verschiebt. Kopiert wird nur, wenn Sie die Dateien oder Ordner zu einem Zielverzeichnis auf einem anderen Laufwerk ziehen. Beim Ziehen auf ein Zielverzeichnis des gleichen Laufwerks werden die Dateien dagegen verschoben.

INFO   Verhindern lassen sich solche Überraschungen, indem Sie Dateien oder Ordner mit der rechten Maustaste zwischen den Ordnerfenstern ziehen. Nach dem Loslassen der rechten Maustaste lässt sich im Kontextmenü wählen, ob kopiert oder verschoben werden soll.

Sind die Dateien im Zielordner nicht zu finden? Dann spricht vieles dafür, dass Sie diese Dateien in den falschen Ordner verschoben/kopiert haben. Oft weiß man aber nicht mehr, welcher Ordner dies war. Hier hilft ein Trick: Klicken Sie sofort nach dem Kopieren/Verschieben mit der rechten Maustaste auf eine freie Stelle im Ordnerfenster und wählen Sie im Kontextmenü den Befehl *Verschieben rückgängig machen* bzw. *Kopieren rückgängig machen*. Windows kennt die Lage des Zielordners und holt alle kopierten/verschobenen Dateien und Ordner in das Quellverzeichnis zurück. Dieser Trick klappt aber nicht mehr, wenn Sie zwischenzeitlich eine andere Aktion durchgeführt (z. B. Dateien gelöscht) haben.

Weitere Probleme mit Ordnern und Dateien

Nach dem Löschen finden sich Dateien auf dem Desktop

Haben Sie Dateien oder Ordner zum Löschen aus einem Ordnerfenster zum Papierkorb gezogen, stellen nun aber fest, dass diese auf dem Desktop gelandet sind? Hierbei handelt es sich um einen Benutzerfehler. Wenn Sie Elemente zum Löschen über den Papierkorb ziehen, achten Sie vor dem Loslassen der linken Maustaste darauf, dass das Symbol des Papierkorbs markiert ist. Nur dann erkennt Windows Ihr Vorhaben und löscht die Elemente.

10.3.5 Dateien sind schreibgeschützt

Versuchen Sie, etwas an einer Datei zu ändern (löschen oder geänderten Inhalt speichern) und meldet Windows oder die Anwendung, dass die Datei schreibgeschützt sei? Sofern sich die Datei nicht auf einer CD/DVD, sondern auf einer Festplatte befindet, klicken Sie diese im Ordnerfenster mit der rechten Maustaste an und wählen den Kontextmenübefehl *Eigenschaften*. Auf der Registerkarte *Allgemein* lässt sich dann das Schreibschutzattribut durch Löschen der Markierung des betreffenden Kontrollkästchens zurücksetzen. Anschließend verlassen Sie die Registerkarte über die *OK*-Schaltfläche.

Auf NTFS-Datenträgern kann es auch sein, dass der Schreibzugriff über NTFS-Zugriffsberechtigungen entzogen wurde. Administratoren oder der Ersteller der Datei können die Datei (oder den Ordner) mit der rechten Maustaste anklicken und den Kontextmenübefehl *Eigenschaften* wählen. Auf der Registerkarte *Sicherheit* finden Sie Optionen, um die Zugriffsrechte auf das Element zu erweitern. Diese sollten jedoch nur von erfahrenen Anwendern genutzt werden.

10.3.6 Ein Ordner/eine Datei lässt sich nicht löschen

Versuchen Sie, Ordner oder Dateien in einem Ordnerfenster (z. B. durch Ziehen zum Papierkorb) zu löschen und erscheint nach einiger Zeit ein Dialogfeld mit dem Hinweis, dass die Datei bzw. der Ordner von einer anderen Person oder einem Programm verwendet wird und nicht gelöscht werden kann?

Dann wird eine Datei durch eine Anwendung blockiert. In einigen Fällen gibt Windows direkt das betreffende Programm an, welches die Datei blockiert. Beenden Sie dann das Programm oder alle Programme, um die Datei wieder freizugeben. Leider kommt es immer wieder vor, dass Programme Dateien beim Beenden nicht freigeben. Die betreffenden Dateien lassen sich nicht löschen.

Sind Sie sicher, dass kein Programm die Datei mehr geöffnet hat und auch kein Benutzer über das Netzwerk auf die Datei zugreift? Dann starten Sie Windows neu und versuchen Sie das Löschen erneut.

Manchmal hilft auch, das Fenster der Eingabeaufforderung über das Startmenü zu öffnen, zum betreffenden Ordner zu wechseln und dort den Befehl *delete name* einzutippen (*name* steht für den Dateinamen). Der Kommandozeilenbefehl *delete* löscht die Datei direkt, ohne diese in den Papierkorb zu verschieben. Gibt es Probleme mit einem Verzeichnis, löschen Sie dieses samt Inhalt mit dem Befehl *rd /s <name>*, wobei *<name>* für den Namen des Ordners steht.

INFO Wenn Sie das Fenster der Eingabeaufforderung öffnen, befinden Sie sich selten im Ordner mit dem zu löschenden Element. Verwenden Sie den Befehl *cd ..*, um schrittweise zum Hauptverzeichnis des Laufwerks zu wechseln. Anschließend wechseln Sie mit dem Befehl *cd [lw:\]ordnername* zu den gewünschten Ordnern und Unterordnern. Der Platzhalter *[lw:\]* steht hier für den Laufwerknamen, der beim Wechsel zu einem anderen Laufwerk erforderlich ist. Um zu einem Unterordner zu wechseln, muss nur dessen Name als Parameter in *cd* angegeben werden. Lange Ordnernamen, die Leerzeichen enthalten, müssen Sie in Anführungszeichen setzen (z.B. *dir "c:\Dokumente und Einstellungen\Born"*).

TIPP Im Artikel unter *http://www.borncity.com/blog/2010/12/16/nicht-lschbare-dateien-lschen/* [gbeh-k10-024] beschreibe ich das kostenlose Programm »Unlocker«. Dieses ermöglicht, durch andere Programme gesperrte Dateien freizugeben und so zu löschen.

10.3.7 Datenrettung bei gelöschten Dateien und Ordnern

Über den Papierkorb »gelöschte« Dateien und Ordner befinden sich weiterhin auf der Festplatte und können jederzeit restauriert werden (z.B. über das Kontextmenü der Elemente des Ordnerfensters *Papierkorb*). Leider gibt es viele Fälle, wo der Papierkorb nicht greift und die Datei gelöscht ist:

» Dies trifft zu, falls Sie die Datei bzw. den Ordner bei gedrückter ⇧-Taste oder über den Befehl *delete* der Eingabeaufforderung gelöscht haben.

» Zudem lässt sich der Papierkorb über das Kontextmenü des Desktopsymbols leeren sowie über das Eigenschaftenfenster für bestimmte Laufwerke abschalten.

» Sofern Sie eine Datei auf einem Wechseldatenträger (Diskette, USB-Stick, Speicherkarte für Digitalkameras etc.) löschen, wird diese ebenfalls nicht in den Papierkorb verschoben.

Stellen Sie fest, dass eine wichtige Datei irrtümlich von der Festplatte, von einem USB-Stick, von einer Speicherkarte für Digitalkameras oder einem anderen beschreibbaren Medium gelöscht wurde? Solange die betreffenden Sektoren auf dem Medium nicht durch andere Daten überschrieben wurden, lassen sich die Dateien eventuell noch restaurieren.

Gehen Sie zur Website *http://ntfsundelete.com* [gbeh-k10-021] und laden Sie das kostenlose Programm »NTFS Undelete« herunter. Das Programm kann gelöschte Dateien restaurieren. Wenn Sie im Internet nach Begriffen wie »Undelete« suchen, werden Sie weitere kostenpflichtige Software zum Restaurieren gelöschter Dateien auf FAT- und NTFS-Datenträgern finden (z.B. *http://www.oo-software.com* [gbeh-k10-022]).

Weitere Probleme mit Ordnern und Dateien

Abbildung 10.23: Vorgängerversionen wiederherstellen

Wird das Laufwerk durch die Systemwiederherstellung überwacht, und haben Sie eine Datei überschrieben? Dann lässt sich ggf. die vorherige Dateiversion über Volumenschattenkopien wiederherstellen. Klicken Sie die Datei mit der rechten Maustaste an und wählen Sie den Kontextmenübefehl *Vorgängerversionen wiederherstellen*. In einem Dialogfeld (Abbildung 10.23) werden dann die gespeicherten Versionen aufgelistet und lassen sich über die Schaltfläche *Wiederherstellen* zurückholen.

INFO

10.3.8 Probleme mit der Suchfunktion

Die Windows-Suche unterstützt die Suche nach Dateiinhalten. Allerdings gibt es immer wieder die Situation, dass Dateien nicht gefunden werden, oder es kommt sogar zu Fehlermeldungen. Die Ursachen sind vielschichtig. Unter *http://www.borncity.com/blog/2010/03/12/trouble-mit-der-windows-7-suche/* [gbeh-k10-023] habe ich eine Reihe von Hinweisen zu spezifischen Problemen mit der Windows-Suche zusammengefasst.

Kapitel 11
Probleme mit Audio, Bild und Ton

Viele Benutzer verwenden Windows 7 und verschiedene Anwendungen zum Bearbeiten von Bildern, zur Wiedergabe von Audio-CDs und -dateien sowie zum Abspielen und Bearbeiten von Videomaterial in Dateien, CDs oder DVDs/BDs. Dabei taucht eine Reihe von Problemen auf, die sich mit dem richtigen Know-how beheben oder umgehen lässt. Dieses Kapitel greift typische Probleme auf, die sich im Multimedia-Umfeld ergeben.

11.1 Ärger beim Scannen

Scanner sind weit verbreitet und ermöglichen es, Kopien von Vorlagen (Papierabzüge von Fotos, Seiten aus Büchern oder Zeitungen etc.) anzufertigen. Viele Benutzer haben aber Probleme mit dem Einbinden des Scanners. Nachfolgend werden einige häufig auftretende Probleme und deren Lösungen behandelt.

11.1.1 Der Scanner wird nicht erkannt

Besitzen Sie einen Scanner, wird dieser per USB-Schnittstelle an den Computer angeschlossen. So mancher Benutzer steht aber vor dem Problem, dass der Scanner einfach nicht von Windows erkannt wird.

Mein alter Scanner wird unter Windows 7 nicht erkannt

Sie haben einen USB-Scanner, der bisher eigentlich ganz gut funktionierte, aber unter Windows 7 irgendwie nicht mehr erkannt wird? Um den Scanner zu betreiben, sind geeignete Windows 7-Treiber einzubinden. Diese Treiber können zwei Schnittstellen für Windows bzw. Anwendungen bereitstellen:

» *TWAIN:* Dies ist die ältere, herstellerübergreifende Schnittstelle, die von vielen Grafikprogrammen unterstützt wird. Beim Aufruf des TWAIN-Treibers meldet sich das im Treiber implementierte Fenster der TWAIN-Schnittstelle.

» *WIA:* Dies ist die von Microsoft bereits bei Windows Millennium eingeführte Schnittstelle (WIA steht für Windows Image Acquisition), die direkt durch das Betriebssystem unterstützt wird.

Um den Scanner also unter Windows 7 betreiben zu können, muss ein Windows 7-Treiber des Scanner-Herstellers installiert werden, der TWAIN und vor allem WIA unterstützt. Und hier liegt oft das Problem. Der WIA-Treiber muss für Windows Vista oder Windows 7 freigegeben sein. Für Windows XP bereitgestellte Treiber funktionieren nicht mehr!

INFO Das Beste, was Sie versuchen können, ist eine Prüfung, ob es Treiber für Windows Vista gibt und ob diese funktionieren. Bei 64-Bit-Windows-Systemen kommt dann noch erschwerend hinzu, dass ein eventuell verfügbarer 32-Bit-Vista-Treiber nicht einsetzbar ist. Sofern Sie zumindest einen TWAIN-Treiber installieren können, besteht die Chance, dass sich der Scanner aus Grafikprogrammen heraus über diese Schnittstelle ansprechen lässt. Gängige Grafikprogramme wie Paint Shop Pro, Adobe Photoshop Elements etc. unterstützen die TWAIN-Schnittstelle und stellen im Menü *Datei* Befehle zur Auswahl der TWAIN-Quelle sowie zum Scannen über TWAIN bereit. Unter *http://www.borncity.com/blog/2009/12/03/scanner-unter-windows-7/* [gbeh-k11-001] finden Sie einen Beitrag, in dem diverse Möglichkeiten zum Lösen dieses Problems beschrieben oder verlinkt sind. Bei einigen Scannern funktionieren Umgehungslösungen wie VueScan. In anderen Fällen hilft es, eine Virtualisierungslösung unter Windows 7 aufzusetzen und dann die Scansoftware unter Windows XP zu betreiben.

Der Scanner wird plötzlich nicht mehr erkannt

Hat der Scanner bereits funktioniert, und plötzlich tut sich nichts mehr? Prüfen Sie Folgendes:

» Sind alle Kabel korrekt mit dem Gerät und dem Rechner verbunden und an den richtigen Schnittstellen angeschlossen? Insbesondere wenn etwas am Rechner verändert wurde, kommt es häufig vor, dass Peripheriegeräte an der falschen Buchse angeschlossen werden.

» Testen Sie ggf., ob der Scanner direkt an einem USB-Anschluss des Rechners hängt. Manchmal blockieren andere Geräte den Zugriff auf den Scanner. Falls Sie die USB-Schnittstelle gewechselt haben, testen Sie weitere USB-Buchsen. Bei manchen Rechnern verhalten sich die USB-Buchsen an der Geräterückseite anders als an der Vorderseite des Gehäuses.

» Stellen Sie sicher, dass der Scanner mit Strom versorgt wird und auch eingeschaltet ist. Manchmal hilft es, den Scanner kurz vom Stromnetz zu trennen, wieder anzuschließen und dann erneut einzuschalten. Bringt dies nichts, sollten Sie Windows bei eingeschaltetem Scanner neu starten.

TIPP Vermeiden Sie im späteren Betrieb, einen USB-Scanner immer wieder an unterschiedliche USB-Buchsen des Rechners anzuschließen. Windows installiert u.U. für jede USB-Buchse einen neuen Treiber, was zu Problemen führen kann.

Sofern diese Maßnahmen keinen Erfolg zeigen, sollten Sie zusätzlich die folgenden Punkte prüfen:

» Prüfen Sie, ob das Gerät im Ordnerfenster *Drucker und Geräte* (aufrufbar über das Startmenü) auftaucht. In Abbildung 11.1, Hintergrund, ist beispielsweise ein Multifunktionsdrucker für die Scanfunktion zuständig. Über den Kontextmenübefehl *Scaneigenschaften* lässt sich das in Abbildung 11.1, Vordergrund, oben, gezeigte Eigenschaftenfenster öffnen. Klicken Sie auf die Schaltfläche *Scanner testen*, um den Status zu überprüfen.

Ärger beim Scannen

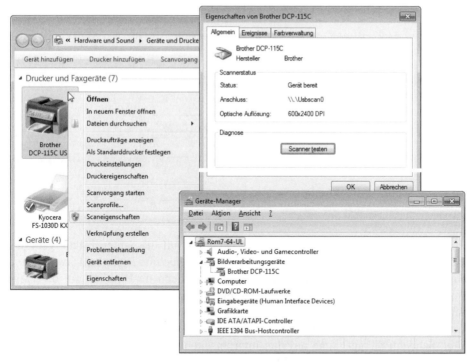

Abbildung 11.1: Test eines Scanners

» Klappt der Scannertest nicht oder taucht das Gerät im Ordnerfenster *Drucker und Geräte* nicht auf? Prüfen Sie im Geräte-Manager, ob der Scanner im Zweig *Bildbearbeitungsgeräte* angezeigt wird (Abbildung 11.1, Vordergrund, unten). Fehlt dort ein Eintrag, lesen Sie in Kapitel 5 im Abschnitt »Schnittstellen für externe Peripherie« nach, was es hier zu beachten gilt.

» Zeigt der Geräte-Manager einen Fehler beim betreffenden Gerät an, doppelklicken Sie auf den Eintrag. Sehen Sie im Eigenschaftenfenster auf der Registerkarte *Allgemein* nach, ob ein Fehlercode gemeldet wird. Meist muss ein aktualisierter Treiber für das Gerät installiert werden, um den Fehler zu beheben.

» Öffnen Sie die Systemsteuerung (z.B. über das Startmenü) und tippen Sie »Scan« in das Suchfeld ein. Wählen Sie den Befehl *Scanner und Kameras anzeigen* an. Taucht das Gerät nicht im Dialogfeld *Scanner und Kameras* auf (Abbildung 11.2), ist kein WIA-Treiber für den Scanner installiert. Taucht das Gerät auf, können Sie über die Schaltfläche *Eigenschaften* das zugehörige Dialogfeld öffnen und auf der Registerkarte *Allgemein* ebenfalls die Schaltfläche *Scanner testen* wählen. Bleibt die Schaltfläche funktionslos, ist der WIA-Treiber nicht zu Windows 7 kompatibel.

Kapitel 11 • Probleme mit Audio, Bild und Ton

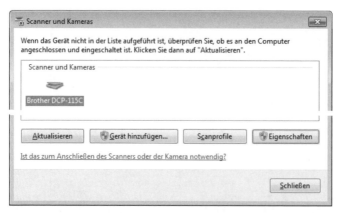

Abbildung 11.2: Dialogfeld *Scanner und Kameras*

Haben die obigen Überprüfungen keine Hinweise auf die Fehlerursache gebracht oder taucht der Scanner weder im Geräte-Manager noch im Dialogfeld *Scanner und Kameras* auf? Dann sollten Sie das Scanner-Handbuch im Hinblick auf die Frage konsultieren, ob irgendwelche Besonderheiten bei der Installation zu beachten sind. Bei einigen Scannern muss vor der ersten Inbetriebnahme eine Software installiert werden. Erst dann darf der Scanner an das System angeschlossen werden. Schauen Sie ggf. auch auf den Internetseiten des Herstellers nach, ob dieser eine aktualisierte Software mit WIA-Treibern für Windows 7 bereitstellt.

Die Durchlichteinheit für Dias wird nicht erkannt

Besitzt Ihr Scanner eine Durchlichteinheit, mit der sich auch Dias scannen lassen? Gibt es Probleme, diese Durchlichteinheit zu verwenden? Sofern die Durchlichteinheit korrekt angeschlossen ist, liegt es an den verwendeten Treibern bzw. Schnittstellen. Die WIA-Schnittstelle unterstützt Durchlichteinheiten leider nicht direkt, d.h., das Windows 7-Programm *Windows-Fax und -Scan* oder die *Windows Live Fotogalerie* stellen keine Befehle zur Gerätesteuerung bereit.

Sie müssen auf ein Grafikprogramm ausweichen, welches den Scanner über dessen TWAIN-Schnittstelle ansprechen kann. Versuchen Sie, die Quelle auf den TWAIN-Treiber des Herstellers umzustellen (Abbildung 11.3, Vordergrund). Sobald Sie dann den Scanbefehl der Anwendung aufrufen, startet das gerätespezifische Steuerprogramm der TWAIN-Schnittstelle und stellt in einem Dialogfeld oder Anwendungsfenster die verfügbaren Scanneroptionen bereit. Fehlt dort die Option für die Durchlichteinheit oder ist diese grau abgeblendet und lässt sich nicht anwählen? Dann kennt der Scanner die Durchlichteinheit nicht. Prüfen Sie zuerst, ob die Durchlichteinheit korrekt am Scanner angeschlossen ist. Die meisten Scanner erkennen die Durchlichteinheit nur bei der Initialisierung. Beenden Sie das Programm, schalten Sie den Scanner aus und danach wieder ein. Anschließend starten Sie das Grafikprogramm und rufen die Scanfunktion erneut auf.

Ärger beim Scannen

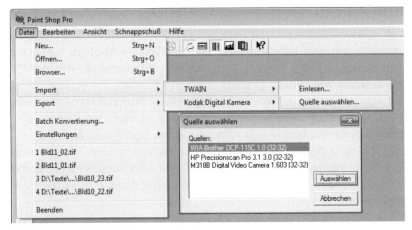

Abbildung 11.3: Befehle zum Scannen in Paint Shop Pro

Wenn sich die Durchlichteinheit auch nicht mit den obigen Hinweisen ansprechen lässt, liegt entweder ein Gerätedefekt vor oder die Software-/Hardwarekombination unterstützt keine Durchlichteinheit. Lesen Sie dann in der Gerätedokumentation nach und schauen Sie auf den Internetseiten des Anbieters, ob eine Problemlösung beschrieben wird.

11.1.2 Typische weitere Scanprobleme

Die folgenden Abschnitte enthalten noch einige Hinweise zu typischen Problemen, mit denen unerfahrene Benutzer beim Scannen konfrontiert werden können.

Das Scanprogramm hängt sich auf

Haben Sie das Scanprogramm aufgerufen, es tut sich aber nichts am Scanner? Sie sollten dann durchaus bis zu zwei Minuten warten. Manche Scanner benötigen einfach sehr lange, bis die Aufwärmphase der Lampe samt Kalibrierung abgeschlossen ist. Zudem bremsen die Hersteller die Geräte über die Treiber, um die Kopiergeräteabgaben an die VG Wort zu umgehen oder zu reduzieren. Diese künstliche Bremse lässt sich ggf. mit einem englischsprachigen Scannertreiber, der die Einschränkung nicht aufweist, umgehen.

Tut sich auch nach längerer Zeit nichts, hat sich der Scanner oder die Scannersteuerung (bzw. der Scannertreiber) aufgehängt. In diesem Fall versuchen Sie, das Grafikprogramm zu beenden. Danach schalten Sie das Gerät aus und wieder ein. Anschließend können Sie das Grafikprogramm starten und einen erneuten Scanversuch wagen. Das Problem ist aber, dass ein »hängender« TWAIN-Treiber häufig das Gerät blockiert. Sofern sich der Treiber als Prozess im Task-Manager identifizieren lässt, können Sie ihn manuell abbrechen. Andernfalls sollten Sie Windows neu starten und den gesamten Vorgang erneut versuchen. Hilft dies nichts, liegt entweder ein Gerätedefekt oder ein Softwarefehler vor. Bei einem Softwarefehler empfiehlt es sich, die Scannersoftware des Herstellers zu deinstallieren und dann erneut zu installieren.

Das Scannen dauert ewig und die Dateien sind riesig

Ärgern Sie sich, dass die Scans einfach ewig brauchen? Neben dem oben beschriebenen Scanproblem mit der Aufwärmphase und den älteren Treibern hängt die Scangeschwindigkeit vom Gerät und von der gewählten Auflösung ab. Je höher die Scanauflösung gewählt wird, umso präziser muss der Scanner die Vorlage abtasten. Sind Sie sogar auf die in der Werbung versprochene Scanauflösung von 9600 dpi (dots per inch bzw. Bildpunkte pro Zoll) und mehr hereingefallen? Diese Auflösung schafft der Scanner nicht, die Software führt dann eine Interpolation durch, bei der einfach Zwischenpunkte zur Erhöhung der Auflösung berechnet werden. Diese Interpolation bringt jedoch keine wirklich bessere Auflösung, sondern kostet nur Zeit und Speicherplatz. Zudem ist auch die Größe des Scanbereichs (DIN A4, Postkarte) relevant.

Je höher Sie die Auflösung beim Scannen einstellen, umso größer wird die Datenmenge des Scans. Diese Datenmengen müssen natürlich auch (vom Scanner und im Rechner) bearbeitet und ausgewertet werden. Dann kann ein DIN-A4-Scan mit 600 oder 1200 dpi durchaus 36 und mehr Megabyte an Daten erzeugen. So manches System bzw. manche Grafiksoftware macht dann, speziell bei knappem Arbeitsspeicher, schlapp oder wird zumindest äußerst zäh reagieren. Lassen Sie sich auch nicht davon blenden, dass die später im JPEG-Format gespeicherten Bilder nur einige Megabytes umfassen. Bedenken Sie, dass im JPEG-Format gespeicherte Bilder bis zum Faktor 100-fach komprimiert sind. Der Rechner muss aber die Rohdaten unkomprimiert verarbeiten. Den wirklichen Speicherbedarf erkennen Sie, wenn Sie die gescannten Vorlagen als unkomprimierte TIFF-Dateien speichern.

TIPP Um halbwegs beim Scannen über die Runden zu kommen und einen guten Kompromiss zwischen Datenmenge, Scangeschwindigkeit und Auflösung zu erhalten, empfehlen sich einige Faustregeln. Sofern Sie nur Motive im Postkartenformat scannen, braucht es kein DIN-A4-Scanbereich zu sein. Passen Sie also den Scanbereich immer an die Größe der Vorlage an. Zudem sollten Sie die Auflösung auf die spätere Verwendungsart der Bilder abstimmen. Beim Scannen von einfachen DIN-A4-Vorlagen reicht oft eine Auflösung von 75 bis 150 dpi aus. Am Monitor werden meist 96 dpi dargestellt. Gedruckt wird typischerweise mit 150 dpi. Kleinere Vorlagen, die später vergrößert oder hochauflösend ausgegeben werden sollen, können Sie mit 150 oder 300 dpi scannen. Nur beim Diascan sollten Sie die höchstmögliche Auflösung (z.B. 2400 dpi) wählen, da die Motive ja typischerweise extrem vergrößert dargestellt werden sollen.

Das gescannte Motiv ist sehr grob und wirkt beim Vergrößern pixelig

Stellen Sie nach dem Scannen fest, dass das Ergebnis sehr grob und extrem klein im Grafikprogramm erscheint? Erscheinen sofort einzelne Bildpunkte (Pixel), sobald Sie das Bild vergrößern? In diesem Fall haben Sie mit einer zu kleinen Auflösung gescannt. Postkartengroße Motive, die später auf DIN A4 vergrößert werden müssen, sollten Sie mit 300 dpi oder ggf. 600 dpi scannen. Beim Scannen von Dias oder Negativen sind dagegen Auflösungen von 1200 oder besser 2400 dpi zu wählen. Andernfalls werden einzelne Bildpunkte sichtbar, sobald Sie die Bilder später auf das normale Fotoformat (9 x 13 cm, 10 x 15 cm, 13 x 18 cm) vergrößern. In einigen Scanprogrammen lässt sich auch die Bildschärfe in Stufen (Fein, Mittel, Grob) vorgeben.

Achten Sie darauf, dass die Dias und Negative absolut frei von Staub und Verschmutzungen sind, da dies andernfalls zu sichtbaren Bildfehlern führt.

TIPP

Die Scans erscheinen nur in Schwarz-Weiß oder mit Falschfarben

Dies ist eindeutig ein Einstellungsfehler in der Gerätesoftware. Prüfen Sie im Scan-Dialogfeld (Abbildung 11.4) von Windows bzw. im TWAIN-Steuerprogramm des Geräts, ob die Scanoptionen auf Farbe gesetzt sind. Treten Farbabweichungen (Falschfarben) auf, kann dies mehrere Ursachen haben:

» Prüfen Sie zunächst, ob die Farbtiefe beim Scannen per Twain auf 24 Bit bzw. 16,7 Millionen Farben gesetzt ist. Bei 256 Farben lassen sich Farbtöne nicht beliebig variieren.

» Gibt es nur geringe Farbabweichungen, sollten Sie kontrollieren, ob die Scansoftware eine Einstellungsmöglichkeit für die Farben aufweist. Dann können Sie den Farbton über ein Farbfeld angleichen.

» Bei TWAIN-Scans über die Auflichtvorlage, die in Falschfarben angezeigt werden, kontrollieren Sie in der Scansoftware, ob die Option für Negativbilder eingeschaltet ist.

Beim Scannen über die Durchlichteinheit ist dagegen darauf zu achten, dass der Scanmodus zur Vorlage passt. Bei Negativen muss das Ergebnis durch eine Orange-Maske gefiltert werden. Üblicherweise bietet die TWAIN-Software eine entsprechende Option (*Negativ scannen*) an, um die Umkehrfarben zu berechnen.

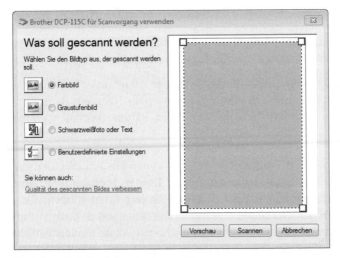

Abbildung 11.4: Einstellen der Scanoptionen

Die Scans sind zu hell oder zu dunkel

Auch hier liegt ein Einstellfehler bei den Scanparametern vor. Die Dialogfelder des Windows 7-Scan-Assistenten und das TWAIN-Steuerprogramm weisen Optionen zur Belichtungssteuerung auf, mit denen sich der Scan heller oder dunkler stellen lässt.

Die Scans weisen Streifen oder Schlieren (Moiré-Muster) auf

Weisen gescannte Fotos oder Bilder Streifen oder Schlieren auf, kann eine Verschmutzung der Vorlagenglasscheibe oder des Umlenkspiegels im Scanner die Ursache sein. Auch eine Gerätefehlfunktion mit ausgefallenen Bildpunkten am optischen Sensor oder eine ungenaue Positionierung des Scanschlittens kommt infrage. Weist das gescannte Motiv dagegen Moiré-Muster auf, liegt dies an der gescannten Vorlage. Bilder in Zeitschriften und Magazine werden im Rasterdruck auf das Papier gebracht. Beim Scannen gibt es optische Beugeeffekte, die sich dann in den Mustern bemerkbar machen. Schauen Sie im TWAIN-Steuerprogramm nach. Meist weist dieses eine Option auf, um eine Korrektur der Moiré-Muster während des Scans durchzuführen. Andernfalls müssen Sie diese Korrektur nachträglich mit einem geeigneten Moiré-Filter im Grafikprogramm ausführen.

11.2   Probleme mit Bildern und Fotos

Die Anzeige, Speicherung und Bearbeitung von Fotos, Bildern und Grafiken ist mit dem PC ein Kinderspiel. Nachfolgend finden Sie Hinweise, wie sich einige Probleme in diesem Umfeld beheben lassen.

11.2.1   Problem: Fotoübernahme aus der Digitalkamera

Besitzen Sie eine Digitalkamera oder ein Fotohandy und möchten Sie Fotos auf den Computer übertragen? Die meisten Hersteller legen den Kameras eine Treiber-CD und ein USB-Kabel bei – und hier fangen oft die Probleme an. Ganz wichtig ist, dass die Treibersoftware für Windows 7 geeignet ist und fehlerfrei arbeitet.

Oft lassen sich die verfügbaren (meist älteren) Treiber nicht unter Windows 7 installieren bzw. die Kamera wird nicht erkannt. Ein weiterer Nachteil: Beim Bildtransfer muss die Kamera eingeschaltet sein – was den Batterieverbrauch kräftig erhöht.

INFO   Damit die Kamera durch Windows 7 erkannt wird, gibt es mehrere Ansätze. Der einfachste besteht darin, dass die Digitalkamera das Picture Transfer Protocol (PTP) oder den Digital Storage Class Standard unterstützt. In beiden Fällen erkennt Windows 7 die Kamera als Wechseldatenträger und bindet diese ein. Gegebenenfalls sind die betreffenden Optionen an der Kamera einzuschalten. Falls die Kamera diese Standards nicht unterstützt, benötigen Sie einen Windows 7-kompatiblen WIA-Treiber des Kameraherstellers, der dann zu installieren ist. Unter *http://www.borncity.com/blog/2009/12/23/digitalkamera-unter-windows-7-nicht-erkannt/* [gbeh-k11-002] habe ich noch einige Hinweise rund um dieses Thema zusammengestellt.

Solche Importprobleme umgehen Sie sehr elegant durch Verwendung eines Speicherkartenlesers. Achten Sie beim Kauf eines externen USB-Lesegeräts darauf, dass dieses die Speicherkartenformate der heutigen Digitalkameras unterstützt und keine Treiber für Windows 7 benötigt. Nach dem Einlegen einer Speicherkarte in den betreffenden Speicherslot startet meist das Dialogfeld *Automatische Wiedergabe* (Abbildung 11.5), in dem Sie den Importassistenten oder (sofern angeboten) den Befehl zum Anzeigen eines Ordnerfensters wählen können. Alternativ lässt sich der Befehl *Computer* im Startmenü wählen. Im Ordnerfenster *Computer* kann der Inhalt des Mediums über das zugehörige Symbol des Wechsellaufwerks eingesehen werden. Digitalkameras legen die Daten in einer standardisierten Ordnerstruktur ab (Abbildung 11.6). Die Bilddateien finden Sie in einem Unterordner des Verzeichnisses *DCIM*, welches den Namen des Kameraherstellers sowie eine fortlaufende Nummer aufweist (z.B. *136CAMPM*). Die meisten Digitalkameras speichern die Fotos als JPEG-Dateien (Dateinamenerweiterung *.jpg*) ab. Sie können diese Dateien direkt in einem Bildordner auf der Festplatte ablegen und dort weiterbearbeiten.

Abbildung 11.5: Automatische Wiedergabe

Abbildung 11.6: DCIM-Ordnerstruktur

Profikameras besitzen häufig eine Option, um Fotodateien mit der Erweiterung *.tif* oder *.raw* zu speichern. Beide Formate benutzen keine Komprimierung und führen zu sehr großen Dateien. Der Vorteil besteht darin, dass keine Qualitätsverluste durch das Speichern entstehen. Zum Öffnen der *.raw*-Bilddateien benötigen Sie aber ein Programm, welches dieses Format unterstützt.

INFO

Zur Digitalkamera zurückkopierte Fotos werden nicht erkannt

Die Speicherkarten von Digitalkameras eignen sich wegen ihrer Kapazität sehr gut als Transportmedium für Fotodateien. Mit einem Lesegerät lassen sich andererseits Fotodateien direkt vom Rechner auf die Speicherkarte zurückkopieren. Denkbar wäre es daher, die Fotos der Kamera unter Windows zu bearbeiten und dann auf die Speicherkarte zurückzukopieren. Dann könnte der bei den meisten Digitalkameras vorhandene Videoausgang genutzt werden, um eine Diashow der Fotos direkt am Fernseher wiederzugeben. Teilnehmer meiner Fotokurse berichteten immer wieder von dem Problem, dass die zurückkopierten Fotodateien von der Kamera nicht angezeigt werden.

» Wichtig ist, dass Sie die Fotodateien direkt in das Bildverzeichnis im *DCIM*-Ordner (z.B. *136CANON*) zurückkopieren.

» Die Fotodateien müssen zudem im JPEG-Format vorliegen und den 8.3-Konventionen für Dateinamen der Kamera entsprechen (z.B. *IMG_1796.JPG*, nicht *FOTO1.JPG* oder *IMG_1796a.JPG*).

Klappt die Anzeige trotz Beachtung der obigen Regeln nicht, fehlt die Unterstützung der Kamera für diese Möglichkeit.

11.2.2 Typische Probleme beim Umgang mit Fotodateien

Einsteiger und nicht so versierte Anwender stolpern immer wieder über typische Fragen und Probleme im Zusammenhang mit Fotodateien von Digitalkameras und Foto-CDs. Nachfolgend finden Sie eine Zusammenstellung dieser Probleme.

Bei meinen Fotodateien sind die EXIF-Daten weg

JPEG-Fotodateien von Digitalkameras enthalten sogenannte EXIF-Daten mit Informationen zur Blende, Belichtungszeit, Auflösung etc. Klicken Sie in Windows eine JPEG-Datei mit der rechten Maustaste an und wählen Sie den Kontextmenübefehl *Eigenschaften*. Dann erscheinen die EXIF-Informationen auf der Registerkarte *Details* (Abbildung 11.7).

Fehlen bei Ihnen diese Daten, obwohl die Kamera diese speichert? Dies kann an der Kamerasoftware liegen, mit der die Fotos von der Kamera in den Computer übertragen wurden. Kopieren Sie die Fotodateien direkt im Ordnerfenster *Computer* auf die Festplatte (z.B. Kamera verhält sich wie ein Wechseldatenträger oder bei Verwenden eines Speicherkartenlesers) bzw. verwenden Sie den Windows-Fotoimport-Assistenten, werden die EXIF-Informationen mit übertragen. Fehlen diese trotzdem in der Fotodatei, wurde diese mit hoher Sicherheit zwischenzeitlich mit einem Grafikprogramm bearbeitet und gespeichert. Um den Verlust der EXIF-Informationen zu vermeiden, verwenden Sie zum Bearbeiten der Fotos nur Grafikprogramme mit EXIF-Unterstützung (z.B. Adobe Photoshop Elements 9).

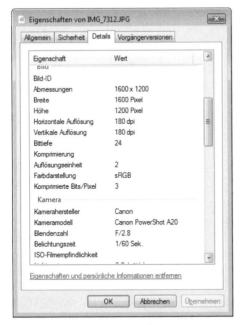

Abbildung 11.7: EXIF-Informationen

Solange Sie die Fotodateien über einen Kartenleser direkt von der Speicherkarte zum Rechner kopieren, bleiben die EXIF-Daten erhalten.

INFO

Bei der Bearbeitung sinkt die Bildqualität

Bearbeiten Sie Fotodateien in einem Grafikprogramm und stellen später fest, dass sich die Bildqualität verschlechtert hat? Wenn Bearbeitungsfehler (z.B. durch Anwenden von Filtern) ausgeschlossen sind, kann es am verwendeten JPEG-Grafikformat liegen. Dieses benutzt eine verlustbehaftete Komprimierung, die für das Auge »nicht erkennbare« Informationen im Bild herausfiltert. Die meisten Grafikprogramme ermöglichen beim Speichern im JPEG-Format, die Bildqualität bzw. die Dateigröße vorzugeben (Abbildung 11.8). Je geringer die Bildqualität gewählt wird, umso kleiner wird die Grafikdatei.

Sofern Sie beim Speichern die Bildqualität zu stark reduzieren (oder falls die Programmvorgaben auf geringer Bildqualität stehen), leidet die Bildqualität. Bemerkbar macht sich dies erst beim nächsten Laden. Auch wenn Sie mit hoher Bildqualität im JPEG-Format speichern, lauert noch eine zweite Falle. Wird das Foto mehrfach bearbeitet und im JPEG-Format gespeichert, reduziert sich bei jedem Vorgang die Bildqualität geringfügig. Wenn Sie JPEG-Bilder vergrößern, werden die typischen Kompressionsartefakte als Klötzchen im Bild sichtbar. Dies sind die Bildstellen, bei denen der JPEG-Filter benachbarte Bildpunkte angeglichen hat.

Kapitel 11 • Probleme mit Audio, Bild und Ton

Abbildung 11.8: JPEG-Speicheroptionen

TIPP
Bei der Fotobearbeitung sollten Sie niemals die Originaldateien, sondern ausschließlich Kopien verwenden. Geht etwas schief, steht das Original noch zur Verfügung. Zudem empfiehlt es sich, während der Bearbeitung das TIFF-Format zum Speichern zu verwenden. Dieses Format wird im Profibereich genutzt, weil es in den meisten Grafikprogrammen problemlos gelesen werden kann. Wichtig ist dabei nur, die TIFF-Dateien unkomprimiert abzulegen. Ist ein Bild fertig bearbeitet, können Sie es wieder im JPEG-Format speichern, um die Dateigröße zu reduzieren.

Verzichten Sie auch auf die bei manchen Programmen unterstützte Möglichkeit zum Speichern der Fotodateien im progressiven JPEG-Format. Dies bringt zwar Vorteile bei der Anzeige von Fotos von Webseiten (das Bild wird schrittweise in immer besserer Auflösung angezeigt), hat aber den Nachteil, dass ältere Grafikprogramme diese Variante u.U. nicht lesen können.

Die Fotodateien sind riesig

Die von einer Digitalkamera übertragenen Fotodateien liegen in komprimierter Form im JPEG-Format vor und sind von wenigen KBytes bis zu einigen MBytes groß. Speichern Sie die Fotos unkomprimiert (z.B. im Windows-BMP-Format oder im TIFF-Format), wachsen die Dateigrößen auf viele Megabytes an. Um die Dateigröße von Fotos (z.B. zum Versenden per E-Mail) zu reduzieren, haben Sie zwei Möglichkeiten.

» Sie können das Foto in ein Grafikbearbeitungsprogramm laden und die Bildabmessungen reduzieren. Die meisten Grafikprogramme besitzen hierzu einen mit *Bildgröße* oder ähnlich benannten Befehl.

» Die zweite Möglichkeit besteht darin, beim Speichern im JPEG-Format eine geringere Qualität zu wählen.

Die Reduzierung der Bildgröße ist z.B. hilfreich, wenn der Empfänger die Bilder nur am Monitor anzeigen soll. Die Auflösungen aktueller Digitalkameras übersteigen die Bildschirmauflösung um ein Vielfaches. Mit der Reduzierung der Bildgröße auf 1600 x 1200 Bildpunkte und etwas höherem JPEG-Komprimierfaktor lassen sich Bilddateien leicht auf Größen unter 100 KByte reduzieren.

11.2.3 Schlechte Bildqualität beim Einlesen von Foto-CDs

Besitzen Sie Foto-CDs mit digitalisierten Bildern, die von Entwicklungslabors von konventionellen Filmen angefertigt werden? Laden Sie diese Bilder in einem Grafikprogramm und wundern sich, dass die Bildqualität viel schlechter als bei Ihrer Digitalkamera ist? Als Ursache sind mehrere Möglichkeiten denkbar. Einmal gibt es verschiedene Varianten von Foto-CDs. Bei den von Fotolabors bei der Filmentwicklung üblicherweise angebotenen Foto-CDs liegen die digitalisierten Fotos im JPEG-Format mit einer Auflösung von 1536 x 1024 Pixeln vor. Diese Auflösung wird bereits von 2,1-Megapixel-Kameras (1600 x 1200 Pixel) locker übertroffen. Manchmal liegen die Fotos auch in zwei Varianten, als Miniaturabbild und als Original, vor. Die Originalfotos lassen sich dann anhand der Dateigröße von den Miniaturansichten unterscheiden.

Für den professionellen Einsatz wurde von der Firma Kodak die (zwischenzeitlich eingestellte) sogenannte Photo-CD angeboten. Fotogeschäfte konnten dort über Kodak-Labors bis zu 99 Bilder digitalisiert im PCD-Format hinterlegen lassen. Die Besonderheit beim PCD-Format besteht darin, dass dieses die Bilder in verschiedenen Auflösungen speichert. Manche Grafikprogramme benutzen nun eine Voreinstellung für die Auflösung dieser Datei. Öffnen Sie dann eine PCD-Datei, kann es vorkommen, dass eine niedrige Auflösung benutzt wird. Sie können in den Programmoptionen aber die gewünschte PCD-Auflösung beim Öffnen vorgeben oder einstellen, dass beim Öffnen von PCD-Dateien eine Abfrage zur Auswahl der Auflösung erscheint (Abbildung 11.9).

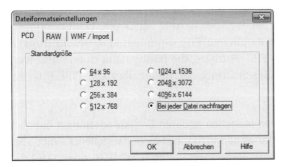

Abbildung 11.9: PCD-Auflösungen in Paint Shop Pro

11.2.4 Die Beschriftungen in TIFF-Bildern sind verschwunden

Die Windows Bild- und Faxanzeige aus Windows XP ermöglichte Ihnen, Bilder im TIFF-Format mit Anmerkungen in Form von Texten und geometrischen Figuren zu versehen (Abbildung 11.10). Die betreffenden Schaltflächen werden nach dem Laden eines TIFF-Bilds am unteren Fensterrand freigegeben. Auch manche Grafikprogramme ermöglichen diese Beschriftungsoption.

Kapitel 11 • Probleme mit Audio, Bild und Ton

Abbildung 11.10: Optionen zur Bearbeitung von Grafiken in der Bild- und Faxanzeige von Windows XP

Zeigen Sie TIFF-Bilder mit solchen Beschriftungen unter Windows 7 an oder laden Sie diese in Programmen wie Adobe Photoshop Elements, fehlen die eingefügten Beschriftungselemente. Die Ursache liegt in der Programmkompatibilität begründet. Das TIFF-Format ist zwar hersteller- und betriebssystemunabhängig, unterstützt aber ziemlich viele Varianten bei der Speicherung der Daten. Leider kommen nicht alle Grafikprogramme mit den möglichen TIFF-Optionen klar. Beschriftungen sind eine dieser Erweiterungen des TIFF-Formats, die häufig nicht unterstützt werden. Verzichten Sie daher auf die Beschriftung der Bilder über die TIFF-Erweiterungen.

INFO Auch die Beschriftung von Fotos, die in manchen anderen Grafikprogrammen geboten wird, lässt sich bei Übernahme in Drittanwendungen meist nicht darstellen. Es gibt aber die Möglichkeit, Texte als Beschriftungen in den Metadaten (EXIF, IPTC oder XMP) der Fotodatei abzulegen. Windows Live Fotogalerie und Windows 7 unterstützen das Eintragen von Beschriftungen. Sie können die Daten dann auf der Registerkarte *Details* des Eigenschaftenfensters einer JPEG-Datei einsehen. Die zweite Variante besteht darin, die Texte direkt ins Bild zu schreiben (es wird quasi ein Text als Bitmap eingestempelt). Zum Auslesen der Metadaten einer JPEG-Datei benötigen Sie geeignete Programme, wobei es in der Praxis häufiger zu Kompatibilitätsproblemen mit IPTC- und XMP-Daten beim Transfer der Fotodateien zwischen diversen Fotobearbeitungsprogrammen kommt.

11.2.5 Die Vorschau auf Grafikdateien klappt nicht

Schalten Sie ein Ordnerfenster in den Darstellungsmodus *Große Symbole* oder blenden Sie das Vorschaufenster ein, die Darstellung der Miniaturansichten klappt aber nicht? Im Abschnitt »Probleme mit der Miniaturansicht in Ordnerfenstern« in Kapitel 10 gehe ich auf dieses Problem ein.

11.2.6 Im Ordnerfenster fehlen Schaltflächen

Öffnen Sie einen Ordner mit Mediendateien, sollten in der Symbolleiste des Ordnerfensters verschiedene Schaltflächen zur Medienwiedergabe angezeigt werden (Abbildung 11.11, Hintergrund). Fehlen diese Schaltflächen, ist ggf. der falsche Ordnertyp eingestellt.

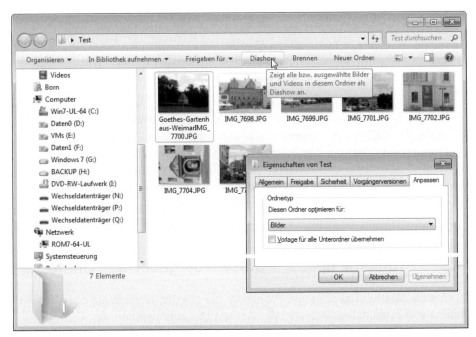

Abbildung 11.11: Anpassen eines Ordnertyps

1. Gehen Sie eine Ordnerebene höher und klicken Sie das Ordnersymbol, welches die Musik-, Video- oder Grafikdateien enthält, mit der rechten Maustaste an.

2. Anschließend wählen Sie den Kontextmenübefehl *Eigenschaften* und wechseln im Eigenschaftenfenster zur Registerkarte *Anpassen*.

3. Stellen Sie auf der Registerkarte *Anpassen* (Abbildung 11.11, Vordergrund) den Wert des Listenfelds *Diesen Ordner optimieren für* auf den Wert »Bilder«, »Musik« oder »Video«.

Der Wert muss zu den im Ordner enthaltenen Dateien passen. Sobald Sie das Dialogfeld über die *OK*-Schaltfläche schließen und dann den Ordner mit den Mediendateien wieder aufrufen, sollte die Symbolleiste Schaltflächen zur Wiedergabe der Mediendateien (z.B. Diashow, Wiedergabe im Windows Media Player etc.) aufweisen.

11.2.7 Foto lässt sich nicht bearbeiten

Versuchen Sie, ein Foto in der Windows Live Fotogalerie oder in einem anderen Grafikprogramm zu beschneiden oder zu bearbeiten, das Ergebnis lässt sich aber nicht speichern? Dies kann zwei verschiedene Ursachen haben:

» Die Fotodatei ist mit einem Schreibschutzattribut versehen. Bei CDs oder DVDs ist dies klar, da diese Medien meist nicht einfach beschreibbar sind. Kopieren Sie Fotodateien von solchen Medien auf die Festplatte, hebt Windows 7 standardmäßig den Schreibschutz auf. Falls dies nicht der Fall sein sollte, klicken Sie die Fotodatei mit der rechten Maustaste an, wählen den Kontextmenübefehl *Eigenschaften* und löschen das Schreibschutzattribut auf der Registerkarte *Allgemein*.

» Versuchen Sie, eine geänderte Fotodatei in einem Grafikbearbeitungsprogramm zu speichern, dieses öffnet aber das Dialogfeld *Speichern unter* und will einen anderen Dateinamen vergeben? Falls ein Schreibschutz auszuschließen ist, kann es sein, dass die Fotodatei noch durch ein anderes Programm in Bearbeitung ist. Dies kann eine Fotoanzeige sein. Oder das Importprogramm des Kameraherstellers gibt den Zugriff nach dem Übertragen nicht frei etc.

Kontrollieren Sie in solchen Fällen das Schreibschutzattribut und schließen Sie alle anderen geöffneten Programmfenster, bevor Sie das Speichern erneut versuchen.

11.3 Probleme bei der Audiowiedergabe/-aufnahme

In diesem Abschnitt geht es um Probleme, die bei der Wiedergabe oder der Aufnahme von Audiodaten (Dateien oder Audio-CDs) auftreten können.

11.3.1 Der Media Player meldet ein Problem mit dem Audiogerät

Versuchen Sie, im Windows Media Player eine Audiodatei oder eine Musik-CD abzuspielen, und erscheint ein Dialogfeld mit dem Hinweis auf ein Problem mit dem Audiogerät (Abbildung 11.12)?

Probleme bei der Audiowiedergabe/-aufnahme

Abbildung 11.12: Warnung bei Problemen mit dem Audiogerät

Dann ist entweder keine Soundkarte im Rechner eingebaut oder es gibt Probleme mit diesem Gerät (z.B. Treiber nicht installiert oder im Geräte-Manager deaktiviert). Lesen Sie in Kapitel 4 ab dem Abschnitt »Soundkarte« nach, was es zu beachten gilt.

11.3.2 Eine Audio-CD lässt sich nicht wiedergeben

Weigert sich der Windows Media Player oder ein anderer Player, eine im DVD-Laufwerk eingelegte Audio-CD abzuspielen? Dies kann an einem Kopierschutz auf der Audio-CD liegen, der dazu führt, dass das DVD-Laufwerk dieses Medium nicht lesen oder wiedergeben kann. Weiterhin kann es auch möglich sein, dass das Medium nicht lesbar (zerkratzt oder beschädigt) ist oder das DVD-Laufwerk kaputtgeht. Probieren Sie, ob das Problem auch mit anderen Audio-CDs auftritt, und testen Sie die Medien ggf. an einem anderen Rechner, um Probleme mit dem DVD-Laufwerk oder der CD auszuschließen.

TIPP Stockt die Wiedergabe von Audio-CDs im Windows Media Player beim Start und am Titelende? Klicken Sie mit der rechten Maustaste auf das Lautsprechersymbol im Infobereich der Taskleiste und wählen Sie den Kontextmenübefehl *Wiedergabegeräte*. Auf der Registerkarte *Wiedergabe* markieren Sie den Eintrag *Lautsprecher* und klicken dann auf die Schaltfläche *Eigenschaften*. Auf der Registerkarte *Erweitert* des angezeigten Eigenschaftenfensters löschen Sie die Markierung der beiden Kontrollkästchen in der Gruppe *Exklusiver Modus*. In manchen Fällen ist damit die stockende Wiedergabe behoben.

11.3.3 Bei der Audiowiedergabe ist kein Ton zu hören

Bleibt beim Abspielen einer Audiodatei oder einer Audio-CD der Lautsprecher stumm? Dies kann verschiedene Fehlerursachen haben (lose Kabel, leise gestellte Lautsprecher, fehlerhaft konfigurierte Hardware etc.). Nachfolgend finden Sie einige Hinweise, was Sie kontrollieren und zur Fehlerdiagnose tun können:

» Lesen Sie im nächsten Abschnitt, wie Sie in der Windows-Lautstärkeregelung kontrollieren, ob ein Audiokanal abgeschaltet oder leise geregelt ist.

» Liegt das Problem nicht an der Lautstärkeregelung, lesen Sie in Kapitel 4 ab dem Abschnitt »Die Soundausgänge bleiben stumm« nach, was bezüglich der Verkabelung und Funktionsfähigkeit der Soundkarte überprüft werden sollte.

Kapitel 11 • Probleme mit Audio, Bild und Ton

Tritt das Problem nur bei einem speziellen Programm auf, überprüfen Sie, ob dessen Audioeinstellungen fehlerhaft sind (siehe auch die folgenden Abschnitte). Einige Programme greifen auf die DirectSound-Schnittstelle zurück. Dann kann ein Problem in der DirectX-Bibliothek von Windows die Ursache für stumm bleibende Lautsprecher sein.

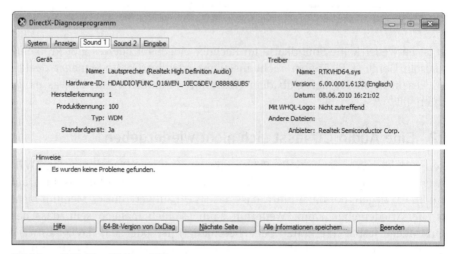

Abbildung 11.13: DirectX-Sound-Diagnose

INFO Sie können die DirectX-Funktionen aber auf recht einfache Weise testen, indem Sie in das Suchfeld des Startmenüs *dxdiag* eintippen und die ⏎-Taste drücken. Dann erscheint ein Dialogfeld mit verschiedenen Registerkarten (Abbildung 11.13). Existieren Probleme, meldet das Programm dies auf den Registerkarten für den Sound.

11.3.4 Kein MIDI-Ausgang wählbar

MIDI-Dateien enthalten Instrumentalstücke als Beschreibung der Noten und Instrumente. Zum Abspielen wird ein Synthesizer benötigt, der die Noten mit dem Instrument synthetisiert. Hierzu kommt entweder der Microsoft-Synthesizer (Softwarelösung) oder die ursprünglich von der Firma Roland entwickelte MPU-401 MIDI-Schnittstelle (bei externen Synthesizern) zum Einsatz. Problematisch ist allerdings, dass unter Windows 7 kein MIDI-Ausgabegerät auswählbar ist. Unter *http://www.borncity.com/blog/2010/07/01/midi-mapper-fr-windows-7/* [gbeh-k11-003] habe ich eine Lösung beschrieben, wie sich diese Funktion nachrüsten lässt.

11.3.5 Lautstärke: zu laut, zu leise oder kein Ton?

Bei fehlendem Ton sollten Sie zunächst die Windows-Lautstärkeregelung aufrufen und kontrollieren, ob die Soundeingänge oder -ausgänge vielleicht abgeschaltet oder in der Lautstärke heruntergeregelt sind.

1. Klicken Sie das Lautsprechersymbol im Infobereich der Taskleiste mit der rechten Maustaste an und wählen Sie den Kontextmenübefehl *Lautstärkemixer öffnen*.

2. Kontrollieren Sie im Dialogfeld *Lautstärkemixer* (Abbildung 11.14), ob die betreffenden Audioausgänge vielleicht stummgeschaltet sind. Einmal sollte der Lautstärkeregler möglichst in der mittleren Position stehen. Zudem darf die Lautsprecherschaltfläche *Ton aus* nicht aktiviert sein.

Der Kanal »Lautsprecher« ist für die Wiedergabe am Audioausgang der Soundkarte zuständig. Der Kanal »Systemsounds« kontrolliert die Ausgabe der Systemklänge. Je nach Softwareumgebung kann es sein, dass weitere Einträge für Audioprogramme vorhanden sind.

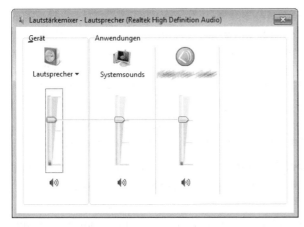

Abbildung 11.14: Lautstärke der Soundausgänge kontrollieren

Kommt kein Ton aus den angeschlossenen Lautsprechern, können Verkabelungsprobleme, Hardwaredefekte oder auch eine falsche Audiokonfiguration die Ursache sein. Lesen Sie in Kapitel 4 im Abschnitt »Die Soundausgänge bleiben stumm« nach, was sich testen und konfigurieren lässt.

TIPP Falls Sie sich wundern, dass die Lautstärke quasi wie von »Geisterhand« immer wieder verstellt wird, kann dies an Folgendem liegen: Eine Reihe von Anwendungen stellt Optionen zur Lautstärkeregelung bereit, die sich beim Schließen des Programms global auf Windows auswirken. Dann kommt es häufiger vor, dass ein Audioausgang nach dem Beenden der Anwendung plötzlich stummgeschaltet ist. Zudem bieten manche Soundkarten ein eigenes Dialogfeld für die Lautstärkeregelung an. Ändern Sie dort etwas an der Lautstärke, wirkt sich dies ebenfalls global auf Windows aus.

Die Audiowiedergabe im Windows Media Player ist stumm oder zu leise

Klappt die Soundausgabe nur im Windows Media Player nicht, während andere Player die Audiodaten wie gewünscht abspielen? Prüfen Sie in diesem Fall, ob der Player ggf. über die Schaltfläche *Ton aus* bzw. über den Lautstärkeregler stummgeschaltet wurde (Abbildung 11.15).

Abbildung 11.15: Stummschaltung beim Windows Media Player

11.3.6 Mikrofon/Audioeingang zu leise

Über den Audio- und Mikrofoneingang der Soundkarte können Sie Tonaufnahmen ausführen. Kommt überhaupt kein Ton an, prüfen Sie bitte, ob die Audiokabel bzw. der Mikrofonstecker in der richtigen Buchse (rot = Mikrofon, grün = Audioeingang) eingesteckt sind (siehe auch Kapitel 4). Manchmal kommt es bei den Klinkensteckern zu Kontaktproblemen. Falls die Lautstärke zu gering ist, können Sie diese nachjustieren.

1. Klicken Sie das Lautsprechersymbol im Infobereich der Taskleiste mit der rechten Maustaste an und wählen Sie den Kontextmenübefehl *Aufnahmegeräte*.

2. Kontrollieren Sie im Dialogfeld *Sound* mittels der Registerkarte *Aufnahme* (Abbildung 11.16), ob die betreffenden Audioeingänge als Standardgerät konfiguriert sind.

Die Soundkarte kann immer nur einen der Eingänge verarbeiten. Dieser wird mit einem grünen Kreis samt weißem Häkchen als Standardgerät auf der Registerkarte *Aufnahme* gelistet. Am rechten Rand des Eintrags zeigt eine stilisierte Pegelanzeige, ob ein Signal ankommt (Abbildung 11.16).

Ist das falsche Eingabegerät konfiguriert, klicken Sie auf den gewünschten Eingang (z. B. *Mikrofon*) und betätigen die Schaltfläche *Als Standard*. Spätestens dann sollte bei anliegendem Audiosignal ein Pegelausschlag sichtbar werden. Sofern die Pegel zu gering oder sonstige Einstellungen zu kontrollieren sind, gehen Sie folgendermaßen vor.

1. Klicken Sie das gewünschte Gerät (z. B. Mikrofon) auf der Registerkarte *Aufnahme* an und wählen Sie die Schaltfläche *Eigenschaften*.

2. Kontrollieren Sie im Dialogfeld *Eigenschaften* (Abbildung 11.17) die Einstellungen des betreffenden Audioeingangs.

Probleme bei der Audiowiedergabe/-aufnahme

Abbildung 11.16: Soundeingänge kontrollieren

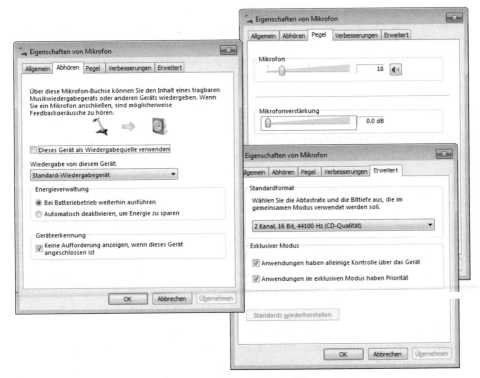

Abbildung 11.17: Eigenschaften eines Soundeingangs kontrollieren

Auf der Registerkarte *Pegel* lässt sich der Eingangspegel über einen Schieberegler anheben sowie der Eingang stummschalten. Zudem kann bei einem Mikrofon ggf. der Verstärkungsfaktor angehoben werden. Auf der Registerkarte *Abhören* lässt sich über ein Kontrollkästchen vorgeben, ob das Gerät als Wiedergabequelle (z. B. für Telefongespräche) zu verwenden ist. Auf der ggf. vorhandenen Registerkarte *Verbesserungen* lassen sich über verschiedene Kontrollkästchen Soundeffekte wie Rauschunterdrückung oder Unterdrückung des Nachhalls zu- oder abschalten. Die Registerkarte *Erweitert* hält Einstelloptionen für die exklusive Verwendung des Eingangs durch Anwendungen sowie die Klangqualität bereit.

11.3.7 Virtueller Audioeingang »Stereomix« fehlt

Zum Mitschneiden des Tonsignals (z. B. von Webradio, wiedergegebenen CDs, Audiostreams) am Audioausgang der Soundkarte brauchen Sie quasi einen virtuellen Audioeingang. Dieser steht in Audioaufnahmeprogrammen wie »No23 Recorder«, »Audacity« etc. unter dem Namen »Stereomix« zur Verfügung. Fehlt bei Ihnen dieser virtuelle Audioeingang? Dann ist ein von Microsoft bereitgestellter Audiotreiber für die Soundkarte bzw. den Soundchip installiert. Microsoft verbietet in seinen offiziellen Richtlinien (aus Kopierschutzgründen) die Freigabe dieses virtuellen Audioeingangs. Schauen Sie auf den Internetseiten des Herstellers der Soundkarte nach, ob es einen aktualisierten Audiotreiber gibt. Meist ist die Chance hoch, dass dieser einen Eingang »Stereomix« bereitstellt. Unter *http://www.borncity.com/blog/2010/07/02/audiomitschnitt-ber-stereomix-an-soundkarten/* [gbeh-k11-004] gehe ich auf das Problem ein.

11.3.8 Bestimmte Audioformate lassen sich nicht wiedergeben

Gibt es das Problem, dass sich in einem Windows Media Player bestimmte Audiodateien (z. B. Ogg Vorbis) nicht wiedergeben lassen? In diesem Fall fehlt der Codec bzw. der DirectShow-Filter oder die Media Foundation Decoder für das betreffende Audioformat. Welche Codecs im Windows Media Player installiert sind, lässt sich herausfinden, indem Sie »msinfo32« in das Suchfeld des Startmenüs eintippen und dann die ⏎-Taste drücken. Im Fenster der Systeminformation wählen Sie in der linken Spalte *Systemübersicht* die Einträge *Komponenten\Multimedia* und dann *Audiocodecs* bzw. *Videocodecs*. Auch mit dem Windows Media Player lassen sich die installierten Codecs herausfinden (siehe *http://www.borncity.com/blog/2010/03/05/welche-codecs-sind-installiert/* [gbeh-k11-005]). Zudem zeigen Programme wie »GSpot« (siehe folgende Seite) ebenfalls die Codecs an.

Theoretisch könnten Sie die fehlenden Codecs über sogenannte Codec-Packs nachinstallieren. In der Praxis möchte ich aber von diesem Ansatz abraten, weil Sie sich mit den gängigen Codec-Packs eine Reihe von Problemen einhandeln (siehe auch *http://www.borncity.com/blog/2007/09/04/rger-bei-der-audio-und-videowiedergabe/* [gbeh-k11-006]). Weichen Sie stattdessen auf alternative Programme wie den VLC-Player (*http://www.videolan.org* [gbeh-k11-007]) zur Wiedergabe der Audiodateien aus.

11.3.9 Ärger mit DRM-geschützten Audiodateien

Anbieter von Musikdateien im WMA-Format versehen diese mit einem DRM-Schutz, sodass die Wiedergabe an bestimmte Geräte gebunden ist. Dies kann unter Windows 7 auch bei legal erworbenen Musikstücken einige Probleme aufwerfen. So gibt es den Effekt, dass sich nur 30 Titel im Windows Media Player abspielen lassen. Dann muss das System neu gebootet werden. Wie dieses Problem gelöst werden kann, ist unter *http://www.borncity.com/blog/2010/10/26/drm-nur-30-titel-im-wmp-abspielbar/* [gbeh-k11-008] beschrieben.

Kommt es bei der Aktualisierung der Windows DRM-Komponenten zu einem Fehler, finden Sie ggf. unter *http://www.borncity.com/blog/2010/11/16/fehler-0xc00d11dd-beim-drm-update/* [gbeh-k11-009] einen möglichen Lösungsansatz.

Beim Download kopiergeschützter Musik von Online-Musikshops wird auch eine DRM-Lizenzdatei vom betreffenden Shop installiert. Wechseln Sie das Betriebssystem oder aktualisieren Sie den Windows Media Player, kann es sein, dass die Wiedergabe der gespeicherten Audiotitel verweigert wird. Schauen Sie im Musikshop nach Hinweisen zur Aktualisierung der DRM-Lizenzen. Falls möglich, sollten Sie Musik im MP3-Format herunterladen, da dieses keinen DRM-Schutz unterstützt und Abspielprobleme wegen fehlender/verfallener Lizenzen nicht auftreten können.

INFO

11.3.10 Der Windows Media Player fehlt

Fehlt bei Ihnen der Windows Media Player unter Windows 7, kann dies verschiedene Ursachen haben. Einmal besteht die Möglichkeit, dass das betreffende Feature einfach deaktiviert ist.

1. Tippen Sie »Feature« in das Suchfeld des Startmenüs ein und wählen Sie den Befehl *Windows-Funktionen aktivieren oder deaktivieren*.

2. Nach dem Bestätigen der Abfrage der Benutzerkontensteuerung kontrollieren Sie im Dialogfeld *Windows-Funktionen*, ob das Kontrollkästchen bei *Medienfunktionen/Windows Media Player* markiert ist.

Bei den Windows 7 N-Varianten fehlen dagegen die Medienfunktionen. Unter *http://www.borncity.com/blog/2010/05/14/den-windows-media-player-reparieren/* [gbeh-k11-015] beschreibe ich, wie Sie in den Windows 7 N-Varianten den Windows Media Player nachrüsten.

11.3.11 Der Windows Media Player funktioniert nicht mehr

Funktioniert der Windows Media Player unter Windows 7 nicht mehr richtig? Kommt es beim Aufruf sofort zu einem Absturz, können installierte Codec-Packs die Ursache sein.

Lassen sich die Bibliothekseinträge im Windows Media Player nicht mehr verwalten (z.B. Titel werden nicht mehr angezeigt oder lassen sich nicht mehr aus der Bibliothek löschen)? In vielen Fällen ist eine defekte Bibliothek die Ursache.

1. Öffnen Sie das Ordnerfenster *Computer* und stellen Sie über die Menüschaltfläche *Organisieren* (Befehl *Ordner- und Suchoptionen*, Registerkarte *Ansicht*, Option *Ausgeblendete Dateien, Ordner und Laufwerke anzeigen*) sicher, dass die Anzeige versteckter Dateien eingeschaltet ist.

2. Benennen Sie im Benutzerprofilordner *%userprofile%\<user>\AppData\Local\Microsoft\Media Player* die dort vorhandene Datei *CurrentDatabase_372.wmdb* in *_CurrentDatabase_372.wmdb* um.

Nach dem nächsten Start sollte der Windows Media Player eine neue *CurrentDatabase_372.wmdb* anlegen und mit einer leeren Medienbibliothek starten. Details zu diesem Thema können Sie unter *http://www.borncity.com/blog/2009/10/28/medienbibliothek-im-windows-media-player-12-zurucksetzen/* [gbeh-k11-021] nachlesen. Weitere Reparaturansätze wie das Neuinstallieren oder das Neuregistrieren des Windows Media Players wurden von mir unter *http://www.borncity.com/blog/2010/05/14/den-windows-media-player-reparieren/* [gbeh-k11-015] beschrieben.

TIPP Treten bei Ihnen Probleme mit der Audiowiedergabe auf, finden Sie verschiedene Artikel unter *http://www.borncity.com/blog/category/windows-media-player/* [gbeh-k11-010]. Die Internetseite *http://www.der-wmp.de* [gbeh-k11-011] von Matthias Berke enthält ebenfalls eine umfangreiche FAQ- und Hilfeliste zum Beheben von Problemen mit dem Windows Media Player (wobei sich die Inhalte auch auf ältere WMP-Versionen beziehen). Zudem bietet Microsoft auf seinen Internetseiten (*http://support.microsoft.com* [gbeh-k11-012]) zahlreiche Beiträge zum Windows Media Player (suchen Sie nach Begriffen wie »Windows Media Player 12«).

11.4 Ärger rund ums Thema Video

Das Aufzeichnen und Wiedergeben von Videomaterial mit Windows ist mit entsprechender Hard- und Software zwar möglich, birgt aber viele Fehlerquellen. Nachfolgend finden Sie einige Hinweise, was bei auftretenden Fehlern zu tun ist.

11.4.1 Kein Ton bei der Videowiedergabe

Bleibt der Lautsprecher bei der Wiedergabe von Videodateien und DVDs stumm, kann dies verschiedene Ursachen haben. Sofern Sie ein Video ohne Tonspur ausschließen können, gehen Sie folgende Punkte durch:

» Befolgen Sie die weiter oben im Abschnitt zur Audiowiedergabe erläuterten Tipps, um generelle Wiedergabeprobleme mit der Soundkarte, der Verkabelung oder mit der Lautstärkeregelung auszuschließen.

» Überprüfen Sie bei fehlendem Ton auch, ob die Lautstärkeregelung beim Wiedergabeprogramm auf null geregelt oder der Ton stummgeschaltet ist.

» Fehlt der Ton bei einigen Videos, kann es am Audiodecoder liegen, der für die Wiedergabe verwendet wird. Manche Videoformate fungieren lediglich als Container und dürfen die Audio- bzw. Videospur in unterschiedlichen Encodierungen enthalten. So kommt es dann vor, dass entweder das Bild oder der Ton fehlt.

Um die benötigten Decoder für den Audio- und Videostream herauszufinden, müssen Sie die Videodatei analysieren. Unter *http://www.headbands.com/gspot* [gbeh-k11-013] finden Sie ein kostenloses Tool namens »GSpot«, mit dem sich Videodateien hinsichtlich der benötigten Codecs für Bild und Ton analysieren lassen. Ein weiteres Tool ist der »VideoInspector«, den Sie kostenlos unter *http://www.kcsoftwares.com* [gbeh-k11-014] herunterladen und zur Inspektion der Videodatei nutzen können.

11.4.2 Probleme mit Mehrkanalton

Viele DVDs enthalten das Videomaterial mit einer Dolby Digital- oder DTS-codierten Audiospur. PowerDVD, WinDVD und andere DVD-Player unterstützen die Ausgabe des Filmtons in Dolby Digital und DTS. Windows 7 wird zudem mit einem AC3-Decoder ausgeliefert. Sind die Soundkarte und das Lautsprechersystem 5.1-fähig, sollte sich ein Raumklang bei der Tonwiedergabe ergeben. Klappt dies nicht oder bleiben einzelne Lautsprecher stumm?

Prüfen Sie zuerst, ob die 5.1-Lautsprecher korrekt an den Ausgangsbuchsen der Soundkarte angeschlossen sind. Sofern die digitale S/PDIF-Schnittstelle benutzt wird, muss die Soundkarte die Ausgabe von Mehrkanalton unterstützen. Zudem benötigen Sie ein aktives Lautsprechersystem, welches eigene Verstärker zur Kanaltrennung und Ansteuerung der Satellitenlautsprecher besitzt. Trotz angeschlossenem 5.1-Lautsprechersystem kann es vorkommen, dass die hinteren Lautsprecher bei Mehrkanaltonausgabe keinen Ton von sich geben. Das Problem liegt dann an den Windows- bzw. den DVD-Player-Einstellungen. Als Erstes prüfen Sie, ob die Soundausgabe in Windows auf 5.1-Lautsprechersysteme abgestimmt ist:

1. Klicken Sie das Symbol des Lautsprechers im Infobereich der Taskleiste mit der rechten Maustaste an und wählen Sie den Kontextmenübefehl *Wiedergabegeräte*.

2. Im Dialogfeld *Sounds* ist auf der Registerkarte *Wiedergabe* der Lautsprecher zu markieren und dann die Schaltfläche *Konfigurieren* anzuklicken.

3. Dann gelangen Sie zu einem Dialogfeld (Abbildung 11.18), in dem sich die Art der Lautsprecher wählen und über die *Weiter*-Schaltfläche über einen Assistenten einrichten lässt.

Wenn Sie den Lautsprecher-Setup-Assistenten ausgeführt haben, ist zumindest sichergestellt, dass das Betriebssystem den 5.1- bzw. 7.1-Audioausgang der Soundkarte berücksichtigt.

Abbildung 11.18: Audioeigenschaften auf Mehrkanalton umstellen

Verwenden Sie Programme wie PowerDVD oder WinDVD zur Wiedergabe von DVD-Video? Dann sehen Sie in den Optionen dieser Programme nach, wie die Audioausgabe zwischen Stereo- und Mehrkanalausgabe umgeschaltet wird. Details zu dieser Frage sollten Sie in der Programmhilfe finden.

TIPP Zum Test der Dolby Digital-Wiedergabe empfiehlt es sich, eine MPEG-2-Datei mit einem entsprechenden Trailer oder eine Video-DVD mit entsprechender Dolby-Tonspur zu beschaffen und diese im Windows Media Player abzuspielen.

11.4.3 Fehlendes oder fehlerhaftes Bild bei der Videowiedergabe

Versuchen Sie, eine Videodatei in einem Media Player unter Windows abzuspielen, bekommen aber nur Ton und kein Bild? Dann ist die Wahrscheinlichkeit hoch, dass ein fehlender oder ein fehlerhafter Videocodec (bzw. der zugehörige DirectShow-Filter) die Ursache dafür ist. Gerade bei AVI-Dateien kann das Bild in verschiedenen Formaten (z.B. DivX) enthalten sein. Laden Sie unter *http://www.headbands.com/gspot* [gbeh-k11-013] das kostenlose Tool GSpot oder unter *http://www.kcsoftwares.com* [gbeh-k11-014] den VideoInspector herunter und analysieren Sie die Videodatei auf die benötigten Codecs für Bild und Ton.

Steht das Bild bei der Videowiedergabe von AVI-Dateien auf dem Kopf? Gibt es grüne Streifen oder eine grüne Fläche bei der Wiedergabe von DivX-Videos? Die Ursache ist ein fehlerhafter DivX-Codec, der unter Windows 7 installiert wurde. Da Windows 7 bereits mit DivX-Unterstützung ausgeliefert wird, ist der Zusatzcodec vermutlich bei der Installation eines Codec-Packs auf das System gekommen. Deinstallieren Sie alle Codec-Packs und testen Sie anschließend, ob die Videowiedergabe korrekt erfolgt.

Falls Sie spezielle Videoformate wiedergeben möchten, empfiehlt es sich, auf den VLC Video Player (*http://www.videolan.org* [gbeh-k11-007]) zurückgreifen. Dieser unterstützt intern verschiedene Videoformate, ohne die DirectShow-Filterkette von Windows zu beeinflussen.

INFO

11.4.4 Es lassen sich keine DVDs abspielen

Versuchen Sie, DVD-Videos im Windows Media Player oder in einem anderen Software-Player unter Windows abzuspielen, bekommen aber eine Fehlermeldung angezeigt? Zur Wiedergabe von DVD-Video oder MPEG-2-Videodateien ist ein kostenpflichtiger MPEG-2-Decoder erforderlich. Während Windows 7 Home Premium, Professional und Ultimate einen solchen MPEG-2-Decoder von Microsoft enthalten, fehlt dieser Softwarebaustein bei Windows 7 Starter Edition oder bei den Windows 7 N-Varianten. Um in einem solchen Fall MPEG-2-Videomaterial unter Windows abzuspielen, können Sie den VLC Media Player von der Webseite *http://www.videolan.org* [gbeh-k11-007] herunterladen. Dieser freie Media Player besitzt einen internen MPEG-2-Decoder, kann also auch DVD-Videos wiedergeben.

Bei der Installation älterer Software zur Videobearbeitung kann es passieren, dass ein nicht zu Windows 7 kompatibler MPEG-2-Decoder installiert wird. Dann klappt die DVD-Wiedergabe im Windows Media Player unter Umständen auch nicht mehr.

STOPP

Der Video Player meldet einen falschen Ländercode

Erscheint eine Fehlermeldung mit einem Hinweis auf einen falschen Regional- bzw. Ländercode, sobald Sie ein DVD-Video in das Laufwerk einlegen und dieses in einem Software-Player wiedergeben wollen?

Die Filmindustrie unterteilt die Welt in verschiedene Regionen, denen jeweils ein Regionalcode (Ländercode) zugewiesen wurde. DVDs werden mit diesen Ländercodes (1 = USA und Kanada, 2 = Europa, Japan, Mittlerer Osten, Südafrika, 3 = Südostasien, Taiwan, 4 = Australien, Neuseeland, Mittel- und Südamerika, 5 = Afrika, GUS, Indien, Pakistan, 6 = China) versehen. Zudem müssen DVD-Laufwerke und -Player gemäß der RPC-2-Spezifikation mit Ländercodes versehen sein. DVDs lassen sich nur abspielen, wenn der DVD-Player den gleichen Ländercode unterstützt.

INFO

Kapitel 11 • Probleme mit Audio, Bild und Ton

In Windows können Sie den Ländercode des DVD-Laufwerks (gemäß RPC-2-Spezifikation) bis zu fünf Mal ändern, indem Sie folgende Schritte ausführen:

1. Öffnen Sie das Ordnerfenster *Computer*, klicken Sie mit der rechten Maustaste auf das Symbol des DVD-Laufwerks und wählen Sie im Kontextmenü den Befehl *Eigenschaften*.

2. Klicken Sie auf der Registerkarte *Hardware* des Eigenschaftenfensters auf den Eintrag des DVD-Laufwerks und wählen Sie die Schaltfläche *Eigenschaften* (Abbildung 11.19, links).

3. Wechseln Sie im Eigenschaftenfenster des Laufwerks zur Registerkarte *DVD-Region* (Abbildung 11.19, rechts), suchen Sie das gewünschte Land und klicken Sie dann auf die *OK*-Schaltfläche.

Wenn Sie dann die Warnung, dass der DVD-Regionalcode geändert wird, über *OK* bestätigen, passt Windows den Regionalcode des Laufwerks an.

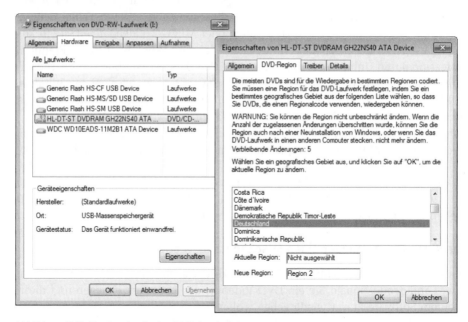

Abbildung 11.19: Regionalcode des DVD-Laufwerks anpassen

11.4.5 Allgemeine Bildprobleme bei der Wiedergabe

Bei der Videowiedergabe aus Dateien und von DVDs kann es gelegentlich zu allerlei Fehlern und Problemen kommen. Dies gilt speziell dann, wenn Beamer oder Fernsehgeräte am Computer angeschlossen sind. Nachfolgend finden Sie Hinweise auf solche Probleme, deren Ursachen und mögliche Lösungen.

Am oberen/unteren Rand bzw. linken/rechten Rand gibt es schwarze Balken

Treten bei der Wiedergabe eines DVD-Videos (oder einer Videodatei) im Vollbildmodus schwarze Streifen am oberen und unteren Bildrand oder rechts oder links vom Bildausschnitt auf (Abbildung 11.20)?

Abbildung 11.20: Streifen bei der Wiedergabe

Ursache ist ein unterschiedliches Darstellungsformat zwischen dem DVD-Player bzw. der Anzeige und dem Film. Prüfen Sie, ob sich das Darstellungsformat am DVD-Player oder am Anzeigegerät zwischen 16:9 und 4:3 umschalten lässt, und testen Sie, welche Einstellung passt.

Die meisten Kinofilme werden im Breitwandformat 1,85:1 auf DVD hinterlegt. Fernsehgeräte haben aber nur ein Bildverhältnis von 4:3 (moderne Geräte schaffen auch 16:9). Bei einem Bildverhältnis von 4:3 wird dann das Letterbox-Verfahren zur Anzeige verwendet. Dann treten die schwarzen Streifen am oberen/unteren Bildschirmrand auf.

INFO

Die Videoanzeige ist nach oben verzerrt (Eierköpfe) oder abgeschnitten

Ist die Darstellung am Bildschirm stark verzerrt und weisen Personen sogenannte Eierköpfe auf (Abbildung 11.21)? Dann liegt der Film im anamorphen Format vor, bei dem die Bilder auf die Höhe des Bildschirms skaliert werden.

Manche Player (z.B. PowerDVD) unterstützen die Funktion Pan&Scan, um den Bildausschnitt umzurechnen. Dann wird die Bildhöhe an das Anzeigegerät angepasst. Allerdings bewirkt dies, dass rechts und links Bildteile abgeschnitten werden. Bei links und rechts abgeschnittenen Szenen ist also eine Pan&Scan-Ausgabe aktiv. Schalten Sie die Darstellung in das 16:9-Letterbox-Format um.

Abbildung 11.21: Eierkopfdarstellung bei der Videowiedergabe

Das Bild ruckelt bei der Wiedergabe im Player

Ruckelt das Bild bei der Wiedergabe von Videos per Software-Player? Das bedeutet, dass der Player den Videodatenstrom nicht schnell genug in Einzelbilder umrechnen kann. Dies kann verschiedene Ursachen haben:

» Bei sehr langsamen Rechnern reicht die CPU-Leistung zur Wiedergabe einfach nicht aus. Die Decodierung des HD-Video-Datenstroms erfolgt nicht schnell genug und der Decoder lässt Bilder während der Wiedergabe wegfallen.

» In einigen Fällen bremst eine langsame Grafikkarte oder deren Treiber die Ausgabe der Filmsequenzen aus. Prüfen Sie dann, ob ein aktualisierter Treiber Besserung bringt.

Weiterhin können langsame Laufwerke die Ursache für ruckelnde Bilder bei der Wiedergabe sein. Bei Festplatten hilft möglicherweise eine Defragmentierung, um die Lesegeschwindigkeit zu erhöhen. Beenden Sie während der Wiedergabe alle nicht benötigten Programme und verzichten Sie auf das Aero-Design, um bei leistungsschwachen Rechnern ein Ruckeln zu vermeiden. Gelegentlich hilft es dann, die Größe des Bildbereichs im Fenster des Video Players zu reduzieren.

INFO Bei selbst aufgenommenen Videos oder Mitschnitten kann es sein, dass in der Videodatei bereits »Ruckler« durch verlorene Einzelbilder (Frames) enthalten sind. Testen Sie nach Möglichkeit mehrere Videofilme mit unterschiedlichen Playern auf dem Rechner. Verwenden Sie ggf. AVI- oder WMV-Dateien zum Testen. Eine andere Ursache kann eine falsche Videonorm (NTSC statt PAL) sein – obwohl die meisten Grafikkartentreiber beide Normen bei der Wiedergabe unterstützen sollten. Bleibt der DVD-Player bei der Wiedergabe von DVDs an einer bestimmten Stelle hängen oder ruckelt einmal? Dieses Problem lässt sich nicht beheben und tritt bei DVD+R DL auf, wenn der Laser den Layer wechselt.

Das Bild hat einen Farbstich oder ist schwarz-weiß

Leiten Sie den Videoausgang der Grafikkarte auf ein externes Anzeigegerät (Beamer, TV-Gerät) und stellen nun fest, dass das Bild einen Farbstich aufweist oder schwarz-weiß angezeigt wird? Dies kann mehrere Ursachen haben, die sich mit folgenden Prüfungen einkreisen lassen:

» Prüfen Sie die Farbeinstellung des Anzeigegeräts. Bei Projektoren kann eine alternde Lampe, eine schlechte Justierung oder ein Gerätefehler die Ursache sein. Grau angezeigte schwarze Flächen deuten auf einen Einfall von Fremdlicht auf die Projektionswand hin. Natürlich können auch schlechte Werte für Kontrast und Schwarzwert des Beamers die Freude an der Wiedergabe trüben.

» Werden manche MPEG-2-Videos unter Windows mit einem Violettstich am Monitor wiedergegeben? Diesen Effekt kenne ich von einer älteren Version der Brennsuite Nero 7.x, die aber sowieso nicht unter Windows 7 installiert werden sollte. Hintergrund ist, dass bei der Installation der Microsoft-MPEG-2-Decoder ersetzt wird, der Nero-Decoder aber nicht mit der Windows-Farbverwaltung kompatibel ist. Deinstallieren Sie Nero (und auch andere Programme zur Videobearbeitung).

» Arbeiten Sie mit einer analogen Videoübertragung zum externen Gerät über RGB-Kabel? Dann kann ein Kanal bei RGB- oder YUV-Übertragung ausgefallen sein (Kabelbruch, Stecker lose etc.). Bei analoger Übertragung zwischen Scart-, FBAS- und S-Videobuchsen bedeutet eine Schwarz-Weiß-Anzeige, dass Sie den falschen Bildeingang (z.B. FBAS) gewählt haben. Oder es liegt eine Wiedergabe im NTSC-Modus vor. Sofern Sie die Auswahl zwischen FBAS und S-Video als Anschlusstechnik haben, sollten Sie den S-Video-Ausgang der Grafikkarte für die Signale verwenden.

Bei aktuellen Grafikkarten dürfte zur Anzeige auf externen Bildschirmen oder Geräten ein DVI- oder ein HDMI-Kabel verwendet werden. Bei Flachbildschirmen setzt sich der DVI-Anschluss (gegenüber VGA) durch. Bei DVI kann die Übertragung der Videosignale analog (DVI-A) oder digital (DVI-I, DVI-D) erfolgen. In der Unterhaltungselektronik setzt sich dagegen die HDMI-Schnittstelle durch, die Audio- und Videodaten digital überträgt und einen Kopierschutz unterstützt. Bei Anzeigeproblemen kann ein ungeeigneter Kabeltyp die Ursache sein. Meist lassen sich Anzeigefehler (z.B. fehlendes Bild oder fehlender Ton) auf einen fehlerhaften Grafikkartentreiber am Computer zurückführen. Dann verhindert der Kopierschutz die Ausgabe der Videodaten.

INFO

Bleibt die Anzeige auf dem externen Gerät dunkel, können neben Verkabelungsproblemen auch Einstellungen der Grafikkarte die Ursache sein. Lesen Sie in Kapitel 4 im Abschnitt »Der zweite Videoausgang der Grafikkarte bleibt dunkel« nach, was bei der Umschaltung der Ausgabe auf den zweiten Videoausgang der Grafikkarte zu beachten ist.

Im Bild treten Fehler auf

Ist das Videobild unscharf, verrauscht oder treten andere Darstellungsfehler auf? Hier gibt es mehrere Ursachen:

» Erfolgt die Videoanzeige über einen Projektor (Beamer), können dessen Wiedergabeoptionen die Ursache sein. Ein älterer Beamer, der VGA-Auflösung (800 x 600 Pixel) beherrscht, arbeitet mit einem Bildformat von 4:3. DVDs müssen dann im Letterbox-Verfahren wiedergegeben werden, wodurch nur noch 450 Bildzeilen nutzbar sind. Da die DVD aber eine Auflösung von 720 x 576 Bildpunkten aufweist, muss der Projektor Bildzeilen weglassen. Ein Projektor oder ein anderes digitales Wiedergabegerät sollte also mindestens XGA-Auflösung (1024 x 768 Pixel) aufweisen, um eine saubere 16:9-Ausgabe zu unterstützen.

» Ein verrauschtes Bild auf einem externen Gerät deutet auf Verkabelungsprobleme oder Einstreuung von Störungen hin. Schalten Sie dann ggf. andere Geräte, die an der gleichen Steckdose hängen, ab. Prüfen Sie, ob die Verbindungskabel zwischen PC und Anzeigegerät geeignet sind. Neben der maximal zulässigen Länge kann auch die Abschirmung sowie die Verlegung (z.B. neben Stromkabeln) die Ursache für schlechte Bildqualität sein.

» Im Bild auftretende Schlieren, Klötzchen oder ruckelnde Bildteile können auch mit der digitalen Aufbereitung zusammenhängen. Es gibt auch hier leider verschiedene Ursachen. Wurde die DVD auf einem DVD-Recorder aufgezeichnet, ist das aufgenommene Bildmaterial eventuell zu stark in der Qualität reduziert (Long Play-Modus). Ähnliches gilt, falls das Videomaterial mit DivX oder Nero-Digital im MPEG-4-Format gespeichert wurde. Dann treten Bildfehler (Artefakte) in den Videoszenen auf. Schlieren oder Bildfehler bei der Darstellung von Bewegungen auf LCD-Bildschirmen können einfach mit den Geräteeigenschaften zusammenhängen. Ältere LCD-Displays reagieren nicht schnell genug, sodass bei schnellen Szenen Bildfehler (Schlieren) auftreten. Manchmal beherrscht der MPEG-2-Decoder auch das De-Interlacing nicht richtig, sodass verzerrte Kanten in Bewegungen auftreten.

» Flimmert das Bild bei der Wiedergabe per Beamer oder auf einem Großbildschirm? Dies ist ein Effekt, der durch das in der Fernsehtechnik gebräuchliche Interlaced-Verfahren mit 50 Halbbildern auftritt. Moderne Anzeigegeräte (Beamer, digitale Displays) lassen sich im Progressive-Scan-Modus betreiben, bei dem 50 Vollbilder pro Sekunde übertragen werden. Verwenden Sie dann die VGA- bzw. DVI-Schnittstelle der Grafikkarte (nicht den S-Video- oder FBAS-Ausgang) zum Anschließen der externen Videogeräte und stellen Sie die Geräte auf Progressive-Scan um.

Viele dieser Wiedergabeprobleme sollten bei der digitalen Einspeisung per DVI- oder HDMI-Kabel in ein digitales Anzeigegerät (LCD-Fernseher) nicht mehr auftreten. Treten Streifen im Bild auf, sollten Sie bei externen Geräten die Verkabelung und die Synchronisierung (Fernseher) überprüfen. Schauen Sie auch nach, ob das Videomaterial eventuell im NTSC-Format vorliegt. Moderne Fernsehgeräte unterstützen zwar PAL und NTSC bei der Wiedergabe. Aber vielleicht schaltet das benutzte Gerät nicht automatisch um. Prüfen Sie ggf. ein anderes Wiedergabegerät. Zudem sollten Sie sicherstellen, dass der Treiber Ihrer Grafikkarte sowohl NTSC als auch PAL als Videomodi unterstützt. Gerade englische Treiber sind häufig nur für den NTSC-Modus ausgelegt.

Ein fehlendes Bild bei der Übertragung der Videodaten per HDMI an einen externen Flachbildfernseher ist meist auf fehlerhafte Grafiktreiber von Windows 7 zurückzuführen. Der Treiber kann die erforderlichen Signale des externen Geräts nicht erkennen. Dann sperren die bei HDMI vorgeschriebenen Kopierschutzmechanismen die Ausgabe des Videosignals.

INFO

11.4.6 Bestimmte Videodateien lassen sich nicht abspielen

Gibt es Probleme, bestimmte Videodateien in einem Media Player wiederzugeben? Die Player können nur solche Videoformate abspielen, für die auch Decoder (Codecs) vorhanden sind. Im Idealfall nutzt der Player die unter Windows installierten DirectShow-Filter (bzw. deren Codecs). Hier eine grobe Übersicht, welche Wiedergabeprobleme es geben kann:

» Bei AVI-Dateien gibt es verschiedene Varianten, die alle mit der gleichen Dateinamenerweiterung *.avi* gespeichert werden. Standardmäßig liegen AVI-Dateien in unkomprimierter Form mit hoher Bildqualität vor. Dies ergibt zwar sehr große Videodateien, Windows 7 bringt aber bereits eine entsprechende Unterstützung für solche Videodateien mit. DV-AVI-Dateien werden von digitalen Videokameras zum Speichern der aufgenommenen Videos benutzt. Sie benötigen ggf. einen Codec, um Videos in diesem Format wiederzugeben. Ein DivX-Video kann sowohl im Windows Media Player also auch mit dem VLC Media Player direkt wiedergegeben werden.

» Bei MPEG-Videodateien muss unterschieden werden, ob diese im MPEG-1- oder im MPEG-2-Format codiert wurden. MPEG-1-Dateien (z.B. von VCDs) kann der Windows Media Player (und viele andere Player) problemlos wiedergeben. Die Wiedergabe von MPEG-2-Videodateien von DVDs ist problemlos mit dem Microsoft-MPEG-2-Decoder möglich. Probleme gibt es jedoch mit der Wiedergabe von MPEG-2-Material von Super Video-CDs, die vom Microsoft-MPEG-2-Decoder nicht unterstützt werden. Weichen Sie auf den VLC-Player aus oder installieren Sie zu Windows 7 kompatible MPEG-2-Decoder von Drittherstellern.

» MPEG-4-Videodateien erfordern ebenfalls entsprechende Codecs zur Wiedergabe. Während der Codec für *.wmv*-Dateien (und DivX-Videos) in Windows enthalten ist, müssen für MOV-Videos (Apple QuickTime) die betreffenden Codecs separat installiert werden. Auch hier empfehle ich die Verwendung des VLC-Players zur Wiedergabe, um Konflikte durch Codec-Installationen zu vermeiden.

Spezielle Videoformate wie Apple QuickTime (.qt) oder das RealVideo-Format (.rv) erfordern eigene Media Player zur Wiedergabe. Sie können sich die entsprechenden Video Player aus dem Internet herunterladen (einfach den Namen des Players in einer Suchmaschine eintippen und dann zur Download-Seite des Herstellers gehen). Allerdings sollten Sie zurückhaltend damit sein, eine Vielzahl von Video Playern auf dem System zu installieren. Jeder dieser Player birgt bei der Installation die Gefahr, dass irgendeine wichtige Einstellung in Windows 7 überschrieben wird und anschließend Wiedergabefunktionen nicht mehr nutzbar sind.

INFO   Besitzt der Rechner ein Blu-ray-Disc(BD)-Laufwerk und versuchen Sie vergeblich, BD-Videos abzuspielen? Windows 7 besitzt keine Decoder zur Wiedergabe von BD-Videomaterial. Sie müssen Programme wie PowerDVD zur Wiedergabe von Blu-ray-Videomaterial installieren. Nur dann ist der benötigte Decoder vorhanden.

11.4.7   Beim Doppelklick startet der falsche Media Player

Zum Abspielen eines Videos lässt sich die betreffende Datei per Doppelklick anwählen. Dann startet Windows den Player, der automatisch mit der Wiedergabe beginnt. Startet plötzlich bei Ihnen ein ganz anderer Video Player als bisher? Die Ursache besteht darin, dass sich viele Media Player die Dateitypenzuordnung bei der Installation »greifen« und auf die eigene Programmdatei umleiten. Klicken Sie die Audiodatei mit der rechten Maustaste an, wählen Sie den Kontextmenübefehl *Öffnen mit/Standardprogramm auswählen* und dann im angezeigten Dialogfeld das gewünschte Programm. Stellen Sie sicher, dass das Kontrollkästchen *Dateityp immer mit dem ausgewählten Programm öffnen* markiert ist.

11.5   Probleme bei der Videoaufzeichnung

Windows lässt sich mit geeigneten Zusatzkarten auch zur Aufzeichnung von Videos nutzen. Zudem können Sie Videos von digitalen oder analogen Videokameras überspielen. Nachfolgend finden Sie einige Hinweise auf Probleme in diesem Zusammenhang.

11.5.1   Bei der Aufnahme treten Tonstörungen auf

Bei analogen Videoaufnahmen werden die Audiosignale der Videoquelle oder des Mikrofons am Audioeingang der Soundkarte eingespeist. Fehlt der Ton im Aufnahmeprogramm, sollten Sie die folgenden Punkte überprüfen:

» Ist im Aufnahmeprogramm das richtige Gerät für die Audiosignale eingestellt? Meist lässt sich zwischen verschiedenen Eingängen (Mikrofon, Aux-In, Audio-In etc.) umschalten.

» Ist die Verkabelung korrekt ausgeführt? Mikrofone müssen mit der Mikrofon-Eingangsbuchse der Soundkarte verbunden werden. Manche Soundkarten besitzen darüber hinaus einen Mikrofonverstärker, der sich über die Lautstärkeregelung der Soundkartensoftware ein- oder ausschalten lässt. Greifen Sie Videosignale von Geräten mit S-Video- oder Scartbuchse ab? Die S-Video-Schnittstelle überträgt keine Audiodaten, und bei der Scartbuchse müssen diese über Adapter ausgekoppelt und über separate Audiokabel mit den Audioeingängen der Soundkarte verbunden werden.

» Ist der Audioeingangskanal in der Windows-Lautstärkeregelung freigegeben und der Pegel auf die gewünschte Lautstärke justiert? Lesen Sie ggf. im Abschnitt »Lautstärke: zu laut, zu leise oder kein Ton?« ab Seite 474 nach, wie sich dies kontrollieren lässt.

Ist das Signal zu hoch und erreicht es die Begrenzung, müssen Sie den Pegel über den Lautstärkeregler reduzieren. Andernfalls kommt es zu einer Übersteuerung der Pegel. Andere Fehler wie ein Brummton auf dem Audioeingang deuten auf Verkabelungsfehler mit Einkopplung von Störsignalen hin (siehe in Kapitel 4 den Abschnitt »Störgeräusche bei der Soundausgabe«).

11.5.2 Bildstörungen bei Videoaufnahmen

Besitzen Sie eine Grafikkarte mit analogem Videoeingang oder verwenden Sie eine separate Grabberkarte? Dann ist es wichtig, dass deren Treiber zu Windows 7 kompatibel sind. Andernfalls kann es zu diversen Bildstörungen kommen. Ein weiteres Problem ist, dass Windows 7 kein Programm zur analogen Erfassung von Videoquellen bereitstellt. Auch der Windows Live Movie Maker kann keine analogen Videodaten mehr importieren. Sie benötigen ein entsprechendes Programm von einem Drittanbieter (ist ggf. im Lieferumfang der Grabberkarte enthalten). Gibt es Probleme mit der Erfassung der analogen Videoquelle? Hier einige Hinweise auf mögliche Fehler und deren Behebung:

» Ist im Aufnahmeprogramm überhaupt kein Bild vorhanden, sollten Sie die Verkabelung der Videosignale prüfen. Grafikkarten besitzen meist einen S-Video-Eingang, d.h., Sie benötigen ggf. einen Scart/S-Video-Adapter. Achten Sie dann darauf, dass der Umschalter des Adapters in der richtigen Stellung (In oder Out) steht.

» Können Sie Verkabelungsprobleme ausschließen, kann eventuell der Treiber der Grabberkarte die Ursache sein. In Windows 7 benötigen Sie einen WDDM-Treiber, der auch die analoge Erfassung von Videodaten an der S-Video-Schnittstelle unterstützt. Im Geräte-Manager sollten dann entsprechende Einträge für Videoerfassungsgeräte vorhanden sein.

» Prüfen Sie im Videoaufzeichnungsprogramm, ob das richtige Gerät für die Videoquelle eingestellt ist. Bei WDDM-Treibern werden die Geräte in der Geräteliste des Aufzeichnungsprogramms eingeblendet und können ausgewählt werden.

» Lässt sich die Auflösung nicht auf 720 x 576 Bildpunkte oder die Erfassungsrate nicht auf 25 Einzelbilder pro Sekunde einstellen? Dies deutet auf einen fehler-

» Ist das Bild nur schwarz-weiß oder kommt es in schlechter Qualität an? Dann prüfen Sie, ob die Videoverkabelung an der S-Video-Schnittstelle korrekt ausgeführt und das richtige Videogerät am Aufzeichnungsprogramm eingestellt wurde. Meist lässt sich bei analogen Videoquellen zwischen Composite und S-Video als Modus wählen. Probieren Sie die verschiedenen Modi aus. Vermeiden Sie eine Videoverkabelung über die FBAS-Schnittstelle, wenn S-Video unterstützt wird. Die FBAS-Schnittstelle liefert eine schlechtere Bildqualität als die S-Video-Schnittstelle.

haften WDDM-Treiber hin, der nur die NTSC-Norm unterstützt. Schauen Sie im Internet nach, ob ein Treiberupdate für die Hardware zur Verfügung steht.

Meldet die Aufzeichnungssoftware, dass Einzelbilder (Frames) verloren gehen (dropped frames)? Oder ruckelt das aufgezeichnete Video bei der späteren Wiedergabe? Um die Bilder schnell genug digitalisieren und als Videodatei speichern zu können, muss der Rechner über genügend Leistung verfügen.

INFO Verwenden Sie externe Grabber mit integriertem MPEG-2-Decoder, die aufgezeichneten Videos ruckeln aber? Dann prüfen Sie, ob der Grabber und der Rechner USB 2.0 unterstützen. USB 1.x ist zu langsam zur Übertragung der erforderlichen Videodatenrate. Stellen Sie sicher, dass der USB 2.0-Grabber direkt mit der USB 2.0-Schnittstelle des Rechners verbunden ist.

11.5.3 Import-/Exportfehler im Windows Live Movie Maker

Der Windows Live Movie Maker ist Bestandteil der Windows Live Essentials (*http://windows.microsoft.com/de-DE/windows7/products/features/windows-live-essentials* [gbeh-k11-016]). Das kostenfreie Programm eignet sich zum Importieren, Schneiden, Bearbeiten und Exportieren von digitalem Audio- und Videomaterial.

Stürzt das Programm beim Importieren oder Exportieren von Videodateien ab oder bleibt es hängen? Kann das Programm die Vorschau auf Videoclips nicht korrekt wiedergeben? Dann deutet vieles auf ein Problem mit Codecs von Drittanbietern hin, die in der DirectShow-Filterkette zu Problemen führen.

Der Windows Live Movie Maker greift zum Im- und Export auf Windows-DirectShow-Filter zurück. Codecs von Fremdanbietern, die in der Kette der DirectShow-Filter auftauchen und zum Im-/Export verwendet werden, sind häufig die Ursache für unterschiedliche Fehler wie Abstürze, nicht zum Bild synchroner Ton, Hängenbleiben des Im-/Exports, Streifen im Bild etc. Unter *http://www.borncity.com/blog/2007/08/26/wenn-der-windows-movie-maker-rger-macht/* [gbeh-k11-017] habe ich (zwar noch bezogen auf Windows Vista) verschiedene Fehlerbilder sowie mögliche Lösungsansätze beschrieben. Die betreffenden Ausführungen gelten auch unter Windows 7. In den meisten Fällen hilft nur das Deinstallieren aller Fremd-Codec-Packs, Videobearbeitungs- und Brennprogramme samt einer Systembereinigung.

11.5.4 Camcorder-Probleme mit der FireWire-Schnittstelle

Gibt es unter Windows das Problem, dass der Camcorder an der FireWire-Schnittstelle nicht erkannt wird?

» Probieren Sie, ob das Problem gelöst ist, wenn der Camcorder vor dem Einschalten des Rechners bereits läuft. Zudem sollten Sie das FireWire-Kabel zwischen Kamera und Rechner überprüfen.

» Gibt es unter Windows 7 Probleme beim digitalen Videoimport von einer Videokamera, weil der Importassistent nicht startet? Bei vielen Videokameras erkennt Windows das Gerät nur, wenn dieses beim Import an einem Netzteil (statt über das Akku) betrieben wird.

Manche Camcorder bieten einen USB- und einen FireWire-Anschluss. Benutzer, die keinen FireWire-Anschluss am Rechner besitzen, verwenden dann die USB 2.0-Schnittstelle zur Datenübertragung.

Beim Nachrüsten des Rechners mit einer IEEE 1394(FireWire)-Steckkarte sollte darauf geachtet werden, dass diese OHCI-kompatibel ist. Unter *http://www.borncity.com/blog/2010/02/08/tipps-zum-videoimport/* [gbeh-k11-018] habe ich noch einige Tipps zum Videoimport zusammengestellt. **STOPP**

11.5.5 Probleme mit dem Windows Media Center

Ist das Windows Media Center unter Windows 7 nicht vorhanden? Gehen Sie wie im Abschnitt »Der Windows Media Player fehlt« ab Seite 479 beschrieben vor und prüfen Sie, ob Sie das Programm über das Dialogfeld *Windows-Funktionen* aktivieren können.

Startet das Windows Media Center nicht mehr und erscheint die Meldung, dass die Ausführung wegen administrativer Einschränkungen unterbunden sei? In diesem Fall hat die Installation eines anderen Media Centers die Ausführungsrichtlinien so verändert, dass der Start des Windows Media Centers unterbleibt. Unter *http://www.borncity.com/blog/2009/12/21/das-windows-media-center-startet-nicht-mehr/* [gbeh-k11-019] finden Sie eine Lösung.

Meldet das Windows Media Center einen fehlenden Decoder? Auch hier hat wahrscheinlich die Installation eines Drittprodukts die Windows-Einstellungen für die Mediendecoder überschrieben bzw. gelöscht. Unter *http://www.borncity.com/blog/2010/11/12/das-windows-media-center-meldet-decoderfehler/* [gbeh-k11-020] habe ich eine mögliche Lösung beschrieben.

Kann das Windows Media Center beim Einrichten keinen TV-Tuner finden, fehlen die entsprechenden PBDA-Treiber für die eingebaute DVB-T-, DVB-C- oder DVB-S-Karte. Findet der Tuner keine TV-Sender bei der Suche? Sofern ein fehlerhafter Anschluss des Antennenkabels oder ein fehlendes Empfangssignal auszuschließen ist, ist als Ursache ein nicht zum Windows Media Center kompatibler Treiber ins

Auge zu fassen. Während Windows 7 Treiber für einige DVB-T-Empfänger bereithält, ist dies für DVB-S (Satellit) oder DVB-C (Kabel) nicht der Fall. Liefert der Hersteller der DVB-Karte keine Windows 7-Treiber bzw. -Software, wird sich die Karte mit hoher Wahrscheinlichkeit nicht in das Windows Media Center einbinden lassen. Dann hilft meist nur, die vom Hersteller mitgelieferte DVB-Empfangssoftware oder ein Programm wie den DVBViewer (*http://www.dvbviewer.com/de/index.php* [gbeh-k11-022]) zur Anzeige zu verwenden.

INFO   Weitere Hinweise und Hilfen bei Problemen mit dem Windows Media Center finden Sie auf der Internetseite *http://www.mce-community.de/portal/* [gbeh-k11-023].

Kapitel 12
Brennprobleme im Griff

Die meisten Systeme sind mittlerweile mit einem DVD-Brenner (oder sogar mit einem Blu-ry-Disc-Brenner) ausgestattet. Mit den Windows 7-Bordfunktionen lassen sich Daten, Musik, Fotos und Videos auf CDs, DVDs und BDs brennen. Darüber hinaus gibt es zusätzliche Brennsoftware, um CDs, DVDs oder BDs mit Daten, Musik, Bildern und Videos zu erstellen. Dieses Kapitel befasst sich mit Problemen, die beim Brennen auftreten können.

12.1 Probleme mit Brennprogrammen

In diesem Abschnitt geht es um typische Fehler, die bei der Installation eines Brennprogramms oder mit bestimmten Brennern auftreten.

12.1.1 Die Nero-Installation bricht mit einem Fehler ab

Schlägt die Nero-Installation unter Windows fehl? Oder gibt es Probleme beim Installieren der Nero-Brennsoftware. Hier sind verschiedene Fälle zu unterscheiden:

» *Ältere Nero-Version:* Am häufigsten lassen sich Installationsprobleme auf veraltete Versionen von Nero-Programmen zurückführen. Leider sind ältere Versionen der Nero-Brennsuite (vor Nero 9) nicht mit Windows 7 kompatibel. Sie können sich von den Nero-Webseiten (*http://www.nero.com* [gbeh-k12-001]) die neueste Version oder Updates herunterladen.

» *Nero Multimedia Suite 10:* Der Hersteller weist die Multimedia Suite 10 zwar als kompatibel zu Windows 7 aus. Allerdings installiert das Paket eine Menge an Zusatzkomponenten (DirectX, Encoder/Decoder, Multimediafunktionen), die zu Problemen mit Windows 7 führen können. Falls Sie die Multimedia Suite nicht benötigen, aber nicht auf Nero zum Brennen verzichten möchten, empfiehlt es sich, Nero Burning ROM von der Webseite *http://www.nero.com* [gbeh-k12-001] herunterzuladen und zu installieren.

Wird bei der Installation ein »CRC-Fehler« gemeldet, kann die Ursache eine beschädigte Download-Datei sein. Auf der Internetseite *http://www.nero.com/deu/support-nero10-faq.html?s = sub&t = Installation* [gbeh-k12-002] pflegt der Hersteller eine Wissensdatenbank mit Antworten auf verschiedene Fragen.

INFO Achten Sie bei der Installation eines Nero-Pakets darauf, dass die Ask-Toolbar (unterstützt die Suche im Browser, ist aber letztendlich überflüssig) nicht mit installiert wird. Hierzu gibt es in den Dialogfeldern des Installationsassistenten ein Kontrollkästchen, welches demarkiert werden sollte. Weiterhin empfiehlt es sich, eine benutzerdefinierte Installation durchzuführen, bei der nicht benötigte Funktionen abgewählt werden können. Achten Sie auch darauf, die Zuordnung der Dateitypen so anzupassen, dass keine von Windows 7 unterstützten Dateitypen zu den einzelnen Nero-Anwendungen umgeleitet werden.

Klappt das Deinstallieren von Nero-Software nicht oder gibt es Probleme, sollten Sie das Programm »General Clean Tool« von der Nero-Webseite *http://www.nero.com/deu/tools-utilities.html* [gbeh-k12-003] herunterladen. Rufen Sie dieses Tool mit administrativen Berechtigungen über den Kontextmenübefehl *Als Administrator ausführen* auf. Das Programm entfernt die alte Nero-Version von der Festplatte und bereinigt auch Registrierungseinträge.

12.1.2 CD-/DVD-Laufwerk fehlt nach der Programminstallation

Sind nach der Installation oder Deinstallation des Brennprogramms (Nero, WinOnCD DVD etc.) plötzlich BD- oder DVD-Laufwerke unter Windows verschwunden? Deinstallieren Sie alle Brennprogramme und lesen Sie in Kapitel 4 im Abschnitt »Das CD-/DVD-/BD-Laufwerk wird nicht erkannt« nach, wie die Registrierung zu bereinigen ist.

Der Brenner wird nicht erkannt

Wird der DVD- oder BD-Brenner durch das verwendete Brennprogramm nicht erkannt? Ursache kann sowohl ein Hardwareproblem, eine Inkompatibilität mit dem Treiber als auch ein Softwarefehler sein. Hier hilft nur ein planvolles Vorgehen, um die wichtigsten Fehler auszuschließen:

» Prüfen Sie zunächst, ob das betreffende Laufwerk unter Windows als CD- oder DVD-Laufwerk erkannt wird. Dies sollte auch ohne Brennsoftware der Fall sein. Ist dem nicht so, liegt entweder ein Hardwarekonflikt vor oder es ist irgendetwas mit der Installation des Treibers schiefgegangen.

» Erscheint der Brenner nicht als Laufwerk, schauen Sie im Geräte-Manager nach, ob das Gerät als fehlerhaft aufgeführt wird. Taucht das Gerät nicht auf, prüfen Sie, ob das Gerät überhaupt korrekt eingebaut und angeschlossen wurde (siehe auch Kapitel 4).

» Sind der Geräteanschluss und die BIOS-Einstellungen für den Gerätecontroller in Ordnung? Dann rufen Sie den Geräte-Manager auf, suchen Sie das betreffende Laufwerk und entfernen Sie dieses aus der Gerätekonfiguration. Anschließend fahren Sie Windows herunter und booten das System neu. Windows wird dann beim nächsten Hochfahren einen neuen Gerätetreiber installieren. Oft sind dann die Probleme mit dem zunächst nicht erkannten Laufwerk behoben.

Sie können anschließend erneut prüfen, ob der Brenner von Windows oder den Brennprogrammen erkannt wird. Erkennt Windows das Laufwerk des Brenners, aber das Brennprogramm weigert sich, den Brenner anzunehmen? Bei Nero kann es sein, dass Sie nur eine OEM-Version des Brennprogramms besitzen, die speziell auf einen bestimmten Brenner abgestimmt ist. Beim Austausch des Brenners verweigert Nero den Dienst. Etwas Ähnliches gilt, falls Sie einen weiteren Brenner in das System einbauen, Nero aber nur einen Brenner erkennt. Abhilfe schafft dann die Aktualisierung des Nero-Brennprogramms auf die Retail-Version (Vollversion). Bei kostenlosen Brennprogrammen wie »CDBurnerXP«, »DeepBurner« etc. kann es sein, dass das Laufwerk nicht unterstützt wird. Prüfen Sie in diesem Fall, ob eine andere Brennsoftware den Brenner erkennt. Zudem können Sie testen, ob Windows 7 das Laufwerk als Brenner erkennt.

Um Installationsprobleme oder weitere Störungen auszuschließen, sollten Sie auf das Installieren mehrerer Brennprogramme von verschiedenen Herstellern verzichten. Für normale Brennaufgaben reichen eigentlich die in Windows 7 enthaltenen Brennfunktionen aus.

TIPP

Welche Brennfunktionen unterstützt der Brenner?

Gibt es Probleme mit einem DVD-Brenner, weil er bestimmte Medientypen nicht schreiben kann? Oder macht der Brenner sonst Probleme? Die Eigenschaften eines Brenners lassen sich mit dem »Nero InfoTool« abfragen. Das Nero InfoTool ist in den Nero-Paketen enthalten, kann aber auch kostenlos von verschiedenen Webseiten (wie *http://www.computerbild.de/download/hersteller/Erik_Deppe-2315756.html* [gbeh-k12-005]) oder bei Nero direkt (*http://www.nero.com/enu/support-nero8-tools-utilities.html* [gbeh-k12-004]) heruntergeladen werden.

Liegt das Programm als ZIP-Archiv vor, entpacken Sie dessen Inhalt in einen Ordner der Festplatte. Anschließend ist das Nero InfoTool über die Datei *InfoTool.exe* auszuführen und dann die Sicherheitsabfrage der Benutzerkontensteuerung zu bestätigen. Das Programm ermittelt nach dem Start die wichtigsten Daten des Systems und des Brenners und zeigt diese Informationen auf verschiedenen Registerkarten an (Abbildung 12.1) an.

» Auf der Registerkarte *Laufwerk* erhalten Sie z. B. eine detaillierte Übersicht, welche Medien der Brenner lesen und beschreiben kann. Ein grünes Häkchen bedeutet, dass der Brenner die betreffende Funktion unterstützt.

» Auf der Registerkarte *HD Readiness* lässt sich zudem prüfen, ob das System fit zur Wiedergabe von Blu-ray-Discs (BDs) mit Videos ist.

» Legen Sie eine CD oder DVD in den Brenner ein und wechseln Sie zur Registerkarte *Disk*, lassen sich dort die Kenndaten des Datenmediums abfragen.

Auf weiteren Registerkarten lassen sich Systemdaten und die Softwarekonfiguration abfragen. Da das Tool aber seit 2008 nicht mehr weiterentwickelt wird, kann es u.U. beim Aufrufen einer Registerkarte (z. B. *Software*) zum Absturz des Pro-

Kapitel 12 • Brennprobleme im Griff

gramms kommen. Die Laufwerkinformationen ermittelt das Nero InfoTool aber zuverlässig.

Abbildung 12.1: Laufwerkdiagnose mit Nero InfoTool

12.2 Ärger mit Brennprogrammen

In diesem Abschnitt werden typische Probleme behandelt, die mit der populären Brennersuite Nero auftreten.

12.2.1 Abstürze beim Brennen oder Brennabbrüche

Kommt es bei der Verwendung eines Brennprogramms oder beim direkten Brennen unter Windows immer wieder zu Brennabbrüchen mit defekten Rohlingen oder gar Programmabstürzen? Verwenden Sie die folgende Auflistung, um Fehlerursachen auszuschließen oder zu identifizieren:

» Prüfen Sie, ob es an der verwendeten Rohlingsmarke liegt, indem Sie Rohlinge anderer Hersteller zum Brennen nutzen. Reduzieren Sie, sofern möglich, die Brenngeschwindigkeit, da No-Name-Rohlinge nicht immer für alle Laufwerke geeignet sind. Und auch mit den Brenngeschwindigkeiten moderner Laufwerke hat so mancher Rohling seine Probleme. Ein Update der Firmware im Brenner kann die Kompatibilität mit neuen Rohlingstypen u. U. stark verbessern.

Ärger mit Brennprogrammen

» Bei neu eingebauten Brennern kann auch eine fehlerhafte Hardware oder ein fehlerhafter Einbau die Ursache sein (Jumperung der IDE-ATAPI-Laufwerke, Inkompatibilität mit anderen Geräten am IDE-Bus etc.). Manchmal kommen auch gänzlich andere Fehlerursachen wie ein defekter Arbeitsspeicher oder ein langsam ausfallender Brenner (habe ich bereits gehabt) als Ursache in Betracht.

Lassen sich Rohlings- und Firmware-Probleme sowie defekte Hardware ausschließen, können Treiberprobleme oder Gerätekonflikte die Ursache sein. Entfernen Sie dann den Brenner im Geräte-Manager und lassen Sie das System neu starten. Bei sporadischen Problemen sollten Sie beim Brennen sicherstellen, dass keine andere Software (z.B. Bildschirmschoner) läuft. Auch Netzwerkzugriffe, Mausbewegungen, Druckausgaben oder im Hintergrund laufende Programme können auf leistungsschwachen Rechnern die Ursache für Brennabbrüche sein (obwohl moderne Brenner einen Schutz vor Pufferüberlauf aufweisen).

12.2.2 Gebrannte CDs/DVDs/BDs sind nicht überall lesbar

Haben Sie Medien wie CDs, DVDs oder BDs unter Windows 7 gebrannt, diese sind aber auf anderen Rechnern nicht lesbar? Sofern ein Brennfehler ausgeschlossen werden kann, überprüfen Sie, mit welchem Dateisystem der Datenträger gebrannt wurde. Verwenden Sie beim Vorbereiten des Rohlings im Dialogfeld *Auf Datenträger brennen* die Option *Mit einem CD/DVD-Player* (Abbildung 12.2). Diese Option verwendet den Formattyp »Mastered« beim Brennen, wodurch die Dateien im sogenannten Multisession-Modus auf den Datenträger gebrannt werden. Hierbei werden alle zu brennenden Dateien in einem Schwung (man bezeichnet dies als Sitzung oder Session) auf den Rohling geschrieben. Im Multisession-Modus kann dieser Vorgang mehrfach wiederholt werden, bis der Datenträger voll ist. Solche Datenträger lassen sich auch in älteren Windows-Versionen und auf anderen Geräten einlesen.

Abbildung 12.2: Auswahl des Dateisystems beim Brennen

Die Option *Wie ein USB-Flashlaufwerk* formatiert den optischen Datenträger dagegen im Universal Disk Format (UDF, von Microsoft früher auch als Livedateisystem bezeichnet). Der Vorteil ist, dass sich einzelne Dateien (wie bei einem USB-Stick) sofort auf den Rohling schreiben und ggf. überschreiben lassen. Dieses Format ist nicht mit allen Geräten und ggf. auch nicht unter älteren Windows-Versionen lesbar. Details zum Brennen von Datendisks unter Windows 7 liefert die Windows-Hilfe.

12.2.3 Niedrige Brenngeschwindigkeiten nicht wählbar

Gib es Brennprobleme bei No-Name-Rohlingen? Manchmal hilft es, eine niedrige Brenngeschwindigkeit zu verwenden. Allerdings gibt es ein Problem: Windows 7 ermöglicht nur beim Brennen von Daten-CDs über ein Listenfeld die Auswahl einer Brenngeschwindigkeit (Abbildung 12.3, Hintergrund links). Beim Brennen von Datenträgerabbildern (Abbildung 12.3, Vordergrund) kann unter Windows 7 überhaupt nichts bezüglich der Brenngeschwindigkeit eingestellt werden. Verwenden Sie ein Brennprogramm, dürfte dies ähnlich aussehen.

Dass Sie keine niedrigen Brenngeschwindigkeiten wählen können, hat zwei Ursachen: Einmal erkennen Brennprogramme wie Nero Burning ROM automatisch die zulässige Brenngeschwindigkeit des Rohlings und passen diese ggf. über einen Kalibrierungslauf bzw. während des Brennens an. Andererseits besitzen moderne Laufwerke eine minimal zulässige Brenngeschwindigkeit. Nero Buring ROM verwendet eine interne Datenbank mit entsprechenden Informationen und blendet automatisch die vom Brenner nicht unterstützten Brenngeschwindigkeiten aus. Bei Windows 7 verwendet die Brennfunktion die vom Brenner bzw. vom Medium gemeldeten Kenndaten zum Festlegen der Brenngeschwindigkeit.

Abbildung 12.3: Auswahl der Brenngeschwindigkeiten

12.3 Probleme beim Brennen

In diesem Abschnitt finden Sie Hinweise auf verschiedene Brennprobleme und Informationen, wie Sie diese beheben können.

12.3.1 Die Rohlinge machen beim Brennen Probleme

Gibt es den Effekt, dass Ihr Brenner neue Rohlinge nicht erkennt? Die zwischenzeitlich in aktuellen Rechnern verbauten Multiformatbrenner akzeptieren eigentlich verschiedene Rohlingstypen. Gibt es trotzdem Probleme, sollten Sie zuerst sicherstellen, dass der Brenner für den Rohlingstyp geeignet ist. DVD-Brenner haben mitunter Probleme, CD-R/RW-Rohlinge zu brennen und bei DVDs gibt es DVD+R/RW sowie DVD-R/RW-Medien.

Ist der Brenner für den Rohlingstyp (z.B. DVD-R DL) spezifiziert, weigert sich aber trotzdem, die Rohlinge zu brennen? Kommt es häufiger zu Brennabbrüchen mit bestimmten Rohlingsmarken? Kann Ihr Brenner die Rohlinge nicht mit der spezifizierten Geschwindigkeit beschreiben? Oder gibt es Probleme beim Lesen der Rohlinge in anderen Laufwerken? Dann kann eine fehlerhafte oder veraltete Firmware des Brenners die Ursache sein. Leider werfen die Brennerhersteller die Geräte in immer schnelleren Intervallen auf den Markt, ohne dass die Firmware immer ausgereift ist. Manche Hersteller speichern die Parameter zum Brennen von Rohlingen in der Firmware. Neue Rohlingstypen, die nach dem Erscheinen der Firmware herauskommen, werden dann nicht abgedeckt. Ein Firmware-Update kann daher sowohl die Kompatibilität mit Rohlingen als auch die Fähigkeiten des Brenners (Nutzung höherer Brenngeschwindigkeiten, Behebung von Fehlern etc.) verbessern.

Hinweise zum Firmware-Update finden Sie auf den Internetseiten der Brennerhersteller. Beachten Sie aber, dass ein Firmware-Update ein gravierender Eingriff in den Brenner ist, der gewisse Risiken birgt. Allein aus Risikogesichtspunkten sollten Sie bei einem funktionierenden BD-/DVD-Brenner keine Firmware-Updates durchführen. Denn das sogenannte Flashen des Firmware-Speichers kann auch schiefgehen (Systemabsturz beim Flashen, die neue Version ist fehlerhafter als die vorherige, die Firmware passt nicht zum Brenner etc.). Im schlimmsten Fall funktioniert der Brenner nach dem Firmware-Update nicht mehr. Sie müssen das Gerät zum Service einschicken und kostenpflichtig auf eine funktionierende Firmware-Version zurücksetzen lassen. **STOPP**

Beim Firmware-Update sollten Sie Folgendes beachten:

» Als Erstes müssen Sie den Hersteller und den genauen Gerätetyp des Brenners identifizieren. Informieren Sie sich dann auf der Internetseite des Geräteherstellers, ob dieser eine neue Firmware-Version bereitstellt und welche Änderungen sich dadurch ergeben.

> » Beachten Sie dabei, dass sich verschiedene Brennertypen oft nur geringfügig in der Bezeichnung unterscheiden und dass es zudem noch IDE-ATAPI-, SATA- und USB-Anschlussvarianten gibt. Achten Sie daher auf die Buchstaben- und Zahlenkombination, die bei vielen Typen nach der eigentlichen Modellbezeichnung folgt. Nur so können Sie die richtige Firmware-Beschreibung auf der Herstellerseite erwischen.

Wird das bei Ihnen auftretende Problem durch die neue Firmware verursacht, können Sie die aktualisierte Firmware-Version herunterladen und das Update gemäß den Herstellerangaben ausführen. Die Webseite *http://www.hardwarejournal.de/ firmware.htm* [gbeh-k12-006] enthält eine Liste der gängigen Brennerhersteller und die zugehörigen Laufwerke. Werden Sie auch dort nicht fündig, geben Sie den Hersteller, den Typ des Brenners und den Begriff »Firmware« in eine Suchmaschine ein. Dann werden Ihnen sicherlich Links zu den relevanten Webseiten angezeigt. Gelegentlich ist es sogar so, dass der Brenner unter verschiedenen Handelsnamen angeboten wird. In Zweifelsfällen lässt sich der Typ u. U. über das auf dem Gerätegehäuse angebrachte Typenschild und die Seriennummer identifizieren.

STOPP In einschlägigen Internetforen trifft man gelegentlich auf sogenannte »inoffizielle Updates«, die von Dritten zum Download bereitgestellt werden. Gelegentlich sind es Insider oder Bastler, die Einblick in die Entwicklung verschiedener Brenner haben. Gegenüber offiziellen Firmware-Updates der Brennerhersteller existiert aber ein hohes Risiko, dass Sie sich mit den inoffiziellen Firmware-Updates Probleme einhandeln, die vom Garantieverlust bis hin zu Geräteschäden gehen.

12.3.2 Beim Brennen wird ein Kalibrierungsfehler gemeldet

Beim Brennen von Medien können diverse Fehler auftreten, die dann ggf. von der Brennsoftware im Klartext gemeldet werden. Meldet Nero beispielsweise, dass der Kalibrierungsbereich voll sei? Oder erscheint der Fehler »Power calibration error« bei einem anderen Brennprogramm? Der Brenner versucht, beim Start des Brennvorgangs in einem besonderen Kalibrierungsbereich des Rohlings Testdaten zu schreiben und dadurch die Brennparameter (Laserstärke, Brenngeschwindigkeit) zu optimieren. Wird der Rohlingstyp nicht korrekt erkannt, kann es sein, dass der Kalibrierungsbereich auf dem Rohling vollgeschrieben wurde, ohne dass der Brenner die Brennparameter bestimmen konnte. Oder der Laser des Brenners ist zu schwach, um die Testdaten im Kalibrierungsbereich des Rohlings zu brennen – Ursache kann z. B. ein geändertes Material der Speicherschicht (auch als Dye bezeichnet) sein. In diesem Fall können Sie (sofern möglich) die Brenngeschwindigkeit versuchsweise reduzieren. Hilft dies nicht, sollten Sie Rohlinge eines anderen Herstellers testen.

12.3.3 Gebrannte CDs/DVDs sind unlesbar bzw. unbrauchbar

Haben Sie einen Rohling gebrannt und die so gebrannte Disk wird in anderen Laufwerken nicht erkannt? Dann sollten Sie die folgenden Punkte abklären, um die Ursache herauszufinden:

» Testen Sie zunächst, ob die Medien im Brenner gelesen werden können. Gibt es dort bereits Probleme, ist irgendetwas beim Brennen schiefgegangen. Sie können dann das Medium nur noch wegwerfen.

» Prüfen Sie bei CDs und DVDs, ob das betreffende Laufwerk den Medientyp überhaupt unterstützt. Ältere optische Laufwerke können wegen der geringeren Reflektionseigenschaften keine CD-RWs erkennen. Bei DVDs gibt es verschiedene Rohlingsstandards (DVD+R, DVD+RW, DVD-R, DVD-RW, DVD+R DL, DVD-R DL).

Verwenden Sie das Nero InfoTool (siehe Seite 497), um die Eigenschaften des Laufwerks zu testen. Auf der Registerkarte *Laufwerk* listet das Programm alle vom Laufwerk unterstützten Funktionen auf. Weiterhin kann auch ein Fehler in der Firmware, eine schlechte Rohlingsqualität oder ein Defekt im Brenner die Ursache für unlesbare Datenträger sein.

Sie sollten zudem beim Beschriften von CDs und DVDs aufpassen, dass Sie die Medien nicht beschädigen. Verzichten Sie nach Möglichkeit auf das Aufkleben von Labels, da diese DVDs verbiegen, zu Unwuchten führen und sich im ungünstigsten Moment im Laufwerk ablösen und damit zu Schäden führen können. STOPP

Die obigen Informationen gelten für Daten-CDs, -DVDs und -BDs. Erstellen Sie Datenträger mit Audio- und Videoinhalten, kann auch die Encodierung dieser Mediendaten Probleme bereiten. So werden Audio-CDs, die MP3- oder WMA-Dateien enthalten, nicht von allen CD-Playern abgespielt. Bei Video-CDs und -DVDs können Fehler in der Brennsoftware (z.B. Nero-Version veraltet) dazu führen, dass die gebrannten Medien nicht auf einem DVD-Player abspielbar sind. Sie sollten dann testen, ob das Medium unter Windows 7 im Windows Media Player abspielbar ist. Diashows oder Videos auf DVD werden von den meisten DVD-Playern einwandfrei erkannt und abgespielt. Gibt es Probleme, sollten Sie beim Authoring von Video-DVDs versuchsweise auf das Erzeugen von Menüs verzichten. INFO

12.3.4 Ein als Boot-CD/-DVD gebrannter RW-Rohling startet nicht

Mit vielen Brennprogrammen lassen sich bootfähige CDs oder DVDs anfertigen. Haben Sie einen wiederbeschreibbaren RW-Rohling zum Brennen der Boot-CD/-DVD verwendet und stellen nun fest, dass dieser nicht bootet? Dann haben Sie vor dem Brennen vermutlich den RW-Rohling nicht komplett gelöscht. Dann erzeugt das Brennprogramm eine zweite Session auf dem Datenträger und das Laufwerk kann nicht auf den Boot Record zugreifen. Abhilfe schafft das Löschen des RW-Mediums vor dem Brennen des Bootmediums.

Danach führen Sie den Brennvorgang erneut aus. Startet die Boot-CD/-DVD dann immer noch nicht, liegt entweder ein Fehler im Boot Record vor, der zum Brennen benutzt wird. Oder die vom Brennprogramm verwendeten Bootparameter sind falsch. Natürlich sollten Sie auch sicherstellen, dass das benutzte Laufwerk für einen Bootvorgang im BIOS freigegeben wurde.

12.3.5 Wiederbeschreibbare Rohlinge lassen sich nicht löschen

Weigert sich das Brennprogramm, einen wiederbeschreibbaren Rohling (CD-RW, DVD+RW, DVD-RW) zu löschen? Wiederbeschreibbare Medien lassen sich bis zu 1000 Mal löschen und erneut beschreiben. Bei der DVD-RAM sollen angeblich bis zu 100 000 Schreibvorgänge möglich sein. Diese Angaben werden aber nur bei optimalen Bedingungen erreicht. Im schlimmsten Fall kann ein Rohling bereits beim zweiten Beschreiben Daten verlieren (weil die gelöschten Bereiche nicht mehr lesbar sind).

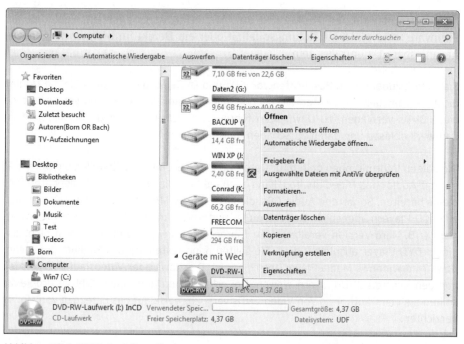

Abbildung 12.4: RW-Datenträger löschen

In Windows 7 können Sie z. B. das Kontextmenü des Brenners öffnen und bei eingelegtem RW-Rohling den Kontextmenübefehl *Datenträger löschen* wählen (Abbildung 12.4). Je nach Medium kann es sein, dass Sie den Rohling mehrfach einlegen müssen, bevor sich der Befehl aufrufen lässt. Anschließend führt Sie ein Assistent durch die Schritte zum Löschen des RW-Datenträgers. Schlägt dieses Löschen auch bei mehreren Versuchen und bei Verwendung eines Brennprogramms fehl, sollten Sie den Rohling entsorgen.

Um das Risiko eines Datenverlustes zu umgehen, sollten Sie wiederbeschreibbare Medien möglichst nicht zur Langzeitdatenarchivierung wichtiger Daten verwenden. STOPP

12.3.6 Ich glaube, die Daten auf der CD/DVD enthalten Fehler

Haben Sie eine selbst gebrannte Disk, auf der wichtige Daten enthalten sind? Haben Sie das Gefühl, dass einzelne Daten auf der Disk fehlerhaft sind oder sich mit der Zeit verändert haben? Oder gibt es bereits Lesefehler beim Zugriff auf das Medium? Lassen sich äußere Beschädigungen wie Kratzer ausschließen, kann auch die Alterung der Speicherschicht für einen Datenverlust verantwortlich sein. Sie können den Zustand der selbst gebrannten CDs und DVDs aber von Zeit zu Zeit überprüfen. Werden erste Fehler gefunden, lässt sich der Inhalt der Disk auf ein neues Medium sichern. Mit Hilfstools wie »Opti Drive Control« (*http://www.optidrivecontrol.com/* [gbeh-k12-007]) oder »Nero DiscSpeed« (Bestandteil der Nero-Brennsuite, oder Download unter *http://www.chip.de/downloads/Nero-DiscSpeed_13001704.html* [gbeh-k12-008]) und einem Brenner, der eine Fehleranalyse unterstützt, ist dies kein Problem:

1. Legen Sie den Datenträger in den Brenner ein und starten Sie dann Nero DiscSpeed (oder Opti Drive Control).

2. Warten Sie, bis das Laufwerk hochgefahren ist, und wechseln Sie im Programmfenster zur Registerkarte *ScanDisk* und klicken Sie auf die Schaltfläche *Start*.

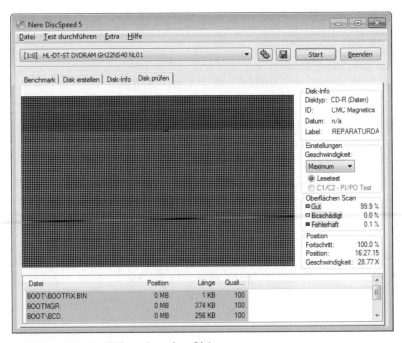

Abbildung 12.5: Qualitätsanalyse einer Disk

Der Test zeigt dann im Programmfenster (Abbildung 12.4), ob Fehler auf dem Medium gefunden wurden. Rot oder gelb eingefärbte Sektoren im Scan weisen auf Probleme hin. Beschädigte Sektoren lassen sich von der C1- und C2-Fehlerkorrektur des Laufwerks noch reparieren. Treten unlesbare Sektoren auf der Disk auf, haben Sie erhebliche Probleme. Die in diesen Sektoren gespeicherten Daten sind unrettbar verloren.

INFO Auf der Registerkarte *Disk-Info* können Sie die Kenndaten eines eingelegten Rohlings (Disktyp, Hersteller, Schreibgeschwindigkeiten etc.) einsehen. Auf der Registerkarte *Benchmark* lässt sich die Zugriffsgeschwindigkeit auf einen Datenträger überprüfen.

Empfehlungen zur Behandlung von Speichermedien

CDs und DVDs sind empfindliche Speichermedien: Ein Kratzer, Schmutz oder Fingerabdrücke genügen, um Fehler auf Medien zu produzieren. Je größer die Kratzer werden, umso höher ist die Wahrscheinlichkeit, dass sich das Medium nicht mehr im Laufwerk lesen lässt. Bei Datenmedien ist es fatal, wenn Teile unleserlich sind. Daher sollten Sie einige Regeln zum Umgang mit selbst gebrannten Rohlingen kennen:

» Verwenden Sie ausschließlich Markenrohlinge zum Sichern von Daten. CDs sind dabei im Hinblick auf Datenverlust weniger kritisch als DVDs oder BDs, die intern mit wesentlich geringeren Spurabständen und Toleranzen arbeiten.

» Vermeiden Sie, dass Fingerabdrücke, Kratzer und Staub/Schmutz auf die Unterseite der Rohlinge gelangen. Fassen Sie die Disks zum Einlegen in das Laufwerk bzw. zum Entnehmen nur am Rand an und bewahren Sie die Medien danach in den dafür vorgesehenen Schutzhüllen auf.

» Schützen Sie gebrannte Medien vor UV-Licht, Hitze und aggressiven Flüssigkeiten bzw. Lösungsmitteln. Auch Dämpfe von Lösungsmitteln können die Beschichtung von CDs angreifen.

» Beschriften Sie die Rohlinge vor dem Brennen mit einem speziellen Stift und verzichten Sie möglichst auf das Aufkleben von Labels (da diese den Rohling verziehen können und häufig zu Unwuchten führen).

» Legen Sie niemals Rohlinge, deren innerer Ring mechanische Schäden aufweist, in ein Laufwerk zum Einlesen. Die Umdrehungsgeschwindigkeiten moderner Laufwerke können zur Zerstörung des Mediums mit Folgeschäden am Laufwerk führen.

Eine verschmutzte Unterseite einer CD/DVD lässt sich mit einem weichen, fusselfreien Tuch säubern. Fingerabdrücke lassen sich mit Isopropylalkohol und einem weichen Tuch entfernen.

TIPP

Wenn Sie Dateien auf einen Rohling brennen, sind diese dauerhaft (zumindest solange die Speicherschicht die Daten hält oder solange ein Rewriteable-Medium nicht gelöscht wird) auf der Disk gespeichert. Gibt es Probleme, die Daten von einem optischen Medium zurückzulesen (weil Fehler auftreten)? Mit Programmen wie »IsoBuster« (*http://www.isobuster.com/de/* [gbeh-k12-009]) oder »CDRoller« (*http://www.cdroller.de/* [gbeh-k12-010]) können Sie versuchen, den Inhalt beschädigter optischer Datenträger zu extrahieren und auf die Festplatte zu kopieren.

Beim Brennen von Daten-CDs und -DVDs im Mastered Modus von Windows 7 ist wichtig, dass Sie nach dem Kopieren der Dateien zum DVD-Brenner die Session explizit über die betreffende Schaltfläche des Ordnerfensters brennen. Andernfalls bleiben die Dateien nur im Brenncache von Windows, sind aber noch nicht auf den optischen Datenträger gebrannt. Der Benutzer wird aber durch Windows 7 auf diesen Schritt hingewiesen.

12.3.7 Probleme bei selbst gebrannten Musik-CDs

Brennen Sie (im Rahmen des Urheberrechts) Audio-CDs mit Liedern, die aus verschiedenen Quellen stammen? Nachfolgend finden Sie einige Hinweise auf Probleme und darauf, wie sich diese ggf. umgehen lassen.

Unterschiedliche Lautstärke der Tracks bei Audio-CDs

Ärgern Sie sich, dass die Lautstärke von Musiktracks auf einer selbst zusammengestellten Audio-CD stark schwankt? Sie können dies vor dem Brennen im Windows Media Player über Optionen anpassen lassen.

1. Starten Sie den Windows Media Player und wählen Sie im Menü der Schaltfläche *Organisieren* den Befehl *Optionen*.

2. Wechseln Sie im Eigenschaftenfenster zur Registerkarte *Brennen* (Abbildung 12.6). Markieren Sie dort das Kontrollkästchen *Lautstärkeregelung auf alle Titel anwenden*.

Sobald Sie das Eigenschaftenfenster über die *OK*-Schaltfläche schließen, passt der Windows Media Player die Lautstärke beim Brennen von Audiotracks an.

Übergänge und Pausen stimmen nicht

Sind Ihnen die Pausen zwischen den Tracks zu lang und möchten Sie die Lieder direkt nacheinander abspielen können. Brennprogramme weisen meist eine entsprechende Option auf.

1. Klicken Sie in der Symbolleiste des Windows Media Players auf die Schaltfläche *Organisieren* und wählen Sie im Menü den Befehl *Optionen*.

2. Wechseln Sie im Eigenschaftenfenster zur Registerkarte *Brennen* (Abbildung 12.6). Markieren Sie dort das Kontrollkästchen *CD ohne Unterbrechungen zwischen den Titeln brennen*.

Kapitel 12 • Brennprobleme im Griff

Abbildung 12.6: Anpassen der Audioeigenschaften in Nero Burning ROM

Sobald Sie das Eigenschaftenfenster über die *OK*-Schaltfläche schließen, übernimmt der Windows Media Player die Vorgaben und setzt diese beim Brennen der Audiotracks um.

INFO — Die Option ist standardmäßig im Windows Media Player gesetzt, aber nicht alle Laufwerke unterstützen das lückenlose Brennen. Dem Benutzer wird dann beim Brennvorgang ein Dialogfeld zum Abschalten der Option angezeigt. Sofern die Option also deaktiviert ist, kann es durchaus sein, dass der Brenner diese nicht unterstützt.

Kapitel 13
Sorgenfreie Windows-Administration

In diesem Kapitel geht es um die Verwaltung der Benutzerkonten sowie um Probleme, die bei der Benutzeranmeldung auftreten können.

13.1 Probleme mit der Windows-Anmeldung

Windows 7 stellt eine Anmeldeseite bereit, über die sich Benutzer am eigenen Benutzerkonto anmelden können. Der folgende Abschnitt geht auf Probleme ein, die sich rund um diese Thematik ergeben können.

13.1.1 Windows zeigt keine Anmeldeseite

Standardmäßig zeigt Windows 7 immer die Anmeldeseite, an der sich der Benutzer am eigenen Konto anmelden muss. Falls Sie nach dem Windows-Start sofort zum Desktop gelangen, kann einer der beiden Fälle zutreffen:

» Es existiert nur ein Benutzerkonto unter Windows 7 und diesem ist kein Kennwort zugewiesen. Dann überspringt das Betriebssystem die Anmeldeseite. Kennwortlose Benutzerkonten sollten Sie aber aus Sicherheitsgründen vermeiden.

» Ein Administrator hat eine Autoanmeldung eingerichtet, die beim Start die Anmeldung an einem ausgewählten Benutzerkonto vornimmt. Diese Autoanmeldung ist mit Bordmitteln oder mit Fremdprogrammen möglich.

Sobald mehr als ein Benutzerkonto existiert oder ein Kennwort vergeben wurde, unterbleibt die automatische Anmeldung bei Windows 7. Wird die Anmeldeseite trotzdem übersprungen, kontrollieren Sie, ob eine Autoanmeldung konfiguriert ist.

1. Drücken Sie die Tastenkombination ⊞ + R, um das Dialogfeld *Ausführen* anzuzeigen.

2. Geben Sie im Dialogfeld *Ausführen* den Befehl *control userpasswords2* ein und klicken Sie auf die *OK*-Schaltfläche. Bestätigen Sie anschließend die Sicherheitsabfrage der Benutzerkontensteuerung.

3. Sobald das Eigenschaftenfenster *Benutzerkonten* erscheint (Abbildung 13.1), markieren Sie auf der Registerkarte *Benutzer* das Kontrollkästchen *Benutzer müssen Benutzernamen und Kennwort eingeben*.

Wenn Sie die Registerkarte über die *OK*-Schaltfläche schließen und Windows 7 neu starten, sollte die Anmeldeseite wieder angezeigt werden.

Kapitel 13 • Sorgenfreie Windows-Administration

INFO Falls Sie wieder die automatische Anmeldung benötigen, gehen Sie mit den gleichen Schritten vor, löschen aber die Markierung des Kontrollkästchens *Benutzer müssen Benutzernamen und Kennwort eingeben*. Ein Mausklick auf die *OK*-Schaltfläche öffnet dann ein Dialogfeld, in das der Benutzername sowie das Kennwort für das ausgewählte Konto einzutragen sind. Sobald Sie die Dialogfelder und Registerkarten schließen, werden die Informationen zur automatischen Anmeldung benutzt.

Die automatische Anmeldung kann auch über das Programm *Autologon* der Sysinternals-Suite (*http://technet.microsoft.com/de-de/sysinternals/default.aspx* [gbeh-k13-001]) erfolgen. Das Tool stellt ein Dialogfeld mit Feldern zur Eingabe des Autoanmeldekennworts und Schaltflächen zum Aktivieren/Deaktivieren der Autoanmeldung bereit. Intern greift das Tool auf die gleichen Windows 7-Einstellungen wie *userpasswords2* zu.

Abbildung 13.1: Autoanmeldung konfigurieren

13.1.2 Die schnelle Benutzerumschaltung klappt nicht mehr

Windows 7 ermöglicht eine schnelle Benutzerumschaltung zu anderen Konten. Die Funktion lässt sich über den Befehl *Benutzer wechseln* im Menü der *Herunterfahren*-Schaltfläche des Startmenüs aufrufen (Abbildung 13.2). Das Besondere bei der schnellen Benutzerumschaltung ist, dass die laufenden Anwendungen des aktuellen Benutzerkontos bei der Abmeldung geladen bleiben. Meldet sich der Benutzer später erneut unter seinem Konto an, kann er nahtlos mit den laufenden Programmen weiterarbeiten. Klappt die schnelle Benutzerumschaltung nicht mehr, weil der Befehl gesperrt ist?

Probleme mit der Windows-Anmeldung

Abbildung 13.2: Schnelle Benutzerumschaltung

1. Tippen Sie *Regedit* in das Suchfeld des Startmenüs ein und drücken Sie die Tastenkombination [Strg] + [⇧] + [↵].

2. Bestätigen Sie die Sicherheitsabfrage der Benutzerkontensteuerung und warten Sie, bis der Registrierungs-Editor gestartet ist.

3. Navigieren Sie in der linken Spalte des Registrierungs-Editors zum Schlüssel *HKEY_LOCAL_MACHINE\SOFTWARE\Microsoft\Windows\CurrentVersion\Policies\ System* und klicken Sie den Unterschlüssel *System* an.

4. Kontrollieren Sie, ob in der rechten Spalte des Registrierungs-Editors der DWORD-Wert *HideFastUserSwitching* enthalten ist, und setzen Sie diesen auf 0.

Alternativ können Sie den Wert *HideFastUserSwitching* auch komplett löschen. Nach dem Beenden des Registrierungs-Editors sollte spätestens nach der nächsten Benutzeranmeldung der Menübefehl *Benutzer wechseln* wieder anwählbar sein.

13.1.3 In der Anmeldeseite fehlen Benutzerkonten

Windows blendet auf der Anmeldeseite alle aktivierten Benutzerkonten mit ihren Symbolen und Namen ein. Der Benutzer kann dann den Namen anklicken und erhält, spätestens nach der Kennworteingabe, Zugriff auf dieses Konto. Fehlt bei Ihnen in der Anmeldeseite ein Benutzerkonto, obwohl dieses in der Benutzerverwaltung angezeigt wird?

1. Tippen Sie *Regedit* in das Suchfeld des Startmenüs ein und drücken Sie die Tastenkombination [Strg] + [⇧] + [↵]. Bestätigen Sie die Sicherheitsabfrage der Benutzerkontensteuerung und warten Sie, bis der Registrierungs-Editor gestartet ist.

2. Navigieren Sie in der linken Spalte des Registrierungs-Editors zum Schlüssel *HKEY_LOCAL_MACHINE\SOFTWARE\Microsoft\Windows NT\CurrentVersion\ Winlogon* und kontrollieren Sie dessen Einträge.

Bei Anwahl des Schlüssels sollte ein Unterzweig *SpecialAccounts\UserList* zu finden sein. In diesem Unterschlüssel finden Sie für jedes ausgeblendete Benutzerkonto einen DWORD-Wert mit dem Kontennamen und dem Wert 0. Ändern Sie den Wert von 0 auf 1 oder löschen den DWORD-Eintrag, sollte das Konto nach der Abmeldung wieder auf der Willkommenseite angezeigt werden.

Keine Anmeldung wegen fehlender Benutzerkonten im Willkommen-Dialog

Startet Windows zwar und zeigt die Anmeldeseite, es werden aber dort keinerlei Benutzerkonten angezeigt? Dann hat jemand diese Konten mit einem Eingriff in die Registrierung von der Anzeige ausgeschlossen. Vordergründig ist dann auch keine Anmeldung mehr möglich, da Sie ja kein Kontensymbol zum Anklicken finden.

Dann hilft nur noch eine Notlösung: Starten Sie Windows im abgesicherten Modus. Das erweiterte Bootmenü zum Aufruf dieses Modus erscheint, wenn Sie beim Neustart die Funktionstaste [F8] drücken. Im abgesicherten Modus sollte die Anmeldeseite das Konto *Administratoren* anzeigen. Sofern Sie die Kennwörter nicht angepasst haben, ist für dieses Konto kein Kennwort vergeben. Nach der erfolgreichen Anmeldung im abgesicherten Modus führen Sie die Schritte im vorherigen Abschnitt aus, um die Registrierungseinträge im Schlüssel *HKEY_LOCAL_MACHINE\AOFTWARE\Microsoft\Windows NT\CurrentVersion\Winlogon\Special Accounts\UserList* zu bereinigen. Nach einem Neustart sollten die Benutzerkonten wieder angezeigt werden.

TIPP Haben Sie alle Administratorkonten ausgeblendet, lässt sich im Registrierungs-Editor nicht mehr auf den Schlüssel *HKEY_LOCAL_MACHINE* schreibend zugreifen. Können Sie sich noch unter einem Standardbenutzerkonto anmelden? Der unter Windows 7 verfügbare Befehl *Als Administrator ausführen* lässt sich dann nicht mehr zum Aufruf des Registrierungs-Editors einsetzen, da auch dort das Administratorkonto fehlt. Sie können in Windows 7 aber die Tastenkombination [⊞]+[R] drücken und dann den Befehl *runas /user:xxx\name cmd.exe* in das Dialogfeld *Ausführen* eingeben. Die Zeichen *xxx\name* stehen für den Rechnernamen und den Namen des Administratorkennworts (z.B. *Rom\BornAdmin*). Der Befehl öffnet die Eingabeaufforderung mit Administratorrechten. Geben Sie dann den Befehl *cd..* ein (die zwei Punkte nach *cd* sind wichtig!), lässt sich anschließend der Registrierungs-Editor *regedit.exe* in der Befehlszeile aufrufen. Sie erhalten Zugriffsrechte auf die Registrierung und können den oben beschriebenen Wert in *UserList* auf 1 setzen.

13.1.4 Keine Anmeldung unter Windows möglich

Klappt die Anmeldung an Windows plötzlich nicht mehr? Zeigt Windows einen Hinweis auf der Anmeldeseite, dass das Kennwort falsch ist? Hierfür gibt es verschiedene Ursachen:

» Vielleicht haben Sie das Kennwort falsch eingetippt. Achten Sie bei der Kennworteingabe auf die Groß-/Kleinschreibung. Klappt die Eingabe nicht, prüfen Sie an der Tastatur, ob die Caps-Lock-Anzeige leuchtet (bei Funktastaturen ist die Anzeige ggf. am Empfangsteil zu finden). Dann haben Sie irrtümlich die Taste [⇧] gedrückt und so die Tastatur auf Großschreibung umgestellt. Drücken Sie die Taste erneut, um diesen Modus abzuschalten. Bei Notebooks kann auch eine gedrückte [Fn]-Taste zu Anmeldefehlern führen.

» Vielleicht hat ein anderer Benutzer das Kennwort bewusst oder heimlich geändert. Oder Sie haben das Kennwort vergessen. In diesem Fall bitten Sie einen Benutzer mit Administratorrechten, das Kennwort für Ihr Benutzerkonto zurückzusetzen. Das Umsetzen von Kennwörtern über ein Administratorkonto wird weiter unten beschrieben.

» Sind Sie der einzige Benutzer am System und ist kein weiteres Administratorkonto vorhanden bzw. Sie haben sich vom Administratorkonto ausgesperrt? In diesem Fall hilft die Verwendung eines Kennwortrücksetzdatenträgers (siehe auch den Abschnitt »Hilfe, ich hab mein Benutzerkennwort vergessen« ab Seite 518) beim Zurücksetzen des Kennworts.

Existiert kein Kennwortrücksetzdatenträger und Sie haben gerade erst das Kennwort des Administratorkontos geändert? Starten Sie Windows durch Drücken der Funktionstaste F8 im abgesicherten Modus und versuchen Sie, ob Sie sich am Konto *Administrator* anmelden können.

Klappt die Anmeldung auch im abgesicherten Modus nicht, hilft nur noch ein Radikalansatz. Booten Sie den Rechner mit dem Systemreparaturdatenträger oder der Windows 7-Setup-DVD und führen Sie anschließend eine Systemwiederherstellung vor dem Zeitpunkt der Kennwortänderung durch. Das Booten mit dem Systemreparaturdatenträger oder der Aufruf des Computerreparaturmodus ist in Kapitel 1 im Abschnitt »Windows-Reparatur bei beschädigten Startdateien« beschrieben. Der Einsatz der Systemwiederherstellung wird in Kapitel 1 im Abschnitt »Verwenden der Wiederherstellungstools« besprochen.

INFO

Wenn Sie sicher sind, dass das Kennwort korrekt eingegeben wurde, kann es ggf. noch sein, dass ein Administrator den Zugang für das Benutzerkonto zeitlich limitiert hat. Dies lässt sich beispielsweise in der Eingabeaufforderung mit dem *net*-Befehl oder in der Systemsteuerung über den Jugendschutz einstellen. Mit *net user Tim /times:Mo-Fr, 8-17;Sa,12* kann sich der Benutzer »Tim« nur Montag bis Freitag von 8:00 Uhr bis 17:00 Uhr anmelden. Samstags ist die Anmeldung ab 12 Uhr möglich, endet aber um 23:59 Uhr. Eine Übersicht über Zugangszeiten eines Kontos lässt sich von Administratoren über *net user name* abrufen, wobei *name* der Name des Benutzerkontos ist. Ein Administrator kann mit *net user name /times:all* eine zeitlich nicht limitierte Anmeldung einrichten.

13.1.5 Anmeldung wegen defekten Benutzerprofils unmöglich

Klappt die Anmeldung an einem Benutzerkonto über die Anmeldeseite nicht mehr, weil Windows nach Eingabe des Benutzerkennworts hängt? Meldet Windows 7, dass Sie an einem temporären Profil angemeldet werden, weil das Benutzerprofil kaputt ist? In diesem Fall sind Registrierungseinträge oder Dateien am Benutzerprofil des gewählten Benutzerkontos defekt. In diesem Fall gibt es mehrere Strategien, dieses Problem zu beheben.

Am einfachsten ist der Ansatz, sich an einem Administratorkonto anzumelden und die Benutzerdateien des defekten Benutzerkontos zu sichern. Anschließend ist das Benutzerkonto zu löschen. Danach kann der Administrator ein neues Benutzerkonto anlegen.

Ist das Profil des einzigen Administratorkontos beschädigt, haben Sie allerdings ein Problem: Sie können sich zwar unter einem anderen Standardbenutzerkonto anmelden. Dort gibt es aber keine Möglichkeit, weitere Benutzerkonten anzulegen, da dies administrative Berechtigungen erfordert. Bei einem defekten Administratorkonto wird aber die Benutzerkontensteuerung nicht mehr funktionieren. In diesem Fall können Sie höchstens den Rechner mit dem Systemreparaturdatenträger oder der Windows 7-Setup-DVD booten, in die Computerreparaturoptionen gehen und dann eine Systemwiederherstellung durchführen (siehe Kapitel 1). Mit etwas Glück finden Sie einen Wiederherstellungspunkt, bei dem die Registrierungseinstellungen und die Profildateien des Administratorkontos noch unbeschädigt sind.

INFO Unter *http://www.borncity.com/blog/2010/11/24/anmeldung-scheitert-wegen-defektem-benutzerprofil/* [gbeh-k13-002] finden Sie einen Blogbeitrag, in dem ich für erfahrene Administratoren weitere Ansätze beschreibe, um ein defektes Benutzerprofil zu reparieren.

13.2 Administration der Benutzerkonten

Administratoren können Benutzerkonten verwalten und bei vergessenen Kennwörtern weiterhelfen. Zudem kann ein Administrator auf Dateien anderer Benutzer zugreifen und diese ggf. wieder für alle zugreifbar machen. Der folgende Abschnitt erläutert, wie Sie bestimmte Probleme mit der Benutzerkontenverwaltung korrigieren können.

13.2.1 Der MSBA meldet unsichere Konten

Haben Sie das in Kapitel 9 im Abschnitt »Wie prüfe ich die Sicherheit« erwähnte Programm MSBA (Microsoft Security Baseline Analyzer) ausgeführt und meldet dieses unsichere Benutzerkonten? Als Administrator können Sie sehr viel zur Sicherheit von Windows tun. So kann Windows mehrere Benutzerkonten verwalten, in denen Benutzereinstellungen, Zugriffsberechtigungen etc. abgelegt werden. Dadurch wird verhindert, dass Benutzer u.U. unabsichtlich bzw. unbefugt Dateien oder Konfigurationen ändern. Bezüglich der Benutzerkonten unterscheidet Windows zwischen zwei Typen:

» *Administratorkonten*: Dieser Kontentyp ist für Personen vorgesehen, die den Rechner verwalten. Administratoren können systemweite Funktionen, Programme und Hardwaretreiber installieren/deinstallieren oder Systemanpassungen vornehmen. Administratoren erhalten auch Zugriff auf die Dateien aller Benutzer der lokalen Maschine und können alle Benutzerkonten des lokalen Rechners verwalten (Konten anlegen, ändern oder löschen). Die Benutzerkontensteuerung von Windows 7 erwartet bei den angezeigten Sicherheitsabfragen, dass diese über ein Administratorkonto bestätigt werden.

» *Standardbenutzer*: Dieser Kontentyp ist für normale Benutzer vorgesehen, damit diese mit dem System arbeiten können. Standardbenutzer können nur das eigene Konto verwalten, z. B. Kennwort oder Kontenbild ändern, mit eigenen Dateien arbeiten und auf gemeinsame Dateien (Ordner *Öffentliche Dokumente* etc.) aller Benutzer zugreifen. Rufen Sie unter Windows Funktionen auf, die administrative Berechtigungen erfordern, erscheint der Sicherheitsdialog der Benutzerkontensteuerung. Ohne Kennwort eines Administratorkontos lässt sich die Funktion nicht ausführen.

Neben den beiden obigen Kontentypen gibt es in Windows 7 noch zwei spezielle Konten. Das Konto *Gast* besitzt die niedrigsten Benutzerrechte und lässt sich über die Benutzerverwaltung nur aktivieren oder deaktivieren. Sie können sich unter diesem Konto (sofern es aktiviert wurde) nur anmelden. Das Gastkonto ist mit keinem Kennwort ausgestattet. Bei der Installation wird noch ein Konto mit dem Namen *Administrator* eingerichtet. Dieses Konto ist bei Windows 7 aber deaktiviert. Nur wenn kein Administratorkonto mehr existiert, gibt Windows das Konto *Administrator* frei. Für den praktischen Einsatz können Sie aber beide Konten ignorieren, da sie letztendlich nicht benötigt werden.

INFO

Als Administrator sollten Sie für jeden Benutzer ein separates Standardbenutzerkonto einrichten und dieses auch mit einem Kennwort absichern. Weiterhin sollte es nur ein per Kennwort abgesichertes Administratorkonto auf dem System geben, welches zur Verwaltung des Rechners dient. Als Administrator können Sie jederzeit die Benutzerkonten und deren Eigenschaften anpassen (siehe folgende Seiten). Um auf die Benutzerverwaltung zuzugreifen, reicht es, das Startmenü zu öffnen und dann auf das Kontenbild zu klicken. Alternativ können Sie über das Startmenü die Systemsteuerung aufrufen und dann das Symbol *Benutzerkonten* anwählen.

Benutzern eingeschränkter Konten gestattet Windows nur den Zugriff auf die Daten des eigenen Kontos. Der Anwender kann das eigene Kontenbild sowie das eigene Kennwort ändern. Benutzer, die an Administratorkonten angemeldet sind, erhalten über Optionen im Fenster der Benutzerverwaltung Zugriff auf alle auf dem Rechner definierten Benutzerkonten.

13.2.2 Ich kann den Kontotyp nicht ändern

Möchten Sie die Kontenberechtigung eines Kontos einschränken, wissen aber nicht so genau, wie das funktioniert? In diesem Fall gehen Sie so vor:

1. Tippen Sie in das Suchfeld des Startmenüs »Benutzer« ein und wählen Sie den Befehl *Benutzerkonten* an.

2. Klicken Sie danach auf der Seite *Benutzerkonten* auf den Befehl *Anderes Konto verwalten* und bestätigen Sie dann die Sicherheitsabfrage der Benutzerkontensteuerung.

3. Klicken Sie auf der Folgeseite mit der Kontenübersicht auf das Bild des Benutzerkontos und warten Sie, bis das Folgeformular erscheint. Im Folgeformular klicken Sie auf den Hyperlink *Kontotyp ändern*.

4. Markieren Sie auf der Folgeseite (Abbildung 13.3) das Optionsfeld mit dem Kontotyp und klicken Sie auf die Schaltfläche *Kontotyp ändern*.

Windows setzt den Kontotyp sofort um, und die Änderung wird nach der nächsten Anmeldung wirksam.

Abbildung 13.3: Kontotyp in der Benutzerverwaltung ändern

13.2.3 Konten anlegen und löschen

Das Anlegen eines Benutzerkontos ist für Administratoren in der Benutzerverwaltung mit wenigen Mausklicks erledigt:

1. Tippen Sie »Benutzer« in das Suchfeld des Startmenüs ein, wählen Sie den Befehl *Benutzerkonten hinzufügen/entfernen* und bestätigen Sie die Sicherheitsabfrage der Benutzerkontensteuerung.

2. Klicken Sie im Fenster *Konten verwalten* auf den Hyperlink *Neues Konto erstellen*. Anschließend geben Sie in das Folgeformular einen Namen für das Konto an (dies kann z.B. der Vorname der Person sein).

3. Markieren Sie eines der Optionsfelder *Standardbenutzer* oder *Administrator*, um den Kontotyp festzulegen (Abbildung 13.4).

Nach einem Klick auf die Schaltfläche *Konto erstellen* legt Windows das neue Konto an. Sie haben anschließend die Möglichkeit, die Optionen dieses Kontos (Bild, Anmeldekennwort, Kontotyp) über die Hyperlinks der Folgeseite zu ändern.

Administration der Benutzerkonten

Abbildung 13.4: Konto anlegen

Beim Anlegen des Kontos wird dies nur intern in der Benutzerverwaltung vermerkt. Die benutzerspezifischen Ordner für Startmenü, Desktop, Benutzerordner etc. werden erst bei der ersten Anmeldung des betreffenden Benutzers erzeugt. Dabei wird auch der Name des Benutzerkontos zur Benennung des Profilordners verwendet. Ändern Sie später den Namen eines Benutzerkontos, bleibt der ursprüngliche Name im System erhalten (d.h., der Name des Profilordners wird nicht geändert). Dies sollten Sie berücksichtigen, wenn Sie später vielleicht den Profilordner des Kontos »Hans« im Zweig *C:\Benutzer* suchen, das Konto ursprünglich aber mit »Test« benannt war. Dann heißt der Pfad zum Benutzerprofil weiterhin *C:\Benutzer\Test*.

INFO

Wird ein Benutzerkonto nicht mehr benötigt (z.B. weil es einen Benutzer nicht mehr gibt)? Dann sollten Sie das Konto vom Rechner entfernen. Hierzu sind folgende Schritte durchzuführen:

1. Melden Sie sich unter dem betreffenden Konto an und kopieren Sie den Inhalt des Benutzerordners in den Ordner *Öffentliche Dokumente* (bzw. in die korrespondierenden Unterordner). Alternativ können Sie das Kopieren der Dateien auch unter einem Administratorkonto vornehmen.

Dies stellt sicher, dass die Dateien, die unter dem zu löschenden Benutzerkonto angelegt wurden, erhalten bleiben und auch durch andere eingeschränkte Benutzer über den Ordner *Gemeinsame Dokumente* bzw. *Öffentlich* zugreifbar sind. Zum Löschen des Benutzerkontos führen Sie nun die folgenden Schritte aus:

2. Tippen Sie »Benutzer« in das Suchfeld des Startmenüs ein, wählen Sie den Befehl *Benutzerkonten hinzufügen/entfernen* und bestätigen Sie die Sicherheitsabfrage der Benutzerkontensteuerung.

3. Klicken Sie im Fenster der Benutzerverwaltung auf das Symbol des zu löschenden Kontos und wählen Sie auf der Folgeseite den Befehl *Konto löschen*.

4. Klicken Sie auf der Folgeseite (Abbildung 13.5) auf die Schaltfläche *Dateien löschen*. Sollen die Daten erhalten bleiben, wählen Sie *Dateien behalten* und klicken im nächsten Schritt auf die Schaltfläche *Konto löschen*.

Die Schaltfläche *Dateien löschen* entfernt die Profilordner vom Systemlaufwerk. Der zugehörige Speicherplatz wird auf der Festplatte freigegeben.

Abbildung 13.5: Dateien beim Löschen eines Benutzerkontos entfernen

INFO Haben Sie vor dem Entfernen eines Benutzerkontos vergessen, die Benutzerdateien zu sichern, und daher auf der Formularseite zum Löschen des Kontos die Schaltfläche *Dateien beibehalten* gewählt? Dann bleiben die Dateien erhalten, es können aber nur an Administratorkonten angemeldete Benutzer auf diese Dateien zugreifen und die Ordner ggf. löschen! Sollen auch Standardbenutzer auf diese Dateien zugreifen können? Kopieren Sie die Ordner mit den Benutzerdaten, die sich im Zweig *Benutzer\xxxx* befinden, unter einem Administratorkonto in den Ordner *Öffentliche Dokumente*. Windows setzt dann automatisch die Zugriffsberechtigungen für das NTFS-Dateisystem so um, dass ein gemeinsamer Zugriff von allen Konten möglich ist.

13.2.4 Hilfe, ich hab mein Benutzerkennwort vergessen

Hat ein Benutzer sein Kennwort für das Benutzerkonto vergessen? Ein Administrator besitzt die Möglichkeit, ein Kennwort für andere Konten festzulegen, ohne das Kontokennwort zu kennen.

1. Rufen Sie (über die Systemsteuerung oder das Schnellsuchfeld des Startmenüs) das Fenster *Benutzerkonten* auf. Anschließend wählen Sie den Befehl *Anderes Konto verwalten* und bestätigen die Sicherheitsabfrage der Benutzerkontenabfrage.

2. Wählen Sie das betreffende Konto im Fenster *Benutzerkonten* an und klicken Sie dann auf der Folgeseite auf den Befehl *Kennwort ändern*.

3. In ein Formular sind dann das neue Kennwort, die Kennwortbestätigung und der Kennworthinweis einzutragen (Abbildung 13.6). Sobald die Schaltfläche *Kennwort ändern* betätigt wird, setzt Windows den Eintrag um.

Administration der Benutzerkonten

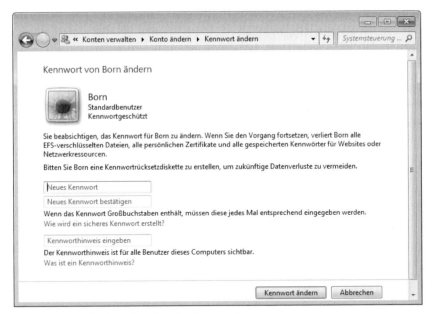

Abbildung 13.6: Ändern eines Benutzerkennworts

Der Benutzer kann sich anschließend unter dem neuen Kennwort anmelden. Leider gehen bei dieser Aktion alle Sicherheitszertifikate verloren, und verschlüsselte Dateien lassen sich nicht mehr vom betreffenden Benutzer lesen.

Eine Kennwortrücksetzdiskette hilft bei vergessenem Kennwort weiter

Als Administrator sollten Sie tunlichst Ihr Kennwort nicht vergessen! Andernfalls sperren Sie sich von der Systemverwaltung aus. Aber auch ein vergessenes Kennwort ist bei anderen Benutzerkonten unschön, da ein Administrator tätig werden muss. Zudem werden beim Zurücksetzen des Kennworts durch den Administrator Zertifikate für verschlüsselte Dateien ungültig. Vor diesem Übel schützt ein Kennwortrücksetzdatenträger (dies kann ein USB-Stick oder eine Flash-Speicherkarte sein). Haben Sie das Kennwort für ein Benutzerkonto vergessen, und existiert für dieses Konto ein Kennwortrücksetzdatenträger? Dann ist ein vergessenes Kennwort kein Problem mehr, Sie können das Konto auch als Anwender eingeschränkter Konten selbst zurücksetzen (sofern der Rechner über ein Wechselmedium wie Diskettenlaufwerk, USB-Stick, Speicherkartenleser etc. verfügt).

1. Starten Sie Windows und warten Sie, bis die Willkommenseite mit der Kontenübersicht zur Anmeldung erscheint. Legen Sie das Medium mit dem Kennwortrücksetzdatenträger in das Laufwerk ein oder schließen Sie einen USB-Stick mit den Rücksetzinformationen an.

2. Klicken Sie auf das Symbol des Benutzerkontos und tippen Sie als Kennwort einen beliebigen Begriff ein. Bestätigen Sie über die Anmeldeschaltfläche mit dem nach rechts zeigenden Pfeil.

3. Es erscheint eine Fehlerseite mit dem Hinweis auf ein falsches Kennwort, die Sie über die *OK*-Schaltfläche wegklicken. Dann können Sie den unterhalb des Kennworteingabefelds sichtbaren Hyperlink *Kennwort zurücksetzen* anklicken (Abbildung 13.7).

4. Windows startet einen Assistenten, in dem Sie über die Schaltfläche *Weiter* zwischen den Dialogschritten wechseln. Sie können dann den Kennwortrücksetzdatenträger wählen. In einem Dialogfeld werden Sie aufgefordert, ein neues Kennwort samt Bestätigung und einem Hinweis zur Erinnerung einzugeben.

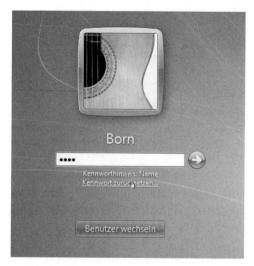

Abbildung 13.7: Kennwort zurücksetzen

Sobald die Schaltfläche *Fertig stellen* erscheint, ist das Kennwort für das Konto auf die Eingabe umgesetzt. Gleichzeitig bleiben die Zertifikate für das Benutzerkonto gültig und weiter benutzbar. Sie können sich dann mit diesem neuen Kennwort am Benutzerkonto anmelden. Der Kennwortrücksetzdatenträger bleibt übrigens auch nach dem Zurücksetzen des Kennworts über die Dialogfelder des Assistenten verwendbar.

13.2.5 Einen Kennwortrücksetzdatenträger erstellen

Gegen vergessene Kennwörter schützt ein Kennwortrücksetzdatenträger, der von jedem Benutzer (auf einem USB-Stick oder einer Flash-Speicherkarte) erstellt werden kann. Das Medium enthält die Anmeldeinformationen in verschlüsselter Form und ermöglicht das Entsperren des Benutzerkontos bei vergessenem Kennwort.

1. Zum Erstellen des Kennwortrücksetzdatenträgers stöpseln Sie einen USB-Stick an eine USB-Buchse an oder legen einen leeren und formatierten Datenträger in den Speicherkartenleser ein.

Administration der Benutzerkonten

2. Öffnen Sie das Startmenü und klicken Sie in der rechten Spalte auf das am oberen Rand sichtbare Kontenbild, um die Seite *Änderungen am eigenen Konto durchführen* (Abbildung 13.8, Hintergrund, links) aufzurufen.

3. Klicken Sie links in der Aufgabenspalte des Fensters auf den Befehl *Kennwortrücksetzdiskette erstellen* (Abbildung 13.8, Hintergrund, links) und bestätigen Sie im angezeigten Dialogfeld des Assistenten die Schaltfläche *Weiter*.

4. Wählen Sie im Dialogfeld *Kennwortrücksetzdatenträger erstellen* (Abbildung 13.8, Hintergrund, Mitte) das Laufwerk zum Speichern der Rücksetzinformationen aus und klicken Sie erneut auf die *Weiter*-Schaltfläche.

5. Geben Sie im Dialogschritt *Aktuelles Benutzerkontokennwort* Ihr Kennwort ein (Abbildung 13.8, oben rechts) und klicken Sie auf *Weiter*.

6. Sobald der Assistent meldet, dass der Kennwortrücksetzdatenträger erstellt wurde, klicken Sie auf die *Fertig stellen*-Schaltfläche.

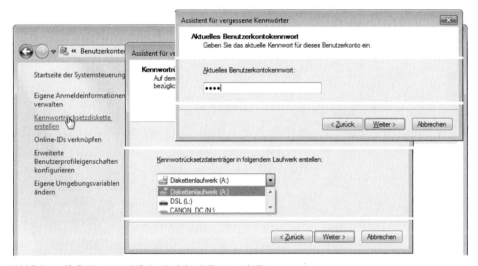

Abbildung 13.8: Kennwortrücksetzdatenträger erstellen

Der Assistent wird beendet, und Sie können das Medium dem Laufwerk entnehmen, ggf. beschriften und an einem sicheren Ort aufbewahren. Das Medium enthält die Datei *userkey.psw* mit den Rücksetzinformationen. Um das Löschen dieser Datei zu verhindern, sollten Sie das Medium nicht für andere Aufgaben verwenden.

Kapitel 14
Anwendungsprobleme kurieren

Neben Windows sind auf vielen Systemen Microsoft Office sowie diverse Anwendungsprogramme installiert. Dieses Kapitel enthält einige Hinweise, wie Sie Probleme in den Einzelanwendungen von Microsoft Office bzw. in einigen anderen Anwendungsprogrammen selbst beheben können.

14.1 Probleme mit Microsoft Office

Ist Microsoft Office auf Ihrem System installiert, und haben Sie nun Probleme mit dem Paket? Oder treten bereits bei der Installation Schwierigkeiten auf? Der folgende Abschnitt geht auf einige dieser Probleme ein.

14.1.1 Teile von Office scheinen beschädigt zu sein

Gibt es Probleme mit einzelnen Funktionen von Microsoft Office oder funktioniert manches nicht mehr? Vielleicht ist die Office-Installation beschädigt (z.B. Dateien wurden gelöscht oder überschrieben). Sie können Microsoft Office 2007 und die nachfolgenden Versionen automatisch reparieren lassen:

1. Öffnen Sie die Systemsteuerung über den entsprechenden Startmenübefehl und klicken Sie auf den Hyperlink *Programme deinstallieren* (Abbildung 14.1, Hintergrund, links).

2. Suchen Sie im Dialogfeld *Programme und Funktionen* (Abbildung 14.1, unten) den Eintrag für die installierte Office-Version und markieren Sie diesen mit einem Mausklick.

3. Anschließend wählen Sie die oberhalb der Programmliste sichtbar Schaltfläche *Ändern* und bestätigen die ggf. angezeigte Abfrage der Benutzerkontensteuerung.

4. Warten Sie, bis das Dialogfeld des Installationsassistenten erscheint (Abbildung 14.1, oben rechts), markieren Sie das Optionsfeld *Reparieren* und klicken Sie auf die Schaltfläche *Weiter*.

Beachten Sie, dass die Dialogfelder des Installationsassistenten, abhängig von der Office-Version, ein etwas unterschiedliches Aussehen haben. Je nach Office-Version erscheint ein Dialogfeld mit Schaltflächen zum Installieren, Hinzufügen von Funktionen oder Reparieren. Wählen Sie die Option zum Neuinstallieren oder Reparieren von Office. Der Assistent fordert ggf. das Microsoft Office-Installations-

Kapitel 14 • Anwendungsprobleme kurieren

medium an, erneuert die beschädigten bzw. benötigten Office-Dateien und repariert auch die Registrierungseinträge.

INFO Hilft diese Reparatur nicht, sollten Sie ggf. das komplette Office-Paket deinstallieren und danach neu einrichten. Achten Sie dann aber darauf, dass Sie auch die zwischenzeitlich von Microsoft herausgegebenen Service Packs erneut installieren müssen. Microsoft Word können Sie ggf. auch mit dem Befehl *winword.exe /r* reparieren lassen. Die Option /r ruft ebenfalls den Konfigurationsassistenten auf, der das Programm neu registriert.

Informationen zu den Startoptionen älterer Versionen von Microsoft Office finden Sie auf der Webseite *http://support.microsoft.com/kb/210565/de* [gbeh-k14-005]. Die Startoptionen von Word 2010 sind unter *http://office.microsoft.com/de-at/word-help/anpassen-der-startoptionen-von-word-HP005189219.aspx* [gbeh-k14-006] beschrieben.

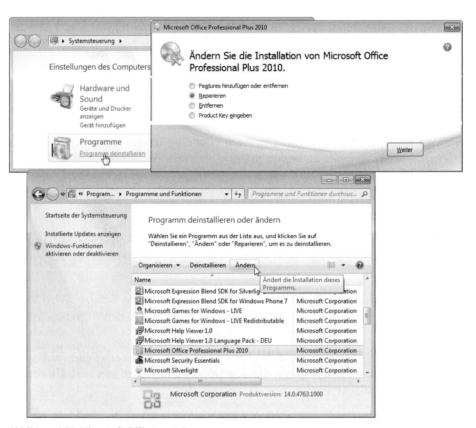

Abbildung 14.1: Microsoft Office reparieren

14.1.2 Microsoft Office macht bei der Installation Probleme

Bei der Installation von Microsoft Office kommt es gelegentlich zu einigen Problemen, die das erfolgreiche Einrichten der einzelnen Anwendungen verhindern.

Nachfolgend werden einige dieser Probleme und deren Ursachen behandelt. Bricht das Office-Setup mit einer Fehlermeldung unter Windows ab und verweigert die Installation?

» Sofern die Installationsmedien beschädigt sind, versuchen Sie, diese in einen lokalen Ordner der Festplatte zu kopieren, und rufen das Setup aus diesem Ordner erneut auf.

» Haben Sie das Office-Paket von Microsoft heruntergeladen, und ist dieser Download defekt? Versuchen Sie, den Download erneut auszuführen, und testen Sie anschließend, ob sich der Installer starten lässt.

» Wird beim Setup eine Fehlermeldung angezeigt, rufen Sie die Webseite *http://support.microsoft.com* [gbeh-k14-001] auf und geben die Fehlermeldung (ggf. in Kombination mit Stichworten wie »Office 2010 Fehler«) in das Suchfeld ein. Microsoft hat eine Reihe von Fehlerberichten zu diversen Installationsproblemen auf seinen Webseiten veröffentlicht.

Ist das Installationsmedium in Ordnung und liefern die Microsoft-Supportseiten keine Hinweise, können verschiedene Ursachen für die Installationsprobleme vorliegen. Beachten Sie bei der Installation folgende Punkte:

» Deaktivieren Sie für die Zeitdauer der Installation alle laufenden Programme und auch residente Tools wie Virenscanner.

» Achten Sie auch darauf, dass keine weiteren Benutzer unter anderen Konten auf dem Rechner angemeldet sind.

» Bei Windows 7 sollten Sie Microsoft Office ab der Version 2003 (besser Microsoft Office 2010) installieren.

» Bei Microsoft Office 2003 wählen Sie den benutzerdefinierten Installationsmodus und verzichten versuchsweise auf die Installation von Microsoft Outlook.

Ein guter Ansatz ist auch, die Internetseite *http://support.microsoft.com/search* [gbeh-k14-002] aufzurufen und in das Suchfeld Begriffe wie »Office«, die Version und Stichwörter wie »Probleme« etc. einzugeben. Microsoft hat in seiner Knowledge Base Antworten zu den häufigsten Installationsproblemen bei Microsoft Office veröffentlicht.

INFO Hinweise zu Problemen mit älteren Microsoft Office-Versionen finden Sie unter *http://www.borncity.com/blog/2010/02/28/microsoft-office-lsst-sich-nicht-installieren/* [gbeh-k14-003]. Für Microsoft Office 2010 sind unter *http://www.borncity.com/blog/2010/04/27/microsoft-office-2010-tipps-zur-installation/* [gbeh-k14-004] weitere Informationen zur Anpassung verfügbar.

14.1.3 Office lässt sich nicht deinstallieren

Gibt es Probleme mit der Installation und dem Betrieb von Microsoft Office und hilft eine Reparatur nicht, kann eine Deinstallation (ggf. mit anschließender Neuinstallation) ins Auge gefasst werden. Standardmäßig können Sie Microsoft Office über die Systemsteuerung deinstallieren.

1. Klicken Sie in der Systemsteuerung auf den Hyperlink *Programm deinstallieren*.

2. Wählen Sie im Dialogfeld *Programme und Funktionen* den Eintrag des Office-Pakets und klicken Sie auf die oberhalb der Programmliste eingeblendete Schaltfläche *Deinstallieren* (Abbildung 14.1, unten, Seite 524).

Ein Assistent führt Sie durch die Schritte zum Entfernen der Office-Dateien. Allerdings gibt es gelegentlich das Problem, dass Installationsreste von Microsoft Office im System zurückbleiben. Microsoft stellt auf der Webseite *http://support.microsoft.com/kb/290301/de* [gbeh-k14-007] Fix it-Lösungen zum Entfernen diverser Office-Versionen bereit. Es reicht, das betreffende Fix it-Paket herunterzuladen und dann unter Windows auszuführen.

14.1.4 Bestimmte Office-Funktionen weisen Fehler auf

Stellen Sie beim Arbeiten mit Microsoft Office fest, dass die einzelnen Anwendungen Fehler aufweisen? Werden beispielsweise Bilder in Office 2003-Dokumenten, die in früheren Office-Versionen erstellt wurden, gespiegelt dargestellt (siehe *http://support.microsoft.com/kb/312838* [gbeh-k14-008])? Oder gibt es andere Fehler? Die bisherigen Office-Versionen wiesen in den ersten Releases mehr oder weniger gravierende Fehler auf, die durch die Installation der von Microsoft herausgegebenen Service Packs korrigiert werden. Gehen Sie zur Internetseite *http://office.microsoft.com/de-de/downloads/* [gbeh-k14-009] und sehen Sie nach, ob es dort Updates oder Service Packs für die von Ihnen verwendete Office-Version gibt. Alternativ können Sie Windows Update verwenden, um auch die Microsoft Office-Installation zu aktualisieren. Weiterhin können Sie zur Seite *http://support.microsoft.com/search/* [gbeh-k14-002] gehen und dort in das Suchfeld die Fehlerbeschreibung (z.B. »Word 2003 Bild einfügen«) eingeben. In den meisten Fällen werden Ihnen verschiedene Artikel zu bekannten Problemen angeboten.

INFO Einen Überblick, was bei Ihrer Office-Version an Service Packs installiert ist, erhalten Sie, indem Sie in Word oder Excel (bis zur Version 2003) den Befehl *Info* im Menü *?* wählen. In Word 2007 bzw. Excel 2007 öffnen Sie das Menü der Office-Schaltfläche und wählen anschließend die Schaltfläche *Word-Optionen* bzw. *Excel-Optionen* am unteren rechten Menürand an. Dann klicken Sie im Optionendialogfeld auf die Kategorie *Ressourcen*. Anschließend lässt sich die angezeigte *Info*-Schaltfläche im Dialogfeld abrufen. Das daraufhin eingeblendete *Info*-Dialogfeld gibt hinter dem Namen der Anwendung (z.B. Word) deren Version und die Version des zuletzt installierten Service Packs an. Bei Microsoft Office 2010 klicken Sie im betreffenden Office-Programm auf den Registerreiter *Datei* und wählen anschließend im angezeigten Menü den Befehl *Hilfe*. In der rechten Spalte des Backstage-Bereichs wird die Office-Version angezeigt. Zum Aktualisieren von Microsoft Microsoft Office verwenden Sie Windows Update.

14.2 Weitere Probleme mit Office-Anwendungen

In diesem Abschnitt möchte ich auf einige Probleme eingehen, die häufiger in Microsoft Word oder anderen Office-Anwendungen auftreten.

14.2.1 Word meldet Seitenränder außerhalb des Druckbereichs

Erscheint beim Ausdrucken unter Word die Warnung, dass die Dokumentränder außerhalb des druckbaren Bereichs liegen? Klicken Sie die Warnung weg, wird die Seite korrekt auf dem Drucker ausgegeben? Die Ursache dieser Warnung ist in den Seiteneinstellungen von Word zu suchen. Sind die Seitenränder enger als die vom Drucker vordefinierten Druckränder eingestellt, liefert Word eine entsprechende Warnung. Diese Falle lauert insbesondere bei der Verwendung mehrerer Drucker, wenn die Dokumente die Seite bestmöglich ausnutzen sollen (z.B. große Tabellen im Querdruck). Lange Zeit ist alles in Ordnung, erst beim Wechsel des Druckers gibt es die Warnung. Die Korrektur dieses Fehlers ist aber sehr einfach:

» In Word bis zur Version 2003 wählen Sie im Menü *Datei* des Anwendungsfensters den Befehl *Seite einrichten*.

» Bei Word 2007 bzw. 2010 wechseln Sie im Menüband zur Registerkarte *Seitenlayout* und klicken in der Gruppe *Seite einrichten* auf die Schaltfläche *Seitenränder*. Wählen Sie im eingeblendeten Auswahlkatalog den Befehl *Benutzerdefinierte Seitenränder*.

Anschließend erhöhen Sie auf der Registerkarte *Seitenränder* des Dialogfelds *Seite einrichten* die betreffenden Werte für die Seitenränder.

14.2.2 Schaltflächen und Lineale fehlen in Word

Stellen Sie fest, dass nach dem Starten von Word Symbole in der Symbolleiste für den Schnellzugriff fehlen? Klicken Sie in der Symbolleiste auf die Schaltfläche *Symbolleiste für den Schnellzugriff anpassen*. Anschließend klicken Sie auf einen der im Menü angezeigten Befehle (Abbildung 14.2). Einträge, die mit einem Häkchen markiert sind, tauchen als Schaltflächen in der Symbolleiste für den Schnellzugriff auf.

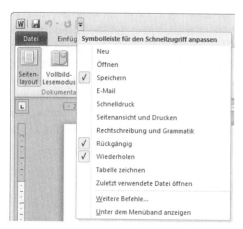

Abbildung 14.2: Symbolleiste für den Schnellzugriff konfigurieren

Wird in Word das senkrechte Lineal nicht angezeigt, prüfen Sie über die Schaltflächen der Statusleiste, ob eventuell der Anzeigemodus »Entwurf« eingestellt ist. Beim Anzeigemodus »Seitenlayout« sollten sowohl ein horizontales als auch ein vertikales Lineal vorhanden sein. Fehlen die Lineale im Dokumentbereich generell, wechseln Sie in Word 2007/2010 zur Registerkarte *Ansicht* des Menübands. Dort prüfen Sie, ob das Kontrollkästchen *Lineal* in der Gruppe *Einblenden/Ausblenden* (Word 2007) bzw. *Anzeigen* (Word 2010) markiert ist. Bei Word 2003 lassen sich die Lineale üblicherweise über den Befehl *Lineal* des Menüs *Ansicht* ein- oder ausblenden.

14.2.3 Menüband, Registerkarten und Schaltflächen fehlen

Haben Sie eine Office-Anwendung wie Word 2010, Excel 2010 etc. aufgerufen, aber das Menüband ist verschwunden? Das Menüband lässt sich über eine Schaltfläche im Kopfbereich des Fensters oder durch Drücken der Tastenkombination [Strg] + [F1] wahlweise ein- oder ausblenden.

Fehlen bestimmte Registerkarten, oder vermissen Sie Schaltflächen auf den Registerkarten von Word 2010 bzw. Excel 2010? Tritt der Effekt nur beim Laden bestimmter Dokumente auf? Dann basiert das Dokument auf einer modifizierten Dokumentvorlage. Andernfalls wurde die globale Dokumentvorlage durch einen Anwender (wissentlich oder unwissentlich) modifiziert. Sofern diese Änderungen nicht durch kennwortgeschützte Makros vorgenommen werden, lässt sich der ursprüngliche Zustand durch einen Benutzereingriff in die Word- oder Excel-Konfigurierung restaurieren: In Word bzw. Excel 2010 lässt sich folgende Vorgehensweise anwenden.

Weitere Probleme mit Office-Anwendungen

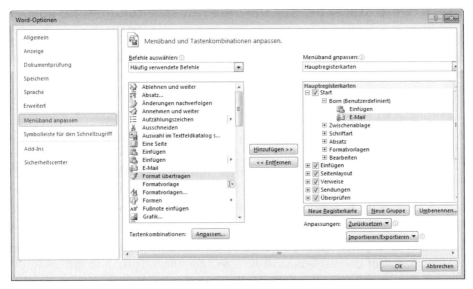

Abbildung 14.3: Anpassen des Menübands

Klicken Sie mit der rechten Maustaste auf das Menüband und wählen Sie im Kontextmenü den Befehl *Menüband anpassen*. Word bzw. Excel blendet ein Dialogfeld *xxx-Optionen* ein, in dessen linker Spalte die Rubrik *Menüband anpassen* gewählt ist (Abbildung 14.3). Anschließend finden Sie in der rechten Liste die verfügbaren Bedienelemente (Registerkarten und Schaltflächen).

Ist ein Kontrollkästchen nicht durch ein Häkchen markiert, wird die zugehörige Registerkarte im Menüband ausgeblendet, d. h., zur Anzeige müssen Sie das Kontrollkästchen durch Anklicken markieren.

Haben Sie eine benutzerdefinierte Gruppe oder Registerkarte mittels der Schaltflächen *Neue Registerkarte* bzw. *Neue Gruppe* erzeugt, können Sie Symbole aus der linken Liste per Maus zur Gruppe bzw. Registerkarte in der rechten Liste ziehen. Die Symbole tauchen dann in der Gruppe bzw. Registerkarte auf. Mittels der Schaltfläche *Entfernen* des Dialogfelds lässt sich ein in der rechten Spalte markiertes (benutzerdefiniertes) Bedienelement wieder aus der Gruppe bzw. Registerkarte löschen.

INFO Arbeiten Sie mit Microsoft Office 2007, öffnen Sie das Menü der *Office*-Schaltfläche und wählen am rechten unteren Menürand die Schaltfläche *Word-Optionen* bzw. *Excel-Optionen*. Sie können dann im Optionendialogfeld die Kategorie *Anpassen* wählen, um die Änderungen vorzunehmen.

TIPP Vermissen Sie in Word 2007/2010 die Schaltfläche zum Scannen? Unter *http://www.borncity.com/blog/2010/11/26/scannen-unter-word-20072010/* [gbeh-k14-012] habe ich in einem Blogartikel verschiedene Ansätze zusammengefasst, wie sich in Word 2007/2010 scannen lässt.

14.2.4 Word stürzt bei der Dokumentbearbeitung häufig ab

Eine leidige Angelegenheit sind sporadische Abstürze von Microsoft Word bei der Bearbeitung von Dokumenten. Meist sind spezielle Dokumentvorlagen oder Add-Ins die Ursache solcher Abstürze.

» Um dies ggf. zu überprüfen oder auszuschließen, wählen Sie in Word bis zur Version 2003 im Menü *Extras* den Befehl *Vorlagen und Add-Ins*.

» In Word 2007 öffnen Sie das Menü der *Office*-Schaltfläche und wählen am unteren Menürand die Schaltfläche *Word-Optionen*. In Word 2010 finden Sie den Befehl auf der Registerkarte *Datei*. Dann klicken Sie im Dialogfeld *Word-Optionen* in der linken Spalte auf die Kategorie *Add-Ins*, wählen im rechten Teil des Dialogfelds im Listenfeld *Verwalten* den Wert »Word-Add-Ins« und klicken auf die Schaltfläche *Gehe zu*.

Anschließend deaktivieren Sie im angezeigten Dialogfeld *Dokumentvorlagen und Add-Ins* bzw. auf der Registerkarte *Vorlagen* die angezeigten Add-Ins sowie die benutzerspezifische Dokumentvorlage (löschen Sie die Markierung der zugehörigen Kontrollkästchen). Prüfen Sie anschließend, ob die Ursache für die Abstürze damit behoben ist.

TIPP Sie können Word auch im abgesicherten Modus starten, bei dem keine Add-Ins geladen werden. Hierzu halten Sie beim Anklicken des Word-Startmenüeintrags die [Strg]-Taste gedrückt (*http://office.microsoft.com/de-de/outlook-help/arbeiten-mit-den-abgesicherten-modi-von-office-HP010140792.aspx* [gbeh-k14-017]). Jetzt sollte ein Dialogfeld erscheinen, in dem Sie über Schaltflächen wählen können, ob Word normal oder abgesichert zu starten ist. Läuft Word im abgesicherten Modus, wird dies in der Titelleiste des Programmfensters angezeigt. Dieser Trick funktioniert auch bei anderen Office-Anwendungen wie Excel.

Wurden keine Add-Ins benutzt und wird die Datei *Normal.dot* (bzw. *Normal.dotm*) als Dokumentvorlage im Dialogfeld *Dokumentvorlagen und Add-Ins* aufgeführt? Dann spricht vieles dafür, dass der Inhalt der *Normal.dot* (bzw. *Normal.dotm* in Word 2007/2010) beschädigt ist. Beenden Sie Word und suchen Sie den Ordner mit der Datei *Normal.dot*. Windows 7 hält die Datei im Ordner *Benutzer\xxx\AppData\Roaming\Microsoft\Templates* des Windows-Laufwerks. Der Platzhalter *xxx* steht für den Benutzernamen. Benennen Sie die Datei *Normal.dot* (bzw. *Normal.dotm* in Word 2007/2010) z.B. in *Normal-old.dotm* um, damit Word beim nächsten Start eine neue Vorlagendatei erzeugt.

14.2.5 Word-Dokumente nach dem Absturz restaurieren

Beim Absturz gehen natürlich auch die letzten Dokumentänderungen verloren. Wird Word nach einem Absturz erneut aufgerufen, versucht dieses in den meisten Fällen, das zuletzt bearbeitete Dokument zu rekonstruieren und dann zu laden. Sie werden in einem Dialogfeld gefragt, ob das Dokument wiederhergestellt werden

Weitere Probleme mit Office-Anwendungen

soll. In Word 2007/2010 wird statt eines Dialogfelds ein Teilfenster im Dokumentbereich eingeblendet, in dem restaurierbare Word-Dokumente angezeigt werden (Abbildung 14.4). Klicken Sie auf ein Dokument der Liste, wird dieses im Word-Fenster restauriert. Zeigen Sie auf ein Dokument, lässt sich über die Schaltfläche am rechten Rand des Eintrags ein Menü mit Befehlen zum Speichern unter einem neuen Namen wählen.

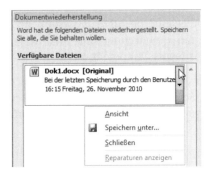

Abbildung 14.4: Dokumentwiederherstellung

Scheint die Dokumentwiederherstellung nach dem Starten von Word nicht zu funktionieren? Dann läuft ggf. noch eine Word-Instanz auf dem Rechner (ohne dass allerdings ein Fenster zu sehen ist). Rufen Sie den Windows-Task-Manager auf (z.B. die Tastenkombination [Strg] + [Alt] + [Entf] drücken oder die Taskleiste mit der rechten Maustaste anklicken und den Kontextmenübefehl *Task-Manager* wählen). Prüfen Sie, ob es einen Prozess *WinWord* gibt, und beenden Sie diesen manuell über die Schaltfläche *Prozess beenden*. Danach können Sie Word erneut starten.

14.2.6 Beschädigtes Word-Dokument reparieren

Lässt sich eine Word-Dokumentdatei nicht mehr öffnen, weil diese beschädigt ist? Auch mit diesem Problem haben Anwender gelegentlich zu kämpfen. Manchmal hängt sich Word beim Öffnen einfach auf, und es tut sich nichts mehr. In anderen Fällen meldet Word, dass die Datei beschädigt ist. Für diesen Fall nutze ich verschiedene Kniffe, um den Dokumentinhalt zu retten. Hilfreich ist dabei, sich eine Kopie der beschädigten Dokumentdatei anzufertigen und mit der Kopie zu arbeiten.

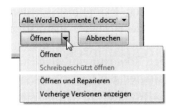

Abbildung 14.5: Dokument reparieren

Bei Word 2003 bis Word 2010 rufen Sie das Dialogfeld zum Öffnen der Datei auf und wählen das Dokument im Dialog *Öffnen*. Anschließend öffnen Sie aber das Menü der Schaltfläche *Öffnen* und wählen dort den Befehl *Öffnen und Reparieren* (Abbildung 14.5). In vielen Fällen kann Word dann das Dokument retten und zeigt dessen Inhalt anschließend im Dokumentbereich an. Ähnliches lässt sich auch unter Microsoft Excel bzw. PowerPoint nutzen. Anschließend sollten Sie das Dokument unter neuem Namen speichern.

Hängt sich Word beim Laden einer Dokumentdatei auf? Beenden Sie Word über den Task-Manager und starten Sie das Programm erneut über das Startmenü. Legen Sie, sofern noch nicht geschehen, ein neues leeres Dokument an.

1. Bei Word 2003 wählen Sie im Menü *Einfügen* den Befehl *Datei*. In Word 2007/2010 ist auf der Registerkarte *Einfügen* die Schaltfläche *Objekt einfügen* der Gruppe *Text* anzuklicken (Abbildung 14.6). Anschließend wählen Sie im Menü den Befehl *Text aus Datei*.

2. Im dann geöffneten Dialogfeld wählen Sie die beschädigte Word-Dokumentdatei (*.doc*, *.docx*) aus und klicken auf die *Einfügen*-Schaltfläche.

Abbildung 14.6: Dokument einfügen

In vielen Fällen wird Word dann das Dokument in das neue Dokument einfügen. Anschließend lässt sich das Ergebnis unter neuem Namen speichern. Alternativ können Sie den eingefügten Text mit der Maus markieren, alles mit der Tastenkombination [Strg] + [C] in die Windows-Zwischenablage übernehmen und diesen Inhalt anschließend mittels der Tastenkombination [Strg] + [V] in ein zweites leeres Word-Dokument einfügen. Speichern Sie diese Fassung in eine neue Dokumentdatei. Der Ansatz hilft meist, den Textinhalt nebst der Formatierung zu retten.

Ist ein Dokument so stark beschädigt, dass ein Import nicht mehr klappt, lassen sich häufig die darin enthaltenen Texte restaurieren. Versuchen Sie, das *.doc*-Dokument in einem Texteditor (z. B. Windows Notepad) einzulesen. Klappt dies, werden zumindest Textfragmente des Dokuments angezeigt. Bei *.docx*-Dateien handelt es sich um gezippte Archivdateien. Benennen Sie die Dateinamenerweiterung *.docx* in *.zip* um, lässt sich der Inhalt der *.zip*-Archivdatei über den Kontextmenübefehl *Alle extrahieren* in einen Ordner entpacken. Im Zielordner finden Sie im Unterordner *word* die Datei *document.xml*, welche den reinen Dokumenttext im XML-Format enthält. Sie können diese Datei per Doppelklick im Internet Explorer öffnen. Dann lassen sich ggf. Dokumentteile markieren und über die Zwischenablage in ein

Weitere Probleme mit Office-Anwendungen

neues Word-Dokument kopieren. So können Sie zumindest noch die reinen Dokumenttexte retten (auch wenn dies sehr mühsam werden kann).

TIPP

Hinweise auf weitere Word-Probleme und deren Lösung finden Sie im Internet, indem Sie in eine Suchmaschine die entsprechenden Begriffe eintippen. Die Webseiten *http://ms-office-forum.net* [gbeh-k14-010] und *http://answers.microsoft.com/de-de/default.aspx* [gbeh-k14-011] sind ebenfalls gute Adressen, um Probleme rund um Office bzw. Word, Excel und andere Anwendungen zu diskutieren.

14.2.7 Es lassen sich keine Makros ausführen

Laden Sie ein Dokument mit integrierten Makros, können diese automatisch oder vom Benutzer ausgeführt werden. Scheitert die Makroausführung in Excel, Word oder anderen Office-Anwendungen?

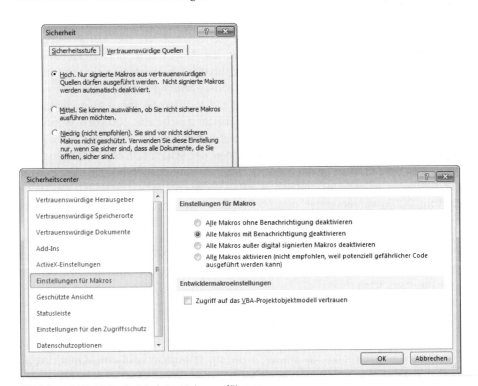

Abbildung 14.7: Sicherheit bei der Makroausführung

In allen Office-Versionen bis zur Version 2003 öffnen Sie das Menü *Extras* der betreffenden Anwendung und wählen den Befehl *Makro*. Im Untermenü ist der Befehl *Sicherheit* anzuwählen. Ist auf der Registerkarte *Sicherheit* das Optionsfeld *Hoch* markiert, blockiert Office die Ausführung unsignierter Makros in Dokumenten. Setzen Sie ggf. die Markierung auf *Mittel* um (Abbildung 14.7, oben). Wenn Sie die Registerkarte über die *OK*-Schaltfläche schließen, fragen die Anwendungen beim Laden von Office-Dokumenten, ob die Makros ausgeführt werden dürfen. Bei

Dokumenten aus vertrauenswürdigen Quellen können Sie die Makroausführung zulassen.

In Microsoft Office 2007 starten Sie eine Anwendung wie Word 2007, öffnen das Menü der *Office*-Schaltfläche und klicken auf die Schaltfläche *Word-Optionen*. Bei Microsoft Office 2010 finden Sie dagegen den Befehl *Optionen* im Menü der Registerkarte *Datei*. Anschließend ist im Dialogfeld *Word-Optionen* die Kategorie *Vertrauensstellungscenter* (Office 2007) bzw. *Sicherheitscenter* (Office 2010) anzuklicken und im rechten Teil des Dialogfelds die Schaltfläche *Einstellungen für das Vertrauensstellungscenter* bzw. *Einstellungen für das Sicherheitscenter* zu wählen. Im Dialogfeld *Vertrauensstellungscenter* bzw. *Sicherheitscenter* (Abbildung 14.7, unten) klicken Sie auf die Kategorie *Einstellungen für Makros*. Dann können Sie im rechten Teil das Optionsfeld *Alle Makros mit Benachrichtigung deaktivieren* markieren und die Dialogfelder über die *OK*-Schaltfläche schließen. Auch dann wird Word beim Laden von Dokumenten mit Makros nachfragen, ob diese deaktiviert werden sollen.

INFO Ist die Makrosicherheit auf *Mittel* eingestellt, die Anwendung führt trotzdem keine (Auto-) Makros aus und fragt auch nicht nach, ob diese zu blockieren sind? Kontrollieren Sie ggf. die Verknüpfung zum Aufruf der Office-Anwendung. Bei Excel gibt es beispielsweise den Schalter */t*, der beim Aufruf die Ausführung von Add-Ins und Automakros unterdrückt. Mit der Option */s* (bzw. */save*) lässt sich Excel 2003 bzw. Word 2003 im abgesicherten Modus aufrufen, bei dem weder Add-Ins noch Registrierungseinstellungen geladen werden. Bei Word 2003 verhindert der Schalter */m* ohne nachfolgenden Makronamen die Ausführung von Autostart-Makros. Der Schalter */a* verhindert in Word 2003 das Laden von Add-Ins und von globalen Vorlagen. Die Startoptionen von Microsoft Word 2003 werden unter *http://office.microsoft.com/de-at/word-help/anpassen-der-startoptionen-von-word-HP005189219.aspx* [gbeh-k14-006] beschrieben. Diese Optionen sollten auch für die nachfolgenden Word-Varianten gelten. Alternativ können Sie Microsoft Office 2007/2010-Programme mittels der [Strg]-Taste im abgesicherten Modus ausführen lassen (siehe Abschnitt »Word stürzt bei der Dokumentbearbeitung häufig ab«, Seite 530).

14.3 Sonstige Anwendungen

In diesem Abschnitt finden Sie Hinweise auf Probleme mit einigen weiteren (Windows-) Anwendungen.

14.3.1 CHM-Hilfedateien zeigen keine Hilfeseite an

Haben Sie noch Hilfedateien im CHM-Format, die mit manchen Programmen mitgeliefert werden? Ein Doppelklick öffnet ein Hilfefenster mit zwei Spalten. In der linken Navigationsspalte lässt sich über ein Inhalts- und Stichwortverzeichnis zwischen den Hilfethemen navigieren.

Sonstige Anwendungen

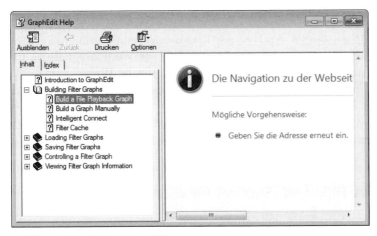

Abbildung 14.8: Fehler in der Hilfe

Klicken Sie ein Hilfethema in der linken Spalte an, wird die zugehörige Hilfeseite in der rechten Spalte eingeblendet. Erscheint bei Anwahl eines Hilfethemas in der rechten Spalte ein Hinweis, dass die Navigation abgebrochen wurde (Abbildung 14.8)? Dann wurde die Hilfedatei aus dem Internet heruntergeladen oder innerhalb eines Netzwerks verschoben. Windows 7 kennzeichnet solche Dateien intern als unsicher und verweigert die Anzeige der Hilfethemen. Dies gilt sogar für CHM-Hilfedateien, die in einem ZIP-Archiv gepackt sind, aber aus dem Internet heruntergeladen wurden.

Abhilfe schaffen Sie, indem Sie die betreffende Kennung zurücksetzen. Hierzu ist die Datei mit der rechten Maustaste anzuklicken und der Kontextmenübefehl *Eigenschaften* zu wählen. Dann können Sie die Internetzonen-Kennung durch Anklicken der Schaltfläche *Zulassen* auf der Registerkarte *Allgemein* zurücksetzen (Abbildung 14.9).

Abbildung 14.9: Internetkennung zurücksetzen

Unter *http://www.borncity.com/blog/2010/08/08/probleme-mit-der-anzeige-von-chm-dateien/* [gbeh-k14-014] finden Sie einige zusätzliche Hinweise, u.a. wie Sie das Problem bei ZIP-Archiven entschärfen können.

INFO

14.3.2 Weitere Probleme mit der Hilfe

Haben Sie noch Hilfedateien im *.hlp*-Format? Diese werden durch Windows 7 standardmäßig nicht mehr unterstützt. Beim Doppelklick auf eine solche Hilfedatei öffnet sich das Fenster *Windows-Hilfe und Support* mit dem Hinweis, dass die betreffende Komponente nicht installiert sei. In diesem Fall gehen Sie zur Seite *http://support.microsoft.com/default.aspx/kb/917607* [gbeh-k14-015] und laden sich die fehlende Anzeigekomponenten herunter. Nachdem Sie die Komponente per Doppelklick installiert haben, lassen sich auch alte Hilfedateien im HLP-Format wieder öffnen.

14.3.3 Windows-Hilfe und -Support funktioniert nicht mehr

Funktioniert der Windows-Hilfe und -Support nicht mehr, weil z.B. Bilder nicht mehr angezeigt werden oder keine Onlineverbindung besteht? Unter *http://www.borncity.com/blog/2009/12/23/windows-hilfe-und-support-funktioniert-nicht/* [gbeh-k14-016] haben ich einige Informationen zum Reparieren der Hilfe zusammengetragen.

14.3.4 Bestimmte Anwendungen lassen sich nicht mehr starten

Klicken Sie einen Eintrag im Startmenü oder eine Verknüpfung auf dem Desktop an, um die zugehörige Anwendung zu starten, und erscheint eine Meldung, dass der Programmstart verweigert wird? Dies kann verschiedene Ursachen haben.

Windows zeigt eine Sicherheitswarnung und blockiert den Start

Erscheint beim Aufruf eines Setup-Programms plötzlich ein Dialogfeld *Windows-Sicherheit*, welches meldet, dass die Programmausführung wegen der Internetsicherheitseinstellungen blockiert wurde (Abbildung 14.10)? Wer jetzt einen Virenscanner oder einen Fehler in Windows-Updates vermutet, ist auf dem Holzweg.

Abbildung 14.10: Windows-Sicherheit blockiert Anwendung

Dieses Verhalten wird meist durch den Einsatz von Optimierungs- und Tuning-Tools verursacht, die verschiedene Einstellungen des Internet Explorers verändern. Konkret ist die Option *Anwendungen und unsichere Anwendungen starten* auf »Deaktiviert« gesetzt. Die Schritte, um die betreffenden Sicherheitseinstellungen des Internet Explorers 8 zurückzusetzen, habe ich unter *http://www.borncity.com/blog/2010/11/26/windows-sicherheit-blockt-setup-dateien/* [gbeh-k14-013] beschrieben.

Die Anwendung startet nicht

Erscheint eine Fehlermeldung, und die Anwendung stürzt ab? Dies kann verschiedene Ursachen haben. Meldet Windows fehlende Berechtigungen, kann es sein, dass die Anwendung nur unter Benutzerkonten mit Administratorrechten läuft. Details zu diesem Problem finden Sie in Kapitel 2 im Abschnitt »Mein Programm startet nicht (mehr)«.

Prüfen Sie zuerst, ob die Anwendung überhaupt für dieses Betriebssystem freigegeben wurde. Viele Hersteller liefern zwischenzeitlich Updates ihrer Anwendungen für Windows 7 aus. Erscheint beim Setup keine Sicherheitsabfrage der Benutzerkontensteuerung, sollten Sie die Installation abbrechen und erneut versuchsweise über den Kontextmenübefehl *Als Administrator ausführen* starten. Bei der Installation ohne Administratorrechte wird die Installation bestenfalls mit einer entsprechenden Fehlermeldung abgebrochen. Im schlimmsten Fall läuft die Installation durch, aber die installierte Anwendung kann nicht fehlerfrei ausgeführt werden.

Oft ist es auch erforderlich, dass die Anwendung nicht im Ordner *Programme*, sondern in einem eigenen Ordner auf dem Laufwerk *C:* installiert werden muss (dies verhindert, dass Windows Schreibversuche der Anwendung in den Ordner *Programme* blockiert). Kontrollieren Sie dann aber, ob der Hersteller nicht eine aktualisierte Software für Windows 7 anbietet.

Programmausführung vom Administrator geblockt

Erscheint eine Meldung, dass die Anwendung durch den Administrator gesperrt wurde? Dann kann es sein, dass eine entsprechende Systemrichtlinie durch den Administrator vereinbart wurde, der die Anwendung für weitere Aufrufe sperrt. Gelegentlich sorgen aber auch Tuning-Programme oder Fremdanwendungen dafür, dass die betreffenden Systemrichtlinien gesetzt werden:

1. Stufen Sie das betroffene Benutzerkonto kurzzeitig auf dem Typ »Administrator« hoch und melden Sie sich erneut unter dem Administratorkonto an.

2. Kontrollieren Sie im Registrierungs-Editor den Zweig *HKEY_CURRENT_USER\Software\Microsoft\Windows\CurrentVersion\Policies\Explorer*.

Ist dort der Unterschlüssel *DisallowRun* vorhanden, schauen Sie nach, ob die betreffende Anwendung dort als Zeichenkettenwert eingetragen ist (Abbildung 14.11). Löschen Sie den Wert, sollte sich die Anwendung wieder aufrufen lassen.

Abbildung 14.11: Einschränkung für auszuführende Programme über *DisallowRun*

Lassen sich so gut wie keine Anwendungen mehr starten? Dann hat jemand in den Systemrichtlinien die Programmausführung generell blockiert und nur noch einige wenige Anwendungen zugelassen. Sofern der Registrierungs-Editor sich noch mit administrativen Berechtigungen starten lässt, kontrollieren Sie den Zweig *HKEY_CURRENT_USER\Software\Microsoft\Windows\CurrentVersion\Policies\Explorer*. Ist dort der DWORD-Wert *RestrictRun* mit dem Wert 1 hinterlegt, überwacht Windows die auszuführenden Anwendungen. Nur wenn die Anwendung in einem Unterschlüssel *RestrictRun* explizit als Zeichenkettenwert aufgeführt ist (Abbildung 14.12), lässt Windows den Programmstart zu.

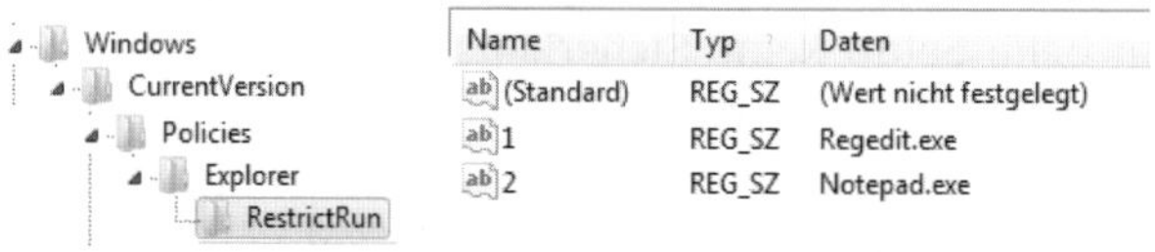

Abbildung 14.12: Zulassen der auszuführenden Programme über *RestrictRun*

Neben dem Zweig *HKEY_CURRENT_USER* können Sie den gleichen Zweig unter *HKEY_LOCAL_MACHINE* inspizieren. Dort werden die systemweiten Richtlinien abgelegt. Sind keine Richtlinien, die den Start einer Anwendung verhindern, zu finden, kann eine beschädigte Programminstallation oder eine Inkompatibilität für die Probleme verantwortlich sein. Deinstallieren Sie die Anwendung und installieren Sie das Programm erneut. Hilft dies nicht, können Sie im Internet recherchieren, ob der Fehler dem Hersteller oder anderen Benutzern bekannt ist und ob es eine Lösung für das Problem gibt.

STOPP   Arbeiten Sie unter einem Standardkonto, können Sie den Registrierungs-Editor mit administrativen Berechtigungen aufrufen, indem Sie in das Suchfeld des Startmenüs *regedit* eingeben und dann die Tastenkombination [Strg]+[⇧]+[↵] drücken. Dann bezieht sich der Registrierungszweig *HKEY_CURRENT_USER* aber auf das Administratorkonto, welches in der Benutzerkontensteuerung zur Vergabe der administrativen Berechtigungen verwendet wurde. Möchten Sie die *Policies*-Einträge des eigenen Benutzerkontos ändern, müssen Sie den passenden Unterzweig in *HKEY_USERS* suchen.

Anhang A
Arbeiten mit der Registrierung

In den vorhergehenden Kapiteln wurden häufiger Eingriffe in die Registrierung beschrieben. Falls Sie sich mit der Thematik oder in der Bedienung des Registrierungs-Editors nicht so sonderlich gut auskennen, finden Sie nachfolgend eine Kurzübersicht.

A.1   Was Sie unbedingt wissen sollten

Die Registrierung ist der zentrale Datenspeicher, in dem Windows seine Konfigurierungsdaten ablegt. Das Werkzeug zum Anpassen der Registrierung auf Benutzerebene ist der Registrierungs-Editor *Regedit.exe*. Allerdings muss vor dem zu unbedarften Umgang mit der Registrierung gewarnt werden, da Windows sonst beschädigt werden kann und der Computer im schlimmsten Fall nicht mehr startet. Sämtliche Änderungen an Registrierungseinstellungen erfolgen auf eigenes Risiko! Bevor Sie aber irgendetwas ändern, sollten Sie angesichts der Risiken eine Vorstellung von der Struktur der Registrierung haben und wissen, was Schlüssel und Werte sowie deren Typen eigentlich bedeuten.

A.1.1   Die Struktur der Registrierung

Die Registrierung wird von Windows als eine Hierarchie von Schlüsseln, Unterschlüsseln und Werten verwaltet (Abbildung A.1). Diese Hierarchie wird auch im Registrierungs-Editor benutzt. Die in der linken Spalte dargestellten Schlüssel können Sie sich wie Ordner vorstellen, die weitere Unterschlüssel und/oder Werte aufnehmen können. Werte stellen für die Registrierung so etwas wie Dateien in einem Dateisystem dar. Der Registrierungs-Editor zeigt Werte grundsätzlich in der rechten Spalte des Anwendungsfensters an. Die in Abbildung A.1 angedeutete Hierarchie von Registrierungsschlüsseln besteht in Windows aus verschiedenen Hauptschlüsseln, die mit dem Kürzel *HKEY* beginnen. Die Hauptschlüssel dienen zur Strukturierung der Registrierung und weisen ihrerseits Unterschlüssel auf.

» *HKEY_CLASSES_ROOT (HKCR):* In diesem Schlüssel verwaltet Windows registrierte Dateitypen sowie die Informationen über registrierte Systemkomponenten (ActiveX, COM-Module, OLE-Handler etc.). Der Schlüssel bestimmt also, ob eine Dokumentdatei mit einem Symbol in Ordnerfenstern angezeigt wird und welches Programm beim Doppelklick auf eine Dokumentdatei startet. Im Schlüssel ist auch abgelegt, welche zusätzlichen Kontextmenübefehle (z.B. *Drucken*, *Öffnen* etc.) beim Rechtsklick auf eine Datei eingeblendet werden.

Anhang A • Arbeiten mit der Registrierung

» *HKEY_CURRENT_USER (HKCU):* Dieser Schlüssel wird bei der Anmeldung des aktuellen Benutzers aus den im Zweig *HKEY_USERS\xxx* (xxx steht für das Benutzerkonto) gespeicherten Einträgen angelegt. Der Schlüssel *HKCU* enthält alle benutzerspezifischen Konfigurationsdaten (z. B. für die Benutzeroberfläche von Windows oder Programmen). Meldet sich ein Benutzer ab, wird der Zweig gelöscht. Änderungen am Zweig werden dagegen automatisch in *HKEY_USERS\ xxx* übertragen.

» *HKEY_USERS:* In diesem Schlüssel werden alle benutzerspezifischen Einträge des am System angemeldeten Benutzers (sowie einiger »Systembenutzer«) gespeichert. Meldet sich der Benutzer an, lädt Windows dessen Registrierungsdaten in *HKEY_USERS* und erzeugt aus dem Teilzweig den Schlüssel *HKEY_ CURRENT_USER*. Windows verwaltet für jedes Benutzerkonto einen eigenen Unterschlüssel unter *HKEY_USERS* (unter Kürzeln der Art »S-1-5-18«, was dem ID-Code des Benutzers entspricht).

» *HKEY_LOCAL_MACHINE (HKLM)*: Dieser Zweig dient zur Verwaltung aller Einträge, die sich global auf die Maschine beziehen. Hierbei handelt es sich sowohl um die Systemkonfiguration (Hardwareeinstellungen) als auch um Daten installierter Programme, die für alle Benutzer gelten.

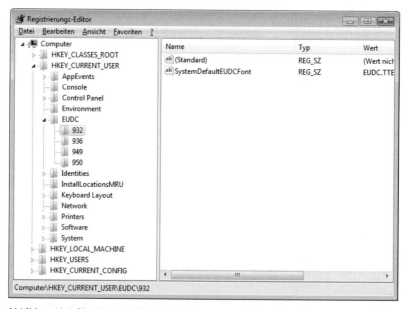

Abbildung A.1: Struktur der Registrierung

Zusätzlich weist die Registrierung noch den Schlüssel *HKEY_CURRENT_CONFIG* auf, der einige Hinweise zur aktuellen Konfiguration des Rechners enthält. Für einige Schlüssel gibt es Kurzbezeichnungen, die hier in Klammern hinter den Namen aufgeführt sind. In der Praxis werden Einträge in den Schlüsseln *HKCR*, *HKCU* und *HKLM* durch den Benutzer angepasst.

Was Sie unbedingt wissen sollten

INFO

Fehlt ein Schlüssel oder ein Wert, kann dies aber die Funktionsfähigkeit von Windows beeinträchtigen. Der Registrierungs-Editor besitzt auch keine Funktion, um Änderungen zurückzunehmen. Greifen Sie nur dann in die Registrierung ein, wenn Sie sich über die Folgen im Klaren sind.

Lese- und Schreiberlaubnis auf die Registrierung

Schlüssel und Werte lassen sich (bis auf die Hauptschlüssel) im Registrierungs-Editor zur Registrierung hinzufügen, umbenennen und löschen. Allerdings erfordert der Schreibzugriff auf einige Schlüssel Administratorberechtigungen. So sind alle Schlüssel im Zweig *HKEY_LOCAL_MACHINE* für normale Benutzer gesperrt. Auch einige Unterschlüssel in *HKEY_CURRENT_USER* lassen sich nur mit Administratorrechten ändern (z. B. die *Policies*-Einträge).

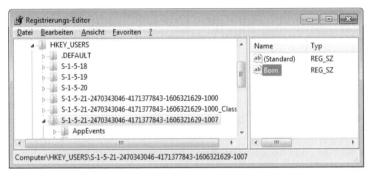

Abbildung A.2: Markieren eines Benutzerkontos

Sofern Sie unter Windows 7 mit Standardbenutzerkonten arbeiten und den Registrierungs-Editor über den Kontextmenübefehl *Als Administrator ausführen* aufrufen, tritt ein Problem auf: Der Registrierungs-Editor zeigt Ihnen im Zweig *HKEY_CURRENT_USER* die Einstellungen des Administratorkontos an. Sie müssten dann im Zweig *HKEY_USERS* den richtigen Unterzweig, der zum Benutzerkonto gehört, suchen und dort die Einträge ändern.

Ich löse dieses Problem so, dass ich den Registrierungs-Editor unter dem betreffenden Benutzerkonto durch Eingabe von *regedit*⏎ in das Suchfeld des Startmenüs mit Standardrechten aufrufe. Dann trage ich in den Hauptschlüssel *HKEY_CURRENT_USER* den Wert *Born* ein. Ruft man später den Registrierungs-Editor über *Als Administrator ausführen* oder über die Eingabe *regedit*[Strg] + [⇧] + [⏎] in das Suchfeld des Startmenüs auf, lässt sich über den Zweig *HKEY_USERS* der SID-Eintrag des gewünschten Benutzerkontos identifizieren (Abbildung A.2).

Wem dies zu kompliziert ist, kann das betreffende Benutzerkonto zum Ändern der Registrierungsschlüssel kurzzeitig in die Gruppe der Administratoren hochstufen. Dann startet der Registrierungs-Editor bei Eingabe von *regedit*⏎ in das Suchfeld des Startmenüs mit administrativen Berechtigungen (die Sicherheitsabfrage der Benutzerkontensteuerung braucht nur über die *Ja*-Schaltfläche bestätigt zu werden). Der im Registrierungs-Editor angezeigte Inhalt des Schlüssels *HKEY_CLASSES_ROOT* bezieht sich in diesem Fall auf das aktuelle Benutzerkonto. Nach der Änderung der Registrierungseinstellungen sollten Sie das Konto wieder zum Standardbenutzer herunterstufen.

A.1.2 Registrierungswerte und ihre Typen

Die einzelnen Schlüssel in der Registrierung können Unterschlüssel, aber auch Werte aufweisen. Jeder Schlüssel besitzt automatisch einen sogenannten Standardwert ohne Namen, der im Registrierungs-Editor als »(Standard)« angegeben ist. Zusätzlich können einem Schlüssel weitere Werte zugewiesen werden. Jeder dieser zusätzlich definierten Einträge für Werte besitzt neben den eigentlichen Daten noch einen Namen sowie einen Datentyp zur Speicherung des Inhalts. Über den Namen lässt sich der Wert ansprechen, der Datentyp legt dagegen fest, in welcher Form die eigentlichen Daten in der Registrierung gespeichert werden. Die im Wert abgelegten Daten dienen der Festlegung von Hard- und Softwareeinstellungen.

INFO Windows ist dabei die Groß-/Kleinschreibung der Namen von Schlüsseln oder Werten egal. Die in der Registrierung benutzte Groß-/Kleinschreibung dient lediglich zur besseren optischen Strukturierung der Namen – und sollte von Ihnen daher ebenfalls beibehalten werden. Nicht gleichgültig ist dagegen der Typ der in der Registrierung abgelegten Werte. Verwenden Sie einen falschen Datentyp, kann ein Registrierungseintrag trotz korrektem Namen und richtigen Daten u.U. nicht interpretiert werden.

Nachfolgend finden Sie eine Übersicht der unterstützten Datentypen für Werte. Die in Klammern stehende Bezeichnung ist das Kürzel des Datentyps, wie er vom Registrierungs-Editor in der Spalte *Typ* des rechten Teilfensters eingeblendet wird.

» *String (REG_SZ):* Der Wert definiert eine Zeichenfolge zur Aufnahme von Texten. Im Wertefeld können Daten in Anführungszeichen eingeschlossen werden (z.B. "C:\WINDOWS\EXPLORER.EXE"). Meist handelt es sich um Programmpfade auf Dateien, in denen Leerzeichen enthalten sind. Es gibt aber auch Texte mit numerischen Werten (z.B. "640,480"), die durch Treiber oder Windows-Komponenten ausgewertet werden.

» *Multistring (REG_MULTI_SZ):* Der Wert ermöglicht die Aufnahme mehrerer Zeichenfolgen, die intern durch jeweils ein Nullbyte getrennt sind.

» *Expandable-String (REG_EXPAND_SZ):* Der Wert ermöglicht die Aufnahme expandierbarer Platzhalter wie *%windir%*, die zur Ausführungszeit durch Windows expandiert werden. Meist werden Platzhalter für Pfade in solche Werte eingetragen.

» *Binary (REG_BINARY):* Ein Binärwert zur Aufnahme einer Binärdatensequenz, die aus beliebig vielen Bytes bestehen darf. Die Werte werden in den Registrierungs-Editor als Hexzahlen (im Intel-Format, niederwertigstes Byte zuerst) angegeben.

» *DWORD (REG_DWORD):* Dient zur Aufnahme einer 32-Bit-Zahl, die in den Registrierungs-Editor in hexadezimaler und binärer Schreibweise eingegeben werden kann.

» *QWORD (REG_QWORD):* Dient zur Aufnahme einer 64-Bit-Zahl, die in den Registrierungs-Editor in hexadezimaler und binärer Schreibweise eingegeben werden kann.

Name	Typ	Wert
(Standard)	REG_SZ	(Wert nicht gesetzt)
Text	REG_SZ	
Binär	REG_BINARY	(Binärwert der Länge Null)
DWord	REG_DWORD	0x00000000 (0)
QWord	REG_QWORD	0x00000000 (0)
StringSZ	REG_MULTI_SZ	
StringExpand	REG_EXPAND_SZ	

Abbildung A.3: Anzeige der verschiedenen Wertetypen im Registrierungs-Editor

Benutzerspezifisch anpassbare Registrierungseinträge besitzen meist die Datentypen *String* und *DWORD*. *Binary*-Einträge sollten durch den Benutzer nicht manuell verändert werden, da deren Codierung programmspezifisch erfolgt. Bereits ein verschobenes Byte führt zu einem falschen Wert. Die Gefahr fehlerhafter Einträge ist bei *Binary*-Werten dadurch sehr hoch. Rufen Sie den Registrierungs-Editor *Regedit.exe* auf und wählen Sie in der linken Spalte einen Schlüssel in der Registrierungshierarchie an, blendet das Programm die Namen der Werte sowie deren Typ in der rechten Spalte ein. Das in der Spalte *Name* angezeigte Symbol gibt zudem Hinweise, ob es sich um einen Wert mit Zeichen oder mit Zahlen handelt (Abbildung A.3).

A.2 Arbeiten mit dem Registrierungs-Editor

Zum Bearbeiten der Registrierung stellt Windows den Administratoren den Registrierungs-Editor *Regedit.exe* zur Verfügung.

A.2.1 Den Registrierungs-Editor aufrufen

Das Programm *Regedit.exe* wird bei der Windows-Installation im Windows-Ordner abgelegt. Sie können den Editor aufrufen, indem Sie in das Suchfeld des Startmenüs *Regedit* eingeben und dann die ⏎-Taste drücken. Bei einem Standardkonto startet der Registrierungs-Editor mit Standardrechten, während unter einem Administratorkonto die Benutzerkontensteuerung das Programm auf administrative Berechtigungen anhebt. Bei einem Standardkonto können Sie den Befehl *regedit* in das Suchfeld des Startmenüs eintippen. Dann lässt sich der im Startmenü eingeblendete Befehl *regedit.exe* über den Kontextmenübefehl *Als Administrator ausführen* mit erhöhten Rechten starten. Den gleichen Effekt hat das Drücken der Tastenkombination Strg + ⇧ + ⏎, um die Eingabe *regedit* abzuschließen.

Benötigen Sie den Registrierungs-Editor häufiger, sollten Sie sich eine Verknüpfung auf dem Desktop einrichten (das *EXE*-Programm bei gedrückter rechter Maustaste aus einem Ordnerfenster des Windows-Ordners zum Desktop ziehen und im Kontextmenü den Befehl *Verknüpfungen hier erstellen* wählen). Dann genügt ein Doppelklick auf das Verknüpfungssymbol zum Starten des Registrierungs-Editors. Das Programm meldet sich mit einem zweigeteilten Fenster (ähnlich dem Windows-Explorer), welches den Inhalt der Registrierung anzeigt (Abbildung A.4).

» Die linke Spalte enthält die Struktur der Registrierungsschlüssel, die ähnlich wie Ordnerstrukturen im Explorer-Fenster dargestellt wird. Die Einträge bezeichnen ausgehend von den Hauptschlüsseln (der Buchstabe H in HKEY steht für Handle) die einzelnen Unterschlüssel der Registrierung. Doppelklicken Sie auf das Symbol eines Ordners, wird der Zweig mit den Unterschlüsseln entweder geöffnet oder geschlossen. Alternativ können Sie auf das Plus- oder Minuszeichen vor dem betreffenden Ordnersymbol klicken, um den zugehörigen Zweig ein- bzw. auszublenden.

» Durch Anwahl eines Ordnersymbols blenden Sie die im Schlüssel gespeicherten Werte in der rechten Fensterhälfte ein. Jeder Wert besteht aus einem Namen, der in der gleichnamigen Spalte angezeigt wird, sowie den zugehörigen Daten. Die Daten werden in der Spalte *Wert* ausgegeben. Ein Schlüssel besitzt mindestens einen Wert, der mit dem Eintrag (Standard) im rechten Teilfenster gekennzeichnet wird. Falls der Wert leer ist (er enthält keine Daten), erscheint der Text (*Wert nicht gesetzt*) in der Anzeige.

Sie können eigene Unterschlüssel und eigene Werte mit beliebigen Namen (die aus Buchstaben, Ziffern und dem Unterstrich bestehen dürfen) definieren. Bei Werten müssen Sie dabei auch den Datentyp zur Aufnahme der Daten angeben.

INFO Beachten Sie, dass der Registrierungs-Editor im Schlüssel *HKCU* immer die Werte für das Benutzerkonto, unter dem Sie gerade angemeldet sind, einblendet. Sofern Sie unter einem eingeschränkten Konto angemeldet sind, kann u.U. der Zugriff auf bestimmte Registrierungseinträge eingeschränkt sein. Um als Administrator benutzerspezifische Werte anderer Benutzerkonten anzupassen, hilft nur ein Trick. Sie können im Registrierungs-Editor den Inhalt von Hive-Dateien (als Strukturen bezeichnet) einlesen. Markieren Sie den Hauptschlüssel *HKEY_LOCAL_MACHINE* und wählen Sie im Menü *Datei* des Registrierungs-Editors den Befehl *Struktur laden*. Im Folgedialogfeld navigieren Sie dann zum Ordner (im Pfad *Benutzer* des Systemlaufwerks) mit den Daten des Benutzerkontos und wählen die Hive-Datei *NTUser.dat* zum Laden aus. Sobald Sie das Dialogfeld über die Schaltfläche *Öffnen* schließen, erscheint ein weiteres Dialogfeld. Dort geben Sie einen Namen (z.B. den Benutzernamen des betreffenden Kontos) für den neuen Registrierungszweig an. Anschließend blendet der Registrierungs-Editor die in *NTUser.dat* gespeicherten Registrierungsdaten unter dem angegebenen Namen als Unterschlüssel im Zweig *HKEY_LOCAL_MACHINE* ein. Sie können dann auf den Zweig zugreifen und die Werte anpassen. Klicken Sie danach auf den in *HKLM* eingeblendeten

Arbeiten mit dem Registrierungs-Editor

Schlüssel der Struktur und wählen Sie im Menü *Datei* den Befehl *Struktur entfernen*. Der Registrierungs-Editor entfernt dann den Zweig und sichert alle Änderungen in der zugehörigen *NTUser.dat*.

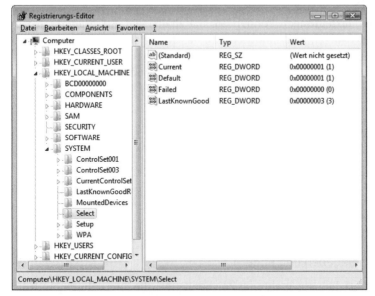

Abbildung A.4: Fenster des Registrierungs-Editors mit Schlüsseln und Werten

A.2.2 Registrierungseinträge ändern

Um Änderungen an den Einträgen der Registrierung vorzunehmen, gehen Sie in folgenden Schritten vor:

3. Starten Sie den Registrierungs-Editor und wählen Sie dann in der linken Spalte den gewünschten Schlüssel per Doppelklick an.
4. Nun wählen Sie den gewünschten Wert im rechten Teilfenster per Doppelklick an. Alternativ können Sie den Befehl *Ändern* im Kontextmenü bzw. im Menü *Bearbeiten* wählen.
5. Der Registrierungs-Editor öffnet, je nach Typ des angewählten Werts, das zugehörige Dialogfeld. Im Dialogfeld werden der Name des Werts und dessen Daten angezeigt. Passen Sie den Wert im betreffenden Dialogfeld an und schließen Sie das Dialogfeld über die *OK*-Schaltfläche.

Sobald Sie das Dialogfeld schließen, werden die Änderungen in die Registrierung zurückgeschrieben. Wenden Sie die Funktion zum Ändern von Registrierungseinträgen daher nur mit größter Vorsicht an, da es keinen Befehl zum Zurücknehmen der Änderungen im Registrierungs-Editor gibt. Sie sollten sich zudem bei jeder Änderung bewusst sein, dass Fehler zum Absturz von Windows oder zu gravierenden Fehlfunktionen führen können.

So ändern Sie String-Typen und Expandable String-Typen

Wurde ein Wert vom Typ *String* (REG_SZ) oder vom Typ *expandierbarer String* (REG_EXPAND_SZ) angewählt, blendet der Registrierungs-Editor das in Abbildung A.5 gezeigte Dialogfeld ein.

Bei expandierbaren Texteinträgen können Sie Platzhalter der Art *%windir%* einfügen, die dann zur Laufzeit in Windows durch den Inhalt der betreffenden Umgebungsvariablen ersetzt werden. Denken Sie daran, Textwerte in Anführungszeichen ("..") einzufassen. Soll ein bestehender Wert überschrieben werden, markieren Sie diesen vorher per Maus.

Abbildung A.5: Dialogfeld für String-Werte

Multistring-Werte eingeben und ändern

Multistring-Werte bestehen aus mehreren Zeichenketten, die intern durch ein Nullbyte separiert werden. Wählen Sie einen Wert dieses Typs an, öffnet der Registrierungs-Editor ein Dialogfeld (Abbildung A.6), in dem die Teilstrings in einzelnen Zeilen angeordnet werden. Sie können weitere Strings in neuen Zeilen hinzufügen oder bestehende Texte markieren und korrigieren.

Abbildung A.6: Eintragen mehrteiliger Zeichenfolgen

DWORD- und QWORD-Werte eingeben und ändern

DWORD-Werte sind auf 32 Bit begrenzt, während QWORD-Werte 64 Bit umfassen. Der Registrierungs-Editor unterstützt die Eingabe dieser Werte als Dezimalzahl oder als Hexadezimalzahl. Sobald Sie den Wert zum Bearbeiten öffnen, wird das Dialogfeld aus Abbildung A.7 eingeblendet. Über die Optionsfelder lässt sich dann der gewünschte Anzeigemodus für den Wert wählen.

Abbildung A.7: DWORD-Wert bearbeiten

Binärwerte eingeben und ändern

Binärwerte sind Datenströme, die aus einem oder mehreren Bytes bestehen können. Sie werden benutzt, um umfangreiche Daten in der Registrierung unterzubringen.

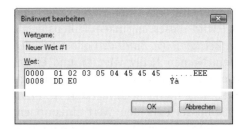

Abbildung A.8: Binärwert bearbeiten

Sobald Sie einen Binärwert zum Ändern anwählen, erscheint das in Abbildung A.8 aufgeführte Dialogfeld. Die Binärdaten werden als Hexbytesequenz und in der ASCII-Repräsentation angezeigt. Bei Binärwerten sollten Sie darauf achten, dass Sie den zu ändernden Wert vorher markieren. Andernfalls werden neue Bytewerte eingefügt, die mit Sicherheit zu Fehlern in Windows führen. Mit der *OK*-Schaltfläche wird der neue Wert übernommen. Klicken Sie auf *Abbrechen*, verwirft der Registrierungs-Editor die Änderungen.

A.2.3 Schlüssel oder Werte umbenennen

Um den Namen eines Werts oder eines Schlüssels umzubenennen, klicken Sie das betreffende Element im Fenster des Registrierungs-Editors mit der rechten Maustaste an. Anschließend wählen Sie im Kontextmenü den Eintrag *Umbenennen*. Jetzt können Sie den betreffenden Namen direkt neu schreiben. Wichtig ist, dass der neue Name gültige Zeichen aufweist. Weiterhin darf der gleiche Name nicht bereits in der betreffenden Hierarchieebene vorkommen. Ein Schlüssel kann nicht zwei Werte oder zwei Unterschlüssel gleichen Namens aufnehmen.

Der Typ eines Werts lässt sich leider nicht ändern. Haben Sie einen Wert mit einem falschen Datentyp gewählt, müssen Sie diesen löschen und dann neu mit dem gewünschten Datentyp anlegen.

INFO

A.2.4 Einen neuen Schlüssel oder Wert einfügen

Ein Schlüssel kann einen oder mehrere Einträge aufweisen. Jeder Eintrag kann dabei entweder ein »Unterschlüssel« sein oder es handelt sich um einen »Wert« mit einem Namen. Um einen neuen Schlüssel einzufügen, brauchen Sie nur den Namen festzulegen. Bei einem neuen Wert müssen sowohl der Typ sowie der Name als auch der eigentliche Wert eingetragen werden. Hierzu sind folgende Schritte auszuführen:

1. Klicken Sie mit der rechten Maustaste im rechten Teilfenster auf eine freie Stelle. Alternativ können Sie im linken Teilfenster einen Schlüssel mit der rechten Maustaste markieren.
2. Wählen Sie im Kontextmenü den Befehl *Neu* und im Untermenü einen der Einträge (Abbildung A.9).

Ein Schlüssel wird im linken Teilfenster als Unterschlüssel eingefügt. Ein Wert taucht dagegen direkt im rechten Teilfenster auf. Der Typ eines Werts hängt vom gewählten Befehl ab. Beim Befehl *Schlüssel* wird dieser im linken Teilfenster als Ordnersymbol *Neuer Schlüssel #1* angezeigt. *Zeichenfolge*, *Binärwert* oder *DWORD-Wert* erzeugt einen neuen Eintrag mit einem Namen *Neuer Wert #1* und einem Nullwert im rechten Teilfenster des Registrierungs-Editors. Ändern Sie sofort nach dem Anlegen des Elements dessen Namen. Solange dieses noch markiert ist, brauchen Sie nur den neuen Namen für den Schlüssel oder den Wert einzutippen. Andernfalls klicken Sie den Namen mit der rechten Maustaste an, wählen im Kontextmenü den Befehl *Ändern* und tippen den Namen direkt ein.

Abbildung A.9: Wert oder Schlüssel einfügen

INFO Neu angelegte Werte enthalten noch keine Daten, sondern werden mit einem Initialisierungswert versehen. Sie müssen daher nach der Eingabe des Namens das Dialogfeld zum Ändern des Werts öffnen (siehe die vorherigen Seiten).

A.2.5 Einen Eintrag löschen

Um einen Schlüssel oder einen Wert zu entfernen, gehen Sie folgendermaßen vor:

1. Klicken Sie mit der rechten Maustaste das gewünschte Element im linken oder rechten Teilfenster des Registrierungs-Editors an.

2. Wählen Sie im Kontextmenü den Eintrag *Löschen* und bestätigen Sie anschließend die Sicherheitsabfrage im Dialogfeld mit *Ja*.

Der Registrierungs-Editor entfernt einen angewählten Schlüssel und alle Unterschlüssel bzw. Werte aus der Registrierung. Hatten Sie einen Wert markiert, wird lediglich dieser Eintrag aus der Registrierung gelöscht.

Seien Sie vorsichtig! Der entfernte Schlüssel oder Wert lässt sich nicht mehr restaurieren – es gibt keine Rückgängig-Funktion. Sofern Sie keine Sicherheitskopie haben, müssen Sie den kompletten Eintrag manuell restaurieren. Aus diesem Grund vermeide ich das Löschen von Schlüsseln oder Werten, sondern benenne diese um. Dann kann Windows die betreffenden Daten nicht mehr erkennen, der Eintrag bleibt aber in der Registrierung erhalten. Kommt es zu Funktionsbeeinträchtigungen, brauchen Sie nur den Namen auf die alte Bezeichnung zurückzusetzen. Erst wenn sichergestellt ist, dass der Schlüssel bzw. Wert gelöscht werden darf, entfernen Sie den umbenannten Eintrag.

STOPP

A.2.6 Suchen in der Registrierung

Die Registrierung ist recht umfangreich und auf Verdacht irgendwo einen Schlüssel oder einen Wert durch Blättern im linken Teilfenster des Registrierungs-Editors zu finden, ist recht aufwendig. Besser ist es, wenn Sie solche Einträge, von denen Sie einen Namen oder Teilausdrücke kennen, suchen lassen.

1. Wählen Sie den Befehl *Suchen* im Menü *Bearbeiten* oder drücken Sie die Tastenkombination [Strg] + [F].

2. Legen Sie die gewünschten Suchoptionen im Dialogfeld *Suchen* fest (Abbildung A.10). Tragen Sie einen Schlüssel, einen Unterschlüssel, den Namen eines Werts oder einen Wert (Text oder Binärwert) in das Feld *Suchen nach* ein.

3. Klicken Sie auf die Schaltfläche *Weitersuchen*, um die Suchfunktion zu starten.

Abbildung A.10: Suchen in der Registrierung

Die Funktion *Suchen* kann auch Teilausdrücke innerhalb eines Textes finden. Falls Sie den genauen Suchbegriff nicht kennen, können Sie daher mit Teilausdrücken arbeiten und nur einige Buchstaben oder Zeichen des gesuchten Begriffs eingeben. In diesem Fall darf das Kontrollkästchen *Ganze Zeichenfolge vergleichen* nicht markiert sein. Andererseits können Sie sich die Suche erleichtern, wenn Sie den gesamten Ausdruck für den Schlüssel oder den Namen eines Werts eingeben und das Kontrollkästchen *Ganze Zeichenfolge vergleichen* markieren. Dann zeigt die Funktion *Suchen* nur solche Einträge, die genau dem Suchbegriff entsprechen. Sie können die Suche über die Kontrollkästchen der Gruppe *Suchoptionen* weiter einschränken. Diese Kontrollkästchen sind standardmäßig markiert, um die komplette Registrierung zu durchsuchen.

» *Schlüssel*: Bezieht die Suche auf alle Schlüssel und Unterschlüssel, die mit dem Suchbegriff übereinstimmen.

» *Werte*: Durchsucht die Namen aller Werte nach dem Suchbegriff und nicht, wie man vermuten könnte, die Daten dieser Werte selbst.

» *Daten*: Erweitert oder reduziert die Suche auf die eigentlichen Daten eines Werts.

Findet der Editor einen Eintrag, wird dieser hervorgehoben dargestellt. Suchen Sie nach Werten, wird nur der Name und nicht der eigentliche Wert hervorgehoben. Mit der Funktionstaste [F3] oder mit dem Befehl *Weitersuchen* im Menü *Bearbeiten* lässt sich nach der nächsten Stelle mit dem Suchbegriff suchen.

TIPP   Der Registrierungs-Editor von Windows besitzt noch ein nettes Feature: Sie können mit Favoriten arbeiten. Wurde ein Registrierungsschlüssel angewählt, können Sie im Menü *Favoriten* den Befehl *Zu Favoriten hinzufügen* wählen. In ein Dialogfeld lässt sich dann ein Name eintragen, unter dem der Schlüssel in die Liste der Favoriten eingetragen wird. Um später den Schlüssel erneut anzuwählen, öffnen Sie das Menü *Favoriten* und klicken auf den Eintrag mit dem gewünschten Namen. Über den Befehl *Favoriten entfernen* öffnet sich ein Dialogfeld mit einer Liste der definierten Favoriten. Einträge lassen sich dann markieren und durch Betätigen der *OK*-Schaltfläche entfernen.

A.2.7 Registrierungsauszüge drucken

Die Registrierung umfasst recht umfangreiche Informationen. Zur Überprüfung und Dokumentation dieser Einträge lässt sich der Inhalt der Registrierung oder ein einzelner Zweig drucken.

1. Starten Sie den Registrierungs-Editor und markieren Sie den auszudruckenden Zweig.

2. Wählen Sie im Menü *Datei* den Befehl *Drucken* oder drücken Sie die Tastenkombination [Strg] + [P].

3. Der Registrierungs-Editor blendet das Dialogfeld *Drucken* in der Anzeige ein (Abbildung A.11). Wählen Sie in diesem Dialogfeld die Optionen zum Drucken.

Arbeiten mit dem Registrierungs-Editor

War vor Aufruf der Druckfunktion ein Zweig der Registrierung markiert, erscheint dessen Name im Feld der Gruppe *Druckbereich*. Sie können hier auch einen anderen Namen eintragen. Über die *OK*-Schaltfläche starten Sie den Ausdruck. Um die gesamte Registrierung zu drucken, wählen Sie die Optionsschaltfläche *Alles*. Beachten Sie aber, dass der Ausdruck der kompletten Registrierung einige Seiten umfasst.

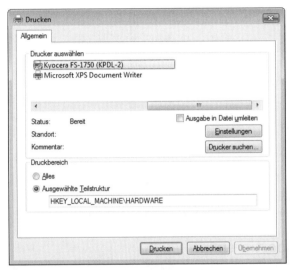

Abbildung A.11: Registrierung drucken

A.2.8 Registrierungsdaten exportieren

Möchten Sie mehrere Einträge der Registrierung für eine spätere Nutzung exportieren? Der Registrierungs-Editor bietet hierzu die Funktionen *Exportieren* und *Importieren* im Menü *Datei*. Möchten Sie einen Zweig der Registrierung in eine *.reg*-Datei exportieren, gehen Sie folgendermaßen vor:

1. Markieren Sie im Fenster des Registrierungs-Editors den zu exportierenden Zweig mit einem Mausklick.

2. Anschließend öffnen Sie das Menü *Datei* und wählen den Befehl *Exportieren*.

3. Der Registrierungs-Editor öffnet das Dialogfeld aus Abbildung A.12, in dem Sie den Pfad und den Dateinamen der Exportdatei angeben.

4. Weiterhin können Sie in der Gruppe *Exportbereich* einstellen, ob nur ein Zweig oder die komplette Registrierung ausgelagert wird.

Sobald Sie das Dialogfeld über die *OK*-Schaltfläche schließen, exportiert der Editor die ausgewählten Daten in eine eigene Datei. Die so gespeicherten Daten liegen in der *.reg*-Datei im Textformat vor, können also mit jedem beliebigen Texteditor (z. B. Notepad) bearbeitet und angezeigt werden.

Abbildung A.12: Auswahl des Zielordners und des Dateinamens für die *.reg*-Datei

A.2.9 Eine .reg-Datei importieren

Eine *.reg*-Datei mit exportierten Registrierungsdaten lässt sich auf sehr einfachem Wege wieder einlesen:

1. Wählen Sie im Menü *Datei* den Eintrag *Importieren* an. Daraufhin blendet der Registrierungs-Editor das Dialogfeld zur Dateiauswahl in der Anzeige ein.

2. Stellen Sie den gewünschten Pfad ein und wählen Sie die benötigte Registrierdatei. Sobald Sie die Schaltfläche *Öffnen* anklicken, importiert der Editor die Daten in die Registrierung.

Der Registrierungs-Editor fügt die Daten direkt in die betreffenden Schlüssel ein. Achten Sie aber darauf, dass der Registrierungs-Editor, sofern erforderlich, mit Administratorrechten arbeitet, da andernfalls Schlüssel nicht geändert werden können. Zudem sollten Sie sich sicher sein, dass die betreffende *.reg*-Datei korrekte Werte enthält.

INFO   Sofern Sie eine *.reg*-Datei vorliegen haben, können Sie diese auch direkt per Doppelklick auf das Dateisymbol importieren. Windows zeigt ein Dialogfeld an, über das Sie den Import bestätigen müssen. Sofern keine Administratorberechtigungen erforderlich sind, werden die Änderungen direkt vorgenommen. Sind Administratorberechtigungen erforderlich, funktioniert der Import per Doppelklick auf eine *.reg*-Datei nur unter einem Administratorkonto.

A.2.10 Die Struktur von .reg-Dateien

Die Exportfunktion eröffnet Ihnen die Möglichkeit, kleine *.reg*-Dateien anzulegen, die sich in einem Texteditor leicht modifizieren lassen. Nachfolgend sehen Sie einen Auszug aus einer *.reg*-Datei:

```
Windows Registry Editor Version 5.00

[HKEY_CLASSES_ROOT\.tif]
"PerceivedType"="image"
@=""
"Content Type"="image/tiff"

[HKEY_CLASSES_ROOT\.tif\OpenWithProgids]
"TIFImage.Document"=hex(0):00
"EULA"=dword:00000001
```

Die erste Zeile enthält die Signatur, die auf einen Registrierungseintrag von Windows hinweist (die älteren Windows-Versionen benutzen eine andere Signatur, wobei Windows deren *.reg*-Dateien importieren kann). Die Schlüssel werden in eckigen Klammern […] angegeben. Daran schließen sich die Werte in weiteren Zeilen an. Der Standardwert eines Schlüssels besitzt keinen Namen und wird durch das Zeichen @ signalisiert. Bei anderen Werten muss der betreffende Name in Anführungszeichen gesetzt werden. Hinter dem Gleichheitszeichen folgen dann die Daten des Werts, wobei ein Schlüsselwort wie »dword:« ggf. den Typ angibt. Bei Pfadangaben in einem Wert sind die Backslash-Zeichen als \\ anzugeben. Texte werden zudem in doppelte Anführungszeichen gesetzt.

TIPP Die Einträge innerhalb der *.reg*-Datei werden beim Import zur Registrierung hinzugefügt. Existiert der Schlüssel oder Wert noch nicht, wird er neu aufgenommen. Bei bestehenden Werten werden die Daten einfach überschrieben. Undokumentiert ist die Möglichkeit, über *.reg*-Dateien auch Schlüssel oder Werte löschen zu können. Die Anweisungen:

```
Windows Registry Editor Version 5.00

[-HKEY_CLASSES_ROOT\.1st]
[HKEY_CLASSES_ROOT\.2nd]
"Born"=-
```

stellen eine *.reg*-Datei dar, wobei in der ersten eckigen Klammer ein Minuszeichen vor dem Schlüssel steht. Dies bewirkt, dass Windows den Schlüssel beim Import samt Inhalt löscht. Beachten Sie aber, dass sich die Hauptschlüssel nicht löschen lassen. Um einen Wert zu löschen, muss hinter dem Gleichheitszeichen ein Minuszeichen angegeben werden. Die beiden letzten Zeilen in obigem Beispiel löschen den Wert »Born« aus dem Schlüssel *HKCR\.2nd*. Existiert dieser Schlüssel nicht, wird dieser angelegt. Sie müssten die obigen Anweisungen also noch um eine letzte Zeile zum Löschen des Schlüssels *HKCR\.2nd* erweitern.

A.2.11 Berechtigungen in der Registrierung anpassen

Der Registrierungs-Editor besitzt in Windows noch den Befehl *Berechtigungen* im Menü *Bearbeiten*. Rufen Sie den Befehl auf, öffnet sich ein Dialogfeld, in dem Sie die Zugriffsberechtigungen für den Schlüssel anpassen können. Administratoren ist es möglich, anderen Benutzern die Zugriffsrechte zu entziehen. Damit lässt sich verhindern, dass Benutzer Anpassungen am Schlüssel vornehmen können. Fehlerhafte Berechtigungen führen zu Störungen am System, sodass das Anpassen der Zugriffsberechtigungen nur von erfahrenen Benutzern vorgenommen werden sollte. Sie kennen jetzt die Grundstruktur der Registrierung sowie die wichtigsten Funktionen des Registrierungs-Editors.

Anhang B
Weitere Informationen

B.1   Links ins Internet

Im Buch sind an verschiedenen Stellen Verweise auf Internetseiten angegeben. Erfahrungsgemäß wird sich ein Teil dieser Links mit der Zeit ändern, d.h., Sie finden die angegebenen Seiten nicht mehr. Verwenden Sie in diesem Fall Suchmaschinen, um nach den entsprechenden Begriffen zu suchen. Meist werden die geänderten Seiten gefunden.

Auf meiner Website *http://www.borncity.de* finden Sie in der Regel für jeden von mir publizierten Titel eine Infoseite. Falls bestimmte Links nicht mehr gültig sind oder Fehler im Buch gefunden wurden, trage ich die Korrekturen als Errata auf dieser Informationsseite nach. Rückmeldungen zum Buch können Sie mir über *gborn@borncity.de* zukommen lassen. Bitte haben Sie aber Verständnis dafür, dass ich keine Beratung oder sonst wie geartete Unterstützung bei Windows-Problemen geben kann.

B.2   Nützliche Informationsseiten

Neben meinem Blog unter *http://blog.borncity.com* empfiehlt sich bei Problemen mit Windows 7 ein Blick in die Windows-Hilfe sowie ein Besuch der Microsoft-Webseite *http://www.microsoft.com/de/de/*. Suchen Sie nach dem Thema, das Sie interessiert. Hilfestellung bezüglich bereits bekannter Probleme finden Sie im Supportbereich von Microsoft: *http://support.microsoft.com*. Eine Suche über Stichwörter zu den entsprechenden Themen wird in den gängigen Suchmaschinen entsprechende Treffer zu relevanten Seiten liefern. Weiterhin möchte ich Ihnen die von Microsoft unter *http://answers.microsoft.com/de-de/* betriebenen Foren zu Windows 7 empfehlen. Bei speziellen Fragestellungen oder Problemen ist die Chance durchaus groß, dort aus dem Kreis weiterer Windows-Anwender kompetente Hilfe oder Tipps zu bekommen.

B.3 Literaturverweis

In diesem Buch konnten längst nicht alle Probleme behandelt werden. Vielleicht benötigen Sie auch mehr Informationen über bestimmte Windows 7-Funktionen. Interessierte Leser möchte ich daher auf folgende Buchtitel verweisen.

Die Beschreibung der grundlegenden Windows 7-Funktionen finden Sie in dem von mir bei Markt+Technik publizierten Titel »Magnum – Windows 7 Home Premium«, ISBN 978-3-8272-4490.

Weitere Tipps zu Windows 7 finden Sie auch in den von mir bei Markt+Technik veröffentlichten Titeln »Magnum – Windows 7 Home Premium Tricks« (ISBN 978-3-8272-4489-5) und »Magnum – Windows 7 Home Professional Tricks« (ISBN 978-3-8272-4532-8).

Erfahrene Anwender möchte ich auf den Markt+Technik-Buchtitel »Windows 7 – Handbuch für Fortgeschrittene« (ISBN 978-3-8272-4597-7) verweisen. In diesem Buch wird alles von der Installation über die Anpassung der Windows 7-Installation bis hin zu Themen wie Virtualisierung behandelt.

Stichwortverzeichnis

.etl-Dateien 90
.exe-Dateityp
   neu registrieren 184
.exe-Programmdatei
   öffnet falsche Anwendung 184
.msi 292
.msu-Updatepaket entpacken 315

A

a43-Dateimanager 70
Abgesicherter Modus 76
Acronis True Image Home 2011 53
Adblock Plus 367
AdBlocker IE 367
Adobe Flash Player
   funktioniert nicht 368
AdvancedTab 371
Adware 418
Adware-Bekämpfung 418
Aero
   funktioniert nicht 114
Akku
   defekt 239
   Lebensdauer 240, 242
   Pflege 241
   Tiefstentladung 241
Anmeldung
   Benutzerkonten ein-/
     ausblenden 511
   Kennwort vergessen 512
   nicht möglich 512
   Wegen defekten Benutzerprofils
     unmöglich 513
   Windows zeigt keine Anmeldeseite
     mehr 509
AntiVir Rescue System 413
Anwendung
   stürzt ab 86
Anwendungs- und Dienstprotokolle 88

Arbeitsgruppe
   zuordnen 324
Arbeitsspeicher
   Ausbau 236
   Notebook 234
   Probleme beim Aufrüsten 236
   Siehe auch RAM
Arbeitsspeicherdiagnosetool 98
Artefakte 488
Ask-Toolbar 496
Assoc 66
ATA 192
Attrib 66
Audio Player
   kein Ton 473
Audioeingang
   Stereomix fehlt 478
Audiomitschnitt 478
Audiowiedergabe ruckelt 473
Aufnahmegeräte
   zu leise 476
Aufnahmelautstärke 476
Ausdrucke
   fehlerhaft 243
Ausgeblendete Updates anzeigen 313
Auslieferungszustand
   zurückholen 158
Auslogics Disk Defrag 426
Ausschaltverhalten
   anpassen 151
AutoEndTask 164
Automatische Anmeldung 509
AutoPlay 214
Autorun 214
Autostart
   Programme deaktivieren 182
Autotuning
   ausschalten 346
Auto-Update
   abschalten 311

Stichwortverzeichnis

Avast! 4 Home 409
AVI-Datei nicht abspielbar 489
Avira AntiVir Personal Free 409

B

Backup 49, 51
BCD-Datenbank 66
  erneuern 74
Bcdedit 66, 82
BD
  Laufwerkeigenschaften
    abfragen 211
  Wiedergabe möglich 497
BD-Video
  Wiedergabe klappt nicht 490
Beamer 225
Befehl
  Am Raster ausrichten 110
  Automatisch anordnen 110
  perfmon /report 92
Befehle
  Eingabeaufforderung 66
Befehlszeilenprogramm
  powercfg 145
Benutzer wechseln
  gesperrt 510
Benutzerkonten
  einrichten 516
  fehlen auf Anmeldeseite 511
  Kennwort per Diskette zurücksetzen 519
  Kennwort vergessen 512, 518
  Kennwortrücksetzdatenträger
    erstellen 520
  Kennwortsicherung für Administratoren 519
  löschen 517
  Ordner löschen 430
  sicher machen 514
Benutzerkontensteuerung
  Abgeschaltet 138
Benutzerordner
  verschieben 434
Benutzerprofil
  defekt 513

Besitzrechte
  von Dateien und Ordnern
    anpassen 518
Besitzübernahme
  erzwingen 445
Bibliotheken
  umbenennen/löschen 448
  verschwunden 448
Bilder 464
Bildschirm
  Aktualisierungsrate 263
  bleibt dunkel 56
Bildschirmschoner 143
  abschalten 144
  Willkommensseite unterdrücken 144
Bildschirmtastatur 279
Binärwert
  anpassen 547
Binary 542
BIOS
  Beep-Codes 58
  Booteinheit 71
  Bootreihenfolge 61
  Halt On 85
  Load Fail-Safe Defaults 62
  Setup 62
  Setup aufrufen 98
  Tastaturfehler 60
  Tasten vertauscht 72
  USB Keyboard Support 85
Bluescreen 84
  entschlüsselt 94
Bluetooth-Adapter 283
Bluetooth-Verbindungsprobleme 288
Boot Record reparieren 74
Boot.ini 73
Bootanalyse 166
Bootcfg 66
Bootmanager 73
Bootmenü
  Anzeige erzwingen 84
  Anzeigedauer anpassen 83
  reparieren 82
Bootmgr 73

Stichwortverzeichnis

Bootrec 66
Bot
　einfernen 415
BotHunter 408
Botnetzwerk 415
Break 66
Brennen
　Abbruch 498
　Mastered-Modus 499
　Multisession-Modus 499
　Probleme mit Multisession 507
Brenner
　Brennfunktionen 497
　Firmware-Update 501
　keine Multibrenner-
　　unterstützung 497
　nicht erkannt 496
　testen 497
Brennfehler 502
Brenngeschwindigkeit
　nicht wählbar 500
Browser
　Darstellung zu groß/klein 355
　Popupfenster blockieren 366
　Privatmodus 363
　Schriftgrad anpassen 355
　Suchanbieter ändern 357
　Surfspuren löschen 361
　Symbolleisten verschwunden 352
　Symbolleisteneinträge ver-
　　schwunden 353
　URL-Eingabe ruft plötzlich andere
　　Webseiten auf 347
Browsercheck 397
Browsererweiterungen
　von Drittanbietern aktivieren 350
Browser-Hijacking 356

C

C:WindowsLogsCBS 314
Camcorder
　FireWire-Schnittstelle 493
CAT.5-Kabel 318
CBS.log 314

CD 66
　auf Fehler prüfen 505
　Autorun 214
　nicht lesbar 499
CD/BD/DVD
　Laufwerk verschwunden 208
　Notauswurf 213
CD/DVD
　Behandlung 506
　defekte Dateien retten 212
　Diskqualität analysieren 506
CD-/DVD-RW
　Dateien restaurieren 212
CD-Roller 212
Chcp 66
ChDir 66
Chipsatz-Treiber
　aktualisieren 85
Chkdsk 67, 207
Chkntfs 67
CHM-Datei
　funktioniert nicht 534
Classic Shell 436
Clean Tools 297
ClearPageFileAtShutdown 164
Cls 67
Cmd 67
CMOS
　Daten beschädigt 98
Codec-Informationen
　abrufen 478
Codecs
　überprüfen 478
Color 67
Comp 67
Compact 67
Computerprobleme
　behandeln 170
Computerreparaturoptionen 63
Computerverwaltung
　aufrufen 439
　Partitionierung 196
ConnectionTab 371
ContentTab 371
ContextMenuHandlers 437

Control 163
Convert 67
Cookies
    kontrollieren/entfernen 359
    Sperre aufheben 359
Copy 67, 437
Cross-Link-Kabel 318

D

Data Execution Protection 178
Date 67
Dateidoubletten
    entfernen 429
Dateien
    gelöschte wiederherstellen 454
    Hiberfil.sys 431
    Infcache.1 248
    komprimieren 433
    Ntbtlog.txt 76
    versteckte anzeigen 442
Dateiliste
    sortieren 449
Dateinamenerweiterung
    Anzeige einschalten 411
    anzeigen 446
Dateitypen 182
    Registrierung 182
    Registrierungseinträge 185
    Symbol 185
    Zuordnung ändern 184
Datenausführungsverhinderung 178
    blockt ein Programm 178
Datenrettung 454
Datenträger
    defragmentieren 425
    initialisieren 197
    konvertieren 199, 200
Datenträgerabbild brennen 64
Datenträgerbereinigung
    durchführen 427
Datenträgersicherung
    aufrufen 49
Datenträgerverwaltung 196
    Partitionierung 196
Defragmentierung 425

Deinstallation
    gemeinsam genutzte Dateien löschen 296
    System manuell bereinigen 298
Del 67
Design
    wechseln 113
Desktop 101
    Aero-Probleme lösen 170
    Aero-Shake funktioniert nicht mehr 117
    Aero-Snap funktioniert nicht mehr 117
    Benutzeranmeldung dauert lange 115
    Bereinigung abschalten 105
    Desktop.ini vorhanden 109
    Eintrag fehlt nach Programminstallation 134
    Hintergrund verändern 114
    Hintergrundbild lässt sich nicht ändern 115
    Infobereich 127
    Minianwendungen verschwunden 102
    Schattenschrift für Symboltitel abschalten 115
    Symbole ändern 107
    Symbole nicht verschiebbar 109
    Symbole verschoben 110
    Symbole verschwunden 102
    Symbole zu groß/zu klein 111
    Symbolpositionen sichern 110
    Symboltitel ändern 106
    Verknüpfung auf Laufwerke 106
    Verknüpfungen anlegen 105
Desktopsymbole
    einblenden 104
devmgr_show_nonpresent_devices 309
DFÜ-Verbindung
    Einwahl scheitert 341
DHCP-Server 327
Dialer
    entfernen 416

Dialerschutz 416
Digitalkamera
  Treiber 300
Dir 67
DirectSound-Schnittstelle 474
DirectX
  Version ermitteln 221
DirectX-Diagnoseprogramm 221
DisableTaskMgr 181
DisallowRun 537
Diskanalyse 506
Diskpart 67, 194
DMA
  Mode 202
Dokumente
  verschieben 434
Dolby Digital 232
Dolby Trailer 482
Download
  geht nicht mehr 364
Drive Fitnes Test 202
DRM-Lizenzen 479
DRM-Schutz
  Macht Probleme 479
Dropped frames 492
Druckauftrag
  direkt zum Drucker leiten 255
  löschen 253
Druckausgabe
  klappt nicht 250
Drucken
  beidseitig 256
  Farbstich beim Fotodruck 261
  Papierart wählen 258
  Papierquelle wählen 257
  Ränder abgeschnitten 255
  Spoolordner anpassen 254
Drucker
  allgemeine Probleme 255
  Ausdruck fehlerhaft 243
  falsche Anschlüsse 252
  Farbkalibrierung 261
  Farbverwaltung 258
  Papierstau 256
  Papierzufuhr 258
  Selbsttest ausführen 243
  Tipps 263
  Treiber installieren 247
  Treiber löschen 246
  Treiber manuell installieren 248
  Treiberinstallation schlägt fehl 249
  weigert sich zu drucken 250
Druckerordner öffnen 245
Druckerqueue
  Aufträge löschen 254
Druckertreiber
  aktualisieren 248
Druckserver
  Eigenschaften überprüfen 246
Druckspooler
  abschalten 254
DSL-Modem
  wird nicht erkannt 337
DSL-Router
  Internetprobleme 337
Dump-Datei
  auswerten 95
DVD
  auf Fehler prüfen 505
  Autorun 214
  Ländercode 483
  Laufwerkeigenschaften
    abfragen 211
  nicht lesbar 499
  Qualität analysieren 506
DVD + R DL
  Abspielprobleme 486
DVDInfo 211
DVD-Laufwerk
  Regioncode ändern 483
DWORD 543
DWORD-Wert
  anpassen 546
Dye 502

E

Easeus Todo Backup 1.1 53
EasyBCD 82
Eco-Modus 259
E-Fehler beim Postversand 379

Stichwortverzeichnis

Eicar-Testvirus 415
Eingabeaufforderung 65
   Befehle 66
Einrastfunktion 274
Einwahlnummer
   fehlt im Dialogfeld Verbinden
      mit 342
E-Mail
   Absenderangabe festlegen 381
   Anhang blockiert 382
   Anti-Spam-Tipps 386
   Bilder werden nicht angezeigt 384
   importieren 372
   Importieren klappt nicht 372
   Konteneinstellung prüfen 373
   Lesebestätigung unterdrücken 385
   Nachrichten lassen sich nicht mehr
      abrufen 373
   Postfach läuft über 381
   Spam-Abwehr 386
   Spamfilter auf dem Server 388
Emailcheck 397
E-Mail-Client
   Auswahl 371
E-Mail-Programm
   Meldet zyklisch Übertragungs-
      fehler 377
Energieoptionen
   erweiterte 150
Energiespareinstellungen
   analysieren 145
Energiesparmodus
   automatisches Aufwachen 148
Energiesparoptionen 143, 145
   aufrufen 149
Energieverwaltung
   für den USB-Root-Hub
      abschalten 161
   für USB-Geräte 287
Entmagnetisierungsfunktion 266
Erase 67
Erweiterte Startoptionen 75
eSATA 193
Excel
   Menüband fehlt 528

EXIF-Informationen 466
Exit 67
Expand 67
ExtMan 186

F

Farbdruck
   Farbstich 261
FAT32-Partition 199
Favoriten
   Im Internet Explorer nicht
      anlegbar 369
Fc 67
FCC-ID 237
Fehler
   beim Brennen 502
   Master Boot Record defekt 62
Fehlercode entschlüsseln 93
Fehlerdiagnose 162
Fehlerdump 95
Fehlerüberprüfung
   Festplatte 205
Fensterstil
   verändern 112
Festplatte
   BIOS-Auflistung 193
   externe wird nicht erkannt 192
   Fehlerüberprüfung 205
   häufige Zugriffe 170
   MBR reparieren 73
   Partitionen fehlen 194
   SMART-Werte auslesen 207
   Speicherplatz freischaufeln 429
   von Installationsmüll
      bereinigen 430
Firefox
   Chronik löschen 361
   Popupblocker konfigurieren 366
Firefox 4
   Menüleiste einblenden 353
Firewall
   ausgehende Verbindungen
      blockieren 399
   brauche ich die 398

Funktion 397
  konfigurieren 399, 402
Firewall-Einstellungen
  testen 397
FireWire
  Camcorder 493
Firmware-Update 501
Format 67
Formulare
  Kennworteingaben kontrollieren 362
Foto 464
  Datei ist riesig 468
  EXIF-Daten fehlen 466
  Lässt sich nicht bearbeiten 472
Fotodruck
  Farbstich 261
Fotoformat
  erforderliche Pixelauflösung 259
Fotoordner
  Schaltflächen fehlen 471
Frames 486
Freeze 85
Freigabe-Assistent
  Netzwerk 333

G

Gadgets 118
General Clean Tool 496
GeneralTab 371
Gerät
  Hersteller ermitteln 237
  identifizieren 236
Geräteerkennung
  einschalten 325
Geräte-Manager
  aufrufen 202, 209
  Detailinformationen anzeigen 309
  Fehlercodes 306
  Phantomgeräte einblenden 309
Google-Sidebar 118
Grafikdateien 464
Grafikformate 467, 468
Grafikkarte 218
  Fehler 59
  tauschen 220
Grafikvorschau
  defekt 187
Gruppenrichtlinien 140
GSmartControl 207
GSpot 481, 482

H

Hardware
  Hersteller ermitteln 237
HDD-Anzeige
  leuchtet ständig 190
Herunterfahren
  analysieren 166
  beschleunigen 163
  Bluescreen 165
HideFastUserSwitching 152, 511
Hilfe
  Probleme 536
HKEY_CLASSES_ROOT 539
HKEY_CURRENT_CONFIG 540
HKEY_CURRENT_USER 540
HKEY_LOCAL_MACHINE 540
HKEY_USERS 540
Hoax 412
HungAppTimeout 164

I

Icacls 67
Icon
  Bibliotheken 108
IconCache.db 109
ImagePath 292
imageres.dll 108
Impulswahl 339
Infobereich 127
  Symbole fehlen 127
Infrarotverbindungen
  Probleme 288
Inplace-Upgrade 156
Installation
  protokollieren 292
  Rechner stürzt ab 291
  von USB-Stick 155

Installationsprobleme
  bei Windows 155
Installerdienst
  nicht zugreifbar 291
  überprüfen 290
Internet
  Sicherheitslücken aufdecken 396
  URL-Eingabe ruft plötzlich andere Webseiten auf 347
  Verbindung nicht möglich 347
  Verbindungsabbruch 344
  Verbindungsdurchsatz 345
  Zugang im Ausland 341
Internet Explorer
  Darstellung skalieren 355
  Fenstergröße zu klein 356
  Grafiken sind nur noch im BMP-Format speicherbar 364
  keine Anzeige von Grafiken 364
  keine Anzeige von PNG-Dateien 364
  Kioskmodus 356
  Registerkarten fehlen 370
  Seite über »E-Mail senden« gesperrt 355
  Sicherheitseinstellungen erlauben keinen Download 364
  Statusleiste fehlt 353
  stürzt ab 349
  Symbolleiste fehlt 353
  Symbolleisten verschwunden 352
  temporäre Internetdateien automatisch löschen 363
  URL-Liste selektiv löschen 363
  Werbeblocker 366
  zurücksetzen 350
Internet Explorer 8
  neu installieren 352
Internet Explorer 9 351
Internet Explorer FAQ 352
Internetzugang
  funktioniert nicht 340
Interrupt
  neu zuweisen 310
IP-Adresse
  ermitteln 330

ipconfig 330
ipconfig /flushdns 347
IrDA-Schnittstelle 288
ISDN-Karte
  keine Verbindung 336
  wird nicht erkannt 337
IsoBuster 210, 212
ISO-Datei
  brennen 64
IsShortcut 126

J

JAVA Virtual Maschine
  fehlt 368
Jumper 193
Junk-E-Mail
  Filterstufe anpassen 387
Junk-E-Mail-Filter
  trainieren 386

K

Kalibrierungsfehler 502
Kartenleser
  Laufwerke ausblenden 205
Kennwort
  für Benutzerkonto vergessen 518
Kennworteingaben
  für Formulare kontrollieren 362
Kennwortrücksetzdatenträger 520
Kennwortrücksetzdiskette 520
Kioskmodus 102
Klangereignisse
  beim Herunterfahren 166
Kompatibilitätsmodus
  verwenden 175
Kompressionsartefakte 467
Konfiguration
  letzte funktionierende wiederherstellen 77
Kontakte
  im Ordnerfenster fehlen die Schaltflächen Importieren/Exportieren 447
Kontextmenü
  funktioniert nicht 123

Konto
  Administrator 515
  Gast 515
  Typ ändern 515
Kontotyp
  Computeradministrator 514
  Standardbenutzer 515
Kopieren
  per Kontextmenü 437

L

Ländercode 483
Laserdrucker
  Fehler beim Ausdruck 260
  Streifen im Ausdruck 260
  Toner aufgebraucht 261
Laufwerk
  externes 192
  Formatierung ändern 198
  Laufwerkbuchstaben
    zuweisen 198
  Probleme 190
  Überprüfung 205
  verschwunden 439
Laufwerke 425
  komprimieren 432
Laufwerksbereinigung 427
Laufwerkzugriff
  wegen Beschränkungen abgebrochen 440
Launchpad 216
Lautstärkemixer 475
Lautstärkeregelung
  kontrollieren 474
LCD-Anzeige
  bleibt dunkel 56
  zu dunkel 57
LCD-Monitor
  Hintergrundbeleuchtung defekt 57
Letterbox-Verfahren 485
Link-Layer Topology Discovery 328
lnkfile 126
LockTaskBar 124
LowerFilters 208

M

MAC 335
Macromedia Flash 367
Macromedia Flash Player
  funktioniert nicht 368
Makros
  in Office blockieren 533
Makroviren 406
Malware 418
Mass Storage Class 300
Master Boot Record 73
  defekt 73
  neu schreiben 74
  reparieren 62, 73
Maus
  Bildlauf für Rädchen einstellen 273
  friert ein 269
  mittlere Taste 272
  per Tastatur simulieren 269
  Rädchen funktioniert nicht 273
  streikt nach Batteriewechsel 269
  Zeiger springt und ruckelt 271
  Zeigergeschwindigkeit
    anpassen 272
  Zeigeroptionen 272
  Zeigerschatten 275
Mausspur
  anzeigen 275
MBR reparieren 62
MCD Standby Tool 147
MD 67
Media Player 472
Medienbibliothek
  reparieren 171
Mehrkanalton 481
MEMORY.DMP 95
Menüband anpassen 529
Microsoft Baseline Security Analyzer
  (MSBA) 391
Microsoft Fix It Support Center
  Reparaturen ausführen 172
Microsoft Office
  Update 527
Microsoft Outlook 371
  E-Mail importieren 372

565

Microsoft Security Essentials 409
Microsoft-Synthesizer 474
MIDI-Ausgang
  Nicht wählbar 474
Mikrofon
  Zu leise 476
Minianwendung
  Probleme 118
Miniaturansicht
  Ordnerfenster 450
  reparieren 471
Mkdir 67
Modem
  Fehler 678 339
  Fehlercodes 339
  funktioniert nicht 337
  keine Verbindung 336
  Telefon funktioniert nicht mehr 338
  wählt nicht 338
  Wird nicht erkannt 337
Moiré-Muster 464
Monitor
  Degauss-Funktion 266
  Farbverwaltung 224
More 67
moricons.dll 108
Move 67, 437
MPU-401 474
msiexec 290
Multisession-Modus 499
Multistringwert
  anpassen 546
Musikordner
  Schaltflächen fehlen 471
MyUninstaller 296

N

Nero
  Aktualisierung nicht möglich 495
  Installationsfehler 495
  Laufwerke verschwunden 208
Nero DiskSpeed 505
Nero Info Tool 497
Net 67
net view 329

Netzwerk
  Animation bei Aktivität
    einschalten 331
  Freigabe-Assistent 333
  Geräteerkennung einschalten 325
  Gesamtübersicht anzeigen 328
  keine Internetverbindung 321
  Netzwerkerkennung einschalten
    (Windows Vista) 325
  Netzwerkübersicht funktioniert
    nicht 328
  Rechner werden nicht gefunden 324
  Reparaturfunktion nutzen 321
  Softwarekonfigurierung überprüfen/reparieren 321
  Standort ändern 322
  Standort nicht änderbar 323
  Verbindungen testen 329
  Verbindungsproblem lösen 170
  Verkabelung prüfen 317
  Windows XP-Rechner werden nicht
    erkannt 328
Netzwerk- und Freigabecenter
  aufrufen 321
Netzwerkbrücke
  Probleme 331
Netzwerkcheck 397
Netzwerkkarte
  fehlerhaft 319
Netzwerkstandort
  Registrierungseintrag 324
Netzwerksymbol
  zeigt gelbes Dreieck mit Ausrufezeichen 320
  zeigt weißes Kreuz auf rotem
    Kreis 320
Netzwerkübersicht
  funktioniert nicht mehr 328
Neustart
  sauberer 162
Non Systemdisk 61
Normal.dot 530
Notebook
  Arbeitsspeicher 234
  Strom sparen 57

NoTrayItemsDisplay 125
NoViewContextMenu 448
NoViewOnDrive 441
NoWindowMinimizingShortcuts 118
NTFS Undelete 454
NTFS-Link 443
ntuser.dat 69, 545

O

Office
   deinstallieren 526
   Installationsprobleme 525
   reparieren 523
   Start im abgesicherten Modus 534
Online-Spamfilter 388
Opti Drive Control 505
Ordner
   Anzeige zurücksetzen 435
   gelöschte wiederherstellen 454
   Geräte und Drucker öffnen 245
   komprimieren 432
   Ordnertyp zuweisen 450
   WindowsImageBackup 50
Ordneranzeige
   Navigationsbereich nachführen 438
   Navigationsleiste springt 436
   Wechseldatenträger nicht
     sichtbar 438
Ordnerfenster 435
   Befehl Ordner- und Suchoptionen
     gesperrt 448
   bei der Anmeldung wiederher-
     stellen 447
   Darstellungsprobleme 447
   In Kontakte fehlen die Schaltflächen
     Importieren/Exportieren 447
   Kioskmodus 436
   Laufwerkbuchstaben fehlen 446
   leere Laufwerke ausblenden 438
   Menüleiste fehlt 436
   Miniaturansicht 450
   Miniaturansichten ver-
     schwunden 451
   Miniaturansichten/Vorschau ver-
     schwunden 451

   Navigationselemente ausblenden
     439
   Nimmt gesamten Desktop ein 436
   Papierkorb in Navigationsleiste 438
   Verhalten anders als bei Windows
     XP 436
   Zugriff auf Laufwerk gesperrt 440
   Zugriff auf Laufwerk, Ordner,
     Dateien nicht möglich 444
   Zugriff auf Ordner wird ver-
     weigert 443
Ordnersymbol
   anpassen 449
Outlook
   Anhang blockiert 382
   Bildanzeige in E-Mails zulassen 385
   Einstellungen zur Speicherung von
     Anlagen 383
   Postfach wird nicht abgefragt 377
   Vorgang wegen Beschränkungen
     abgebrochen 372

P

Pan&Scan 485
Papierart
   wählen 258
Papiereinzug
   zieht schräg ein 256
Papierkorb
   Größe anpassen 431
   nicht leerbar 431
Papierkorb verschwunden 104
Papierquelle
   wählen 257
Papierstau 256
Paragon Backup & Recovery 82
Paragon Backup & Recovery Suite 10
   51
Paragon Partition Manager 8.5 200
Partitionen 196
   aktive 198
Partitionierung 61
   über die Computerverwaltung 196
   überprüfen 194
Partitionierungsprogramm 194

Stichwortverzeichnis

Partitionierungstools 200
PBDA-Treiber 493
PC-Card
   Geräteprobleme 237
PC-Card-Adapter 192
PCI-Steckkarte
   Hersteller ermitteln 237
   identifizieren 236
PCI-Steckkarte (Mini) 239
PCMCIA Siehe PC-Card
PCMCIA-Adapter 192
Performance-Analyse 166
Peripheriegeräte
   funktionieren nicht 282
Phishing 421
Phishingfilter
   Einstellungen 423
   testen 369
Piepsignale
   des BIOS 58
ping 330
PoliciesExplorer 124
Popupfenster
   blockieren 366
Ports 398
Postfach
   wird nicht abgefragt 377
powercfg 145
PowerDVD
   Raumklang einschalten 482
Primary Master 194
Problembehandlung
   aufrufen 170
Problemberichterstattung
   abschalten 173
Process Monitor 166
Programm
   .exe-Datei nicht mehr aufrufbar 184
   Ausführung vom Administrator
     geblockt 537
   Bootrec.exe 74
   deinstallieren 295, 430
   deinstallieren/ändern 139
   DeskSave 110
   Installationsfehler 296
   keine Rechte zum Aufruf 137
   nach Absturz abbrechen 179
   nach Installation hervorheben 134
   Probleme 176
   rstrui.exe 78
   Standard festlegen 355
   Start blockiert 536
   zum Speichertest 98
Programm Autologon 510
Programm IExpress 433
Programmkompatibilitäts-
   assistent 176
Protokolldatei CBS.log 314
Prozess hängt
   Fehleranalyse 86
Prozessanalye
   bei hängenden Anwendungen 86
Prozesse
   hängende analysieren 87
Prozessor
   Taktfrequenz abfragen 236
Prozesswarteschlange analysieren 87

Q

Quero 367
QWORD 543

R

RAM
   aufrüsten 233
   DDR2-/DDR3-SDRAM 234
   DDR-SDRAM 234
   SDRAM-DIMM 233
   Speicherfehler beim Systemstart 58
   Speicherfehler im Cache 59
   Speichertest 98
   Speichertypen 233, 234
   Typ ermitteln 236
Rauschunterdrückung 478
RD 68
Rechner
   ausgefallen 57
   friert ein 85
   meldet »Non Systemdisk« 61
   piept 58

Stichwortverzeichnis

schaltet sich nicht aus 164
startet nicht mehr 62
stürzt ab 84
Zuklappen fährt System
  herunter 151
REG_BINARY 542
reg-Datei
  importieren 552
  Struktur 553
REG_DWORD 543
REG_EXPAND_SZ 542
Registrierung
  Auszüge drucken 550
  AutoEndTask 164
  Berechtigungen 554
  beschädigt 95
  Class 208
  Copy 437
  Daten exportieren 551
  DisallowRun 537
  Eintrag ändern 545
  Eintrag löschen 549
  Grundlagen 539
  Hauptschlüssel 539
  HKCR
    ContextMenuHandlers 437
  HKCU
    Internet Explorer\Main 354
    PolicyExplorer 124
  HKLM
    Control 163
  HungAppTimeout 164
  LowerFilters 208
  Move 437
  Name umbenennen 547
  reg-Datei importieren 552
  RestrictRun 538
  Schlüssel einfügen 548
  Schreibberechtigung 541
  Struktur 539
  suchen 549
  Typen der Werte 542
  UpperFilters 208
  WaitToKillAppTimeout 164
  WaitToKillServiceTimeout 163

Wert
  Binärwert ändern 547
  DWORD/QWORD ändern 546
  Expandable Stringtyp ändern 546
  Multistring ändern 546
  Stringtyp ändern 546
  Typ ändern 547
Wert einfügen 548
Window Title 354
Registrierungs-Editor 543
  aufrufen 118, 543
  Fenster 544
  Hive-Datei laden 544
  mit Favoriten arbeiten 550
REG_MULTI_SZ 542
REG_QWORD 543
REG_SZ 542
Reinigungs-CD 212
Ren 68
Rename 68
Reparatur
  mit Windows 7-Installations-DVD
    63
Reparaturinstallation 156
Ressourcenmonitor 86
Restore 51
RestrictRun 538
Revouninstaller 296
Richtlinien
  für Firewall 404
Rmdir 68
Rootkit 408
Rootkit Revealer 408
Ruhezustand
  abschalten 431
  geht nicht mehr 149
RW-Medien
  wie häufig löschbar? 504

S

S/PDIF-Schnittstelle 228
Scanner 457
  nicht erkannt 457
Schnelle Benutzerumschaltung
  klappt nicht mehr 510

Stichwortverzeichnis

Schreibschutz kontrollieren 177
Schreibschutzattribut
　zurücksetzen 453
Scrollmodus 273
SD-Speicherkarten
　Datenverlust 217
Serial ATA 191, 194
Set 68
Setup
　Paket nicht für Windows
　　geeignet 291
Sicherheit
　bei der Makroausführung 533
　prüfen 396
　Verhaltensregeln 411
Sicherheitscenter (Office 2010) 411
Sicherheitstest 397
Sichern 49
Sicherungsprogramme 51
Skriptviren 406
SmartScreen-Filter
　testen 369
SmartSurfer 346
SMART-Werte auslesen 207
SO-DIMM 234
Soundausgabe
　der DirectX-Bibliothek testen 474
Soundkarte
　digitale Ein-/Ausgänge 228
　Soundausgabe freigegeben 230
　Soundausgabe testen 229
　Treiber überprüfen 230
　Verkabelungsfehler 228
Spam-Abwehr 386
Spam-Filterprogramm 373
Speicher
　einbauen 235
Speicherdiagnose 65
Speicherkarten
　sicher entfernen 216, 466
Speichertest 98
Spoolordner 254
Sprachumschaltung 281
Spybot Search & Destroy 418
Spyware 418

SSID 334
Standardaktion für Beenden 152
Standardbibliotheken wieder-
　herstellen 448
Standarddrucker
　festlegen 250
Startdateien
　reparieren 62, 73
Starthilfe 75
　abschalten 75
Startmenü 130
　anpassen 131
　Befehl Ruhezustand fehlt 150
　Eintrag Benutzer wechseln
　　gesperrt 152
　Eintrag fehlt nach Programm-
　　installation 134
　Eintrag Zuletzt installierte
　　Programme hervorheben 134
　Einträge in »Alle Programme«
　　pflegen 130
　Einträge nicht löschbar/ver-
　　schiebbar 131
　funktioniert nicht mehr 130
　klassische Darstellung auf-
　　heben 143
　Kontensymbol ändern 143
　Kontextmenü funktioniert nicht
　　mehr 132
　Programm anheften/lösen 141
　Programmgruppe anlegen 136
　Schaltfläche »Herunterfahren«
　　fehlt 152
　sortieren 132
　Symbole fehlerhaft 108
　Untermenü beim Zeigen
　　öffnen 134
　Ziehen und Ablegen sperren 132
Startmenüeintrag
　Auf Desktop verrutscht 131
Startmenüzweig »Alle Programme«
　anpassen 136
Startprotokollierung 162
Stereomix
　fehlt 478

Stinger 415
STOP 0x0000007B 193
STOP 0xc0000218 95
StorageDevicePolicies 441
Suche
    Fehlerkorrektur 455
Surfspuren
    löschen 361
S-VCD
    Probleme 503
Symbole
    automatisch anordnen 110
Symbolleiste
    Schaltfläche fehlt 527
Sysinternals-Suite 510
Sysinternals-Tools 166, 408
System
    startet langsam 62
    startet nicht mehr 62
System File Checker 97
System Information for Windows 207
Systemabbild erstellen 49
Systemabbildsicherung
    zurücklesen 79
Systemabbild-Wiederherstellung 65
Systemdateien
    überprüfen 96
Systemdateiprüfung (sfc) 96
Systemfehler
    kontrollieren 88
Systemintegritätsbericht
    erstellen 92
Systemkonfiguration 162
Systemneustart
    unterbinden 85
Systemprobleme
    aufspüren 90
Systemreparaturdatenträger 63, 80
    brennen 48
    erstellen 47
Systemsicherheit
    überprüfen 395
Systemstabilität bewerten 91
Systemstabilitätsbericht
    anfordern 91

Systemstart
    sehr langsam 165
Systemstartreparatur 65, 73
Systemsteuerung 152
    als Menü 134
Systemwiederherstellung 65, 79
    Betroffene Programme ermitteln 79
    Funktioniert nicht 55
    nicht aufrufbar 159
    Sicherungspunkt anlegen 54
    Sicherungspunkte löschen 55
    Wiederherstellungspunkt zurück-
        speichern 78
Systemwiederherstellungsoptionen 65
    Ordnerzugriff 70
    Registrierung ändern 68

T

Taktfrequenz
    Prozessor abfragen 236
TaskbarLockAll 125
TaskbarNoAddRemoveToolbar 125
TaskbarNoDragToolbar 125
TaskbarNoRedock 125
TaskbarNoResize 124
Taskleiste 119
    Anheften funktioniert nicht 126
    Anpassung gesperrt 124
    Die Aero Peek-Miniaturvorschau
        fehlt 122
    Gruppieren abschalten 121
    Infobereich 127
    Kontextmenü abschalten 125
    Kontextmenü deaktivieren 125
    neue Symbolleiste 125
    neue Symbolleiste erzeugen 126
    Sprungliste funktioniert nicht
        mehr 126
    Symbole fehlen/verschwinden im
        Infobereich 127
    Symbolleiste ausblenden 126
    Symboltitel abgeschnitten 121
    verschoben 120
    verschwunden 121

Stichwortverzeichnis

Task-Manager
  Funktion lässt sich nicht aufrufen 180
  Menüleiste fehlt 181
  sperren 181
Tastatur
  am USB-Anschluss nicht für BIOS-Setup verwendbar 60
  friert ein 277
  numerischer Tastenblock funktioniert nicht 278
  prellt 278
  reaktivieren 276
  Sprachumschaltung 281
  Tasten falsch 72
  Tastenbelegung vertauscht 280
Tastaturfehler 60
Tastenkürzel
  für Desktopsymbole 116
  für Startmenüeinträge 143
Telefon
  funktioniert mit Modem nicht mehr 338
TFT-Display 225
TFT-Monitor
  Wird nicht erkannt 265
Threat Fire 408
Thunderbird 371
Thunderbird portable 372
TIFF-Bild
  Beschriftung 469
Todo Backup 1.1 53
Tonwahl 339
TOSLink 228
Transparenz abschalten 112
Treiber
  aktualisieren 308
  deinstallieren 308
  Interrupt-Sharing 310
  mit alter Version austauschen 308
  Problemdiagnose 306
  Setup bricht mit Fehler ab 302
  Tipps 300
Treiberinstallation 299
  manuell 301, 303, 304

Treiberprobleme
  Grafikkarte 219
Treiberüberprüfung
  mit Verifier 97
Trennseite 255
Trojaner 415
TuneUp 299
TurnOffSidebar 118
TV-Sender nicht gefunden 493
TV-Tuner
  nicht gefunden 493
Type 68

U

UDF-Reader 212
Uhrzeit
  über Zeitserver stellen lassen 130
Ultra Defragmenter 426
Uninstall 298
Uninstall-Einträge
  manuell bereinigen 297
Universal Disk Format 500
Unknown Device Identifier 303
Unlocker 454
Update
  anpassen 311
  ausblenden 313
  automatisches, anpassen 310
  Deinstallation klappt nicht 316
  entfernen 314
  Fehlerursache analysieren 314
  Hilfe bei Problemen erhalten 314
  klappt nicht 313
Update-Installationsprogramm 315
Updates
  ausgeblendete anzeigen 313
  ermitteln 312
UpperFilters 208
USB
  Controller freigeben 283
  Energieverwaltung 287
  Fehlersuche 283
  Gerät nicht erkannt 284
  Root-Hub
    Stromverbrauch prüfen 285

Tastatur
    funktioniert nicht 277
    wird USB 2.0 unterstützt? 287
USB 2.0
    Gerät nicht erkannt 286
    Probleme 287
USBDeview 216, 287
USB-Legacy Support 60
USB-Root-Hub
    Energieverwaltung abschalten 161
USB-Stick
    schreibgeschützt 441
    sicher entfernen 216
USB-Tastatur
    funktioniert nicht 277
    im BIOS aktivieren 60

V

VCD
    Probleme 503
Verbinden mit
    Rufnummer abfragen 342
Verifier 97
Verknüpfung
    auf Laufwerke 106
Verschieben
    per Kontextmenü 437
Vertrauensstellungscenter (Office 2007) 411
Video
    Bild steht auf dem Kopf 483
    Datei nicht abspielbar 489
    kein Bild bei Wiedergabe 482
    kein Ton 480
    ruckelt 486
    schwarze Streifen bei der Wiedergabe 485
Videoaufnahme
    Tonstörung 490
Video-BD
    lässt sich nicht wiedergeben 211
Video-DVD
    lässt sich nicht wiedergeben 211
Videoinspector 481

Videoordner
    Schaltflächen fehlen 471
Viren
    Eicar 415
    Hoax 412
    Laufwerke und Ordner prüfen 414
    Notfallplan 413
    Verbreitung 406
Virenbefall 413
    erkennen 408
Virenschutz 408
Virenschutzprogramme, kostenlose 408
Virtualisierung 177
VLC-Player 211
VMware 214
Volumenschattenkopien 160
    Platz begrenzen 160
Vorgängerversionen wiederherstellen 455
Vorsorgemaßnahmen 47
vssadmin 160

W

Wählverbindung
    Einwahlnummer prüfen 341
    Gerätezuordnung prüfen 340
WaitToKillAppTimeout 164
WaitToKillServiceTimeout 163
Wartungscenter 392
    löst Fehlalarm aus 394
WDDM 1.1 218
Webseiten
    Anmeldung klappt nicht 359
    nicht abrufbar 346
Wechselmedien
    sicheres entfernen 216
Wiederherstellung
    aus Systemabbild 79
Wiederherstellungsoptionen 62
Wiederherstellungspunkt
    anlegen 54
    löschen 55, 428
    verschwinden 55
    zurücklesen 78

Stichwortverzeichnis

Wiederherstellungstools 65
WinConfig 426
Window Title 354
Windows
   automatischen Neustart
     verhindern 85
   Bootanalyse durchführen 166
   bootet nicht mehr 198
   Datei beschädigt 96
   den Typ den Benutzerkontos
     ändern 515
   Einrastfunktion 274
   erweiterte Startoptionen 75, 84
   Fensterstil anpassen 112
   Funktionen hinzufügen/
     entfernen 293
   Installationsprobleme 155
   Klangereignisse
     beim Herunterfahren 166
   Komponenten hinzufügen/ent-
     fernen 293
   Kurzzeitiges Einfrieren 85
   letzte funktionierende Konfigura-
     tion wiederherstellen 77
   letzter funktionierender
     Zustand 77
   Neuinstallation 156
   Notfall-CD erstellen 48
   Ordnerstrukturen verschieben 434
   Reparatur durch Inpace-
     Upgrade 156
   Schädlingsbefall 413
   Sicherheit überprüfen 395
   startet nicht 61
   startet nicht mehr 62, 73
   Starthilfe aufrufen 75
   stürzt ab 84
   Systemsicherung 50
   Treiberprobleme 299
   Version abfragen 236
Windows 7
   Download Installations-DVD 64
   Inplace-Upgrade 156
   Installation auf C
     verhindern 204

Windows 7 SDKs 95
Windows Defender 418
   aktualisieren 419
   Optionen 420
   startet nicht 420
   verwenden 418
Windows Live Mail 371
   Anhang blockiert 382
   Druckfunktion gesperrt 386
   Lesebestätigung unterdrücken 385
   Nachrichten nicht löschbar 385
   Postfach wird nicht abgefragt 377
   reparieren 388
Windows Live Movie Maker 492
Windows Mail
   Junk-E-Mail
     Filterstufe anpassen 387
Windows Media Center
   fehlt 493
   meldet fehlenden Decoder 493
   Probleme 493
   startet nicht mehr 493
   TV-Tuner nicht gefunden 493
Windows Media Player
   Absturz 173
   fehlt 479
   funktioniert nicht mehr 479
Windows PE 64
Windows Performance Analysis Tool-
   kit 166
Windows RE 47, 64
Windows Update
   anpassen 310
   Einstellungen vom Administrator
     verwaltet 312
Windows Virtual PC
   keine virtuelle Maschine
     anlegbar 448
Windows XP
   LLTD nachrüsten 328
Windows-Arbeitsspeicherdiagnose-
   tool 98
Windows-Explorer
   Absturz beim Öffnen des Video-
     ordners 452

Navigationselemente aus-
    blenden 439
stürzt ab 88
Symbolleiste anpassen 437
Windows-Firewall
    ausgehende Verbindungen
        blockieren 404
    konfigurieren 400, 402
    mit erweiterter Sicherheit 404
Windows-Funktionen
    aktivieren/deaktivieren 140
Windows-Hilfe und Support
    funktioniert nicht 536
Windows-Installer 5 292
Windows-Notsystem 63
Windows-Setup-DVD fehlt 159
Windows-Shell
    zurücksetzen 180
Windows-Sicherheitswarnung
    blockiert Programmstart 536
Windows-Speicherdiagnose 65
Windows-Speicherdiagnosetool 99
Windows-Start analysieren 166
Windows-Wartungscenter 392
WinMail Backup 389
WLAN 334
    Absicherung 336
    Verbindungsabbrüche 335
    wird nicht gefunden 334

Word
    Absturz 530
    Dokumentdatei reparieren 531
    Lineal fehlt 528
    Makroausführung 533
    Menüband fehlt 528
    scannen 529
    Schaltflächen fehlen 528
    Seitenränder 527
    Start im abgesicherten
        Modus 530
    Symbolleiste, Schaltflächen
        fehlen 527
WriteProtect 441
Wurm
    entfernen 415
wusa.exe 315

X

xbootmgr 167

Z

ZIP-Archive
    anlegen 433
Zuverlässigkeitsdetails 91
Zuverlässigkeitsverlauf 90
    anzeigen 90
Zwei-Wege-Firewall 398